# o poder da ideologia

István Mészáros

# o poder
# da ideologia

Tradução
Paulo Cezar Castanheira

Copyright © desta edição Boitempo Editorial, 2004
Copyright © István Mészáros, 1989

Título original: *The Power of Ideology*
Harvester Wheatsheaf/Londres/1989
Copyright © 1996 da 1ª edição brasileira: Editora Ensaio

| | |
|---|---|
| *Coordenação editorial* | Ivana Jinkings |
| *Editores* | Ana Paula Castellani e João Alexandre Peschanski |
| *Tradução* | Paulo Cezar Castanheira |
| *Preparação de texto* | Tulio Kawata |
| *Revisão* | Antonio Orzari e Luicy Caetano |
| *Capa* | Antonio Kehl |
| | sobre foto de Walker Evans, *Roadside Store between Tuscaloosa and Greensbora*, Alabama, 1936, copyright © Estate of Walker Evans |
| *Editoração eletrônica* | Nobuca Rachi |
| *Coordenação de produção* | Juliana Brandt |
| *Assistência de produção* | Livia Viganó |

---

Mészáros, István, 1930-
O poder da ideologia / István Mészáros ; tradução Paulo Cezar Castanheira. –
São Paulo : Boitempo Editorial, 2004.

ISBN 978-85-7559-056-0

Título original: The power of ideology
Bibliografia

1. Classes sociais 2. Ideologia. 3. Ciência Política

---

É vedada a reprodução de qualquer parte deste livro sem a expressa autorização da editora.

1ª edição pela Boitempo: julho de 2004; 6ª reimpressão: abril de 2025

**BOITEMPO**
Jinkings Editores Associados Ltda.
Rua Pereira Leite, 373
05442-000 São Paulo SP
Tel.: (11) 3875-7250 / 3875-7285
editor@boitempoeditorial.com.br | boitempoeditorial.com.br
blogdaboitempo.com.br | youtube.com/tvboitempo

# SUMÁRIO

| | |
|---|---|
| Prefácio | 9 |
| Introdução à nova edição: outro mundo é possível e necessário | 11 |

## PARTE I: A NECESSIDADE DA IDEOLOGIA

| | |
|---|---|
| 1. Introdução | 57 |
| 1.1. A natureza da ideologia | 57 |
| 1.2. Da "modernidade" à "crise da pós-modernidade" | 68 |
| 1.3. Articulação ideológica das necessidades sociais | 104 |
| 1.4. Principais determinantes das mudanças cultural-ideológicas | 108 |
| 1.5. Conclusão | 117 |
| 2. Parâmetros socioeconômicos | 118 |
| 2.1. Expansão do pós-guerra e "pós-ideologia" | 118 |
| 2.2. Teorização prematura do "fim da escassez" | 121 |
| 2.3. A falácia das soluções tecnológicas para os problemas sociais | 123 |
| 2.4. A cura do "subdesenvolvimento" pela "modernização" | 137 |
| 3. Política e ideologia | 143 |
| 3.1. A ideologia administrativa e o Estado | 143 |
| 3.2. As raízes ideológicas da "antiideologia" do pós-guerra | 146 |
| 3.3. A perspectiva weberiana de Raymond Aron | 148 |
| 3.4. A teoria crítica de Adorno e Habermas | 152 |
| 3.5. Os dilemas da "Grande Recusa" de Marcuse | 203 |
| 3.6. Um homem para todas as estações: o pensamento weberiano e seu renascimento no pós-guerra | 210 |
| 3.7. "Universalismo" ocidental *versus* "nacionalismo do Terceiro Mundo" | 219 |
| 3.8. Merleau-Ponty e a "liga da esperança abandonada" | 225 |
| 3.9. O poder e o papel ativo da ideologia | 232 |

## PARTE II: CIÊNCIA, IDEOLOGIA E METODOLOGIA

| | |
|---|---|
| 4. A ciência como legitimadora de interesses ideológicos | 243 |
| 4.1. Pluralismo e legitimação | 243 |
| 4.2. A tendência ideológica central do cientificismo | 245 |
| 4.3. Tecnologia, ciência e sociedade | 261 |

5. A CIÊNCIA À SOMBRA DO COMPLEXO MILITAR-INDUSTRIAL ... 274
   5.1. A luta de Einstein no pós-guerra contra a militarização da ciência ... 275
   5.2. Limitações objetivas da pesquisa científica ... 282
   5.3. A ciência aplicada do complexo militar-industrial ... 288
   5.4. A equivalência entre consumo e destruição na lógica do capital ... 291

6. METODOLOGIA E IDEOLOGIA ... 301
   6.1. A ideologia da neutralidade metodológica ... 301
   6.2. A reprodução dos sistemas teóricos representativos ... 303
   6.3. Filosofias vivas e métodos concorrentes ... 305
   6.4. A necessidade da auto-renovação metodológica ... 307
   6.5. Radicalismo metodológico e compromisso ideológico ... 310
   6.6. A unidade metodológica da ciência e da ideologia ... 314
   6.7. Antagonismos sociais e disputas metodológicas ... 318
   6.8. O significado da "garantia metodológica" de Lukács ... 320
   6.9. Conclusão ... 324

## PARTE III: IDEOLOGIA E EMANCIPAÇÃO

7. REVOLUÇÃO SOCIAL E DIVISÃO DO TRABALHO ... 327
   7.1. A base estrutural das determinações de classe ... 329
   7.2. A importância da contingência histórica ... 336
   7.3. As lacunas em Marx ... 339
   7.4. O futuro do trabalho ... 351
   7.5. A divisão do trabalho ... 353
   7.6. O Estado pós-revolucionário ... 355
   7.7. Consciência socialista ... 357

8. A CONSTITUIÇÃO DA SOLIDARIEDADE ... 359
   8.1. Ilusões históricas e apelos ideológicos ... 359
   8.2. Tendências e contratendências ... 363
   8.3. Mudança radical na orientação do movimento socialista ... 368
   8.4. A consolidação das perspectivas ideológicas e políticas mutuamente
      exclusivas ... 373
   8.5. O beco sem saída representativo de Bernstein ... 376
   8.6. O significado da tragédia de Rosa Luxemburgo ... 389
   8.7. A base material da solidariedade ... 415

9. IDEOLOGIA E AUTONOMIA ... 459
   9.1. Concepções de autonomia individual e emancipação humana ... 459
   9.2. Inversões práticas e ideológicas ... 472
   9.3. O papel ativo do "senso comum" ... 479
   9.4. A autoridade no processo de trabalho e na sociedade em geral ... 488
   9.5. Autoridade e autonomia: auto-atividade dos produtores associados ... 513

BIBLIOGRAFIA ... 547

ÍNDICE ONOMÁSTICO ... 561

# PREFÁCIO

Gostaria de chamar a atenção do leitor para o volume de ensaios – *Filosofia, ideologia e ciência social* – que complementa o presente estudo. Nesse volume, quatro ensaios, "Ideologia e ciência social", "Consciência de classe contingente e consciência de classe necessária", "Marx filósofo" e "Kant, Hegel e Marx: a necessidade histórica e o ponto de vista da economia política", são diretamente relevantes para algumas das questões discutidas em *O poder da ideologia*. Tais questões são analisadas nesses ensaios anteriores, em seu contexto sócio-histórico específico, com consideráveis detalhes. Assim, para evitar uma repetição desnecessária, neste livro me referi muito brevemente ao material que o leitor interessado pode encontrar na obra *Filosofia, ideologia e ciência social*.

Peço desculpas pelo grande número de notas e referências; dadas as ramificações do assunto e a vasta literatura que teve de ser criticamente examinada em *O poder da ideologia*, foi impossível seguir por atalhos cômodos.

# INTRODUÇÃO À NOVA EDIÇÃO
## OUTRO MUNDO É POSSÍVEL E NECESSÁRIO

### 1 O mito da neutralidade ideológica e a imposição de um Estado de ideologia única

Na primeira edição de *O poder da ideologia* – livro completado em agosto de 1988 – citei uma importante e reveladora conferência dada em 1930 por John Maynard Keynes. Naqueles dias, os principais ideólogos da ordem social vigente, altamente confiantes na segurança de sua posição de poder determinar, como se fosse um direito de nascença, o que era legítimo (ou condenável) nas discussões políticas e teóricas, não tinham vergonha de declarar abertamente seus interesses ideológicos, embora isso contrastasse nitidamente com o encobrimento destes sob as afirmações de uma presumida objetividade absoluta – que entrou na moda algum tempo depois – e pela classificação apenas de seus adversários como imperdoavelmente ideológicos. De fato, a referida conferência de Keynes em 1930 – "Possibilidades econômicas de nossos netos" – foi mais tarde incluída num volume descaradamente ideológico intitulado *Essays in Persuasion.*

Em outra conferência incluída no mesmo volume – escrita com a mesma confiança ilimitada presente em "Possibilidades econômicas de nossos netos" –, intitulada "Serei eu um liberal?" e apresentada em data anterior, em 1926, Keynes admitia abertamente que, "quanto à luta de classes como tal [...] a *guerra de classes* vai me encontrar do lado da *burguesia educada*",[1] em vez de fingir, como hoje é comum em círculos intelectuais e políticos respeitáveis, que não existe essa coisa chamada luta de classes. Acredita-se que ela seja uma invenção de um certo Karl Marx, embora o vigoroso diagnóstico do papel seminal desempenhado pela luta de classes no desenvolvimento histórico tenha sido primeiramente elaborado por alguns importantes historiadores franceses da "burguesia educada" e sua contribuição teórica altamente original tenha sido reconhecida pelo próprio Marx.

---

[1] J. M. Keynes, *Essays in Persuasion,* Nova York, Norton & Co., 1963, p. 324.

## 12    O poder da ideologia

Nas suas "Possibilidades econômicas de nossos netos", Keynes decretou com cândida confiança e otimismo que "o problema econômico da humanidade" (como ele o chamava) estará completamente resolvido *dentro de cem anos*. De acordo com essa projeção, o "problema econômico" – na teorização completamente divorciada de todas as nossas dimensões sociais fundamentais – estará solucionado de forma tão cabal que nosso dilema será o de como nos ocuparmos na total ausência das – em suas palavras: "más"[2] – pressões econômicas que hoje nos motivam. Assim, no avanço irresistível daquele mundo de lazer ilimitado, "honraremos os que nos podem ensinar como colher virtuosamente e bem o dia e a hora, as pessoas maravilhosas capazes de ter prazer direto com as coisas, os lírios do campo que não trabalham nem tecem".[3]

A questão a ser enfatizada aqui é que outros dezesseis anos se passaram desde que citei essas palavras, e estamos a apenas 26 anos do momento mágico de realização quase bíblica postulado por Keynes. Mas o que aconteceu durante esses 74 anos: perto de *três quartos* do caminho até a terra prometida? Estamos mais próximos das condições tão confiantemente antecipadas pelo autor de *Essays in Persuasion*?

A resposta sensata é: de forma alguma. Muito pelo contrário, apesar de todos os avanços das forças produtivas de nossa sociedade – que sob nossas atuais condições de existência são forças destrutivas ubiquamente difundidas e irresponsavelmente utilizadas –, as gritantes desigualdades que somos forçados a enfrentar com irredutível determinação para nos aproximarmos uma polegada dos objetivos desejados tornaram-se imensamente maiores e, do ponto de vista estrutural, ainda mais profundamente arraigadas do que antes. Ao mesmo tempo, os perigos que devemos vencer para ter qualquer futuro, ainda que não um futuro idealizado, estão hoje muito mais agravados do que nos piores sonhos de Keynes.

À taxa de progresso que tivemos ao longo dos últimos 74 anos, para resolver as desigualdades estruturais de nossa sociedade precisaríamos, não de 26 anos para chegar à meta divisada por Keynes, mas de um tempo infinito. Entretanto, o problema é que a humanidade não tem uma infinidade de tempo a sua disposição, pois, na realidade, ela é forçada a enfrentar o perigo de potencial auto-aniquilação em razão da aparente incontrolabilidade de seu modo de reprodução sociometabólica sob o domínio do capital.

Para apoiar seu ilimitado otimismo "persuasivo", Keynes depositou fé numa visão ingenuamente mecanicista que projetava a força automática do "juro composto" para chegar à desejada acumulação de capital. De acordo com essa visão, era destino irresistível dessa ilimitada acumulação de capital – que emanava não do degradante poder da *produção* exploradora, mas de um misterioso e absolutamente benéfico domínio *financeiro* do "juro composto" (uma ficção neutra semelhante às fantasias globalizantes de nosso tempo; nos dois casos, tendenciosamente separada do papel do garantidor e impositor: o Estado capitalista, que está longe de ser neutro) – que, por sua vez, deveria trazer consigo o projetado final feliz.

---

2    Ibid., p. 372.

3    Ibid., p. 370.

Seu confessado horizonte ideológico de "burguês educado" não permitia que Keynes visse ou admitisse que o imperativo estruturalmente inalterável da incansável *acumulação de capital*, que é contrária, mesmo de uma perspectiva de mais longo prazo, a qualquer idéia de tranqüila gratificação humana e concepção correspondentemente diferente de tempo, era de todo incompatível com o movimento da atual ordem da sociedade – em que, de acordo com suas próprias palavras "o mau é útil, o bom não é" –, "que sai do túnel da necessidade econômica para a luz do dia"[4] de uma ordem social qualitativamente diferente e humanamente gratificante. Assim, tolhido pelos ditames de seus interesses sociais de "burguês educado", Keynes embelezou e alardeou nos seus *Essays in Persuasion* exatamente a *causa* da perigosa condição da humanidade – condição perigosa que é, no fim das contas, estruturalmente garantida – como o *remédio ideal* para todos os problemas e contradições existentes. Uma falácia evidente, e da pior espécie.

Na realidade, nem durante a vida de Keynes, nem depois, nada podia apoiar semelhante visão. O merecido colapso da reunião da OMC em Cancún em 2003, que, graças à intervenção desafiante dos "condenados da Terra", enfatizou a condição miserável da esmagadora maioria da humanidade, coloca em relevo o quanto ainda estamos distantes até dos primeiros tímidos passos na direção do enfrentamento dos grandes perigos e das cumulativas contradições de nossas "más" dificuldades, isto para não falar da descoberta das postuladas soluções ideais keynesianas.

Eis onde nos encontramos hoje, quando já não podemos nos dar o luxo de confundir as *causas* fundamentais das dificuldades da humanidade com a ilusória *solução* para elas proposta – totalmente ilusória e ao mesmo tempo altamente tendenciosa –, seja ela oferecida com uma confiança honesta e aberta, como fez John Maynard, ou na forma da camuflagem ideológica enganadora freqüentemente praticada em nossos dias por "neutros" defensores pseudo-objetivos da ordem existente. Pois todas as aparências de neutralidade ideológica só podem agravar nossos problemas quando a necessidade da ideologia é inevitável, como acontece hoje e deverá continuar no futuro previsível. Na verdade, inevitável enquanto continuar sendo necessário "vencer os conflitos" que continuam a surgir dos interesses inconciliáveis das forças hegemônicas alternativas que se enfrentam na nossa atual ordem social de dominação e subordinação estrutural.

Assim, a necessidade de um exame crítico dos estratagemas da ideologia dominante – em geral desenvolvidos nos produtos aparentemente impenetráveis de geradores de fumaça institucionalmente bem lubrificados – nunca foi tão grande quanto em nossos dias. As apostas estão se tornando cada vez mais altas, pois os antigos instrumentos para tratar algumas de nossas dificuldades – ainda que fossem limitados, mesmo no passado – estão hoje sistematicamente abalados e destruídos pela força inexorável do Estado, em nome do interesse na perpetuação do domínio do capital, com a ajuda da conformidade ideológica e política duramente imposta. Os sinais dessa tendência para a garantia de uniformidade exigida pela necessidade do capital de impor o Estado de *ideologia única* são muito perigosos. A desejada uniformidade deve

---

4    Ibid., p. 372.

14    *O poder da ideologia*

ser imposta por todos os meios, até mesmo pelos potencialmente – e, dadas as novas guerras imperialistas, já não só potencialmente – mais violentos.

O impacto dessa perigosa tendência de nosso tempo atinge também áreas antes celebradas em nome do modelo que se presumia compulsório para todo o mundo: a estrutura institucional da democracia e liberdade ocidentais. Mas o que antes foi um genuíno artigo de fé liberal, ainda que muito tênue, tornou-se nada mais do que uma fachada cínica para aventuras agressivas. Citando John Pilger:

> O enfraquecimento da Carta de Direitos nos Estados Unidos, o desmantelamento do julgamento por júri na Grã-Bretanha e de uma pletora de liberdades civis associadas são parte da redução da democracia a um ritual eleitoral: ou seja, a competição entre partidos indistinguíveis para ganhar a administração de um Estado de *ideologia única*.[5]

A mistificação ideológica e *Gleichschaltung* – que significa a compressão em um modelo prescrito de uniformidade – é parte essencial desse processo opressivo. É, portanto, muito importante lutar contra os esforços correntes para impor em toda parte o Estado de ideologia única, não importa o quanto ele pareça "racional" e universalmente louvável.

## 2  A emergência do consenso neoliberal

Temos testemunhado alguns acontecimentos intensamente dramáticos nos dezesseis últimos anos, desde quando este livro foi finalizado. Mas, para que fiquem realmente inteligíveis, é necessário caracterizá-los com alguma precisão, indicando também suas origens no tempo, na medida em que isso seja possível nas atuais circunstâncias.

Sob esse aspecto, não resta dúvida de que a implosão do sistema soviético em 1991 é um marco importante. Mas mesmo esse acontecimento exige explicações adicionais, não podendo ser usado como a "causa original" do recuo político dolorosamente óbvio da esquerda, tanto no Leste quanto no Ocidente. Esse tipo de explicação, caracterizado pela inversão das relações causais, hoje é freqüentemente apresentado nas discussões ideológicas, representando uma tentativa ilegítima de justificar a virada completa daqueles que antes não apenas se afirmavam socialistas (ou "socialistas realmente existentes"), mas até concediam-se o mandato de juízes inquestionáveis das credenciais de outros na esquerda.

Os fatos dessa questão muito desconfortável são muito bem conhecidos, mas devem ser relegados ao esquecimento para criar, como resultado feliz, a aparência de um consenso ideológico "racional" dominante. Marcar como a época do grande recuo os anos que se seguiram à implosão soviética – datação preferida por muitos intelectuais que foram de esquerda como justificativa para o fato de terem tomado sua "estrada para Damasco" – leva a descrever erroneamente as conversões pessoais e, o que é mais importante, a minimizar os colapsos institucionais. Pois não foram apenas os partidos comunistas ocidentais que àquela época se transformaram em tímidos partidos socialdemocratas da ordem estabelecida, buscando no colapso soviético a justificativa de sua dramática mudança de rota. Ao mesmo tempo, também os velhos par-

---

[5]    John Pilger, *The New Rulers of the World*, Londres, Verso, 2003, p. 2.

*Introdução à nova edição* 15

tidos socialdemocratas dos principais países da Europa ocidental se transformaram em partidos conservadores de centro-direita, tornando-se indistinguíveis dos instrumentos políticos da "revolução thatcherista".

As conversões pessoais foram, evidentemente, parte essencial – mas apenas parte – desse processo de desvio significativo do espectro político para a direita. Por isso, não é surpreendente ver todo o Partido Trabalhista Britânico se metamorfosear no partido do "novo trabalhismo" para conseguir manter, depois de sua vitória eleitoral, todas as leis antitrabalhistas de Margareth Thatcher, apesar dos compromissos manifestos em contrário, e torná-las de fato, sob certos aspectos, ainda mais autoritárias.

Esses ponderáveis desenvolvimentos históricos não podem ser explicados apenas pelas "conversões pessoais". Ao contrário, por vezes, as surpreendentes conversões individuais só se tornam inteligíveis quando colocadas contra o pano de fundo da tendência geral dos acontecimentos históricos. Afinal, não se deve esquecer que as primeiras medidas drásticas do monetarismo neoliberal na Grã-Bretanha foram impostas pela maior autoridade econômica do "Velho Trabalhismo", Denis Healey, sob o regime esquerdista de faz-de-conta do primeiro-ministro Harold Wilson, bem antes de o Partido Conservador Britânico conseguir abraçar inteiramente a forte liderança de direita de Margareth Thatcher. É de se notar que a vitória eleitoral dela ocorreu depois de o sucessor de Harold Wilson no cargo de primeiro-ministro, James Callaghan, ter-se dirigido a uma platéia de operários com estas palavras brutalmente francas: "o partido acabou". Deste modo, ele indicava a determinação do Partido Trabalhista de seguir um novo curso de liquidação progressiva dos ganhos da classe operária britânica no pós-guerra. Assim, o surgimento do malfadado consenso neoliberal precedeu a vitória eleitoral dos conservadores. O subseqüente abandono explícito do princípio central da constituição do Partido Trabalhista – sua *cláusula quarta*, o compromisso programático do trabalhismo britânico com a garantia da propriedade comum dos meios de produção – foi apenas a conclusão lógica de um processo retrógrado que havia se iniciado muito tempo antes.

Para entender a magnitude dessas mudanças nas três últimas décadas por toda a Europa (e não somente lá), temos de voltar nossas atenções para as forças e contradições subjacentes, pois elas não pertencem a um passado distante. Pelo contrário, continuam até hoje a limitar nossa margem de ação. E, pior, nos dias atuais, elas fazem tentativas crescentemente perigosas – incluindo o uso, hoje rotineiro, em larga escala da mais brutal máquina militar, combinada com falsos pretextos para a guerra e suas cínicas justificativas ideológicas –, com a idéia absolutamente irracional de colocar sob controle autoritário as condições agravantes da ordem política e socioeconômica estabelecida. Noutras palavras, estamos falando das características de uma nova *época histórica*, e não dos acontecimentos mais ou menos efêmeros de uma nova conjuntura. Conseqüentemente, para propor a superação das contradições e perigos que temos a nossa frente – em toda sua gravidade que, em última análise, deixa prever a potencial autodestruição da humanidade, em vez da feliz aterrissagem na terra do nunca keynesiana de um paraíso de eterno lazer – é necessário identificar suas características definidoras como as de uma nova *época* histórica, em contraste com as fases anteriores dos desenvolvimentos capitalistas. E, da mesma forma, os remédios potenciais não podem

## 16  O poder da ideologia

se limitar a algum detalhe conveniente, no mesmo espírito do que parece ter funcionado no passado, como freqüentemente se propõe. Eles também devem apontar para um conjunto alternativo e sustentável de determinações fundamentais, ou seja, para uma ordem social qualitativamente diferente em que deixam de existir as tendências destrutivas, hoje dominantes, de crescimento canceroso e acumulação de capital. É necessário deixar isso bem claro, apesar das acusações de utopismo que fatalmente virão. Não podemos ter medo de defender o que Daniel Singer chama de "utopia realista".[6] Pois, "se toda tentativa de mudar a sociedade, e não apenas remendá-la, é classificada com raiva e desprezo de utópica, então, transformando o insulto numa medalha de honra, devemos proclamar que somos todos utópicos".[7]

### 3  A crise estrutural do capital e a implosão do sistema soviético

A característica definidora fundamental de nossa época, em contraste com as fases anteriores dos desenvolvimentos capitalistas, é vivermos nas perigosas condições da *crise estrutural do sistema do capital com um todo*. Noutras palavras, a crise sistêmica com que sofremos é particularmente grave. Não pode ser medida pelos padrões de crises passadas, pois o significado do sistema capitalista em si (isto é, quando se estende até seus limites estruturais) abrange não somente as formas historicamente conhecidas, identificáveis no passado, desde seus primórdios até o século XX, mas também suas variáveis possíveis no futuro, se as houver.

Assim, a época da *crise estrutural* do sistema do capital, ao contrário das *crises conjunturais do capitalismo* antes enfrentadas e mais facilmente superadas, traz consigo as conseqüências mais radicais para nosso presente e futuro. Assim, diante do fato de que está em jogo nada menos do que a viabilidade continuada (ou não) das *forças sistêmicas* hoje dominantes, mas crescentemente destrutivas, somente uma *mudança* verdadeiramente *fundamental* resolverá a crescente crise estrutural do modo atual de reprodução sociometabólica. E é assim porque o sistema do capital em si não é apenas a reunião de um conjunto de entidades materiais, organizadas e, sempre que as condições o exijam, reorganizadas com sucesso numa ordem adequada pelos recursos combinados da "racionalidade instrumental" e da "ética protestante do trabalho", como é geral e erroneamente entendido. Pelo contrário, é um sistema orgânico de reprodução sociometabólica, dotado de lógica própria e de um conjunto objetivo de imperativos, que subordina a si – para o melhor e para o pior, conforme as alterações das circunstâncias históricas – todas as áreas da atividade humana, desde os processos econômicos mais básicos até os domínios intelectuais e culturais mais mediados e sofisticados.

A erupção da crise estrutural do sistema do capital localiza-se aproximadamente no fim da década de 1960 ou no início da seguinte. De fato, os levantes de 1968 na França e em muitos outros países, até mesmo nos Estados Unidos, depois de um longo período de expansão no pós-guerra e de acomodação keynesiana em todo o

---

[6]    Ver capítulo 12 do importante livro de Daniel Singer, *Whose Millennium? Theirs of Ours?*, Nova York, Monthly Review Press, 1999.

[7]    Ibid., p. 259.

Introdução à nova edição    17

mundo capitalista, podem ser vistos como um marco memorável. Os levantes de 1968 manifestaram-se não somente sob a forma de grandes conflitos econômicos, mas também como confrontações políticas significativas, mobilizando até algumas forças sociais insuspeitadas do lado da feroz oposição à ordem estabelecida. Mas, talvez mais importante, por volta de 1970 estávamos submetidos a um desenvolvimento perigoso no mundo do trabalho que pouco depois teve de ser caracterizado, mesmo pelos apologistas da ordem estabelecida, como "desemprego estrutural". Desde aqueles dias, que hoje estão a não menos de três ou quatro décadas, esse problema foi ainda mais agravado, em vez de solucionado, conforme as repetidas promessas e expectativas. De fato, ele se ampliou atingindo proporções perigosas até mesmo nos países capitalistas mais desenvolvidos, acentuando assim a irremediabilidade persistente dessa característica da crise estrutural do sistema. Escrevi em 1970, bem no início dessa tendência ao desemprego crônico, que

> o problema não mais se restringe à difícil situação dos trabalhadores não-qualificados, mas atinge também um grande número de trabalhadores *altamente qualificados*, que agora disputam, somando-se ao estoque anterior de desempregados, os escassos – e cada vez mais raros – empregos disponíveis. Da mesma forma, a tendência da amputação "racionalizadora" não está mais limitada aos "ramos periféricos de uma indústria obsoleta", mas abarca alguns dos *mais desenvolvidos* e modernizados setores da produção – da indústria naval e aeronáutica à eletrônica, e da indústria mecânica à tecnologia espacial.
>
> Portanto, não estamos mais diante dos subprodutos "normais" e voluntariamente aceitos do "crescimento e do desenvolvimento", mas de seu movimento em direção a um colapso; nem tampouco diante de problemas periféricos dos "bolsões de subdesenvolvimento", mas diante de uma contradição fundamental do modo de produção capitalista como um todo, que transforma até mesmo as últimas conquistas do "desenvolvimento", da "racionalização" e da "modernização" em fardos paralisantes de subdesenvolvimento crônico. E o mais importante de tudo é que quem sofre todas as conseqüências dessa situação não é mais a multidão socialmente impotente, apática e fragmentada das pessoas "desprivilegiadas", mas *todas* as categorias de trabalhadores qualificados e não-qualificados: ou seja, objetivamente, a *totalidade da força de trabalho* da sociedade.[8]

É extremamente irônico que o processo de "globalização", tão tendenciosamente propagandeado, tenha assumido em toda parte a forma devastadora do desemprego crônico, mesmo no "Norte" mais desenvolvido e privilegiado. Mas esta é a última coisa que os advogados acríticos da globalização desejam colocar em relevo. O que torna essa questão particularmente grave é que o desemprego crônico representa um limite *absoluto* – no sentido de insuperável – do sistema do capital em si em todas as suas variedades possíveis. É por isso que somente uma mudança verdadeiramente fundamental, que institua uma

---

[8]    István Mészáros, *The Necessity of Social Control*, a primeira Conferência Isaac Deutscher Memorial, pronunciada na London School of Economics and Political Science em 26 de janeiro de 1971, e publicada, no mesmo ano, como volume separado por The Merlin Press em Londres. Este texto foi publicado como o capítulo 21 de *Para além do capital*, São Paulo/Campinas, Boitempo/Ed. da Unicamp, 2002, p. 983-1011. A citação é da p. 1005 dessa edição.

## 18   O poder da ideologia

ordem social radicalmente diferente, será capaz de superar a desumanidade do desemprego cada vez mais globalizado: um problema de que nem mesmo a maior "casualização" – um sinônimo educado de *precarização* – será capaz de arranhar a superfície.

Este não é o local para discutir as outras características principais (no sentido que acabamos de mencionar de limites absolutos) do sistema do capital. Nem existe uma necessidade premente dessa discussão no atual contexto.[9] O que é diretamente relevante aqui é que a crise estrutural do sistema – com a qual temos convivido por três décadas e meia, sem qualquer sinal de que ela vá desaparecer de nosso horizonte – é inseparável da ativação dos limites intranscendíveis do capital, com as potencialmente mais destrutivas consequências para o futuro.

A implosão do sistema soviético só pode ser entendida como parte essencial dessa crise sistêmica. Pois a solução soviética surgiu como meio de superar no seu próprio ambiente uma grande crise capitalista pela instituição de um modo *pós-capitalista* de produção e troca pela abolição da propriedade privada dos meios de produção. Mas a solução soviética não foi capaz de erradicar o capital do sistema pós-capitalista de reprodução sociometabólica. Assim, ele continuou operacional apenas até que a necessidade de avançar para *além do sistema do capital em si* – e não apenas renegar uma forma específica de capitalismo atrasado – surgiu como desafio fundamental na ordem global do período. É por isso que o fim do experimento pós-capitalista soviético foi inevitável.

*O poder da ideologia* avaliou esses processos dentro do contexto da crise estrutural geral do sistema do capital. Afirmava, com relação aos esforços gorbachevianos, que "não é de forma alguma por acaso que esses problemas tenham surgido na atual conjuntura histórica. Pois não somente o sistema capitalista e o 'Terceiro Mundo', mas também o 'Segundo Mundo' [soviético] estão diante de uma crise dupla: a *crise do desenvolvimento* e a *crise de autoridade*. [...] Os fracassos do passado [no sistema soviético] não podem ser atribuídos à repressão do mecanismo de incentivos materiais individuais, mas à recusa de enfrentar a difícil questão prática de seu *status* e papel na necessária reestruturação socialista da sociedade. Eles foram deixados no limbo; pois só seria possível atacar essa questão se, ao mesmo tempo, a *divisão hierárquico-estrutural do trabalho* herdada – com todas as modificações subseqüentes – fosse decididamente enfrentada. Foi muito mais fácil deixar no lugar as estruturas herdadas – e o mecanismo motivacional de incentivos materiais *diferenciados* criado para legitimar a estrutura hierárquica existente".[10]

As soluções pós-capitalistas, em toda e qualquer circunstância, só podem ser estritamente *temporárias*. Por uma série de razões, elas permanecem vulneráveis nas suas determinações mais íntimas, por mais estáveis que pareçam sob determinadas

---

[9]   O leitor interessado poderá encontrar uma análise detalhada desses problemas em meu livro: *Para além do capital,* escrito entre 1970 e 1995 e lançado por The Merlin Press em Londres e Monthly Review Press em Nova York em 1995 [ed. bras.: *Para além do capital*, São Paulo/Campinas, Boitempo/Ed. da Unicamp, 2002]. Ver, em particular, o capítulo 5: "A ativação dos limites absolutos do capital", p. 216-344 na edição brasileira.

[10]   Neste volume, p. 537.

condições históricas. No seu processo de desenvolvimento, ou promovem a completa erradicação do capital de seu metabolismo social de reprodução, ou se expõem cada vez mais ao perigo da restauração capitalista. "Expropriar os expropriadores" – e, nesse sentido, alterar a posição anterior do capital nas relações de propriedade – está muito longe de ser suficiente. Isso porque o capital é essencialmente um modo de controle global da sociedade, e não um mero *direito legalmente codificado*.[11] Mesmo que se tome esse direito de cada capitalista individualmente, aos quais Marx chamou de "personificações do capital" (que têm o mandato estrito de executar os objetivos e imperativos do capital, caso contrário são ejetados sem cerimônia do processo de reprodução social como "capitalistas fracassados"), as questões substantivas do controle efetivo continuarão não resolvidas. Alterar o direito legal não resolve, fundamentalmente, a questão do modo real de existência do capital como a força *materialmente*, e não apenas *juridicamente*, controladora do metabolismo social.

Imaginar que o Estado – qualquer tipo de Estado – possa assumir o controle direto de todas as funções reprodutivas particulares da sociedade é uma grande ilusão. Nesse sentido, "o fracasso das sociedades pós-capitalistas na esfera da produção deve ser atribuído em grande parte à tentativa de atribuir essas funções controladoras do metabolismo a um Estado político centralizado, quando, na realidade, o *Estado em si* não é o mais indicado para a realização de tarefa que envolva, de uma forma ou de outra, a atividade diária de cada indivíduo".[12] Para ter sucesso em tarefa tão mal concebida, o Estado precisaria de uma *infinidade de recursos* que obviamente nenhum Estado possui. Para controlar o trabalho de todos, o Estado teria de ser capaz de permanecer o tempo todo atrás de cada trabalhador individual – o que seria extremamente desperdiçador, ainda que fosse imaginável, o que podemos com toda a certeza dizer que não é. Pois o Estado não tem recursos materiais próprios; ele deve adquiri-los do corpo social (geralmente conhecido como "sociedade civil"), e só pode fazê-lo se esses recursos forem efetivamente produzidos e reproduzidos por este corpo social.

Sob esse aspecto, projeções e exortações voluntaristas feitas pelas autoridades do Estado não funcionam. "O Estado é essencialmente uma *estrutura hierárquica de comando*. Como tal, extrai sua problemática legitimidade não de sua alegada 'constitucionalidade' (que invariavelmente é 'inconstitucional' em sua constituição original), mas de sua capacidade de *impor* as demandas apresentadas a ele."[13] Mas, se existe uma disjunção (ou rompimento) entre os recursos reprodutivos materiais da sociedade e o papel do Estado de fazer uso deles, nesse caso o Estado perde a capacidade de impor as demandas – contraditórias – que lhe são apresentadas, o que resulta numa grave crise. Admitindo que os poderes de definir por si próprio as demandas, numa tentativa de corrigir a mencionada disjunção/rompimento na ausência de uma base viável de recursos, o Estado só agravará a crise se criar um desperdiçador círculo vicioso de imposição que teria de ser satisfeito por uma imposição ainda mais desperdiçadora. Grande

---

[11]   Ibid., p. 506.

[12]   Ibid., p. 499.

[13]   Ibid., p. 493.

20  *O poder da ideologia*

parte da administração stalinista da sociedade pós-capitalista soviética pode ser explicada com base nessas contradições insolúveis. Elas bloquearam o caminho que levava ao único remédio viável: a progressiva erradicação do capital do processo metabólico social. Essa erradicação só seria factível por meio da transferência dos poderes de decisão aos produtores livremente associados.

A solução tentada por Gorbachev e seus seguidores, baseada em sua tendenciosamente limitada crítica política da experiência pós-capitalista soviética sob as condições da crise estrutural do capital, buscava o melhor dos dois mundos. Pretendia manter o controle central sobre a "revitalizada economia socialista de mercado" – um autêntico mundo de fantasia – e ao mesmo tempo eximir as autoridades que controlavam o Estado da responsabilidade pelos fracassos reais e potenciais atribuindo-os aos gerentes locais e às "disfunções inevitáveis" do "mecanismo de mercado", que na realidade está longe de ser um *mecanismo*, simples ou complicado.

Os proponentes da *perestroika* não foram capazes de ver, ou não quiseram admitir, que "a lógica interna do mercado totalizador tenderia para a *restauração do capitalismo* e para seu autoritarismo, tanto no local de trabalho quanto no processo impiedosamente 'orientado para a eficiência' de acumulação da sociedade em geral".[14] A noção do "mercado controlado" era, além de um sonho impossível, também contraditória. Eles pareciam não se dar conta de que, na sua concepção impossível, "o único significado concreto que se pode atribuir ao 'controle' esperado do mecanismo de mercado é que este último seja anulado no instante em que se tornar totalmente eficiente".[15] Para eles, era preferível pensar em termos contraditórios, pois o que não conseguiam ver, nem por um instante, foi uma democratização substantiva de sua sociedade por meio da progressiva supressão das hierarquias estruturais existentes de que eles eram os guardiães privilegiados. Por isso, não foram capazes de enfrentar o desafio proposto pela crise estrutural do capital a seu próprio sistema, preferindo passar de sua instável sociedade pós-capitalista para a restauração completa do capitalismo.

Essas coisas não são ditas apenas agora, depois do fato consumado. Todas as citações desta seção – com a exceção de passagens muito anteriores de *A necessidade do controle social* – foram extraídas da primeira edição deste livro. Elas atestam que os perigos de restauração capitalista e as grandes contradições que moviam as autoridades do Estado soviético naquela direção já eram visíveis na época da *glasnost* e da *perestroika* de Gorbachev. Foi em virtude disso que afirmei, naquela época, que o "destino da *glasnost* depende certamente da implementação bem-sucedida da *perestroika* no sentido acima [democratização substantiva], e não apenas do aperfeiçoamento – ainda que necessário – da 'eficiência econômica' do país".[16]

Ao examinar as condições atuais de vida na ex-União Soviética, torna-se dolorosamente claro que as grandes massas de trabalhadores ficaram sem *glasnost* nem *perestroika*, mas com o pesado fardo de problemas não solucionados para o futuro. Os acon-

---

[14]  Ibid., p. 536-7.

[15]  Ibid., p. 537.

[16]  Ibid., p. 511.

tecimentos que levaram a esse resultado continuam na memória de todos. Os fracassos testemunhados na antiga União Soviética não significam o fim dos problemas em estudo. Eles continuam na agenda, ainda mais urgentes do que em qualquer época passada, em conseqüência das décadas tragicamente perdidas, com todos os penosos sacrifícios, enfatizados de modo dramático pelo aprofundamento de nossa crise sistêmica de que, sem dúvida, a própria implosão soviética é um importante constituinte.

## 4  O descaso persistente pela questão nacional

Um dos grandes obstáculos ao desenvolvimento futuro do indispensável movimento de massas é o descaso persistente pela questão nacional na ideologia socialista.

As razões desse descaso surgiram tanto de algumas determinações históricas contingentes, porém de longo alcance, como do complicado legado teórico do passado. Além disso, dada a natureza das questões envolvidas, as duas parecem estar intimamente entrelaçadas.

Com referência às determinações práticas e históricas, é preciso lembrar, antes de mais nada, que a formação das nações modernas foi realizada sob a liderança de classe da burguesia. Esse desenvolvimento ocorreu de acordo com imperativos socioeconômicos inerentes ao impulso de auto-expansão da multiplicidade de capitais, a partir de seus limitados ambientes de origem, em busca de crescente controle territorial, com a eclosão de conflitos entre si cada vez mais intensos, que culminaram em duas devastadoras guerras mundiais no século XX e na potencial aniquilação da humanidade na nossa época.

Um grande pensador da burguesia esclarecida, como Kant, percebeu, nos primeiros estágios do desenvolvimento do sistema, o imenso perigo desses conflitos e violentas confrontações. Ele postulou a solução ideal de uma futura *"paz perpétua"* entre os rivais, dentro de um quadro de "ordem cosmopolita" e de sua "Liga das Nações". Mas a solução estipulada por essa grande figura do iluminismo alemão foi uma nobre ilusão: nada mais que um "deve ser". Kant hipostasiou que sua "paz perpétua" deveria prevalecer graças ao "espírito comercial" – um conceito que tomou de Adam Smith em seu *A riqueza das nações*. Mas, na realidade, foi exatamente a luta destrutiva e formadora de monopólio pela dominação econômica e política, gerada pelo idealizado "espírito comercial", que necessariamente resultou na ruína do imperialismo.

Num estágio mais avançado dos desenvolvimentos capitalistas, quando a ordem burguesa estava firmemente consolidada na Europa e na América do Norte, e também mais ativa na subjugação do resto do mundo à expansão dos impérios das nações dominantes, Hegel ofereceu uma concepção incomparavelmente mais realista das transformações em andamento do que a de Kant, absolutamente sintonizada com sua era devastada por guerras. Mas a justificação filosófica oferecida por ele para a situação cada vez mais antagonista não foi menos idealista do que a solução irrealisticamente postulada por seu antecessor filosófico. Hegel não teve dificuldade teórica nem escrúpulos morais em aceitar a completa dominação das nações menores pelas "nações históricas do mundo", nem se preocupou com a viabilidade (ou viabilidade suicida)

## 22    O poder da ideologia

da sucessão interminável de guerras no futuro com o armamento cada vez mais destrutivo "inventado pelo pensamento e pelo universal"[17] que ele considerava necessário e moralmente recomendável.[18] Tudo aquilo poderia ser imediatamente subordinado ao grandioso conceito de "espírito do mundo" auto-realizante, removendo assim todos os obstáculos teóricos que poderiam categoricamente decretar que "o *Estado-nação* é a mente em sua racionalidade substantiva e realidade imediata e é portanto o *poder absoluto na terra*".[19]

O sistema de relações entre Estados constituído sob os imperativos da auto-expansão do capital só poderia ser iníquo, pois era obrigado a impor – e a constantemente reforçar – a posição altamente privilegiada do punhado de nações preparadas para o imperialismo e, ao mesmo tempo, teve de impor, com todos os meios disponíveis, inclusive os mais violentos "sistematicamente inventados", uma condição de subordinação a todas as outras nações. Essa forma de articular a ordem internacional prevaleceu não somente contra nações menores, mas até quando os países dominados tinham populações incomparavelmente maiores do que seus opressores estrangeiros, como foi o caso da Índia sob o Império Britânico. Com relação às nações colonizadas, suas condições de dependência econômica e política eram impostas de modo implacável pelas potências imperialistas, graças também à cumplicidade subserviente das classes dominantes nativas. Portanto, as mudanças pós-coloniais não tiveram nenhuma dificuldade em reproduzir, em todas as relações substantivas, os modos anteriores de dominação, ainda que formalmente modificada, mantendo, até o presente, o sistema há muito estabelecido de dominação estrutural e dependência. Como mostrou o importante historiador e pensador político filipino, Renato Constantino, com relação à experiência de seu país:

> Quando as forças americanas invadiram nossa recém-criada república, atrocidades indescritíveis foram cometidas para suprimir a forte resistência de nossos antepassados. Em certo sentido, foi mais fácil lutar contra o inimigo naquela época, porque ele era uma presença clara, com uma face cruel e visível. [...] O hasteamento formal da bandeira filipina, em 1946, não alterou o estado de coisas. A era de colonialismo direto foi imediatamente substituída pelo período de controle neocolonial, quando o Norte, com sua ideologia de livre-comércio, continuou a controlar (como o faz até hoje) as alavancas do poder.[20]

Essa é a razão pela qual Constantino – lembrando-se da declaração de Lenin sobre o legítimo nacionalismo de autodefesa das nações oprimidas[21] – insistiu, durante

---

[17]  *Hegel's Philosophy of Right*, translated by T. M. Knox, Clarendon Press, Oxford, 1942, p. 212.

[18]  Num comentário irônico às idéias de Kant, Hegel insistiu em que a "corrupção nas nações seria o produto da paz prolongada, ou melhor, 'perpétua'" (ibid., p. 210).

[19]  Ibid., p. 212.

[20]  Renato Constantino, "Time Warp", *Manila Bulletin*, 16 de junho de 1996.

[21]  "Uma apresentação abstrata da questão do nacionalismo em geral não tem a menor utilidade. É necessário estabelecer a distinção entre *o nacionalismo de uma nação opressora e o de uma nação oprimida*." Em "The Question of Nationalities or 'Autonomization'", Lenin, *Collected Works*, vol. 36, p. 607.
Além disso, Lenin adotou o princípio expressado por Marx em *Crítica ao Programa de Gotha*, segundo o qual o único modo de corrigir as violações da igualdade é fazer uma "igualdade desigual", isto é, favorecer os desfavorecidos. Nas palavras de Lenin,

*Introdução à nova edição* 23

uma entrevista a *Le Monde*, que o "nacionalismo continua a ser hoje um imperativo para os povos do Sul. É uma *proteção*, pois permite afirmar os direitos de soberania, e é uma estrutura de *autodefesa* contra as práticas de dominação do Norte. Nacionalismo não significa fechar-se em si mesmo: tem de ser aberto; mas para que isso possa pressupor uma *nova ordem mundial* que – em contraste com o que vemos hoje – não consista na hegemonia de uma superpotência e seus aliados, sem respeito pelas nações jovens".[22]

Somente pela força de um milagre monumental poderiam as relações de dominação e subordinação estrutural entre Estados tornar-se significativamente diferentes da forma que assumiram ao longo do desenvolvimento histórico. Pois o capital, como a força controladora do processo de reprodução econômica e social, não pode senão ser hierárquico e autoritário nas suas determinações mais íntimas, mesmo nos países imperialistas mais privilegiados. Como poderia, então, um sistema político e social – caracterizado na sua variedade capitalista pelo "autoritarismo da fábrica e pela tirania do mercado" (Marx) – ser equitativo no plano internacional? A necessidade absoluta do capital de dominar internamente sua própria força de trabalho pode muito bem ser compatível com a oferta a sua população operária nativa, para fins de mistificação chauvinista, de alguns privilégios limitados, retirados da margem extra de vantagem exploradora da dominação imperialista. Mas essas práticas não introduzem o menor grau de igualdade na relação entre capital e trabalho do país imperialista privilegiado em que o capital retém – e precisa reter – completo poder de decisão em todas as questões substantivas. Portanto, seria absurdo sugerir que, apesar dessas determinações internas estruturais inalteráveis, as relações externas – entre Estados – do sistema poderiam não ser desiguais. Seria o mesmo que pretender que o que é por sua própria natureza profundamente iníquo possa produzir igualdade genuína sob as condições mais agravantes da dominação estrangeira necessariamente imposta.

É compreensível, portanto, que a resposta socialista a esse sistema tivesse de ser uma negação radical, acentuando a necessidade de uma relação qualitativamente diferente, baseada na supressão dos antagonismos prevalecentes, entre a variedade de nações, grandes e pequenas, dentro de uma ordem internacional genuinamente cooperativa. Mas essa questão era muito complicada – e no século XX foi gravemente afetada – pela circunstância trágica de a primeira revolução bem-sucedida que projetou a transformação socialista da sociedade ter ocorrido na Rússia czarista, pois aquele país era um império opressor multinacional: um fato que contribuiu significativamente para sua caracterização por Lenin como "o elo mais fraco da cadeia do imperialismo", e, como tal, um trunfo positivo para a irrupção da revolução, uma avaliação em que ele esteve absolutamente correto. Mas o outro lado da moeda foi que, não somente o

---

"é melhor fazer a mais do que a menos as concessões para as minorias nacionais. Eis por que, neste caso, o interesse fundamental da solidariedade proletária e, em conseqüência, da luta da classe proletária, exige que nunca adotemos uma atitude formal para a questão nacional, mas, sim, que sempre levemos em conta a atitude específica do proletariado das nações oprimidas (ou pequenas) em relação às nações opressoras (ou grandes)" (ibid., p. 609).

[22] "Un entretien avec Renato Constantino", *Le Monde,* 8 de fevereiro de 1994.

## 24  O poder da ideologia

grave atraso socioeconômico, mas também o terrível legado do império multinacional opressor, acarretaram imensos problemas para o futuro.

A incapacidade de tratar de modo adequado as potencialmente explosivas contradições da desigualdade nacional após a morte de Lenin, trouxe consigo conseqüências devastadoras, que resultaram, afinal, na implosão da União Soviética. O contraste entre as abordagens desses problemas por Lenin e Stalin não poderia ter sido maior. Lenin sempre defendeu o direito das várias nacionalidades à completa autonomia, "até o ponto da secessão", ao passo que Stalin as reduziu a nada mais do que "regiões de fronteira", a serem mantidas a qualquer custo na mais estrita subordinação, em nome dos interesses da Rússia. Por isso, Lenin o condenou em termos bem claros, insistindo que, caso prevalecessem as posições defendidas por Stalin, "a *liberdade de secessão da união*' pela qual nos justificamos será apenas um pedaço de papel, incapaz de defender os não-russos do assassinato por parte daquele legítimo homem russo, o grande chauvinista russo".[23] Ele insistiu na gravidade dos danos causados pelas políticas adotadas e nomeou claramente os culpados: "A responsabilidade política por tudo isso deve, evidentemente, ser lançada sobre Stalin e Dzerjinski".[24]

Lenin jamais deixou de enfatizar a importância da completa – não apenas formal, mas substantiva – igualdade de todos os grupos nacionais. Insistiu repetidamente na seriedade das violações da solidariedade proletária internacional, tendo também reiterado o ponto de vista marxiano sobre a necessidade de tornar "desigual a igualdade" em favor daqueles que estavam em desvantagem e oprimidos.

> O georgiano [Stalin], que não se importa com esse aspecto da questão, ou que lança despreocupadamente acusações de "socialismo nacionalista" (ao passo que é ele próprio o verdadeiro "socialista nacional" e até mesmo o valentão russo), viola, em substância, os interesses da solidariedade da classe proletária; pois nada sustenta mais o desenvolvimento nem fortalece a solidariedade da classe proletária do que a injustiça nacional. [...] o internacionalismo por parte dos opressores ou "grandes nações", como são chamadas (apesar de só serem grandes na violência, só grandes como bandidos), deve basear-se não apenas na observância da igualdade formal das nações, mas também na desigualdade da nação opressora, a grande nação, que deve compensar a desigualdade que obtém na prática real. Qualquer um que não entenda isso não entendeu a verdadeira atitude proletária em relação à questão nacional.[25]

Não é de surpreender que esse documento crítico de Lenin, escrito em dezembro de 1922, quando estava gravemente doente, tenha sido suprimido por Stalin e só publicado depois do discurso secreto de Kruschev em 1956.

Com a morte de Lenin, em janeiro de 1924, após uma longa moléstia que o incapacitou, todas as suas recomendações para a questão nacional foram anuladas e as "Grandes Políticas Russas" de Stalin – que tratavam as outras nacionalidades como regiões de fronteira subordinadas – totalmente implementadas, contribuindo imensamente para o *desenvolvimento bloqueado* que caracterizou posteriormente a sociedade

---

[23]  Lenin, op. cit., p. 606.

[24]  Ibid., p. 610.

[25]  Ibid., p. 608.

*Introdução à nova edição* 25

soviética. Os problemas ocultos também não foram solucionados pelas mudanças pós-Stalin, apesar da proeminência atribuída à publicação dos arrasadores comentários de Lenin em 1956. Pois o próprio Kruschev, depois de condenar Stalin no início de 1956, reverteu aos seus métodos no outono do mesmo ano, ao reprimir pela força das armas o levante popular húngaro de outubro. Mais tarde, a "*doutrina Brejnev*" tentou legitimar as mesmas políticas inviáveis de redução dos países ocupados do leste europeu à condição de regiões de fronteira do "socialismo realmente existente" soviético. Até a abordagem de Gorbachev e seus seguidores caracterizou-se pela mesma irrealidade tendenciosa das teorizações e práticas pós-leninistas, como tentei mostrar bem antes da implosão da União Soviética.[26] Elas mantiveram a ficção da "nação soviética", com sua pretensa "*autoconsciência unificada*", ignorando ingênua ou irresponsavelmente os problemas explosivos acarretados pela dominação russa da "nação soviética unificada", apesar dos sinais claros de aproximação da tempestade que logo resultaria no desmoronamento da União Soviética. Ao mesmo tempo, tentaram justificar a redução das várias comunidades nacionais, até as bálticas, bielo-russas e ucranianas, à condição de "grupos étnicos". A total irrealidade desse enfoque não poderia ser resumida de modo mais ilustrativo do que o apresentado por um dos colaboradores mais próximos de Gorbachev, a principal autoridade nesse campo, Julian Bromlei:

> o povo soviético é um *fenômeno natural* que difere de sociedades semelhantes em especial por seus parâmetros socialistas e valores espirituais correspondentes. Devemos ter em mente que a *nação soviética* consiste de uma variedade de *grupos étnicos*.[27]

Sob o domínio de Stalin, a aceitação de semelhante irrealidade irresponsável poderia ser imposta por medidas repressivas, chegando até mesmo à deportação total de minorias étnicas. Mas, quando se tornou necessário abandonar essa estrada, nada seria capaz de sustentar o terrível legado do império multinacional czarista e a preservação subseqüente de seus antagonismos. Portanto, foi apenas uma questão de saber quando e de que forma particular o Estado soviético pós-revolucionário iria se desintegrar sob o peso insuportável de suas múltiplas contradições.

## 5 Crise no movimento socialista ocidental

O descaso persistente pela questão nacional, certamente, não se confinou às vicissitudes do fracasso soviético em enfrentar seus dilemas, mesmo que as conseqüências diretas desse fracasso tivessem impacto duradouro no movimento socialista internacional, pois, durante muitas décadas, a adoção de uma atitude completamente acrítica com relação ao "modelo soviético" foi imposta aos partidos da Terceira Internacional, trazendo confusão teórica e desorientação estratégica. De maneira característica, sob

---

[26]   Ver minha discussão desses problemas em "The Dramatic Reappearance of the National Question", parte de um artigo intitulado "Socialismo hoy dia", escrito em dezembro de 1989–janeiro de 1990 para uma pesquisa do periódico trimestral venezuelano *El Ojo del Huracán*, e publicada na sua edição de fevereiro/março/abril de 1990. Republicado em inglês na parte IV de *Para além do capital*, p. 965-976.

[27]   Julian V. Bromlei, "Ethnic Relations and Perestroika", *Perestroika Annual*, Londres, Futura/Macdonald, 1989, vol. 2, p. 119. Julian Bromlei era então "presidente do Conselho Científico Interdepartamental de Estudos de Processos Étnicos do *Presidium* da Academia de Ciências da URSS".

## 26  O poder da ideologia

esse aspecto, o líder stalinista do partido na Hungria, Mathias Rákosi, declarou que "o critério do patriotismo húngaro hoje, pelo qual ele deve ser julgado, é nosso amor pela União Soviética". É fácil imaginar a resposta gerada por esse comentário.

Entretanto, a tendência do movimento socialista da Europa ocidental a se mover na direção de um beco sem saída, quanto à questão nacional e à questão intimamente associada do internacionalismo, surgiu anteriormente à Revolução de Outubro na Rússia. De fato, 42 anos antes, por ocasião da discussão do Programa de Gotha na Alemanha, Engels se queixou amargamente de que, no documento preparatório da unificação, "o princípio de ser o movimento operário um *movimento internacional* é, para todos os fins e propósitos, *completamente negado*".[28] A necessária negação radical da ordem existente do capital de uma perspectiva socialista era inconcebível sem a adoção de uma posição internacional consistente e realmente sustentável. Mas a manobra oportunista que visava garantir a unificação das forças políticas envolvidas na aprovação do programa de Gotha fazia graves concessões nacionalistas pelas quais seria necessário pagar um alto preço no futuro. A capitulação total da socialdemocracia alemã às forças do agressivo chauvinismo burguês no início da Primeira Guerra Mundial não passou de culminação lógica daquela perigosa decisão no desenvolvimento político alemão, selando assim também o destino da própria Segunda Internacional.

É importante lembrar aqui que nenhuma das quatro internacionais, fundadas para fazer prevalecer a força da solidariedade internacional contra a dominação estrutural hierárquica do trabalho pelo capital, foi capaz de garantir o sucesso da esperança de que eram portadoras. A Primeira Internacional soçobrou quando Marx ainda era vivo, em razão do desvio do movimento operário de seu papel como movimento internacional no fim da década de 1870, que foi, como já vimos, duramente criticado por Engels. A Segunda Internacional trazia em si as sementes dessa contradição e transformou-as em plantas que cresceram inexoravelmente, aproveitando a oportunidade histórica – oferecida pela Primeira Guerra Mundial – em que os membros da Internacional se aliaram com as partes em guerra, desacreditando assim toda a organização. Esta completamente desmoralizada "Internacional dos Trabalhadores", cujos membros nacionais continuaram, durante toda a guerra, com suas próprias burguesias, deixando assim de ter algo a ver com as exigências do internacionalismo socialista, foi depois restabelecida como órgão de acomodação socioeconômica e de negação institucionalizada da luta de classes. O pronunciamento de Rosa Luxemburgo resumiu com grande clareza o significado desses desenvolvimentos ao enfatizar que, "refutando a existência da luta de classes, a socialdemocracia negou a base de sua própria existência".[29] Era, portanto, apenas uma questão de tempo até que os partidos socialdemocratas de todo o mundo passassem a adotar uma posição de defesa aberta da ordem estabelecida.

Contra o pano de fundo do fracasso ignominioso da Segunda Internacional, a Terceira Internacional foi fundada logo após a Revolução de Outubro. Mas, em razão

---

[28]  Engels, Carta para August Bebel, 18-28 de março de 1875.

[29]  Rosa Luxemburg, *Junius Pamphlet*, Colombo, A Young Socialist Publication, 1967, p. 54.

da imposição das políticas autoritárias de Stalin, que tratavam as questões internacionais, inclusive a relação com os partidos da Terceira Internacional, como estritamente subordinadas aos interesses do Estado soviético, também essa organização não foi capaz de cumprir o papel de desenvolver um genuíno internacionalismo socialista. Sua dissolução como a Internacional Comunista (o Comintern) e sua metamorfose no Cominform – ou seja, uma organização internacional de informações – não resolveu nada. Pois até mesmo o Cominform era uma via de mão única. Isso porque toda crítica ao sistema soviético permaneceu como um absoluto tabu durante a vida de Stalin. E, mesmo depois de sua morte, a dura crítica feita por Kruschev de seu "culto à personalidade" e das conseqüências negativas foi incapaz de tratar das questões fundamentais de uma sociedade do tipo soviético como modo de reprodução sociometabólica, apesar dos sintomas cada vez mais graves da crise.

Quando se reconheceu a gravidade da crise, durante a *glasnost* e a *perestroika* de Gorbachev, os esforços de correção foram concebidos de uma forma que só podia levar à estrada para a restauração do capitalismo. Quanto à Quarta Internacional fundada por Trotski, que logo depois seria assassinado por ordem de Stalin, ela nunca foi capaz de chegar ao *status* de uma organização internacional com influência de *massa*, apesar das intenções de seu fundador. Como a visão estratégica que ela propunha não foi capaz de "persuadir as massas", de acordo com as palavras de Marx, ela não conseguiu realizar a tarefa de desenvolver o necessário internacionalismo socialista e a adequada *"consciência de massa comunista"* (outra vez Marx).

Dada essa história de tentativas fracassadas do movimento operário de criar uma estrutura organizacional adequada para afirmar seus interesses vitais nos enfrentamentos internacionais com o capital, como alternativa hegemônica a este, não podemos evitar a difícil questão de saber por que tudo isso aconteceu. Afinal, Marx caracterizou assim, há muito tempo, os desenvolvimentos capitalistas na sua participação em *A ideologia alemã*:

> De modo geral, a indústria em grande escala criou por toda parte as mesmas relações entre as classes da sociedade, e desse modo destruiu as características peculiares das várias nacionalidades. Enquanto a burguesia de cada nação ainda mantinha interesses nacionais separados, a grande indústria criou uma *classe que em todas as nações tem o mesmo interesse e para a qual o nacionalismo já está morto.*[30]

Mas, doze anos depois, ele foi forçado a reconhecer que as perspectivas de uma revolução socialista haviam se complicado enormemente pelo fato de, no mundo inteiro, o desenvolvimento da sociedade burguesa ainda estar em ascensão.[31] Ademais, desenvolvimentos posteriores tornaram essas questões ainda mais problemáticas e desapontadoras. O agressivo impulso imperialista dos países capitalistas dominantes só se tornou visível décadas mais tarde – em toda sua extensão, somente depois da morte de Marx –, trazendo consigo graves conseqüências para a classe operária e para o esperado "desenvolvimento de uma consciência de massa comunista". Isso ficou dramaticamente claro já no início da guerra, quando incontáveis operários, e não

---

[30]   Marx e Engels, *Collected Works*, vol. 5, p. 73.

[31]   Ver Marx, Carta a Engels, 8 de outubro de 1858.

apenas os líderes socialdemocratas, se aliaram com a burguesia nacional, não queren-do apontar suas armas contra as classes dominantes, como queriam revolucionários socialistas como Lenin e Rosa Luxemburgo.

A questão nacional assumiu inevitavelmente a forma de polarização entre um punhado de Estados imperialistas opressores e a esmagadora maioria de nações opri-midas: uma relação de extrema desigualdade, em que as classes trabalhadoras dos países imperialistas estavam profundamente implicadas. Essa relação também não se limitava à dominação militar direta. O objetivo desta – sempre que era posta em ação, seja em grandes operações militares seja em exercícios da "diplomacia de coura-çados" – era garantir a exploração máxima e continuada do trabalho nos países con-quistados, impondo assim o modo característico de controle sociometabólico do capital sobre todo o mundo. É por isso que, durante a "descolonização" que se seguiu à Segunda Guerra Mundial, foi possível abandonar o controle político-militar direto dos antigos impérios sem mudar a substância da relação de dominação estrutural e subordinação estabelecida, como é característico do sistema do capital.

Sob esse aspecto, os Estados Unidos foram pioneiros. Exerceram dominação política direta em alguns países sempre que isso atendesse a seu plano, combinada com a supremacia socioeconômica sobre as populações envolvidas, como, por exemplo, as Filipinas. Ao mesmo tempo, asseguravam a dominação maciça de toda a América Latina pela imposição de dependência estrutural aos países do continente mesmo sem uma intervenção militar. Evidentemente, quando a manutenção de sua dominação exploradora foi questionada no seu proclamado "quintal", nunca hesitaram em usar aberta ou discretamente este tipo de intervenção. Uma de suas formas preferidas de impor o domínio era a derrubada militar "nativa" de governos eleitos e o estabeleci-mento de ditaduras "amigas", com a mais cínica e hipócrita justificativa para tais atos; isto ocorreu em numerosas ocasiões, da ditadura militar no Brasil até a de Pinochet no Chile. Entretanto, durante muito tempo sua principal estratégia para afirmar seus interesses exploradores no período posterior à Segunda Guerra Mundial foi pelo exer-cício da dominação econômica, combinada com a ideologia mentirosa da "demo-cracia e liberdade". Isso estava bem de acordo com uma fase determinada do desen-volvimento histórico do capital, quando as algemas político-militares dos antigos impérios se mostraram anacrônicas demais para realizar os potenciais de expansão do capital. Sob esse aspecto, os Estados Unidos estavam numa posição quase ideal, como o componente mais dinâmico do capital global no seu ímpeto de expansão produtiva, e como o país que poderia alegar não ter necessidade de dominação político-militar direta sobre colônias, ao contrário dos impérios britânico e francês. Portanto, é alta-mente significativo – e perigoso por suas implicações para a sobrevivência da hu-manidade – que, em nosso tempo, essa superpotência "democrática" tenha sido for-çada a reverter às formas mais brutais e perdulárias de intervenção e ocupação militar em resposta à crise estrutural do capital, numa tentativa vã de resolvê-la impondo-se ao resto do mundo como o senhor do imperialismo global hegemônico.

## 6  Patriotismo e internacionalismo

À luz desses fatos, podemos ver claramente que o potencial de solidariedade internacional que Marx pôs em relevo, com referência a "*uma classe que em todas as nações tem o mesmo interesse e para a qual a nacionalidade já está morta*", não somente não ficou perto de se realizar, como, na verdade, sofreu um retrocesso com o desenvolvimento bem-sucedido do imperialismo moderno e de sua subseqüente transformação em um sistema de dependência estrutural neocolonial e neo-imperialista após a Segunda Guerra Mundial. Essa nova versão do imperialismo foi (e ainda é) uma forma de dominação tão iníqua para as grandes massas trabalhadoras quanto sua antecessora. Assim, é inconcebível realizar um internacionalismo verdadeiro sem a emancipação radical de muitas nações oprimidas – não somente na América Latina – da dominação por parte das nações opressoras. Esse é o significado atual do legítimo nacionalismo defensivo, como enfatizado desde o início por Lenin. Um nacionalismo defensivo que, para vencer, precisa ser complementado pela dimensão positiva do internacionalismo.

A solidariedade internacional é um potencial positivo apenas para o antagonista estrutural do capital. Está em harmonia com o *patriotismo*, que é habitualmente confundido, até nas discussões teóricas da esquerda, com o *chauvinismo* burguês. Essa confusão é, geralmente, uma desculpa mais ou menos consciente para negar a necessidade de romper as cadeias da dependência estrutural exploradora de que são beneficiários até os operários do "capitalismo avançado", ainda que em grau inferior aos seus antagonistas de classe. Mas patriotismo não significa a identificação exclusiva com os interesses nacionais legítimos do país, quando ameaçado por uma potência estrangeira ou pelo comportamento capitulacionista da classe dominante do próprio país, contra a qual Lenin e Luxemburgo, com toda razão, pediam que se apontassem as armas de guerra. Significa também total solidariedade com o patriotismo legítimo dos povos oprimidos.

A realização desse patriotismo não seria simplesmente uma mudança nas atuais relações entre Estados, compensando assim, até certo ponto, os ditames externos da dependência política ou político-militar estabelecida. Longe disso. As condições de sucesso duradouro são somente a luta continuada contra a dominação estrutural hierárquica do capital, não importa o quanto dure, em todo o mundo. Sem isso, livrar-se vez por outra da supremacia político-militar da potência estrangeira pode levar a seu restabelecimento, na antiga ou numa nova forma, na próxima ocasião. A solidariedade internacional dos oprimidos exige, portanto, a plena consciência e a observância prática consistente desses princípios orientadores estratégicos vitais.

Não é por acaso que a forma burguesa de nacionalismo só pode ser *chauvinista*, o que significa, simultaneamente, ser necessária a *exclusão* do patriotismo legítimo das outras nações. Pois ou o capital tem sucesso na dominação – tanto, *internamente*, da sua própria força de trabalho como, *externamente*, das outras nações com as quais ele é forçado periodicamente a entrar em conflito – ou ele fracassa no exercício do controle indivisível sobre o metabolismo social, tal como é estritamente definido por seus próprios imperativos sistêmicos. Dividir o controle do capital sobre a reprodução social com o trabalho é uma noção tão absurda (do capitalismo "popular" dos conser-

## 30   O poder da ideologia

vadores thatcheristas, ou da fantasia acomodatícia da "terceira via" da socialdemocracia) como a idéia constantemente apregoada de um futuro governo mundial harmônico nas condições atualmente existentes de imperialismo hegemônico global.

Por ser uma questão de profundas determinações históricas e estruturais, um *internacionalismo* universalmente benéfico é totalmente incompatível com o modo de operação necessário do capital, desenvolvido ao longo da história como uma multiplicidade de capitais particulares tendentes à exclusividade conflituosa e à luta de cada um para conseguir a máxima vantagem possível para si. O terreno material dessa incompatibilidade no plano internacional é a radical impossibilidade de introduzir *igualdade substantiva* no sistema do capital. Somente é aceitável a *camuflagem formal da desigualdade* fazendo-se passar por igualdade. Para dar um exemplo característico, no dia 13 de dezembro de 2003, a discussão da projetada "Constituição Européia" em Bruxelas terminou em completa desordem. A questão em pauta era mistificadora e farsesca. Fizeram-se várias tentativas de apresentá-la como uma questão de princípio associada à nobre observância da igualdade.

Na verdade, a defesa absolutamente hipócrita da chamada "*votação proporcional*" pelos Estados-membros, como prova de intenções equitativas, nada tinha a ver com a autêntica igualdade, somente com a vazia *transfiguração formal* de seu contrário. Pois se, de fato, a questão da igualdade pudesse ser levada a sério, toda nação-membro da União Européia, que está longe de ser unida, deveria ter direito a apenas *um* voto, em vez de alocar os disputados "27 ou 29" votos a algumas delas e um número muito menor para as outras. Assim, a pretensa igualdade em termos de "*proporcionalidade dos direitos de voto*" nada mais é do que um disfarce para a manutenção da *grosseira desproporcionalidade de forças sociais e políticas* entre os Estados-membros. Essas forças, que são a corporificação de *desigualdade substantiva* profundamente arraigada, decididamente não serão mudadas no quadro estabelecido da "União", sejam quais forem os compromissos mistificadores a que se chegue no final, como sem dúvida se chegará, no debate da "Constituição Européia". Enquanto se persegue ruidosamente a prática de administrar os problemas da sociedade com base na vazia igualdade formal como o objetivo declarado de propriedade constitucional, a prática institucional de *tornar ilegais as greves de solidariedade* – medida escandalosamente autoritária e de ultrajante desigualdade, tornada lei na Grã-Bretanha no governo de Margaret Thatcher e mantida por seus sucessores do "Novo Trabalhismo" –, juntamente com os ataques continuados aos duramente conquistados direitos de aposentadoria de trabalhadores de vários países e a seus benefícios sociais decrescentes, é considerado perfeitamente aceitável para os governantes da "comunidade democrática" européia.

O internacionalismo socialista é inconcebível sem o total respeito pelas aspirações dos trabalhadores de outras nações. Somente este respeito pode criar a possibilidade objetiva de intercâmbios cooperativos positivos. Desde sua primeira formulação, a teoria marxista insistiu em que uma nação, ao dominar outras, priva-se de sua própria liberdade: uma verdade que Lenin nunca deixou de reiterar. Não é difícil ver por que isso acontece. Qualquer forma de dominação entre Estados pressupõe uma estrutura estritamente regulada de intercâmbio social em que o exercício do controle é expropriado por relativamente poucos. Um Estado nacional constituído de forma a ser capaz de dominar outras nacionalidades, ou as chamadas "regiões de fronteira" ou "periféricas", pressupõe a cumplicidade de seus cidadãos politicamente ativos no exercício da dominação, mistificando e enfraquecendo assim as massas trabalhadoras em sua aspiração de se emanciparem.

Portanto, a negação radical do sistema há muito predominante das relações desiguais entre Estados é uma exigência que a teoria socialista não pode deixar de cumprir. Ela oferece a base conceitual do nacionalismo *defensivo*. Mas a necessária alternativa positiva à ordem social do capital não pode ser defensiva, pois todas as posições defensivas padecem do problema da instabilidade, pelo fato de que as melhores defesas podem ser vencidas quando submetidas a fogo concentrado, o que ocorrerá caso haja uma alteração da relação de forças em favor do adversário. Sob esse aspecto, em resposta à globalização perversa do capital, é indispensável a articulação de uma alternativa positiva viável. Ou seja, uma ordem reprodutiva social internacional instituída e administrada com base na autêntica igualdade de seus muitos constituintes, uma igualdade material e culturalmente substantiva, não meramente formal. Assim, a estratégia do internacionalismo positivo implica substituir o absolutamente iníquo – e inevitavelmente conflituoso – princípio estruturador dos "microcosmos" reprodutivos do capital (as empresas produtoras e distribuidoras particulares que constituem o "macrocosmo" abrangente do sistema) por outra alternativa totalmente cooperativa.

O impulso destrutivo do capital transnacional não pode ser aliviado, muito menos superado positivamente, se isto ocorrer apenas no plano internacional, por meio da ação de governos nacionais particulares, pois a existência continuada de "microcosmos" antagonistas e sua inclusão dentro de estruturas cada vez maiores do mesmo tipo conflituoso (como as gigantescas corporações transnacionais de nossos dias) mais cedo ou mais tarde reproduzem inevitavelmente os conflitos temporariamente abafados. Assim, o internacionalismo positivo define-se como a estratégia para ir para além do capital como modo de controle sociometabólico ao ajudar a articular e coordenar de maneira abrangente uma forma não hierárquica de tomada de decisão no plano material reprodutivo, bem como no cultural-político. Noutras palavras, uma forma qualitativamente diferente de tomada de decisão em que as funções de controle vitais de reprodução social possam ser positivamente *transferidas* aos membros dos "microcosmos" e, ao mesmo tempo, em que as atividades desses últimos sejam apropriadamente coordenadas para incluir os níveis mais abrangentes, visto que estes não estariam separados por antagonismos inconciliáveis.

A questão a acentuar aqui é que, enquanto a "atividade não for *voluntariamente* dividida",[32] mas, em vez disso, for regulada por algum tipo de processo inconsciente quase natural (teorizado pelos defensores acríticos da ordem burguesa como sistema *natural*, num sentido literal da palavra, sendo, portanto, para sempre insuperável), na forma de competição e enfrentamento internacionais, deve haver estruturas sociais capazes de impor aos indivíduos uma divisão de trabalho estrutural-hierárquica (e não apenas funcional). (As estruturas fundamentais dessa divisão hierárquica de trabalho

---

[32]  *The German Ideology*, MECW, vol. 5, p. 45.

## 32   *O poder da ideologia*

imposta são, evidentemente, as classes sociais em competição antagônica.) Inversamente, mesmo os antagonismos potencialmente mais destrutivos são sempre reproduzidos no plano internacional mais amplo, porque o capital não pode operar os "microcosmos" reprodutivos do metabolismo social sem submetê-los a seu estrito princípio estruturador de controle vertical-hierárquico.

Naturalmente, a mesma correlação permanece válida também para a alternativa positiva. Desse modo, a condição necessária para a resolução genuína (e não um adiamento e manipulação temporários) dos conflitos e antagonismos, por meio do internacionalismo socialista, é a adoção de um princípio estruturador democrático-cooperativo nos próprios microcosmos reprodutivos sociais. A autogestão positiva e a "coordenação lateral" dos produtores associados em escala global – por oposição à subordinação vertical a uma força controladora externa que hoje predomina – só se torna possível pela primeira vez sobre esse princípio.[33]

Portanto, a questão de como realizar o potencial positivo do internacionalismo socialista – para além dos antagonismos chauvinistas/nacionalistas, da forma antecipada por Marx há 150 anos – não pode ser levantada sem referência às condições reprodutivas de uma ordem social radicalmente diferente. É preciso ter em mente, mais uma vez, a relação entre potencialidade e realidade. Os interesses comuns de todos os trabalhadores podem ser realizados na prática quando, na tentativa de se livrar das perigosas contradições de sua condição atual, seguir o caminho que leva a uma nova ordem social se tornar ao mesmo tempo necessário e viável. O sucesso depende do amadurecimento de certas condições que transformam uma necessidade vital – e sua justificável defesa ideológica, que poderia ter sido legitimamente colocada nessa forma décadas atrás – na *possibilidade objetiva* de um desenvolvimento social sustentável.

O que, então, está em jogo não é um princípio teórico abstrato, nem mesmo um *desideratum* positivo. O que decide a questão é a diferença fundamental entre *possibilidades abstratas* (corretamente condenadas por Hegel como o "mau infinito"), cujo número pode ser multiplicado indefinidamente sem que se aproxime um passo do objetivo desejado, e a *possibilidade objetiva* do desenvolvimento real na direção pretendida.

O terreno da realização viável das possibilidades objetivas da estratégia socialista, com suas aspirações internacionalistas sustentáveis, só pode ser a dinâmica histórica das transformações globais do sistema do capital, que é hoje muito diferente de sua fase anterior à Segunda Guerra Mundial, e ainda mais em comparação com a época de Marx. Somos, é claro, contemporâneos da "globalização" transnacional, embora nossa visão do que está acontecendo seja completamente diferente daquela dos defensores acríticos da ordem estabelecida.[34] Estes últimos sempre encontram uma explicação "eternizadora" para tudo, até quando os sintomas de alguma grave crise não podem ser negados nem mesmo por eles.

---

[33]   Para uma discussão mais completa desses problemas, ver *Para além do capital*, seção 5.1: "O capital transnacional e os Estados nacionais", p. 227-48.

[34]   Estas diferenças podem ser encontradas no decorrer deste livro.

*Introdução à nova edição* 33

Essa é a maneira pela qual interpretam o já mencionado grave problema do desemprego estrutural crônico que se evidencia em todas as partes do mundo. Não podem dizer que não existe, mas têm de transformá-lo em um recurso pretensamente positivo, o que fazem torcendo o conceito de desemprego estrutural, dizendo que, apesar de permanente, isso não representa problema por ser "apenas estrutural", no sentido de ser uma conseqüência inevitável e universalmente benéfica do "progresso tecnológico". Como tal, ele deixa de ser a manifestação desumana e destrutiva da expansão do capital na atual fase de desenvolvimento insustentável do sistema, que só pode ser eliminada pela instituição de uma ordem reprodutiva social alternativa viável. Ele é simplesmente uma característica da estrutura reprodutiva inalterável ("natural") existente, que deve ser enfrentada com os instrumentos técnico-econômicos adequados de "casualização flexível".

Da mesma forma, é característico que, quando se questionam os desenvolvimentos históricos reais em escala global, que poderiam em princípio alterar significativamente as atuais condições e relações de força, as mesmas pessoas falam como o astuto vendedor de cavalos do adágio húngaro: "*Ha akarom vemhes, ha akarom nem vemhes*". Ou seja, se o comprador preferir, a égua está prenha, senão, ela não está. Da mesma forma, os propagandistas do sistema esquecem repentinamente seu conto de fadas favorito da "globalização" sempre que ele se mostre inconveniente. Ignorando a condição precária da esmagadora maioria da humanidade, resultado da dominação insustentável do resto do mundo por um punhado de países "capitalistas avançados", eles decretam arbitrariamente que os trabalhadores dos países "avançados" nunca assumirão uma posição radicalmente crítica em relação a seu próprio sistema. Assim, sob esse aspecto, não pode haver mudança através da globalização. Acredita-se que a acomodação socialdemocrata deva continuar conosco até o final dos tempos, ainda que os privilégios que a sustentam em alguns países sejam categoricamente negados a bilhões de "condenados da Terra".

Na verdade, nada poderia ser mais falso e grosseiramente tendencioso nas suas pretensões de neutralidade ideológica do que a argumentação do vendedor de cavalos, pois o potencial radical do trabalho, como alternativa hegemônica ao capital – também no que se refere a sua força objetivamente viável para instituir um sistema qualitativamente diferente de relações entre os Estados –, "só pode ser julgado dentro de seu próprio quadro de referência – ou seja, o sistema global do capital plenamente desenvolvido –, e não no terreno limitado de algumas 'sociedades capitalistas avançadas', privilegiadas e exploradoras".[35] Conseqüentemente, seria necessário admitir abertamente que o alardeado processo de "globalização" é uma ficção tendenciosa e conservadora – um conceito usado apenas quando se ajuste à conveniência ideológica retrógrada de alguém (como acontece atualmente em inúmeras ocasiões) –, ou se teria de deixar aberta a questão dos desenvolvimentos históricos futuros da alternativa hegemônica do trabalho à ordem sociometabólica do capital. Por isso, tanto é grotes-

---

[35]  Ver, neste livro, p. 451.

34    *O poder da ideologia*

co projetar a difusão universal das condições materiais favoráveis dos países capitalistas altamente privilegiados – que, na verdade, para garantir seus privilégios, apóiam-se
pesadamente na continuação da dependência estrutural e da miséria dos outros –,
como sugerir que mudanças potenciais que afetem negativamente o trabalho nos
países capitalistas dominantes não possam ocorrer ou, se ocorrerem, não são importantes. É completamente absurdo dizer, ou sugerir, que, independentemente do que
ocorrer com o padrão de vida dos trabalhadores nos países capitalistas avançados, sob
as condições da crise estrutural do capital e dos ataques resultantes àquele padrão – por
causa da necessidade de equalização para baixo da taxa diferencial de exploração em
escala global –, que ela não afastará minimamente o antagonista hegemônico do capital de sua posição de resignação ou de acomodação para outra caracterizada por uma
combatividade potencialmente afirmativa.

A solidariedade internacional, por meio da qual se podem realizar as mudanças
necessárias, não é um postulado ideológico abstrato. Está materialmente fundamentada na evolução das condições – e contradições – do desenvolvimento histórico real
que afetam profundamente a totalidade do trabalho, mesmo nos países capitalistas
mais privilegiados. Levantar a questão da solidariedade internacional não pode ser
visto como um imperativo moral idealista dirigido a grupos de trabalhadores politicamente alertas. "Não pode ser definida simplesmente como 'o trabalho da consciência sobre a consciência', ainda que a reconstituição apropriada da consciência social
seja, evidentemente, parte essencial do processo geral. É a resposta necessária ao desafio objetivo proposto pela articulação e integração globais do capital que, ao longo
dos acontecimentos do século XX (particularmente nas últimas décadas), adquiriu
uma dimensão transnacional muito efetiva contra sua força de trabalho. Ao mesmo
tempo, é uma resposta que se tornou não somente necessária, mas também materialmente viável pelas mesmas estruturas materiais da articulação transnacional do capital
que – na ausência da solidariedade internacional – podem facilmente e com grande
eficácia ser usadas contra os trabalhadores. [...] Evidentemente, o que podemos claramente identificar aqui é uma *potencialidade* que não pode ser transformada em *realidade* sem a articulação da necessária *estrutura organizacional* da solidariedade internacional da classe trabalhadora. Entretanto, trata-se de uma potencialidade sustentada
pelas próprias *estruturas materiais* que *objetivamente* facilitam os movimentos contrários à dominação 'cuidadosamente controlada e coordenada'[36] do trabalho pelo capital
na atual conjuntura histórica."[37]

É assim que se juntam as dimensões nacional e internacional da emancipação.
O capital, sob a pressão de sua crise estrutural, está sendo forçado a retomar até as
concessões que foi capaz de oferecer nas décadas de expansão keynesiana do pós-guerra a setores limitados dos trabalhadores. Não é possível reverter esses acontecimentos
pela defesa nostálgica de privilégios particulares adquiridos na América do Norte e na

---

[36]    Referência às palavras de um ex-presidente da General Motors, citado em Harry Magdoff, *Imperialism: From
the Colonial Age to the Present*, Nova York, Monthly Review Press, 1978, p. 180.

[37]    Ver, neste livro, p. 454 e 458.

Europa ocidental durante a fase de ouro do desenvolvimento naquele período; o capital simplesmente não tem condições de mantê-los. Precisa de todos os recursos disponíveis para as aventuras militares cada vez mais absurdas e potencialmente catastróficas, e para manter o sistema de produção cada vez mais perdulário que domina a sociedade. Hoje em dia, não se pode garantir nem mesmo a conquista das demandas mais limitadas dos trabalhadores, dado o impacto insustentável nos custos do sistema global estruturalmente problemático. O local-nacional está se tornando, atualmente, inseparável do global-internacional, para, em última instância, enfraquecer, e não reforçar, a dominação do trabalho pelo capital, contrária à propaganda interesseira da globalização capitalista. Nessas circunstâncias, a incapacidade de concretizar até objetivos modestos (não somente no campo econômico, mas também na política, como o demonstraram, por exemplo, as medidas autoritárias do "Novo Trabalhismo" britânico) e a continuada erosão do que antes foi a autoproclamada *raison d'être* do sistema do capital exigem a instituição de uma ordem social radicalmente diferente.

## 7  O imediato e o longo prazo: continuidade e mudança na estratégia socialista

Qualquer tentativa de enfrentar os desafios políticos e ideológicos do futuro envolve, antes de mais nada, a necessidade de fazer o balanço do passado e do presente. Isso é importante por duas razões.

Primeira, a inevitabilidade da avaliação crítica do peso morto e da inércia paralisante das estratégias passadas, algumas das quais foram altamente duvidosas desde o momento de sua adoção, apesar de sua dominância sob a forma de expectativas reformistas (historicamente determinadas, mas não realizadas). Hoje elas já não são apenas duvidosas, mas absolutamente irrealizáveis, pois a crise estrutural do capital as tornou totalmente anacrônicas. Nesse aspecto, devem ser enfatizados uma negação e um *rompimento* radicais com as estratégias políticas, que se tornaram necessários pela implosão do movimento socialdemocrata. Sem essa negação radical dos dogmas desorientadores e falsas dicotomias dos conceitos reformistas, o que se pode fazer é continuar a fantasiar sobre uma "*terceira via* universalmente benéfica", mantendo-se preso a uma posição defensiva absolutamente inviável.

A segunda razão é igualmente importante. Enfatizando não somente o lado crítico, mas também o lado positivo, ela se refere à necessidade de fazer uso estratégico da inevitável *continuidade*, no futuro, das condições atuais. Isso exige a tomada do controle das alavancas hoje existentes e que podem ser usadas – de acordo com a *dialética da continuidade e da descontinuidade* – como *elos de mediação* com a ordem alternativa esperada, qualitativamente diferente, mas *sustentável*, pois somente na mitologia é possível que uma deusa amiga, como Palas Atena, surja completamente armada da cabeça de Zeus. A defesa estratégica de uma transformação genuinamente socialista não pode esperar tais poderes mágicos, seja quem for o dono da cabeça da qual tente se valer. Ela tem de provocar as mudanças fundamentais exigidas para transformar potencial em realidade mediante o trabalho duro de uma reestruturação radical da ordem existente.

36    *O poder da ideologia*

A realização dos interesses compartilhados pela totalidade do trabalho, como antagonista hegemônico do capital, só pode ser considerada com a condição de que se possa *legitimamente generalizar* (ou *universalizar*) na ordem global uma forma diferente de regular o metabolismo social, baseado na *igualdade substantiva de todos* – sem o que a *parcialidade divisiva* de nossos dias deverá prevalecer também no futuro, em vez do interesse comum de todos. Mas tal generalização será impossível sem a dialética social objetiva da *continuidade da mudança e da mudança significativa na continuidade*, para trabalhar através de *mediações estratégicas* bem escolhidas do presente que apontem para a desejada ordem sociometabólica alternativa do futuro. As condições do "capitalismo avançado" – ou seja, a manutenção dos privilégios totalmente inviáveis de um punhado de países capitalistas avançados – *não podem ser generalizadas* para o resto do mundo, porque são a corporificação tangível de uma relação unilateral, já bem antiga, de dominação e subordinação estrutural. A ordem existente foi erigida sobre essas fundações – incorrigíveis por sua própria natureza. O que está em jogo é o edifício inteiro e não apenas alguns de seus tijolos, mais ou menos facilmente substituíveis. Por isso, a questão da mudança significativa não pode ser separada, de modo arbitrário, do enfrentamento da questão fundamental das hierarquias estruturais profundamente arraigadas da ordem global do capital. Nesse sentido, não importando o quanto sejam pequenos os aperfeiçoamentos projetados para o futuro, se for esperado que sejam sustentáveis, mesmo no sentido da proposta conservadora do "gradual", eles só se tornam viáveis se estiverem inseridos num quadro mais amplo de mudança estratégica significativa – ou seja, uma mudança potencialmente cumulativa que conduza a algo muito diferente e mais aceitável do que o anteriormente existente, e que não seja anulada, como geralmente acontece, pela mudança "gradual" seguinte –,[38] e não como meio de perpetuação da ordem estabelecida, sob os transparentes disfarces de mudança.

O triunfalismo tranqüilo do discurso ideológico dominante, que finge pairar acima de toda ideologia, tenta varrer todos esses problemas para baixo do tapete. Mas essa é uma tarefa impossível. Muitas soluções, antes inquestionáveis, não podem continuar sem discussão, para que se possa cumprir a outrora institucionalmente segura e protegida função no movimento dos trabalhadores. Paradoxalmente, esse foi o resultado dos conflitos gerados pelo forte desvio para a direita da socialdemocracia no espectro político, de que se esperava, pelo contrário, que tivesse como conseqüência o aumento da dominação institucional do reformismo em toda parte, e não apenas em alguns países capitalistas avançados. Ainda assim, contrariamente às expectativas conformistas, o aprofundamento da crise do sistema propõe algumas perguntas relativas não às questões marginais, mas às crenças centrais da socialdemocracia reformista em geral. É por isso que as tentativas persistentes de varrer tais questões para baixo do tapete não funcionam mais. O tapete reformista tornou-se extremamente problemático. Até há pouco tempo, ele era a justificativa para tudo, como pode ver o leitor

---

[38] Para uma discussão dos conceitos filosóficos no centro da defesa conservadora do "gradualismo", como tentativa de justificar a rejeição apriorística de qualquer idéia de mudança abrangente, ver meu artigo: "The Nature of Historical Determination", *Critique*, n. 30-1, 1998, p. 91-123.

Introdução à nova edição **37**

deste livro na discussão do "socialismo evolucionário" de Edward Bernstein, com seu princípio de "esperar o tempo necessário" e, abracadabra, os problemas serão resolvidos para felicidade de todos, desde que sejam demolidos os andaimes do pensamento radical de Marx.[39] Mais tarde, essa mesma posição de irrealidade foi estendida sobre as malogradas expectativas, passadas e presentes, da chamada "modernização do Terceiro Mundo", que deveriam ser jogadas sob o mesmo tapete "avançado". O problema é que também o tapete está agora em questão, por estar cheio de buracos e não ser bastante grande para cobrir todos os conflitos que estouram até nos locais antes mais insuspeitos. Assim, seria extrema ingenuidade acreditar, atualmente, na receita reformista como panacéia universal.

A esse respeito, é uma questão de fundamental importância o que aconteceu com o principal artigo de fé do "socialismo evolucionário". Em seu início, o credo reformista de Bernstein estipulava que defender a fidelidade ao *objetivo final* do movimento – ou seja, o objetivo estratégico de mudança estrutural radical – era um grave erro, porque a única coisa que realmente tinha importância era a busca reformista de alguns limitados *objetivos imediatos*. Assim, criou-se uma *falsa dicotomia*, em nome do desmonte dos "andaimes dialéticos" marxianos, entre os grandes objetivos *estratégicos* do movimento socialista e as estreitas exigências *imediatas* que poderiam ser aceitas, dentro de um espírito reformista, e acomodadas em segurança nos limites pressupostos do sistema do capital. O fato de *qualquer* movimento, e não apenas um movimento socialista radical, tornar-se completamente cego ao abandonar seus objetivos gerais, não parece ter importância. Pelo contrário, a cegueira auto-induzida e a conseqüente acomodação revelaram-se os objetivos estratégicos do movimento assim definido: "o movimento é tudo, o objetivo, nada". Durante algum tempo, as referências às *reformas*, a serviço da "*mudança da sociedade*" (ainda que nebulosa como deve ser depois de desprezar o "objetivo último" como mero andaime), puderam se manter, pelo menos nos periódicos manifestos eleitorais. Mais tarde, entretanto, a idéia de "reformas introduzidas para mudar a sociedade" teve de ser abandonada, mesmo sendo apenas dita da boca para fora, pois o impacto da crise estrutural do capitalismo tornou inadmissível qualquer crítica ao sistema. Portanto, não é surpreendente que o "Novo Partido Trabalhista" britânico se defina hoje como "amigo dos negócios" (ou melhor, dos altos negócios).

O que torna essa questão extremamente grave para a orientação reformista há muito predominante no movimento trabalhista ocidental é o fato de a notória, mas cuidadosamente promovida, *falsa dicotomia* entre "objetivos imediatos" e "objetivo final" ter implodido na própria realidade objetiva. A total inviabilidade das concepções reformistas pôde ser oculta no passado sob o véu justificador das *concessões* do capital que se presumia poderem se estender a todos os países com a passagem do tempo. Mas o que aconteceu foi exatamente o oposto, pois, ao longo do desenvolvimento histórico, o capital atingiu um estágio em que mesmo as antigas "concessões" tiveram de ser

---

[39] Ver capítulo 8 deste livro – "A constituição da solidariedade" – e especialmente a Seção 8.5: "O beco sem saída representativo de Bernstein".

## 38  *O poder da ideologia*

anuladas pela ordem imperante, com a ajuda de impiedosa legislação parlamentar (ativamente apoiada pela socialdemocracia reformista), por já não poderem cumprir sua antiga função expansionista. A virtual morte do "Estado de bem-estar" até nos países capitalistas mais avançados, em vez de sua prometida difusão por todo o mundo, é testemunha eloqüente desse pensamento desalentador.

Expor a natureza conservadora dessa falsa dicotomia não é o suficiente. É também necessário colocá-la na perspectiva adequada. A ligação real entre as demandas imediatas e os objetivos gerais orientadores do movimento socialista é, na verdade, extremamente importante, desde que seja avaliada nos termos da dialética objetiva da inter-relação estratégica nela manifesta, como parte da mudança das determinações históricas de nosso tempo, em vez de ser subordinada a uma falsa oposição mistificadora. Sob esse aspecto, o dado crucial é que, com o encerramento da fase expansionista relativamente tranqüila do sistema no pós-guerra e o perigoso estreitamento das margens das práticas reprodutivas lucrativas do capital, trazendo consigo o imperativo de uma exploração cada vez mais dura da força de trabalho mundial, deixam de existir não somente as melhorias cumulativas imediatas que, no devido tempo, poderiam resultar em algo significativamente diferente, e que justificariam, assim, a dedicação das pessoas pertencentes ao movimento. Pelo contrário, para ter sentido, a relação entre o "imediato" e o "último" deve ser invertida para estabelecer as prioridades corretas. Pois, em nossos dias – em que o capital só pode oferecer benefícios estritamente *táticos* ao trabalho, com o objetivo de retomá-los "acrescidos de juros compostos" na primeira oportunidade –, mesmo a realização dos objetivos mais limitados só é viável como parte essencial e subsidiária da *alternativa hegemônica* do movimento socialista à ordem estabelecida. Dessa forma, pode-se buscar o imediato apenas se for concebido como *imediato estratégico*, definido por sua inseparabilidade do *longo prazo estratégico* e orientado pela primazia geral deste último. Em outras palavras, só se adotariam os melhoramentos parciais que não puderem ser retomados com relativa facilidade, e que, portanto, seriam capazes de adquirir um caráter realmente cumulativo. Inevitavelmente, isso também significa uma determinação resoluta de defender de forma combativa os objetivos escolhidos, mesmo que isso implique desafiar a própria estrutura legislativa antitrabalhista. Quem achar que isso é "maximalismo" deveria perceber que, na verdade, a pior espécie de maximalismo é a busca vã de "demandas mínimas" irrealizáveis – por se conformarem tática e temporariamente com os limites estruturais do capital.

Em termos estratégicos – visto que o fim da longa ascendência do capital e sua substituição pela absoluta preocupação do sistema com sua própria sobrevivência a qualquer custo, até pela imposição do curso de ação mais destrutivo sob a forma de guerras "preventivas" e "preemptivas" –, o que apareceu na agenda histórica é a urgente necessidade de instituir a *alternativa hegemônica* do trabalho à ordem social estabelecida. Somente mediante tal alternativa será possível lançar no passado as horríveis desigualdades e devastadoras contradições do presente. Durante muito tempo as estratégias da esquerda tradicional foram formuladas, explicitamente ou não, com a "premissa realista" de que os melhoramentos perseguidos têm de ser viáveis para o capital, deixando assim, sem discussão, o sistema em si. Mas hoje, como já foi mencionado, nenhum progresso social duradouro para o trabalho é viável para o capital. Conseqüentemente, a conformidade à premissa antes aceita de viabilidade só pode trazer frustração e a derrota final. É por isso que a inter-relação dialética positiva entre os objetivos imediatos e os objetivos estrategicamente abrangentes de um movimento socialista de massa reconstituído deve estar sempre no foco de nossa atenção.

## 8  A necessidade de corrigir a desigualdade estrutural

Como sabemos, o Fórum Social Mundial escreveu em letras grandes na sua bandeira, como forma de resumir o mais importante princípio orientador dos movimentos sociais a ele associados: "Outro mundo é possível". Dados os imensos perigos que se apresentam em escala crescente à humanidade hoje em dia, a frase deve ser completada. Ou seja: "Outro mundo é possível *e necessário*".

Se quisermos transformar a ordem estabelecida em outra, da qual serão removidos os perigos de autodestruição da humanidade – uma ordem que seja ao mesmo tempo positivamente sustentável, de modo a prevenir a reprodução no futuro desses perigos sob uma ou outra forma –, é necessário identificar as determinações centrais do sistema atual que causaram nossas dificuldades perigosamente incontroláveis. Sobretudo porque as determinações em questão geralmente são idealizadas, erigindo assim obstáculos aparentemente insuperáveis no caminho que leva à mudança necessária. Não é difícil ver que muita coisa deve ser *retificada* na nossa sociedade antes que possamos antecipar a sustentabilidade de uma nova ordem reprodutiva social. A nova ordem proposta pode tornar-se *possível*, como anuncia nosso princípio orientador, acima de tudo pela eliminação radical da *desigualdade estruturalmente imposta* entre o mundo "capitalista avançado" e o que é tendenciosa e paternalisticamente caracterizado como o "mundo subdesenvolvido"; como se os países assim descritos não pertencessem ao mesmo mundo, não fossem governados pelo mesmo sistema. E essa é apenas a dimensão internacional do problema. A dimensão interna, que também garante a dominação global da ordem reprodutiva social existente, é caracterizada pelas mesmas contradições de desigualdade estruturalmente imposta das determinações internacionais de dependência, ainda que as classes trabalhadoras do "capitalismo avançado" desfrutem, agora (mas certamente não para sempre), de alguns privilégios significativos, comparados aos colegas do resto do mundo. É, portanto, necessária a retificação radical para superar não somente a injustiça assustadora. Inseparável dessa dimensão moral, uma retificação radical é também uma questão de preocupação social reprodutiva, resultante do imperativo absoluto de assegurar a *sustentabilidade* de uma ordem social alternativa viável.

A esse respeito, um dos exemplos mais importantes – se não *o* mais importante, ilustrando claramente a idealização não histórica de uma especificidade social historicamente determinada e extremamente problemática e, ao mesmo tempo, a enormidade dos obstáculos erguidos na sua base tendenciosamente desistoricizada – é a forma como crescimento e expansão capitalistas são tratados no discurso ideológico dominante. Como resultado, tudo é virado de cabeça para baixo, forçando o estritamente histórico – e *alterável* – a se tornar *inalterável* para toda a eternidade e, pelo mesmo

## 40 *O poder da ideologia*

artifício, o que deveria ser um princípio orientador permanente de toda atividade produtiva, uma vez que ela é diretamente relacionada com o *substrato natural da própria existência humana*, ser irresponsavelmente submetido a determinações de *temporalidade conjuntural* arbitrariamente utilizáveis e míopes. Dessa forma, a verdadeira relação ontológica entre humanidade e natureza é totalmente deturpada, com conseqüências potencialmente devastadoras, a serviço da eternização do mundo do capital, de forma que não haja a menor esperança de fugir dele nas circunstâncias históricas em mudança. Isso não é "ser econômico com a verdade", mas uma sua grosseira violação. "Apesar das tentativas bem conhecidas dos interesses beneficiados para a 'eternização' do sistema capitalista de controle metabólico, *ao longo da história humana nenhum outro modo de produção jamais se caracterizou pelo imperativo estrutural de auto-expansão*. Assim, contrariamente a muitas formulações apologéticas, não existe base apriorística para prever a permanência desse sistema de controle no futuro. O que precisa ser explicado (e contraditado) é precisamente a preponderância alienante do poder de dominação do capital *apesar de sua singularidade na história*, em vez de ser falaciosamente metamorfoseado em *regra universal*."[40]

Defender e idealizar acriticamente como universalmente elogiável o imperativo de auto-expansão e crescimento ilimitado do sistema do capital, apesar de suas implicações e conseqüências destrutivas, levam à recusa persistente em retificar a iniqüidade insustentável de nossa ordem mundial. Esse sistema incorrigivelmente explorador é movido por seus *antagonismos internos* tanto em suas menores partes constituintes, como em seu todo globalmente articulado. Estender essa força até os cantos mais remotos do mundo ao longo da história, de acordo com o imperativo da auto-expansão, foi inseparável da iníqua concentração e centralização dos poderes de tomada de decisão, condenando a maioria esmagadora da humanidade a viver em situação de mera sobrevivência, se tanto. Propor a pergunta embaraçosa: *"que tipo de crescimento?"*, é absolutamente incompatível com os princípios orientadores do sistema, pois o único "crescimento" que importava e poderia ser perseguido era o da *expansão do capital*, quaisquer que fossem as conseqüências. As conseqüências – não apenas um dano ecológico mais ou menos limitado, mas a total destruição das condições sustentáveis de existência humana neste planeta – são por si sós suficientemente eloqüentes.

Um sistema incapaz de fixar limites para o imperativo de auto-expansão num mundo de recursos finitos é claramente insustentável a longo prazo. A verdade é que a preocupação vital de retificar as desigualdades estruturalmente arraigadas da ordem global é inseparável da fixação dos limites adequados: por meio da oposição ao imperativo da expansão destrutiva do capital e sua justificativa pela ideologia do "crescimento" ilimitado. Essa preocupação também exige um exame crítico da proposta genérica de *The Limits to Growth*, que não se limita ao "Clube de Roma", pois essa proposta se alinha com os mesmos interesses que os de seu alegado oponente, para justificar a falsa dicotomia conservadora *"crescimento ou não crescimento"*. Ela parte exatamente da premissa que deve ser questionada: o sistema globalmente estabelecido,

---

[40] Ver, neste livro, p. 508.

*Introdução à nova edição* 41

de gritante desigualdade, tentando manter as atuais relações sob a pretensa racionalidade do "não crescimento" e o concomitante "equilíbrio global em que população e capital são essencialmente estáveis".[41] Em outras palavras, a solução é sonhadoramente projetada na forma de – surpresa, surpresa! – *controle populacional* no "Terceiro Mundo", tratando de alguns *sintomas* com as típicas quantificações fetichistas, enquanto deixa absolutamente intacta a *estrutura causal* do sistema. Isso torna todo o empreendimento não só altamente conservador, mas também quixotesco. Ao mesmo tempo, o significado social de todo o empreendimento aparece claramente quando a principal figura intelectual dessa abordagem despreza secamente a preocupação inteiramente justificável com a igualdade como mero "*slogan* de igualdade".[42]

Entretanto, ao contrário da dicotomia fetichista de "crescimento ou não crescimento", somente uma abordagem qualitativa poderia funcionar. Somente uma *redefinição qualitativa de crescimento* incluiria toda a humanidade de forma a mudar, com base na *igualdade substantiva*, a relação existente, em vez de continuar a excluir a esmagadora maioria dos seres humanos dos frutos do aumento da produtividade, como aconteceu ao longo de todo o período de ascendência histórica do capital. Congelar as atuais relações de poder em nome do estabelecimento, nas atuais circunstâncias de hierarquia de dominação e subordinação estruturalmente arraigadas, de "um equilíbrio essencialmente estável" (mais um mundo da fantasia) não vai ajudar nem um pouco. Crescimento – qualitativamente definido e perseguido – é hoje mais necessário do que em qualquer outra época passada para atender até as mais elementares necessidades de pessoas que estão condenadas a sobreviver com "menos de um dólar por dia"; na verdade, incontáveis milhões vivem com "*menos de quarenta cents por dia*". Quanto a esse aspecto, não pode haver progresso sem crescimento qualitativamente definido, empreendido para corrigir radicalmente as profundas desigualdades do sistema do capital.

Compreensivelmente, o crescimento em questão só pode ser *seletivo* e orientado pelo princípio de *economia real*, focalizando a importante questão do crescimento nas atuais *taxas de utilização*, em vez das práticas produtivas dominantes regidas pelo *desperdício* e a serviço do imperativo da auto-expansão destrutiva do capital.[43] Mais uma vez, a igualdade proposta não pode ser instituída sem observação do princípio orientador formulado por Marx na sua *Crítica ao Programa de Gotha*, e reiterado por Lenin em várias ocasiões, segundo o qual a busca da igualdade substantiva, em nossa determinação de retificar a insustentabilidade das condições atuais, implica a aplicação conscienciosa de medidas desiguais. Aqueles privados até mesmo de suas necessidades elementares têm de ser – e merecem sê-lo – *preferencialmente* (ou seja, num sentido

---

[41] *The Limits to Growth: A Report for the Club of Rome Project on the Predicament of Mankind*, A Potomac Associates Book, Earth Island Limited, Londres, 1972, p. 171.

[42] Ver entrevista do professor Jay Forrester do Massachusetts Institute of Technology em *Le Monde*, 1º de agosto de 1972.

[43] Para uma discussão detalhada desses problemas, ver capítulos 15 e 16 de *Para além do capital* – capítulo 15: "A taxa de utilização decrescente no capitalismo"; capítulo 16: "A taxa decrescente de utilização e o Estado capitalista" –, p. 634-700.

## 42    *O poder da ideologia*

formal, desigualmente) tratados, até em seu desejo de crescimento necessário e avanço produtivo de seus respectivos países. É assim que, num período de transição, há de prevalecer a dialética *da continuidade e da descontinuidade*, desde que ela seja firmemente guiada pelo *objetivo geral* de avançar na direção de uma ordem social *globalmente generalizável* – porque totalmente *equitativa e não antagônica*, e, portanto, viável e sustentável. As contradições cada vez mais destrutivas do nosso lar planetário não podem ser solucionadas de outra forma.

A defesa da *igualdade* tem estado conosco há muito tempo: desde os dias em que se formularam as primeiras imagens utópicas contra a realidade existente. Porém, naqueles primeiros dias, por causa das condições predominantes de desenvolvimento produtivo, a igualdade só poderia significar a "distribuição equitativa da miséria", e carregar o potencial antagonismo de "lutar pela parte do leão". O movimento socialista marxiano não teria nada a ver com aquilo. À época em que Marx formulou seus princípios, depois da revolução industrial, as condições de progresso produtivo haviam mudado muito, e para melhor. O próprio Marx reagiu positivamente às idéias de um visionário que viveu – e foi executado por tentar organizar uma *Sociedade de Iguais* em favor de suas idéias – no rescaldo da Revolução Francesa de 1789. O homem era François Babeuf, que definiu qualitativamente as condições de igualdade, com base nas necessidades humanas, inclusive o princípio da "desigualdade quantitativa a serviço da igualdade substantiva", que permanece válido ainda hoje. Babeuf defendeu sua proposta com estas palavras: "A igualdade deve ser medida pela *capacidade* do trabalhador e pela *carência* do consumidor, não pela intensidade do trabalho nem pela quantidade de coisas consumidas. Um homem dotado de certo grau de força, quando levanta um peso de *dez* libras, trabalha tanto quanto outro homem com cinco vezes a sua força que levanta *cinqüenta* libras. Aquele que, para saciar uma sede abrasadora, bebe um caneco de água, não desfruta mais do que seu camarada que, menos sedento, bebe apenas um copo. O objetivo do comunismo em questão é *igualdade de trabalhos e prazeres, não de coisas consumíveis e tarefas dos trabalhadores*".[44] A adoção desses princípios por Marx, em sua discussão sobre o tipo de distribuição digno da fase superior da sociedade socialista (chamada comunismo, como também Babeuf a havia chamado cem anos antes), baseada nas necessidades qualitativamente diferentes dos indivíduos, põe em relevo um legado histórico que acompanhou a humanidade durante muitos séculos. Foi necessário todo esse tempo de progresso produtivo para criar as condições de realização no que se refere aos indivíduos e a suas sociedades nas múltiplas inter-relações de uns com os outros. A tarefa de definir os limites adequados à ordem reprodutiva social estabelecida – hoje incontrolavelmente movida por seus antagonismos internos, que a tornam incapaz de aceitar qualquer limite racional – e de ao mesmo tempo corrigir as esmagadoras desigualdades deste sistema invasivo definem a agenda social para o futuro previsível.

---

[44]    Philip Buonarroti, *Conspiration pour l'égalité dite de Babeuf*, Bruxelas, 1828, p. 297. Ver também p. 463 e nota 6 do capítulo 9 deste livro.

*Introdução à nova edição* 43

## 9 A alternativa global necessária

Quando pensamos na *alternativa global necessária*, o ponto de partida não pode ser outro que não o reconhecimento das restrições existentes, de forma a sermos capazes de contrapor à defesa cética – e geralmente até mesmo cínica – de que "não há alternativa" uma visão muito diferente da deturpação facciosa das tendências de desenvolvimento como uma "globalização" invencivelmente capitalista.

A avaliação adequada da dimensão global do sistema do capital sempre foi parte essencial da teoria marxiana. De fato, Marx foi o primeiro, muito antes de qualquer outro, a insistir na inevitabilidade das determinações globalmente mantidas pelo sistema e a conseqüente *universalidade perversa* que deve ser superada no devido tempo por uma ordem global positivamente definida. No mesmo espírito, declarei neste livro ser "completamente errado seguir o conselho cético ou pessimista daqueles que querem nos convencer a abandonar essas preocupações. A universalidade destrutiva do capital não pode ser enfrentada com uma fuga para o 'pequeno mundo' das disputas locais. Quer se goste ou não, não há como escapar do problema histórico para o qual somente se concebem *soluções globais* para enfrentar nossos *problemas globais*. A concepção socialista foi concebida desde o início como alternativa à universalidade antagonística do sistema do capital. [...] No final, a grande questão histórica de nossa época deverá ser decidida precisamente em razão da viabilidade (ou fracasso) universal – ou seja, *global* – desses dois sistemas de controle em um mundo inevitavelmente interligado que tende para a completa integração. Há demasiados problemas – alguns absolutamente vitais para assegurar as condições elementares de sobrevivência humana neste planeta – para os quais são impensáveis outras soluções que não *literalmente globais*".[45]

A passagem da humanidade dos Estados nacionais antagonisticamente fragmentados do capital para uma ordem global positivamente sustentável é uma necessidade absoluta, porque a sobrevivência humana continuará permanentemente ameaçada se não conseguirmos a transição para essa ordem. Quando o grande patriota cubano José Martí afirmou que *"patria es humanidad"* (a pátria é a humanidade), ele apontava na mesma direção. O que é claro na defesa de uma ordem global positivamente definida – que possa ser considerada a verdadeira pátria de todos os seres humanos – é a impossibilidade, em nosso horizonte, de realizar essa tarefa histórica sem superar os antagonismos abertos e latentes da ordem existente.

A pergunta central dessa tarefa histórica se relaciona com a necessidade de superar o *antagonismo hierárquico* do modo de reprodução sociometabólica do capital. Sob esse aspecto, a reestruturação radical inevitável é equivalente à elaboração de uma forma qualitativamente diferente de controle sociometabólico. A natureza da nova forma pode ser resumida, citando as palavras de Marx, como um sistema baseado em *"um plano geral de indivíduos livremente combinados"*.[46] Isso quer dizer, em termos mais simples, a substituição das cadeias de trabalho impostas pelo capital pelos *elos cooperativos* dos indivíduos e os vários grupos a que eles pertencem. Por meio dessa mudança qualitativa,

---

[45]   Neste volume, p. 540.

[46]   MECW, vol. 5, p. 83.

## 44   *O poder da ideologia*

eles terão condições de estabelecer uma forma muito superior e potencialmente muito mais produtiva de *coordenação geral* do que a que é viável com base no controle externo autoritário da mão-de-obra no sistema de trabalhos forçados do capital. Em outras palavras, o controle sociometabólico de indivíduos livremente combinados – instituído e constantemente desenvolvido por estes indivíduos livremente combinados – torna possível a sustentabilidade de uma nova ordem produtiva, pois *sustentabilidade equivale ao controle consciente do processo de reprodução sociometabólica pelos produtores livremente associados* (o que, evidentemente, é o único meio viável de *autocontrole*), em contraste com o antagonismo insustentável, estruturalmente arraigado, e, em última análise, a destrutividade da ordem reprodutiva do capital.

Os princípios reguladores de um modo socialista sustentável de reprodução sociometabólica são incomparavelmente mais precisos e firmemente fundamentados do que os postulados de um sistema capitalista completamente globalizado sob um "governo global" funcionando harmoniosamente. Na verdade, no que tange a este último, não somente não há sinal algum dele hoje, como, ao contrário, os sinais identificáveis de desenvolvimento apontam para a direção oposta.

Os princípios reguladores de uma sociedade socialista avançada não se limitam à tarefa inevitável de *negação* das piores contradições da ordem existente. Tratam com igual determinação dos requisitos *positivos* para a garantia da *viabilidade a longo prazo* – na verdade, o horizonte totalmente *aberto e indefinido*, por ser constantemente renovado – das práticas reprodutivas conscientes da sociedade, numa forma *qualitativamente* diferente da estreiteza irracional da *consciência de tempo do capital*. O capital, sob a pressão de suas contradições sistêmicas incorrigíveis, não é capaz de ver além de poucos anos, e ainda assim somente sob a forma de fragmentos caoticamente interativos e que geralmente se cancelam mutuamente. Isso é bem ilustrado pela margem estreita de ação até mesmo das gigantescas corporações transnacionais sobre o mercado mundial, expondo a vacuidade de suas pretensas estratégias conscientes de controle, para não mencionar o comportamento incomparavelmente mais restringido da grande multiplicidade de empresas muito mais limitadas, tanto nacional como internacionalmente.

A questão do tempo entre os princípios reguladores socialistas aparece em dois aspectos principais. Primeiro, no que se refere ao período de vida significativamente utilizável dos indivíduos, ela torna necessária uma separação radical da concepção dominante de "tempo livre" como algo totalmente sem sentido. O capital tem de explorar o tempo do indivíduo para seu próprio objetivo – único e somente ele viável – de garantir a *acumulação de capital*. Tudo que estiver além disso deve ser degradado como *tempo inútil* ou, em outras palavras, *"lazer" ocioso*. Isso porque o necessário uso alternativo do tempo de vida dos indivíduos é inconcebível sem uma estrutura social em que se encoraje ativa e conscientemente o crescimento do tempo livre com generosidade desimpedida, e se encontrem meios positivos para sua utilização. Caso contrário, o problema surge com a produção de *dinamite social* sob a forma de tempo livre frustrado, completamente desprovido de meios de aproveitamento, como vemos se manifestar de muitas formas nas nossas atuais sociedades, desde o vandalismo irresponsável até as dolorosas conseqüências de uma cultura de drogas generalizada. Pode-

Introdução à nova edição    45

se facilmente imaginar o quanto aumentaria o perigo explosivo do ócio sem sentido nas sociedades capitalistas avançadas caso se permitisse que o desenvolvimento produtivo gerasse o máximo de tempo livre potencialmente disponível além do *tempo necessário de trabalho* que hoje é imediatamente explorável pelo capital. Isso provocaria uma grave intensificação do *desemprego crônico* e da violência social inseparável dele.

O segundo aspecto em que o inevitável peso do tempo é claramente visível refere-se à atividade reprodutiva da sociedade em geral, não somente em algum ponto particular no tempo, mas também no *horizonte de mais longo prazo*. É esse o verdadeiro significado do *planejamento* digno desse nome. Está claramente demonstrado nesta citação de uma entrevista muito esclarecedora com Harry Magdoff, publicada na *Monthly Review* em outubro de 2002. Na entrevista, Magdoff relata uma conversa com Che Guevara:

> Eu disse a Che: "o importante é que, quando os planos são feitos, os planejadores, aqueles que propõem as direções e números, deveriam se aplicar a pensar nas alternativas políticas reais à luz das condições práticas". Nesse ponto Che riu e disse que, quando estava em Moscou, seu anfitrião Kruschev, que era então chefe do partido e do governo, levou-o a ver lugares como um turista político. Rodando pela cidade, Che disse a Kruschev que gostaria de se encontrar com a comissão de planejamento. Kruschev disse: *"Por que isso? Eles não passam de um bando de contadores"*.[47]

Os que desprezam a própria idéia de planejamento, em virtude da implosão soviética, estão muito enganados, pois a sustentabilidade de uma ordem global de reprodução sociometabólica é inconcebível sem um sistema adequado de planejamento, administrado sobre a base de uma *democracia substantiva* pelos produtores livremente associados. O fracasso do planejamento de tipo soviético – adotado em toda a Europa oriental –, e com ele o fim dos sistemas de tipo soviético, foi determinado pela imposição *de cima* por um corpo *separado* de decisão, pelas ordens crescentemente problemáticas que até mesmo aquele *"bando de contadores"* era obrigado a aceitar sem discussão, sendo que os próprios produtores nunca eram consultados, a não ser mediante o ritual anual de "aprovação entusiástica". As decisões eram autoritárias também no sentido de que não se permitiam a revisão e alteração das projeções depois de o plano estar legalmente codificado, geralmente com conseqüências extremamente dolorosas para as pessoas envolvidas.[48] O tempo empregado nesse tipo de planejamento era *inútil*: não tinha nenhum *futuro real*; apenas a projeção arbitrária do

---

[47] Harry Magdoff, entrevistado por Huck Gutman, "Creating a Just Society: Lessons from Planning in the USSR & the US", *Monthly Review*, outubro de 2002, p. 2. Algumas páginas adiante, Magdoff acrescenta: "Permita-me enfatizar como o plano foi feito e a política que o acompanhou. Acho que a separação entre planejadores, técnicos e economistas, e o poderoso comando político do partido, foi um importante elemento das dificuldades que se desenvolveram. Primeiro, não-especialistas estavam tomando decisões econômicas, baseados em decisões políticas sobre o que seria melhor do ponto de vista do espetáculo, embora houvesse por trás disso o sentimento de que era o melhor para o povo. Mas, ao mesmo tempo, um sistema político semelhante a uma economia de guerra já estava sendo implantado".

[48] Para uma crítica de algumas decisões chocantes e suas conseqüências incorrigíveis, ver meu livro *Satire and Reality*, terminado em 1954 e publicado (em húngaro, por Sz. K. K.) em Budapeste, em janeiro de 1955. As passagens relevantes sobre o processo de planejamento criticado estão relatadas em meu estudo: "La teoría económica y la política: más allá del capital", em *Revista BCV Foros*, n. 7, 2002, p. 315.

## 46  O poder da ideologia

presente num futuro *desejado* e *voluntaristicamente imposto*. Esse futuro postulado não poderia ser transformado em realidade precisamente por causa do voluntarismo político que dominava a sociedade (isso é o que foi caracterizado por Magdoff, na passagem da nota 47, como "um sistema político semelhante a uma economia de guerra").

Na verdade, o planejamento imposto dessa forma só poderia ser *post festum* – ou seja, aleatório e toscamente retroativo no passo seguinte do processo de planejamento, por causa da inevitável frustração das projeções voluntaristas. Pelas mesmas razões, ele jamais poderia ser realmente *abrangente*, nem aspirar a ser válido a longo prazo. As duas características são essenciais para um processo viável de planejamento, mas só se realizam se ele for ativamente apoiado pelos produtores livremente associados. A *parcialidade* instável, não a *abrangência* duradoura (apesar das projeções gerais do "*bando de contadores*" politicamente comandado e desautorizado), e a determinação negativamente reativa *post festum* dos objetivos adotados, em lugar da viabilidade a longo prazo das decisões tomadas – baseada na igualdade e na democracia substantivas – pelos próprios produtores, no lugar de impostas a eles *de cima* por um *corpo separado*. Essas são as principais características que diferenciam a fracassada prática do tipo soviético e o muito necessário sistema de planejamento do futuro. Quando examinamos mais detalhadamente as práticas de planejamento das grandes empresas monopolísticas da sociedade capitalista, idealizadas e defendidas por gente como John Kenneth Galbraith,[49] torna-se evidente que uma distância astronômica as separa do tipo de planejamento que é possível e necessário para uma futura ordem sustentável.

O sistema de planejamento aqui descrito não pode ser deixado a "um bando de contadores", nem a um corpo separado de políticos que comandaria os produtores por ditames impostos de cima. O processo genuíno e viável de planejamento de um novo modo de reprodução sociometabólica se distingue das formas conhecidas de planejamento parcial e superposto por ser firmemente orientado por uma *contabilidade socialista qualitativamente* diferente, em contraste com a fetichista *estreiteza quantificadora* das variedades passadas.

É ela que reúne as duas principais dimensões do tempo – o tempo de vida dos indivíduos particulares e as mais vastas determinações temporais de sua sociedade. A *contabilidade socialista* é impensável sem um processo de planejamento em que os objetivos adotados, baseados nas *necessidades dos indivíduos* – em sua grande variedade e potencial dinâmico para ativar completamente as pessoas envolvidas no atendimento de suas próprias necessidades –, *aglutinam-se* num modo viável de ação coletiva. É o que dá significado ao "plano geral de indivíduos livremente combinados".

A questão é em si eminentemente *qualitativa*, porque tanto as *necessidades* dos indivíduos (que são qualitativamente diferentes por sua própria natureza) e as condi-

---

[49]  John Kenneth Galbraith relatou uma versão a tal ponto idealizada do processo de planejamento corporativo, fechando não um, mas os dois olhos, para as deficiências do planejamento de tipo soviético, que previu confiantemente a próxima convergência dos dois sistemas, em vez da restauração do capitalismo na URSS. Para uma análise crítica de suas teorias, ver seção 2.3 deste livro: "A falácia das soluções tecnológicas para os problemas sociais".

ções para sua realização exigem trocas contínuas (verdadeiramente não conflitantes e, portanto, *mutuamente* modificáveis) entre os indivíduos cooperativamente associados dentro de uma estrutura social completamente adaptável. Os resultados dessas trocas podem ser flexivelmente modificados à luz do reexame racional do resultado das políticas livremente adotadas, em contraste com o "tráfego em mão única", predeterminado estruturalmente, de todos os sistemas que são comandados de cima. É o que torna possível também a adoção de uma abordagem qualitativamente diferente da questão *da economia e do desperdício*, desde que se torne possível superar a determinação estruturalmente superposta e apriorística do que se supõe que os indivíduos irão aceitar como *suas necessidades*, assim decretadas por serem lucrativamente produzidas por um sistema fetichista.

No modo hoje dominante de reprodução sociometabólica, o significado de uma *"economia"* bem-sucedida é perversamente definido pela capacidade do sistema de multiplicar o *desperdício*. O cultivo canceroso do "consumismo" – em contraste com a negação até das necessidades mais elementares da esmagadora maioria da humanidade – é a conseqüência necessária das determinações socioeconômicas subjacentes. E não termina aí a perversa violação do conceito de economia. Ela também é agravada pela forma como se define a *abundância*, pois, nessa estrutura de gerência econômica, o conceito de "abundância" constitui um círculo vicioso com *desperdício ilimitado e ilimitável*. Nunca é demais insistir, o imperativo auto-expansionista do capital é totalmente incompatível com o conceito de economia como *economizar*. Assim, nossa sociedade é declarada "avançada" (o que realmente significa nada mais do que *capitalisticamente avançada*) com base na sua capacidade de produzir e manter o desperdício, a serviço da manutenção da expansão do capital a qualquer custo. Quanto mais uma sociedade produz e convive com o lixo, mais avançada ela é considerada. Essa determinação envenena também outra relação vitalmente importante: a que existe entre *escassez e abundância*.

Evidentemente, num mundo de recursos finitos, nenhuma sociedade se sustenta a longo prazo sem enfrentar as dificuldades daí decorrentes. Mas o que vemos em nossas sociedades "avançadas" é que elas *juntam o insulto à agressão*. Primeiro, multiplicam o desperdício, infligindo assim grande agressão não somente ao presente, mas também ao futuro, e depois acrescentam o insulto ao fingir que resolveram o problema da *escassez* pela *"abundância"*. Mas, assombrosamente, essa "solução" se baseia no fato de elas produzirem lixo com "grande abundância" e não serem punidas, o que se supõe ser a prova da superação da escassez e sua peculiar justificativa. É claro, um mundo em que pessoas são condenadas a ter uma existência "da mão para a boca" não deveria apresentar essa espécie de relação entre escassez e abundância perdulária. Na verdade, em vez de ser eliminada, como geralmente se afirma, a escassez é agravada pelas práticas reprodutivas de nossas "sociedades avançadas".[50] Para invadir o terreno milenar da escassez, seria necessário remover as condições que continuam a reproduzi-la, em *escala sempre crescente*, devido às determinações internas antagônicas de nossa ordem repro-

---

[50] Ver seção 2.2 deste livro: "Teorização prematura do 'fim da escassez'".

48    *O poder da ideologia*

dutiva social. Somente uma *contabilidade socialista orientada para a qualidade* poderia indicar o caminho que leva para fora desse atoleiro de contradições.

Naturalmente, sob esse aspecto, bem como em todos os outros mencionados até aqui, o papel da educação é crucial. Sem uma concepção diferente de educação – ou seja, a *auto-educação* cooperativamente administrada dos produtores livremente associados, inspirada por, e orientada para, a produção e satisfação de suas necessidades genuínas – não há como sair do círculo vicioso da produção de escassez em escala sempre crescente. Na ausência da auto-educação cooperativa de iguais capazes de compreender o significado real de *economia*, tudo continuará à mercê dos interesses investidos na reprodução máxima de *necessidades artificiais*, inseparáveis da perpetuação lucrativa da escassez.

Essa concepção de educação é radicalmente diferente não apenas da estreita instrumentalidade e determinações fetichistas das práticas educacionais dominantes, administradas em subordinação às necessidades de expansão do capital (que, como já sabemos, precisam ser *internalizadas* pelos indivíduos como "suas próprias necessidades"). Também difere qualitativamente da concepção educacional, bem-intencionada, mas irrealista, produzida pelos *socialistas utópicos*. A inevitável linha divisória, que separa a concepção aqui defendida e esta última, refere-se à reprodução, nesta concepção, da *desigualdade substantiva*, herdada da ordem utopicamente negada. Por isso Marx criticou a utópica "divisão da sociedade em duas partes, uma das quais [os educadores] é superior à sociedade": uma visão que esquece o fato de que "*o próprio educador precisa ser educado*".[51]

A nova concepção de educação não é confinada a um número limitado de anos na vida dos indivíduos, mas, em virtude de suas funções radicalmente alteradas, refere-se à vida inteira. A "auto-educação de iguais" e a "autogestão da ordem reprodutiva social" não podem ser separadas uma da outra. A autogestão – pelos indivíduos associados – das funções vitais do processo sociometabólico é um empreendimento *contínuo*, e inevitavelmente *em mudança*. O mesmo se aplica às práticas educacionais, pois são elas que permitem aos indivíduos executar essas funções constantemente redefinidas de acordo com as mudanças requeridas das quais são os agentes ativos. Nesse sentido, a educação é verdadeiramente uma "*educação continuada*". Não pode ser "vocacional" (o que nas nossas sociedades significa confinar as pessoas em funções utilitárias estritamente predeterminadas, desprovidas de todo poder de decisão), nem "geral" (que deve ensinar aos indivíduos, de forma condescendente, as "técnicas de pensar"). Essas noções são pressupostos arrogantes de uma concepção corretamente condenada por Gramsci, quando escreveu: "Não há atividade humana da qual se possa excluir toda intervenção intelectual – o *homo faber* não pode ser separado do *homo sapiens*".[52] As práticas educacionais dominantes se baseiam precisamente nessa separação, totalmente insustentável a longo prazo. Em contraste, a "educação continuada", como constituinte necessário dos princípios reguladores socialistas, é insepa-

---

[51]    Marx, *Theses on Feuerbach*, MECW, vol. 5, p. 4.

[52]    Antonio Gramsci, "The Formation of Intellectuals", in *The Modern Prince and Other Writings*, Lawrence and Wishart, Londres, 1957, p. 121.

rável da prática significativa da *autogestão*. É parte fundamental desta última por representar, por um lado, a *fase formativa* na vida dos indivíduos autogeridos, e, por outro, por tornar possível uma realimentação positiva dos indivíduos educacionalmente enriquecidos, com suas necessidades mutantes e equitativamente redefinidas, para a determinação geral dos princípios e objetivos orientadores da sociedade.

É assim que um novo tipo de *coordenação* do processo reprodutivo social se torna viável. Baseia-se no princípio da horizontalidade *equitativa*, e por ele é sustentado, em vez das formas existentes de *dominação estrutural hierárquica* justificadas pelo capital em nome do "ordenamento da produção e distribuição", como se não houvesse alternativa a elas. A verdade é que os princípios reguladores gerais de reprodução social (operacionais no seu "macrocosmo") não podem ser significativamente diferentes dos reguladores internos das próprias partes constitutivas – os "microcosmos". Assim, os microcosmos antagonicamente organizados da ordem social do capital não podem ser *coordenados horizontalmente*. Têm de ser *subordinados verticalmente* a uma ordem de controle de cima para baixo, não importando o tamanho das partes constituintes que deverão ser subordinadas dessa maneira. O capital não é capaz de controlar o processo sociometabólico de outra forma. Igualmente, o princípio da *coordenação horizontal geral* é compatível apenas com um tipo de microcosmo totalmente igualitário na sua natureza interna – e nesse sentido ele é também *autogerido* e, portanto, não é sobrecarregado pelos *antagonismos internos*, em contraste com todas as variedades de "controle de cima para baixo". A produção das necessidades reais dos indivíduos autogeridos, inseparáveis da concepção radicalmente diferente de educação indicada acima, é um requisito absolutamente necessário para a adoção bem-sucedida da *coordenação horizontal* como princípio regulador geral de controle numa futura ordem sustentável.

A questão final a ser mencionada nesse breve resumo dos princípios reguladores de uma genuína ordem socialista se refere ao problema da *troca*. Nossas sociedades são dominadas pelas incontornáveis contradições da *troca de mercadorias*. O sistema atual de regulação desse comércio não somente está baseado na desigualdade substantiva, como *reforça* essa desigualdade à medida que aumentam os poderes produtivos da sociedade, em vez de reduzi-la, como é sempre prometido e nunca cumprido. Toda a pia esperança de resolver esse problema por meio da "tributação progressiva" nada representa, revogando, nos últimos anos, até mesmo a pequena mudança na tributação do pós-guerra. Portanto, não é surpreendente o contínuo aumento do notório "abismo entre ricos e pobres", acompanhando a concentração e centralização do capital e acentuando absurdamente a *dominação da riqueza sobre a sociedade*, ao passo que o único avanço significativo deveria ser medido em termos do estágio do processo de instituição do *domínio da sociedade sobre a riqueza* – domínio este que é viável apenas por meio de uma mudança qualitativa. A mudança necessária só será possível se for colocado em ação um novo princípio regulador associado à troca. Isso implicaria uma reorientação fundamental, dos objetivos sociais buscados, da *troca de mercadorias* para a *troca de atividades* entre indivíduos autogeridos, como proposto por Marx.[53]

---

[53]  Esse problema está discutido no capítulo 19 de *Para além do capital*: "O sistema comunal e a lei do valor", p. 861-894.

50    *O poder da ideologia*

Sem a adoção e adequada consolidação desse princípio regulador, também o processo de planejamento está condenado a ser viciado, trazendo de volta, pela porta dos fundos, uma estrutura de comando autoritário para determinar as metas produtivas e regular a distribuição dos produtos.

Contrariamente às acusações de nossos adversários, não há nada de irrealizável nos princípios reguladores de uma futura ordem reprodutiva social como se discutiu aqui. O que é realmente irrealizável, pelo contrário, são as projeções e promessas da ordem existente, caracterizadas ainda hoje pela intensificação das contradições, para não mencionar suas crescentemente destrutivas perspectivas para o futuro. As esperanças dos socialistas utópicos eram de fato irrealizáveis por uma razão claramente identificável. Eles admitiam, como foi mencionado, a continuação da desigualdade substantiva da ordem social, ainda que reformada pelas suas preocupações esclarecidas. E foi esse o principal defeito de sua concepção, que anulava todas as esperanças, por mais sinceras e nobres na intenção.

É extremamente revelador que aqueles que negam a possibilidade de uma transformação socialista baseiem sua "refutação" não apenas na ignorância da *diferença* crucial, no que se refere à igualdade, entre os princípios reguladores propostos por Marx e os dos socialistas utópicos, de forma a resumir aqueles sob estes e desconsiderar todos como "irremediavelmente utópicos". Pior, por um truque de mágica, eles admitem arbitrariamente que a *desigualdade é em si absolutamente insuperável*, e então deduzem dessa premissa que qualquer alternativa a ela é irrealizável. Tudo isto parece certo e apropriado, de acordo com seu "procedimento racional. Na verdade, entretanto, seu argumento apresenta uma violação grosseira da lógica; embora pareça "*resultar*", como dizem eles, que os princípios socialistas reguladores são inoperáveis e seus objetivos irrealizáveis. Pois o que se alega "resultar" não resulta de outra coisa que não o que já foi falaciosa e circularmente admitido desde o início.

## 10  O sujeito social da emancipação e o poder da ideologia emancipadora

Outro mundo é possível e necessário. Necessário não no sentido de uma predeterminação fatalista, mas como uma necessidade urgente e profunda, cuja realização, ou não, decide tanta coisa no futuro. É óbvio, entretanto, que não basta esperar um resultado positivo. O livro de Ernst Bloch *Prinzip Hoffnung* [*Princípio esperança*] não está à altura da missão, por mais nobre e apaixonado que seja o compromisso com ela. Os antagonismos estruturais e contradições explosivas pesquisadas nestas páginas têm sua própria base material, e a paralisante inércia social que resulta dessa base deve ser enfrentada por uma força capaz não somente da necessária *negação* radical, mas também de instituir *positivamente* uma ordem alternativa sustentável. A "possibilidade" declarada com relação ao "outro mundo" não será transformada em realidade duradoura sem o trabalho contínuo da ação emancipatória social à altura da missão.

Durante a última década vimos algumas confrontações dramáticas de um movimento predominantemente espontâneo contra as forças repressivas da ordem dominante. Uma grande variedade de grupos tomou as ruas, expressando energicamente sua condenação às evidentes desigualdades de nossa sociedade, protestando desafiadora e corajosamente contra as imposições paralisantes da ordem estabelecida. A irrupção dessa dramática dissenção representa um importante desvio não somente em relação à esquerda tradicional, presa nas "regras democráticas do jogo" parlamentar, mas também em relação ao endosso e proposta respeitosa, de "tipo lobista", da "questão única" à atenção das personificações econômicas e políticas do capital, sem desafiar o próprio sistema. Os grupos envolvidos encararam algumas questões realmente fundamentais de nosso tempo, desde as decisões econômicas adotadas da forma autoritária usual em reuniões governamentais de cúpula e em congressos préfabricados da OMC até o anúncio cínico de guerras baseadas em pretextos totalmente falsos. O número de pessoas ativamente envolvidas nesses protestos radicais em diferentes partes do mundo é contado em milhões. Mas os guardiães da ordem dominante fingiram nas suas respostas a esses protestos que nada de realmente importante havia acontecido e se recusaram a ajustar suas perigosas políticas, apesar do grande número de manifestantes. Visto que suas graves preocupações não serão aliviadas na ordem atual, não surpreende o fato de esses grupos terem abraçado de coração a idéia de que "outro mundo é possível". Com esses desenvolvimentos, em grande parte espontâneos, o que apareceu claramente na agenda histórica é a necessidade e o potencial positivo de combinação de grupos de protesto multifacetados, inclusive os elementos radicais da esquerda tradicional e os milhões desprezados do campesinato, em uma força emancipadora capaz de lutar conscientemente pela alternativa desejada.

Isso também implica o reexame necessário dos conceitos restritivos do passado. O sujeito da emancipação não pode ser arbitrária e voluntaristicamente predefinido. Ele só estará apto para criar as condições de sucesso se abranger a totalidade dos grupos sociológicos capazes de se aglutinar em uma força transformadora efetiva no âmbito de um quadro de orientação estratégica adequado. O denominador comum ou o núcleo estratégico de todos esses grupos não pode ser o "trabalho industrial", tenha ele colarinho branco ou azul, mas o *trabalho como antagonista estrutural do capital*. Isto é o que combina objetivamente os interesses variados e historicamente produzidos da grande multiplicidade de grupos sociais que estão do lado emancipador da linha divisória das classes no interesse *comum* da *alternativa hegemônica do trabalho à ordem social do capital*. Pois todos esses grupos devem desempenhar seu importante papel ativo na garantia da transição para uma ordem qualitativamente diferente.

De fato, é a consciência desse *interesse comum totalmente objetivo*, mesmo que apenas durante algum tempo, dado o poder de divisão e fragmentação do capital, ainda latente, que torna possível a identificação clara das demandas tangíveis e literalmente vitais de nosso tempo, como foi visto, sob a qual a multiplicidade de grupos sociais trabalhadores pode ser reunida no âmbito de um quadro estratégico adequado. Essa é a base sobre a qual é possível superar os interesses conflitantes de grupos de trabalhadores secionalmente opostos, antecipando de modo realista a rearticulação bem-sucedida do movimento socialista com o objetivo de combinar grupos extremamente variados em um sujeito social emancipador *verdadeiramente abrangente*. O que Isabel Rauber escreveu, num livro notável sobre a América Latina, também vale para o resto do mundo, no qual o trabalho potencialmente unificado tem de se engajar no enfrentamento histórico com o capital. Como diz ela:

## 52 *O poder da ideologia*

hoje, na América Latina, não existe um sujeito social ou político particular que possa se arrogar o papel de ser o sujeito de transformação; esse sujeito só pode ser articulado como *sujeito plural*, capaz de se definir e expressar adequadamente somente se assumir a forma de *sujeito popular*. [...] Nesse sentido, o desafio que temos de enfrentar hoje é a necessidade de eliminar a fratura entre a classe e o partido, ligado simultaneamente à tarefa de superar a fratura histórica entre partido, classe e povo(s).[54]

Para ter sucesso nessa tarefa histórica, é necessário criar um novo modo de operação de um movimento socialista radicalmente rearticulado. Espelhar, nas disputas políticas do trabalho com o capital, o modo de operação hierárquico do adversário era compreensível sob determinadas circunstâncias históricas, refletindo a defensividade – hoje completamente anacrônica – do movimento. Mas, pela mesma razão da antes inevitável defensividade do movimento, essa forma de espelhamento não poderia trazer sucesso duradouro nem no limitado plano político, muito menos no lançamento das necessárias fundações de uma nova ordem sociometabólica de autorreprodução da humanidade. Essa emergente e multifacetada força emancipadora social só conseguirá prevalecer caso se articule sobre princípios muito diferentes de troca e organização humana.

A reconstituição do movimento socialista – baseado na igualdade substantiva inconcebível no terreno inalteravelmente hierárquico do capital – é a precondição necessária para enfrentar o desafio histórico que temos a nossa frente. Ao mesmo tempo, ela é a promessa de uma maneira viável de regular nosso modo de reprodução sociometabólica quando se puder controlar a destrutividade do capital e os cacos da antiga ordem forem reunidos numa estrutura sustentável. Dessa forma, a organização e o modo de ação realmente igualitários do movimento emancipador poderão ser levados para o futuro, pois sua constituição interna também representa, já em suas fases constitutivas, *prenúncios* de uma nova forma – *genuinamente associativa* – de cumprir as tarefas que possam se apresentar.

Sob esse aspecto, o conceito de *participação* é de fundamental importância. Ele é válido tanto na atual quanto em qualquer sociedade emancipada do futuro. Em primeiro lugar, seu significado, nas atuais circunstâncias, não é apenas um envolvimento mais ou menos limitado em discussões, geralmente reduzidas ao ritual vazio da "consulta" (seguido pelo superior descaso), mas a aquisição progressiva dos poderes alienados de tomada de decisão por parte do antagonista estrutural do capital que se transforma, no devido tempo, em corpo social de produtores livremente associados. Quanto ao futuro – não importa o quanto esteja distante –, participação significa o exercício criativo, em benefício de todos, dos poderes de tomada de decisão adquiridos, trazendo à tona os ricos recursos humanos dos indivíduos, reunidos a um ponto jamais sonhado nas formas anteriores de sociedade. É assim que o modo de intercâmbio social totalmente equitativo discutido há de combinar o princípio da *autonomia* significativa – pré-requisito da auto-realização dos indivíduos – com a necessidade de *coordenação estrutural geral*. Somente assim se concebe a transformação da operação do

---

[54] Isabel Rauber, *America Latina: Movimientos sociales y representación politica; Articulaciones*, Buenos Aires, Siglo XXI, 2003, p. 37.

*Introdução à nova edição*   53

processo sociometabólico de reprodução num todo integrado – por ser coerente e cooperativo, e não dilapidador e antagônico – e libertador.

Não se pode ter ilusões quanto às dificuldades de enfrentar o capital e o Estado, seu colaborador mais disposto. "O papel do governo britânico na greve dos mineiros de 1984 oferece um exemplo muito claro de como o Estado pode interferir a favor do capital. Contrariamente às regras elementares da boa prática nos negócios elogiadas pelo ex-presidente da General Motors, o Estado capitalista na Grã-Bretanha planejou sua ação antitrabalhista na forma de uma '*acumulação* cuidadosamente controlada e coordenada de *estoques excessivos*' com o objetivo mal disfarçado de provocar e levar os mineiros a uma greve em que – dado o total de recursos à disposição do Estado – eles nunca poderiam vencer. [...] As autoridades do Estado, com *total cooperação do Judiciário*, também interviram de todas as formas na disputa, negando aos grevistas suas legítimas reivindicações e privando o Sindicato Nacional de Mineiros de todos seus recursos. Além disso, o Estado gastou quantias maciças durante todo o ano que durou a luta – algo estimado em torno de 5 ou 6 bilhões de libras esterlinas [de vinte anos atrás] – para derrotar a greve. E, o que talvez seja o mais importante, ao mobilizar as forças do capital internacional bem como as ligações internacionais do Estado britânico (inclusive sua capacidade de assegurar o fornecimento de carvão da Polônia), a confrontação foi organizada de forma a pôr um fim ao '*sindicalismo intransigente*' em geral, e não simplesmente a uma disputa industrial particular. Chamar os mineiros de '*inimigo interno*' e vangloriar-se de 'despedi-los' atendeu ao objetivo de *intimidação* ao sindicalismo radical em geral, sempre que aparecesse com reivindicações *não integráveis*. É importante acentuar tudo isso, para que se tenha uma avaliação realista das forças alinhadas contra a causa da emancipação socialista."[55]

Tragicamente, a vitória do governo reacionário de Margaret Thatcher contra os mineiros se deveu também ao fracasso da solidariedade da classe trabalhadora: internamente, pelo comportamento do Partido Trabalhista sob a liderança de Neal Kinnock de abandonar os mineiros na fase final e crucialmente importante da disputa, fazendo assim prever a completa integração do "Novo Trabalhismo" com a ordem estabelecida, e, internacionalmente, pelo envolvimento do sindicato polonês – chamado "Solidariedade" – que, traindo clamorosamente o ideal escrito em letras grandes na sua bandeira, aliou-se ao governo britânico opressor, em vez de negar o fornecimento e transporte de carvão para a Grã-Bretanha naquele momento crítico.

Quanto a isso não pode haver dúvida: sem desenvolver e aprofundar a solidariedade entre as forças que lutam pela concretização de uma ordem alternativa, seus esforços – por mais dedicadas que sejam as pessoas que participam de lutas particulares, dispostas a sofrer privação e fazer os sacrifícios necessários no caso de uma greve que durou um ano – não terão sucesso. "Durante muito tempo, as forças de emancipação socialista foram muito prejudicadas pela capacidade do capital de assumir um *modo de funcionamento transnacional de atenuação de conflitos* negando, simultaneamente, a mesma coisa à força de trabalho presa dentro dos limites de várias divisões e determi-

---

[55]   Ver, neste livro, p. 457.

## 54    O poder da ideologia

nações particularistas. A necessidade de superar essas determinações e divisões por meio da reconstituição da solidariedade internacional materialmente ancorada representa o maior desafio ao trabalho no futuro previsível."[56] A conversa vazia sobre as virtudes das "pequenas narrativas" em relação às "grandes narrativas", envolvidas na densa neblina da "pós-modernidade",[57] não há de representar grande diferença. "É impossível tornar reais as potencialidades socialistas de que está carregado nosso tempo histórico sem ativar *o poder da ideologia emancipadora*. Sem esta, as classes trabalhadoras dos países capitalistas avançados não serão capazes de se tornar 'conscientes de seus interesses', muito menos de 'lutar por eles' – em solidariedade e espírito de efetiva cooperação com as classes trabalhadoras das 'outras' partes do único mundo real – até uma conclusão positiva."[58]

*Rochester, agosto de 2003–fevereiro de 2004*

---

[56]    Ibid., p. 458.

[57]    Ver seção 1.2 deste livro: "Da 'modernidade' à 'crise da pós-modernidade'".

[58]    Ibid., p. 546.

# PARTE I

# A NECESSIDADE DA IDEOLOGIA

Era uma vez um valoroso companheiro que supôs que os homens só se afogavam por estarem possuídos pela *idéia da gravidade*. Se tirassem essa idéia da cabeça, considerando-a um conceito supersticioso ou religioso, ficariam sublimemente à prova de qualquer risco de afogamento. Durante toda sua vida ele lutou contra a *ilusão da gravidade*, de cujas conseqüências maléficas todas as estatísticas lhe traziam novas e diversas evidências. Este valoroso companheiro foi o protótipo dos novos filósofos revolucionários da Alemanha.

*Marx*

CONSERVADOR
comedido, discreto, de bom gosto, despretensioso, inconspícuo, moderado, quieto, sóbrio; econômico, espartano, frugal, parcimonioso, previdente, prudente, regrado; arredio, equilibrado, reservado.

LIBERAL
aberto, avançado, despreconceituoso, indulgente, progressista, radical, tolerante; beneficente, generoso, magnânimo, mão-aberta, pródigo; abundante, amplo, suficiente, copioso, excessivo, exuberante, profuso, repleto, rico, transbordante.

REVOLUCIONÁRIO
enfurecido, extremista, extremo, fanático, radical, ultra.

*"Word Finder" Thesaurus, do processador de texto WordStar*

# Capítulo 1

# INTRODUÇÃO

## 1.1 A natureza da ideologia

### 1.1.1

O que poderia ser mais objetivo do que um dicionário? Na verdade, o que *poderia* ser mais objetivo e "isento de ideologia" do que um dicionário, mesmo sendo um dicionário de sinônimos? Assim como os quadros com o horário dos trens, supõe-se que os dicionários forneçam uma informação factual não adulterada para cumprir a função que lhes é geralmente atribuída, em vez de encaminhar o passageiro desavisado para uma viagem em direção oposta à que ele deseja.

Mas, como pudemos observar na epígrafe desta parte, o *"Word Finder" Thesaurus* de um dos mais populares processadores de texto, o WordStar Professional,[1] oferece-nos muito generosamente uma variedade tão surpreendente de características positivas para "conservador" e "liberal", que nos perguntamos se os adjetivos "heróico" e "santo" não teriam sido omitidos por descuido. Ao mesmo tempo, o "revolucionário" recebe uma definição extremamente curta – que o qualifica apenas como objeto de atenção por parte do poder judiciário e das autoridades penitenciárias –, sendo caracterizado como "enfurecido, extremista, extremo, fanático, radical, ultra". É isto que temos quando as tão ruidosamente proclamadas regras de "objetividade" são aplicadas a um lado do espectro político, em contraposição ao outro, até em trabalho tão direto e "isento de ideologia" quanto o de compilar sinônimos para montar um dicionário.

Isto pode ser uma surpresa para muitos. No entanto, a verdade é que em nossas sociedades tudo está "impregnado de ideologia", quer a percebamos, quer não. Além disso, em nossa cultura liberal-conservadora o sistema ideológico socialmente estabelecido e dominante funciona de modo a apresentar – ou desvirtuar – suas próprias regras de seletividade, preconceito, discriminação e até distorção sistemática como "normalidade", "objetividade" e "imparcialidade científica".

---

[1]    O *Word Finder* – um dicionário eletrônico fabricado pela Microlytics, Inc., de East Rochester, Nova York – está anexado à versão 4 do processador de texto WordStar Professional, da MicroPro.

58  *A necessidade da ideologia*

Nas sociedades capitalistas liberal-conservadoras do Ocidente, o discurso ideológico domina a tal ponto a determinação de todos os valores que muito freqüentemente não temos a mais leve suspeita de que fomos levados a aceitar, sem questionamento, um determinado conjunto de valores ao qual se poderia opor uma posição alternativa bem fundamentada, juntamente com seus comprometimentos mais ou menos implícitos. O próprio ato de penetrar na estrutura do discurso ideológico dominante inevitavelmente apresenta as seguintes determinações "racionais" preestabelecidas: *a)* quanto (ou quão pouco) nos é permitido questionar; *b)* de que ponto de vista; e *c)* com que finalidade.

Naturalmente, aqueles que aceitam de modo imediato a ideologia dominante como a estrutura objetiva do discurso "racional" e "erudito" rejeitam como ilegítimas todas as tentativas de identificar os pressupostos ocultos e os valores implícitos com que está comprometida a ordem dominante. Assim, em nome da "objetividade" e da "ciência", eles precisam desqualificar o uso de algumas categorias vitais do pensamento crítico. Reconhecer a legitimidade de tais categorias seria aceitar o exame dos próprios pressupostos que são assumidos como verdadeiros, juntamente com as conclusões que podem ser – e efetivamente o são – facilmente delas extraídas.

Um bom exemplo disso é oferecido por um professor de Oxford que, em um artigo sobre a exploração econômica na África, enfatiza que: "*Exploração*, como *imperialismo*, não é palavra para *estudiosos sérios*, porque seu significado há muito vem ficando confuso por causa de *conceitos ideológicos*".[2]

Harry Magdoff comenta com razão:

> Os *estudiosos sérios* em geral não têm problemas com palavras dotadas de forte carga emocional – como, por exemplo, assassinato, estupro ou sífilis –, mesmo quando os costumes existentes desaprovam tal uso na sociedade educada. É bem significativo que, com o passar dos anos, esses estudiosos fiquem eriçados apenas contra um certo tipo de palavra. Assim, não apenas "imperialismo" e "exploração imperialista", mas também um termo tão importante do vocabulário socioeconômico como "capitalismo", são tratados pelos acadêmicos com extrema cautela.[3]

Já que conceitos como "exploração" e "imperialismo" são banidos de qualquer discussão séria sobre o relacionamento entre as sociedades capitalistas avançadas "industriais modernas" e "pós-industriais" e os países economicamente dependentes do "Terceiro Mundo", os "estudiosos" do autocomplacente consenso ideológico podem andar em círculos e deduzir da matriz de categorias assumidas qualquer coisa que for conveniente à ordem dominante e a sua ideologia oculta. Ao mesmo tempo, o benefício adicional dessa abordagem é que não é necessário dar a menor atenção aos argumentos do adversário crítico, não importando a força das evidências teóricas e empíricas que este apresente. Ele pode ser peremptoriamente descartado em virtude do dispositivo rotulador que exclui suas categorias, classificando-as como "conceitos ideológicos

---

[2]  Citado por Harry Magdoff em seu livro *Imperialism: From the Colonial Age to the Present*, Nova York, Monthly Review Press, 1978, p. 148. O acadêmico em questão é David K. Fieldhouse, que na época era titular da cadeira Beit de História da Comunidade Britânica na Universidade de Oxford.

[3]  Magdoff, ibid., p. 148-9.

confusos" em nome da referida "objetividade acadêmica", cujos critérios são, mais uma vez, circularmente assumidos como padrões de avaliação evidentes por si mesmos.

### 1.1.2

A ideologia dominante do sistema social estabelecido se afirma fortemente em todos os níveis, do mais baixo ao mais refinado. De fato, há muitos modos pelos quais os diversos níveis do discurso ideológico se intercomunicam. Podemos lembrar neste contexto que alguns dos mais conhecidos intelectuais do pós-guerra declararam em seus livros e estudos acadêmicos que a "antiquada" distinção entre *esquerda* e *direita* políticas não tinha sentido nenhum em nossas sociedades "avançadas". Sabe-se muito bem que essa idéia foi abraçada entusiasticamente pelos manipuladores da opinião pública e amplamente difundida com o auxílio de nossas instituições culturais, a serviço de determinados interesses e valores ideológicos. Graças a tal interação entre o "sofisticado" e o "vulgar", tornou-se comum referir-se aos representantes da direita como "moderados" e aos da esquerda como "extremistas", "fanáticos", "dogmáticos" e coisas similares.

Compreensivelmente, a ideologia dominante tem uma grande vantagem na determinação do que pode ser considerado um critério legítimo de avaliação do conflito, já que controla efetivamente as instituições culturais e políticas da sociedade. Pode usar e abusar abertamente da linguagem, pois o risco de ser publicamente desmascarada é pequeno, tanto por causa da relação de forças existente quanto ao sistema de dois pesos e duas medidas aplicado às questões debatidas pelos defensores da ordem estabelecida.

Tomemos apenas um exemplo recente: o governo britânico decidiu obrigar os jovens desempregados a participar de um de seus programas de treinamento das "Oportunidades para a Juventude" – que na realidade proporcionam, se é que proporcionam, muito pouco treinamento, e têm como objetivo mais importante a manipulação dos dados do desemprego –, retirando-lhes seu único meio de vida, os benefícios do seguro social a que têm direito por lei. Quando o assunto foi debatido publicamente, o porta-voz do governo declarou com cara séria que não se tratava de "*forçar*" ninguém: o governo só desejava "*encorajar*" os jovens desempregados a aproveitar as "oportunidades" oferecidas a eles. (Assim como declararam que a supressão de alguns programas da BBC – e até de alguns livros – nada tinha a ver com *censura*, mas apenas com "o dever de sigilo do governo".) A questão sobre a razão de uma lei tão dura ter sido promulgada para promover o pretenso "estímulo à educação" dos jovens ficou, é claro, sem resposta. Quanto aos dois pesos e às duas medidas usados pela mesma sociedade, não é difícil imaginar como o poder judiciário reagiria se alguns jovens que, pela nova lei, foram privados de seu sustento recorressem ao crime e justificassem o ataque às vítimas dizendo que não "forçaram" ninguém, mas meramente "encorajaram" as pessoas a entregar seu dinheiro ou seus pertences.

O sistema de dois pesos e duas medidas, movido pela ideologia e viciosamente tendencioso, é evidente em toda parte: mesmo entre aqueles que se orgulham em dizer que representam a "qualidade na vida". Dificilmente poderia ser de outro modo.

## 60  *A necessidade da ideologia*

A ordem dominante precisa aplicar para si mesma critérios radicalmente diferentes dos aplicados àqueles que devem ser mantidos em sua posição subordinada. Assim, os defensores intelectuais do *status quo* e guardiães "neutros" de sua ortodoxia ideológica podem falsear suas autoconfiantes declarações de fé em suas próprias idéias, combinados com ataques violentos a seus adversários, como um "conhecimento científico" indiscutível, sem se preocupar em apresentar, em favor de suas declarações, nenhuma comprovação extraída das teorias rejeitadas.

Nesse sentido, John Maynard Keynes pôde escrever sobre Marx do modo mais abusivo, em meio a uma aprovação entusiástica, utilizando insultos como "provas" contrárias a seu odiado alvo e favoráveis a suas próprias idéias. Eis seu "argumento":

> Como posso aceitar uma doutrina que estabelece como sua bíblia, acima e além de qualquer crítica, um *manual econômico obsoleto* que sei que é não apenas *cientificamente* errôneo, mas também *sem interesse* ou *aplicação para o mundo moderno*? Como adotar um credo que, *preferindo a lama ao peixe*, exalta o *proletariado rude* acima da burguesia e da *intelligentsia* que, com todas suas falhas, representam a *qualidade na vida* e certamente carregam as sementes de todo o avanço humano? Mesmo que precisássemos de uma religião, como poderíamos encontrá-la no *desordenado lixo das livrarias vermelhas*? É difícil que um *filho instruído, honrado e inteligente da Europa ocidental* encontre aí seus ideais, a menos que tenha sofrido antes um *estranho e terrível processo de conversão* que tenha mudado todos seus valores.[4]

Evidentemente, nunca ocorreu a Keynes que houvesse algo de errado ou problemático nos valores espoliadores do "filho instruído, honrado, inteligente" – e cegamente autocomplacente – "da Europa ocidental". Argumentando a partir e no interesse do sistema econômico estabelecido, parece ser suficiente àqueles que acham que "carregam consigo as sementes de todo o avanço humano" meramente *decretar* as palavras de sabedoria e a absoluta inalterabilidade dos valores que sustentam os poderes existentes.

Não é preciso dizer que, se um intelectual socialista agisse do mesmo modo e se aventurasse a descrever as receitas keynesianas de manipulação monetária capitalista como "o lixo pseudocientífico das livrarias azuis", ele seria instantaneamente excomungado por nossos vigilantes "estudiosos" e expulso do mundo acadêmico sem muita cerimônia. Mas Keynes – cuja ignorância da obra de Marx só é superada por seu ilimitado senso de superioridade em relação àqueles que produzem tudo aquilo que a "qualidade na vida" honradamente expropria para si – não somente pode se sair com tais tiradas pomposas e grosseiramente "não-acadêmicas" contra seu alvo, como ser, ao mesmo tempo, aclamado como o grande exemplo de "objetividade científica" e a refutação final de Marx. Obviamente, o pensamento que identifica os próprios desejos com a realidade não tem vergonha nem limites.

### 1.1.3

Nas últimas décadas, os intelectuais se intimidaram em admitir a essência de classe em suas teorias e posturas ideológicas. Lançando um olhar para a dramática mudança

---

[4]  Keynes, "A Short View of Russia" (1925), republicado em *Essays in Persuasion*, Nova York, Norton & Co., 1963, p. 300.

Introdução    61

ocorrida no mapa social do mundo entre 1917 e 1949 – isto é, entre o início da revolução russa e a vitória da revolução chinesa –, preferiram buscar a segurança reconciliatória, negando não somente a existência dos fenômenos (outrora claramente questionados, mas agora felizmente ultrapassados) do "imperialismo", "exploração", "capitalismo", etc., e mesmo de "classes" e "conflitos de classe".

Keynes não utilizou tais estratagemas ideológicos defensivos. Totalmente convicto de que a ordem dominante manteria para sempre seu controle sobre tudo que realmente importava, não hesitou em declarar com condescendente autoconfiança:

> Quanto à *luta de classes* como tal, meu patriotismo local e pessoal, como os de qualquer um, exceto uns poucos desagradáveis entusiastas, liga-se a meu próprio ambiente. Posso ser influenciado pelo que *me* parece ser a justiça e o bom senso, mas a *guerra de classes* vai me encontrar do lado da *burguesia educada*.[5]

Assim, aberta e desafiadoramente, Keynes assumiu em relação a tudo uma posição ideológica altamente partidária. Agora, se considerarmos os princípios orientadores de sua teoria, que ele formula a partir de um ponto de vista ideológico tão firmemente comprometido, descobriremos que, apesar de suas confiantes projeções de uma solução feliz para os problemas e dificuldades cuja existência é forçado a admitir pelo impacto da crise econômica mundial de 1929-33, sua concepção geral não nos conduz a lugar algum. Keynes apresenta a mais rígida e dogmática separação entre o avanço material-produtivo ("a solução do *problema econômico*", em sua terminologia) e a melhoria das condições da existência humana em todos os aspectos, conforme as potencialidades dos objetivos conscientemente adotados.

Keynes descreve o processo da reprodução produtiva de uma perspectiva "materialista vulgar" mecanicista daquilo que ele próprio denomina "a *máquina econômica*",[6] declarando com otimismo ilimitado que a ciência, a eficiência técnica e a acumulação de capital (e esta última graças ao "princípio do juro composto",[7] e não à exploração

---

[5]    Keynes, "Am I a Liberal?" (1925), *Essays in Persuasion*, p. 324.

[6]    Keynes, "The End of Laissez-Faire" (1926), *Essays in Persuasion*, p. 319.

[7]    Keynes apresenta uma racionalização quase inacreditável até da pilhagem colonial britânica em termos de "juros compostos". Eis como defende a sua causa: "O valor dos investimentos britânicos no exterior atualmente é avaliado em cerca de 4 bilhões. Isto nos proporciona uma renda à taxa de cerca de 6,5%. A metade disso trazemos para casa e a desfrutamos; a outra metade, 3,25%, deixamos acumulando no estrangeiro a juros compostos. Algo assim vem ocorrendo há cerca de 250 anos. Calculo que o início dos investimentos britânicos no exterior esteja no tesouro que Drake roubou da Espanha em 1580. [O que está muito certo, é claro, pois a Espanha o roubara das *suas* colônias.] [...] A rainha Elizabeth viu-se com cerca de 40 mil libras na mão, as quais ela investiu na Levant Company – que prosperou. Com os lucros da Levant Company, a East India Company foi fundada, e os lucros desta grande empresa foram a base dos investimentos subseqüentes da Inglaterra no exterior. Essas 40 mil libras, acumulando-se a juros compostos de 3,25%, correspondem aproximadamente ao volume real dos investimentos da Inglaterra no exterior em várias datas, e realmente atingiriam hoje o total de 4 bilhões de libras, que já citei como sendo o que representa nossos atuais investimentos no exterior. Portanto, cada libra que Drake trouxe, em 1580, corresponde agora a 100 mil libras. *Este é o poder dos juros compostos*". ("Economic Possibilities for Our Grandchildren" (1930), *Essays in Persuasion*, p. 361-2.) Lendo-se tais "argumentos" e as "provas" que os apóiam, não se sabe bem se é o caso de rir diante de seu nível de penetração "científica" ou de chorar diante do fato de que algumas pessoas possam realmente levá-los a sério. A autoconfiante cegueira ideológica de um importante intelectual burguês dificilmente poderia encontrar uma forma de manifestação mais espalhafatosa.

## 62 A necessidade da ideologia

nacional e internacional) estão perto de resolver, "*gradualmente*", é claro, "o problema econômico da humanidade". Uma questão que, de acordo com Keynes, deveria ser considerada "um assunto para *especialistas*, como a odontologia".[8] Se ainda estamos com problemas como a "depressão mundial reinante" e a "anomalia do desemprego em um mundo repleto de carências",[9] é apenas porque,

> Por *enquanto*, a própria rapidez dessas mudanças [na eficiência técnica] está nos causando danos e provocando problemas difíceis de solucionar. Os países que sofrem relativamente mais são os que não *estão na vanguarda do progresso*. Estamos sendo afetados por uma nova doença [...] isto é, o *desemprego tecnológico* [...]. Mas esta é somente uma *fase temporária de desajuste*. Tudo isso significa que, a longo prazo, a *humanidade está solucionando seu problema econômico*.[10]

Como podemos ver, o sermão de fé ideológica não parece ter mudado muito, se é que mudou em alguma coisa, após tantos anos que nos separam da época em que foram escritas as linhas citadas. Supõe-se igualmente que nosso crescente desemprego não seja mais do que uma "fase temporária de desajuste" por causa da "rapidez das mudanças na eficiência tecnológica", tudo em prol da boa causa de se permanecer na "vanguarda do progresso".

A diferença é que Keynes podia ainda, em 1930, confiantemente prognosticar que "o problema econômico da humanidade" seria resolvido *dentro de cem anos* nos "países progressistas".[11] Entretanto, através de suas restrições pode-se perceber que, para Keynes, o conceito de "humanidade" – que se considera prestes a solucionar o problema econômico – é limitado aos "países progressistas" e às "vanguardas do progresso" (seus codinomes para designar os países imperialistas dominantes). Isto, mais uma vez, sublinha a total irrealidade de seu diagnóstico "científico".

Além disso, de acordo com o antigo postulado da economia política burguesa, segundo o qual a própria natureza implantara a "motivação das riquezas" em todos os seres humanos, Keynes afirma "que fomos claramente desenvolvidos pela natureza – com todos os nossos impulsos e instintos mais profundos – *para solucionar o problema econômico*. Se o problema econômico for resolvido, a humanidade estará privada de seu propósito tradicional".[12] E é assim que descreve a mudança positiva que sucederá aos indivíduos que ele considera tão profundamente determinados pela *própria natureza* em seus mais íntimos "impulsos e instintos":

> Quando a acumulação de riqueza já não for de alta importância social, haverá grandes mudanças no código moral [...]. Estaremos então livres, afinal, para descartar todos os costumes sociais e práticas econômicas que afetam a distribuição de riqueza e de recompensas e penalidades econômicas, que agora mantemos a todo custo, por mais desagradáveis e injustos que possam ser em si mesmos, por serem enormemente úteis para a acumulação do capital [...]. Prestaremos honras àqueles que podem nos ensinar

---

[8] Ibid., p. 373.

[9] Ibid., p. 359.

[10] Ibid., p. 364. "A humanidade está solucionando seu problema econômico" foi grifado por Keynes.

[11] Ibid.

[12] Ibid., p. 366.

a aproveitar a hora e o dia com virtude e bondade, as pessoas encantadoras que são capazes de colher um gozo direto das coisas, os lírios do campo que não trabalham nem fiam.[13]

Como é tocante, poético e sedutor!

Visto mais detidamente, no entanto, o discurso keynesiano sobre a miraculosa conversão do ser que, por um instinto natural, é um ganhador-de-dinheiro – conversão que, segundo ele prevê, deveria ocorrer cerca de um século depois de 1930 – aparece como uma opinião inteiramente gratuita. Sem qualquer base e, mais do que isso, contra os argumentos sobre a força da "natureza" que ele próprio havia enunciado poucas linhas antes, Keynes contrapõe com arbitrariedade o mundo impotente do "dever ser" à realidade existente do "é", sublinhando sua polaridade também pelo abismo temporal que coloca entre eles.

Em todo caso, a ilusória redenção quase religiosa proposta como real não é o verdadeiro propósito do discurso de Keynes. Ele oferece o prêmio moral-religioso da "recompensa final" aos indivíduos – para quem a terra prometida está no além, pois em cem anos estarão todos mortos – com a condição de que troquem a busca de uma possível mudança radical num futuro não tão distante pelo seu *adiamento* para além de qualquer expectativa de vida possível, aceitando assim com santa resignação a ordem estabelecida das coisas. Keynes, imediatamente depois das linhas citadas, leva-nos de volta à sua bem prosaica e totalmente mistificadora visão da realidade. Eis como prossegue seu *Ensaio sobre a persuasão*, depois de elogiar os lírios do campo:

> Mas cuidado! Ainda não chegou a hora para isso. Durante pelo menos outros cem anos devemos fingir para nós mesmos e para todos os outros que o bom é ruim e o ruim é bom, porque o *ruim é útil e o bom não é*. A avareza, a usura e a prudência devem ser nossos deuses ainda por algum tempo. Somente elas podem nos tirar do túnel *da necessidade econômica* para a luz do dia.[14]

Keynes desorienta seu público, fundindo (e confundindo) deliberadamente "útil" com *lucrativo* (o verdadeiro termo operativo sob sua fraseologia diversiva). Ele está convencido (ou melhor, quer *nos* convencer) de que os problemas de "necessidade econômica" são problemas *técnicos*, que devem ser deixados para os "especialistas" em gerência da usura e odontologia econômica. Nesse sentido, Keynes insiste em que os especialistas "humildes, mas competentes" por ele recomendados estão destinados a nos levar do "túnel da necessidade econômica" para nosso "destino de bem-aventurança econômica",[15] desde que confiemos neles incondicionalmente – assim como ninguém que esteja com dor de dentes, e em seu juízo perfeito, questionaria a sensatez de se entregar à competência de dentistas especializados para aliviar sua dor. Na verdade, Keynes está tão convencido da validade de sua visão "odontológica" do "problema econômico" que conclui seu ensaio com estas palavras: "Se os economistas conseguissem levar os

---

[13]  Ibid., p. 369-70.

[14]  Ibid., p. 372.

[15]  Ibid., p. 373.

64    *A necessidade da ideologia*

outros a vê-los como pessoas despretensiosas e competentes, como o fazem os dentistas, isto seria esplêndido".[16]

Infelizmente, a meros 42 anos do limite estabelecido pelo próprio Keynes para atingir nosso prometido destino de "bem-aventurança econômica", estamos hoje muito mais distantes do fim do túnel do que há 58 anos, *apesar* dos grandes avanços na produtividade conseguidos em todas essas décadas.

O motivo disso é que o "problema econômico" de que Keynes fala não é, na verdade, o da "necessidade econômica" – que, em sua opinião, seria automaticamente eliminado no devido tempo pela feliz "acumulação de riqueza" –, mas um problema profundamente *social* (ou *socioeconômico*). Não há riqueza acumulada que possa sequer *começar* a eliminar as restrições paralisantes das determinações socioeconômicas atualmente impostas se a crescente riqueza social for despejada (como é o caso hoje em dia) no poço sem fundo do complexo militar-industrial, ou de outros tipos de desperdício, em vez de satisfazer às necessidades humanas.

De modo semelhante, a despeito do tratamento autocondescendente (e que, exatamente por isso, é muito popular em nossos dias) que Keynes dá ao problema, não existe um "*desemprego tecnológico*". O desemprego em massa – muito maior hoje do que em 1930, quando Keynes nos prometeu "para breve" a luz do fim do túnel – poderia, em princípio, ser eliminado praticamente da noite para o dia. Não pela milagrosa criação de novos empregos por uma "terceira" ou "quarta revolução industrial", mas por uma estratégia social conscientemente adotada e que tenha em vista reduzir o tempo de trabalho dos membros da sociedade, de acordo com as necessidades reais e os objetivos produtivos da força de trabalho disponível.

Assim, os interesses ideológicos que ele defende sem hesitação aprisionam numa posição sem esperança até aqueles "dentistas" econômicos tecnicamente mais competentes como Keynes. Pois, dados os pressupostos necessários de seu ponto de vista social – pressupostos que se originam do objetivo consciente e desafiadoramente adotado de defender os direitos adquiridos da "burguesia educada" –, Keynes fica impedido de perceber o óbvio. Ou seja, a despeito das garantias de seu confortante sermão econômico, não estaremos sequer mais perto da prometida luz no fim do túnel nem daqui a mil anos, pela simples razão de que estamos caminhando na direção *oposta*, buscando o *lucro* sob o pretexto da "utilidade" e destruindo com irresponsável "eficiência técnica" os mais preciosos recursos humanos e materiais, ao atribuir à cega "máquina econômica" do capital a tarefa de solucionar o "problema econômico da humanidade".

### 1.1.4

Fica claro, então, que o poder da ideologia não pode ser superestimado. Ele afeta tanto os que negam sua existência quanto os que reconhecem abertamente os interesses e os valores intrínsecos às várias ideologias. É de todo inútil pretender que seja de outro modo. A crença de que se possa estar livre da ideologia no mundo contemporâneo –

---

[16]    Ibid.

ou mesmo no futuro previsível – não é mais realista do que a idéia do "valoroso companheiro" de Marx que pensava que os homens se afogavam por estarem possuídos pela *idéia de gravidade*. Temos, porém, testemunhado muitas tentativas, em passado muito recente, que seguiram o mesmo caminho deste "valoroso companheiro" idealista, decretando que a ideologia não é mais do que uma idéia supersticiosa, religiosa: mera "ilusão", a ser permanentemente descartada pelo bom trabalho da "objetividade científica" e pela aceitação dos procedimentos intelectuais adequados e "axiologicamente neutros".

Na verdade, a ideologia não é ilusão nem superstição religiosa de indivíduos mal-orientados, mas uma forma específica de consciência social, materialmente ancorada e sustentada. Como tal, não pode ser superada nas *sociedades de classe*. Sua persistência se deve ao fato de ela ser constituída objetivamente (e constantemente reconstituída) como *consciência prática inevitável das sociedades de classe*, relacionada com a articulação de conjuntos de valores e estratégias rivais que tentam controlar o metabolismo social em todos os seus principais aspectos. Os interesses sociais que se desenvolvem ao longo da história e se *entrelaçam conflituosamente* manifestam-se, no plano da consciência social, na grande diversidade de discursos ideológicos relativamente *autônomos* (mas, é claro, de modo algum *independentes*), que exercem forte influência sobre os processos materiais mais tangíveis do metabolismo social.

Uma vez que as sociedades em questão são elas próprias internamente divididas, as ideologias mais importantes devem definir suas respectivas posições tanto como "*totalizadoras*" em suas explicações e, de outro, como *alternativas* estratégicas umas às outras. Assim, as ideologias conflitantes de qualquer período histórico constituem a consciência prática necessária em termos da qual as principais classes da sociedade se inter-relacionam e até se confrontam, de modo mais, ou menos, aberto, articulando sua visão da ordem social correta e apropriada como um todo abrangente.

Compreensivelmente, o conflito mais fundamental na arena social refere-se à própria estrutura social que proporciona o quadro regulador das práticas produtivas e distributivas de qualquer sociedade específica. Exatamente por ser tão fundamental é que esse conflito não pode ser simplesmente deixado à mercê do mecanismo cego de embates insustentavelmente dissipadores e potencialmente letais. Na realidade, quanto menor for tal controle, maior será o risco de ocorrerem as calamidades implícitas no crescente poder de destruição à disposição dos antagonistas.

Esse conflito tampouco será resolvido no domínio legislativo da "razão teórica" isolada, independentemente do nome da moda que lhe seja dado. É por isso que o estruturalmente mais importante conflito – cujo objetivo é manter ou, ao contrário, negar o modo dominante de controle sobre o metabolismo social dentro dos limites das relações de produção estabelecidas – encontra suas manifestações *necessárias* nas "formas ideológicas [*orientadas para a prática*] em que os homens se tornam *conscientes* desse conflito e o *resolvem pela luta*".[17]

---

[17] Marx, Prefácio a *Contribuição à crítica da economia política*.

# 66    A necessidade da ideologia

Nesse sentido, o que determina a natureza da ideologia, acima de tudo, é o imperativo de se tornar *praticamente consciente* do conflito social fundamental – a partir dos pontos de vista mutuamente excludentes das alternativas hegemônicas que se defrontam em determinada ordem social – com o propósito de resolvê-lo *pela luta*. Em outras palavras, as diferentes formas ideológicas de consciência social têm (mesmo se em graus variáveis, direta ou indiretamente) implicações práticas de longo alcance em todas as suas variedades, na arte e na literatura, assim como na filosofia e na teoria social, independentemente de sua vinculação sociopolítica a posições progressistas ou conservadoras.

## 1.1.5

É esta orientação prática que define também o tipo de racionalidade apropriado ao discurso ideológico. Os interesses desse discurso não devem ser articulados como proposições teóricas abstratas (das quais nada surgirá a não ser outras proposições teóricas abstratas da mesma espécie), e sim como indicadores práticos bem fundamentados e estímulos efetivamente mobilizadores, direcionados às ações socialmente viáveis dos sujeitos coletivos reais (e não de "tipos ideais" artificialmente construídos).

Além disso, sob as condições da sociedade de classes, os interesses sociais representados e conceitualizados pelas ideologias rivais não só estão emaranhados de forma conflitante (o que é um fato incontestável), mas emaranhados de tal forma que problemas *parciais* são profundamente afetados por sua posição no interior da dinâmica *global* do conflito hegemônico em curso. Como conseqüência, o que pareceria racional (ou o contrário) nos reduzidos limites de um problema parcial específico pode muito bem vir a ser o oposto quando inserido em seu contexto mais amplo, de acordo com a margem de ação historicamente mutável dos principais agentes sociais.

Assim, a questão da racionalidade ideológica é inseparável do reconhecimento das limitações objetivas dentro das quais são formuladas as estratégias alternativas a favor ou contra a reprodução de determinada ordem social.

Não é uma questão de conformidade ou não conformidade a algum conjunto predeterminado de normas lógicas, por conta das quais certos pensadores devem ser louvados ou criticados, conforme o caso. Mais do que isso, trata-se de compreender como as características estruturais fundamentais de uma ordem social se afirmam na escala pertinente e circunscrevem os modos alternativos de conceituação de todos os problemas práticos mais importantes. As determinações estruturais em questão oferecem pontos de vista significativamente diferentes aos sujeitos sociais rivais, conforme suas posições em relação aos instrumentos disponíveis de controle social. Por sua vez, a avaliação destes é sujeita à importante questão de saber por quanto tempo se conservará sua viabilidade socioeconômica e político-cultural, em vista da dinâmica irrefreável do desenvolvimento histórico global.

É a combinação das duas coisas – o ponto de vista adotado, em sua postura de afirmação/sustentação ou de crítica/negação diante da rede instrumental/institucional dominante de controle social, e a eficácia e legitimidade historicamente mutáveis dos próprios instrumentos disponíveis – que define a racionalidade prática das ideologias em relação à sua época e, no interior dela, em relação às fases ascendentes ou declinantes do desenvolvimento das forças sociais cujos interesses elas sustentam.

### 1.1.6

Como resultado de tais determinações inerentemente práticas (que podem ser claramente identificadas em uma escala temporal e social abrangente), as principais ideologias levam a marca muito importante da *formação social* cujas práticas produtivas dominantes (como, por exemplo, o horizonte de valores da empresa privada capitalista) elas adotam como definitivo quadro de referência. A questão da "falsa consciência" – freqüentemente apresentada de modo parcial, para favorecer aqueles que a cultivam – é um *momento subordinado* dessa consciência prática determinada pela época. Como tal, está sujeita a uma multiplicidade de condições delimitadoras que devem ser avaliadas concretamente em seu próprio cenário.

As ideologias são determinadas pela época em dois sentidos.

*Primeiro*, enquanto a orientação *conflituosa* das várias formas de consciência social prática permanecer a característica mais proeminente dessas formas de consciência, na medida em que as sociedades forem divididas em classes. Em outras palavras, a consciência social prática de tais sociedades não pode deixar de ser ideológica – isto é, idêntica à ideologia – em virtude do caráter insuperavelmente antagônico de suas estruturas sociais. (A realidade dessa orientação conflituosa e estruturalmente determinada da ideologia não é de modo algum eliminada pelo discurso pacificador da ideologia dominante. Esta última deve apelar para a "unidade" e para a "moderação" – a partir do ponto de vista e em defesa do interesse das relações de poder hierarquicamente estabelecidas – precisamente para legitimar suas reivindicações hegemônicas em nome do "interesse comum" da sociedade como um todo.)

*Segundo*, na medida em que o *caráter específico* do conflito social fundamental, que deixa sua marca indelével nas ideologias conflitantes em diferentes períodos históricos, surge do caráter historicamente mutável – e não em curto prazo – das práticas produtivas e distributivas da sociedade e da necessidade correspondente de se questionar radicalmente a continuidade da imposição das relações socioeconômicas e político-culturais que, anteriormente viáveis, tornam-se cada vez menos eficazes no curso do desenvolvimento histórico. Desse modo, os limites de tal questionamento são determinados *pela época*, colocando em primeiro plano novas formas de desafio ideológico em íntima ligação com o surgimento de meios mais avançados de satisfação das exigências fundamentais do metabolismo social.

Sem se reconhecer a determinação das ideologias pela época como a *consciência social prática das sociedades de classe*, a estrutura interna permanece completamente ininteligível.

Devemos diferenciar, entretanto, três posições ideológicas fundamentalmente distintas, com sérias conseqüências para os tipos de conhecimento compatíveis com cada uma delas.

A primeira apóia a ordem estabelecida com uma atitude acrítica, adotando e exaltando a forma vigente do sistema dominante – por mais que seja problemático e repleto de contradições – como o *horizonte absoluto* da própria vida social.

A segunda, exemplificada por pensadores radicais como Rousseau, revela acertadamente as irracionalidades da *forma específica* de uma anacrônica sociedade de classes que ela rejeita a partir de um novo ponto de vista. Mas sua crítica é viciada

68 *A necessidade da ideologia*

pelas contradições de sua própria posição social – igualmente determinada pela classe, ainda que seja historicamente mais evoluída.

E a terceira, contrapondo-se às duas anteriores, questiona a viabilidade histórica da própria sociedade de classe, propondo, como objetivo de sua intervenção prática consciente, a superação de todas as formas de antagonismo de classe.

Naturalmente, na história do pensamento, desde os tempos mais remotos até o presente, mesmo as formas mais positivas de tomada de consciência do conflito social fundamental não deixaram de ser afetadas pelas limitações estruturais do confronto de classes. Apenas o terceiro tipo de ideologia pode tentar superar as restrições associadas com a produção do conhecimento prático dentro do horizonte da consciência social dividida, sob as condições da sociedade dividida em classes.

A esse respeito, é importante ter em mente a visão marxiana de que, na atual conjuntura do desenvolvimento histórico, a questão da "transcendência" deve ser formulada como a necessidade de se ir além da *sociedade de classes como tal*, e não simplesmente sair de um *tipo particular* de sociedade de classes em favor de um outro. Essa proposição, porém, não significa que se possa escapar da necessidade de articular a consciência social – orientada para o objetivo estratégico de remodelar a sociedade de acordo com as potencialidades produtivas reprimidas de um agente coletivo identificável – como uma *ideologia* coerente e vigorosa. A questão prática pertinente, então, permanece a mesma, ou seja, como "resolver pela luta" o conflito fundamental relativo ao direito estrutural de controlar o metabolismo social como um todo.

Por conseguinte, imaginar que a teoria socialista poderia ser "ideologicamente neutra" e pretender que ela definisse sua posição nesses termos – o que só é viável no terreno fechado do "discurso teórico" vazio – é, na realidade, uma estratégia que se desarma a si mesma. Essa estratégia só favorece o adversário, que tem profundo interesse em apresentar sua própria posição como genuinamente "consensual", "objetiva", "científica" e completamente "isenta de viés ideológico". A questão não é opor a ciência à ideologia numa dicotomia positivista, mas estabelecer sua unidade praticamente viável a partir do novo ponto de vista histórico do projeto socialista.

## 1.2 Da "modernidade" à "crise da pós-modernidade"

### 1.2.1

O quadro categorial das discussões teóricas não pode ser determinado por escolhas arbitrárias, embora a arbitrariedade se manifeste com freqüência nas mutáveis proposições das tendências ideológico-intelectuais dominantes. No entanto, observando-se mais de perto as autodefinições de tais tendências, em geral elas revelam um padrão e uma objetividade característicos, embora isto não signifique que sejam isentas de problemas. Contrastando com o grau relativamente alto de objetividade das próprias tendências, a inconstância e a arbitrariedade podem predominar nas escolhas individuais dos intelectuais que assumem a orientação ideológica dominante de um dado período, passando em grande número, por exemplo, sem motivação muito profunda, para o grupo dos partidários da "modernidade". No entanto, este fenômeno é diferente da formação do grupo de partidários em si.

Para explicar por que alguns indivíduos prontamente se identificam com uma orientação ideológico-intelectual dominante, não é necessária mais motivação objetiva do que, por exemplo, o modo como estas pessoas percebem sua própria localização e papel no meio acadêmico de sua época; ou em relação à divulgação altamente tendenciosa do que os meios de comunicação chamariam de "importantes debates culturais internacionais"; ou em face dos padrões de propriedade em alteração – concentração do capital no campo da produção cultural – que determinam a situação do setor editorial, etc. Em certo sentido, é "axiomático" que por meio de tais motivações pessoais (mais ou menos acidentais) as tendências ideológico-intelectuais dominantes se *tornam* preponderantes e amplamente difundidas.

Entretanto, o reconhecimento desta circunstância não nos auxilia muito a revelar a natureza inerente e a conveniência ideológica destas tendências. Pois, ainda que o poder da indústria editorial (e dos meios de comunicação em geral) explique o *mecanismo* da ampla difusão das tendências adotadas, este fato em si elucida muito pouco por que uma *determinada* tendência cultural-ideológica (e não uma tendência *alternativa* importante) foi escolhida para receber uma grande divulgação. Este reconhecimento na verdade explica pouco, exceto a óbvia correlação de que a tendência em questão deve ser compatível com os interesses materiais dominantes da ordem estabelecida.

De qualquer maneira, precisamente por causa do imperativo de assegurar a compatibilidade entre os interesses dominantes e as tendências intelectuais adotadas, o quadro categorial das estratégias ideológicas dominantes deve ser sustentável e "consistente" em seu próprio campo, não importa quão freqüentes e extensas as mudanças na autocaracterização apresentadas em resposta às várias mudanças conjunturais. Quanto a isto, o que se espera das auto-imagens da ideologia dominante não é o *verdadeiro* reflexo do mundo social, com a representação objetiva dos principais agentes sociais e seus conflitos hegemônicos. Antes de tudo, elas devem fornecer apenas uma explicação *plausível*, a partir da qual se possa projetar a *estabilidade* da ordem estabelecida.

É por isso que a ideologia dominante tende a produzir um quadro categorial que *atenua* os conflitos existentes e *eterniza* os parâmetros estruturais do mundo social estabelecido. Compreende-se, pois, que esta característica será mais pronunciada quanto maior for a importância dos interesses que motivam o confronto antagônico dos principais agentes sociais.

## 1.2.2

A categoria de "modernidade" é um exemplo notável dessa tendência ideológica à atenuação anistórica do conflito. Sem dúvida, o que está em questão aqui não é o sentido cronológico simples, segundo o qual até as autoconcepções ideológicas do final da Idade Média se contrapunham, como "modernas", à Antiguidade clássica. Nem estamos interessados na oposição entre o *ancien régime* e as "formações políticas modernas" da burguesia, que saíram vitoriosas desse confronto liquidando os resquícios anacrônicos da ordem feudal. (É neste sentido que Marx contrapõe o anacronismo histórico da Alemanha às condições políticas e econômicas avançadas de "nações modernas" como a Inglaterra e a França.)

## 70    *A necessidade da ideologia*

Em nítido contraste com essa oposição óbvia, o uso problemático do termo "moderno" se caracteriza pela tendência a *esquecer* a dimensão sócio-histórica, a serviço dos interesses dominantes da ordem estabelecida. Fiéis a esse espírito, as definições de "modernidade" exigidas são construídas de tal maneira que as especificidades socioeconômicas são ofuscadas ou deixadas em segundo plano, para que a formação histórica descrita como uma "sociedade moderna" nos vários discursos ideológicos sobre a "modernidade" possa adquirir um caráter paradoxalmente *atemporal* em direção ao *futuro*, por causa de sua contraposição, acriticamente exagerada, ao passado mais ou menos distante.

Assim, de forma não dialética, o momento da *descontinuidade* e da *ruptura* é exagerado tendenciosamente até se tornar irreconhecível, à custa de algumas *continuidades* de importância vital – como, por exemplo, o caráter insuperavelmente *classista* e *explorador* da sociedade capitalista, por mais "moderna" e "avançada" que seja –, para que seja assegurada a visão de "universalidades" imaginárias e das correspondentes "soluções" fictícias para problemas dolorosamente reais, que, na realidade, só poderiam ser resolvidos através do confronto concreto das principais classes da sociedade.

De acordo com esta tendência, Hegel já definia "*o princípio do mundo moderno*" – decretando sua identidade com "*o pensamento e o universal*"[18] – para que ele pudesse traçar de modo não-dialético, no momento histórico ideologicamente oportuno, uma clara linha de demarcação entre o "eternamente presente"[19] e o passado especulativamente "transcendido". O significado de tal manobra manifestamente não-dialética, realizada por um grande pensador dialético, é o de proclamar, em relação ao presente estado de coisas (com o moderno Estado burguês em seu auge), a "reconciliação" aprioristicamente antecipada do Espírito do Mundo consigo mesmo, fechando o círculo ideológico – louvado pelo próprio Hegel como "o círculo dos círculos"[20] – através da exaltação idealista da "atualidade racional" do existente. Graças a esse procedimento, a característica exploradora da ordem *capitalista* "moderna" – preservada por Hegel nas contradições praticamente intocadas, mas ficticiamente "superadas", da "sociedade civil" burguesa – é elevada à nobre condição de auto-realização tanto da Razão quanto da liberdade, na postulada "universalidade" do Estado. Na opinião de Hegel,

o Universal encontra-se no Estado, em suas leis, em suas disposições *universais* e *racionais*. O Estado é a *Idéia Divina* tal como existe na Terra.[21][...] A história do

---

[18]    Hegel, *The Philosophy of Right*, Clarendon Press, Oxford, 1942, p. 212.

[19]    Como disse Hegel: "Ao percorrer o passado – por mais extensos que sejam seus períodos –, só nos diz respeito aquilo que é *presente*; a filosofia, na medida em que se preocupa com a Verdade, tem a ver com o *eternamente presente*. Nada no passado fica nele perdido, pois a Idéia está *sempre presente*; o Espírito é imortal; para ele *não existe passado nem futuro*, e sim um *essencialmente agora*. Isto implica necessariamente que a forma presente do Espírito tem dentro de si todos os passos anteriores. Na verdade, estes desdobraram-se em sucessão independentemente; mas o que o Espírito é, ele *foi sempre*, essencialmente; as distinções são apenas o desenvolvimento desta natureza essencial. A vida do Espírito sempre presente é um *círculo* de incorporações progressivas que, observados de outro ponto de vista, *aparecem* como passado. As graduações que o Espírito *parece* ter deixado para trás, ele ainda as possui *na profundidade de seu presente*" (Hegel, *The Philosophy of History*, Nova York, Dover Publications, 1956, p. 79).

[20]    Hegel, *The Science of Logic*, Londres, Allen & Unwin, 1929, v. 2, p. 484.

[21]    Hegel, *The Philosophy of History*, p. 39.

Introdução    71

mundo viaja do Oriente para o Ocidente, porque *a Europa é absolutamente o final da História*.[22]

Assim, a concepção hegeliana de "modernidade" – definida como a "universalidade racional" do "Estado alemão moderno" (isto é, a Europa imperialista dominante)[23] que representa "absolutamente o final da história" – resume-se à eternização ideologicamente motivada da ordem dominante, transformando a dinâmica histórica de um processo de desenvolvimento sem fim na permanência atemporal de uma entidade metafísica congelada, a serviço da atenuação dos conflitos.

Durante um século após a morte de Hegel, esta tendência tornou-se ainda mais difundida entre as concepções ideológicas dominantes, tendência mais difundida à medida que nos aproximamos de nossa própria época. Com efeito, se observarmos mais detalhadamente os debates ideológico-teóricos da época do pós-guerra perceberemos claramente que a busca da atenuação de conflitos constitui um de seus mais importantes princípios estruturadores.

Durante algum tempo, eles se desenvolvem em torno da rejeição do projeto socialista, considerado *O ópio dos intelectuais* (Raymond Aron), logo seguida pela celebração, que reflete mais o desejo do que a realidade, do sucesso dessa abordagem, como *O fim da ideologia* (Daniel Bell). Esta linha, por sua vez, é sucedida pelas teorizações "pós-ideológicas" que desejam eliminar até a possibilidade do conflito hegemônico entre capital e trabalho, discorrendo, em vez disso, sobre a *sociedade industrial* (Aron, novamente) e *O novo Estado industrial* (John Kenneth Galbraith), postulando supostas "convergências" – conforme a estratégia "neutra" e, sob tal ponto de vista, universalmente praticável da "modernização" e do "avanço" – que jamais se concretizam. Não surpreende, portanto, que, quando a recomendada "modernização universal" (segundo o modelo do capitalismo norte-americano) mostra ser uma fantasia oca, a fase seguinte procure escapar das novas dificuldades falando sobre a "*sociedade pós-industrial*", oferecendo a promessa de transcender as contradições ainda remanescentes do capitalismo contemporâneo. E agora que as expectativas deste último se mostraram totalmente ilusórias, uma vez que os importantes problemas que estão nas raízes da ideologia se recusam obstinadamente a desaparecer, defrontamo-nos com as ideologias requentadas da "modernidade e seus dissabores" e com o postulado da "pós-modernidade tornada presente". Na verdade, para sublinhar a extrema fragilidade de todas essas supostas "superações", que correspondem mais ao desejo do que à realidade, agora são oferecidas também teorizações da dissolução desta última, pouco depois de seu aparecimento no cenário ideológico, em manchetes que anunciam "A crise da pós-modernidade".[24]

Assim, ao passo que as contradições do mundo social se tornam mais fortes, manifestando-se em escala cada vez mais global, repetidamente se declara que elas já foram "superadas" – ou estão prestes a sê-lo –, em uma sucessão interminável de

---

[22]  Ibid., p. 100.

[23]  Caracteristicamente, em *Filosofia do direito*, Hegel une o "princípio da modernidade" ao "princípio do norte, o princípio dos povos germânicos".

[24]  Ver, por exemplo, "The Lost Paradise of Regionalism: the Crisis of Postmodernity in France", de Claude Karnoouh, *Telos*, n. 67, primavera de 1986.

## 72　A necessidade da ideologia

construções ideológicas que metamorfoseiam verbalmente, sob um novo e dessociali-zado rótulo começado com "pós-", a mesma racionalização confortadora, tão logo sua versão anterior tenha perdido a credibilidade.

### 1.2.3

Naturalmente, não podemos explicar adequadamente estes desenvolvimentos pela simples referência à conjuntura do conflito social no pós-guerra. Suas raízes intelec-tuais remontam a um passado mais remoto: no que diz respeito a seus temas e cate-gorias, às duas primeiras décadas do século; em suas bases teóricas mais profundas, à "fase heróica" da visão de mundo burguesa (isto é, o século XVIII e o início do XIX), com a qual se quer agora ceticamente acertar as contas.

Entretanto, na parte que nos interessa diretamente, o elo crucial é Max Weber. Sua influência – tanto metodológica quanto ideológica – nunca poderia ser suficientemente enfatizada. No capítulo 3, consideraremos em maiores detalhes o papel de Weber nos desenvolvimentos ideológicos do pós-guerra. Por enquanto, apenas lançaremos um rá-pido olhar sobre alguns de seus princípios metodológicos fundamentais, baseado nos quais a "modernidade" é definida em função de uma oposição à chamada "sociedade tradicional".

Weber justifica sua "análise científica tipológica" a partir de sua pretensa "con-veniência".[25] Sua cientificidade só existe, porém, por definição. De fato, a aparência de "cientificidade tipológica rigorosa" surge das definições "inequívocas" e "conve-nientes" com que Max Weber sempre empreende a discussão dos problemas sele-cionados. Ele é um mestre sem rival nas definições circulares, justificando seu próprio procedimento teórico em termos de "clareza e ausência de ambigüidade" de seus "tipos ideais", e da "conveniência" que, segundo se diz, eles oferecem. Além disso, Weber nunca permite que o leitor questione o conteúdo das próprias definições nem a legi-timidade e validade científica de seu método, construído sobre suposições ideologica-mente convenientes e definições circulares "rigorosamente" auto-sustentadas.

Tomemos, por exemplo, a seguinte afirmação de Weber quanto ao que po-deria – ou melhor, ao que não poderia – ser considerado empiricamente (ou histori-camente) possível de acordo com a natureza inerente de uma "autoridade tradicional": "No *tipo puro* da autoridade tradicional, é impossível que o direito ou as regras admi-nistrativas sejam deliberadamente criados por um ato legislativo".[26]

Uma vez que, segundo ele, o "tipo puro" da autoridade tradicional é considerado distinto da "autoridade legal" pela ausência de legitimação legislativa, no sentido em que seu mandato à autoridade repousa, por definição, nas "tradições e na legitimida-de do *status* daqueles que exercem a autoridade",[27] a afirmação feita pelo autor na passagem citada é extremamente problemática. Contrariamente à afirmação de Weber

---

[25]　Max Weber, *The Theory of Social and Economic Organization*, publicado com uma introdução de Talcott Parsons, Nova York, The Free Press, 1964, p. 92. [Ed. bras.: *Economia e sociedade*, Brasília, Ed. UnB, 1991-1999, 2 v.]

[26]　Ibid., p. 342.

[27]　Ibid., p. 328.

de que seus "tipos ideais" possuem a virtude da clareza e da "ausência de ambigüidade", sua maneira de excluir categoricamente o potencial legislativo da "autoridade tradicional" não poderia ser, na verdade, mais ambígua, pois sua referência empírica é totalmente desprovida de conteúdo. A suposta "impossibilidade" só é válida em razão da tautologia original da definição, uma vez que o "tipo puro" da autoridade tradicional, em conseqüência da *definição* weberiana (e nada mais), é *a priori* incompatível com o tipo de legislação característica da "autoridade legislativa" (outro "tipo puro" estabelecido por definição). Se, portanto, na realidade histórica encontramos exemplos que desmentem a hipóstase weberiana, o autor pode facilmente rejeitá-los afirmando que não estão em conformidade com seu "tipo *puro*".

O mesmo se aplica ao tratamento que Weber dá à "modernidade", em seus encadeamentos circulares com as formas "tradicionais" de sociedade. O "moderno" é definido pela proclamada oposição ao "tradicional", e vice-versa. O método weberiano tem a vantagem adicional de que o autor pode escolher bem arbitrariamente os termos de seus pressupostos definidores, de tal modo que pode ser "econômico com a verdade" em maior ou menor grau, a seu bel-prazer. Ele tenta justificar suas escolhas em nome da "conveniência". No entanto, um exame mais minucioso mostra que esta última está fundamentada apenas na própria conveniência *ideológica do autor*, e não em critérios objetivos. Assim, no caso do "capitalismo racional", a definição de Weber é construída a partir da pretensa "possibilidade de cálculo racional" do processo capitalista de produção e distribuição. Neste sentido, Weber insiste em que "uma empresa *capitalista racional* é aquela que possui uma *escrituração de capital*, [...] uma empresa que determina sua rentabilidade através do *cálculo*, de acordo com os métodos da *contabilidade* moderna",[28] acrescentando:

> Uma época, no seu conjunto, só pode ser designada como *tipicamente* capitalista se a satisfação das necessidades for *organizada de forma capitalista* a um grau tão *predominante* que, se imaginássemos eliminada esta forma de organização, todo o sistema econômico deveria entrar em colapso.[29]

Assim, Weber nos oferece aqui a dupla tautologia que define o "típico" (isto é, o "tipo puro" dominado pelas características presumidas que excluem todas as outras) como o "predominante", e o "capitalista" como o "organizado de modo capitalista". Ao mesmo tempo, a seletividade tendenciosa dos termos escolhidos pelo autor tem como resultado, ideologicamente conveniente, que uma das características mais óbvias do sistema capitalista (sistema que está longe de ser harmoniosamente "racional") – sua determinação estrutural irremediavelmente *exploradora de classe* e antagônica – esteja ausente. A ausência dessa característica em tal "análise tipologicamente científica" do capitalismo chama a atenção.

A seletividade e a arbitrariedade ideologicamente determinadas podem, assim, dominar o quadro conceitual "típico-ideal" weberiano, que se apresenta falsamente como o paradigma da racionalidade. Uma vez que os pressupostos definidores são simplesmente enunciados, espera-se que as pessoas os aceitem tacitamente e tratem-nos

---

[28] M. Weber, *General Economic History*, Londres, Collier Books, 1961, p. 207.

[29] Ibid.

## 74 A necessidade da ideologia

como o padrão absoluto da análise "racional". É *a priori* descartada a possibilidade de que algo esteja *substantivamente* errado com os critérios proclamados por tal "análise tipologicamente científica" e com seus termos de avaliação. Em vez disso, espera-se que nos submetamos, sem que tenhamos sequer uma sombra de dúvida, à auto-evidente solidez do decreto weberiano, segundo o qual,

> Um *pânico na bolsa de valores*, por exemplo, pode ser analisado *mais convenientemente* tentando-se primeiro determinar o caminho que a ação teria tomado se não tivesse sido influenciada por *sentimentos irracionais*; podem-se introduzir, então, os componentes irracionais para verificar os *desvios* observados em relação a esse caminho hipotético.[30]

De fato, é "mais conveniente" ver um pânico na bolsa de valores como causado pela "irracionalidade", tendo ao fundo o pressuposto weberiano do capitalismo como um cálculo racional. Entretanto, como podemos mais uma vez observar, esta "conveniência" é puramente ideológica. Weber trata todos os sintomas de crise da ordem socio-econômica capitalista eternizada como meros "desvios" em relação a sua racionalidade intrínseca enquanto sistema total. É muito embaraçoso (e completamente "inconveniente") que "um pânico na bolsa de valores" possa ser o resultado direto do tão idealizado "cálculo racional": é por causa dele que a "onda de venda" simplesmente antecipa – por "motivos racionais" muito válidos do ponto de vista capitalista – a chegada de uma fase de *recessão* (uma "espiral descendente"), trazendo consigo a ação racionalmente "apropriada" dos indivíduos capitalistas, destinada a minimizar suas prováveis perdas. Este fato não se encaixa no quadro conceitual weberiano. Uma análise verdadeiramente crítica do fenômeno do "pânico na bolsa de valores" exigiria, não a rejeição "conveniente" e tácita da "irracionalidade" dos indivíduos, mas, ao contrário, o questionamento radical das *limitações estruturais da racionalidade capitalista* em si. E esta última teria de ser questionada não apenas em relação ao tipo de "reciprocidade" manifesta nas ações dos agentes capitalistas *particulares* situados no *mercado* – idealizado por Weber –, mas também em relação aos antagonismos básicos desta "sociedade moderna" como um *todo*. Em vez disso, Weber oferece a seus leitores os pressupostos mais convenientes do ponto de vista ideológico, para os quais,

> A *participação* em um mercado [...] estimula a *associação* entre as partes individuais [...] todos concordam com as regras destinadas a regulamentar as transações e a garantir *condições gerais favoráveis para todos*. Pode-se também observar que o mercado e a economia competitiva nele apoiada formam o tipo mais importante de *determinação recíproca* da ação em função do *puro interesse próprio*, um tipo característico da *vida econômica moderna*.[31]

Dados tais pressupostos, é impossível uma crítica significativa do que ocorre dentro dos parâmetros idealizados da "vida econômica moderna". Tudo o que se pode fazer é uma condenação genérica dos tipos de ação que possam ser rotulados como "desvios irracionais" em relação à reciprocidade ideal do "puro interesse próprio"; procedimento que evita o questionamento e – através da determinação definidora e da simultânea atribuição das "disfunções" capitalistas à "irracionalidade" individualista –

---

[30] M. Weber, *The Theory of Social and Economic Organization*, p. 92.

[31] Ibid., p. 139.

reafirma, mais enfaticamente do que nunca, a eterna validade do sistema "moderno" como um todo, no qual o "puro interesse próprio" dos indivíduos, por um lado, e as "condições gerais favoráveis para todos", por outro, vivem em perfeita harmonia.

Caracteristicamente, os ministros da Economia e vários outros políticos e intelectuais defensores da "modernidade" capitalista reagem do mesmo modo que Max Weber aos sinais de crise que se apresentam, independentemente do fato de serem seus seguidores declarados ou, ao contrário, nunca terem lido uma única linha de seus escritos. Sempre que são chamados a explicar algo como "um pânico na bolsa de valores" (a "Segunda-Feira Negra", por exemplo), invariavelmente falam sobre a "alta no mercado" que se transforma em "baixa no mercado" como resultado do "comportamento irracional deplorável" (a "pura loucura", etc.) de alguns indivíduos que interpretaram mal as "flutuações temporárias" do sistema financeiro internacional. Deste modo, exatamente como *O burguês fidalgo* de Molière, que conversava "em prosa" sem perceber que o fazia, todos estes defensores do "sistema econômico moderno" mostram sua fluência no prosaico discurso weberiano da "racionalidade *versus* irracionalidade" sem ter consciência disso. O que os liga a Weber não é a familiaridade com seu "discurso tipologicamente científico" (do qual podem ser totalmente ignorantes), mas os interesses ideológicos exploradores e classistas que compartilham com ele.

### 1.2.4

Weber afirma que "o principal efeito da *autoridade tradicional* sobre os modos da atividade econômica *costuma ser, de maneira muito geral,* o de fortalecer as *atitudes tradicionais*".[32] Naturalmente, ele propõe reflexões igualmente profundas sobre os efeitos da "autoridade moderna" e do "Estado ocidental moderno"[33] nas "atitudes modernas" em relação à atividade econômica. E, quando tenta caracterizar o "capitalismo moderno" como tal, ele o define – com seletividade ideológica tendenciosa e a circularidade típico-ideal – como uma "cultura" em que "o princípio dominante é o investimento do capital privado".[34]

---

[32] Ibid., p. 354.

[33] H. H. Gerth e C. Wright Mills (org.), *From Max Weber: Essays in Sociology*, Londres, Routledge & Kegan Paul, 1948, p. 299.

[34] M. Weber, "Objectivity", publicado em E. A. Shils e H. A. Finch (org.), *The Methodology of the Social Sciences*, Nova York, The Free Press, 1949, p. 91 [ed. bras.: *Metodologia das ciências sociais*, São Paulo/Campinas, Cortez/Unicamp, 1995-2001, 2 v.]. A definição de Weber do capitalismo como uma cultura em que "o princípio orientador é o investimento do capital privado" é considerada um "tipo ideal" neutro. Entretanto, como afirmei há algum tempo, "a escolha de tais características delimitadoras, contudo, está longe de ser 'axiologicamente neutra', embora, superficialmente, pareça expressar uma verdade evidente: ou seja, que o capitalismo e o investimento do capital privado estão diretamente ligados. Mas tal, obviamente, constitui uma mera verdade tautológica e, de modo algum, muito acurada nesse sentido. Na definição de Weber, o que está para além da pura tautologia é ou ostensivamente ideológico e com viés valorativo, ou falso – ou até mesmo ambos, ideologicamente tendencioso e falso.

"A definição de Weber é formulada a partir de um ponto de vista definido: não aquele da 'lógica pura', mas aquele que convenientemente bloqueia a possibilidade de definições rivais, sem se fundamentar em nada a não ser na pura *suposição*. A adoção deste tipo ideal como o princípio de seleção de todos os dados disponíveis acarreta, necessariamente, que a pesquisa 'cientificamente autocontrolada' se limite a dados que se encaixem com facilidade no quadro ideológico das pressuposições contidas na definição de Weber.

# 76   *A necessidade da ideologia*

É particularmente importante, a este respeito, o modo pelo qual o tipo weberiano de abordagem "sistemática" (baseada em definições) das contradições historicamente específicas da sociedade capitalista as desistoriciza, transformando as características estruturais e as implicações explosivas de uma ordem social antagônica em uma matriz categorial na qual a "modernidade" (com seus "dissabores") e a "racionalização" (considerada responsável por tais dissabores e "desencantos") ocupam a posição central. Foi isto que se tornou tão influente depois das duas guerras mundiais, não apenas na "teoria crítica" alemã, mas no desenvolvimento do pensamento europeu em geral, com

---

"Examinemos, rapidamente, como a definição weberiana de capitalismo preenche suas funções ideológicas sob a aparência de uma formulação 'não ideológica' e 'descritiva': O *primeiro* aspecto que temos a observar é a escolha do termo '*cultura*' (em lugar de alternativas disponíveis, tais como 'formação social' ou 'modo de produção', etc.): um termo que predispõe a um determinado tipo de interpretação quanto ao desenvolvimento da formação social capitalista. (A esse respeito, veja sua abordagem em *A ética protestante e o espírito do capitalismo*.)

"Em *segundo lugar*, o capitalismo de Weber é caracterizado pelo suposto de um '*princípio norteador*', sem nenhuma tentativa de explicação dos fundamentos – se houver algum – dessa estranha entidade metafísica. As conseqüências metodológicas desta pressuposição são extremamente graves, pois sua adoção anula a possibilidade de uma pesquisa histórica abrangente sobre as bases reais do desenvolvimento do capitalismo. Em seu lugar, encontramos uma projeção a-histórica da forma desenvolvida que retrocede ao passado, já que 'princípio norteador' deve ser mostrado em todos os estágios. (Essa é a razão pela qual, em última análise, ele deve ser identificado com o 'espírito do capitalismo' um tanto misterioso.) E as explicitações de Weber concernentes ao relacionamento entre o 'tipo ideal' e a realidade empírica são, nesse sentido, nada mais que uma 'válvula de escape' ideológica para se resguardar de possíveis objeções a seu modelo geral.

"Em *terceiro lugar*, o pressuposto contido na definição de '*investimento de capital privado*' como o princípio norteador do capitalismo, recalca de modo conveniente a questão crucial do inter-relacionamento estrutural entre o capital e o *trabalho*. O termo conspicuamente ausente do tipo de discurso weberiano é, sem dúvida, 'trabalho'. E, já que nenhum 'espírito' – nem mesmo o 'espírito do capitalismo' – consegue explicar a *real* constituição do capital (o 'mecanismo' de sua constituição, por assim dizer), tais questões devem ser ou descartadas ou relegadas ao plano, secundário do ponto de vista intelectual, da descrição de um determinado estágio da empiria. Portanto, é ideologicamente muito significativo que o 'trabalho' não apareça no modelo geral. Por que se incomodar com os problemas espinhosos da '*extração de mais-valia*' se você tem, convenientemente, a seu dispor o 'investimento de capital privado', de forma pré-fabricada, como o 'princípio norteador' do capitalismo?

"Em *quarto lugar*, enquanto o 'trabalho' permanece conspicuamente ausente da equação social de Weber, a definição do princípio norteador do capitalismo como o '*investimento* de capital privado' proporciona, de modo conveniente, a justificativa necessária e a legitimação da persistência do modo de produção capitalista contra as alegações opostas do trabalho apropriado. Que o capital privado é investido somente quando se prevê *lucro* – isto é, que o 'princípio norteador' subjacente é *lucro*, e não o *investimento* como tal – é fato vital, silenciosa e significantemente ocultado dos pressupostos contidos na definição de Weber.

"Em *quinto lugar*, não é verdade de modo algum que o capitalismo se caracteriza pelo '*investimento* de capital privado'. Como se sabe, o capitalismo é igualmente caracterizado por *não se investir* o capital excedente e, conseqüentemente, por *crises* periódicas e convulsões sociais. Ao tomar, *a priori*, o 'investimento de capital privado' como o 'princípio norteador' do capitalismo, Weber bloqueia, com êxito, uma área fundamental de pesquisa: especificamente um questionamento crítico do caráter extremamente *problemático* do tipo capitalista de investimento, na medida em que está *necessariamente* associado a crises e convulsões.

"Em *sexto lugar*, é bastante impreciso descrever o capitalismo em geral como sendo caracterizado pelo 'investimento de capital *privado*'. Tal caracterização é válida – com as restrições feitas acima – somente para uma determinada fase histórica do desenvolvimento capitalista, e de forma alguma como um 'tipo ideal', no seu sentido weberiano. Ao enfatizar o investimento de capital *privado*, Weber patrocina, de maneira acrítica, o ponto de vista subjetivo do capitalista individual, ao mesmo tempo deixando de lado uma das tendências objetivas mais importantes de desenvolvimento do modo de produção capitalista: a saber, o envolvimento sempre crescente do *capital estatal* na reprodução ampliada do sistema capitalista. Em princípio, o limite extremo desse desenvolvimento é nada menos que a transformação da forma prevalecente do capitalismo em um sistema abrangente de *capitalismo estatal*, que teoricamente acarreta a abolição completa

suas ligações cada vez maiores com as tendências (e instituições) ideológicas e intelectuais dos Estados Unidos.[35]

Depois da Primeira Guerra Mundial, em *História e consciência de classe*, Lukács e também, por sua influência, Karl Korsch até certo ponto, adotam algumas preocupações teóricas de Weber. Mas ultrapassam radicalmente a maneira weberiana de avaliar suas implicações tanto sobre a teoria quanto sobre a prática social. Sejam quais forem as limitações de *História e consciência de classe*,[36] não se pode negar que seu autor situa o problema da "racionalização" em seu contexto social adequado e historicamente específico, enfocando tanto os antagonismos tangíveis da sociedade de consumo quanto os pontos de vista diametralmente opostos dos principais agentes sociais, que apresentam perspectivas teóricas alternativas a partir das quais se pode vislumbrar uma solução para as contradições identificadas.

Significativamente, contudo, o impacto da influência weberiana sobre a Escola de Frankfurt se faz sentir na completa *inversão* desta inserção na concretude sóciohistórica, realizada por Lukács e outros, das contradições alienantes do capitalismo do século XX. Conseqüentemente, não apenas o agente social marxista da transformação revolucionária prevista é eliminado do quadro conceitual da "teoria crítica", mas também a problemática da *reificação* é privada de sua base social e redesenhada no sentido weberiano abstrato e anistórico da "racionalização".

Isto se evidencia claramente no relato de Habermas acerca de seu encontro com Lukács e Korsch, por um lado, e Adorno e Max Weber, por outro. Como ele diz:

> Ler Adorno deu-me a coragem de retomar *sistematicamente* o que Lukács e Korsch representaram *historicamente*: a teoria da *reificação* como uma teoria de *racionalização*, no sentido de Max Weber. Já naquela época, meu problema era uma teoria da *modernidade*, uma teoria da *patologia da modernidade* do ponto de vista da realização – realização deformada – da razão na história.[37]

---

da fase específica do capitalismo idealizado por Weber. Mas, exatamente em decorrência de tais implicações, essa tendência crucial de desenvolvimento deve ser excluída do quadro ideológico do 'tipo ideal' de Weber. "E em *último lugar*, nem por isso menos importante: a definição tomada como um todo constitui um modelo completamente *estático*. [...] a eliminação do inter-relacionamento estrutural fundamental entre o capital e o trabalho e sua substituição pela entidade metafísica congelada, o 'princípio norteador', exclui todo dinamismo do cenário. Assim, não somente não haverá espaço para uma avaliação dinâmica da verdadeira gênese e desenvolvimento da formação social capitalista, como já vimos, mas também – e esse é o ponto no qual se torna óbvia a função ideológica do modelo estático – não haverá espaço para uma possível dissolução e substituição derradeira do capitalismo por um novo tipo de formação social. Não há vestígios de contradições dinâmicas no modelo; portanto, ele pode apenas abarcar as características estáveis da continuidade – desprezando completamente a dialética da descontinuidade – de um *status quo* prevalecente. Tal continuidade é simplesmente admitida sob a forma de um 'princípio' já prevalecente e, uma vez que ela existe, não pode ser alterada, consoante o modelo estático weberiano. (Em breve, veremos a mesma abordagem estática para a questão estrategicamente importante do sistema administrativo da sociedade capitalista.) "A grosso modo, portanto, são esses os traços ideológicos que podemos detectar em *uma única linha* dos volumosos trabalhos de Weber, uma vez que não aceitemos simplesmente suas pretensões em seu valor declarado." (I. Mészáros, *Philosophy, Ideology and Social Science*, Hemel Hempstead, Harvester Wheatsheaf, 1986, p. 6-9. [Ed. bras.: *Filosofia, ideologia e ciência social*, São Paulo, Ensaio, 1993, p. 27-9.])

[35] Há mais a este respeito e de questões correlatas nas seções 3.2, 3.3. 3.4, 3.6, 3.7 e 3.8.

[36] Ver os capítulos 6 e 8, particularmente 6.8, 8.1, 8.4, 8.6 e 8.7.

[37] Habermas, "The Dialectic of Rationalization: an Interview with Jürgen Habermas", por Axel Honneth, Eberhard Knoedler-Bonte e Arno Widmann, *Telos*, n. 49, outono de 1981, p. 7.

# 78    A necessidade da ideologia

Assim, a decisão "crítico-teórica" de empreender um projeto sistemático é concebida no sentido de descartar a especificidade histórica a favor de uma noção genérica de "modernidade". Como resultado, a problemática marxiana da "reificação" – com suas conseqüências revolucionárias para a superação da ordem social capitalista – tem de ser abandonada por completo, e trocada por um discurso idealista sobre a "racionalização" e a "realização da razão na história". Além disso, liquida-se até aquele grau de objetividade e historicidade que ainda estava contido, embora de modo infeliz, dentro da estrutura do discurso hegeliano sobre a modernidade. Em seu lugar nos é oferecido um retorno – via Max Weber – a um idealismo transcendental kantiano privado de sua agudeza crítica.

As questões da "modernidade e seus dissabores" são definidas pela problemática inteiramente idealista da "realização deformada da razão na história", prometendo sua transcendência fictícia mediante os bons serviços de uma imaginária "comunidade ideal de comunicação", como veremos no capítulo 3. Ao mesmo tempo, as contradições historicamente específicas e objetivas da ordem social capitalista como sistema global são deixadas de lado. Por conseguinte, Habermas declara não apenas que a categoria da *exploração* não é mais aplicável às condições das "sociedades industriais avançadas", mas também, apesar das esmagadoras e dolorosas provas em contrário, que ela teria pouca utilidade mesmo no Terceiro Mundo.

Também nesse ponto, o conservadorismo weberiano parece ser o modelo. Max Weber sentenciou muitos anos antes que

> a acumulação de riqueza provocada pelo comércio colonial teve pequena significação para o desenvolvimento do *capitalismo moderno* – fato que precisa ser enfatizado em oposição a Werner Sombart. É verdade que o comércio colonial tornou possível a acumulação de riqueza em enorme extensão, mas isso não promoveu a *forma especificamente ocidental* de organização do trabalho, uma vez que o próprio comércio colonial firmou-se sobre o princípio da *exploração* e não no de assegurar a renda pelas *operações de mercado*. [...] O fim do método capitalista de *exploração das colônias* coincide com a abolição da *escravidão*.[38]

Mais uma vez, como podemos ver, artifícios definidores convenientes são usados para colocar a questão de modo a favorecer a absolvição do "capitalismo moderno" das implicações negativas de suas práticas exploradoras "racionalizadas". Como se as "operações de mercado" do sistema capitalista global – que são, aliás, estruturalmente preconcebidas, tanto no mercado de trabalho interno quanto nos territórios de dominação colonial (ou, em nossa época, neocolonial), em favor do "capital avançado" – fossem incompatíveis com a *exploração*! Assim, a substituição do diagnóstico marxiano de reificação e exploração pela categoria da "racionalização" (e as "operações de mercado" a ela associadas) parece ser capaz de justificar muitos problemas e contradições ideologicamente inconvenientes da "sociedade industrial moderna".

## 1.2.5

Em entrevista recente, Perry Anderson e Peter Dews fizeram uma pergunta embaraçosa a Habermas:

---

[38] Weber, *General Economic History*, p. 223.

Introdução    79

A tradição da Escola de Frankfurt como um todo concentrou sua análise nas sociedades capitalistas mais avançadas, à custa de qualquer consideração do capitalismo como um sistema global. Em sua opinião, as concepções de socialismo desenvolvidas no decorrer das lutas antiimperialistas e anticapitalistas no Terceiro Mundo têm algum significado para as tarefas do socialismo democrático no mundo capitalista avançado? Reciprocamente, sua própria análise do capitalismo avançado tem alguma lição para as forças socialistas do Terceiro Mundo?[39]

Eis tudo o que ele pôde responder a esta questão da maior importância teórica e prática: "Estou tentado a responder 'não' para ambos os casos. Tenho consciência de que esta é uma visão eurocêntrica, limitada. Eu preferiria não responder a esta pergunta".[40] Uma resposta que soa como: "parem o mundo, que eu quero descer". O que é particularmente problemático aqui é que um pensador que afirma ter formulado a "ciência reconstrutiva do pragmatismo *universal*"[41] seja capaz de imaginar a realização de seu projeto sem prestar a menor atenção à situação difícil de 90% da população mundial.

Diferentemente da posição "eurocêntrica" da teoria crítica, o que nos interessa aqui não é uma questão parcial que poderia ser seguramente negligenciada em uma "teoria geral". Visto que a natureza da ordem socioeconômica do capital só é inteligível em termos *globais*, não se pode dar muito crédito à conceitualização do "mundo capitalista avançado" a partir de uma perspectiva que ignora sistematicamente a esmagadora maioria da humanidade e opera com categorias que não dão atenção às suas reais condições de existência.

A ignorância das determinações causais e das reciprocidades de longo alcance, através das quais as chances futuras de desenvolvimento nas sociedades capitalistas avançadas se vinculam indissociavelmente aos problemas crônicos do "Terceiro Mundo", deve necessariamente produzir teorias extremamente duvidosas, mesmo que suas pretensões sejam conscientemente limitadas aos países capitalistas do Ocidente. Mas afirmar que um "pragmatismo universal" possa ser derivado de pressupostos fundamentados nas considerações estreita e tendenciosamente "eurocêntricas" da existência "capitalista avançada" como tal é uma evidente contradição. Portanto, não é de modo algum acidental que neste tipo de teorização não haja lugar para a dinâmica objetiva do desenvolvimento histórico capitalista global, do qual é absolutamente impossível excluir os problemas candentes do "mundo subdesenvolvido".

A concepção original de Habermas traz as marcas da "política de consenso" do pós-guerra, pois manifesta claramente, no momento de sua formulação, uma atitude positiva em relação às tendências dominantes da acomodação política e celebra as realizações "pós-marxianas" da ordem socioeconômica e política dominante.[42]

---

[39]    Habermas, *Autonomy and Solidarity*, entrevistas organizadas e apresentadas por Peter Dews, Londres, Verso, 1986, p. 187.

[40]    Ibid.

[41]    Tais afirmações estão em Habermas, *The Theory of Communicative Action*, cujo primeiro volume – *Reason and the Rationalization of Society*, traduzido por Thomas McCarthy – foi publicado pela Heinemann, Londres, em 1984. Para uma primeira versão desta teoria, ver Habermas, *Knowledge and Human Interests*, Londres, Heinemann, 1972.

[42]    Ver, sobre isto, a seção 3.4.

## 80   *A necessidade da ideologia*

Em uma obra posterior, *A teoria da ação comunicativa*, Habermas tenta deslocar seu discurso para um plano mais abstrato, de modo a decifrar e "fundamentar" o consenso a partir do "pragmatismo universal", que é de um oportunismo transcendental. Ele tenta isso numa época em que, na realidade, a continuidade do consenso do pós-guerra não é mais digna de crédito no plano socioeconômico e político. Ironicamente, no entanto, depois de haver declarado que as categorias marxianas de *classe*, *consciência de classe, exploração, forças e relações de produção*, e muitas outras, só são aplicáveis à "fase de desenvolvimento do capitalismo liberal, e não antes ou depois",[43] Habermas é agora levado a tomar conhecimento do ressurgimento dos conflitos sociais, ainda que apenas como possibilidade.

Ele dá este passo potencialmente crítico com atraso, e com certa relutância, mesmo diante dos acontecimentos mais recentes, quando já há, de fato, exemplos abundantes de perturbações e confrontos sociais sérios na vida cotidiana, até das mais "privilegiadas sociedades capitalistas". Entretanto, o quadro teórico geral de Habermas não lhe permite admitir clara e inequivocamente as implicações objetivas do que ele vê como uma tendência teoricamente embaraçosa e politicamente perturbadora. Ao contrário, dados os pressupostos de suas teorizações "pós-marxianas", ele resiste à idéia de que a "possibilidade" de novos conflitos (até mesmo conflitos de classe) – agora admitida, embora com relutância – possa ser estrategicamente importante. Declara, em vez disso, de modo um tanto peculiar, que embora as políticas econômicas de um governo de tipo monetarista possam conduzir ao desmantelamento do Estado de bem-estar, e isso, "por sua vez, pudesse levar a um renascimento das *lutas de classe* tradicionais", ele presume "que tal governo também seria hábil o bastante para pesar tais riscos".[44]

Fiel à sua inspiração weberiana geral, Habermas espera demais da racionalidade do sistema socioeconômico e político burguês "moderno". De qualquer modo, se as "antiquadas" ou "tradicionais" lutas de classe são na verdade, como Habermas anteriormente declarara, apenas manifestações das "contradições do século XIX" (isto é, de um "capitalismo liberal" estrito), como podem elas repentinamente "ressurgir" (sem a menor autocrítica por parte de Habermas), para desaparecer imediatamente por conta da postulada "habilidade" dos governos capitalistas "modernos" envolvidos? Se for verdade, como nos é assegurado *categoricamente* num estágio anterior das construções teóricas de Habermas, que "na sociedade capitalista avançada os grupos carentes e privilegiados já não se confrontam como classes socioeconômicas",[45] como compreender então o conceito de uma "sociedade capitalista avançada que elimina o conflito de classes", como compreendê-lo sob a nova conjuntura prevista, em que as "lutas de classe *tradicionais*" podem renascer?

Uma vez que Habermas não tem respostas para questões tão embaraçosas, ele escolhe o estranho postulado apriorístico da "habilidade dos governos capitalistas modernos". Para escapar de suas próprias contradições teóricas, Habermas concede *a*

---

[43]   Habermas, *Toward a Rational Society*, Londres, Heinemann, 1971, p. 113.

[44]   Habermas, *Autonomy and Solidarity*, p. 82.

[45]   Habermas, *Toward a Rational Society*, p. 110.

*Introdução* 81

*priori* tal habilidade a esses governos, não somente em relação à sua *percepção* prévia do perigo de ressurgimento dos conflitos de classe, perigo que é inerente a suas políticas, mas também, e até de modo mais problemático, em relação à sua suposta *capacidade* de *controlar* efetivamente a situação sob as novas e perturbadoras circunstâncias.

### 1.2.6.

A concepção de "modernidade" de Habermas está baseada em uma teoria da "crítica emancipatória", entendida nos termos das supostas "competências comunicativas intersubjetivas" que ele deriva dos "atos de fala" da filosofia lingüística analítica. Um dos mais amistosos críticos de Habermas observou que "uma das razões por que muitos críticos de Habermas, até mesmo críticos favoráveis, ficaram perplexos por sua 'virada lingüística' é porque durante os últimos *quinze anos* ele tem estado mais preocupado com a elaboração, justificação e organização dos detalhes deste ambicioso programa de pesquisa de uma teoria da ação comunicativa ou do pragmatismo universal do que com o engajamento na *prática* da crítica emancipatória".[46]

A dificuldade insuperável é que Habermas deseja apresentar uma teoria da "crítica emancipatória" de característica "quase-transcendental", que ele imagina estar em plena concordância com as exigências de um *consenso* enraizado na "competência comunicativa universal da espécie". Para demonstrá-la, tem de projetar a ficção da "comunicação total" como garantia apriorística de sucesso. Em outras palavras, ele tem de *pressupor* – na forma de uma "competência universal da espécie" – que aquilo que ele tem de *provar* é uma estratégia praticamente viável de emancipação em relação às restrições mutiladoras dos sistemas de dominação estabelecidos. Como Richard Rorty acertadamente comenta, percebendo a contradição entre a posição inerentemente "eurocêntrica" (ou, mais precisamente, "etnocêntrica" ocidental) de Habermas e suas pretensões universalistas:

> Os críticos norte-americanos simpáticos a Habermas, como Bernstein,[47] Geuss[48] e McCarthy[49] [...] duvidam que os estudos de competência comunicativa possam proporcionar os critérios "universalistas" que a filosofia transcendental não conseguiu proporcionar. Também duvidam que o universalismo seja tão vital às necessidades do pensamento social liberal quanto pensa Habermas [...].
>
> Habermas elogia os "ideais burgueses" por causa dos "elementos de razão" contidos neles; seria melhor apenas elogiar aqueles tipos não-teóricos de discursos narrativos que compõem a fala política das democracias ocidentais. Seria melhor ser *francamente* etnocêntrico [...].[50]

---

[46] Richard J. Bernstein, introdução a *Habermas and Modernity*, organizado e apresentado por R. J. Bernstein, Cambridge, Polity Press, 1985, p. 17.

[47] Ver Richard J. Bernstein, *The Restructuring of Social and Political Theory*, Oxford, Basil Blackwell, 1976, particularmente p. 182-225.

[48] Ver Raymond Geuss, *The Idea of a Critical Theory: Habermas and the Frankfurt School*, Oxford, 1976.

[49] Ver dois ensaios de Thomas McCarthy, "Rationality and relativism: Habermas's 'overcoming' of hermeneutics", em John B. Thompson e David Held (org.), *Habermas: Critical Debates*, Londres, Macmillan Press, 1982, p. 57-78, e "Reflections on Rationalization in the *Theory of Communicative Action*", em R. J. Bernstein (org.), *Habermas and Modernity*, p. 176-92.

[50] Richard Rorty, "Habermas and Lyotard on Postmodernity", em R. J. Bernstein (org.), *Habermas and Modernity*, p. 164.

# 82 *A necessidade da ideologia*

Sendo-se etnocêntrico neste sentido, pode-se ver o que Habermas chama de "dinâmica teórica *interna* que constantemente impulsiona as ciências [...] para além da criação de um conhecimento tecnologicamente utilizável", não como uma dinâmica *teórica*, mas como uma *prática social*. Pode-se ver a razão pela qual a ciência moderna é mais do que a simples engenharia, mas não como teleologia anistórica – por exemplo, um impulso evolucionário em direção à correspondência com a realidade, ou com a natureza da linguagem –, e sim como exemplo particularmente bom das virtudes sociais da burguesia européia.[51]

Habermas acredita verdadeiramente nas virtudes tradicionais do liberalismo burguês. E agora que vários partidos "eurocomunistas" abandonaram seus princípios radicais, Habermas pode tranqüilamente mostrar simpatia pela postura neo-socialdemocrata desses partidos, pelo fato de a perspectiva tradicional da socialdemocracia, exposta em sua defesa anterior da chamada "comunidade ideal de comunicação", estar totalmente desacreditada.

Os detalhes dessa "comunidade ideal de comunicação" são discutidos adiante, na seção 3.4. O que é diretamente relevante aqui é que a recente simpatia de Habermas pelo eurocomunismo equipara a "liberalização" à "normalização" e o avanço social como tal à melhoria das expectativas de uma minúscula elite intelectual no quadro de uma "cultura política *liberal*" (em suas próprias palavras). É neste sentido que Habermas defende algumas medidas liberalizadoras na política e na cultura.[52] O multibilionário chefe da Fiat italiana, Giovanni Agnelli, foi ainda mais longe. Ele pediu a abertura do próprio *governo* do país à plena participação do Partido Comunista Italiano. E Agnelli não se apresenta como o defensor radical da "emancipação universal".

Na verdade, não há nada de radical no discurso eurocêntrico de Habermas sobre a modernidade, a política e a ideologia. Se houvesse, ele jamais denunciaria as aspirações revolucionárias da esquerda alemã como "fascismo de esquerda",[53] no mesmo espírito de seu mentor, Adorno.[54]

---

[51]  Ibid., p. 165-6.

[52]  Como Habermas declarou em uma entrevista: "Também na República Federal da Alemanha um partido eurocomunista mais forte poderia ser, de muitas maneiras, um fator de *liberalização*. Muitas coisas seriam *normalizadas*. Por exemplo, neste país um marxista não pode ser professor ou diretor do Instituto Max Planck. Enquanto isso ocorrer, a base da cultura política não será *liberal*" (Habermas, *Autonomy and Solidarity*, p. 85).

[53]  Hans-Jürgen Krahl (um discípulo radical de Adorno) observou com ironia sobre a "flexibilidade" oportunista de Habermas: "Há um ano, Habermas denunciou como *fascismo de esquerda* o que hoje elogia como a 'criação, plena de fantasia, de *novas técnicas* de manifestação'". E acrescentou que "a tática de Habermas era isolar a vanguarda radical". Ver Hans-Jürgen Krahl, "Antwort auf Jürgen Habermas", em Krahl, *Konstitution und Klassenkampf: Zur historischen Dialektik von bürgerlicher Emanzipation und proletarischer Revolution*, Frankfurt, Verlag Neue Kritik, 1971. Citações das p. 244-5.

[54]  Como disse Adorno: "Quando criei meu modelo teórico, não poderia imaginar que as pessoas iriam querer fazer coquetéis molotov com ele". Citado em Martin Jay, *Adorno*, Londres, Fontana Paperbacks, 1984, p. 55. Originalmente apareceu em *Die Süddeutsche Zeitung*, 26-27 de abril de 1969, p. 10. Evidentemente, o movimento radical nunca pensou em lançar "coquetéis molotov". O que aconteceu, na verdade, foi que a questão de como dar algum *sentido prático* à "teoria crítica" foi colocada na ordem do dia durante a primeira crise social importante do pós-guerra nos países capitalistas avançados do Ocidente, após décadas de "milagres econômicos" e correspondentes consensos políticos. Como, entretanto, o "modelo teórico" de Adorno rejeitava categoricamente a possibilidade de uma significativa intervenção prática, que fosse coletivamente articulada, no mundo social "totalmente reificado", qualquer movimento radical que representasse uma

Introdução 83

As motivações e interesses teóricos de Habermas são inteligíveis no quadro das antigas exigências e aspirações do discurso liberal-reformista. Citando novamente Rorty:

O que liga Habermas aos pensadores franceses que ele critica é a convicção de que a história da filosofia moderna (como reações sucessivas às críticas de Kant) é parte importante da história da busca de segurança pelas sociedades democráticas. Mas pode ser que a maior parte desta última história possa ser contada como a história da *política reformista*, sem muita referência aos tipos de apoio teórico que os filósofos deram a tal política. Afinal de contas, são coisas como a formação dos sindicatos, a meritocratização da educação, a expansão do direito de voto e jornais baratos que mais influíram na disposição dos cidadãos das democracias de se verem como parte de uma "comunidade comunicativa" – sua contínua disposição a dizer "nós", em vez de "eles", quando falam de seus respectivos países.[55]

Como Habermas, ao contrário de Rorty, não reconhece francamente que os objetivos e potencialidades de todas as concepções "etnocêntricas" liberal/reformistas, incluindo a sua, são limitados por seu ponto de vista liberal-democrático ocidental, ele acaba desenvolvendo um quadro teórico extremamente problemático, que ignora sistematicamente não apenas a real situação dos explorados no Terceiro Mundo, como também as sérias limitações históricas e estruturais que pesam sobre qualquer comunicação nas sociedades de classe.

Por isso, Habermas precisa negligenciar o fato desconcertante de que as sólidas *relações de poder* socioeconômicas e políticas no interior das quais ocorreria seu "diálogo" idealizado, nas sociedades de classe, ridicularizam todas as pretensões de considerar esta modalidade de comunicação tão fortemente condicionada como um genuíno *diálogo*. Tendo em vista que as respectivas margens de ação dos membros das classes que participam desse modelo – incluindo as margens de sua "ação comunicativa" – são *estruturalmente preconcebidas* em favor da *ordem dominante*, o resultado provável dos intercâmbios comunicativos de todos os indivíduos não pode estar sujeito ao mesmo modelo e reduzido a um denominador comum apriorístico.

A natureza potencialmente consensual (ou pseudoconsensual) da comunicação que ocorre nas sociedades de classe varia conforme a situação em que se realiza o "diálogo" em questão: se entre indivíduos do *mesmo* lado da divisa social, defendendo os interesses *comuns* de sua classe, ou, em completo contraste, entre indivíduos que se identificam com classes antagonicamente *opostas*.

No último caso – em que imaginar a possibilidade de um diálogo espontâneo e não-condicionado é uma atitude absolutamente idealista –, os indivíduos nessa situação devem *contestar* ou *apoiar* as posições de poder da ordem social existente, dentro da estrutura de comunicação estabelecida e em defesa de suas pretensões hegemônicas mutuamente excludentes. Considerando-se a importância estratégica das questões em jogo e o poder de controle dos complexos institucionais hierarquicamente articulados,[56]

---

saída prática de sua teorização auto-enclausurada teria de ser rejeitado e denunciado como "fascismo de esquerda" e ameaça de "coquetéis molotov".

55 R. J. Bernstein (org.), *Habermas and Modernity*, p. 169.

56 Neste contexto devemos lembrar o relacionamento entre as "idéias dominantes" de uma sociedade e suas "classes dominantes", já discutido por Marx em *A ideologia alemã*.

# 84   A necessidade da ideologia

o tipo de "diálogo" que pode ocorrer dentro de tais limites é na realidade *estruturalmente viciado* contra a possibilidade de um resultado que possa desafiar objetivamente os mais importantes parâmetros estruturais da ordem social estabelecida. Isto porque os mesmos parâmetros devem *atribuir* (e assim o fazem) aos participantes seu papel – como membros de uma classe – no modo prevalecente de ação comunicativa, fortalecendo e reforçando dessa maneira o poder desse círculo vicioso material e ideologicamente precondicionado, em vez de abri-lo na forma de um genuíno diálogo.

Assim, como resultado de tal "diálogo" *necessariamente* viciado, o que parece ser um "*consenso*" é na verdade o resultado, imposto de maneira mais ou menos unilateral, das *relações de poder* dominantes, que assume muitas vezes a enganosamente não-problemática forma de um intercâmbio comunicativo "produtor de concordância". O resultado é imposto de modo mais ou menos unilateral (isto é, sob seu aspecto comunicativo, de modo mais ou menos "consensual"), dependendo da "capacidade de incorporação"[57] ou, senão, das concessões feitas pelas classes dominantes, de acordo – em nossa época – com a vantagem produtiva relativa que o capital pode extrair dos acordos concluídos com seus adversários de classe, em virtude da maior produtividade e da expansão da "mais-valia relativa".

Como prova disso, aos períodos de consenso político necessariamente sucedem-se confrontos sociais mais agudos – donde a crescente proeminência dos "neoconservadores culturais" de Habermas, que curiosamente não dialogam,[58] assim como o surgimento de uma desconcertante variedade de ideologias que agressivamente proclamam e defendem os interesses "não negociáveis" da "direita radical" sob o lema: "não há alternativa" – sempre que a ordem socioeconômica capitalista tem de enfrentar as complicações decorrentes de uma crise estrutural importante. Sob tais circunstâncias históricas, a "competência universal da espécie" – que supostamente produziria (estritamente dentro do quadro de um discurso "processualmente" orientado)[59] os frutos redentores da "ação comunicativa emancipatória" de Habermas, compensando assim as conseqüências negativas do "desencantamento do mundo" weberiano, permanecendo dentro dos horizontes sociais do modelo de "modernidade" e "racionalização" de Weber – demonstra sua total vacuidade. Suas ardilosas promessas "quase-transcendentais" não representam nada para os grandes problemas existenciais que os agentes humanos reais têm de superar em seus esforços práticos orientados para sua própria

---

[57]   "*Capacidade de incorporação*" não significa aqui a suposta "*integrabilidade*" da classe trabalhadora, ainda que por um período limitado. Refere-se à capacidade do sistema capitalista de compensar os aumentos salariais negociados e outras concessões materiais, transformando-os em seus próprios ganhos expansionistas, em parte através da reabsorção do fundo salarial geral aumentado da sociedade (isto é, o papel dinâmico do consumo produtivo no processo de reprodução capitalista como um todo), e em parte pela maior produtividade nas próprias empresas industriais: um aumento da produtividade via de regra diretamente vinculado aos aumentos salariais negociados.

[58]   Ver, a este respeito, Habermas, "Neoconservative Culture Criticism in the United States and West Germany: an Intellectual Movement in Two Political Cultures", em R. J. Bernstein (org.), *Habermas and Modernity*, p. 78-94. Tipicamente, mesmo sob as novas circunstâncias, Habermas é impedido por seu discurso idealista de enxergar (ou reconhecer) a base *material* antagônica de seu movimento intelectual.

[59]   Ver a seguir, ao tratarmos da crítica de Habermas ao suposto utopismo não-procedimental de Marx.

*Introdução* 85

emancipação, não dos vagos "dissabores da modernidade", mas de sua sujeição ao poder explorador do capital.

### 1.2.7

Habermas tenta fugir das contradições de seus postulados consensuais utilizando vários deslocamentos conceituais dúbios. Assim, tenta ocultar o caráter muito problemático da participação dos indivíduos nas hipostasiadas comunidades de comunicação emancipatória introduzindo uma conveniente válvula de escape: definindo essa participação como meramente "virtual" ou "potencial",[60] o que esvazia sua reivindicação original de um conteúdo real. O significado positivo/emancipatório da *potencialidade* não pode ser simplesmente assumido ou decretado. Antes de fazer qualquer coisa desse tipo, é necessário abordar a questão crucial: se a potencialidade de que se trata é uma "*potencialidade abstrata*" (e portanto vazia) ou "*concreta*" ou "*real*". Sem assegurar uma resposta positiva a essa questão – indicando as tendências reais do desenvolvimento sócio-histórico através das quais as características supostamente latentes da "competência universal da espécie" serão *realizadas* de maneira emancipatória – é inútil buscar uma garantia na potencialidade abstrata. E Habermas não faz isso. Em conseqüência, seu uso das categorias "virtual" e "potencial" é tão problemático quanto aquele que encontramos nos escritos de Adorno.[61]

Sob outro aspecto, quando Habermas tem de admitir que os "três complexos de racionalidade" weberianos, "derivados em termos formal-pragmáticos de atitudes básicas e conceitos-de-mundo, apontam justamente para aquelas três esferas de valor cultural que foram diferenciadas na *Europa moderna*",[62] acrescenta imediatamente: "mas isso não é em si uma objeção ao caráter sistemático do esquema".[63] E eis como justifica sua asserção:

> De acordo com Weber, as estruturas *modernas* de consciência são produto de um processo histórico *universal* de *desencantamento*, e por isso não se limitam a refletir traços idiossincráticos de uma cultura *particular*.[64]

Assim, a validade da dúbia caracterização da modernidade como "universal" é estabelecida simplesmente reiterando o postulado weberiano, segundo o qual as "estruturas modernas de consciência" surgem de um "processo universal de desencantamento" e, como tal, por definição, não são subordinadas a uma "cultura particular".

Esta ansiedade em proclamar – sobre uma base extremamente frágil – a "universalidade" da modernidade ocidental é tão reveladora quanto a tendenciosa ignorância acerca do Terceiro Mundo na teoria de Habermas. A motivação ideológica subjacente a ambas é a mesma, pois Habermas deseja atribuir significado teórico universal a uma pretensão antimarxiana, segundo a qual,

---

[60] Ver, a este respeito, o capítulo 1, "Approaches to the Problem of Rationality", em Habermas, *The Theory of Communicative Action*, v. 1, p. 1-142.

[61] Quanto ao tratamento que Adorno dá à potencialidade, ver seção 3.4.7.

[62] Habermas, *The Theory of Communicative Action*, v. 1, p. 239.

[63] Ibid.

[64] Ibid.

## 86  A necessidade da ideologia

nas sociedades capitalistas *desenvolvidas* não há classe identificável, não há grupo social claramente circunscrito que possa ser destacado como representativo de um interesse geral violado.[65] [...] Da mesma forma, o *conceito de trabalho* foi expurgado de todo conteúdo normativo na sociologia industrial e despojado do papel de força motriz emancipatória na filosofia social. Se acrescentarmos a isso as tendências à diminuição do tempo de trabalho e à correspondente *desvalorização da importância do trabalho no mundo da vida*, fica evidente que o desenvolvimento histórico do trabalho industrial está abalando a filosofia da práxis.[66]

Como podemos ver, a pretensão de Habermas com respeito às "sociedades capitalistas *desenvolvidas*" na citação anterior é em si de validade extremamente dúbia (pois estritamente conjuntural), mesmo em relação a esses países tomados isoladamente. Além disso, há também o fato de que o "capitalismo desenvolvido" não é uma ilha, mas, tanto em sua privilegiada realidade atual quanto nas perspectivas problemáticas do desenvolvimento futuro, é parte essencial do mundo capitalista *antagonicamente interdependente*, sejam quais forem as ilusões dos intelectuais "críticos" do Ocidente. Entretanto, a função da insustentável pretensão de Habermas é tornar plausível a asserção substantiva subseqüente. No próprio curso do desenvolvimento desta linha de argumentação, percebemos uma mudança significativa (e totalmente falaciosa) nos termos de referência de Habermas. Quando chegamos à conclusão, o *limitado* quadro de referência – isto é, confinado às "sociedades capitalistas *desenvolvidas*" – transforma-se no "conceito de trabalho" *em geral*, para que a "desvalorização da importância do trabalho no mundo da vida" seja proposta como uma das colunas de sustentação vitais deste "pragmatismo universal". Ao mesmo tempo, a produção do *desemprego em massa* nas sociedades capitalistas "avançadas" – *fato* inegável nas duas últimas décadas – é identificada por Habermas, de modo igualmente falacioso, à *redução no tempo de trabalho* daqueles que permanecem empregados. A "redução no tempo de trabalho", no caso daqueles que trabalham, é somente uma compreensível *aspiração* ou *exigência* dos sindicatos ocidentais, cuja principal preocupação é a estabilidade no emprego. Uma exigência a que o capital resiste obstinada e tenazmente em toda parte, utilizando todo o poder à sua disposição, impondo, em geral, seus interesses também nesse ponto.

É obviamente absurdo afirmar que a redução substancial do tempo de trabalho é um fenômeno *global*, que também inclui a força de trabalho superexplorada do "Terceiro Mundo" (que constitui a esmagadora maioria da humanidade). Mas afirmar, além disso, que a tendência em questão automaticamente retira do trabalho em geral o caráter de força emancipatória do desenvolvimento histórico exigiria alguma sustentação teórica, ainda que a idéia de redução universal do tempo de trabalho fosse verdadeira, e acontece que ela é falsa. Pois seria necessário demonstrar as implicações precisas da suposta "desvalorização da importância do trabalho no mundo da vida" para o futuro do desenvolvimento capitalista e, em particular, para o contraditório *processo de reprodução* capitalista, em que o trabalho – não somente como produtor, mas

---

[65]  Habermas, "A Reply to my Critics", em *Habermas: Critical Debates*, organizado por John B. Thompson e David Held, Londres, Macmillan Press, 1982, p. 221.

[66]  Ibid., p. 225.

também como consumidor – desempenha o papel principal, para grande "contrarie-dade" do capital e de seus representantes ideológicos. Em outras palavras, seria necessário demonstrar que não há incompatibilidade radical entre os projetados desenvolvimentos do processo produtivo que eliminariam o trabalho e as restrições impostas pela contabilidade do lucro capitalista.

Do modo como é formulada, a análise de Habermas não resiste a um exame crítico, seja em termos factuais e históricos, seja quanto às conclusões teóricas do autor. Na verdade, estamos testemunhando hoje, mais do que nunca, o impacto negativo de fortes *tendências contrárias* à suposta "tendência geral" de redução do tempo de trabalho, mesmo nos países capitalistas mais avançados. Apesar de muito contraditório, até do ponto de vista do próprio capital (que só existe nas contradições), uma dessas desconcertantes tendências contrárias foi recentemente evidenciada pela direção da British Coal, que procurou obrigar os mineiros do país a trabalhar *seis dias* por semana em vez dos costumeiros *cinco*,[67] ameaçando reduzir os investimentos – que são muito necessários do ponto de vista da força de trabalho, para conter o aumento do desemprego e a concomitante destruição das comunidades mineiras – caso eles se recusassem a aceitar a chantagem da administração.

Assim, desafiando a evidência do desenvolvimento sócio-histórico real, Habermas só pode argumentar da maneira como o faz, passando injustificadamente da experiência *parcial* (e contraditória até mesmo em sua parcialidade) do capitalismo *ocidental* à formulação de *afirmações de validade geral*. Como não pode sustentar esta validade tendo como referência o sistema *global* do capital, tal como é historicamente constituído e estruturado, Habermas deve dar a *aparência* de plausibilidade a seus postulados teóricos *gerais* – que defendem categórica e dogmaticamente nada menos do que

---

[67] A estratégia da British Coal – inspirada pela política agressiva de privatização de um governo da direita radical – não é de modo algum atípica. O Sindicato dos Marítimos Britânicos teve de declarar uma greve oficial em 1988 contra os empregadores capitalistas privados pela mesma razão de aumento das cargas de trabalho. (De fato, os armadores queriam *acrescentar cinqüenta dias por ano* aos compromissos contratuais em vigor dos marítimos.) Encontram-se facilmente exemplos semelhantes entre as recentes lutas trabalhistas de qualquer "país capitalista avançado".

A dupla ironia da ação dos marítimos britânicos foi que – de acordo com a legislação trabalhista da época, claramente anti-sindicalista – eles queriam promover um plebiscito por correspondência para receber um mandato dos membros do sindicato para eventualidades futuras. Contudo, como era muito provável que o resultado da votação fosse contra os empregadores, por causa da enormidade de sua exigência, estes solicitaram à Corte Suprema que a própria votação fosse proibida. E – que surpresa! – o Judiciário corajosamente independente do Estado capitalista ficou do lado dos empregadores, contra os trabalhadores, declarando que a votação proposta, devido às *intenções* que podiam ser nela lidas a partir do ponto de vista "objetivo" dos armadores, era ilegal. Por isso, todos os fundos do Sindicato dos Marítimos britânicos seriam confiscados se eles ousassem prosseguir com isso.

A legislação anti-sindicalista do governo britânico esperava que o plebiscito por correspondência levasse ao triunfo dos "moderados" e ao fim do sindicalismo militante. Em vez disso, os resultados foram, quase sempre, profundamente decepcionantes, produzindo maiorias maciças – às vezes de mais de 80% – até nos sindicatos tradicionalmente não muito militantes, como os vários sindicatos de professores, por exemplo. Parecia, portanto, que não havia uma maneira perfeitamente segura de se ter tanto o plebiscito quanto os resultados desejados, em conformidade com os interesses do capital. Mas isso só até o caso dos marítimos. O instruído Judiciário cortou com um único golpe o nó górdio do insolúvel dilema dos empregadores nas disputas industriais "modernas", "pós-capitalistas" e "pós-industriais".

## 88  A necessidade da ideologia

"a desvalorização da *importância do trabalh*o no mundo da vida", ao mesmo tempo que rejeitam a "filosofia da práxis" marxiana como algo que é irrelevante para a causa da emancipação – extraindo conclusões *"universalistas"* da *contingência histórica* da existência "capitalista desenvolvida", mal avaliada quanto aos fatos e estritamente limitada (e por isso *não generalizável*, a não ser violando as leis da lógica). Ele também não apresenta uma análise factual e teoricamente sustentável das *especificidades* históricas dos desenvolvimentos capitalistas contemporâneos (pois isso prejudicaria suas afirmações teóricas *genéricas e aprioristicas*). Habermas prefere deduzir tais desenvolvimentos – de maneira "quase-transcendental" – da categoria de "modernidade" e de seu "mundo da vida", negligenciando ao mesmo tempo todos os fatos e tendências do *mundo real* que apontam para uma direção diametralmente *oposta* à de suas projeções.

Encontramos um procedimento igualmente contestável no uso que Habermas faz da própria categoria de "modernidade". Como vimos, isso tem muito a ver com a circularidade ideologicamente conveniente para a qual Max Weber criou o modelo. A questão é que a oposição que Habermas estabelece, seguindo Weber, entre o "tradicional" e o "moderno" estende-se de forma não-dialética até o ponto de quase eliminar o papel dos componentes *tradicionais* das estruturas normativas da sociedade no que diz respeito às circunstâncias contemporâneas. Tal procedimento resulta em uma construção teórica que se torna "rigorosa" e "inequívoca" por estar encerrada em si mesma. Assim, ela evita a necessária avaliação das afirmações de validade geral de seu discurso, de tal maneira que tudo o que se pode fazer é aceitar os pressupostos deste discurso sobre a "modernidade", encerrado em si mesmo e aprioristicamente autofundamentado.

Entretanto, dadas as determinações da ordem social, que são inseparavelmente estruturais e históricas, o "tradicional" continua a desempenhar um papel crucialmente importante em todas as formações sociais concebíveis, por mais avançadas que sejam. Com efeito, no relacionamento dialético entre a normatividade *legalmente* articulada e as formas *tradicionais* de normatividade socialmente efetiva, a primazia é desta última, e permanece com ela mesmo sob as condições da "modernidade" capitalista.[68] Além disso, é impossível examinar criticamente as perversas hierarquias estruturais socioeconômicas e a correspondente estrutura jurídica e política da *sociedade de classes* como tal sem reconhecer o papel fundamental dos "costumes" e da "tradição" como o predominante ou o *übergreifendes Moment* nessa dialética de *continuidade* e *descontinuidade*, sobre cujas bases a normatividade alienada da superestrutura jurídica e política (assim como suas vinculações institucionalmente articuladas e reforçadas no plano da moral e da estética) pode ser superada pela normatividade autoformulada dos produtores associados. Se, no entanto, aceitarmos o procedimento de Habermas, que rejeita não apenas as categorias marxianas de "base e superestrutura", mas também as de "forças e relações de produção", substituindo-as pela irremediavelmente abstrata díade parsoniana "trabalho e interação",[69] continuaremos presos no quadro de categorias

---

[68]   Discuti algumas questões relacionadas no ensaio "Customs, Tradition, Legality: a Key Problem in the Dialectic of Base and Superstructure", publicado em *Social Theory and Social Criticism: Essays for Tom Bottomore*, organizado por William Outhwaite e Michael Mulkay, Oxford, Basil Blackwell, 1987, p. 53-82.

[69]   Cf. a seção 3.4.11, quanto às alterações de categorias propostas por Habermas.

auto-referenciais da "modernidade", que é desprovido de qualquer força prática que possa facilitar uma intervenção radical e efetiva na ordem estabelecida de hierarquias estruturais, e ficaremos a esperar o Godot da "comunidade ideal de comunicação".

Igualmente problemática é a caracterização que Habermas faz da "simetria" e da "reciprocidade" na estrutura da postulada ação comunicativa emancipatória. O papel fundamental de ambos os conceitos é aprioristicamente determinado por Habermas, que declara ao mesmo tempo que a confiança na experiência histórica e socioeconômica é errônea e sofre do que ele chama de "viés produtivista". Eis no que se resume sua linha de argumentação:

> Defendo uma posição cognitivista [...], ou seja, a existência de um centro universal de intuição moral em todas as épocas e em todas as sociedades. [...] Estas intuições têm a mesma origem. Em última análise, elas provêm da condição de *simetria* e de *reconhecimento recíproco*, que são *pressupostos* inevitáveis da ação comunicativa. [...][70]
> A conexão implícita da teoria de Marx com a *utopia da atividade autônoma* – emancipação em relação ao trabalho heterônomo – incorria, creio eu, em dois erros. O primeiro era o *viés produtivista* embutido nessa visão particular – como em todas as utopias de Thomas More em diante: isto é, a idéia de que o controle *científico* sobre a natureza *externa*, e o trabalho para transformá-la, é *em si* libertador. O segundo erro talvez fosse mais importante. Era não compreender que as únicas perspectivas utopistas que podem ser razoavelmente conservadas na teoria social são de natureza *procedimental*.[71]

Há vários comentários a fazer sobre esta citação. Primeiro (este foi enfatizado por um analista inglês favorável a Habermas), que o teórico crítico alemão tende, acriticamente, a "*tomar como dado* o que deve ser demonstrado, isto é, que a orientação para o *entendimento* é o objetivo básico da *comunicação*".[72] Do mesmo modo, a "simetria" postulada por Habermas nada mais é que outra suposição sem base e muito problemática. Como apontou o mesmo crítico:

> O que a suposição de *simetria* de Habermas parece negligenciar, e o que suas ocasionais alusões ao modelo da "ação comunicativa pura" nada fazem para mitigar, é que as *repressões* que afetam a vida social podem operar de outros modos além da restrição ao acesso a atos de fala: por exemplo, restringindo o acesso a *armas, riqueza* ou *respeito*.[73] [...] Habermas enfatiza que a aplicação da tese da simetria aos atos de fala representativos e reguladores pressupõe uma referência à organização dos contextos de ação e, por isso, "a emancipação do discurso em relação às restrições impostas pela ação só é possível no contexto da *ação comunicativa pura*".[74] Isso não diminui o problema, porque a ação comunicativa é definida de modo a *excluir* as considerações de *interesse* e *estratégia*, de *poder* e *persuasão*: assim, estas últimas não são tratadas nem resolvidas pelo modelo da ação comunicativa pura, mas simplesmente ignoradas.[75]

---

[70] Habermas, *Autonomy and Solidarity*, p. 206-7.

[71] Ibid., p. 212.

[72] John B. Thompson, "Universal Pragmatics", em *Habermas: Critical Debates*, p. 126.

[73] Ibid., p. 129.

[74] Habermas, "Wahrheitstheorien", em *Wirklichkeit und Reflexion: Walter Schulz zum 60. Geburtstag*, organizado por Helmut Fahrenbach, Pfullingen, Neske, 1973, p. 255-6.

[75] John B. Thompson, "Universal Pragmatics", p. 298.

## 90    *A necessidade da ideologia*

Na verdade, a "ação comunicativa pura" de Habermas é pura ficção. É uma noção cercada por uma variedade de válvulas de escape, como as de "fala *possível*", em vez de fala realmente ouvida ou produzida; "nós procedemos *contrafactualmente como se* assim fosse", em tal "fala possível"; "falantes *competentes*" (ou seja, os falantes que amavelmente se conformam às suposições definidoras de Habermas), em contraposição aos verdadeiros falantes; e "a *cláusula de idealização*: se a discussão pudesse ser conduzida de modo suficientemente aberto e se prolongasse o bastante",[76] etc., etc. E não se torna menos fictícia por ser chamada, como o faz Habermas, de "*ficção inevitável*".[77] E ainda menos porque os poderosos no mundo histórico real (que está longe de ser "*simetricamente*" estruturado e orientado para o "*reconhecimento recíproco*"), que têm à *sua* disposição grandes riquezas e também as armas de "reserva atômica", não têm nenhuma dificuldade em evitar e ignorar *todas* as implicações emancipatórias "possíveis" da "comunidade ideal de comunicação contrafactualmente possível" de Habermas.

Outro aspecto problemático do argumento de Habermas é que postula a "*utopia procedimental*" como o único campo admissível da crítica social. Por isso, Marx deve ser apresentado como responsável por um "viés produtivista", segundo o qual o "controle sobre a *natureza externa*" seria "*em si mesmo* libertador". Entretanto, a verdade é que Marx originou a idéia de "*socialismo ou barbárie*" opondo-se da maneira mais nítida possível ao simplista "viés produtivista" a ele atribuído. Isso foi continuado por Engels e Rosa Luxemburgo, que diagnosticaram, no mesmo espírito, a relação entre os desenvolvimentos produtivos e tendências destrutivas do "avanço" capitalista. Marx já insistira, em 1845-46, que,

> No desenvolvimento das forças produtivas, chega um estágio em que surgem forças produtivas e meios de troca que, com as relações existentes, só causam malefícios, e não são mais *forças produtivas*, e sim *destrutivas*.[78] [...] Estas forças produtivas recebem, sob o sistema da propriedade privada, um *desenvolvimento unilateral* e, para a maioria, tornam-se *forças destrutivas*.[79] Assim, a situação chegou a tal ponto que os indivíduos devem se apropriar da totalidade das forças produtivas existentes, não apenas para conquistar a atividade autônoma, mas também para *simplesmente salvaguardar a própria existência*.[80]

A avaliação explicitamente *antiutopista* e *antimecanicista* da relação entre a produtividade e a destruição durante o desenvolvimento histórico não poderia ser afirmada de maneira mais clara. Marx chega a enfatizar que o que está em jogo é a própria sobrevivência da humanidade, ameaçada pelas forças de produção *inerentemente* destrutivas

---

[76]   Habermas, *The Theory of Communicative Action*, v. 1, p. 42.

[77]   Habermas, "Vorbereitende Bemerkungen zu einer Theorie der kommunikativen Kompetenz", em Habermas e Niklas Luhmann, *Theorie der Gesellschaft oder Sozialtechnologie – Was Leistet die Systemforschung?*, Frankfurt, Suhrkamp, 1971, p. 140. Citado em John B. Thompson, "Universal Pragmatics", p. 125.

[78]   Marx e Engels, *Collected Works*, Londres, Lawrence & Wishart, 1975 ss., de agora em diante referido como MECW. A citação é do v. 5, p. 52.

[79]   Ibid., p. 73.

[80]   Ibid., p. 87.

que o *unilateral* processo capitalista de avanço produtivo trouxe à tona. Entretanto, sem levar em conta a maneira clara e inequívoca como Marx tratou estas questões durante toda sua vida, Habermas adota uma forma de argumentação muito peculiar. Inicialmente, recorre a uma *reductio ad absurdum*, "reconstruindo" seu objeto de crítica de maneira a adaptá-lo a suas próprias conclusões, reduzindo a complexidade dialética das análises de Marx a uma visão mecânica simplista do chamado "controle *científico* sobre a *natureza externa*", em lugar da exigência claramente vislumbrada (e *repetidamente* enunciada por Marx) de um *controle social* adequado, por parte dos produtores associados, sobre a totalidade de sua atividade de vida, incluindo o que ele chama de sua "*segunda natureza*". Em seguida, baseado na sua falsificação de Marx – agora aceita como uma verdade evidente por si mesma –, Habermas atribui ao objeto de sua "negação crítica" uma posição caricatural também em outro nível. Neste caso, Habermas o faz algumas linhas depois da última passagem citada de sua entrevista, afirmando que, "o que ele [Marx] entendia por socialismo, do ponto de vista político era *somente* – podemos dizê-lo agora, após cinqüenta anos de história soviética – a abolição da propriedade privada dos meios de produção".[81]

Qualquer um que se dê ao trabalho de ler pelo menos as poucas páginas da *Crítica do programa de Gotha*, de Marx, sem mencionar sua reflexão muito mais detalhada sobre o tema nos *Grundrisse* e em outros escritos, pode compreender que esta é uma distorção caricatural.

A razão por que Habermas tem de argumentar desse modo é ao mesmo tempo ideológica e metodológica. Ideologicamente porque, no mesmo espírito que determinou sua condenação da esquerda radical alemã como um "fascismo de esquerda" que convidava à catástrofe, Habermas agora sustenta que,

> A *teoria dos sistemas* aguçou nosso olhar para as conseqüências de uma *complexidade social* que – comparativamente falando – é extremamente intensificada. As idéias de revisão total das relações sociais existentes devem atualmente ser avaliadas à luz destes riscos. Nas sociedades altamente complexas, as alterações *estruturais* afetam muitos elementos ao mesmo tempo e de maneiras imprevistas. Conseqüentemente, e não sem alguma razão, o *status quo* adquiriu, na intuição cotidiana, o caráter de um argumento. [...] Além disso, o argumento contém um núcleo de verdade que faz que o *juste milieu* pareça cada vez mais digno de ser preservado. [...] [porque,] com a *impossibilidade de se calcularem os efeitos das intervenções* nas estruturas profundas de sociedades altamente complexas, cresce também o risco de *alternativas catastróficas* subseqüentes.[82]

Foi assim que as contradições e desumanidades da sociedade *capitalista* se transformaram nas "complexidades" de uma teoria da "modernidade", pregando a perpetuação do "*juste milieu*" – outra "ficção inevitável", tendo em vista sua ausência da realidade do sistema capitalista globalmente explorador? – contra os perigos das *alterações estruturais*, pela autoridade da "teoria dos sistemas". Na verdade, é precisamente esta rejeição de uma *intervenção estrutural* radical na ordem socioeconômica e política

---

[81]  Habermas, *Autonomy and Solidarity*, p. 213. A palavra "somente" foi grifada por Habermas.

[82]  Habermas, *Critical Debates*, p. 222-3.

## 92 A necessidade da ideologia

existente – rejeição esta que, em virtude da mera "complexidade", decreta aprioristicamente a "impossibilidade de se calcularem os efeitos das intervenções", como foi postulado por Weber e pela teoria dos sistemas – , é esta posição ideológica fundamentalmente conservadora que torna a substância da "teoria da modernidade" de Habermas totalmente incompatível com Marx.

Os princípios metodológicos que correspondem a esta postura ideológica na teoria de Habermas giram em torno do "conceito procedimental da racionalidade comunicativa".[83] Na passagem citada da entrevista de Habermas, Marx é rejeitado como um utópico ingênuo, por não entender que só a "racionalidade procedimental" pode ser a base da crítica social. Esta obscura observação torna-se um pouco mais clara quando a idéia do "erro" – ou da "confusão" – de Marx é apresentada por Habermas de forma mais geral em sua *Teoria da ação comunicativa*, na qual ele afirma que: "é só a *confusão* de uma infra-estrutura altamente desenvolvida de *possíveis* formas de vida com a totalidade histórica *concreta* de uma forma de vida *bem-sucedida* que é utópica".[84] E observa em outro escrito que a teoria da "racionalidade procedimental"

> tem à sua disposição *padrões* para a crítica das relações sociais que traem a promessa de incorporar interesses gerais, promessa que é proporcionada pela moral de ordens legítimas e normas válidas. Mas *não pode julgar o valor de formas de vida rivais* [...] Esta perspectiva compreende *apenas* determinações formais de uma infra-estrutura comunicativa de formas de vida e histórias de vida *possíveis*; não se estende à forma *concreta* de uma forma de vida exemplar ou de uma história de vida paradigmática. [...] A teoria da evolução social não permite conclusões a respeito de ordens de felicidade.[85]

Entretanto, o problema desta metodologia da "racionalidade procedimental" é que seus "padrões", produzidos de modo quase-transcendental, são tão abstratos e afastados da realidade que a questão de sua *aplicabilidade* – sem mencionar as questões relativas à demonstração da viabilidade e eficácia de sua aplicação prática – não aparece nem por um momento nas considerações do autor. Habermas, ao contrário, justifica esta importante omissão declarando que sua teoria só se refere às "determinações

---

[83]  Habermas, *The Theory of Communicative Action*, v. 1, p. 74.

[84]  Ibid. As palavras "possíveis" e "bem-sucedida" foram grifadas por Habermas.

[85]  Habermas, *Critical Debates*, p. 227-8. As palavras "apenas" e "possíveis" foram grifadas por Habermas.
    A mesma idéia é apresentada em outro ensaio, em que Habermas afirma, após elogiar o *potencial de sensibilização* da arte moderna e o *potencial de esclarecimento* das ciências, que "uma moral é *universalista* na medida em que permite apenas normas que os envolvidos *pudessem* aprovar baseados em uma *cuidadosa consideração* e sem *coação*. Ninguém negaria: os *direitos básicos* e os princípios de nossas *constituições* são normas que podemos *supor* que todos *poderiam* afirmar. Não quero tratar dos problemas que ocorrem quando tais *princípios abstratos* são aplicados a situações de vida *concretas*" (Habermas, "Neoconservative Culture Criticism", em *Habermas and Modernity*, p. 90). O problema aqui não é apenas o fato de Habermas, mais uma vez, aceitar muito facilmente a ilusória "universalidade" da ordem jurídico-política estabelecida, isentando assim de um exame crítico os "direitos básicos" cultuados em "nossas constituições"; igualmente problemático é o fato de ele evitar a discussão dos problemas que aparecem quando seus "princípios abstratos" são testados à luz de "*situações concretas*". Sem dúvida, isto não acontece por acaso. Como já vimos, ele tem de admitir que sua teoria – limitada à construção de uma visão quase transcendental da "infra-estrutura comunicativa de formas de vida *possíveis*" – não tem nada a dizer quando se trata de julgar "o valor de formas de vida rivais" tal como elas se afirmam no mundo real, em situações *históricas concretas*.

*formais*" e não às situações histórico-concretas, e, portanto, nada tem a dizer sobre o valor relativo das "formas de vida rivais" ou sobre a questão da felicidade.

Habermas fundamenta sua teoria da "modernidade" em uma suposta "*potencialidade semântica*",[86] e afirma que seu próprio quadro de referência – a "infra-estrutura comunicativa de formas de vida *possíveis*" – é o único "protegido contra o perigo de exagerar dogmaticamente as próprias afirmações".[87] Na verdade, contudo, nada poderia ser mais dogmaticamente exagerado do que uma "teoria da ação comunicativa" que afirma ser a única teoria viável da crítica social emancipatória, negando, ao mesmo tempo, a viabilidade de uma *intervenção e alteração estrutural* positiva na estrutura estabelecida das "sociedades altamente complexas". Assim, a crítica marxiana da ordem capitalista – referente à *realidade* do domínio do capital, realidade historicamente produzida e, por isso mesmo, historicamente passível de superação – deve dar lugar a um discurso abstrato sobre a "modernidade", "procedimentalmente" orientado; e a categoria da *realidade* deve ser substituída pela do "*não factualmente possível*". A conseqüência deste deslocamento categórico é que a "promessa emancipatória" de Habermas se mostra completamente vazia. Seu discurso sobre a "modernidade", não apenas em alguns detalhes, mas em sua totalidade, não escapa às fortes objeções que desde Hegel foram levantadas contra a "*potencialidade abstrata*".

### 1.2.8

A controvérsia entre "modernidade" e "pós-modernidade" – em que cada lado, compreensivelmente, procura se auto-elogiar – tem sido muito exagerada pelas partes interessadas. Seria errôneo, portanto, tomar ao pé da letra a caracterização que cada uma faz de si mesma e tomar o partido de uma ou de outra. Com efeito, é muito significativo que as diferenças relativamente pequenas que separam as pessoas envolvidas sejam dramaticamente aumentadas nas polêmicas entre os defensores da "modernidade" e os da "pós-modernidade", cada grupo buscando afirmar a validade exclusiva de sua posição e transformar o que de fato é *complementar* em *incompatibilidade*.

Como as disputas entre essas duas correntes têm estado muito em evidência nos últimos anos, deslocando a atenção de questões sociais e políticas substantivas para preocupações primariamente metodológicas (em que os determinantes ideológicos que motivam individualmente os pensadores tendem a permanecer ocultos), é importante observar suas respectivas afirmações, ainda que de maneira breve. Isto se faz necessário não só para situar a "modernidade" e a "pós-modernidade" uma em relação à outra, mas também para identificar o papel que elas assumiram e continuam a desempenhar na articulação pós-consensual do "fim da ideologia".

A este respeito, é muito interessante que um dos mais agudos comentadores dessa controvérsia, o norte-americano Richard Rorty, deseje "chegar a um meio-termo" entre "modernidade" e "pós-modernidade". Eis como Rorty diagnostica as posições rivais e tenta reconciliar suas exageradas diferenças:

---

[86] Ver Habermas, "Walter Benjamin: Consciousness-Raising or Rescuing Critique?", *Philosophical-Political Profiles*, Cambridge, MA, 1983.

[87] Habermas, *Critical Debates*, p. 227.

94　*A necessidade da ideologia*

A afirmação de Habermas de que pensadores como Foucault, Deleuze e Lyotard são "neoconservadores" funda-se no fato de que eles não fornecem nenhuma razão "teórica" que justifique a tomada de uma posição social em vez de outra. Eles põem de lado a dinâmica a que o *pensamento social liberal* (do tipo representado por Rawls nos Estados Unidos e pelo próprio Habermas na Alemanha) tradicionalmente recorreu, isto é, a necessidade de entrar em contato com uma realidade *obscurecida pela "ideologia" e revelada pelo "teoria"* [...].[88] [Mas] Suponhamos, como sugeri acima, que se faça o primeiro erro remontar a Kant (ou, melhor ainda, a Descartes), e não (como faz Habermas) ao jovem Hegel ou ao jovem Marx. A partir dessa perspectiva, toda a seqüência canônica de filósofos desde Descartes até Nietzsche pode ser vista como uma digressão em relação à história da *construção social* concreta, que transformou a *cultura do Atlântico Norte* naquilo que ela é agora, com todas suas glórias e todos seus perigos. Pode-se tentar criar um novo cânone – em que a marca de um "grande filósofo" fosse a consciência de novas possibilidades sociais, religiosas e institucionais, em vez do desenvolvimento de uma nova tendência dialética na metafísica ou na epistemologia. Isto seria uma maneira de eliminar a diferença entre Habermas e Lyotard, de admitir as coisas dos dois modos. Poderíamos concordar com Lyotard em que não necessitamos mais de metanarrativas, e também com Habermas, em que necessitamos de menos aridez. Poderíamos concordar com Lyotard em que os estudos da competência comunicativa de um sujeito trans-histórico são de pouca utilidade para reforçar a identificação que temos com nossa comunidade, sem deixar de insistir na importância dessa identificação. Tal identificação desteorizada com a comunidade permitirnos-ia aceitar a afirmação de que a valorização da "comunicação não distorcida" é da essência da *política liberal*, sem a necessidade de uma teoria da competência comunicativa para justificá-la.[89]

Seja o que for que se pense das recomendações do próprio Rorty – que defende a adoção de uma perspectiva baconiana contra Descartes e de uma atitude crítica em

---

[88]　Richard Rorty, "Habermas and Lyotard on Postmodernity", p. 171.

[89]　Ibid., p. 172-3. Em contraste com o tratamento crítico que Rorty dá à "modernidade" e à "pós-modernidade", os comentadores muitas vezes aceitam acriticamente as caracterizações que essas teorias rivais fazem de si. Para dar um exemplo, Gerard Raulet apresenta a seguinte caracterização de "modernidade": "Comparadas com as sociedades pré-industriais, tradicionais, caracterizadas por uma coesão orgânica do mundo da vida, as sociedades industriais modernas são divididas pela diferenciação de esferas autônomas e pela polarização de antagonismos de classe. [...] A modernidade é o estado histórico no qual a relação com a história não é mais uma relação de *continuidade homogênea*, uma vez que a história da modernidade está repleta de rupturas" (Raulet, "Marxism and the Post-Modern Condition", *Telos*, n. 67, primavera de 1986, p. 148 e 154). Como podemos ver, esta descrição assume a visão de "modernidade" proposta pelos defensores desta, difundindo assim o mito da "continuidade homogênea" (que nunca existiu), em vez de contestar criticamente a natureza não-dialética de tais afirmações e suposições.
Para uma discussão de vários aspectos da "modernidade" e "pós-modernidade", ver Stuart Sim, "Lyotard and the Politics of Antifoundationalism", *Radical Philosophy*, n. 44, outono de 1986; Hilary Lawson, *Reflexivity: The Post-Modern Predicament*, Londres, Hutchinson, 1985; David Frisby, *Fragments of Modernity*, Oxford, Polity Press, 1985; Mark Poster, *Foucault. Marxism and History: Mode of Production versus Mode of Information*, Oxford, Polity Press, 1984; Peter Dews, *Logics of Disintegration: Post-Structuralist Thought and the Claims of Critical Theory*, Londres, Verso, 1987. Sobre os problemas da arte e da literatura modernas, discutidos em seu ambiente sociopolítico, ver também os livros de excelentes ensaios críticos de Franco Fortini em *Insistenze: Cinquanta scritti 1976-1984*, Milão, Garzanti, 1985, e *Saggi Italiani* (2 v., o segundo intitulado *Nuovi Saggi Italiani*), Milão, Garzanti, 1987.

Introdução    95

relação a Kant e a todo o neokantismo até o presente, no espírito do pragmatismo norte-americano –, seu argumento para "chegar a um meio-termo" e assumir uma postura cética diante das reivindicações da "modernidade" e da "pós-modernidade" deve ser considerado justo. Aliás, pode tornar-se muito mais sólido se for incluída uma crítica também à ideologia da "*engenharia social*", que Rorty usa para reduzir as duas correntes a um denominador comum com o qual ele próprio possa positivamente se identificar.

Ao se avaliar o relacionamento entre "modernidade" e "pós-modernidade", a primeira coisa a enfatizar é que *ambas* as tendências continuam a afirmar que vão "além da ideologia", enquanto acusam a outra de permanecer dentro de seus limites. Assim, a pretensão auto-elogiosa de Habermas de oferecer a única alternativa válida à "comunicação ideologicamente distorcida" e suplantar a "*ideologia*" pela "*teoria*" está ligada à condenação da "pós-modernidade", que se identificaria à posição ideológica do "*neoconservadorismo*". Pelo mesmo motivo, no entanto, Lyotard rejeita as ideologias da "modernidade" – que, para ele, fazem "um apelo explícito a alguma *grande narrativa*, como a dialética do Espírito, a hermenêutica do significado, a emancipação do sujeito racional ou operante, ou a criação da riqueza"[90] – e insiste em que o objetivo do "consenso universal" buscado por Habermas

> violenta a heterogeneidade dos jogos de linguagem. [Pois] a invenção sempre nasce da dissenção. O conhecimento pós-moderno não é simplesmente um instrumento das autoridades; ele refina nossa sensibilidade para as diferenças e reforça nossa capacidade de tolerar o incomensurável. Seu princípio não é a homologia do especialista, mas o paralogismo do inventor.[91]

Por isso, Lyotard recomenda, como seu próprio modelo de discurso não ideológico, o que ele chama – em óbvia contraposição à "grande narrativa", ideologicamente culpada – de "pequena narrativa" [*petit récit*], descrevendo-a como "a forma da invenção imaginativa levada à quinta-essência".[92]

O abismo parece assim intransponível aos olhos dos contendores. No entanto, um olhar mais atento revela que a maior parte desta controvérsia é mais imaginária do que real. O *consenso* defendido por Habermas é definido de maneira muito mais cautelosa nos últimos anos, quanto à sua possibilidade de realização nas condições da "sociedade industrial moderna", do que no período pós-guerra de consenso político, porque Habermas foi levado a reconhecer o ressurgimento dos conflitos de classe – que ele já desejou enterrados – mesmo nos "países industriais avançados", como já vimos. É um consenso transcendentalmente pressuposto de um futuro "possível", em nome dos postulados "princípios universais da moralidade", isto é, um *Sollen* abstrato (um mero "dever ser"). No que se refere às condições reais, Habermas até concorda com uma perspectiva *pluralista* que se assemelha à de Lyotard – se não por paixão, então por descuido –, afirmando que o "padrão comum" que ele hipostasia para a avaliação da moralidade das ordens legítimas "não pode julgar o valor de formas de vida

---

90    Jean-François Lyotard, *The Postmodern Condition: A Report on Knowledge*, Manchester University Press, 1979, p. XXIII. [Ed. bras.: *A condição pós-moderna*, Rio de Janeiro, José Olympio, 2002.]

91    Ibid., p. XXV.

92    Ibid., p. 60.

96  *A necessidade da ideologia*

rivais" nas situações históricas concretas, pois diz respeito apenas à "infra-estrutura comunicativa de formas de vida *possíveis*".[93] Sob ambos os aspectos, portanto, Habermas está mais próximo de Lyotard do que ambos parecem imaginar, uma vez que também Lyotard só pode propor um *dever ser* – ainda que ele o chame de um "*precisar ser*"[94] – quando tenta demonstrar a viabilidade de seu modelo de pós-modernidade em relação ao que existe no presente.

Não há dúvida de que a defesa de Lyotard do *particularismo* pós-moderno se harmoniza muito bem com o espírito da "*engenharia social*". Ele defende as virtudes da "*pequena narrativa*" (ou "pouco a pouco") contra o "totalitarismo" (ou "holismo") da "*grande narrativa*". Todavia, também neste aspecto, Habermas não difere muito dele, ao menos no que diz respeito à sua avaliação do *mundo real* e do tipo correto de conduta nele recomendada. Habermas exalta as virtudes do *juste milieu* por causa da "*complexidade* social extremamente elevada" e a concomitante "impossibilidade de avaliação das intervenções", ou melhor, "o risco das alternativas catastróficas", caso as pessoas tentem introduzir "*alterações estruturais* em sociedades altamente complexas", como vimos na seção anterior.[95]

Além disso, quanto às determinações reguladoras mais abstratas, tanto Habermas quanto Lyotard acreditam no "sistema aberto", por mais problemática que seja tal reivindicação em relação à ordem estabelecida. Na teoria de Habermas, esta crença se manifesta na afirmação idealista e idealizadora de que "a razão comunicativa não encontra simplesmente sujeitos e sistemas já prontos; antes, participa da estruturação daquilo que deve ser preservado".[96] Quanto ao procedimento igualmente idealizado de Lyotard, este assume posição muito semelhante à de Habermas quanto a uma curiosa concepção de ciência, que lhe permite chegar à conclusão requerida para justificar o "sistema aberto" que defende, dizendo:

> Na medida em que a ciência é *diferencial*, seu pragmatismo proporciona o *antimodelo* de um *sistema estável*. Uma afirmação é considerada digna de ser conservada quando estabelece uma diferença em relação àquilo que já é conhecido, e depois que um argumento e prova a seu favor forem encontrados. A ciência é um *modelo* de "*sistema aberto*", do qual uma afirmação começa a fazer parte se "gera idéias", ou seja, se gera outras afirmações e outras regras do jogo. A ciência não possui uma metalinguagem geral na qual todas as outras linguagens possam ser transcritas e segundo a qual sejam avaliadas. É isso que *impede sua identificação com o sistema* e, em última análise, com o terror. Se na comunidade científica existe uma divisão entre os tomadores de decisões e aqueles que as executam (e ela existe), este é um fato do *sistema socioeconômico* e *não da pragmática da ciência em si*.[97]

Portanto, o modelo idealizado do "sistema aberto" (assim como o da "sociedade aberta") é gerado pela exclusão, por definição, de tudo o que pudesse claramente se

---

[93]  Ver nota 85.

[94]  Lyotard, *The Postmodern Condition*, p. 66.

[95]  Ver nota 82.

[96]  Habermas, *The Theory of Communicative Action*, v. 1, p. 398.

[97]  Lyotard, ibid., p. 64.

contrapor à imagem que dele se postula. Em outras palavras, o que fica excluído de tal discurso é precisamente a *realidade* da ciência tal como ela funciona na sociedade em questão. Visando a este propósito, não apenas "os tomadores de decisões" e os "que as executam" são convenientemente opostos uns aos outros – como se isso fizesse alguma diferença para o real funcionamento da pesquisa científica dentro do complexo militar-industrial –, mas, de modo ainda mais problemático, a estanque "pragmática da ciência em si" é contraposta ao "sistema socioeconômico" como tal.[98]

Deste modo chegamos ao "modelo de um sistema aberto", que é simultaneamente o "antimodelo de um sistema estável". Mas o que tudo isso pode significar na realidade? Será que esta "pragmática" é mais realista do que a "pragmática universal" de Habermas, que não pode nem mesmo *julgar* o valor das formas de vida rivais, sem falar em influenciar positivamente o resultado dos conflitos em andamento? O autor não deveria refletir sobre a inconveniente questão da viabilidade da "pragmática da ciência em si"? Pois se a própria ciência, *apesar* de seu pretenso pragmatismo ideal, não pode escapar, em seu *limitado* domínio, à maciça influência negativa daqueles "tomadores de decisões" e do "sistema socioeconômico" em geral, como ela poderia servir como *modelo universal* – a não ser que se trate de um modelo totalmente impotente – do intercâmbio pós-moderno em um "sistema aberto" material e culturalmente articulado?

É altamente significativo que, sob as condições do capitalismo *pós-consensual,* as pretensões e argumentos tanto da "modernidade" quanto da "pós-modernidade" sejam formulados deste modo "quase-transcendental". Naturalmente, nesse ínterim, a necessidade de consenso por parte do sistema não desapareceu, tendo apenas recuado para segundo plano. Não obstante, sob as novas circunstâncias, o modelo operativo real é imposto pela própria crise capitalista. Enquanto esta última subsistir, as regras que prevalecem são as da competição mais aguda – recorrendo sem pudor a todo tipo de violência em nome da "racionalização" – , através da qual, na esfera econômica, a independência anterior das unidades superproduzidas do capital (como "atores"

---

[98] Para tornar as coisas ainda mais desconcertantes, em uma das notas de *The Postmodern Condition*, Lyotard escreve: "Após a separação da Igreja e do Estado, Paul Feyerabend (*Contra o método*) reivindica em nome do mesmo espírito 'leigo' a separação da Ciência e do Estado. Mas e quanto à Ciência e o Dinheiro?" Ibid., p. 102.

É muito difícil descobrir que significado atribuir a esta observação. Mesmo a idéia de Feyerabend de separar a ciência e o Estado sem abolir o próprio Estado é altamente questionável. Com efeito, pode-se declarar que a separação da Igreja e do Estado – que é, em princípio, um empreendimento muito mais viável do que a separação do Estado e da ciência – foi, em todas as suas variedades historicamente conhecidas, uma realização muito limitada. Os problemas levantados pela separação da ciência e do Estado seriam incomparavelmente maiores. Embora a Igreja desempenhe um papel importante no processo de reprodução cultural-ideológica, seu papel no processo de reprodução material é basicamente o de um *consumidor* coletivo compartilhando o produto social geral. Diferentemente, a ciência é uma *força produtiva* vital da sociedade. Conseqüentemente, sua separação radical do Estado teria grandes implicações para a base material e a viabilidade prática do próprio Estado. Assim sendo, vislumbrar, apesar desta dificuldade estrutural não resolvida, a soberana implementação materialmente efetiva de suas determinações ideais por parte da ciência "separada do Estado" – tendo-se por base apenas o "pragmatismo da própria ciência", em uma oposição abstrata e retórica ao "sistema socioeconômico" e ao "dinheiro"–, ao mesmo tempo que se aceita a autoridade política do Estado e os imperativos materiais do sistema do capital (questioná-los radicalmente exigiria a formulação de uma "grande narrativa" praticamente viável), parece uma contradição nos termos.

98 *A necessidade da ideologia*

autônomos) é implacavelmente destruída, sendo subordinadas rigidamente aos setores mais poderosos e dinâmicos. Ao mesmo tempo, o relacionamento anterior entre capital e trabalho também deve ser fundamentalmente redefinido e reestruturado, ainda que isso envolva a introdução de alguns reguladores jurídicos e políticos abertamente repressivos, em concordância com as determinações e imperativos objetivos emanados das mudanças ocorridas na esfera da acumulação e centralização do capital. É por isso que, nestas circunstâncias, as teorias diretas do "consenso" e do "fim da ideologia" são descartadas em favor daquelas que formulam seus "modelos" e afirmações de modo a não contradizer abertamente o evidente fato de que os conflitos vêm se tornando mais agudos. Com certeza, quando o sistema for reconstituído e reestabilizado de acordo com as novas relações de poder (do lado do capital e também do trabalho), a necessidade de ideologias consensuais tranqüilizadoras pode ser novamente trazida ao primeiro plano. Entretanto, esta é uma perspectiva muito remota nesta época, em que a crise estrutural do capital dá sinais de se intensificar, em vez de ser abrandada por uma nova fase de expansão tranqüila e sustentável por longo período.

As teorias da "modernidade" e da "pós-modernidade" preenchem as exigências ideológicas das circunstâncias de intensificação dos conflitos. Ambas *evitam* fazer suas proposições teóricas fundamentais a partir da situação histórica dada. As referências aos processos sociais existentes parecem mais observações ilustrativas marginais do que parte essencial da própria teoria. Não há conexão inerente entre o discurso teórico geral e o "mundo da atividade concreta" da ordem social historicamente dada. Na verdade, a separação radical entre ambos é muitas vezes teorizada explicitamente, como vimos na oposição estabelecida por Habermas entre o abstrato "possível" e o concreto "real". Em conseqüência, não existe qualquer influência do mundo real sobre a teoria geral, seja para fortalecê-la, seja para levá-la a uma revisão significativa, pois as pretensões de validade da teoria são auto-referenciais e encerradas em si. Caso os autores percebam que cometeram erros em seus discursos sobre aquilo que realmente existe e tenham motivos para lamentar ter incorrido neles, mesmo assim poderão prosseguir como se nada houvesse acontecido. Como já vimos, Habermas tanto pode declarar que "na sociedade capitalista avançada os grupos carentes e os privilegiados não mais se defrontam como classes socioeconômicas", como pode dizer o oposto. E, significativamente, pode fazer tais declarações contraditórias sem modificar em nada sua teoria geral. A ideologia "não-ideológica" que teorias deste tipo apresentam em seus discursos sobre a "modernidade" e a "pós-modernidade" prova ser totalmente imune aos riscos das inversões categoriais devidas às inevitáveis flutuações e mudanças nas circunstâncias sócio-históricas reais.

Tendo tal afastamento (teorizado de modo mais ou menos aberto) em relação ao tumulto do mundo histórico-concreto como base de seu discurso, os autores contrapõem à ordem social e cultural reconhecidamente instável – sob a forma de ideais negativos ou contra-imagens de um tipo ou de outro – seus próprios modelos (ou "antimodelos"). Eles são construídos por causa de algum discurso abstrato baseado em postulados da análise filosófica lingüística, nas supostas "competências comunicativas universais da espécie", em determinações estruturais e funcionais apriorísticas, em elementos da teoria dos jogos, em concepções variadamente idealizadas da ciência, etc.

Além disso, a natureza da ligação que estabelecem entre o núcleo altamente abstrato e produtor de modelos de suas reflexões, e a realidade histórica dada é a de um mero *dever ser* que, precisamente por esta razão, não pode intervir efetivamente nos processos socioeconômicos e políticos em vigor, por mais destrutivos que possam parecer até para os teóricos em questão.

Isto é claramente visível no argumento de Lyotard sobre a constituição do "relacionamento entre o antimodelo da pragmática da ciência e a sociedade".[99] Como já foi mencionado, ele substitui *dever ser* por *precisar ser* e constrói suas recomendações da seguinte maneira:

> O consenso se tornou um valor antiquado e suspeito. Mas a *justiça*, como valor, não é antiquada nem suspeita. *Precisamos*, por isso, chegar a uma idéia e a uma prática da justiça que não estejam vinculadas à do consenso. O reconhecimento da natureza heteromorfa dos jogos de linguagem é um primeiro passo nessa direção. [...] O segundo passo é o *princípio* de que qualquer consenso sobre as regras que definem um jogo e os "movimentos" possíveis dentro desse jogo *precisam* ser *locais*; em outras palavras, *precisam* ter a concordância de seus atuais jogadores e estar sujeito a um eventual cancelamento. Esta orientação favorece uma multiplicidade de *meta-argumentos* finitos, pelos quais entendo a argumentação que diz respeito às *metaprescrições* e é limitada no espaço e tempo.[100]

Curiosamente, no entanto, ficamos sem saber quem vai modificar o valor "*justiça*" – que é, de fato, um valor *altamente suspeito* em nossas sociedades, por causa de sua constante violação em todos os aspectos e em todas as esferas – de um postulado moral abstrato para uma *prática social* viável adaptada ao modelo. Nem nos é revelado quem tem o poder de transformar – isto é, de reestruturar radicalmente – o sistema de decisão existente, altamente centralizado e burocratizado, no "dever ser" ideal (o "precisar ser" de Lyotard) de uma alternativa completamente democrática e genuinamente participativa.

Isso é tanto mais problemático (e irreal) por haver uma contradição óbvia entre o caráter intrinsecamente *global* e *estrutural* da tarefa em si (isto é, como arrancar o poder do sistema centralizado e dos "tomadores de decisões") e a condenação explícita, por parte de Lyotard, da idéia de uma intervenção estrutural radical que desafiasse o próprio sistema. A idéia de tal intervenção é execrada por Lyotard como uma "grande narrativa", que necessariamente resultaria em terror. Ele imagina que a ampla "mudança de paradigma", que levaria das práticas sociais dominantes à "política da pós-modernidade", pode ser realizada à margem do sistema tratado e por obra e graça do próprio sistema. Deposita sua fé, muito ingenuamente, em uma imaginária tendência ao "contrato temporário", que se supõe estar "suplantando instituições permanentes nos domínios profissional, emocional, sexual, cultural, familiar e internacional, assim como nos assuntos políticos",[101] afirmando que "deveríamos ficar felizes pelo

---

[99] Lyotard, ibid., p. 64.
[100] Ibid., p. 66.
[101] Ibid.

## 100   A necessidade da ideologia

fato de a tendência ao contrato temporário ser ambígua; ela não é *totalmente* subordinada ao objetivo do sistema, contudo o sistema a tolera".[102]

Entretanto, caracterizar sumariamente a posição de Lyotard – ou, a este respeito, de Foucault e Derrida – como "neoconservadora" seria absolutamente injustificado.[103] Eles não são mais conservadores (ou "neoconservadores") do que o próprio Habermas, com seus sermões sobre o *juste milieu* (o reino dos "moderados") e a inalterabilidade estrutural do "sistema extremamente complexo" da "sociedade industrial moderna". Na verdade, Lyotard tem uma posição ativista em favor da revelação dos segredos computadorizados do Estado. Ele faz isso visando, ao mesmo tempo, defender ou ampliar as liberdades civis, e usar de modo positivo as informações conseguidas, segundo seu esquema de democracia participativa, insistindo em que isso iria

> ajudar os grupos na discussão das metaprescrições, fornecendo-lhes a informação de que em geral carecem para tomar decisões fundamentadas. A linha a ser seguida na informática [...] é, em princípio, bastante simples: dar ao público livre acesso à memória e aos bancos de dados. Os jogos de linguagem seriam então, a qualquer momento, jogos de perfeita informação.[104]

Mesmo assim, a dificuldade é que, mais uma vez, não há nenhuma indicação de como tais objetivos poderiam ser realizados diante da obstinada oposição das autoridades do Estado, que com freqüência a impõem cinicamente sob a justificativa de estarem protegendo os próprios valores de "liberdade", "democracia" e "justiça". As referências elogiosas de Lyotard ao uso da informática no município de Yverdon[105] são, sob esse aspecto, no mínimo ingênuas. Não surpreende, portanto, que, como resumo final de sua teoria, ele apenas ofereça uma exortação retórica: "Façamos *guerra à totalidade*; sejamos testemunhas do *não-apresentável*; ativemos as *diferenças* e salvemos a honra do nome".[106]

Uma luta vitoriosa na "guerra à *totalidade*" em si, utilizando o ultrapassado computador local de Yverdon (instalado em 1981, segundo Lyotard, em nome da

---

[102]   Ibid.

[103]   Lyotard se ressente com razão de tal caracterização. Ver, a este respeito, sua sarcástica réplica a Habermas na p. 73 de *The Postmodern Condition*.

[104]   Lyotard, ibid., p. 67.

[105]   É assim que Lyotard descreve o caso referido:
"A municipalidade de Yverdon (cantão de Vaud, Suíça), tendo decidido por votação comprar um computador (operacional em 1981), decretou algumas regras: a autoridade exclusiva do conselho municipal para decidir quais dados são coletados, para quem e sob quais condições eles são comunicados; o acesso de todos os cidadãos a todos os dados (mediante pagamento); o direito de todo cidadão de ver as entradas em seu arquivo (cerca de cinqüenta), corrigi-las e encaminhar uma queixa sobre elas ao conselho municipal e, se necessário, ao conselho do Estado; o direito de todos os cidadãos de saber (sob solicitação) quais dados a seu respeito são comunicados e a quem" (*The Post-Modern Condition*, op. cit., p. 103).
O que está faltando aqui, de novo, é uma consciência das dificuldades intransponíveis para transformar em uma *prática social geral* – estendida não somente aos segredos cuidadosamente guardados do Estado capitalista, mas também aos das todo-poderosas corporações transnacionais estruturalmente ligadas ao complexo militar-industrial – o que parece ser admissível estritamente como uma medida *local*, restrita a questões de importância relativamente limitada. Na verdade, isso está muito longe da condição idealizada dos "jogos de informação perfeita".

[106]   Lyotard, ibid., p. 82.

"perfeita informação"), seguramente é algo extravagante, mesmo para o mais otimista dos crentes na "política da pós-modernidade"!

Mas, para fazer justiça a Lyotard, a dificuldade subjacente não é de forma alguma aspecto exclusivo de sua versão da pós-modernidade. Ele a compartilha com muitos outros pensadores, independentemente de sua identificação com a posição da "modernidade" ou da "pós-modernidade".

O núcleo ideológico deste problema está na atitude sumariamente negativa desses teóricos em relação ao potencial emancipador do trabalho. Vimos a formulação desta rejeição apriorística na teoria de Habermas, tanto em sua afirmação de que os conflitos de classe, enquanto fatos históricos, desapareceram da "sociedade capitalista avançada" (mesmo que nada disso tenha ocorrido), quanto na declaração – de forma ainda mais geral e categórica – de que o conceito de trabalho perdeu completamente sua importância emancipatória na filosofia social, devido a sua própria "desvalorização no mundo da vida".

Paradoxalmente, sob este aspecto, Lyotard é tão categórico e destrutivo quanto Habermas, embora acredite que sua posição seja radicalmente diferente daquela da "modernidade". Na realidade, a *substância ideológica* de sua abordagem é basicamente a mesma. Ainda que a formule como uma rejeição categórica de todos os tipos de "*metadiscursos*" (pecado imperdoável que ele atribui ao "moderno"), o significado substantivo desta rejeição é a desqualificação apriorística da própria idéia da "emancipação do *sujeito operante* [ou *trabalhador*]",[107] pois esta se encontraria inextricavelmente ligada às implicações terroristas do metadiscurso.

A conseqüência teórica de tudo isso é que, tanto no quadro da "modernidade" quanto no da "pós-modernidade", não há lugar para um agente de emancipação historicamente identificável, apesar do fato de que nenhuma das teorias abandonou explicitamente sua preocupação com a *possibilidade* da emancipação. Isso se aplica até a Adorno, que limita sua idéia de intervenção emancipatória no presente ao lançamento de "garrafas com mensagens" ao mar, destinadas a um possível, mas totalmente não-identificável, futuro leitor.

Assim, deparamo-nos com teorias gerais de um tipo ou outro que são muito problemáticas, mesmo em seus termos de referência, pois, em sua absoluta *negatividade*, elas parasitam as formas rejeitadas de discurso emancipatório,[108] sem serem capazes de indicar, ao mesmo tempo, com base na dinâmica histórica real, algumas forças possíveis da emancipação individual e social, juntamente com as modalidades de sua provável ação, através das quais se poderia superar as condições de dominação (genericamente criticadas) prevalecentes hoje em dia.

---

[107] Ibid., p. XXIII.

[108] Se eles abandonassem totalmente tais preocupações emancipatórias, isso sem dúvida eliminaria algumas das dificuldades aqui referidas. Entretanto, isso não facilitaria as coisas. Muito pelo contrário. A eliminação radical de toda preocupação emancipatória, por mais indireta ou polêmica que esta possa ser, inevitavelmente destruiria as construções teóricas tanto da "modernidade" quanto da "pós-modernidade", que dependem inteiramente de um parasitismo em relação aos discursos passados sobre emancipação (ou, caso se prefira, são por eles negativamente determinadas). Isso também as tornaria ideologicamente inúteis, pois as velhas teorias da emancipação – acima de tudo a concepção marxiana – permaneceriam incontestes.

## 102  *A necessidade da ideologia*

Esta lacuna – que decorre da rejeição categórica do trabalho como agente de emancipação – traz consigo conseqüências *metodológicas* profundas, compartilhadas pelos ideólogos da "modernidade" e pelos da "pós-modernidade".

*Inicialmente*, dado seu afastamento em relação ao contexto sócio-histórico real, associado à declaração de uma aspiração emancipatória abstrata e genérica, seu quadro teórico só pode ser articulado como um tipo de *metadiscurso*.

Isto ocorre mesmo quando tentam ser críticos a este último, como Lyotard, explícita e programaticamente, proclama ser. Entretanto, o único conteúdo real que ele pode oferecer para sua "pequena narrativa" idealizada é a discussão das "metaprescrições" a serem adotadas pelos vários grupos (pressupostos pelos princípios reguladores absolutos do "regionalismo estrito" e do "eventual cancelamento"). Ao mesmo tempo, no entanto, ele evita examinar a viabilidade dos princípios postulados de *particularismo irrestrito* (que estruturalmente não é muito diferente do postulado de Habermas da "*comunicação irrestrita*"), em vista da discreta mas inevitável exigência de um relacionamento social *amplo*.

Desse modo, Lyotard fica preso entre a cruz e a espada. Por um lado, se procedesse de maneira diferente, tentando estabelecer as interconexões e mediações globais necessárias, seria obrigado a reformular outro "metadiscurso" (ou "grande narrativa") tematizado. Por outro lado, entretanto, pelo modo como tenta solucionar seu dilema, sua teoria geral não termina com uma estrutura exeqüível, livre de características metadiscursivas, e sim, ao contrário, com um *metadiscurso de segunda ordem* que se esgota na discussão de regras de aplicabilidade *estruturalmente* dúbia. Por isso, não surpreende que, no fim, as linhas de demarcação entre esta concepção de "pós-modernidade" e a de "modernidade" sejam completamente apagadas quando Lyotard pergunta: "O que é, então, o pós-moderno?", e responde: "É sem dúvida uma *parte* do moderno. [...] Uma obra só pode se tornar *moderna* se for *primeiramente pós-moderna*. O pós-modernismo entendido desta forma não é o modernismo em seu final, mas no estado *nascente*, e este estado é *constante*".[109]

Esta fusão e confusão dos planos da temporalidade histórica soa quase como um sofisma vazio. O mais importante, no entanto, é que Lyotard é forçado a adotar sua posição característica pela insustentabilidade de sua proposta original de suplantar o "metadiscurso" da "modernidade" de Habermas enquanto mantiver sua motivação, os pressupostos ideológicos – "pós-marxianos" – de seu adversário teórico, que rejeitam o potencial emancipatório do trabalho.

O *segundo* corolário metodológico fundamental da negação de um agente social emancipatório é que a *mediação* necessária entre "particularidade" e "universalidade" – absolutamente essencial para a avaliação dialética dos complexos sociais e das tendências de desenvolvimento – não pode encontrar lugar nessas concepções teóricas.

Sob este aspecto, pouco importa se é a "universalidade" ou a "particularidade" que predomina nas teorias em questão. A predominância do "universalismo" na "modernidade" só pode levar a uma *universalidade abstrata*. Do mesmo modo, o culto da

---

[109] Lyotard, ibid., p. 79.

"diferença" e do "particularismo" na "pós-modernidade" permanece restrito pelas limitações inerentes à *particularidade abstrata*. Na verdade, a conseqüência teórica das *mediações ausentes* – ausentes porque só podem ser formuladas em relação aos sujeitos sociais reais e a suas situações históricas concretas – é que os pólos categoriais de particularidade e universalidade devem ser *diretamente* encadeados. Este encadeamento direto deve ser estabelecido tanto através de postulados explícitos, mas não demonstrados (Habermas), como por meio de suposições gerais não especificadas (Lyotard), uma vez que, em última análise, nenhuma das duas abordagens se contenta em permanecer ligada exclusivamente a um dos dois pólos. O "universalismo quase-transcendental" deve tornar plausível sua aplicabilidade empírica dando exemplos de suas reivindicações gerais em relação à particularidade, e o discurso orientado para a diversidade deve pelo menos deixar implícita a possibilidade de generalização de seu particularismo, a fim de sustentar suas reivindicações de ser um empreendimento teórico legítimo e viável.

Já vimos que, na "pós-modernidade" de Lyotard, o particularismo programaticamente não generalizado (orientado para o antimetadiscurso) não pode ser sustentado. Portanto, paradoxalmente, para lhe proporcionar um *status* teórico adequado, o autor é forçado a valer-se da categoria das "metaprescrições", que, no entanto, não podem ser senão universalistas, mesmo que sejam diretamente identificadas com as práticas discursivas dos grupos locais. Quanto à teoria de Habermas, vemos nela a identificação direta das postuladas determinações *universalistas* com a situação particular dos *indivíduos*, quando ele declara, por exemplo, que "a perspectiva utópica da reconciliação e da liberdade está *arraigada* nas condições que determinam a ação social comunicativa dos *indivíduos*; está embutida no *mecanismo lingüístico* da reprodução da *espécie*".[110]

Marx criticou Feuerbach por definir abstratamente a "essência humana" – em vez de torná-la inteligível através do "conjunto das relações sociais" – "apenas como 'espécie', como um *caráter interior, silencioso e geral que une os muitos indivíduos de maneira natural*".[111] Habermas nos oferece o mesmo tipo de solução, implantando nos indivíduos a "silenciosa generalidade" feuerbachiana de um "*mecanismo* lingüístico" miraculoso, por meio do qual se supõe que a espécie emancipe os indivíduos, alcançando a reconciliação e conquistando a liberdade. Assim como Lyotard esperava grandes coisas do computador de Yverdon, operado de modo exemplar – e não simplesmente para os cidadãos de Yverdon, mas para a espécie humana "pós-grande narrativa" em geral –, Habermas também descobre um equivalente "quase-transcendental" a este computador no miraculoso mecanismo lingüístico da espécie, implantado em todos os indivíduos. O fato de tal mecanismo não haver realizado seus milagres até o dia de hoje não tem nenhuma importância, poderia argumentar Habermas. Afinal, a "perspectiva utópica" a que ele se refere é estritamente "*procedimental*", relacionada apenas a "formas de vida *possíveis*", a partir das quais não se pode tirar "conclusões sobre as categorias de felicidade" nas situações históricas reais.

---

[110] Habermas, *The Theory of Communicative Action*, v. 1, p. 388.
[111] Marx, "Theses on Feuerbach", MECW, v. 5, p. 4.

104    *A necessidade da ideologia*

## 1.3 Articulação ideológica das necessidades sociais

### *1.3.1*

As tendências e modismos intelectuais dominantes – inclusive a racionalização da ordem estabelecida em nome do "fim da ideologia", elogiada até pouco tempo atrás – têm raízes mais profundas, com ramificações muito mais complexas do que se poderia suspeitar.

É evidente – ninguém negaria isso, especialmente no século XX – o poder dos vários instrumentos e instituições cultural-ideológicas para manipular a opinião pública. Assim fazendo, podem não apenas distorcer gravemente a importância relativa daquelas manifestações ideológicas que se alinham com os interesses materiais dominantes da sociedade analisada, mas também prolongar artificialmente seu período de existência.

Mas, ainda assim, tais fatores de distorção decorrentes da manipulação institucionalizada não explicam a mudança cultural-ideológica em si. Embora, sem dúvida, eles possam prolongar o tempo de vida dos movimentos intelectuais estabelecidos quando estes perdem sua importância objetiva, não podem fazer isto à vontade nem por um período indefinido. Nessas questões, o que está em jogo é a articulação cultural dos interesses materiais dominantes da ordem estabelecida; por isso, as necessidades mutáveis do complexo social total e de sua classe hegemônica acabam predominando até sobre os grupos ideológicos a que essa classe é mais ligada institucionalmente, caso eles sejam incapazes de alterar, para seu uso, o "vento da mudança" das pressões sociais variáveis.

Com efeito, é esta estratégia de determinação do rumo da mudança, apesar de suas embaraçosas idas e vindas, que os representantes das tendências intelectuais dominantes costumam adotar e, graças à sua posição privilegiada na estrutura da produção cultural-ideológica – que é, ao mesmo tempo, uma forma de reprodução ideológica –, freqüentemente obtêm êxito sem muita dificuldade. Além disso, as exigências inerentes às próprias estruturas sociais objetivas favorecem tais reajustes ideológicos também no que diz respeito às pessoas dos ideólogos. A constante reviravolta das hierarquias ideológicas estabelecidas e a concomitante destruição de reputações intelectuais laboriosamente construídas – sejam elas reais ou imaginárias – seriam extremamente ruinosas (não somente em virtude do desperdício econômico, mas também da instabilidade ideológica resultante) e inadmissivelmente "disfuncionais" para o sistema.

Assim sendo, as estranhas "conversões" e retratações de intelectuais "inatacavelmente independentes"[112] dizem pelo menos tanto sobre o mecanismo social dominante, altamente econômico e orientado para a estabilidade, destinado a assegurar a continuidade da reprodução cultural-ideológica, quanto sobre as motivações e iluminações estritamente pessoais em cujos termos tais acontecimentos são geralmente apresentados pelas partes interessadas.

---

[112]    Utilizando-se a expressão característica de Mannheim, que atribuía um poder imaginário de arbitragem, acima das classes, à *"freischwebender Intelligenz"* (isto é, a *intelligentsia* "independente" ou não comprometida).

Não surpreende, portanto, que os mesmos ideólogos que se comprometeram tão completamente com o proselitismo do "fim da ideologia" tivessem tanto sucesso em reabastecer seus estoques intelectuais esgotados, apesar do clamoroso fracasso de sua perspectiva anterior. Sob as novas circunstâncias, caracterizadas por confrontações sociais crescentes, eles reaparecem no topo da pirâmide cultural-ideológica – como se nada houvesse acontecido a seu discurso anterior – como os principais teóricos da "sociedade pós-industrial", de seu "mal-estar" tardiamente reconhecido, e até d'*As contradições culturais do capitalismo*.[113] Podem agir assim porque sua abordagem geral de atenuação dos conflitos, dirigida à questão prática fundamental do antagonismo social, não era simplesmente uma aberração pessoal. Mais do que isso, ela foi formulada em resposta às necessidades flutuantes (mas não menos objetivas) de uma classe dominante que mantinha o controle sobre a sociedade depois que a racionalização e legitimação ideológicas prévias de sua hegemonia perderam a plausibilidade sob o impacto de confrontações sociais significativamente agudas. Assim, embora a *forma específica* da ideologia de atenuação dos conflitos tivesse de ser modificada para se adequar às novas circunstâncias, a necessidade de reproduzir sua *substância* sob uma forma convenientemente alterada persistiu mais forte do que nunca.

Foi assim que as múltiplas variedades do novo discurso ideológico ficaram em voga após o desaparecimento da tese simplista do "fim da ideologia", em virtude de sua capacidade para chamar a atenção sobre contradições "culturais" vagamente definidas, quando a persistência obstinada da ideologia e o reaparecimento dos desagradáveis conflitos de classe não poderiam mais ser ignorados ou negados. Dessa maneira, as ideologias adaptadas às novas circunstâncias podiam assumir uma postura levemente crítica com relação às manifestações superficiais do sistema em crise, sem sujeitar à crítica real os antagonismos internos fundamentalmente explosivos da ordem estabelecida.

Por enquanto não precisamos nos preocupar quanto ao caráter duradouro ou efêmero dos produtos intelectuais rivais de um determinado período histórico, pois o que nos interessa no presente contexto é a verdadeira natureza do relacionamento entre o complexo historicamente específico das necessidades sociais e as várias manifestações cultural-ideológicas que emergem de sua base. Tal relacionamento tem determinações não unilateralmente mecânicas, e sim dialético-recíprocas, no âmbito das quais as práticas cultural-ideológicas rivais da época respondem *ativamente* e ajudam a articular as necessidades que proliferam na sociedade. Por meio de tal papel, elas intervêm crítica ou apologeticamente, com maior ou menor eficácia, no decorrer dos desenvolvimentos históricos e para a *realização* de algumas *potencialidades* de preferência a outras.

## 1.3.2

Nas controvérsias ideológicas do pós-guerra, alguns representantes intelectuais dos Estados Unidos ocuparam uma posição de grande importância. Sua influência na

---

[113] Título do livro de Daniel Bell publicado por Basic Books, Nova York, em 1976.

## 106   A necessidade da ideologia

Europa, com certeza, não foi de modo algum uniforme. É compreensível que a Alemanha, militarmente derrotada e ocupada, tenha sido a primeira a ser profundamente afetada por esta influência, e a França tenha sido a última. Mas, no final, nenhum dos países da Europa ocidental escapou ao impacto da hegemonia norte-americana, manifestada também no campo da cultura e da ideologia.

Eis como Habermas caracterizou a conexão entre os desenvolvimentos político-intelectuais do pós-guerra na Alemanha Ocidental e nos Estados Unidos:

> A cultura política da República Federal seria pior, hoje em dia, se não houvesse adotado os impulsos da cultura política norte-americana durante as primeiras décadas do pós-guerra. A República Federal pela primeira vez se abriu sem reservas ao Ocidente: adotamos a teoria política do Iluminismo, apegamo-nos ao pluralismo que, inicialmente propagado por seitas religiosas, moldou a mentalidade política, e nos familiarizamos com o espírito democrático radical do pragmatismo norte-americano de Peirce, Mead e Dewey.[114]

Entretanto, a influência da política e da cultura norte-americanas sobre os desenvolvimentos ideológicos europeus foi muito mais problemática do que se poderia pensar a partir da leitura dessas linhas. Na verdade, ela não se iniciou no pós-guerra. Este relacionamento – que remonta a meados da década de 1930 – foi (e permaneceu desde então) particularmente forte no caso dos pensadores que pertenciam ao Instituto de Pesquisa Social de Frankfurt; e a conexão que se estabeleceu dificilmente poderia ser considerada positivamente iluminadora e democratizante. Na orientação do Instituto de Frankfurt, pôde-se testemunhar desde o início o impacto conservador da integração ao novo cenário político e intelectual, quando este instituto foi transplantado para os Estados Unidos após a ascensão de Hitler ao poder. (Marcuse, Leo Löwenthal, Erich Fromm, Franz Neumann e uns poucos – que, significativamente, tornavam-se cada vez mais distantes das atividades do Instituto à medida que o tempo passava – constituíram as notáveis exceções quanto a este aspecto.)

Uma forte ironia envolveu essa reorientação ideológica do Instituto de Frankfurt segundo a política dominante e o clima intelectual dos Estados Unidos; uma reorientação que persistiu após a repatriação do Instituto para a Alemanha Ocidental, em 1949. O diretor do Instituto de Frankfurt, Max Horkheimer, já demonstrava na década de 1930 o oportunismo ideológico "pós-marxiano" da nova orientação censurando as passagens "esquerdistas" nos artigos de seu antigo amigo e camarada, Walter Benjamin, e completou sua acomodação intelectual após a guerra, não apenas proibindo algumas publicações do Instituto anteriores à guerra, mas censurando até seus próprios escritos.

Alguns desses desenvolvimentos são discutidos na seção 3.4, no contexto da teoria crítica de Adorno. Neste ponto, é suficiente recordar as circunstâncias sob as quais Walter Benjamin foi censurado:

> O manuscrito original de Baudelaire [de autoria de Benjamin] inicia-se com uma discussão política da avaliação que Marx fez dos conspiradores revolucionários profissionais da década de 1840; contém, do início ao fim, alusões constantes às lutas proletárias nas barricadas da França do século XIX, e termina com uma evocação comovente de Blanqui. É improvável que todas essas passagens desaparecessem acidentalmente do

---

[114]   Habermas, "Neoconservative Culture Criticism", p. 93.

Introdução    107

ensaio afinal publicado no *Zeitschrift für Sozialforschung*. Se Benjamin, na ocasião em Paris, acreditava piamente na virtude taumatúrgica do "chamar as coisas pelos próprios nomes", seus colegas em Nova York certamente não sofriam de qualquer tipo de confiante literalismo: estavam se tornando praticantes muito competentes da arte diplomática do eufemismo e da perífrase, que *intencionalmente* não chamam as coisas pelo próprio nome.

A má-fé já tinha ficado evidente no tratamento que o Instituto deu ao ensaio anterior de Benjamin, "A obra de arte na era da reprodução mecânica", ainda que em menor escala. A versão publicada no *Zeitschrift* em *1936* foi tipicamente alterada por substituições como "doutrina *totalitária*" em lugar de "*fascismo*", "forças construtivas da humanidade" em lugar de "*comunismo*" e "guerra *moderna*" em lugar de "guerra *imperialista*"; e seu prefácio, que invocava Marx diretamente, foi *totalmente omitido*.[115]

Compreensivelmente, esta imperdoável interferência em sua obra teve um impacto trágico sobre Walter Benjamin, pois sua profunda dedicação à reavaliação de algumas questões vitais dos desenvolvimentos culturais e políticos do capitalismo moderno mantinha vivo seu espírito na França ocupada. Quanto à autocensura de Horkheimer, não foi uma questão tática sem importância. Não se limitou aos artigos menores,[116] mas abarcou até uma obra importante, escrita em conjunto com Adorno, a *Dialética do esclarecimento*.[117] Horkheimer interveio diretamente por ocasião da publicação italiana do livro, solicitando ao editor, Giulio Einaudi, que se afastasse do texto original e realizasse os cortes especificados.[118]

Como tem sido observado pelos comentadores[119] (que relataram também as sérias apreensões dos membros do Instituto de Frankfurt que permaneceram nos Estados Unidos), o Instituto repatriado, primeiro sob a direção de Horkheimer, depois sob o comando de Adorno, desempenhou um papel dúbio – não radicalmente democratizante, mas ativamente americanizante – no desenvolvimento cultural da Alemanha do pós-guerra. Entretanto, o mais significativo no presente contexto, é que a influência internacional de suas principais figuras teve um início relativamente tardio. Coincidiu, de fato, com o triunfo da perspectiva "atlanticista" na Europa (que analisaremos mais adiante),[120] depois de vencer uma forte resistência política e ideológica entre os intelectuais de vários países europeus, especialmente da França.

---

[115]  Adorno et al., *Aesthetics and Politics: Debates between Ernst Bloch, Georg Lukács, Bertolt Brecht, Walter Benjamin, Theodor Adorno*, Londres, NLB, 1977, p. 105-6.

[116]  Ver, a este respeito, a seção 3.4.3.

[117]  *Dialetik der Aufklärung*, de Adorno e Horkheimer, foi escrito durante a guerra e publicado pela primeira vez por Querido, de Amsterdã, em 1947. A primeira edição em língua inglesa foi publicada por Herder and Herder, Nova York, 1972. [Ed. bras.: *Dialética do esclarecimento*, Rio de Janeiro, Jorge Zahar Editor, 1985.]

[118]  Segundo o testemunho publicado de um dos conselheiros mais chegados a Einaudi, Cesare Cases ("La 'mauvaise époque' e i suoi tagli", *Belfagor*, ano XXXII, n. 6, novembro de 1977, p. 701-15), "i tagli della *Dialettica dell'Illuminismo* sono dovuti all'intervento di Horkheimer" ["os cortes de *Dialética do esclarecimento* devem-se à intervenção de Horkheimer"] (p. 702). Ver também seu artigo sobre a correspondência de Walter Benjamin com Gershom Scholem (*Studi Germanici*, nova série, ano VI, n. 2, p. 168-77), em que ele discute – entre outras questões – o relacionamento entre Benjamin e Adorno e a evidente alteração que Adorno fez nos textos de Benjamin publicados postumamente.

[119]  Ver a bibliografia citada na seção 3.4.3.

[120]  Sobre estas questões, ver o capítulo 3, seções 3.2, 3.3, 3.6, 3.7 e 3.8.

## 108 *A necessidade da ideologia*

Uma vez que a perspectiva geral da Escola de Frankfurt – elaborada em grande parte nos Estados Unidos, de meados da década de 1930 em diante – apresentava grande afinidade com a visão de mundo atlanticista, havia pouca possibilidade de a "teoria crítica" se difundir amplamente pela Europa enquanto a pauta dos debates intelectuais (não somente na França, mas também na Itália) continuasse a ser determinada pelos partidos de massa da classe trabalhadora, que professavam abertamente sua fidelidade ao marxismo. No início, na França, mesmo Raymond Aron era apenas um defensor isolado desta perspectiva atlanticista, constantemente se queixando de ser "perseguido" pelos intelectuais da esquerda radical, que foi predominante por tempo considerável após a guerra.

Entretanto, a hegemonia norte-americana que prevalecia objetivamente nas relações de poder econômicas e políticas do Ocidente trouxe consigo, no devido tempo, os correspondentes ajustes também no plano da ideologia. Às vezes, essas mudanças assumiram a forma de viradas clamorosas na posição de importantes intelectuais da Europa ocidental, que passaram de uma rejeição aguda e sarcástica da perspectiva política e ideológica atlanticista para uma completa identificação com ela. Como veremos na seção 3.8, durante vários anos após a guerra, Maurice Merleau-Ponty, por exemplo, tratou com absoluto desprezo os intelectuais norte-americanos que, anteriormente de esquerda (alguns deles ex-marxistas),[121] se tornaram os porta-vozes conservadores da hegemonia cultural-ideológica americana e de suas realizações institucionais altamente suspeitas. Ao mesmo tempo, e com igual desprezo, rejeitou o Plano Marshall como o veículo econômico de tal penetração hegemônica na Europa enfraquecida. Paradoxalmente, todavia, no final da década de 1950, a posição de Merleau-Ponty era completamente diferente de sua posição radical anterior, tanto com respeito à idéia de um Plano Marshall (que ele agora adotava como seu modelo),[122] quanto ao abandono de sua anterior preocupação com o povo das "colônias de exploração".[123]

Mudanças deste tipo, obviamente, não podem ser compreendidas em seu contexto limitado, pois carregam um significado que vai muito além das motivações imediatas dos protagonistas, sejam eles (na Alemanha) os principais representantes da "teoria crítica" ou (na França) Raymond Aron e Merleau-Ponty. Elas mostram que as relações estruturais historicamente variáveis da economia e da política mais cedo ou mais tarde encontram suas expressões – às vezes as mais desconcertantes – também no domínio da cultura e da ideologia.

## 1.4 Principais determinantes das mudanças cultural-ideológicas

### *1.4.1*

Considerando-se as manifestações ideológicas dos interesses sociais dominantes no pós-guerra a partir das atuais preocupações de uma nova situação histórica, pode parecer absolutamente espantoso, se não incompreensível, que intelectuais tenham

---

[121]  Ver nota 246 do capítulo 3.
[122]  Ver nota 255 do capítulo 3.
[123]  Ver nota 256 do capítulo 3.

*Introdução* 109

levado a sério, ainda que por um momento, a idéia de que "a filosofia política está morta"[124] e que "o fim da ideologia encerra o livro de uma era, a era das fórmulas 'esquerdistas' simples para a mudança social. [...] 'ideologia' já é, por bons motivos, uma palavra *irremediavelmente* obsoleta".[125]

Mas o fato desconcertante é que, durante muito tempo, filósofos, sociólogos e teóricos políticos do Ocidente acolheram entusiasticamente tais conceitos, e o fizeram em grande número. Na verdade, o clima intelectual dominante durante quase três décadas após a Segunda Guerra Mundial favoreceu a ampla difusão de uma idéia que era apenas a racionalização de um desejo, e que recebeu o nome de "fim da ideologia". Porém, mais do que isso, paradoxalmente esta idéia também conseguiu confundir e desarmar os representantes de algumas correntes intelectuais do extremo oposto do espectro político, como veremos no decorrer deste estudo.

Prever "o fim da ideologia" ou atribuir uma conotação apenas *negativa* a toda ideologia sempre foi algo totalmente irrealista e continuará sendo por um longo período histórico. É inconcebível que as ideologias "murchem" por si – e, muito menos, que sejam ficticiamente "superadas" no âmbito fechado de construções teóricas pseudo-científicas – enquanto existirem conflitos sociais importantes com os quais estão inextricavelmente interligadas.

Na verdade, proclamar "o fim da ideologia" é em si uma ideologia característica. Significa a adoção de uma perspectiva não-conflituosa dos desenvolvimentos sociais contemporâneos e futuros (posição com a qual os defensores dos interesses ideológicos dominantes se comprometeram ao proclamar, tolamente, "o fim da ideologia no Ocidente")[126] ou a tentativa de transformar os conflitos reais dos embates ideológicos na ilusão das práticas intelectuais desorientadoras, que imaginariamente "dissolvem" as questões em discussão mediante alguma pretensa "descoberta teórica".

Tais abordagens, em sua substância, são completamente idealistas, pois tentam explicar as mudanças no clima cultural-ideológico dominante como conseqüência de uma dinâmica teórica das próprias idéias. Os representantes da ideologia dominante postulam este "desenvolvimento interior" das idéias – que, por definição, poderiam ser controladas pela atividade da própria mente – por não conseguirem encarar as *implicações práticas* dos conflitos sociais para os interesses sociais com que se identificam. O jovem Marx já argumentava contra as ilusões que desejavam atribuir à ideologia

---

[124] Ver, sobre o assunto, "A Critique of Analytical Philosophy", em meu livro *Philosophy, Ideology and Social Science: Essays in Negation and Affirmation*, Hemel Hempstead, Harvester Wheatsheaf, 1986 [ed. bras.: *Filosofia, ideologia e ciência social: ensaios de negação e afirmação*, São Paulo, Ensaio, 1993].

[125] Daniel Bell, *The End of Ideology*, Nova York, The Free Press, 1965, p. 405-6.

[126] Este era o título do *epílogo* do livro *The End of Ideology*, de Daniel Bell. Mas muitos outros pensadores – Raymond Aron, por exemplo – também hipnotizaram a si mesmos e a outros, acreditando que a tradicional linha "ideológica" de demarcação entre a "esquerda" e a "direita" havia perdido totalmente seu significado no Ocidente, assim como a distinção (que hoje em dia se supõe não ter nenhum significado) entre "economia de mercado" e "planejamento", "capitalismo" e "socialismo", etc., sem falar na "ideologia nacionalista", considerada definitivamente "condenada na Europa ocidental". (Ver o famoso livro de Raymond Aron, *The Opium of the Intellectuals*, Londres, Secker & Warburg, 1957, escrito em 1954, e publicado em Paris em 1955 [ed. bras.: *O ópio dos intelectuais*, Brasília, UnB, 1980].)

110 *A necessidade da ideologia*

essa *"aparência de independência"*,[127] enfatizando ao mesmo tempo que tais opiniões, mesmo que conjugadas com um radicalismo verbal, são características dos "conservadores mais empedernidos".[128] Continuava dizendo que as várias ideologias e formas de consciência a elas correspondentes *não possuem história* própria, não têm uma dinâmica independente de *desenvolvimento*,[129] devendo ser entendidas como ligadas do modo mais íntimo com os processos de desenvolvimento da vida material dos indivíduos reais. A hipóstase da dinâmica interna e do autodesenvolvimento das idéias e dos sistemas teóricos é apenas uma "bolha de sabão teórica". Em oposição a tais concepções errôneas, Marx concluiu que a dissolução "real e *prática* dessas expressões, a eliminação dessas noções da consciência dos homens, será efetuada pela *alteração das circunstâncias*, e não por *deduções teóricas*".[130]

Entretanto, assim como o "valoroso companheiro" se recusou a abandonar a idéia de que os homens só se afogavam por estarem "possuídos da idéia de gravidade", do mesmo modo a crença ilusória na "aparência de independência" dos desenvolvimentos ideológicos obstinadamente recusou-se a ceder caminho às esmagadoras evidências em contrário. Conseqüentemente, no passado recente as pessoas continuaram a se referir *ad nauseam* à "crise do marxismo". Como se as teorias e ideologias possuíssem uma história própria e uma dinâmica interna de desenvolvimento independente, que explicassem suas "crises" ou as curassem. Mas, como Sartre enfatizou com razão,

> a "crise filosófica" é expressão particular de uma *crise social*, e sua imobilidade é condicionada pelas contradições que dividem a sociedade. Por isso, a chamada "revisão" realizada por "especialistas" seria apenas uma mistificação idealista sem importância real. É o próprio movimento da história – a luta dos homens em todos os planos da atividade humana – que libertará o pensamento cativo e permitirá que ele atinja seu pleno desenvolvimento.[131]

### 1.4.2

Quanto ao marxismo, suas transformações (e "crises") são inseparáveis do desenvolvimento do movimento da classe trabalhadora. O marxismo não é uma filosofia de gabinete que pode ser praticada independentemente das condições predominantes no movimento socialista internacional. Ao contrário, é uma visão de mundo que, desde o início, rejeitou conscientemente a idéia de uma mera *interpretação* do mundo e se comprometeu com a luta árdua para *modificá-lo*: tarefa cuja realização é inconcebível sem a implementação bem-sucedida de estratégias políticas adequadas. Portanto, o estado real dos instrumentos estratégicos necessários ao movimento da classe trabalhadora não pode ser uma questão indiferente para a teoria marxiana.

Neste sentido, tentar explicar os problemas em termos da "crise do marxismo" foi uma interpretação completamente equivocada, pois essa crise afetou inicialmente

---

[127] MECW, v. 5, p. 36-7.
[128] Ibid., p. 30.
[129] Ibid., p. 37.
[130] Ibid., p. 56.
[131] Sartre, *The Problem of Method*, Londres, Methuen, 1963, p. 7-8.

alguns partidos da classe trabalhadora que no passado haviam aderido sem reservas à estratégia marxiana. O modo como alguns desses partidos abandonaram suas estratégias anteriores na verdade trouxe, para eles próprios, as conseqüências mais desastrosas, precipitando assim uma crise com a qual a teoria marxiana e sua aplicação originalmente prevista na prática política emancipatória não tinham absolutamente nada a ver. (Basta pensar no estado lamentável dos partidos comunistas francês e espanhol, entre outros.)

Assim sendo, o problema na realidade não era a inadequação do quadro estratégico marxiano – objetiva e consistentemente adaptável – às necessidades da luta socialista sob as condições da "sociedade industrial moderna", mas, ao contrário, a maneira inescrupulosa pela qual os partidos em questão dele se afastaram. Quando uma força histórica importante de outrora, o Partido Comunista Francês, reduz-se ao papel de uma folha de parreira para esconder os inexistentes dotes de François Mitterrand como socialista,[132] ninguém pode se surpreender com a imensa diminuição, não só de seu apelo eleitoral, mas também, mais importante, de sua influência sobre os desenvolvimentos sociais. Atribuir tais conseqüências à "crise do marxismo" é evidentemente um absurdo. Em contraposição a essa pseudo-explicação, a advertência que Sartre dirigiu ao Partido Comunista Francês, em fevereiro de 1956, revelou-se profética.[133] Ele ressaltou com firmeza os perigos de um fracasso na busca da orientação correta e do correspondente curso de ação, contra as falsas alternativas de um "revolucionismo esvaziado de seu conteúdo" (e, é claro, com forte influência stalinista) e de um "reformismo que terminará destruindo a substância do partido".[134]

No entanto, a questão é muito mais séria do que o simples fato da contraproducente reorientação de alguns partidos da classe trabalhadora européia. Ela é discutida neste estudo tanto no que se refere às proposições estratégicas fundamentais da teoria marxiana,[135] quanto aos desenvolvimentos organizacionais e políticos do movimento socialista internacional no século XX.[136] No presente contexto, o objetivo é enfatizar a importância da relação muito negligenciada – e muitas vezes completamente ignorada – entre as mudanças cultural-ideológicas e os *movimentos sociais* aos quais elas estão objetivamente vinculadas.

---

[132]  Ver o esclarecedor livro de Daniel Singer, *Is Socialism Doomed?: The Meaning of Mitterrand*, Oxford University Press, 1988.

[133]  Ver Sartre, "Le Réformisme et les fétiches", *Les Temps Modernes*, n. 122, fevereiro de 1956, p. 1153-64.

[134]  Ibid., p. 1155. No mesmo artigo, Sartre comparou o estado deplorável do marxismo no Partido Comunista Francês com as realizações positivas de dois intelectuais comunistas, Tran Duc Tao e Lukács. Ele escreveu: "Le seul, en France, qui ait tenté de combattre l'adversaire, sur son propre terrain, c'est Tranc Duc Tao, un membre du PC vietnamien; le seul qui tente en Europe, d'expliquer par leurs causes les mouvements de pensées contemporains, c'est un communiste hongrois, Lukács, dont le dernier livre n'est même pas traduit" ["O único, na França, que tentou combater o adversário em seu próprio terreno foi Tran Duc Tao, um membro do Partido Comunista Vietnamita; o único, na Europa, que tentou explicar por suas causas os movimentos dos pensamentos contemporâneos, foi um comunista húngaro, Lukács, cujo último livro nem sequer foi traduzido"] (ibid., p. 1159).

[135]  Ver o capítulo 7, que diz respeito às espinhosas teorias da "revolução social" defendidas por Marx e seus seguidores, e a realidade dolorosa da divisão do trabalho.

[136]  Ver capítulo 8, "A constituição da solidariedade".

# 112    *A necessidade da ideologia*

A França oferece um exemplo particularmente adequado a esse respeito. Nas últimas duas décadas, em parte alguma a virada para a direita entre os intelectuais foi mais dramática do que na margem esquerda do rio Sena em Paris. Há muitos anos, quando Sartre lamentava o fracasso do PC francês em ser o portador de um "marxismo vivo", ele ao mesmo tempo enfatizava que os principais intelectuais do país, desde o historiador Georges Lefèbvre até o antropólogo estrutural Lévi-Strauss, eram todos *"marxisants"*.[137] E Sartre podia declarar veementemente que,

> na medida em que seja "de esquerda", todo intelectual, todo grupo de intelectuais, todo movimento de idéias se define – direta ou indiretamente – por sua relação com o marxismo. Os homens da minha época sabem muito bem que, mais até do que as duas guerras mundiais, a grande questão de sua vida tem sido seu constante encontro com a classe trabalhadora e sua ideologia, que lhes proporcionaram uma visão incontestável do mundo e de si mesmos. Para nós, o marxismo não é apenas uma filosofia. É o clima de nossas idéias, o ambiente em que elas são nutridas, a verdadeira manifestação do que Hegel chamou de Espírito Objetivo. Vemos no marxismo uma propriedade cultural da esquerda; melhor ainda: desde a morte do pensamento burguês, o marxismo é, apenas ele, a Cultura: pois ele é o único que nos habilita a compreender os homens, o trabalho e os acontecimentos.[138]

Na verdade, nessa época, Sartre confiantemente estenderia suas conclusões sobre a importância do marxismo bem além das fronteiras da França, ao declarar ser o marxismo a única filosofia viva para toda uma era à nossa frente, onde quer que se estivesse.[139] Ao mesmo tempo, em uma réplica, o *"marxisant"* Lévi-Strauss concordava sinceramente com Sartre em que, "em ambos os casos, Marx é o ponto de partida de nosso pensamento".[140] E em uma importante entrevista admitiu, em março de 1971,[141] que o pensamento de Marx marcou profundamente sua vida, acrescentando que sua própria contribuição intelectual estava situada no quadro da teoria marxista da ideologia, em particular em relação às categorias de *"infra-estrutura e superestrutura"*, pois sempre almejara conscientemente uma elaboração concreta da segunda.[142] Por isso, Lévi-Strauss não poderia se voltar contra Marx – nem mesmo

---

[137]    Sartre, ibid., p. 1159.

[138]    Ibid., p. 1158.

[139]    Ver Sartre, *The Problem of Method*, assim como sua *Critique of Dialectic Reason*, Londres, NLB, 1976 [ed. bras.: *Crítica da razão dialética*, Rio de Janeiro, DP&A, 2002]. Na seção 6.2 é citada uma passagem fundamental de *The Problem of Method* a esse respeito.

[140]    Claude Lévi-Strauss, *The Savage Mind*, Londres, Weidenfeld and Nicolson, 1966, p. 246. [Ed. bras.: *O pensamento selvagem*, Campinas, Papirus, 1989.]

[141]    Ver a longa e abrangente entrevista, "Plus loin avec Claude Lévi-Strauss", *L'Express*, n. 1027, 15-21 de março, 1971, p. 60-6.

[142]    Esta é uma das passagens mais importantes dessa entrevista, que discute a relação de Lévi-Strauss com Marx:
"*L'Express*: Il y a une époque où le marxisme a marqué votre vie.
"*Lévi-Strauss*: Il continue. L'idée que la *conscience sociale* se ment toujours à elle-même et que, derrière le mensonge, la vérité se dévoile par la manière même dont le mensonge s'affirme, c'est déjà un enseignement de Marx. C'en est un aussi que *l'idéologie* d'une société quelconque ne devient compréhensible qu'à la lumière des rapports concrets que les hommes de cette société entretiennent entre eux, et qu'ils entretiennent avec le monde où ils vivent et oeuvrent.

Introdução 113

quando o clima político e intelectual geral começou a se tornar hostil a ele – sem ao mesmo tempo desvalorizar a obra de toda sua vida.

Entretanto, o tom e a perspectiva da entrevista de 1971 eram profundamente pessimistas: falava sobre a "desintegração de nossa civilização" e sobre a marcha do mundo "rumo a um cataclisma"; lamentava que nossas sociedades haviam se tornado "enormes", o que resultou no triunfo da "uniformidade" e na perda das "diferenças"; elogiava com nostalgia a utopia reacionária de Gobineau, ao mesmo tempo que concordava com o julgamento pessimista de seu autor sobre sua impraticabilidade; e concluía:

atualmente, o maior perigo para a humanidade não provém das atividades de um regime, um partido, um grupo ou uma classe. Provém da própria humanidade em sua totalidade; uma humanidade que se revela o pior inimigo dela mesma e, lamentavelmente, ao mesmo tempo também o pior inimigo do restante da criação. É desta verdade que precisamos convencê-la, para ter alguma esperança de poder salvá-la.[143]

Mas quem vai convencer e salvar a humanidade? Que ponto de vista se deve adotar para ficar à parte da humanidade e condená-la como o pior inimigo dela mesma, isentando, ao mesmo tempo, os regimes, partidos, grupos e classes sociopolíticos de sua responsabilidade? Quando os profetas do Velho Testamento trovejavam contra a humanidade pecadora, declaravam ter sido enviados diretamente por Deus para fazer isso. Mas, agora, onde encontrar o agente social à altura de realizar a tarefa proposta? Como intervir no processo real de transformação contrapondo-se às tendências de desenvolvimento melancolicamente denunciadas, na esperança de atingir os objetivos almejados? Na entrevista de Lévi-Strauss não havia nem mesmo uma insinuação velada sobre como responder a estas questões.

Reconhecidamente, na época em que Lévi-Strauss concedeu a entrevista, o "pós-estruturalismo" já estava em plena voga. Como ele observou com um toque de ironia, "desde 1968 o estruturalismo saiu da moda".[144] Entretanto, as visões de mundo propostas pelos principais intelectuais da fase pós-estruturalista não eram mais animadoras do que seu pessimista diagnóstico da situação da humanidade. De fato, Michel Foucault pintou um quadro ainda mais desolador:

Durante todo o século XIX, o fim da filosofia e a promessa de uma cultura próxima constituíam, sem dúvida, uma única e mesma coisa, juntamente com o pensamento

---

"Marx, à qui nous sommes redevables de la distinction entre *infrastructures et superstructures*, s'est surtout occupé des premières, et il n'a fait qu'esquisser, par moments, la façon dont on pourrait formuler leurs rapports. C'est à cette *théorie de superstructures*, dont Marx a réservé la place plus qu'il ne l'a vraiment élaborée, que j'essaie d'apporter une contribution".

[*"L'Express*: Houve um período em que o marxismo marcou sua vida.// *Lévi-Strauss*: E continua. A idéia de que a *consciência social* sempre mente para si mesma e que, atrás da mentira, a verdade se revela pelo próprio modo como a mentira se manifesta, é já um ensinamento de Marx. Outro ensinamento é que a *ideologia* de uma sociedade qualquer apenas se torna compreensível à luz das relações concretas que os homens dessa sociedade mantêm entre si e as que eles mantêm com o mundo em que vivem e trabalham.// Marx, a quem somos devedores da distinção entre *infra-estruturas* e *superestruturas*, ocupou-se principalmente das primeiras, e apenas esboçou, em alguns momentos, o modo pelo qual se poderiam formular suas relações. É a essa *teoria das superestruturas*, à qual Marx reservou um lugar sem tê-la verdadeiramente elaborado, que tento trazer uma contribuição."] (Ibid., p. 63.)

[143] Ibid., p. 66.

[144] Ibid., p. 61.

## 114  A necessidade da ideologia

da finitude e o aparecimento do homem no saber; hoje, o fato de que a filosofia este-ja – sempre e ainda – em via de acabar e o fato de que nela, talvez, porém, mais ainda fora dela e contra ela, na literatura como na reflexão formal, a questão da linguagem se coloque, provam sem dúvida que *o homem está em via de desaparecer*.[145]
O homem é uma invenção cuja recente data a arqueologia de nosso pensamento mostra facilmente. E talvez o fim próximo. Se estas disposições viessem a desaparecer tal como apareceram [...] então se pode apostar que o homem se desvaneceria, como, na orla do mar, um rosto de areia.[146]

As últimas linhas não eram uma nota marginal no discurso de Foucault, mas as palavras enfáticas com que ele concluiu seu livro, indicando uma perspectiva profun-damente problemática compartilhada por muitos outros. Um passo muito curto se-parava tal orientação da proclamação explícita de um "Adeus ao proletariado":[147] grito muito distante do apaixonado pronunciamento de Sartre de que, para os inte-lectuais de sua geração, "a grande questão de sua vida tem sido seu constante encontro com a classe trabalhadora e sua ideologia (marxismo), que lhes proporcionaram uma visão incontestável do mundo e de si mesmos".

Um dos principais fatores atrás desses dramáticos deslocamentos foi sem dúvida o relacionamento cada vez pior entre o Partido Comunista Francês e os intelectuais, motivado tanto pelo fracasso do PCF em se livrar da herança stalinista quanto por seu comportamento dúbio durante a guerra de libertação argelina. Como afirmou o exas-perado Sartre durante a guerra da Argélia: "A colaboração com o PC é ao mesmo tempo *necessária* e *impossível*".[148] Naturalmente, este relacionamento tornou-se muito pior em virtude de maio de 1968 e suas conseqüências, resultando finalmente no completo rompimento entre Sartre e o Partido Comunista Francês.

As conseqüências desses conflitos foram profundas. Na França, as discussões cultural-ideológicas após a guerra foram inevitavelmente afetadas pela militância da classe trabalhadora em geral e, em particular, pelo papel ativo desempenhado pelo PCF na Resistência. Assim, a influência do marxismo ia muito além dos intelectuais "de carteirinha" e dos chamados "companheiros de viagem". Mesmo aqueles que tive-ram uma posição hostil ao marxismo desde o início, como Raymond Aron, não esca-param ao seu campo gravitacional, e tiveram de participar, ainda que de modo polê-mico, dos debates em andamento.

Tudo se alterou significativamente com a crise do PCF e do movimento da classe trabalhadora francesa, à qual se deve também acrescentar o impacto dos desen-volvimentos socioeconômicos nos países capitalistas avançados, em seu relacionamen-to problemático com o resto do mundo. Como resultado, os intelectuais perderam

---

[145] Michel Foucault, *The Order of Things*, Londres, Tavistock Publications, 1970, p. 385. [Ed. bras.: *As palavras e as coisas*. 8. ed. São Paulo: Martins Fontes, 1999.]

[146] Ibid., p. 387.

[147] *Farewell to the Working Class: An Essay on Post-Industrial Socialism* é o título de um famoso livro de André Gorz (antes ativista radical e íntimo colaborador de Sartre), publicado em inglês pela Pluto Press, Londres, em 1982 [ed. bras..: *Adeus ao proletariado*, Rio de Janeiro, Forense Universitária, 1987].

[148] Sartre, entrevista realizada por Simon Blumenthal e Gérard Spitzer, *La Voie Communiste*, nova série, junho-julho, 1962.

seu rumo (independente do fato de ter sido incondicionalmente favorável ou crítico em relação às forças políticas diretas e às organizações de base da classe trabalhadora), encontrando-se entregues a si próprios, tentados a se recolher ao domínio dos discursos teóricos abstratos afastados de questões práticas identificáveis. Portanto, em certo sentido, a classe trabalhadora e sua ideologia se tornaram "supérfluas" aos olhos dos intelectuais do Ocidente, pois eles não viam nenhum desafio hegemônico fundamental à ordem existente emanado do movimento organizado e politicamente consciente da classe trabalhadora.

Foi nesse clima ideológico radicalmente alterado que também a "teoria crítica" da Escola de Frankfurt pareceu adquirir sua difusão internacional mais ampla. Os principais ideólogos dessa escola tiveram durante muitos anos como objetivo a crítica da "integração da classe trabalhadora" como uma condição irremediável. Até providenciaram o modelo para o "diagnóstico" das contradições e das crises historicamente específicas do movimento da classe trabalhadora ocidental: a "crise do marxismo", a qual seria impossível superar. Como Hans-Jürgen Krahl afirmou, com razão, sobre a visão invertida que Adorno tinha dessas relações: "O definhamento da luta de classes se reflete em sua teoria crítica como a *degeneração da concepção materialista da história*".[149]

Os problemas e suas soluções possíveis são, na realidade, duplos. Por um lado, eles surgem sem dúvida do modo como determinados intelectuais que articulam as várias formas de discurso ideológico se engajam em um confronto crítico entre eles, buscando suas respostas para suas conclusões lógicas e "transcendendo" o discurso do adversário no interior de seu próprio quadro teórico. Por outro lado, contudo, as demandas inerentes à natureza dos movimentos sociais de qualquer período histórico necessariamente condicionam os discursos ideológicos teoricamente articulados, ainda que de modo não uniforme. Em geral, quanto mais forte a dinâmica objetiva das *confrontações sociais* das forças hegemônicas fundamentais da sociedade, mais diretamente as conceituações cultural-ideológicas levam sua marca, e vice-versa. Nesse sentido, o discurso ideológico orientado para si mesmo e predominantemente abstrato de um período histórico específico – que tenta resolver seus problemas sem nenhum apelo a forças sócio-históricas tangíveis, pretendendo "negar" as tentativas anteriores através de sua própria "pós"-versão do que ainda ontem era a "pós"-solução mais atual – não aparece simplesmente da própria ideologia. Tem sua origem nas contradições e crises historicamente específicas dos movimentos sociais potencialmente emancipatórios e no relacionamento problemático entre estes movimentos sociais e as ações cultural-ideológicas atuantes na sociedade. É por isso que as soluções teórico-ideológicas prometidas para os problemas debatidos tendem a ser tão evasivas. Uma chamada "crise ideológica" não é *jamais* apenas ideológica – no sentido de que poderia ser resolvida com discussões e esclarecimentos ideológico-teóricos –, como poderemos observar em mais de uma ocasião no decurso do presente livro. Uma vez que a ideologia é a consciência prática das sociedades de classe, a solução dos problemas gerados nos confrontos ideológicos não é inteligível sem a identificação de sua dimensão prática, material e culturalmente eficaz.

---

[149] Ver nota 70 do capítulo 3.

116    *A necessidade da ideologia*

Certo dia, quando perguntei a Derrida o que ele esperava alcançar com a "desconstrução", ele se opôs a meu ceticismo dizendo que a negatividade desse empreendimento era apenas o estágio preparatório para a fase positiva da *construção*, que ocorreria no devido momento. Isso ocorreu há mais de doze anos, e estamos mais profundamente do que nunca enredados no negativismo desesperado das "desconstruções preparatórias". E não é de admirar que isso aconteça. A positividade não é uma *reflexão posterior* que poderia ser simplesmente anexada ao trabalho de base de um empreendimento essencialmente negativo. Entretanto, seria muito injusto culpar Derrida pelo não-advento da fase positiva. É muito difícil alguém ser positivo em um empreendimento intelectual sem a base de sustentação de um movimento social emancipatório.

### 1.4.3

Se quisermos compreender os temas ideológicos dominantes nos vários climas intelectuais, é necessário situá-los dentro do quadro de três conjuntos fundamentais de determinações:

1. Os parâmetros socioeconômicos de uma fase histórica específica.

2. Os principais movimentos políticos e suas necessidades ideológicas e intelectuais.

3. As teorias e práticas científicas importantes, assim como as várias filosofias e as auto-reflexões da ciência referentes à sua função reguladora no complexo total das atividades humanas.

Naturalmente, estes três conjuntos de determinações não variam no mesmo ritmo, nem simultaneamente. Na fisionomia intelectual de um determinado período pode haver "discrepâncias" ou desvios em relação ao novo padrão esperado, pois alguns dos determinantes postos em destaque em uma fase anterior do desenvolvimento histórico permanecem operando em grau significativo sob as novas circunstâncias. Como exemplo, poderíamos lembrar como as expectativas sociais otimistas motivadas pelo desenvolvimento da ciência e da tecnologia no século XIX continuaram a caracterizar as tendências ideológicas dominantes bem além da fase histórica limitada de sua conjuntura socioeconômica, política e teórica, até os longos anos expansionistas do pós-guerra.

Entretanto, sobreposições e aparentes contradições desse tipo não alteram o fato de que, através da complexa trajetória de tais continuidades e descontinuidades, a fisionomia intelectual de determinadas fases históricas é claramente discernível, pois é definida pela configuração total dos três conjuntos de determinações considerados *juntos*, em sua inter-relação *específica*. Em conseqüência, as continuidades e sobreposições não são simplesmente *dadas*, como uma entidade autônoma, mas devem ser constantemente *reproduzidas* no contexto das determinações variáveis, e em relação a elas.

É precisamente em virtude dessa inevitável *reprodução no limite do contexto* que as continuidades herdadas não são apenas reafirmadas, mas, ao mesmo tempo, também modificadas. Como resultado, adquirem com freqüência um significado muito diferente – especialmente em relação às importantes funções ideológicas – , mesmo que na superfície pareçam idênticas às articulações anteriores do mesmo complexo. Eis por que um princípio, uma correlação ou uma influência intelectual aparentemente idên-

*Introdução* 117

ticos, agindo sob as circunstâncias contrastantes de situações históricas diferentes, podem significar coisas radicalmente diferentes em épocas diferentes.

Citando aqui apenas um exemplo, o cartesianismo como tal desempenhou funções qualitativamente diferentes no curso dos desenvolvimentos históricos da França, de acordo com as necessidades ideológicas variáveis da burguesia francesa, como Sartre acertadamente observou.[150] Do mesmo modo, a continuidade ou o desaparecimento de várias tendências e costumes ideológicos estão sujeitos a determinações muito mais objetivas do que pareceria à primeira vista. Na verdade, tais fenômenos só podem ser explicados pela *configuração específica* de todos os três conjuntos fundamentais de determinações mencionados.

## 1.5 Conclusão

De modo geral, são estes os problemas que abordaremos neste livro. Será necessário situá-los em seu ambiente teórico e histórico adequado, para que se possa apontar as determinações materiais e culturais que se encontram em suas raízes, juntamente com suas conseqüências práticas para o futuro, na construção do qual a ideologia tem um importante papel positivo a desempenhar.

Portanto, a Parte 1 busca demonstrar não apenas a insustentabilidade das várias posições "supra-ideológicas", passadas e presentes, juntamente com suas claramente identificáveis motivações ideológicas, mas também o papel ativo vital desempenhado pela ideologia no processo de reprodução social.

A Parte 2, por outro lado, analisa o relacionamento entre ciência, ideologia e metodologia, com particular referência à dimensão prática muito negligenciada de cada uma.

Finalmente, a Parte 3 analisa mais detidamente a importante conexão entre ideologia e emancipação, reafirmando a validade de uma teoria socialista crítica e autocrítica como o quadro estratégico necessário da emancipação.

---

[150] Sobre este assunto, ver a seção 6.2.

# Capítulo 2

# PARÂMETROS SOCIOECONÔMICOS

## 2.1 Expansão do pós-guerra e "pós-ideologia"

### 2.1.1

Não é muito difícil perceber que a predominância das ideologias antiideológicas, durante um tempo considerável depois da Segunda Guerra Mundial, teria sido inconcebível sem ter a contínua fase expansionista dos desenvolvimentos capitalistas, no mesmo período, como seu suporte material. Muitas teses – hoje em dia risíveis, mas que na época eram defendidas com firmeza – de nossos ideólogos antiideológicos (desde suas opiniões sobre o significado de "esquerda" e "direita", mencionadas na nota 126 do capítulo anterior, até o fato de tratar os conceitos de "classe" e de "conflito de classes" como "anacronismos do século XIX", etc.) adquiriram sua plausibilidade no contexto da espetacular expansão econômica do pós-guerra e da promessa de melhorias materiais abrangentes e progresso social sem obstáculos no futuro.

Como um ancestral ideológico de tudo isso, o fundador da "administração científica" capitalista, Frederick Winslow Taylor, já no início do século XX sonhava com a eliminação dos conflitos sociais nos seguintes termos:

> Sob a administração científica, a grande revolução que ocorre na atitude mental das duas partes é que ambos os lados *deixam de ver a divisão do excedente* como a questão mais importante e voltam sua atenção para o aumento do tamanho do excedente até que este se torne *tão grande que seja desnecessário disputar o modo como ele será dividido*. Percebem que, quando param de puxar o fardo em direções opostas e passam a empurrá-lo ombro a ombro na mesma direção, o tamanho do excedente criado por seus esforços conjuntos é realmente espantoso. Ambos compreendem que, quando *substituem o antagonismo e a disputa pela cooperação amigável e a ajuda mútua*, são capazes, em conjunto, de tornar este excedente tão incrivelmente maior do que era no passado, que há condições suficientes para um grande aumento nos salários dos trabalhadores e um aumento igualmente grande nos lucros do fabricante.[1]

---

[1] F. W. Taylor, *Scientific Management*, Nova York, Harper and Row, 1947, p. 29. Esta popularização dos principais escritos de Taylor no pós-guerra compreende *Shop Management, The Principles of Scientific Ma-*

Nos felizes dias da expansão do pós-guerra, as condições da utopia administrativa de Taylor pareciam ter sido plenamente realizadas, transformando a disputa sobre as *relações do poder social* na questão tecnológica e organizacional de como maximizar (ou "otimizar"), sob a autoridade da "ciência", a produção do excedente, que seria destinado a uma divisão desigual, mas generosa para com os trabalhadores.

Em sua época, Taylor sabia muito bem – assim como mais tarde seus seguidores "antiideológicos" – que as relações do poder social de dominação e subordinação hierárquicas estavam realmente em jogo. Porém, com uma retórica característica, entusiasmava-se com "a substituição da disputa e da rivalidade pela cooperação fraterna; com ambos se empenhando vigorosamente na mesma direção, em vez de seguirem separados; com a substituição da vigilância suspeitosa pela confiança mútua; tornando-se amigos em vez de inimigos", etc.[2] Ao mesmo tempo, ele era ingênuo o bastante para falar sobre o real significado da "fraternidade", "ajuda mútua", "cooperação fraterna", "confiança mútua", etc., consideradas do ponto de vista da "administração científica" capitalista:

> Um dos primeiros requisitos para que um homem seja adequado para lidar com lingotes de ferro como ocupação regular é que ele seja tão *estúpido* e calmo que mais *se assemelhe a um bovino, em sua constituição mental,* do que a qualquer outro tipo. O homem mentalmente alerta e inteligente é por isso mesmo inteiramente inadequado para o que seria, em sua opinião, a opressiva monotonia de um trabalho dessa categoria. Por conseguinte, o trabalhador mais adequado para lidar com lingotes de ferro é *incapaz de compreender a ciência real* da realização desse tipo de trabalho. *É tão estúpido que a palavra "porcentagem" não tem significado para ele,* e, portanto, deve ser treinado por um homem mais inteligente que ele no *hábito de trabalhar de acordo com as leis desta ciência* para poder ser bem-sucedido.[3]

## 2.1.2

Se compararmos a maneira como Taylor vê a relação entre as condições capitalistas de trabalho e a "constituição mental" dos trabalhadores com o modo como os principais representantes da burguesia em sua ascendência encaravam a questão, encontraremos um contraste realmente notável. Pessoas como Adam Ferguson – uma das figuras mais importantes do Iluminismo escocês – adotaram uma posição crítica diante dos desenvolvimentos socioeconômicos que estavam ocorrendo. Por isso, podiam ainda distinguir claramente os fatores *causais* de suas inevitáveis *conseqüências*, em vez de ficarem cegos à verdadeira natureza daquela relação, no interesse de defender e idealizar a ordem estabelecida.

Foi assim que o próprio Ferguson avaliou, na primeira fase da revolução industrial, o caráter inerentemente problemático das práticas produtivas capitalistas (em sua opinião, determinadas não apenas por considerações técnicas, mas também pelo imperativo da maximização do lucro) e seu impacto necessariamente empobrecedor sobre as pessoas:

---

*nagement* e *Testimony before the Special House Committee.* Estas obras foram escritas entre 1901 e 1914, mas alguns anos antes Taylor já experimentara suas idéias em várias fábricas, sem muito sucesso.

2    Taylor, *Scientific Management,* op. cit., p. 30.

3    Ibid., p. 60.

## 120    A necessidade da ideologia

Todo empresário fabril descobre que quanto mais subdividir as tarefas de seus operários e quanto mais mãos puder empregar em atividades separadas, tanto mais suas despesas diminuem e seus *lucros aumentam* [...]. As nações de homens de negócios parecem compor-se de pessoas que, excetuado seu negócio particular, são *ignorantes de todas as questões humanas*. [...] Muitos ofícios mecânicos, na verdade, *não exigem capacidade*; realizam-se melhor sob uma *total supressão de sentimento e razão*; e a *ignorância* é a mãe da indústria, assim como da superstição. A reflexão e a imaginação são sujeitas a erro; mas o *hábito* de mover a mão, ou o pé, é independente de ambas. Por isso, as fábricas prosperam mais quando a *mente é menos consultada*, e quando a oficina de trabalho pode, sem nenhum grande esforço de imaginação, ser considerada como *uma máquina, cujos componentes são homens*.[4]

Taylor, por sua vez, colocava tudo de cabeça para baixo para encontrar uma justificativa conveniente (e uma racionalização ideológica) para o modo estabelecido de controle dos operários na estrutura da empresa capitalista "cientificamente administrada". Em vez de observar o impacto brutal e desumano das práticas produtivas dominantes, transformava as conseqüências *necessárias* de tais práticas sobre a "constituição mental" dos operários em uma pretensa *causa original*. Assim fazendo, mostrava o desumano tratamento dos operários como inteiramente "*justificado*" e "cientificamente correto". Pois as pessoas cuja "constituição mental se assemelhava à do bovino" e que estavam destinadas pela própria natureza a tarefas adequadas à sua "estupidez" não mereciam tratamento melhor. Nem seriam sensíveis a um tratamento diferente, dadas as limitações determinadas pela natureza de sua constituição.

Seguindo esta linha de raciocínio, os "princípios da administração científica" reivindicavam trazer a organização do sistema capitalista para uma plena harmonia com as próprias determinações da natureza, tratando os seres humanos como animais, "segundo as leis da nova ciência", sancionadas não pela ordem contingente da sociedade, mas pela legitimidade inalterável da própria natureza. Obrigar as pessoas a se submeter aos ditames do trabalho realizado como um "*hábito*" mecânico – ditames que emanam do incansável impulso do capital para o lucro – era, para Adam Ferguson, inteiramente censurável. Mas na época em que Frederick Winslow Taylor compôs uma música suave o bastante para os ouvidos da administração capitalista da indústria, a absoluta conformidade aos mesmos ditames do "hábito" foi transformada em uma virtude inquestionável.

Os representantes posteriores desta "administração científica" tornaram-se muito mais sofisticados na *apresentação* de suas recomendações. Acrescentaram com sucesso a seu arsenal defensivo não somente "*musak*" a sua música, mas também a "ciência" das "relações públicas", assim como a "arte" legalmente apoiada – despudoradamente patrocinada pelo Estado – da "consultoria de administração". Entretanto, a substância de seu saber apologético permanecia em essência a mesma, ainda que os mais recentes praticantes da manipulação administrativa "científica" tenham sido cuidadosos o bastante para não defender em público, com a mesma brutal autoconsciência, a causa

---

4    Adam Ferguson, *Essay on the History of Civil Society* (1767), publicado com uma introdução de Duncan Forbes, Edimburgo, University Press, 1966, p. 181-3.

*Parâmetros socioeconômicos* 121

da preservação das relações de poder estabelecidas e dos "direitos adquiridos" da classe dominante.

Naturalmente, a nova perspectiva "antiideológica", com sua íntima ligação com as ideologias norte-americanas há muito professadas e as práticas industriais correspondentes, não poderia ser difundida com sucesso em uma Europa profundamente dilacerada pelo conflito nos anos posteriores à guerra. É claro que as circunstâncias materiais de privação, e às vezes até de fome, não levavam a uma identificação tranqüila com a idéia cor-de-rosa de abundância sempre crescente e da integração tecnocrática da força de trabalho européia no "modo de vida norte-americano".

Somente após os anos de consolidação, realizada sob a tutela e intervenção econômica direta do poder capitalista dominante e seu "plano Marshall", é que as circunstâncias mudaram substancialmente em favor da adoção de uma tal perspectiva. E, é claro, ainda assim não se poderia de modo algum falar de um triunfo completo da abordagem "antiideológica", pois ela tinha de continuar a dirigir seu poder de fogo contra a *esquerda*, enquanto pregava, com típica incoerência, o "irreparável anacronismo" das formas tradicionais de divisão e conflito entre a "esquerda" e a "direita".

## 2.2 Teorização prematura do "fim da escassez"

### *2.2.1*

Não obstante, o novo credo, juntamente com seu suporte socioeconômico institucionalmente promovido e salvaguardado, tornou-se dominante a ponto de induzir até algumas figuras importantes do marxismo no Ocidente – Lucien Goldmann, por exemplo – a falar de uma transição bem-sucedida "do *capitalismo em crise* para o *capitalismo organizado*", definindo o último da seguinte maneira:

> Pelo termo "capitalismo organizado" queremos nos referir ao período contemporâneo que, pela criação de mecanismos reguladores devidos a intervenções do Estado, tornou possíveis um crescimento econômico contínuo e a diminuição, para não dizer a total eliminação, das crises sociais e políticas geradas internamente.[5]

O fato de que os benefícios deste "crescimento econômico contínuo" estão reservados a pouco mais de 10% da população do mundo e, conseqüentemente, todo o edifício do "capitalismo organizado" estar sendo erigido sobre alicerces muito duvidosos, não parecia significar muito, se é que significava algo, para os participantes dos

---

[5]    Lucien Goldmann, prefácio à nova edição (1966) de *The Human Sciences and Philosophy*, Londres, Jonathan Cape, 1969, p. 10-1 [ed. bras.: *Ciências humanas e filosofia*, São Paulo, Difel, 1967]. Em nota referente a esta passagem, Goldmann descreveu cuidadosamente as mudanças ideológicas que acompanharam esta transição para o "capitalismo organizado":
"Quanto mais uma determinada teoria elimina, por sua própria estrutura e pelos métodos que elabora, o problema do significado e da história, tanto menos ela necessita se envolver explicitamente na defesa da ordem social existente. Como o estruturalismo formalista está completamente divorciado dos problemas sociais e políticos, seus juízos de valor implícitos aparecem no plano metodológico. Raymond Aron, que conserva muitos dos traços do racionalismo liberal do Iluminismo, assume uma posição muito mais explícita em favor do capitalismo organizado. No fim da linha encontram-se alguns ex-marxistas que, pouco tendo assimilado dos métodos intelectuais e da estrutura do pensamento sociológico contemporâneo, terminam por se tornar apologistas diretos e quase brutais da sociedade tecnocrática" (ibid., p. 142).

## 122   *A necessidade da ideologia*

principais debates ideológicos. Em parte isso ocorria porque seu horizonte político-intelectual estava, por mais surpreendente que pareça, confinado aos problemas dos "países capitalistas avançados". E em parte porque muitos pensadores que pretendiam apresentar uma abordagem mais crítica aos problemas do capitalismo contemporâneo terminavam, de fato, aceitando de modo completamente acrítico a ilusão de que "a *vitória sobre a escassez* agora é não apenas previsível, mas verdadeiramente prevista".[6]

Assim, embora no mundo real milhões de pessoas continuassem a morrer, ano após ano, como resultado de má nutrição e fome, a aceitação da estrutura do discurso do adversário levava até alguns importantes intelectuais de esquerda, na Europa ocidental e nos Estados Unidos, a formular estratégias para o futuro muito vagas, se não inteiramente vazias. Como podemos observar, por exemplo, na seguinte análise de supostas tendências e suas conseqüências, segundo a qual,

> Nas condições de escassez material que sempre prevaleceram até agora, a propriedade tem sido uma questão de direito a uma renda material. Com a *vitória sobre a escassez* agora prevista, a propriedade deve se tornar antes um direito a uma *renda imaterial,* uma renda de usufruto da *qualidade de vida.* Tal renda não pode ser avaliada em *quantidades materiais.* O direito a tal renda só pode ser avaliado como um *direito de participar* de um conjunto satisfatório de relações sociais.[7]

O mínimo que se poderia objetar a esta concepção é, em primeiro lugar, que a oposição entre renda material e "renda imaterial" (qualquer que seja o significado desta última), assim como aquela entre quantidade e qualidade, é completamente não-dialética. E, em segundo lugar, que a carroça foi colocada na frente dos bois, na medida em que a *pré-condição* elementar de qualquer vitória concebível sobre a escassez é que as pessoas sejam capazes de se empenhar na realização de um objetivo tão radicalmente abrangente no contexto de um conjunto adequado de relações sociais, e não ao contrário. Na verdade, a pré-condição referida não é o um tanto ilusório "*direito de participar* de um conjunto satisfatório de relações sociais", mas o *controle efetivo* total, pelos produtores associados, das condições de sua própria vida – e, em primeiro lugar, das condições materiais da produção –, para que consigam realizar os objetivos estabelecidos por eles próprios.

### 2.2.2

A conceituação dessas questões em termos de "direitos" abstratos, afirmando que, sob o capitalismo contemporâneo, a principal propriedade das pessoas "é seu *direito a ter um rendimento,* sejam elas autônomas ou assalariadas",[8] leva apenas à desorientação. Pois, na verdade, muitos milhões de desempregados não têm tais direitos mesmo nas sociedades capitalistas mais "avançadas", quanto mais no restante do mundo capitalista. E mesmo que tivessem tais direitos – que não têm e, em tais sociedades, *não podem* ter –, o fato é que há uma distância astronômica entre a mera *posse dos direitos* e

---

[6]   C. B. Macpherson, "A Political Theory of Property", em Macpherson, *Democratic Theory: Essays in Retrieval,* Oxford, Clarendon Press, 1973, p. 138.

[7]   Ibid., p. 139.

[8]   Ibid., p. 131.

Parâmetros socioeconômicos    123

sua efetiva *implementação* através de uma rede de práticas materialmente sustentadas e socialmente viáveis de satisfação humana.

Deste modo, ironicamente, o clima intelectual dominante da expansão do pósguerra, com suas ilimitadas promessas para o futuro, que pareciam ser confirmadas por alguns avanços reais em uma parte limitada do mundo, conseguiu distorcer também as perspectivas de alguns intelectuais críticos que pessoalmente eram favoráveis ao possível fim da exploração capitalista. Sob condições de crescimento e expansão aparentemente ilimitadas, propagandeadas como a refutação final e evidente por si mesma de todas as opiniões discordantes, que tinham "a marca do século XIX", era muito difícil enfrentar as imagens ideológicas dominantes em seu próprio terreno. Penetrar nesse terreno freqüentemente significava adotar o quadro categorial de uma forma de discurso completamente viciada, com sérias conseqüências para a própria posição.

Infelizmente, nesse sentido, havia uma notável semelhança entre a categorização do marxista canadense Macpherson, há pouco citada, de "mudanças no conceito da propriedade" no mundo contemporâneo, e a formalista conceituação estruturalfuncionalista dos mesmos problemas feita pelo conservador norte-americano Talcott Parsons. O sociólogo norte-americano argumentava que "deve haver um sistema de propriedade que regulamente as *reivindicações* de entidades transferíveis, *materiais ou imateriais*, e desse modo assegure direitos relativos aos meios de vida e às oportunidades necessárias para o desempenho de funções".[9] Paradoxalmente, entretanto, embora o propósito apologético da grande teorização parsoniana dificilmente possa ser contestada,[10] Macpherson foi enredado pelo mesmo conjunto de categorias genéricas, *apesar* de suas intenções emancipatórias subjetivas honestamente adotadas e vigorosamente defendidas.

## 2.3 A falácia das soluções tecnológicas para os problemas sociais

### 2.3.1
Em sintonia com a agitação da forte tendência expansionista, os intelectuais ficaram entusiasmados com uma série de pretensos milagres econômicos: os "milagres" alemão, japonês, italiano, francês e brasileiro, para citar apenas alguns. Previram, cheios de confiança, a continuação indefinida da expansão do pós-guerra e, de acordo com isso, produziram uma série de categorias que apresentavam suas conceituações altamente facciosas e *prescritivas* dos desenvolvimentos em andamento como declarações inquestionavelmente "*descritivas*". Assim, uma multiplicidade de *desejos* foi apresentada como já realizada ou em via de realização. Parecia que tudo podia ser incluído dentro dessa categorização otimista.

---

[9]    Talcott Parsons, "Social Class and Class Conflict in the Light of Recent Sociological Theory", *American Economic Review*, v. 39 (1949), republicado em Parsons, *Essays in Sociological Theory*, Nova York, The Free Press, 1954, p. 326.

[10]   Ver, a respeito, "A ideologia da 'Teoria Geral' parsoniana" em meu livro *Filosofia, ideologia e ciência social*.

## 124   A necessidade da ideologia

Em lugar dos antagônicos sistemas *sociais* capitalista e socialista foram-nos oferecidas categorias tecnologicamente (e, é claro, tecnocraticamente) definidas como o "novo Estado industrial", o "sistema industrial moderno", a mítica "tecnoestrutura" e a "convergência"[11] dos "sistemas industriais" rivais. Do mesmo modo, tendo como modelo algum tipo de "convergência interna", a "nova realidade" da mudança tecnológica rápida foi interpretada, em termos de relações sociais, como a produtora de uma "nova classe trabalhadora"[12] e do necessário enfraquecimento, se não o total desaparecimento, do próprio conflito de classes.[13] E, o melhor de tudo, o velho mal social do desemprego em massa tinha sido imaginariamente superado, graças a alguns postulados ideais que eram, mais uma vez, caracteristicamente apresentados como fatos irrefutáveis. Por um lado, referindo-se às supostas "transformações tecnoestruturais", Galbraith afirmou que

A noção tradicional de desemprego perde seu significado ano a ano. Cada vez mais, os dados sobre o desemprego enumeram aqueles que são *não empregáveis* por causa das *exigências modernas do sistema industrial*. Esta incapacidade pode coexistir com *carências agudas de talentos mais qualificados*.[14]

---

[11]   "A convergência entre os dois sistemas industriais aparentemente diferentes ocorre em todos os pontos fundamentais. Isto é muito auspicioso. Com o tempo, e talvez em menos tempo do que se possa imaginar, isso eliminará a idéia de um conflito inevitável baseado na diferença inconciliável." (John Kenneth Galbraith, *The New Industrial State*, ed. rev. e atualizada, Nova York, The New American Library, 1971, p. 376 [ed. bras.: *O novo Estado industrial*, São Paulo, Pioneira, 1983].) À luz das crises econômicas há muito persistentes e da "nova guerra fria", a aplicabilidade de tal raciocínio parece muito remota.

[12]   Ver, por exemplo, um livro de Serge Mallet que iniciou uma corrente de pensamento: *La Nouvelle classe ouvrière*, Paris, Seuil, 1963. Em inglês, *The New Working Class*, Nottingham, Spokesman Books, 1975.

[13]   Segundo Galbraith, "o sistema industrial absorve os interesses de classe. Em parte, realiza isso minimizando a realidade do conflito, e em parte explorando a resultante maleabilidade de atitude para obter controle sobre as crenças. Os objetivos do sistema industrial, neste processo, tornam-se os objetivos de todos aqueles a ele associados e, portanto, por uma ligeira extensão, os objetivos da própria sociedade", *The New Industrial State*, p. 313.

[14]   Ibid., p. 233. Galbraith acrescentou às linhas citadas, com a sua típica exuberância autoconfiante, que "a visão do sistema nos capítulos precedentes torna estas tendências prováveis; e as estatísticas, que neste caso são boas, confirmam a expectativa ou são coerentes com ela".

Com efeito, de um modo completamente circular, a "visão do sistema" de Galbraith torna "provável" as supostas tendências do desemprego. Fica-se a imaginar, entretanto, de que tipo de dados ou de estatísticas ele estava falando num momento em que as tendências *reais* de desenvolvimento já estavam inequivocamente apontando em uma direção muito diferente, tendências que foram clamorosamente confirmadas pelas crises das décadas de 1970 e 1980.

Também não se deve imaginar que a insistência em uma posição radicalmente diferente daquela expressada por Galbraith e outros só seja apoiada por uma visão posterior dos acontecimentos. O uso que é feito dos dados e estatísticas é inseparável do *ponto de vista social* adotado, determinando o que é "visível" ou "invisível" entre a grande multiplicidade dos fatos e das tendências sociais disponíveis a todos, que os podem enxergar ou fechar os olhos, de acordo com o procedimento, que nada tem de "axiologicamente neutro", de qualquer investigação social. Na realidade, ao mesmo tempo em que o livro de Galbraith era publicado, tentei abordar estes problemas de uma maneira totalmente diferente. Vejamos: "igualmente relevante é o novo padrão de desemprego que vem se delineando. Isto porque, nas décadas recentes, o desemprego, nos países capitalistas altamente desenvolvidos, limitava-se em grande parte 'aos bolsões de subdesenvolvimento'; e as milhões de pessoas afetadas por ele costumavam ser otimisticamente ignoradas, no grande estilo de autocomplacência neocapitalista, como representando os 'custos inevitáveis da modernização', sem que houvesse muita preocupação – se é que havia alguma – pelas repercussões socioeconômicas da própria tendência.

Por outro lado, Walt Rostow postulou – sobre fundamentos políticos completamente fictícios e despudoradamente autocongratulatórios, e referindo-se a alguns "truques técnicos" keynesianos – que o problema do desemprego jamais voltaria a nos incomodar, pois

"Na medida em que a transformação predominante se dava na substituição do trabalho *não-qualificado* pelo qualificado, envolvendo grandes dispêndios de capital para o desenvolvimento industrial, o assunto podia ser ignorado com relativa segurança, dada a atmosfera de euforia provocada pela 'expansão'. Em tais circunstâncias, a miséria necessariamente associada a todos os tipos de desemprego – inclusive aquele produzido no interesse da 'modernização' – podia ser capitalisticamente justificada em nome de um brilhante futuro de consumo para todos. Naqueles dias, as milhões de pessoas desafortunadas, patéticas e 'desprivilegiadas' podiam ser facilmente relegadas à periferia da sociedade. Isoladas, como um fenômeno social, da 'Grande Sociedade' afluente, elas deveriam responsabilizar exclusivamente a sua própria 'inutilidade' (falta de qualificação profissional, 'preguiça', etc.) pelos seus apuros [...].

"No entanto, foi sistematicamente ignorado o fato de que a tendência da 'modernização' capitalista e o deslocamento de uma grande quantidade de trabalho não-qualificado em favor de uma quantidade bem menor de trabalho qualificado, implicavam em última análise a *reversão* da própria tendência: ou seja, o colapso da 'modernização' articulado a um desemprego maciço. Este fato da maior gravidade simplesmente *tinha* de ser ignorado, posto que seu reconhecimento é radicalmente incompatível com a contínua aceitação das perspectivas capitalistas do controle social. Pois a contradição dinâmica subjacente que conduz a uma drástica reversão da tendência de modo algum é inerente à *tecnologia* empregada, mas à cega subordinação *tanto do trabalho como da tecnologia* aos devastadores e estreitos limites do capital como árbitro supremo do desenvolvimento e controle sociais.

"Reconhecer, porém, o caráter socialmente determinado da tecnologia em questão teria sido o mesmo que admitir as limitações socioeconômicas das aplicações capitalistas da tecnologia. Esta é a razão pela qual os apologistas das relações capitalistas de produção tiveram de teorizar sobre o 'crescimento', o 'desenvolvimento' e a 'modernização' *enquanto tais*, em vez de investigar os modestos *limites* do crescimento e do desenvolvimento *capitalistas*. Razão pela qual também foram obrigados a discorrer sobre a sociedade 'afluente', 'industrial-moderna' – ou mesmo 'pós-industrial' (!) – de 'consumo' *enquanto tais*, em lugar de analisar a afluência artificial e contraditória da *sociedade de consumo produtora de desperdício* que depende, para seu ciclo de reprodução 'industrial-moderno', não apenas da mais cínica manipulação da demanda dos consumidores, mas também da mais desumana exploração dos 'despossuídos'.

"Muito embora, no que concerne à *tecnologia propriamente dita*, não haja, em princípio, razão para que a tendência de modernização e a transferência do trabalho não-qualificado para o qualificado não possam prosseguir indefinidamente, há de fato uma excelente razão pela qual essa tendência tenha de se reverter sob as relações capitalistas de produção: os critérios desastrosamente restritivos da lucratividade e da expansão do *valor de troca* aos quais tal 'modernização' está necessariamente subordinada. Assim, o novo padrão emergente de desemprego como uma tendência socioeconômica adquire o caráter de um indicador do aprofundamento da crise estrutural do capitalismo atual.

"Como resultado dessa tendência, o problema não mais se restringe à difícil situação dos trabalhadores não-qualificados, mas atinge também um grande número de trabalhadores *altamente qualificados*, que agora disputam, somando-se ao estoque anterior de desempregados, os escassos – e cada vez mais raros – empregos disponíveis. Da mesma forma, a tendência da amputação 'racionalizadora' não está mais limitada aos 'ramos periféricos de uma indústria obsoleta', mas abarca alguns dos mais *desenvolvidos* e modernizados setores da produção – da indústria naval e aeronáutica à eletrônica, e da indústria mecânica à tecnologia espacial.

"Portanto, não estamos mais diante dos subprodutos 'normais' e voluntariamente aceitos do 'crescimento e do desenvolvimento', mas de seu movimento em direção a um colapso; nem tampouco diante de problemas periféricos dos 'bolsões de subdesenvolvimento', mas diante de uma contradição fundamental do modo de produção capitalista como um todo, que transforma até mesmo as últimas conquistas do 'desenvolvimento', da 'racionalização' e da 'modernização' em fardos paralisantes de subdesenvolvimento crônico. E o mais importante de tudo é que quem sofre todas as conseqüências desta situação não é mais a multidão socialmente impotente, apática e fragmentada dos 'desprivilegiados', mas *todas* as categorias de trabalha-

126    *A necessidade da ideologia*

Há *toda a razão* para se acreditar, observando-se a *sensibilidade* do processo político *até para pequenos bolsões de desemprego* nas sociedades democráticas modernas, que as políticas morosas e tímidas das décadas de 1920 e 1930 referentes ao emprego *não mais serão toleradas* nas sociedades ocidentais. E, agora, os *truques técnicos* do ofício – devido à *revolução keynesiana* – são bem compreendidos. Não se deve esquecer que Keynes tomou para si a tarefa de refutar os prognósticos de Marx sobre a evolução do desemprego no capitalismo; e foi muito bem-sucedido.[15]

Uma vez cativados pelo poder de tais "certezas", não pode haver limite para os vôos da imaginação. Desembaraçando-se do desemprego com tal facilidade no presente e no futuro, não há razão para que não se aplique o mesmo procedimento também ao passado, absolvendo-se o capitalismo, enquanto sistema social, de todos os seus principais problemas, com a ajuda do *futuro do pretérito* e de pseudo-explicações retrospectivas – justificando os fracassos pelos fracassos, por causa dos fracassos –, como se vê na seguinte citação:

A relativa estagnação do período entreguerras na Europa ocidental não foi por causa dos lucros decrescentes, mas do *fracasso* da mesma Europa ocidental em criar um contexto em que suas sociedades nacionais caminhassem prontamente em direção à era de *alto consumo de massa*, produzindo novos setores de liderança. E este *fracasso*, por sua vez, deveu-se principalmente a um *fracasso* em criar o *pleno emprego inicial* no estabelecimento dos termos do comércio depois de 1920. Igualmente, a demorada depressão dos Estados Unidos na década de 1930 não foi por causa dos lucros decrescentes, mas do *fracasso* em criar um *contexto inicial renovado de pleno emprego*, por meio de políticas públicas, que *teriam permitido* que os novos setores líderes – de núcleos habitacionais suburbanos, a difusão dos automóveis, dos bens de consumo duráveis e dos serviços – fluíssem a partir de 1929.[16]

O surpreendente nisso tudo não era simplesmente que alguns intelectuais bem-estabelecidos justificassem a realidade muito problemática do capitalismo reescrevendo a história tão arbitrariamente, com a ajuda do *futuro do pretérito* e através da superposição retrospectiva das estruturas presentes sobre as realidades passadas. O mais espantoso é que seus exercícios primários de propaganda[17] – que violavam toda regra da lógica – foram acolhidos, no clima ideológico dominante, como a última palavra da sabedoria objetiva e cientificamente inspirada.

O problema da pobreza foi descartado com destreza similar, e o método empregado era igualmente suspeito. Partindo das realizações *particulares* da economia glo-

---

dores qualificados e não-qualificados: ou seja, objetivamente, a *totalidade da força de trabalho* da sociedade" (István Mészáros, *A necessidade do controle social*, Isaac Deutscher Memorial Lecture, proferida na London School of Economics and Political Science em 26 de janeiro de 1971, Londres, publicada por Merlin Press, 1971 [ed. bras.: *Para além do capital*, op. cit., p. 1004-5]).

15  W. W. Rostow, *The Stages of Economic Growth*, Cambridge University Press, 1960, p. 155. [Ed. bras.: *As etapas do desenvolvimento econômico*, Rio de Janeiro, Zahar, 1964.]

16  Ibid.

17  Walt Rostow deu a *As etapas do desenvolvimento econômico* o subtítulo "Um manifesto não-comunista". Os leitores de seu livro podem atestar que – dado seu extremo ardor ideológico – este foi um modesto abrandamento da verdade.

balmente dominante dos Estados Unidos, a análise de Galbraith logo culminou em afirmações *gerais*, insistindo em que,

> Como um flagelo geral, [a pobreza] chegou ao fim em virtude do aumento da produção, que, por mais imperfeita que possa ter sido sua distribuição, aumentou substancialmente a parte daqueles que trabalhavam para viver. O resultado foi que a pobreza deixou de ser o problema de uma *maioria* para ser o de uma *minoria*. Deixou de ser um caso *geral* e se tornou um caso *especial*. Foi isso que colocou o problema da pobreza em sua peculiar forma *moderna*.[18]

Esta concepção de "*pobreza moderna*" era falsa até quanto aos Estados Unidos, sem falar da dimensão global do problema, com o qual os próprios Estados Unidos estavam – e, mais do que nunca, ainda estão – intensamente envolvidos. Ela foi posteriormente classificada tanto como "*casos* de pobreza" (relacionados meramente "a algumas características dos *indivíduos* assim afligidos",[19] como o alcoolismo e a deficiência mental), quanto como "pobreza *insular*, aquela que se manifesta como uma 'ilha' de pobreza".[20] O significado desta última foi descrito da seguinte forma:

> A pobreza insular tem algo a ver com o desejo que um número comparativamente grande de pessoas tende a passar suas vidas em seu local de nascimento ou próximo dele. Este *instinto nativo* leva-as a impedirem a solução, sempre aberta como remédio individual em um país sem barreiras para a emigração, para escapar da *ilha de pobreza* em que nasceram.[21]

Há alguns anos, o ministro britânico do Trabalho, o conservador Norman Tebbit, garantiu a imortalidade para si aconselhando mais de 3 milhões de desempregados a montar em suas bicicletas (que eles não tinham) e ir procurar emprego (que eles não poderiam ter). Os numerosos críticos que consideraram sua declaração totalmente insana jamais suspeitaram que seu sofisticado predecessor foi o famoso professor norte-americano há pouco citado.

## 2.3.2

O professor Galbraith já declarava, em seu aclamado primeiro livro, *American Capitalism: The Concept of Countervailing Power* [*Capitalismo americano: o conceito de poder compensatório*],[22] que a "antiga" distinção entre esquerda e direita tinha se tornado *inútil*, sobretudo por causa da associação da palavra "esquerda" com o nome de Marx. Propôs, então, substituir estas noções comprometidas pelas palavras "liberal" e "conservador".

Isso foi em 1952. Em 1958 – quando o mesmo autor lançou *The Affluent Society* [*A sociedade da abundância*] – , sentiu que era mais apropriado não limitar a correção meramente à substituição de "esquerda" por "liberal", mas falar de "políticos

---

[18]   John Kenneth Galbraith, *The Affluent Society*, Harmondsworth, Pelican Books, 1962 (1. ed., 1958), p. 260-1.

[19]   Ibid., p. 262.

[20]   Ibid., p. 263.

[21]   Ibid.

[22]   Publicado pela primeira vez em 1952, logo após a guerra da Coréia, que deixou sua intensa marca na primeira edição; em 1956 começou a circular uma versão substancialmente revista.

128 *A necessidade da ideologia*

liberais *modernos*" e "sindicalistas *modernos*".[23] Toda dificuldade parecia encontrar uma solução não problemática pelo simples acréscimo do rótulo "moderno", desde a "pobreza moderna" até a "economia moderna" – a última sendo caracterizada por sua "administração moderna" e "sindicalismo moderno" e, é claro, benevolentemente aliviada de seus "antigos" conflitos pelas intervenções reguladoras esclarecidas do "governo moderno". Até a mudança característica que observamos nos títulos dos livros do professor Galbraith refletiu uma adaptação conveniente ao clima ideológico dominante, partindo do *Capitalismo americano* e seus conflitos ainda reconhecidos, passando por *1929: o colapso da bolsa* (livro que celebrou, em 1954, a feliz correção das "fraquezas na economia" que, combinadas com o "clima de especulação", eram consideradas causadoras do grande desastre), até *A sociedade da abundância* (1958) e *O novo Estado industrial* (1967/1971). Os dois últimos livros dão como certa a permanência do consenso dominante, e o último, além disso, postulava a difusão universal das práticas socioeconômicas benéficas do "novo Estado industrial", assim como a inevitável "convergência" dos sistemas rivais.

O "conceito de poder compensatório" foi introduzido por Galbraith como uma das mais bem recebidas inovações do sistema e a alavanca que ajudaria a assegurar, com relativa facilidade e estabilidade, a expansão tranqüila da ordem estabelecida. Ele elogiava o impacto e a importância social positiva do "poder compensatório" da seguinte maneira:

> Como regra geral, embora não invariável, os sindicatos *mais fortes* encontram-se nos Estados Unidos, onde os mercados são servidos por *corporações fortes*. E não é por acidente que todas as maiores companhias de automóveis, aço, eletricidade, borracha, maquinário agrícola e mineração e fusão de metais não-ferrosos negociem com *sindicatos poderosos*. [...] Em contraste, não há um único sindicato de alguma importância na agricultura norte-americana, o setor que mais se aproxima, no país, do modelo competitivo. A razão disso não está nas dificuldades de organização; estas são consideráveis, mas dificuldades maiores de organização já foram superadas. A razão é que o fazendeiro não possuía qualquer poder sobre sua força de trabalho, e, ao menos até épocas recentes, não havia obtido qualquer recompensa do poder de mercado que compensasse a luta de um sindicato.[24]

Esta abordagem apresentava um quadro altamente idealizado do real estado das coisas, mesmo relativamente ao sindicalismo norte-americano, considerando-se sua história violenta, sem mencionar sua aplicabilidade geral (por exemplo, nas circunstâncias em que poderosas corporações transnacionais norte-americanas exploravam e reprimiam, com tudo o que tinham a sua disposição, a força de trabalho do Terceiro Mundo, sindicalizada ou não, em vez de a "recompensar" de acordo com seu próprio poder de mercado – freqüentemente monopolista). O verdadeiro valor das asserções de Galbraith se restringe ao truísmo não-esclarecedor de que as corporações ricas e poderosas têm maiores recursos do que as mais fracas para "recompensar" seu trabalho sindicalizado.

---

[23] Galbraith, *The Affluent Society*, p. 264.

[24] Galbraith, *American Capitalism: The Concept of Countervailing Power*, Harmondsworth, Penguin Books, 1963, p. 129.

Entretanto, permanece o fato de que tais recompensas (talvez as mais substanciais) foram também conseguidas por uma força de trabalho não sindicalizada de "corporações fortes" altamente lucrativas e que possuíam grande poder de mercado, como a IBM por exemplo. Além disso, as dificuldades de organização na história atual são às vezes não apenas "consideráveis", mas completamente proibitivas; e não somente quando os organizadores e militantes sindicalistas são metralhados pelas forças paramilitares das "corporações fortes" (como ocorreu até mesmo nos Estados Unidos, em certa época de sua história sindical relativamente tranqüila). Por isso, não é suficiente declarar que as "dificuldades maiores de organização já foram superadas", sem fornecer sequer um único exemplo. O professor Galbraith, porém, sempre passou por entre tais dificuldades – tanto as do tipo de não-sindicalização da IBM (de que ele pensava ter-se desembaraçado com sucesso em suas reflexões sobre o conceito de "poder compensatório", dizendo que seu modelo representava a "regra *geral*, embora *não invariável*"), como a "superação" apriorística das dificuldades organizacionais, cuja prova jamais se materializou em seu livro – com a agilidade de um acrobata circense, com direito a piruetas e tudo o mais.

Contudo, a fraqueza fundamental do conceito de "poder compensatório" de Galbraith era dupla.

Primeiro, que o autor (sem dúvida, um homem com preocupações sociais liberais genuínas e uma teoria muito coerente com elas) o tenha levado inteiramente a sério, acreditando que a posição de poder do "trabalho fortemente sindicalizado" – noção que, na definição de Galbraith, implicava necessariamente como pré-condição material a permanência e o funcionamento tranqüilo das corporações mais poderosas e prósperas – poderia ser considerada verdadeiramente substantiva e irreversível no quadro contraditório e conflituoso do sistema capitalista contemporâneo. A natureza *condicional* e *conjuntural* da harmonia histórica das duas "forças compensatórias" na sociedade norte-americana do pós-guerra (em que o sindicalismo, no que diz respeito a suas conquistas reais, não era mais "compensatório" do que permitia sua restrita orientação para a negociação de salários; e, mesmo nesse sentido rigorosamente limitado, era *parcial*, deixando de lado uma parte muito substancial da força de trabalho norte-americana, como reconhece a própria análise de Galbraith) foi erroneamente diagnosticada por ele como uma solução *estrutural* permanente dos "antigos" conflitos. Como Galbraith escreveu em 1954: "Um deus zangado pode ter dotado o capitalismo de *contradições inerentes*. Mas, pelo menos em uma *reflexão tardia*, ele foi generoso bastante para tornar a *reforma social* surpreendentemente coerente com as operações aperfeiçoadas do sistema".[25] Isso talvez fosse verdade na época em que foi escrito. Entretanto, a verdadeira questão era, mesmo então, por quanto tempo podem perdurar os efeitos de uma "reflexão tardia" em um sistema *estruturalmente defeituoso*. Ainda mais porque o sistema em questão era em si mesmo apenas uma pequena *parte* – por mais poderosa que fosse, em termos relativos, na época – de um *sistema*

---

[25] Galbraith, *The Great Crash 1929*, Harmondsworth, Penguin Books, 1961, p. 209. [Ed. bras.: *1929: o colapso da Bolsa*, São Paulo, Pioneira, 1988.]

130   *A necessidade da ideologia*

*global* estruturalmente defeituoso, incapaz de contar, em sua totalidade, com os benefícios desigualmente distribuídos pela reflexão tardia do deus zangado.

A segunda fraqueza fundamental da teoria do "poder compensatório" era intimamente ligada à primeira, pois queria transformar a própria reflexão tardia no projeto estrutural original, a fim de tornar o funcionamento do sistema estabelecido estável e incontestável para todo o sempre. Isto explicava a oscilação (ou ambigüidade) na apresentação de Galbraith do "poder compensatório" como um desenvolvimento socioeconômico e político objetivo, espontaneamente brotado do solo da sociedade capitalista "moderna", e também como o artifício regulador ideal pelo qual o "governo moderno" do Estado liberal-capitalista esclarecido pode remover os conflitos e contradições do sistema socioeconômico, substituindo seus mecanismos potencialmente destrutivos por um método seguro de expansão pacífica e desenvolvimento universalmente desejável.

Na verdade, era a última proposição que continha o significado real da teorização de Galbraith. Por isso, as provas históricas tinham de ser tão escassas e seletivas quanto possível, com tantas lacunas, em estrita subordinação às exigências conceituais apriorísticas da teoria.

No caso de Galbraith, toda a teoria do "poder compensatório" foi formulada sobre a suposição – que expressava mais o desejo do que a realidade, e que foi depois amplamente descrita em *A sociedade da abundância* – de que a ameaça real ao sistema capitalista vinha agora da inflação e da explosão do crescimento, às quais instrumentos reguladores adequados poderiam e deveriam ser contrapostos. Segundo ele:

> Declarei que o capitalismo [...] é um instrumento para se conseguir uma considerável descentralização das decisões econômicas. [...] É a *inflação*, não a *deflação* ou a *depressão*, que fará que o capitalismo seja modificado por decisões centralizadas extensivas.[26]

Para Galbraith, era aí que o "poder compensatório" era crucial, pois ao mesmo tempo preservava o caráter original do sistema e o obrigava a entrar em acordo com as exigências necessárias à regulamentação. Pois:

> O papel do poder compensatório na economia destaca dois grandes problemas na política do governo. Em todas as condições, exceto as de demanda inflacionária, o poder compensatório tem uma valiosa – na verdade, indispensável – *função reguladora na economia moderna*. Por isso, é incumbência do governo proporcionar-lhe *liberdade para se desenvolver* e determinar a melhor maneira de isso acontecer. O governo também enfrenta a questão de saber onde e como *apoiar positivamente o desenvolvimento do poder compensatório*.[27]

A mesma consideração foi dirigida aos representantes do poder compensatório "espontâneo". O "apoio ao poder compensatório não é concedido, *ad hoc*, pelo governo. Ele *deve ser buscado*".[28] Em decorrência de tais estratégias conscientemente seguidas, poderia criar-se uma situação quase ideal, segundo Galbraith, que nem mesmo os conservadores deveriam temer, uma vez que

---

[26]   Galbraith, *American Capitalism*, p. 214.

[27]   Ibid., p. 151.

[28]   Ibid., p. 164.

Grande parte da nova atividade do Estado – a legislação rural, a legislação do trabalho, a legislação do salário mínimo – está associada ao desenvolvimento do poder compensatório. Como tal, ela não é acidental nem anormal; a ação do governo apóia ou suplementa um processo econômico normal. As medidas para fortalecer o poder compensatório não são, em princípio, diferentes das medidas para fortalecer a *competição*. Dada a existência do poder do mercado privado na economia, o crescimento do poder compensatório fortalece a capacidade da economia para a *auto-regulamentação autônoma* e por isso *diminui* a quantidade total de *controle ou planejamento governamentais* exigidos ou buscados. [...] É confortador perceber que aqueles que trabalharam de modo mais coeso para desenvolver o poder compensatório – os sindicatos e as principais organizações rurais, em particular – tenham até agora se comportado com algum *comedimento*. [...] Somente à luz da história desaparece o nosso medo do poder compensatório dos grupos mais fracos; só a essa luz seu esforço para estabelecer seu poder no mercado aparece como a matéria constitutiva do *progresso econômico*.[29]

Assim, Galbraith supunha que o cenário keynesiano[30] do desenvolvimento e do progresso econômico fosse o modelo insuperável para o futuro. Não apenas para o futuro imediato, mas para o futuro em geral. De qualquer modo, pensava ele, administrar com este espírito os problemas do capitalismo norte-americano era benéfico para todos, não havendo alternativa real para isso. Tanto o "trabalho autocomedido" quanto os "conservadores sensíveis" deveriam ficar satisfeitos com a garantia de que o "progresso econômico" seria a conseqüência natural da adoção das políticas requeridas, juntamente com a advertência da moderação. No que diz respeito aos próprios liberais, sua recompensa consistiria no surgimento, a partir dos gabinetes esclarecidos do governo, de um sistema eminentemente racional e universalmente benéfico.

Naturalmente, uma vez que o sistema capitalista foi declarado o horizonte absoluto da atividade econômica racionalmente viável, os únicos problemas a ser reconhecidos como ainda à espera de solução eram aqueles que poderiam ser descritos como dependentes de alguma solução *técnico-tecnológica*; técnica no domínio da tomada de decisões políticas e econômicas, e tecnológica no campo da própria produção. As alternativas socialistas ao sistema capitalista foram aprioristicamente rejeitadas por Galbraith em nome de outro critério técnico-gerencial: a complexidade administra-

---

[29] Ibid., p. 165-7.

[30] Eis como Galbraith resumiu em *American Capitalism* o que lhe parecia ser o maior mérito da abordagem keynesiana:
"A essência da fórmula keynesiana consiste em deixar as decisões particulares sobre a produção, mesmo as que envolvem preços e salários, aos homens que atualmente as executam. A área de ação do homem de negócios não fica de modo algum restringida. A *decisão centralizada* só é aplicada em relação ao *clima* em que estas decisões são tomadas: assegura apenas que os fatores que influenciam a *decisão livre e inteligente* conduzam a uma *ação privada* que contribua para a *estabilidade econômica*. Portanto, em épocas de depressão, o aumento dos gastos do governo ou a redução da tributação provocarão ou permitirão um aumento na demanda. As decisões empresariais resultantes quanto à produção e ao investimento, embora não submetidas a um controle, resultarão em *aumento de produção e de emprego*" (ibid., p. 192). Tudo isso soava como bom demais para ser verdade para sempre. Tais dúvidas, no entanto, podiam ser postas de lado com relativa facilidade em nome da aplicação das "medidas reguladoras" corretas – ou, na terminologia de Walt Rostow, dos "truques técnicos da profissão" – para os problemas pretensamente bem compreendidos.

## 132  A necessidade da ideologia

tiva. A partir do mesmo critério, ele deformou a história da "*nacionalização*" na Grã-Bretanha pelo Partido Trabalhista no pós-guerra, declarando arbitrariamente que,

> Após a vitória do Partido Trabalhista em 1945, tornou-se logo evidente que o ritmo de transferência das indústrias para a propriedade pública seria determinado antes de tudo por *considerações administrativas*. Uma crescente apreciação da *escala* e *complexidade do aparato administrativo* necessário não apenas retardou a nacionalização, mas também, ao que parece, diminuiu o entusiasmo dos socialistas britânicos pela própria política em si.[31]

O fato de a necessária reestruturação e administração de quase oitocentas minas de carvão de propriedade privada na Grã-Bretanha representar o mais difícil desafio, tanto na "escala como na complexidade", não diminuiu o entusiasmo do professor Galbraith por sua crença ingênua na "complexidade administrativa" como o último salvador do capitalismo. Em vez disso, passou pela dificuldade com espantosa velocidade e destreza, executando mais uma pirueta, mencionando apenas de passagem – sem apresentar os dados significantes, que teriam deixado assombrados os leitores diante da dimensão do problema que fora administrativamente superado – que o carvão era "uma exceção".[32] Era mais um caso da famosa "regra *geral*" que não deveria ser considerada "*invariável*". Em outras palavras, quando convinha à preconcepção ideológica, o suposto fato da "complexidade técnico-administrativa" representava uma prova irrefutável de que não poderia haver alternativa para o sistema capitalista; mas quando o exemplo histórico real ia contra tal eternização do modo de produção e distribuição estabelecido, subitamente se tornava uma "exceção" que, sem maiores cerimônias, simplesmente confirmava a "regra geral". Na verdade, entretanto, se a "exceção" pôde ser dominada em uma indústria imensa, esgotada e complexa, como era o caso da indústria carvoeira na Grã-Bretanha do pós-guerra, por que seria *a priori* impossível que tais "exceções" ocorressem também em outros casos, ou mesmo como uma regra geral "invariável"? Obviamente, esta questão não poderia ser levantada nos estreitos limites ideológicos da teoria de Galbraith.

A verdade sobre as nacionalizações britânicas do pós-guerra era, evidentemente, muito mais prosaica do que um heróico confronto entre a "complexidade administrativa" e seu oposto. Referia-se, de fato, à questão inevitável e extremamente dolorosa da *bancarrota* em setores-chave da economia. Tais setores *tinham* de ser mantidos em funcionamento, a um custo enorme para os contribuintes; eram, em parte, utilidades públicas e, mais significativamente, bases de apoio para o capital privado (que dificilmente poderia sobreviver sem uma indústria energética, por exemplo). Na verdade, foi esta prosaica consideração que motivou o "entusiasmo" até do primeiro-ministro conservador Edward Heath, em relação à "política de nacionalização" do Partido Trabalhista, como ele claramente demonstrou ao nacionalizar um dos pilares de maior prestígio do capitalismo britânico, a falida Rolls Royce. Como prova disso, depois que maciços subsídios estatais (estimados em dezenas de bilhões) transformavam as indústrias e

---

[31]  Ibid., p. 187.

[32]  Ibid., p. 188.

empresas nacionalizadas em entidades *lucrativas* (graças à doação de bilhões do "dinheiro dos contribuintes"), elas eram devidamente "desnacionalizadas" (ou "privatizadas") outra vez, com ou sem complexidade administrativa. Quanto ao exemplo oposto de Galbraith, a indústria de automóveis,[33] ela infelizmente refutou por duas vezes sua teoria. A primeira, quando o governo britânico foi *forçado* a nacionalizá-la em seu estado de irremediável falência, não obstante sua suposta "complexidade administrativa". A segunda quando, apesar de todos os esforços (e gastos) para torná-la outra vez adequada ao "gerenciamento administrativo" lucrativo do capital privado, ela se recusou a "dar a volta" e reagir positivamente ao empenho do governo pela "privatização".

Assim, a questão real tem muito pouco a ver com a complexidade administrativa como tal. Entretanto, predominou a necessidade de racionalização ideológica – em nome da competência técnica e de uma apriorística superioridade administrativa. Seguindo essa linha, Galbraith tinha de concluir seu argumento em favor do que denominou *"exemplo moderno do capitalismo"* dizendo que, quaisquer que sejam os problemas encontrados, o capitalismo "sobrevive porque não há *nada administrativamente viável* para tomar seu lugar".[34]

A única dificuldade que permanecia era que as técnicas keynesianas não podiam ser aplicadas a tudo com igual sucesso. Mas, segundo Galbraith, mesmo sob este aspecto, os corretivos necessários podiam ser vislumbrados mais ou menos dentro do mesmo espírito. Em sua opinião, podiam ser formulados diretamente em termos técnicos, como a aplicação de uma "enérgica política de impostos",[35] por exemplo. O significado de tais "tecnicismos" (que eram entendidos como corretivos keynesianos a Keynes, particularmente com respeito às dificuldades inerentes à administração da inflação e do rápido crescimento econômico) foi exposto por Galbraith da seguinte forma:

> Uma enérgica política de impostos reduz a pressão da produção sobre a capacidade instalada. Mas, em outras palavras, isto significa que algumas fábricas estarão ociosas e alguns trabalhadores *devem perder o emprego*. Isso não ocorre nos setores competitivos, como a agricultura, onde um novo equilíbrio de oferta e demanda, com uso total dos recursos, será prontamente encontrado a um preço mais baixo. É um requisito absoluto e inevitável da *estabilidade* em setores caracterizados por um *poder compensatório* amplamente desenvolvido. Um certo *afrouxamento* da economia é o que evita que o poder compensatório se transforme numa *coalizão contra o público*. [...] o desemprego e a capacidade ociosa necessários à estabilidade provavelmente não têm maiores conseqüências. Tal desemprego *não é crônico*. Descobrimos que não necessita ser demasiado extenso. Aqueles que são por ele afetados, à parte o fato de serem agora *protegidos* pelo seguro social e pela assistência pública da Previdência, podem normalmente esperar conseguir um novo emprego em sua ocupação regular em um prazo *razoavelmente curto*. Enquanto indivíduos, com razoável *sorte* e diligência, podem encontrar emprego em outra ocupação a *qualquer momento*.[36]

---

[33] Ibid.

[34] Ibid., p. 189.

[35] Ibid., p. 210. A introdução da categoria de "sorte razoável" na teoria econômica de Galbraith foi, sem dúvida, mais uma prova do "rigor científico" com que ele tratava os problemas do desemprego.

[36] Ibid.

## 134  A necessidade da ideologia

Transformar desse modo a miséria humana do desemprego em um dos tecnicismos do "gerenciamento do rápido crescimento econômico" era característico do clima ideológico dominante. O conceito de poder compensatório era parte essencial desta ideologia, pois postulava a permanente *integração* do trabalho – como trabalho "auto-reprimido" – no sistema produtivo "*moderno*". Como colocou o professor Galbraith, revelando o segredo racionalizador do que se supunha ser uma lei objetiva do desenvolvimento socioeconômico: "Não há outra explicação tão satisfatória da grande dinâmica da organização do trabalho na *comunidade capitalista moderna* e nenhuma que tão *sensatamente integre o sindicato* na teoria daquela sociedade".[37]

A preocupação real, é claro, não era a integração dos sindicatos trabalhistas na "teoria" da sociedade capitalista, mas no capitalismo "moderno" em si. Visto que isto era possível, o instrumental regulador necessário a sua realização pôde ser elevado ao nobre *status* de uma nova "lei natural"[38] da vida social, a lei do "poder compensatório". Entretanto, em áreas cruciais onde a recém-descoberta "lei objetiva" se recusava a funcionar, um novo "corretivo técnico" poderia ser posto em ação, o qual, a despeito de suas esplêndidas e "*modernas*" aparências econômico-científicas de "*afrouxamento*", assemelhava-se suspeitamente ao "antigo" artifício do arrocho dos salários com a ajuda do "exército industrial de reserva". Na época em que Galbraith publicou *A sociedade da abundância*, em 1958, o corretivo proposto já havia se transformado em um dos pilares mais importantes de toda a teoria. Foi apresentado, com muito otimismo, da seguinte maneira:

> Se a urgência marginal de bens é baixa, também o é a urgência de empregar o último homem ou o *último milhão de homens* da força de trabalho. Ao contrário, se nos permitimos algum *afrouxamento*, reduzimos os padrões de desempenho econômico a um nível consoante com os *controles* disponíveis para seu gerenciamento. [...] Se a necessidade de produção é de tão baixa ordem de urgência que se pode aceitar algum *desemprego em prol da estabilidade* – proposição, aliás, de antecedentes impecavelmente conservadores –, pode-se também aceitar dar, àqueles que estão *desempregados*, os bens que lhes permitam manter o *padrão de vida a que estão acostumados*. Se não necessitamos daquilo que os desempregados não fazem, podemos obviamente proporcionar-lhes o que eles habitualmente *comem e vestem*.[39]

---

[37]  Ibid., p. 130.

[38]  Como um corolário aprofundante e um adorno da pretensa lei, Galbraith também declarou: "Quando os mercados são regulamentados pelo poder de compensação, um aumento líquido da demanda a qualquer momento em que a força de trabalho e a indústria estejam sendo usadas quase no limite de suas capacidades traz uma série de conseqüências. Como foi observado, tanto o trabalho quanto a administração estão em condições de buscar e obter aumentos nos preços ou nos salários. Não importa muito quem tome a iniciativa: um força o outro a segui-lo. [...] Em virtude da *natureza do homem*, se não por outra razão, tanto o trabalho quanto a administração em geral buscarão algo mais que a mera compensação para a última mudança desvantajosa para eles. Assim, como foi bem demonstrado pela experiência moderna, a administração, logo depois de ter concedido um aumento salarial, ordinariamente repassa para os preços algo mais que o aumento do custo resultante. A conseqüência é um aumento nos lucros, o que, juntamente com o aumento decorrente no custo de vida, funciona como uma espécie de incentivo residual para que o trabalho inicie o próximo assalto" (ibid., p. 205-6).

[39]  Galbraith, *The Affluent Society*, p. 272-3.

Ao mesmo tempo, o otimismo de Galbraith chegava também ao campo da percepção extra-sensorial, anunciando o surgimento de uma *"Nova Classe"*[40] cuja função seria não apenas a de se contrapor aos receios de Veblen acerca da *"classe ociosa"*, mas também superar, na realidade, a distinção entre trabalho manual e trabalho mental;[41] e tudo isso enquanto permanecia firmemente ancorada às determinações e contradições internas da ordem socioeconômica capitalista. Ao que parecia, a tecnologia poderia produzir milagres em grande escala.

O conceito de Galbraith da "Nova Classe" em *A sociedade da abundância* já era um indicador do que seria *O novo Estado industrial* e sua igualmente miraculosa "tecnoestrutura". Esta última não era um *deus ex machina*; mais do que isso, era uma *machina* sem *deus*. Não necessitava de deus algum, pois era todo-poderosa e eterna, e permaneceria conosco até o final dos tempos, disseminando-se pela Terra inteira. Como declarou Galbraith,

> O poder decisivo na *sociedade industrial moderna* não é exercido pelo capital, mas pela organização; não pelo capitalista, mas pelo burocrata industrial. Isto é verdade nos sistemas industriais ocidentais. E também nas sociedades socialistas. [...] Isto porque a organização – a burocracia – é *inevitável na tecnologia industrial avançada.*[42]

Assim, chegamos ao ponto em que já não se pode falar de "capitalismo" em particular – como o "capitalismo americano" – ou em geral. Tais termos foram substituídos completamente por "sociedade industrial moderna", "sistema industrial ocidental", "novo Estado industrial", etc. No entanto, com tal mudança, o objeto identificado no subtítulo de Galbraith ao *Capitalismo americano – o conceito de poder compensatório* – inevitável e ironicamente também sofreu uma derrota irreversível. Depois de todos os elogios com que o autor o cumulara anteriormente, a grande nova lei do "poder compensatório" se transformou em lei nenhuma. De fato, ela desapareceu completamente a partir de *O novo Estado industrial,* e o autor não sentiu necessidade de nos dar qualquer explicação sobre o motivo de seu curioso vínculo com ela ter desaparecido sem deixar vestígio. Em vez disso, apresentou-nos uma nova racionalização ideológica de nossa nova condição "permanente" de existência, afirmando que a perda de filiados por parte dos sindicatos não era resultado temporário de uma conjuntura histórica potencialmente reversível, mas a manifestação de um *"declínio permanente".*[43]

Quanto à explicação das supostas mudanças, Galbraith apresentava essencialmente fatores técnicos e tecnológicos, tais como "o deslocamento do poder, do proprietário e do empresário, para a tecnoestrutura [em virtude do crescimento na escala e na complexidade administrativa], o avanço tecnológico, a regulamentação dos mercados e da demanda agregada, e o imperativo de regulamentação de preços e salários".[44]

---

40   Ibid., p. 273.
41   Ibid., p. 273-9.
42   Galbraith, *The New Industrial State*, p. XVII.
43   Ibid., p. 258.
44   Ibid.

## 136  *A necessidade da ideologia*

Da mesma forma, "a *tecnologia moderna* abre caminho para uma grande mudança: os trabalhadores que estavam ao alcance dos sindicatos, agora já não estão".[45] Tudo considerado,

> Parece claro que o *sistema industrial* é desfavorável ao sindicato. O poder passa para a *tecnoestrutura*, e isso diminui o *conflito* de interesses entre o *empregador* e o *empregado*, que dava ao sindicato muito de sua razão de existir. O capital e a tecnologia permitem que a empresa substitua os *trabalhadores de macacão*, que podem ser organizados, *pelos trabalhadores de colarinho branco e pelas máquinas*, que não podem sê-lo. A regulamentação da demanda agregada, o alto nível de emprego resultante, juntamente com o aumento geral no bem-estar, tudo isso, afinal, torna o sindicato menos necessário ou menos poderoso, ou ambas as coisas. A conclusão parece *inevitável*. O sindicato pertence a um *estágio particular* do desenvolvimento do sistema industrial.[46]

O único ponto em que a posição teórica de Galbraith permaneceu constante, através de todas as metamorfoses motivadas pela ideologia, se relacionava à avaliação do desemprego. Neste ponto, permaneceu coerente desde o *Capitalismo americano* até a edição revista de *O novo Estado industrial* (publicada em 1971, quando as nuvens escuras do *desemprego estrutural e crônico*, apesar de suas categóricas afirmações em contrário, já estavam todas muito evidentes no horizonte), insistindo em que, no "sistema industrial moderno", o desemprego seria apenas "marginal" e "insular", como vimos na seção 2.2.1. Tinha de permanecer fiel a sua posição totalmente acrítica, pois, se admitisse a possibilidade da *depressão* – visto que ele repetidamente declarara que o problema era, ao contrário, o gerenciamento do crescimento econômico rápido –, teria causado o desmoronamento de toda sua elaboração teórica.

Assim, no final, sua mensagem ao trabalho em *O novo Estado industrial* contrastava fortemente com o tratamento complacente que lhe dera em *Capitalismo americano: o conceito de poder compensatório*. Embora não utilizasse a expressão, Galbraith deixou bem claro em *O novo Estado industrial* que não havia mais necessidade do "poder compensatório". O "antigo" conflito entre capital e trabalho desaparecera por causa do deslocamento (muito misterioso) do poder das mãos do capital e do capitalista para as do "*burocrata industrial*" universal que abarcava Oriente e Ocidente – e que era em si, pobre diabo, acima de tudo um "*empregado*" e por isso, em sentido estrito, já não se poderia nem deveria falar em "conflito de interesses entre *empregador* e *empregado*" – , deixando-nos com a tarefa de concluir o que pudermos (ou quisermos) do suposto fato de que os "interesses que foram um dia radicalmente *opostos* estão agora muito mais em *harmonia*".[47]

A própria conclusão de Galbraith anunciava como fato irrefutável – sem deixar que pairasse sequer uma pequena interrogação, apesar de ser relacionada ao futuro e apesar do caráter altamente controverso da questão da "integração" – que "o sistema industrial agora *absorveu* amplamente o movimento trabalhista",[48] identificando do

---

[45]  Ibid., p. 261.

[46]  Ibid., p. 268.

[47]  Ibid., p. 258.

[48]  Ibid., p. 274.

modo mais cavalheiresco possível os sindicatos trabalhistas burocratizados de direita com o movimento trabalhista em si.

Mas é claro que Galbraith não poderia terminar o capítulo com uma observação tão séria. Não resistiu à tentação de parecer espirituoso, acrescentando, com a frivolidade e o mau gosto costumeiros, a última frase: "Este é, pois, o estágio atual da viagem que começou com os Mártires de Tolpuddle".[49] Não é, professor Galbraith, não é.

## 2.4 A cura do "subdesenvolvimento" pela "modernização"

### 2.4.1

No mundo real do capitalismo global, a relação entre riqueza e pobreza era o exato oposto da conceituação de Galbraith e outros. O que era, de fato, uma "ilha", não era o mundo da *pobreza*, mas o da "sociedade da abundância". A generalização, no entanto, a partir do *caso especial* do capitalismo norte-americano, virou tudo do avesso, transformando o desesperançadamente geral no "especial" administrável e, portanto, a *esmagadora maioria* do gênero humano em uma ilusória *"minoria"* em regressão,

Naturalmente, a estratégia adotada para se lidar com as questões candentes da maioria de despossuídos foi colocar diante deles a miragem de uma possível aproximação do modelo ideal do "alto consumo de massa" norte-americano. Desse modo, a tarefa de superar o "subdesenvolvimento" no "Terceiro Mundo" foi definida como simples *"modernização"* e convergência com os valores do "Norte democrático": "até que a era do alto consumo de massa se torne universal".[50] Ao mesmo tempo, a alternativa socialista foi descrita, com "objetividade científica", como "uma espécie de *doença* que pode acometer uma sociedade em transição se ela não conseguir organizar efetivamente aqueles elementos em seu interior que estão preparados para levar a cabo a tarefa da modernização".[51]

A "engenharia social em partes e científica" era contraposta ao perigo tentador do "holismo" (marxista), e o arsenal benéfico da ciência modernizadora estendeu-se da "administração científica" *tout court* à "administração científica da demanda". E mais ainda estava por vir, sob a forma de uma série de "revoluções". Tudo começou já na década de 1930, com a "revolução gerencial", seguida pelas revoluções "keynesiana", "tecnológica", "científica", pela "segunda revolução industrial" – e, segundo alguns ideólogos e políticos, até pela "terceira revolução industrial" –, "revolução da informática", etc. Com efeito, nesse período, afirmou-se já estar em pleno processo a "revolução" de quase tudo no planeta. A "única" coisa cuidadosamente excluída da série legítima das revoluções foi, é claro, a transformação revolucionária das relações sociais dominantes de produção e distribuição.

Para completar, no entanto, deve-se acrescentar que o "Sul subdesenvolvido" não foi inteiramente excluído desta agenda repleta de revoluções. Na verdade, ofereceu-se a grande promessa científica da *"Revolução Verde"*, cujo verdadeiro significado foi

---

[49]  Ibid., p. 275.
[50]  W. W. Rostow, op. cit., p. 167.
[51]  Ibid., p. 164.

## 138 *A necessidade da ideologia*

claramente demonstrado pelo enorme vazamento de gás venenoso – causado princi-palmente por medidas de segurança de baixo padrão – da fábrica obsoleta e malcui-dada da Union Carbide em Bopal, na Índia, em 1984, que matou 3 mil pessoas, feriu gravemente 50 mil e, deixou graves conseqüências em outras 250 mil.[52]

Aqueles que pintam o quadro fantasioso da "sociedade pós-industrial" não perce-bem (ou não dizem) que a cínica política de transferência das "indústrias poluentes" para o "Terceiro Mundo" não torna o sistema global de produção capitalista nem um pouco menos industrial. Então, o discurso supostamente objetivo e científico da "sociedade pós-industrial" demonstra, também neste aspecto, sua função de espalhafatosa racionalização ideológica das relações exploradoras estabelecidas. Tais "transferências de tecnologia" só removem as práticas produtivas mais odiosas, juntamente com suas conseqüências altamente poluentes, dos "países capitalistas avançados", depositando-as, freqüentemen-te sob o pretexto de "auxílio ao desenvolvimento", na soleira dos países dependentes.

Um destacado estudioso filipino, Renato Constantino, em um de seus livros recentes, apresenta-nos um exemplo notável das práticas envolvidas:

> Em um país em que gigantescas empresas estrangeiras conseguiram suficiente controle econômico e influência sobre as políticas do governo anfitrião com a ajuda de finan-ciamento global e de instituições bancárias, a industrialização que ocorre é controlada pelo capital internacional e serve aos interesses deste. Este tipo de desenvolvimento nega àquele país qualquer possibilidade de estabelecer seu próprio complexo industrial para seus interesses. Sua economia torna-se um mero apêndice dos gigantes globais, todo o país um mercado de explorados com um estoque ilimitado de mão-de-obra barata. Um exemplo é a usina de concreção adquirida por especial gentileza da Kawa-saki Steel Corporation, do Japão. Os residentes do distrito de Chiba, no Japão, onde a Kawasaki tinha sua siderúrgica, instauraram um processo contra a corporação, exi-gindo que ela suspendesse a construção de sua nova usina de concreção. A poluição tem sido a praga de Chiba. O mar tem cor de café e o ar é uma suja fumaça violeta. Os moradores da região sofrem permanentemente de dores de garganta e resfriados. Um funcionário da Kawasaki informou ao tribunal, em setembro de 1975, que a usina de concreção seria transferida de Chiba para Mindanao. Ele disse o seguinte: "Embora uma usina de concreção seja parte indispensável de uma siderúrgica, ela pro-duz também maior quantidade de material poluente do ar do que qualquer outra parte da fábrica. Portanto, nós da Kawatetsu, Kawasaki Steel, decidimos construir a nova usina, necessária para o sexto alto-forno, em um país estrangeiro, ainda que isso envolva dificuldades ligadas ao carregamento, descarregamento e transporte para evi-tar a pulverização do minério. A nova usina de concreção está sendo agora construída em Mindanao, nas Filipinas, como parte da ajuda econômica do Japão àquele país". Os efeitos da "ajuda econômica" do Japão às Filipinas já estão sendo sentidos. Alguns trabalhadores filipinos da nova usina estão sofrendo de asma. Foram encontrados peixes mortos no canal próximo à fábrica, e os pescadores da área relatam que o volu-me de pesca decresceu consideravelmente. Cento e dez famílias, compreendendo 2 mil

---

[52]  Três anos depois da tragédia, os sobreviventes ainda esperavam, em vão, pela indenização da companhia transnacional norte-americana, que usou (e abusou) com êxito de todos os truques legais em benefício próprio.

pessoas, foram desapropriadas para dar lugar à construção da fábrica; deste número, a Kawasaki empregou apenas 75 pessoas. Os projetos econômicos planejados para promover empregos adicionais falharam. [...] A usina de concreção foi aclamada como o passo inicial da indústria siderúrgica local. Na verdade, o minério lá concrecionado não se destina ao uso filipino, sendo exportado para a matriz em Chiba, no Japão. Além disso, o minério vem da Austrália e do Brasil.[53]

A distância entre a realidade e sua racionalização ideológica não poderia ser maior. A instalação e a operação, em Mindanao, da usina de concreção da Kawasaki – uma dentre muitas empresas similares –, revelam o verdadeiro significado do alardeado anúncio da "transformação revolucionária" do mundo subdesenvolvido por meio do "auxilio ao desenvolvimento" praticado pelos tomadores de decisões nas "sociedades pós-industriais avançadas".

### 2.4.2

É desnecessário dizer que o questionamento da viabilidade das tão alardeadas "revoluções", baseado nas dolorosas provas em contrário que vêm do próprio "Terceiro Mundo" – que mostraram ser impossível implementar os frutos científicos da revolução *verde* sem o necessário fundamento social da revolução *vermelha* –, seria encarado como uma ultrajante "atitude ideológica". Ao mesmo tempo, a defesa tecnocrática dos vários remédios milagrosos às privações de origem social nos países "em desenvolvimento" adquiriu o *status* de sabedoria evidente por si mesma e foi apresentada como o paradigma da objetividade.

A realidade, é claro, era muito diferente, porque, em virtude do poder dos interesses materiais dominantes no mundo das tomadas de decisão jurídicas e políticas, a *base social* das desigualdades crônicas permanece intocada. Em conseqüência, mesmo o impacto potencialmente benéfico dos próprios fatores tecnológicos foi anulado pelas determinações da ordem social dominante. Como foi acertadamente afirmado sobre o fracasso da modernização agrícola na Índia, quarenta anos depois do fim do domínio colonial direto, e após várias décadas de "Revolução Verde"

> Cerca de 300 milhões, de uma população *rural* total de 560 milhões (em 1985), *são compradores de grãos alimentícios.* Estes são os mais pobres entre os pobres, compreendendo os trabalhadores sem terra e os pequenos camponeses, abaixo da chamada "linha de pobreza absoluta", que é definida pelo Banco Mundial como "aquele nível de renda abaixo do qual não se dispõe de recursos para uma dieta minimamente adequada do ponto de vista nutricional, além das exigências não-alimentares essenciais". O poder de compra dos que se encontram abaixo deste "nível de renda de pobreza absoluta" (atualmente estimado em cerca de 1.400 rúpias *per capita* ao ano nas áreas rurais, menos de um décimo de um salário de classe média) *declinou severamente durante as últimas décadas.* A razão disso é que o preço dos grãos inferiores em que os mais pobres gastam a maior parte de seu dinheiro aumentou constantemente (lembrem-se de que não existem lojas de "preço justo" nas aldeias!). A disponibilidade *líquida* teórica de cereais *per capita* por dia permaneceu a mesma, cerca de 415 g durante o segundo

---

[53] Renato Constantino, *The Nationalist Alternative*, edição revista, Quezon City, Foundation for Nationalist Studies, 1986, p. 28-30.

140 *A necessidade da ideologia*

período (1966-84), enquanto especificamente a das leguminosas (a única fonte regular de proteína para a grande maioria) declinou em um terço, de 60 g em 1965 para 40 g em 1985! [...]

A irrigação, os fertilizantes, os pesticidas, a mecanização agrícola e as instalações para o bom armazenamento dos grãos são os ingredientes tecnológicos essenciais na estratégia da alta-variedade-de-produção (*high-yielding-variety*, HYV) da revolução verde. Os ingredientes econômicos essenciais são a disponibilidade de crédito e bons preços de insumos para os fazendeiros. A disponibilidade desigual desses ingredientes tecnológicos e econômicos produziu um *grande aumento nas disparidades existentes* entre os estados e entre as diferentes classes de fazendeiros nos estados. Os estados com boa irrigação, em que os fazendeiros de nível médio constituem a maioria dos agricultores, como Punjab, Haryana e Uttar Pradesh, mostraram índices de crescimento anual na produção de cereais de 4,3% a 7,2%, contra uma média geral da Índia de 2,8% no período considerado (1967-1985). A maior parte da revolução verde ocorreu nesses três estados. Os estados com pouca irrigação, com pequenos e marginais camponeses e trabalhadores sem terra compondo a maioria rural, como Bihar, Orissa e Madhya Pradesh, registraram índices muito baixos de crescimento da produção de cereais, entre 1% e 1,7%. Falando de modo geral, não mais de meia dúzia dos 22 estados da Índia (excluindo-se os nove territórios federados) têm se beneficiado da estratégia da HYV, e neles os benefícios atingiram principalmente os *médios* e *grandes fazendeiros*.[54]

Tudo isso não deveria surpreender. Somente os médios e grandes fazendeiros se beneficiaram com as tímidas reformas sociais introduzidas na zona rural pelos governos pós-coloniais "daltônicos", que tentaram substituir a inevitável revolução social pela ilusória "revolução verde", inspirada e limitada pela tecnologia:

> De resto, porém, *a chamada reforma agrária foi um logro total*. Da enorme legislação no papel, a única coisa de alguma importância a ser implementada foi a expropriação dos proprietários ausentes, cujas terras se tornaram propriedade de seus antigos médios e grandes arrendatários. Os trabalhadores sem terra e os pequenos camponeses não conseguiram absolutamente nada. Durante as últimas quatro décadas *menos de 0,6%* da área total cultivada foi realmente distribuída entre os sem-terra.[55]

## 2.4.3

A incorporação dos antigos impérios coloniais às perspectivas ideológicas do "desenvolvimento" rumo à "universalidade do alto consumo de massa" correspondeu, é claro, à forma distintamente nova de integração e dominação global[56] sob a relação de

---

[54] M. R. Bhagavan, "A Critique of India's Economic Policies and Strategies", *Monthly Review*, julho-agosto de 1987, p. 63-4.

[55] Ibid., p. 65-6.

[56] Sobre o assunto, ver o merecidamente famoso estudo de Harry Magdoff, *The Age of Imperialism: The Economics of U. S. Foreign Policy*, Nova York e Londres, Monthly Review Press, 1966 [ed. bras.: *A era do imperialismo: a economia da política externa dos Estados Unidos*, São Paulo, Hucitec, 1978]. Ver também Michael Barratt Brown, *After Imperialism*, Londres, Merlin Press, 1963; R. Rhodes (org.), *Imperialism and Underdevelopment*, Nova York, Monthly Review Press, 1970; Samir Amin, *Imperialism and Unequal Development*, Hassocks, Harvester Press, 1977 [ed. bras.: *O desenvolvimento desigual*, Rio de Janeiro, Forense Universitária, 1977]; e Giovanni Arrighi, *The Geometry of Imperialism*, Londres, NLB, 1978.

Parâmetros socioeconômicos 141

forças radicalmente modificada que se impôs, no pós-guerra, entre os principais países capitalistas. A ascensão dos Estados Unidos, após a guerra, ao poder hegemônico sem rival no Ocidente habilitou este país a tentar a realização de sua antiga aspiração de instituir uma ordem socioeconômica mais dinâmica "através do reajustamento econômico internacional".[57]

Em termos práticos, isto significava a abertura dos impérios britânico e francês para o "comércio normal" e a substituição do anacrônico sistema, prevalecente antes da guerra, de domínio político-militar direto nas colônias pelas práticas exploradoras muito mais sofisticadas e eficientes do neocolonialismo.

Naturalmente, a relativa emancipação *política* do "Terceiro Mundo" não trouxe a autodeterminação *econômica*, visto que o novo sistema de "comércio normal" operava dentro do quadro de dependência estrutural e "troca desigual".[58] Entretanto, uma tão reles circunstância não chamaria a menor atenção em uma época em que a ideologia dominante previa com grande confiança a superação do "subdesenvolvimento" pelo método tayloriano de "aumento do tamanho do excedente até que este se torne tão grande que seja desnecessário discutir sobre o modo como deverá ser dividido".

Isto, sem dúvida, não passava de racionalização ideológica e legitimação do injustificável. Entretanto, ajudava a gerar e a difundir em amplos círculos intelectuais (mesmo nos de esquerda, nos países capitalistas avançados) a ilusão de que "a vitória sobre a escassez agora é não apenas previsível, mas verdadeiramente prevista", com todas as conseqüências desorientadoras e desarmantes de tal ponto de vista.

Assim, por muito tempo tudo parecia ajustar-se perfeitamente à concepção de ideologia "antiideológica" do pós-guerra, que era sustentada pela expansão econômica universalmente bem recebida. A prometida "multiplicação do excedente" era o principal tema de persuasão ideológica no Ocidente. Supunha-se que a pretensa "convergência dos sistemas industriais rivais" resolveria os problemas das relações entre Oriente e Ocidente; e esperava-se que a irresistível "modernização" do "Terceiro Mundo" nos livrasse de todo o mal na "região Sul", ainda um pouco indisciplinada e nacionalisticamente agitada.

O colapso internacional da longa dinâmica expansionista e a eclosão de crises na década de 1970 puseram fim à preponderância ideológica desta abordagem. Em vista dos conflitos crescentes em *todos os planos* da vida social, teriam de ser formuladas concepções ideológicas menos autocomplacentes e mais flexíveis para explicar os fenômenos socioeconômicos perturbadores que, pouco tempo antes, se afirmava que pertenciam "irrecuperavelmente ao passado" e ao discurso fora de moda da "ideologia irrecuperavelmente morta".

---

[57] Extraído do discurso de posse de Franklin Delano Roosevelt, em *Nothing Fear: The Selected Addresses of F. D. Roosevelt 1932-1945*, Londres, Hodder & Stoughton, 1947, p. 16.

[58] Ver Arghiri Emmanuel, *Unequal Exchange: A Study of the Imperialism of Trade*, Nova York, Monthly Review Press, 1972. O livro mais recente de Emmanuel – *Appropriate or Underdeveloped Technology?*, Chichester, John Wiley, 1982 – apresenta uma abordagem muito mais problemática.

142  *A necessidade da ideologia*

Na verdade, a mudança foi de tal magnitude que as formas tradicionais de reajustamento ideológico e a concomitante recuperação do grupo dominante, mencionados no capítulo 1, até agora não ocorreram. Em agudo contraste com a Idade de Ouro do "fim da ideologia", o caráter hesitante, eclético e às vezes até inseguro das ideologias que se tornaram dominantes na última década indica – apesar do dogmatismo monetarista da "direita radical", imposto pelo Estado – um vácuo ideológico muito difícil de ser preenchido no futuro previsível.

# Capítulo 3

# POLÍTICA E IDEOLOGIA

É muito difícil que algum dia retorne a perdida Idade de Ouro da ideologia supra-ideológica abertamente autocomplacente, pois ela nasceu e nutriu-se não apenas das bases materiais da expansão econômica do pós-guerra, aparentemente isentas de crise, mas também pelo correspondente quadro institucional do *"consenso político"*.

Harold Wilson, primeiro-ministro trabalhista da Inglaterra por quase uma década, vangloriava-se de que o Partido Trabalhista era o "partido natural do governo". E tinha certa razão. Dificilmente o capital encontraria um arranjo mais conveniente do que aquele em que o partido das massas do trabalho industrial estava *no governo* enquanto o próprio capital permanecia, mais entrincheirado que nunca, *no poder*.

## 3.1 A ideologia administrativa e o Estado

### 3.1.1

Naturalmente, a idéia de dominar a sociedade por meio de algum tipo de "consenso", em vez da imposição cruel das relações de poder estabelecidas para subjugar a oposição de classes, não era nova. Até o "Chanceler de Ferro" da Alemanha, o próprio Bismarck, que estava longe de ser um liberal, tentou aplicar a estratégia mais sutil das "promessas e ameaças" em vez de usar apenas métodos policiais diretos de repressão do Estado, como alguns teóricos "liberal-nacionalistas" da época defendiam. Na verdade, ele gostaria que Marx, o "Doutor Vermelho", retornasse, da Inglaterra para a Alemanha, a fim de encarregá-lo da administração – e talvez até da "administração científica" – da classe trabalhadora alemã, ao invés de reprimir abertamente esta última por meio da "Lei Anti-Socialista", cujo fracasso foi afinal a responsável pela própria queda de Bismarck.

Mais uma vez, uma passagem da famosa utopia administrativa de F. W. Taylor é instrutiva para nos mostrar o quanto eram profundas as aspirações consensuais capitalistas. O problema que Taylor tinha de enfrentar relacionava-se com o excedente socialmente produzido e com os conflitos gerados por sua divisão incontestavelmente injusta. E foi assim que ele viu a solução:

## 144  A necessidade da ideologia

A administração científica significará, para empregadores e trabalhadores que o adotarem – e particularmente para aqueles que o adotarem *primeiro* –, a eliminação de quase todos os motivos de disputa e desentendimento entre eles. O *trabalho diário justo* será uma questão de *investigação científica*, e não um objeto de barganha e de disputa.[1]

O perturbador problema do confronto decorrente da apropriação capitalista da mais-valia perseguia a economia política clássica praticamente desde o início, e sua última grande figura, Ricardo, não tentou ocultar as inconciliáveis contradições envolvidas. Já os desenvolvimentos posteriores – desde a economia "neoclássica" até as várias teorias de "revolução administrativa" e "modernização" para o desenvolvimento – tinham como principal preocupação o modo de exorcizar o problema em si, visto que nenhuma das soluções propostas parecia funcionar na realidade, por mais poderosos que fossem os agentes que apoiassem sua aplicação.

Situado na mesma linha de abordagem, Taylor descobriu uma verdadeira "pedra filosofal", procurando acabar com a própria "guerra" pela eliminação radical do que ele chamava de "motivo para a guerra". Na verdade, entretanto, sua solução se baseava em um *deslocamento conceitual mistificador* com relação ao próprio motivo em questão. Pois o motivo real para a "guerra" e o confronto era (e continuará sendo, enquanto o capital for o principal regulador do metabolismo social fundamental): *quem*, e a partir de que critérios, *controla* a produção e a distribuição da *riqueza social total*, e não o tamanho *relativo* do *produto empresarial particular*, cuja suposta origem administrativa e magnitude imaginariamente inflada justificam *a priori* sua distribuição *pelo capital* a seu próprio favor. Sem este duplo e mistificador deslocamento conceitual – de "quem?" para "quanto?", e do "social total" para o "empresarial particular" – a plausibilidade da solução "científica" de Taylor seria nula.

### 3.1.2

Quanto a isto, é muito significativo que o desenvolvimento do Estado capitalista no pós-guerra, orientado para o consenso, tenha introduzido um *corretivo prático* para esta conceituação falaciosa através da intervenção direta do Estado – em sua pretensa qualidade de soberano coletivo e, ao mesmo tempo, humildemente dedicado representante dos indivíduos particulares – na distribuição do produto social total. Em outras palavras, ele afirma transcender a contradição inerente ao motivo *real* da "guerra" – o obstinadamente negado "quem?" –, atribuindo-se o papel crucial da arbitragem não apenas nas questões políticas, mas também nas próprias questões econômicas, e determinando que a questão como tal é "improcedente". Ao mesmo tempo, no contexto do "Estado de bem-estar" e em práticas oficiais análogas (embora mais limitadas em seus objetivos), ele se encarrega da tarefa de subjugar os interesses capitalistas *particulares* que se opõem a tais práticas – necessárias à reprodução global do capital –, aparentemente resolvendo a contradição entre os interesses gerais/sociais e os interesses do capital/setoriais.

---

[1]  F. W. Taylor, op. cit., p. 142.

Política e ideologia   145

Certamente, todos estes "corretivos" não modificam em nada a estrutura estabelecida da sociedade; nem alteram minimamente a subordinação hierárquica dos "trabalhadores" de Taylor ao capital na divisão social do trabalho. No desenvolvimento das práticas estatais no pós-guerra, ocorre, mais uma vez, um deslocamento caracteristicamente mistificador. Com a diferença de que, nesta ocasião, o deslocamento não é de "quem?" para "quanto?", nem de "social total" para "empresarial particular". É – muito mais extenso e desconcertante – da dividida arena *socioeconômica* das relações de classe (freqüentemente chamada de "sociedade civil") para a *pseudo-universalidade* da *esfera política* em si. Com este deslocamento, considera-se que as contradições estruturais da *base material* são "resolvidas" no quadro da *superestrutura* jurídica e política, por meio de intervenções estatais mais ou menos poderosamente manipuladoras.[2]

### 3.1.3

É claro que a própria tentativa de eliminar as contradições da *base material* por meio da *manipulação superestrutural* é contraditória. Entretanto, embora seja ilusório esperar a superação dos antagonismos materiais básicos da sociedade utilizando-se tais medidas, ainda que a eclosão das contradições mais agudas possa ser *postergada* com sucesso por algum tempo, seria absurdo minimizar a eficácia prática da manipulação do Estado para criar um consenso em relação às crenças ideológicas.

Quanto a este aspecto, a configuração da política e da ideologia no pós-guerra é uma solução qualitativamente mais avançada, do ponto de vista do capital, do que a utopia administrativa de Taylor e seus derivados mais ou menos diretos. A intervenção eficaz do Estado na administração de "disfunções" e conflitos potencialmente devastadores é uma dimensão prática inegável da realidade social contemporânea, suficientemente eloqüente por si mesma. Dentro deste quadro, as ideologias de consenso, política e institucionalmente sustentadas, têm um peso e um poder de persuasão muito maiores do que qualquer apelo direto – em nome da ciência ou de qualquer outra coisa – a que os indivíduos particulares e os grupos sociais "revolucionem sua atitude mental" para que haja uma "cooperação fraterna", apelo este que, deixado por sua própria conta, está fadado a permanecer confinado ao plano do mero pensamento veleitário.*

As mesmas idéias, entretanto, parecem incomparavelmente mais persuasivas e servem muito melhor a seu propósito ideológico inerente quando reformuladas, com os corretivos apropriados mencionados, levando em conta aqueles veículos de implementação prática patrocinados pelo Estado. Sem este enraizamento prático, historicamente específico, na realidade institucional da formação estatal neocapitalista, a "administração científica" da competição capitalista poderia aspirar a produzir, no

---

[2]   A intensidade das intervenções diretas do Estado depende em larga medida da viabilidade temporária de se tentar resolver as contradições estruturais da base material pela manipulação superestrutural. As tendências autoritárias, tais como o monetarismo agressivo da "direita radical", levam a melhor nos períodos em que as intervenções mais superficiais do Estado, do tipo "papel de parede" ou "*band-aid*", não fazem mais efeito. Entretanto, visto que as próprias tendências mais centralizadas e autoritárias operam dentro da mesma esfera de intervenções manipuladoras do Estado, é uma ilusão esperar delas soluções estruturais importantes.

*   Ver N. T. situada entre as notas 125 e 126 do capítulo 1.

146 *A necessidade da ideologia*

máximo, alguns benefícios locais.[3] Entretanto, com sua inserção nas formas institucionais emergentes, de acordo com as necessidades ideológicas das novas tendências políticas, ela adquiriu um significado mais geral, complementando a dimensão política das transformações sociais dentro da "sociedade civil".

De fato, as duas coisas não só se *complementavam* uma à outra, mas também se forneciam uma *autenticação recíproca* dos grandes méritos sociais de cada uma. O Estado do pós-guerra autenticava o mundo da utopia administrativa adotando as aspirações "consensuais" desta última como modelo de suas próprias intervenções político-econômicas, conferindo às aspirações adotadas – altamente partidárias em sua substância – a bênção de sua pseudo-universalidade. Ao mesmo tempo, a adoção dos objetivos ideais da "administração científica" (a superação da "guerra" através da eliminação do "motivo da guerra", superação que permanecia ilusória no plano dos esforços administrativos isolados) autenticava o Estado neocapitalista-intervencionista como a única realização viável, do ponto de vista prático, dos objetivos e valores universais da sociedade. Além disso, o efeito combinado desta autenticação recíproca seria a transformação radical do "capitalismo em crise" dilacerado por conflitos no "capitalismo organizado" livre de conflitos; daí a resolução não só do antagonismo *dentro* da própria "sociedade civil", mas também da contradição tradicional *entre* "sociedade civil" e Estado político. Portanto, não foi por acidente que os velhos sonhos dos "pensadores da administração científica" receberam tanto a entusiástica aprovação intelectual como a adesão prática de uma clientela ideológica tão ampla, como testemunhamos no período de consenso político do pós-guerra.

## 3.2 As raízes ideológicas da "antiideologia" do pós-guerra

### 3.2.1

Em relação ao contexto histórico mais amplo desses desenvolvimentos, houve um curioso "entrecruzamento de linhas" que atravessou fronteiras ideológicas, políticas e geográficas, indo da democracia anglo-saxônica e francesa até a Alemanha do início do século XX, e desta última até a sociologia e a política norte-americanas, apenas para retornar, com "juros compostos", à Europa do pós-guerra.

Embora algumas concepções ideológicas mais antigas, tanto nos Estados Unidos como na Inglaterra, tenham antecipado em pelo menos meio século certas proposições importantes da crença do pós-guerra no "fim da ideologia", a formulação teórica sistemática de tal linha de raciocínio só pode ser creditada a Max Weber, que continua sendo o mais influente dos ideólogos "pós-marxistas". Já discuti em outro ensaio[4] algumas idéias seminais de Weber, e o impacto ideológico de sua metodologia será estudado na seção 6 deste capítulo. O que importa no momento é traçar, de forma

---

[3] Mesmo Taylor teve de admitir que os resultados previstos estariam disponíveis "particularmente para aqueles que o adotassem *primeiro*". Naturalmente, ele racionalizou as limitações inerentes à abordagem geral, acrescentando imediatamente que "o fabricante e o operário ficarão muito mais interessados no ganho local especial que eles e as pessoas que os cercam tenham" (Taylor, op. cit., p.142).

[4] Ver as seções 2, 3 e 4 do ensaio "Ideologia e ciência social" em meu livro *Filosofia, ideologia e ciência social*, São Paulo, Ensaio, 1993.

*Política e ideologia* 147

muito breve, a trajetória reveladora do cruzamento de fronteiras ideológicas e políticas mencionado poucas linhas antes.

Lukács descreveu deste modo os desenvolvimentos ideológicos na Alemanha no início do século XX, e o lugar especial que Max Weber ocupou neles:

> Obras sociológicas tão influentes, como a *Democracia moderna* de Hasbach, não passavam de panfletos com pretensões científicas que atacavam a democracia. Assim como a "escola histórica" da economia alemã glorificara o regime de Bismarck como uma forma política e social superior, agora a sociologia alemã escrevia a apologia do imperialismo guilhermino. Max Weber ocupou posição especial neste desenvolvimento. Reconhecidamente, seus fundamentos metodológicos eram muito semelhantes aos de seus contemporâneos; ele também adotava a crítica sociológica ocidental da democracia moderna. Mas sua atitude em relação a ela era inversa: apesar da crítica, encarava a democracia como a forma mais adequada à expansão imperialista de uma potência moderna importante. Percebeu que a debilidade do imperialismo alemão era conseqüência da ausência de desenvolvimento democrático interno. "Só um povo *politicamente maduro* é uma 'raça dominante' [...] *Só as raças dominantes são chamadas a intervir nos desenvolvimentos globais.* Se as nações o tentarem sem possuir esta qualidade, não somente o *instinto de segurança* das outras *nações* protestará, mas elas também conhecerão a desgraça interna na tentativa [...] A vontade de impotência nos assuntos domésticos, que os escritores pregam, é inconciliável com a 'vontade de poder' no exterior que tem sido tão ruidosamente proclamada."[5]

> Aqui, a derivação social do democratismo de Max Weber pode ser claramente compreendida. Ele compartilhava com os outros imperialistas alemães a visão da missão política mundial (colonizadora) das *"raças dominantes"*. Mas divergia deles, tanto por não idealizar a situação da Alemanha sob o governo aparentemente parlamentar, mas também por criticá-la violenta e apaixonadamente. Como os ingleses ou os franceses, pensava ele, os alemães só poderiam se tornar uma "raça dominante" em uma democracia. Por isso, para atingir os objetivos imperialistas da Alemanha, era preciso que ocorresse internamente uma democratização, que deveria se estender até o indispensável para a realização desses objetivos.[6]

O que é talvez mais notável é que Max Weber, que possuía uma concepção de democracia extremamente conservadora e inclinada para o bonapartismo, acabou se tornando, no decorrer dos desenvolvimentos político-ideológicos do século XX, o pensador reverenciado por todo o mundo atlântico como o representante – com um rigor teórico que deve ser considerado exemplar até pelo mais "objetivo" de todos os cientistas sociais – dos valores máximos da "democracia liberal" e do "mundo livre".

### 3.2.2

O segredo da crescente influência atlântica de Weber foi a conjunção favorável entre as características de sua orientação e as necessidades ideológicas da ordem sociopolítica internacional em mudança. Daí decorre o fato de que suas inclinações políticas

---

[5]   Max Weber, *Collected Political Works*, Munique, 1921, p. 258 ss.

[6]   Georg Lukács, *The Destruction of Reason*, Londres, Merlin Press, 1980, p. 608-9.

148  *A necessidade da ideologia*

autoritárias fossem tão facilmente esquecidas por seus seguidores ocidentais, e talvez até secretamente admiradas.

Lukács citou uma conversa ocorrida após a Primeira Guerra Mundial entre Max Weber e o general Ludendorff, personagem de extrema direita, chefe do estado-maior de Hindenburg e um dos primeiros defensores de Hitler. Estas foram as palavras de Weber, registradas não por algum crítico hostil, mas por sua viúva, Marianne Weber:

> Em uma democracia, o povo elege como líder um homem em quem confia. Então, o eleito diz: "Agora, calem a boca e obedeçam!". Nem o povo nem os partidos podem contradizê-lo. [...] Depois disso, cabe ao povo julgar – se o líder falhou, à forca com ele.

E Lukács acrescentou com razão: "Não surpreende que Ludendorff respondesse: 'Esta democracia me soa bem!'. Assim, a idéia de Weber de democracia caía em um cesarismo bonapartista".[7]

Weber podia ser perdoado por muitas coisas graças às suas credenciais ideológicas impecavelmente anti-socialistas mas sutilmente articuladas e, assim, absolutamente respeitáveis em círculos liberal-democráticos que tinham igual disposição. Era um "homem para todas as estações", tanto como resultado de sua metodologia muito adaptável como em virtude das proposições fundamentais de sua teoria, organicamente vinculadas a seus princípios metodológicos centrais. Conseguiu formular uma crítica da *burocracia* e da *racionalidade tecnológica* ao mesmo tempo que declarava a *impossibilidade* fundamental de que elas *fossem superadas* e, com elas, o capitalismo enquanto ordem socioeconômica e política.

Paradoxalmente, tal concepção convinha não apenas aos abertos defensores do sistema social estabelecido, mas também a abordagens como da "teoria crítica" da Escola de Frankfurt e a conceituações similares do mundo contemporâneo na França e em outros locais. Estas últimas, levando em conta exclusivamente a opulência temporária de umas poucas "sociedades industriais avançadas", desenvolveram suas concepções de protesto e oposição em um vácuo social, tendo como base pressupostos derrotistas (equivalentes às conclusões práticas mais pessimistas), como a suposta "integração" estrutural da classe trabalhadora ao mundo do "capitalismo organizado".

### 3.3  A perspectiva weberiana de Raymond Aron

*3.3.1*

A sofisticada "eternização da ordem social estabelecida" de Weber estava limitada a exercer poderosa influência em uma época em que aquela ordem parecia capaz de resistir a todo ataque concebível pela integração bem-sucedida das forças tradicionais de oposição no quadro da política de consenso. Para os defensores do sistema capitalista, as categorias weberianas eram como maná, pois em nome da "racionalização", do "cálculo", da "eficiência", da "tecnologia" e de coisas similares era possível "provar", como se fossem fatos estabelecidos, várias noções que eram tão-somente o que eles

---

[7]  Marianne Weber, *Max Weber*, Tübingen, 1926, p. 665 [ed. bras.: *Weber, uma biografia*, Rio de Janeiro, Casa Jorge Editorial, 2003]. Citado por Lukács, *The Destruction of Reason*, p. 610.

Política e ideologia    149

desejariam que fosse realidade. Assim, em primeiro lugar, a identidade fundamental entre capitalismo e socialismo:

> Na medida em que a *industrialização* leva a uma maior *racionalização*, as empresas desenvolvem cada vez mais aspectos comuns. Elas devem *calcular* despesas, receitas, lucros e impostos; os *cálculos* devem cobrir um certo período – visto que o próprio ciclo de produção requer tempo; todos os elementos do balancete devem ser traduzidos em *quantidades comparáveis* – e, assim, nenhuma distinção essencial pode se estabelecer entre o custo do trabalho humano e o do material. O homem é substituído pela máquina quando os números mostram que isto seria lucrativo. Sob este aspecto, não apenas a sociedade *capitalista*, mas *qualquer sociedade* trata o homem como se ele fosse uma *mercadoria* ou um *instrumento de produção*.[8]

Significativamente, a questão relativa à base necessária ou estrutura orientadora do cálculo é totalmente esquecida. O "cálculo" seria a única estrutura orientadora "racional" concebível, e isto seria, ao mesmo tempo, sua justificação. A certa altura, entretanto, o significado real desse "cálculo neutro" e inevitável (absoluto) é revelado quando se afirma que "o homem é substituído pela máquina quando os *números mostram* que isto seria *lucrativo*".

Isto é, obviamente, tanto um completo absurdo como uma típica mistificação ideológica elevada por decreto ao *status* de sabedoria autoevidente. Absurdo porque – como pode ser comprovado até nos países capitalistas mais avançados, sem mencionar muitos outros – é necessário muito mais do que simplesmente ter à mão alguns "números que mostram" que seria "lucrativo substituir o homem pela máquina" para realmente se proceder a tão complicado e freqüentemente contraditório processo de substituição. É uma mistificação porque, de forma arbitrária, equipara a *orientação para o lucro* ao *cálculo racional*.

*Assumindo-se* a impossibilidade de superar o modo de produção capitalista, no espírito de Weber, esta equação parece plausível, mas somente em virtude da coincidência circular da conclusão com a suposição arbitrária da qual ela é derivada. No momento em que submetemos a *autoexpansão* socialmente destrutiva *do valor de troca* e sua "lucratividade" a um *exame crítico*, toda a questão do "cálculo" – vinculada a uma pseudo-racionalidade autopresumida – vai pelos ares. A resposta à questão de como orientar a *contabilidade social* vitalmente necessária de uma sociedade alternativa – isto é, aquela oposta à contabilidade monetária desumanizadora e irracionalmente orientada para o lucro da sociedade de consumo – não pode ser deduzida dos conceitos weberianos de "cálculo" e "racionalização". Portanto, a redução e sujeição das escolhas sociais a critérios supostamente evidentes por si e aos ditames materiais da contabilidade comercial voltada para o lucro – estipulada por Aron como absolutamente inevitável – representam uma concepção de "racionalidade" cuja circularidade auto-assumida (e exclusão *a priori* de uma *contabilidade social* alternativa) revela uma substância ideológica inequivocamente tendenciosa.

Além disso, deve-se também destacar na passagem citada a sutil "equação" segundo a qual *toda sociedade* trata o homem como "uma *mercadoria ou um instrumento*

---

[8]    Raymond Aron, *The Industrial Society*, Londres, Weidenfeld and Nicolson, 1967, p. 101.

150    *A necessidade da ideologia*

*de produção*". Certamente é verdade que em todas as sociedades os homens tratam a si mesmos *também* como instrumentos de produção – e não há nada de errado nisso –, mas apenas sob o domínio do capital é que o homem é tratado como uma *mercadoria*, o que faz toda a diferença. Em outras palavras, para colocar um prego em um pedaço de madeira tratamos *nossos braços e mãos como instrumentos* de nossa atividade produtiva autocontrolada, mas não como *mercadorias*, o que o *homem inteiro* inevitavelmente se torna quando é obrigado a trabalhar (como força de trabalho controlada por outros) em uma fábrica capitalista. Entretanto, a equação falaciosa de Aron apaga esta diferença fundamental e reduz tudo ao denominador comum da "sociedade industrial moderna", que não se pode superar e na qual tais diferenças, por definição, não têm nenhuma importância.

### 3.3.2

O facciosismo ideológico da abordagem de Aron, derivado de Weber, aparece claramente em outra passagem, embora seja apresentado em nome da própria ideologia superadora:

> As instituições e mecanismos sociais já não são facilmente substituídos, visto que os sistemas existentes estão se tornando cada vez menos "puros" e *tomam emprestados elementos de tipos ideais* que, em termos abstratos, são incompatíveis. Mais importante que tudo, a atual tendência da história ilustra tanto o poder da *tecnologia* quando aplicada ao ambiente, como a *resistência da natureza humana* e da sociedade àqueles cuja ambição é *"reconstruir" a ordem social*. Além disso, por um lado, os acontecimentos parecem demonstrar que quanto mais ardentemente os homens acreditam na *ilusão prometéica* de estarem moldando a história, tanto mais prontamente a ela se submetem; por outro lado, os líderes que modestamente abordam os problemas à medida que ocorrem têm maior probabilidade de obter resultados que correspondam a suas intenções. A abordagem *pragmática* do *engenheiro social*, não a vasta ambição do *ideólogo*, está mais de acordo com o espírito do *racionalismo* e proporciona aos homens a melhor oportunidade, não de se tornarem os "senhores e proprietários da sociedade", mas de melhorá-la sem deixar de aceitar suas regras. Na Europa, ninguém mais nega que a "síntese ideológica" perdeu sua força. Observadores do cenário europeu inclinam-se até a aplicar o termo *despolitização* para o que é apenas *indiferença às ideologias tradicionais*.[9]

Dentro do quadro categorial de tal abordagem, era possível ao mesmo tempo assobiar e chupar cana. E mais. Era possível sustentar ao mesmo tempo que os sistemas socioeconômicos rivais da "sociedade industrial moderna" eram fundamentalmente os *mesmos*, e que o sistema da iniciativa privada era bem *superior*. Ainda que freqüentemente se afirmasse categoricamente que a determinante essencial era a *tecnologia* como tal, quando isso era adequado aos interesses ideológicos defendidos pelos ideólogos "pós-ideológicos", o argumento podia também se deslocar para a glorificação do motivo do lucro, mesmo que o caso que era citado indicasse claramente a aplicação bem-sucedida de uma forma mais avançada de tecnologia. Como, por exemplo, ao

---

[9]    Ibid., p. 148-9.

dizer que "o sistema telefônico norte-americano, *de longe o melhor* do mundo, é operado em linhas *estritamente lucrativas*".[10]

Também era possível afirmar ao mesmo tempo que as sociedades industriais ocidentais haviam conseguido resolver seus problemas materiais, e que aquelas aspirações que implicavam alguma crítica às suas realizações não deveriam ser consideradas senão ideais ilusórios ou manifestações irracionais de "individualismo anarquista". Eis como a primeira metade deste raciocínio "não-ideológico" foi apresentada:

> A realidade superou a ficção. Defensores e críticos do capitalismo de cinqüenta anos atrás ficariam espantados diante dos resultados materiais que ele alcançou. (Estes resultados talvez sejam inferiores aos que o *avanço tecnológico* tornou possível, mas nenhuma sociedade jamais realizou plenamente seu potencial.) Mesmo o teórico da Grande Recusa[11] não duvida que as sociedades industriais possam eliminar gradativamente os *bolsões isolados de pobreza* e imerecido infortúnio que ainda são encontrados em meio à *opulência*.[12]

Ao mesmo tempo, as dúvidas dos críticos eram silenciadas – ecoando não apenas Max Weber, mas também F. W. Taylor – da seguinte maneira:

> Uma sociedade racionalizada é uma sociedade *escalonada*, em que o maior número de pessoas aceita mansamente seu destino. Do ponto de vista da *idéia utópica* de que os homens, tanto individualmente quanto em comunidade, devem escolher o próprio destino, a sociedade moderna *parece* cada vez mais opressiva, autoritária e totalitária à medida que se *torna mais industrializada*. Em nenhuma firma comercial pode haver relaxamento da disciplina, pois o trabalhador costuma cumprir seus deveres *sem perceber ou compreender* a natureza da entidade total a que pertence. [...] A *liberdade* no trabalho será *sempre* restrita pelos requisitos impostos pela *eficiência*, pela *autoridade inevitável dos especialistas ou diretores técnicos*. [...] Quer pensemos no trabalho quer nas atividades de lazer, a *autodeterminação* não é mais do que um *ideal* [...] não podemos dispor as coisas de tal forma que uma *sociedade industrial* – isto é, uma sociedade *racionalmente administrada* – corresponda aos *impulsos do individualismo anarquista*.[13]

Naturalmente, este tipo de conceituação dos problemas que têm de ser confrontados pelos movimentos políticos e sociais carrega uma mensagem extremamente conservadora, na espírito da *"aceitação das regras"* da ordem estabelecida como a única maneira "racional" de proceder. Ao mesmo tempo pode reconciliar suas afirmações "antiideológicas" com a adoção de posições ideológicas extremas. Pois, assim como Max Weber dirigiu sua artilharia "axiologicamente neutra" contra o *socialismo*, que ele identificava, por definição, com a *burocratização total* da vida social, também os teóricos do "fim da ideologia" ocasionalmente deixaram transparecer o verdadeiro significado político-ideológico de seus esforços, insistindo em que, "longe de enfraquecer

---

[10]   Ibid., p. 107.

[11]   Referência a *One-Dimensional Man*, de Marcuse [ed. bras.: *A ideologia da sociedade industrial*, Rio de Janeiro, Zahar, 1964].

[12]   R. Aron, *The Industrial Society*, p. 175. Mais uma vez deve-se notar que a realização da "plena potencialidade" de uma sociedade é grosseiramente reduzida à dimensão tecnológica: à aplicação mais ou menos completa de seus avanços tecnológicos.

[13]   Ibid., p. 175-6.

## 152  A necessidade da ideologia

as defesas do Ocidente contra o comunismo, a *antiideologia* (seu grau de otimismo ou pessimismo pouco importa) proporciona-lhe a *melhor proteção possível*".[14] Entretanto, desde que o acerto de contas com o adversário por meio de uma guerra global era muito terrível para ser cogitado, o outro lado também teve de receber o *status* de sociedade industrial "racionalizada e planejada", apesar de ser apenas – e necessariamente – uma sociedade inferior:

> O diálogo se dá agora, basicamente, entre as *duas versões do pensamento racionalista*, a ocidental e a soviética. Ora, a democracia liberal do tipo ocidental, depois de assegurar o desenvolvimento das forças produtivas e a difusão da prosperidade material, possui uma *superioridade óbvia* (exceto aos olhos de alguns intelectuais) sobre a chamada democracia popular de tipo soviético.[15]

Dada tal perspectiva, a solução dos problemas mais flagrantes teria de aguardar a "convergência" inevitável do "outro sistema racionalista" para sua contrapartida considerada superior *a priori*:

> À medida que a revolução vai ficando para trás, o revisionismo ganha terreno, juntamente com um *modo de vida mais de classe média*. Quanto mais os homens desfrutam da posse de um mundo que correm o risco de perder, menos impacientes ficam para *modificar* esse mundo.[16]

Assim, o pensamento veleitário prevaleceu, anunciando a si mesmo como a manifestação evidentemente superior da sabedoria científica pragmática, orientada para a eficiência e a tecnologia, não-utópica, modestamente realista, não-prometéica, gradualista, voltada para a engenharia social, racional e antiideológica. Suas incoerências e contradições internas são tantas que levaria tempo demais enumerá-las. Será suficiente mencionar que, embora seus escritos estivessem salpicados de constantes polêmicas contra a concepção marxiana da história em nome de uma forma extrema de ceticismo – algo do tipo "eu não sei qual será o futuro da humanidade, mas *eu sei que nós não sabemos*" –,[17] não hesitava em prever a absorção dos desenvolvimentos pós-revolucionários pela "sociedade industrial" superior de tipo ocidental, em que os indivíduos adotam o "modo de vida da classe média" ao qual para sempre se adaptam, e prudentemente se recusam a buscar qualquer mudança significativa.

### 3.4  A teoria crítica de Adorno e Habermas

#### 3.4.1

Analisado superficialmente, o alinhamento da "teoria crítica" com a perspectiva weberiana foi muito mais surpreendente. No entanto, havia importantes pontos de contato entre essa perspectiva e o pensamento geral da Escola de Frankfurt, apesar das diferenças entre seus membros individuais.

---

[14]  Ibid., p. 160. E em outra parte, em que ele se refere à substância que une as várias abordagens "pós-ideológicas", encontramos esta confissão: "O que temos em comum é nossa oposição ao marxismo-leninismo e ao tipo de ideologia da qual ele é a perfeita encarnação" (ibid., p. 143-4).

[15]  Ibid., p. 147.

[16]  Ibid., p. 121.

[17]  Ibid., p. 158.

*Política e ideologia* 153

É fato que esta escola corresponde a um conjunto muito heterogêneo de pensadores. Sua diversidade incluía desde as esperanças de Walter Benjamin de participação direta na práxis política de esquerda[18] até o ativismo político "voltado para os excluídos" de Marcuse; desde o não-envolvimento sociopolítico de Adorno até o extraordinário ecletismo teórico[19] e, apesar de seus protestos verbais, o oportunismo político tecnocrático de Jürgen Habermas. Há uma certa ironia na elevação desses intelectuais ao *status* de uma instituição cultural venerável, porque a constituição de uma "escola" sobre a grande diversidade de indivíduos que foram finalmente classificados sob o rótulo de "teoria crítica" tinha tanto a ver com as necessidades da "indústria cultural" e da "comunicação de massas manipuladora" – dois dos alvos mais freqüentes das denúncias mordazes de Adorno – quanto com a coerência intelectual de suas idéias.

Entretanto, para além das diferenças significativas, a origem weberiana da crítica da "burocracia" e da "razão instrumental" – compartilhada por praticamente todos os membros da Escola de Frankfurt – é bastante óbvia. E, mais importante ainda, encontramos uma forte tendência *elitista* nos escritos de todos os "teóricos críticos", qualquer que seja o ponto particular do espectro político em que estejam situados.

Em relação a Adorno, isto foi enfatizado em muitas ocasiões. Citando uma análise favorável:

O discurso de Adorno sobre a mediação entre a práxis intelectual e a práxis política permaneceu abstrato e vago, sem explicação do agente social que poderia servir como condutor desta mediação, uma vez que o papel do partido foi rejeitado. O agente da "mediação" de Adorno permaneceu tão misterioso quanto o mediador entre os espíritos e a matéria do mundo, e a crítica de Hanns Eisler possui um inegável ponto de validade: "Esta crença metafísica e cega no 'desenvolvimento da música'. Se Adorno compreendesse pelo menos uma vez que a música é feita por pessoas para pessoas – e se ela também se desenvolve, este desenvolvimento não é abstrato, mas de alguma forma pode ser ligado aos relacionamentos sociais! –, ele não diria este absurdo abstrato".[20] Havia realmente algo de metafísico na ênfase que Adorno confere à verdade, e também em sua visão da *elite intelectual* como formuladora daquela verdade.[21]

O problema era, na verdade, até mais complicado do que está indicado nesta passagem, uma vez que não faltava apenas o "agente ou veículo social" da "mediação"

---

[18]  Benjamin era muito amigo de Bertolt Brecht e Karl Korsch.

[19]  *"Alles was gut und teuer"* ("tudo o que há de bom e valioso", isto é, muito elogiado), como dizem em alemão. Ver uma excelente resenha crítica de *Legitimation Crisis*, de Habermas, de autoria de James Miller, *Telos*, n. 25, outono de 1975, p. 210-20. O mesmo número da *Telos* contém um debate muito interessante entre Wolfgang Müller, Christel Neusüss, Jürgen Habermas e Claus Offe que é importante para se compreender a posição política de Habermas. Os artigos em questão são: W. Müller e C. Neusüss, "The Illusion of State Socialism and the Contradiction between Wage Labour and Capital", p. 13-91; J. Habermas, "A Reply to Müller and Neusüss", p. 91-8; Claus Offe, "Further Comments on Müller and Neusüss", p. 99-111.

[20]  Hans Bunge, *Fragen Sie mehr über Brecht: Hanns Eisler in Gespräch*, Munique, Rogner and Bernhard, 1970, p. 30.

[21]  Susan Buck-Morss, *The Origin of Negative Dialectics: Theodor W. Adorno, Walter Benjamin, and the Frankfurt Institute*, Hassocks, Harvester Press, 1977, p. 42. Uma análise séria de Adorno e Marcuse é a de Joseph McCarney, "What Makes Critical Theory 'Critical'?", *Radical Philosophy*, n. 42, inverno/primavera de 1986.

## 154 *A necessidade da ideologia*

programática de Adorno, mas também seu *terminus ad quem* emancipatoriamente efetivo. Isso trazia a necessidade de uma auto-orientação e de um retraimento intelectual, articulando-se na perspectiva pessimista de uma *"dialética negativa"* deliberadamente oposta à adoção de um *ponto de vista social,* sem deixar de buscar uma solução misteriosa dos problemas identificados, como resultado da ação a partir do campo problemático desta autocontenção desesperada.

Talvez por causa do forte sentimento de desesperança prática decorrente desta *negação sem afirmação,* nascida de uma autocontenção intelectual imposta a Adorno pela lógica interior do *"veículo"* e do *terminus ad quem* ausentes, ele assumiu algumas posturas que pareciam estranhas até em seus próprios termos de referência. Assim, embora postulasse o papel de "mediação" abstrata de sua elite, Adorno também idealizava o ato de ficar imerso, em total silêncio, na leitura da partitura musical – prática obviamente limitada a poucos escolhidos – como a única maneira realmente adequada, "imediata" e "não-adulterada", de usufruir a música.[22] Lamentavelmente, comparada a tal concepção da comunicação musical, a aristocrática afirmação de seu ídolo, Schönberg – segundo o qual o público só é necessário para melhorar a acústica da sala de concertos –, poderia soar como a manifestação do humanismo democrático orientado para as massas.

Também os ataques românticos de Adorno contra o *jazz* traíam seu extremo elitismo. Ele via e abominava no *jazz* "a atitude perene da cultura de massa",[23] ridicularizando seus "apaixonados devotos" por "mal serem capazes de descrever, em *conceitos musicais precisos, técnicos,* o que é que tanto os comove".[24] Ao mesmo tempo que condenava a incapacidade de tais "primitivos" para articular as idéias sobre seu objeto de admiração, Adorno dava sua opinião sobre o que estava realmente envolvido na execução e na experiência do *jazz,* opinião que parecia terrivelmente profunda: "O objetivo do *jazz* é a *reprodução mecânica de um momento regressivo,* um *simbolismo da castração".*[25] E isso não era tudo. Ele acrescentava outra visão profunda, relacionada ao "sujeito" do *jazz,* definido por ele nos seguintes termos:

> O sujeito que se expressa, expressa precisamente isto: não sou nada, sou sujo, e mereço qualquer coisa que façam comigo. Potencialmente, este sujeito já se tornou um daqueles russos acusados de um crime e que, embora inocente, desde o início colabora com seu perseguidor e é incapaz de encontrar um castigo severo o bastante.[26]

Como é tão freqüente nos escritos de Adorno, suas afirmações arbitrárias só eram "substanciadas" por analogias igualmente arbitrárias. Evidentemente, os sujeitos privilegiados capazes de relatar suas experiências musicais (não corrompidas pela "indústria cultural") em "conceitos musicais precisos, técnicos", e que já estivessem

---

[22] Ele tentou persuadir Arnold Hauser – que era muito menos competente do que Adorno na leitura de partituras musicais, e por isso permaneceu completamente cético – da correção deste julgamento.

[23] Theodor W. Adorno, *Prisms,* Londres, Nevile Spearman, 1967 (ensaio "Perennial Fashion – Jazz", p. 119-32), p. 125.

[24] Ibid., p. 127.

[25] Ibid., p. 129.

[26] Ibid., p. 132.

Política e ideologia    155

perfeitamente sintonizados no comprimento de onda da "teoria crítica" e da negação universal abstrata (mas concretamente bem acomodados), não teriam dificuldade em aceitar as duas afirmações – sobre o "sujeito sujo" do *jazz* e sobre "aqueles russos" – sem questionamento, juntamente com sua esclarecedora contribuição à compreensão da natureza do *jazz*, que teria escapado aos simples mortais. Este procedimento é muito semelhante ao que se usa quando dois nomes são ligados com um "e" nos títulos de livros para estabelecer um elo "orgânico" entre dois campos que de outro modo nada teriam em comum. Mas, por mais problemático que seja tal procedimento, aqueles que compartilhavam do ponto de vista de Adorno não teriam qualquer objeção a fazer. Sem dúvida, teriam afirmado imediatamente que uma das acusações mais óbvias que se poderia levantar contra o *jazz* "primitivamente improvisado" e "monotonamente sincopado" era a de fazer muito pouco uso, se é que fazia algum, das *partituras musicais*.

Tudo isso, no entanto, não altera o fato de que, em todo o ataque ressentido e arrogante de Adorno ao *jazz*, não se encontra *uma única linha* de análise musical; nem em "conceitos musicais precisos, técnicos", nem sob qualquer outra forma. Em vez disso, o verdadeiro significado do *jazz* era descrito por Adorno da seguinte forma:

"Desista de sua masculinidade, deixe-se castrar", é o que proclama o som assexuado da banda de *jazz*, "e você será recompensado, aceito em uma fraternidade que partilha com você o mistério da impotência, mistério revelado no momento do rito de iniciação". Se esta interpretação do *jazz* – cujas implicações sexuais são mais bem compreendidas por seus oponentes chocados do que por seus apologistas – parece arbitrária e rebuscada, permanece o fato de que ela pode ser constatada em incontáveis detalhes tanto da música como das letras.[27]

Apesar da promessa de constatar em "incontáveis detalhes" aquilo que ele mesmo reconhecia estar sujeito à acusação de arbitrariedade e rebuscamento, nem uma obra de *jazz* foi sequer mencionada, e muito menos adequadamente analisada, nesse ensaio tão parcial. Nem mesmo os nomes de alguns músicos de *jazz* foram apresentados como exemplos ilustrativos, exceto dois – Mike Riley e Louis Armstrong. Mas mesmo estes foram tomados de segunda mão de duas obras críticas norte-americanas citadas por Adorno.

A referência de segunda mão a Louis Armstrong o comparava aos "grandes *castrati* do século XVIII",[28] sem sequer mencionar a contradição óbvia entre as afirmações genéricas da própria teoria de Adorno sobre a natureza do *jazz*, em uma "sociedade de massa totalmente integrada e reificada", e o século XVIII; este último, nem um pouco perturbado pela "produção planejada", a "cultura de massas", a "reificação total" e a ubíqua "indústria cultural", mas possuindo seus "grandes *castrati*" – que o eram não apenas simbolicamente – que, não obstante, são tomados como exemplos que esclarecem a desconcertante realidade do *jazz* e o suposto complexo de castração de todos aqueles que dele participam. Na estrutura aforística de declarações e declamações de Adorno, é suficiente apenas afirmar os preconceitos ideológicos do autor

---

27    Ibid., p. 129-30.

28    Ibid., p. 130.

## 156    *A necessidade da ideologia*

e suas negações genéricas da "sociedade em si", sem qualquer esforço real para demonstrá-los, enquanto ao mesmo tempo desfia acusações igualmente genéricas contra a ideologia.

### 3.4.2

Certa vez, o grande democrata revolucionário russo Belinski declarou que todo o movimento ao qual pertencia nascera de *O capote*, de Gogol. Poder-se-ia descobrir uma conexão similar entre *A teoria do romance* e *História e consciência de classe*, de Lukács, e os primeiros representantes da Escola de Frankfurt. Entretanto, a principal diferença era igualmente notável. Pois, ao contrário dos democratas revolucionários russos, que representaram uma forte tendência radicalizante na história intelectual da Rússia, vinculando-se, através de Tchernichevski, até com Plekhanov e Lenin, a Escola de Frankfurt moveu-se na direção oposta. À medida que o tempo passava, seus membros (com exceção de Walter Benjamin, que morreu prematuramente, e de Herbert Marcuse durante algum tempo, como veremos na próxima seção) cada vez mais se separavam do agente social da emancipação, optando em vez disso pelos termos mais abstratos e genéricos da oposição e da negação, cujo alvo mal podia ser identificado.

Assim, Lukács pôde observar acertadamente, em seu prefácio de 1962 a *A teoria do romance*, que a mistura de "ética de esquerda com epistemologia e ontologia de direita", característica daquela obra (escrita em 1914-15 e muito idealizada, particularmente por Adorno), conduzia a um beco sem saída intelectual e político, produzindo em seus seguidores alemães um "conformismo disfarçado de não-conformismo".[29]

*A teoria do romance* foi concebida por Lukács "em um estado de ânimo de permanente desespero em relação à situação do mundo",[30] identificando sua perspectiva com a definição de Fichte do presente como "a era da pecaminosidade consumada".[31] Este estado de ânimo de intenso pessimismo cultural se mostrou mais influente no Ocidente. Além disso, quando os principais pontos da teoria da "*reificação*" de Lukács em *História e consciência de classe* foram a ele acrescentados, podemos ver o surgimento de alguns dos mais importantes *leitmotivs* da teoria crítica. No entanto, o problema era que a genuína crítica social da abordagem de Lukács fora diluída até ficar irreconhecível por causa do acréscimo de categorias sem significado, como "mercadoria absoluta"[32] e "reificação absoluta",[33] que substituíram a crítica socialmente tangível pelo radicalismo verbal vazio.

Assim, grande parte da "teoria crítica" se tornou tão crítica quanto era "grande" o "grande compromisso histórico" do eurocomunismo. Lukács caracterizou muito bem esta situação, dizendo:

---

[29]   Lukács, *The Theory of the Novel*, Londres, Merlin Press, 1978, p. 22. [Ed. bras.: *A teoria do romance*, São Paulo, Duas Cidades/Ed. 34, 2000.]

[30]   Ibid., p. 12.

[31]   Ibid., p. 18.

[32]   Ver, por exemplo, Adorno, *Aesthetic Theory*, Londres, Routledge & Kegan Paul, 1984, p. 336.

[33]   Cf. Adorno, *Prisms*, p. 34.

Uma parte considerável da *intelligentsia* alemã, inclusive Adorno, fixou residência no "Grande Hotel do Abismo", que descrevi em minha crítica de Schopenhauer como um belo hotel, equipado com todas as comodidades, à beira de um abismo, do nada, do absurdo. E a contemplação diária do abismo entre as excelentes refeições ou os entretenimentos artísticos só pode aumentar o gozo das sutis comodidades oferecidas.[34]

Naturalmente, o compromisso político tinha de ser estritamente banido, até retrospectivamente, do Grande Hotel. Nesse sentido, Walter Benjamin foi censurado por sua suposta *naïveté* com estas palavras:

Em seu íntimo contato com o material que estava à mão, em sua afinidade com ele, seu pensamento, apesar de toda a singularidade e perspicácia, estava sempre acompanhado de um elemento inconsciente característico, de um toque de *naïveté*. Esta *naïveté* permitia-lhe simpatizar às vezes com grupos de política de participação, os quais, como ele bem sabia, teriam liquidado sua própria substância, sua experiência intelectual não arregimentada.[35]

O mesmo se podia dizer de Picasso e Sartre,[36] e também de Bertolt Brecht, que, segundo Adorno, só se iludia ao pensar que suas intenções políticas poderiam produzir frutos através da literatura:

A obra de Brecht, embora voltada para a mudança desde *Santa Joana dos Matadouros* (1929), talvez fosse *politicamente impotente*; [...] Seu impacto pode ser caracterizado como uma forma de *pregação aos convertidos*.[37]

Na verdade, Adorno elevou sua acomodação ao nível de um princípio filosófico-estético da mais alta ordem – o da política misteriosamente "participatória" do apolitismo – ao dizer que a arte "participa da política, mesmo que seja *apolítica*"[38] e que "a ênfase no nexo entre arte e sociedade é válida, *desde que evite o partidarismo direto*, como aquele que encontramos no que hoje em dia se chama de *'compromisso'*".[39] As tentativas de escritores e artistas de alcançar mudança social por meio de "intervenções políticas" significativas eram condenadas por Adorno como "dúbias" porque, segundo ele, faziam que seus autores se encontrassem "regularmente envolvidos em uma *falsa consciência social*, pois tendem a simplificar excessivamente entregando-se a uma práxis míope para a qual não contribuem com nada além de sua própria cegueira".[40]

Assim como "*ideologia*", também "*coletividade*" se tornou um palavrão na filosofia de Adorno. A própria *época* foi definida como "a época da *coletividade repressiva*", do que

---

[34]  Lukács, *The Theory of the Novel*, p. 22.

[35]  Adorno, *Prisms* (ensaio "A Portrait of Walter Benjamin", p. 227-42), p. 237. E Adorno acrescentou em outro contexto:
"No que diz respeito ao próprio *Benjamin*, sua recusa em levar a sério a vanguarda estética, a menos que esta estivesse de acordo com o programa do Partido Comunista, talvez tenha sido influenciada pela *hostilidade de Brecht aos intelectuais Tui. A segregação elitista da vanguarda não é culpa da arte, mas da sociedade.* Os padrões estéticos inconscientes das *massas* são precisamente aqueles de que a *sociedade necessita* para se perpetuar e perpetuar seu domínio sobre as massas" (*Aesthetic Theory*, p. 360).

[36]  Ibid., p. 362.

[37]  Ibid., p. 344.

[38]  Ibid., p. 362.

[39]  Ibid., p. 440.

[40]  Ibid., p. 324.

## 158 *A necessidade da ideologia*

parecia resultar, de acordo com as regras da curiosa lógica de Adorno, que "o poder de resistência às maiorias compactas reside no *produtor de arte, solitário e exposto*".[41] A idéia de que a constituição de *coletividades não-repressivas* pudesse ser a melhor solução simplesmente não fazia parte do horizonte conceitual de Adorno. Mas, para lhe fazer justiça, se a "época" em si era – por definição – identificada com a "coletividade repressiva" como tal, qualquer tentativa de se contrapor a seu poder pela ação de uma "coletividade não-repressiva" seria condenada ao fracasso desde o início, e não passaria de uma manifestação da "falsa consciência social excessivamente simplificadora".

Entretanto, o problema era o fato de tanta coisa ter de ser estabelecida *por definição* e constante *redefinição*, na ausência de um fundamento viável (dos pseudo-agentes postulados e de suas personificações de entidades abstratas) na própria realidade. Assim, ficamos sabendo que, "*por definição*, as obras de arte são socialmente culpadas".[42] Esta afirmação era imediatamente seguida por outra que dizia: "mas aquelas *que têm valor* tentam *reparar sua culpa*"; afirmação esta que adquire seu significado, mais uma vez por definição, da primeira definição. Do mesmo modo, declarava-se categoricamente que "uma das características básicas da *ideologia* é que ninguém jamais acredita inteiramente nela, e que ela passa do autodesprezo à autodestruição";[43] outra afirmação totalmente arbitrária que não apresenta a mínima prova que confirme as várias características supostas – e, para dizer o mínimo, extremamente controvertidas –, simplesmente as impondo, *por definição*, à *ideologia* (e ao leitor desavisado).

Naturalmente, depois que o leitor se acostuma com o modo de Adorno resolver tudo com definições que apenas afirmam a si mesmas, já pode aceitar quase tudo, inclusive as proposições mais desconcertantes, como, por exemplo: "*a realidade empírica como tal* [...] tornou-se *uma ideologia que duplica a si mesma*".[44] Dessa maneira, qualquer coisa que Adorno quisesse rejeitar poderia ser posta de lado em grande escala, por definição, sem levar em conta sequer o contexto histórico. Por isso, não nos surpreendemos ao saber que "com efeito, a doutrina [aristotélica] da *catarse* já inaugurava, em princípio [isto é, pela definição característica de Adorno], a *dominação manipuladora da arte*, que se consumou com o advento da *indústria cultural*".[45]

O método adorniano de estabelecer as questões por definição se conjugava à busca constante de paradoxos e frases agudas. Isso se ajustava à substância ideológica e à postura sociopolítica evasiva de sua obra. Se era realmente verdade que a *época* em si estava ligada à "coletividade repressiva"; que a "*realidade empírica como tal*" se tornara uma "*ideologia que duplica a si mesma*"; que a "estrutura social se tornara total e *completamente amalgamada*";[46] que a catarse aristotélica já inaugurara "em princípio" a sociedade da "reificação total" e a concomitante dominação manipuladora da

---

[41] Ibid., p. 328.

[42] Ibid., p. 333.

[43] Ibid., p. 334.

[44] Ibid., p. 362.

[45] Ibid., p. 339.

[46] Ibid., p. 362.

Política e ideologia   159

arte pela "indústria cultural"; que "no *mundo administrado* a neutralização se tornou *universal*";[47] que "a totalidade é a sociedade como uma coisa em si, com toda a culpa da *reificação*";[48] que "a mutilação do homem que é a atual racionalidade particularizada é o estigma da *irracionalidade total*";[49] que "o aparato calculado e distributivo da indústria, a comercialização da cultura, culminam no absurdo. *Completamente subjugada, administrada*, absolutamente 'cultivada' em certo sentido, ela *morre*";[50] que "a luta contra a ilusão trabalha a favor do *terror puro e simples*";[51] que "*a vida se transforma* na ideologia da reificação – uma *máscara mortuária*";[52] que a "*reificação absoluta* [...] está agora prestes a *absorver por inteiro a mente*";[53] etc., nesse caso não se poderia esperar que "o produtor de arte, solitário e exposto", fosse capaz de produzir o menor arranhão no poder maciço de todas essas negatividades.

Em conseqüência, as dificuldades e contradições identificadas tiveram de ser metamorfoseadas no curso da articulação da teoria de Adorno, para que o poder das definições (e das redefinições adequadas), em conjunto com paradoxos cuidadosamente formulados e trabalhados, pudesse oferecer a promessa de uma "solução", embora nenhuma pudesse de fato ser indicada em termos dos desenvolvimentos sócio-históricos reais.

Adorno presenteava constantemente o leitor com lampejos verbais e uma espécie de "malabarismo conceitual" que davam a *ilusão* de uma solução depois de insistir – em virtude da negação vaga e genérica das várias "totalidades" (irracionalidade, reificação, administração, cálculo, integração totais, etc.) e "absolutos" – que era *impossível* encontrar uma solução; e que, na verdade, a própria tentativa de buscá-la seria desesperadamente ideológica: manifestação da "falsa consciência social", digna apenas de condenação. Assim, o leitor era falsamente tranqüilizado com afirmações como: "*rejeitando* a realidade [...] a arte *vinga* a realidade";[54] "a *irracionalidade* da arte está se tornando *racional*, [...] a arte *internaliza* o princípio repressor, isto é, a condição irredimível (*Unheil*) do mundo, em vez de apenas expor *inúteis protestos* contra ela";[55] "obras de arte são *mercadorias absolutas*; [...] Uma mercadoria absoluta *liberta-se* da *ideologia* inerente à *forma de mercadoria*";[56] a arte "participa da política, mesmo quando é *apolítica*";[57] "é este *fetichismo* – a cegueira da obra de arte em relação à realidade de que faz parte – que permite à obra de arte romper o encanto do *princípio da realidade* e se transformar em uma *essência espiritual*";[58] "a arte é *semelhança*, mesmo em

---

[47]   Ibid., p. 325.

[48]   Adorno, Introdução a *The Positivist Dispute in German Sociology*, Londres, Heinemann, 1976, p. 12.

[49]   Adorno, *Prisms* (ensaio "Cultural Criticism and Society", p. 17-34), p. 24.

[50]   Ibid., p. 25.

[51]   Ibid., p. 26.

[52]   Ibid., p. 30.

[53]   Ibid., p. 34.

[54]   Adorno, *Aesthetic Theory*, p. 2.

[55]   Ibid., p. 27.

[56]   Ibid., p. 336.

[57]   Ibid., p. 362.

[58]   Ibid., p. 468.

## 160 *A necessidade da ideologia*

seus picos mais elevados; mas sua semelhança [...] lhe é proporcionada pelo que *não é semelhante*. [...] A *semelhança* é uma promessa de *não semelhança*",[59] etc., etc. Adorno chega a encontrar um modo de resgatar parcialmente a ideologia (embora via de regra ele a rejeite categoricamente) sob a forma de um "dever ser", dizendo, no contexto que lhe convém, que "a ideologia é uma ilusão socialmente necessária, o que significa que, se ela é necessária, *deve ser* uma forma de verdade, por mais *distorcida* que seja".[60]

Freqüentemente tem-se dito que "não há como negar que uma longa viagem pela mata cerrada da prosa de Adorno dá a impressão de se estar passando pelos mesmos lugares com incômoda freqüência [...] vemo-nos aparentemente andando em círculos, repassando os contornos de um sistema latente, apesar dos protestos de Adorno em contrário".[61] Entretanto, a tentativa de justificar esta situação dizendo que a "uniformidade repetitiva que Adorno tanto detestava no mundo moderno não deixou de permear seu próprio pensamento"[62] é bem pouco convincente. Afinal, muitos outros intelectuais viveram no mesmo mundo sem se tornarem vítimas de sua suposta "uniformidade repetitiva". Além disso, havia uma boa razão para Adorno proceder desta maneira. Pois o que era de fato característico, e altamente revelador, do método apolítico de Adorno de produzir definições paradoxais, articuladas por variações intermináveis e *não cumulativas* sobre temas recorrentes, com significado convenientemente *mutável* – o que constituía o princípio estruturador fundamental e mais ou menos consciente do seu método –, era que (em contraposição a Marcuse) a "fatia social" tinha de ser sistematicamente retirada das questões que ele examinava, mesmo quando suas "negações" soavam "totais", "absolutas" e "categóricas".

### 3.4.3

Dada sua independência consciente em relação a qualquer agente socialmente identificável de negação e emancipação, com exceção do "produtor de arte solitário e exposto", muito pouco convincente e viável, Adorno condenou-se a buscar uma alternativa na forma de substitutos mitológicos. Os únicos agentes sociais capazes de empreender a necessária busca de emancipação foram sumariamente rejeitados como "repressivos" e "integrados", juntamente com a "própria época" que, para ele, representava "a condição irredimível do mundo" – eco tímido da fichtiana "era da pecaminosidade consumada" de Lukács. Ao mesmo tempo, as românticas aspirações anticapitalistas da "subjetividade negativa" não podiam ser abandonadas. Isso significaria declarar a total inutilidade do papel do intelectual. Além disso, o "intelectual crítico" não podia surgir simplesmente como de fato era: um indivíduo isolado. Isso tornaria dolorosamente óbvia a vacuidade retórica de seu discurso sobre a "negação radical".

Por isso, Adorno ficou com "sujeitos" e "atores" descritos sob a forma de entidades tão genéricas como "música" e seu abstrato "desenvolvimento" (corretamente condenado por Hanns Eisler como uma "crença metafísica cega", como vimos anteriormente),

---

[59]   Adorno, *Negative Dialectics*, Nova York, The Seabury Press, 1973, p. 404-5.

[60]   Adorno, *Aesthetic Theory*, p. 331.

[61]   Martin Jay, *Adorno*, Londres, Fontana Paperbacks, 1984, p. 162.

[62]   Ibid.

Política e ideologia   161

a "própria arte" sob muitas variações estranhas (incluindo sua encarnação misteriosa como "a mercadoria absoluta"), o "pensamento" e a "mente autônoma" (que veremos a seguir), a "própria época" e a "sociedade como tal", e outras coisas assim. Mesmo a "realidade empírica em si" foi convertida na pseudopersonalidade da "ideologia que duplica a si mesma". Entretanto, o que continua notoriamente ausente das mais importantes generalizações teóricas de Adorno, chamando a atenção sobretudo por sua ausência deliberada, foi a categoria de *classe social combativa-emancipatória* e a idéia de *coletividade* não repressiva, mas *que exige um compromisso recíproco*.

Isso era mais significativo porquanto, em contextos limitados – quando o alvo da crítica de Adorno não era a ordem capitalista antagônica, mas um de seus ideólogos estabelecidos e seu rival intelectual, Karl Mannheim (com quem tinha também contas pessoais a acertar) –, ele mostrou com perspicácia o fracasso da "sociologia do conhecimento", motivado por sua apologia social orientada para a harmonia e para a transformação das classes sociais conflitantes em entidades lógicas fictícias. Eis como Adorno expressou suas objeções em uma de suas análises críticas mais agudas:

> As distorções da sociologia do conhecimento se originam de seu método, que transforma conceitos *dialéticos* em conceitos *classificatórios*. Em cada caso, o que é *socialmente contraditório* é absorvido em classes individuais lógicas; por isso, as *classes sociais* como tais desaparecem e o quadro total se torna *harmonioso*.[63]

Tendo em vista esta posição, era quase incompreensível que Adorno evitasse sempre constatar os antagonismos sociais fundamentais da sociedade capitalista. No máximo, ele emitia uma "condenação equilibrada" dos principais agentes sociais, assumindo assim uma posição que, no fim, levava à mesma cumplicidade com a ordem estabelecida que acertadamente rejeitava na sociologia do conhecimento de Mannheim. Estava determinado a se manter afastado do tema dos *antagonismos estruturais*, com todos os seus componentes e suas implicações *dinâmicas*, preferindo, em vez disso, falar sobre a "sociedade administrada", com sua "reificação total" vinculada à "mercadoria absoluta", que supostamente transcenderia a forma-mercadoria.

Ele não estava sozinho nessa castração da crítica social. Todos os outros membros do Instituto de Frankfurt que retornaram com Adorno e Horkheimer à Alemanha Ocidental, em 1949, participaram do mesmo empreendimento. De fato, não obstante sua pretensa crítica à sociedade "administrada" e sua "indústria cultural" manipuladora de massas (da qual os Estados Unidos constituíam, a seus olhos, o exemplo paradigmático), eles espontaneamente aceitaram se tornar, na Alemanha, o cavalo de Tróia da hegemonia cultural-ideológica norte-americana e os disseminadores de sua ciência social "antiideológica" (ou "supra-ideológica"). Como observou corretamente Martin Jay,

> Os membros do Instituto [de Frankfurt] que retornavam se mostravam, em geral, reticentes quanto à divulgação dos aspectos marxistas de seus trabalhos anteriores. Quando lançaram uma nova série de *Contribuições de Frankfurt à sociologia*, resolveram não incluir a tradução de certos projetos patrocinados por aquele Instituto, tais como o *Behemoth*, de Franz Neumann, cuja ampla análise do nazismo em termos de *capitalismo*

---

[63]   Adorno, *Prisms* (ensaio "The Sociology of Knowledge and its Consciousness", p. 35-49), p. 41.

## 162  *A necessidade da ideologia*

*monopolista* parecia muito simplista (ou muito provocativa na atmosfera da Guerra Fria da década de 1950). Igualmente sintomático é o fato de a obra coletiva do Instituto que fazia parte da série, *Aspectos da sociologia*, incluir um capítulo sobre as *massas*, mas nenhum sobre as *classes*. Já em 1951, membros do Instituto que permaneceram nos Estados Unidos observaram uma mudança sutil em sua orientação. Quando Leo Löwenthal afirmou que as técnicas de pesquisa empírica que Horkheimer agora apoiava tão vigorosamente estavam em desacordo com a teoria crítica, o diretor do Instituto defensivamente replicou: "Defendemos aqui as coisas boas: a independência individual, a *idéia do iluminismo*, a ciência libertada dos antolhos". [...] O fato de o co-autor da *Dialética do iluminismo* [traduzido no Brasil como *Dialética do esclarecimento*] declarar seu apoio à "idéia do iluminismo" mostra até que ponto o Instituto havia moderado sua hostilidade anterior aos valores burgueses [...]. Horkheimer, de fato, recusou-se inabalavelmente a permitir [...] a reedição de seu controvertido ensaio de 1939 sobre "Os judeus e a Europa", que continha a observação amplamente citada: "Aquele que não quer falar do *capitalismo* deve também calar-se sobre o *fascismo*".[64]

Compreensivelmente, quando até o conceito de "capitalismo" tinha de ser descartado, a categoria marxiana de "classes" não podia mais ser acolhida em qualquer sentido significativo do termo. O *"mundo moderno"* – e a "modernidade" em geral, em uma quantidade aparentemente inesgotável de combinações – era considerado uma categoria muito mais agradável do que o *"capitalismo"*, assim como a categoria de *"massas"* prestava-se mais facilmente à manipulação e distorção ideológica pela "teoria crítica" do que o conceito de *"classes"* antagônicas. Igualmente, em vez de avaliar criticamente as contradições do capitalismo monopolista, não apenas em sua forma fascista historicamente derrotada, mas também como ele se manifestava na realidade da época, era muito mais conveniente classificar a própria experiência histórica recente sob a rubrica da *"personalidade autoritária"* (que tendia a metamorfosear os problemas em uma questão da psique individual e da socialização da família), enquanto o Instituto exercia a forma mais extrema de *autoritarismo institucionalizado*, proibindo o livro de Franz Neumann sobre o fascismo e o capital monopolista, apesar de ser um trabalho de um membro do Instituto em uma fase anterior de seu desenvolvimento. Assim, embora na *Dialética do esclarecimento* Adorno e Horkheimer lamentassem a obliteração da memória social e o triunfo da reificação sob a forma do "esquecimento", agora eram eles próprios a ativamente promover a obliteração repressiva da memória político-intelectual – não apenas dos outros, mas também a sua própria –, com a crença muito ingênua de que as contradições do capitalismo e sua própria integração nesse sistema desapareceriam se ninguém mais falasse delas, e obliterando, por meio do "esquecimento" institucionalmente forçado, até a conexão histórica óbvia entre nazismo e capital monopolista.

---

[64]  Martin Jay, ibid., p. 46-7.

Jay também relata que, "sustentado em parte por *fundos do alto-comissário norte-americano* John J. McCloy, o Instituto reabriu oficialmente suas portas em 1951. [...] o Instituto estabeleceu um ramo especificamente empírico em 1956, sob a direção de Rudolf Gunzert" (ibid., p. 44-5).

Dez anos depois, Adorno começou a duvidar da sensatez da dedicação do Instituto em difundir na Alemanha os métodos e técnicas da ciência social norte-americana; no entanto, isto não altera o fato de que ele esteve profundamente envolvido naquele empreendimento desde o início.

Caracteristicamente, Adorno conseguiu ficar em cima do muro também em relação ao conceito de classe. Conservou a *palavra* "classe" para uso ocasional, mas completamente esvaziada de seu *conteúdo crítico*, declarando que, embora as classes permanecessem na sociedade moderna, a luta de classes desaparecera.

Não havia nada de "radical"[65] no uso da palavra "classe", visto que se pode reconhecer a existência de classes de muitos modos diferentes, até mesmo aprovando seu "local apropriado" na ordem social, como faziam aqueles que reconciliavam ideologicamente e "punham fim" aos antagonismos da referida ordem, mesmo na antiga sociedade escravocrata. Entretanto, uma vez negada a realidade da luta de classes, todas as pretensões de radicalismo acabam junto com esta negação. Mesmo o reconhecimento explícito das contradições de classe só se torna radical se for associado a estratégias realistas relacionadas à resolução de tais contradições pela intervenção no plano das determinações estruturais fundamentais da sociedade, com o propósito de realmente superar o antagonismo de dominação e subordinação de classe.

O próprio Hegel estava, de fato, bem consciente da perniciosa realidade das contradições de classe quando sublinhou as notáveis desigualdades entre as condições *alienadas* da existência dos despossuídos e daqueles que os dominavam. Mas desejava "resolver" essas contradições pela imaginária "segunda alienação da existência alienada" (uma espécie de "negação da negação") através de uma "experiência religiosa" graficamente descrita, pela qual se pretendia que o pobre se desligasse de sua existência terrena. Ele descreveu a transformação desta última no decurso da experiência religiosa como "uma pequena nuvem" que desaparece no horizonte, produzindo no pobre "não mais alienado" (pois "desobjetivado"), na catedral, o sentimento de ser igual ao príncipe ("*er ist dem Fürsten gleich*"). Naturalmente, quando ambos deixam a catedral, com sua "objetividade/alienação" devidamente reconstituídas, reassumem sua existência no mundo real exatamente no ponto em que a deixaram antes de entrar na catedral. Assim, a ordem social – com todas suas contradições – permanece totalmente inalterada.

O "radicalismo" do reconhecimento de Adorno da existência de classes não era mais radical do que a "segunda alienação da existência alienada" de Hegel. Muito ao contrário. Por um lado, Hegel reconhecia que o sujeito sofredor era o pobre, não o príncipe, vislumbrando a necessidade da "segunda alienação" em seu benefício, em vez de colocar um sinal de igualdade entre as duas classes dizendo – em nome da "reificação universal" e de sua negação retórica – que "a praga está na casa de ambos". Ao mesmo tempo, por outro lado, Hegel claramente percebia que o relacionamento entre "Senhor" e "Escravo" (ou "Patrão" e "Criado", etc.) era uma utilização *hierárquica* e *instável* da *dominação* e da *subordinação*, e portanto potencialmente dinâmico

---

[65] Martin Jay vê como evidência da "*dimensão radical*" da obra de Adorno o fato de que ele defendia a continuidade da existência das classes na sociedade contemporânea (Jay, ibid., p. 50). Que esse julgamento apareça num estudo tão perspicaz é tão mais surpreendente na medida em que o próprio Jay reconhece que "Fredric Jameson errou ao traduzir *Klassengesellschaft* como 'luta de classes', quando o que Adorno quis dizer é que a *luta havia terminado*, mas as classes permaneciam" (ibid., p. 171-2).

164   *A necessidade da ideologia*

(materialmente contestável) e explosivo, o que o preocupava muito. Em contraste, Adorno tentou transformar este relacionamento em uma *simetria estática*. (Fez isso, aliás, com todas as categorias hegelianas isoladas que tentou redefinir.) Por exemplo: Em uma *sociedade reificada*, nada pode sobreviver se por sua vez não for *reificado*. A generalidade histórica concreta do *capitalismo monopolista* estende-se ao *monopólio do trabalho*, com todas as suas implicações. Uma tarefa relevante da *sociologia empírica* seria analisar os membros intermediários e mostrar *em detalhes* como a *adaptação* às relações de produção capitalistas modificadas *abrange* aqueles cujos interesses objetivos estão em conflito, ao longo do caminho, com esta *adaptação*.[66]

Como podemos ver, nesta citação o "capitalismo monopolista" e o algo misterioso "monopólio do trabalho" são tratados simetricamente, no quadro de uma sociedade universalmente reificada na qual tudo sofre a condição da reificação (por definição). A referência ao próprio "capitalismo monopolista" só é feita no contexto do pretenso "monopólio do trabalho" que, por seu turno, permanece totalmente indefinido. As peremptórias afirmações de Adorno sobre a permanência da reificação universal e o "monopólio do trabalho" são simplesmente assumidas como evidentes por si mesmas. A tarefa da "sociologia empírica" foi definida como a de meramente mostrar "em detalhes" a *adaptação* (duas vezes sublinhada) do trabalho às condições inevitáveis da reificação universal. Não havia absolutamente nada a investigar sobre a natureza e as *contradições estruturais* do capitalismo monopolista. Tudo o que Adorno pedia era a confirmação "empírica" de sua tese apriorística da necessária integração adaptativa do trabalho. E podemos facilmente adivinhar quais as conclusões da "análise em detalhes dos membros intermediários", visto que Adorno declarou, em mais de uma ocasião, que a própria luta de classes havia terminado.

### 3.4.4
Pode-se encontrar uma formulação levemente diferente – com freqüência, até muito diferente de quase tudo o que Adorno declarou; algumas vezes, até na mesma página. A "uniformidade repetitiva", com todas as suas variações, era uma característica necessária ao modo de Adorno desenvolver suas idéias, originando-se da determinação consciente de definir (e, sempre que necessário, oportunamente redefinir) seus termos de referência, de forma que ele nunca fosse "apanhado desprevenido". A inevitável abstração e falta de clareza de suas formulações – via de regra oculta atrás da fachada cuidadosamente construída de malabarismos conceituais e ornamentos verbais "notáveis" – eram conseqüência de sua fuga cada vez mais pronunciada às especificidades sócio-históricas e da rejeição desdenhosa de todo compromisso prático. Segundo um de seus mais talentosos alunos, seu "conceito de negação se afastou cada vez mais da necessidade histórica de um partidarismo objetivo do pensamento".[67] Assim, não foi surpresa para seus seguidores – antes grandes admiradores dele – que, na época da guerra do Vietnã e dos conflitos sociais que irromperam vinculados a ela nos Estados

---

[66]   Adorno, Introdução a *The Positivist Dispute in German Sociology*, p. 7.

[67]   Hans-Jürgen Krahl, "The Political Contradictions in Adorno's Critical Theory", *Telos*, n. 21, outono de 1974, p. 165.

Unidos e na Europa, Adorno acabasse partilhando "uma *cumplicidade fatal* [...] com os poderes dominantes".[68]

O célebre aforismo de Adorno, "o todo é o falso",[69] *parecia* ousado em sua severa rejeição de Hegel. Entretanto, assim que alguém começava a lhe perguntar qual o significado exato de tal afirmação, o aforismo se esvaziava inteiramente. À parte a simples inversão da fórmula profunda (ainda que problemática no uso que se lhe deu) de Hegel, "a verdade é o todo", ele não era mais do que uma peça de retórica sem significado.

Profundidades *staccato*, como esta zombaria a Hegel, constituíam o princípio organizador dos escritos de Adorno. Esta é a razão pela qual suas obras de síntese permaneceram tão desorganizadas, por mais esforço que se dedicasse à sua apresentação ordenada. Na verdade, os livros sistemáticos de Adorno (como *Dialética negativa* e *Teoria estética*) são fragmentários, no sentido de que não importa por onde se começe a lê-los, em que ordem se prossiga e em que ponto particular se termine a leitura. Estes livros deixam o leitor com a impressão não apenas de ter lido algo *inacabado*, mas, em sentido teórico, até mesmo *não começado*. A já mencionada natureza *não cumulativa* das análises de Adorno e a *uniformidade repetitiva* de suas generalizações são tão características de suas obras de síntese quanto de seus ensaios curtos e obras deliberadamente aforísticas. A razão pela qual o leitor se torna muito mais consciente dessas características ao ler a *Dialética negativa* e a *Teoria estética* é que em tais obras, conscientemente planejadas como a elaboração sistemática rigorosa e o resumo de suas idéias, tanto o autor quanto o leitor esperariam encontrar algo qualitativamente diferente e mais coerente.

O fato de as coisas terem assumido o aspecto que assumiram não foi acidental nem conseqüência de algum erro *formal*. A preocupação de Adorno pela realização formal e o refinamento lingüístico – que chegava quase a ser uma neurose – era lendária e bastante divulgada. As fortes razões para sua composição teórica "desintegradora" eram antes de tudo ideológicas e políticas.

O que o paralisava em sentido teórico era o desejo de alcançar o impossível; isto é, de apresentar uma avaliação crítica das questões fundamentais da ordem socioeconômica e política capitalista, projetando uma saída para suas contradições destrutivas, e proclamar ao mesmo tempo o caráter totalmente fútil e até mesmo perigosamente contraproducente (em sua opinião, tendente ao fascismo) de toda negação política prática daquela ordem.

Além disso, até no núcleo de seu empreendimento teórico se podia encontrar uma contradição fundamental que tendia a paralisá-lo, não apenas política e ideologicamente, mas também do ponto de vista intelectual. Pois, embora aceitasse o quadro teórico marxiano (sob a forma em que o herdou, acima de tudo, da *História e consciência de classe* de Lukács, em vez de se apropriar dela a partir de um estudo sólido de primeira mão) como um instrumento de *diagnóstico* para compreender as linhas gerais

---

[68] Ibid.

[69] Adorno, *Minima Moralia: Reflections from Damaged Life*, Londres, 1974, p. 50.

## 166 A necessidade da ideologia

da era capitalista e sua "reificação", teve de rejeitá-la, em sua especificidade histórica, como o necessário *quadro estratégico da ação* aplicável a suas próprias circunstâncias. Teve de rejeitá-la porque a aceitação da perspectiva marxiana, no segundo sentido, era radicalmente incompatível com sua rejeição, "por princípio", tanto do envolvimento político-organizacional ativo quanto do *compromisso* ideológico, em favor de uma forma genérica de "crítica".

Estas eram contradições monumentais cuja presença contínua só poderia resultar em um *impasse* teórico e em um concomitante modo *estático* de conceituar todas as questões importantes. No seu caso, a rejeição da dimensão *prática* da teoria marxiana levou a que, inevitavelmente, também as categorias de *diagnóstico* tenham sido diluídas até chegar à total ausência de significado, perdendo, no fim, tanto seu poder historicamente esclarecedor quanto sua relevância para a época contemporânea. Como escreveu Hans-Jürgen Krahl, talentoso discípulo de Adorno, no obituário que fez do mestre, um ano antes de também ele morrer, prematuramente, em um acidente de automóvel:

> A negação adorniana da sociedade capitalista tardia permaneceu *abstrata*, fechando-se à necessidade de especificidade da negação específica, isto é, da categoria dialética com a qual ele se sabia comprometido pela tradição de Hegel e de Marx. Em sua última obra, *Dialética negativa*, o conceito de práxis não é mais questionado em termos da mudança social em suas formas históricas específicas, ou seja, nas formas das relações burguesas e da organização proletária. O desaparecimento da *luta de classes* se reflete em sua teoria crítica como a *degeneração da concepção materialista da história*.[70]

Assim, Adorno extraiu as conclusões lógicas com respeito ao que considerava ser a inadequação do quadro teórico marxiano aos problemas da "sociedade industrial avançada". O que deixou de observar, entretanto, foi que a coerência formal de sua lógica era totalmente perversa, surgindo da necessidade ideológica de racionalizar as contradições de sua posição, que contrapunha a análise teórica e o diagnóstico à ação, e "resolvia" a contradição rejeitando também a teoria marxiana que insistia na necessária unidade entre a teoria e a prática.

Embora as conseqüências negativas e conservadoras das contradições internas de Adorno só tenham vindo à tona com grande abundância e clareza na última década de sua atividade como escritor, já eram visíveis muitos anos antes em vários contextos. Uma vez que o diagnóstico crítico da sociedade capitalista e o quadro estratégico das soluções práticas possíveis para suas contradições estavam radicalmente separados e opostos um ao outro na concepção de Adorno do "marxismo ocidental", não se poderia localizá-la em um sujeito histórico genuíno que indicasse uma saída para as condições denunciadas. Pseudo-sujeitos quase mitológicos tinham de assumir o papel de agente histórico, como o "espírito", a "música", a "arte", a "sociedade em si", etc., etc. Significativamente, portanto, apesar de o objetivo de Adorno, na ocasião em que escreveu seu ensaio sobre "Crítica cultural e sociedade", ter sido o de formular uma concepção *materialista* da teoria crítica, ele terminou com a hipóstase fetichista do

---

[70] Krahl, op. cit., p. 166. Ver nota 67 e também a notável coleção de ensaios e artigos de Krahl, referida na nota 53 do capítulo 1.

*"espírito"* (o que criticava em outros). O próprio Hegel, cujo "espírito do mundo" (*Weltgeist*) era definido em termos infinitamente mais coerentes e realistas, sem dúvida teria rejeitado a suposição idealista do "espírito autônomo", etc., de Adorno, como sendo totalmente arbitrária. Eis como Adorno formulou suas preocupações críticas:

A idéia da livre expressão de opinião, na verdade, a da liberdade intelectual na sociedade burguesa, sobre a qual a crítica cultural se fundamenta, tem sua própria dialética. Pois, embora *a mente tenha se libertado* de uma tutela teológico-feudal, cada vez mais ficou sob a influência anônima do *status quo*. Esta arregimentação, resultado da progressiva socialização de todas as relações humanas, não confrontou *a mente* simplesmente a partir de fora; imigrou para sua substância imanente. Impôs-se de modo tão implacável à *mente autônoma* quanto as ordens heterônomas *impunham-se anteriormente à mente* que estava escravizada. A mente não somente *se molda* em favor de sua comercialização, e assim reproduz as categorias socialmente prevalecentes. Mais do que isso, passa a se assemelhar cada vez mais ao *status quo*, mesmo quando subjetivamente *se abstém de transformar a si mesmo em mercadoria*.[71]

Mas Adorno não parou aí. Depois de recomendar o "método imanente" como a maneira adequada de se lidar com a situação, continuou na mesma obra a descrever as condições reais da existência e as tendências de desenvolvimento em termos tão irrealistas quanto aqueles que tinha usado para caracterizar a "mente" algumas páginas antes, mas desta vez usando um tom sombrio e de absoluto desânimo. Foram estas as suas palavras:

A *sociedade sinistra e integrada de hoje* não mais tolera sequer aqueles momentos distintos relativamente independentes aos quais um dia se referiu a teoria da *dependência causal da superestrutura em relação à base*. Na *prisão a céu aberto* em que o mundo está se transformando não é *mais tão importante saber o que depende de quê*, tal a extensão em que *tudo é único*. Todos os fenômenos se enrijecem, tornam-se insígnias da regra absoluta daquilo que existe. Não há mais *ideologias* no sentido autêntico de *falsa consciência*, apenas propagandas para o mundo por meio da sua duplicação e da mentira provocativa que não busca crença, mas ordena silêncio. [...] É certo que até o método imanente é afinal surpreendido por isso. É *puxado ao abismo por seu objeto*. [...] Quanto mais a sociedade se torna *total*, maior a *reificação da mente* e mais *paradoxal* o seu esforço para escapar à reificação *por si mesma*. Mesmo a mais extrema consciência da ruína ameaça *degenerar em palavras ociosas*. [...] A *reificação absoluta*, que pressupunha o progresso intelectual como um de seus elementos, agora está se *preparando para absorver por inteiro a mente*.[72]

Dizer que "quanto maior a reificação *da mente*, mais paradoxal o seu esforço para escapar à reificação por si mesmo" é um eufemismo, se bem que totalmente involuntário. Da janela panorâmica do "Grande Hotel do Abismo" Adorno teve uma visão clara da "reificação absoluta" "se preparando para absorver por inteiro o espírito", e descreveu sua chegada inexorável com tons de preto em uma tela negra. O que permanece incompreensível, entretanto, é o propósito dessa denúncia sombria da "sociedade sinistra, integrada", definida sumariamente como uma "*prisão a céu aberto*".

---

[71] Adorno, *Prisms*, p. 20-1.

[72] Ibid., p. 34.

## 168   *A necessidade da ideologia*

Qual era o ponto de vista e o objetivo da mensagem de Adorno? E a quem se dirigia seu discurso? Obviamente, não poderia ser para "a própria mente", visto que ela estava prestes a ser tragada pela "reificação absoluta". As coletividades também não seriam de nenhuma utilidade, uma vez que haviam sido rejeitadas sob o rótulo da "era da coletividade repressiva". E, finalmente, os indivíduos realmente existentes, em sua particularidade limitada, não poderiam ser os destinatários, pois seu poder simplesmente não era proporcional à dimensão do problema: o da reificação total em uma sociedade totalmente integrada.

Seja como for, se "até o método imanente" estava em via de ser "puxado para o abismo por seu objeto", a defesa de seu exercício contínuo como o caminho para a salvação não passava de "palavras ociosas" ou contradição interna. Na realidade, é claro, o mundo social não era uma "prisão a céu aberto", mas um todo dinâmico caracterizado não apenas por contradições fatídicas, mas também por possibilidades práticas e instrumentos de intervenção, capazes de se contrapor ao poder das forças destrutivas. Para fazer isso, no entanto, seria necessário, antes de tudo, *"saber o que depende de que"* (em vez de negar retoricamente a importância disto), para que se pudesse considerar uma *intervenção estrategicamente eficaz* em termos objetivos, em vez de instalar o intelectual isolado na "mente" e justificar ideologicamente sua inatividade auto-orientada pelas ficções da "reificação absoluta" e "integração total".

O *destinatário* do discurso de Adorno era, portanto, problemático desde o início, pois o *sujeito* histórico socialmente viável não era encontrado em parte alguma. Por sua vez, isso inevitavelmente afetava tanto o *objeto* de sua análise teórica (o diagnóstico sócio-histórico das questões) quanto as *implicações estratégicas práticas* de todo o empreendimento. Estes quatro fatores estão sempre entrelaçados na teoria social e na filosofia.

Adorno tinha uma visão elitista não apenas das "massas" e da "cultura de massa", mas também dos poucos intelectuais escolhidos, como ele próprio, ainda que tentasse dissimular seu elitismo pela categoria do "golpe de sorte", levemente coberta por um *"Generaltunken"* moralista.[73] Como observou Martin Jay:

> Nos anos seguintes, a Escola de Frankfurt veio a acreditar que a verdadeira consciência residia nas mentes de alguns teóricos críticos que eram capazes, por razões que eles não exploraram realmente, de evitar a atração gravitacional do universo de discurso prevalecente. Adorno declarou: "Se um golpe de sorte imerecido tornou a *composição mental* de alguns indivíduos incompatível com as normas prevalecentes – *um golpe de sorte* pelo qual freqüentemente têm de pagar em suas relações com o ambiente –, cabe a esses indivíduos o esforço moral e, por assim dizer, representativo, de dizer o que a maioria daqueles para quem falam não podem ver ou, fazendo justiça à realidade, *não se permitem ver*".[74]

Em sua negação sem limites do mundo em que "tudo é único", Adorno definiu a tarefa da teoria crítica viável como a de "lançar garrafas ao mar", para que os futuros

---

[73]   *"Generaltunken"* é um "molho universal" que os maus cozinheiros alemães colocam sobre quase tudo.

[74]   Martin Jay, "The Frankfurt School's Critique of Karl Mannheim and the Sociology of Knowledge", *Telos*, n. 20, verão de 1974, p. 82. A citação de Adorno é extraída da p. 41 de *Negative Dialectics*.

destinatários – cuja identidade não pode ser conhecida hoje – um dia pudessem pescá-las. Há duas dificuldades intrínsecas a essa estratégia. A primeira é que, se *nada* sabemos a respeito desses futuros destinatários, por que supor que *haveria* algum? E a segunda, talvez até maior: como ter a certeza de que a própria mensagem sobreviveria ao movimento indefinido do mar? Adorno sempre considerou a dimensão organizacional e instrumental da tarefa que nos cabe – isto é, o emprego da "racionalidade instrumental", como colocar rolhas nas garrafas – uma coisa indigna dos intelectuais "críticos" que foram escolhidos para sua missão superior em nossas "sociedades industriais avançadas" por meio de um "golpe de sorte". Infelizmente, entretanto, as garrafas sem rolhas – por mais nobre que seja a mensagem nelas colocadas – tendem a afundar muito rapidamente até mesmo em águas tranqüilas, quanto mais no mar tempestuoso.

### 3.4.5

Adorno possuía uma concepção de ideologia negativa, unilateral, não dialeticamente simplificada e tendenciosamente confusa. Consistia em baixar uma grossa barreira diante da fonte de luz, para que, na proverbial escuridão resultante, tudo se reduzisse a um negrume melancólico. Desse modo, declarou que "poder falar de *ideologia* depende diretamente de poder distinguir *entre ilusão e essência*",[75] e que "*ideologia significa a sociedade enquanto aparência*".[76] Chegou a decretar "a incompatibilidade entre ideologia e existência",[77] e em sua última obra diagnosticou a situação do "sujeito" deste modo: "Seguindo de perto a sua *reificação*, o sujeito limita aquela reificação através do vestígio mimético, plenipotenciário de uma vida integral no interior de uma vida defeituosa em que *o sujeito está sendo reduzido a uma ideologia*".[78]

Não se trata de deslizes acidentais. Apesar de sua irrealidade retórica, representavam uma linha característica e, à sua maneira, coerente de tratar os problemas. Adorno se colocou em uma posição em que não podia evitar apresentar um quadro tão desolador. Como conseqüência de sua postura elitista em relação às *massas*, *tinha* de traduzir todas as proposições marxianas para seu próprio discurso idealista sobre o "sujeito" socialmente genérico e a igualmente genérica "mente", eliminando, assim, também o *poder positivo* da ideologia, que só poderia surgir da *necessidade emancipatória materialmente sentida* pelo povo oprimido.

Se compararmos a formulação original de Marx do relacionamento dialético de reciprocidade entre a teoria radical (orientada para um agente histórico real, não um "sujeito" ideal fictício) e a força material necessária da "classe para si" (o proletariado) com a paráfrase confusa e castrada que Adorno faz da idéia marxista, veremos que os dois pensadores viviam em mundos separados. Estas são as palavras de Marx:

> A arma da crítica não pode substituir a *crítica das armas*; a força material deve ser derrubada pela força material; mas a teoria também se transforma em uma *força material*

---

[75] Adorno, Introdução a *The Positivism Dispute in German Sociology*, p. 3.

[76] Adorno, *Prisms*, p. 31.

[77] Ibid., p. 28.

[78] Adorno, *Aesthetic Theory*, p. 171.

## 170   A necessidade da ideologia

no momento em que *domina as massas*. A teoria é capaz de dominar as massas assim que se demonstra *ad hominem*, e demonstra-se *ad hominem* no momento em que se torna radical. Ser radical é tomar as coisas pela raiz. [...] A teoria só pode ser compreendida por um povo na medida em que é a realização das *necessidades* desse povo. [...] Não basta que o pensamento se esforce para realizar-se, a *realidade* deve ela mesma se empenhar pelo pensamento. [...] Somente uma revolução de *necessidades radicais* pode ser uma revolução radical [...]. Assim como a filosofia encontra suas *armas materiais* no *proletariado*, também o proletariado encontra suas armas espirituais na filosofia. [...] A filosofia não pode se tornar realidade sem a abolição do proletariado, e o proletariado não pode ser abolido sem que a filosofia seja transformada em realidade.[79]

E eis como Adorno as transformou – voltando as costas para as necessidades radicais do povo oprimido em favor de uma denúncia vazia do existente em geral, juntamente com a rejeição de qualquer compromisso com os movimentos e as lutas socialmente específicas – à sua própria imagem:

O fato de a teoria se tornar uma força real quando move os homens se baseia na objetividade da *própria mente* que, pela realização de sua função ideológica, *deve perder a fé na ideologia*. Movido pela incompatibilidade entre ideologia e existência, *a mente*, ao revelar sua *cegueira*, revela também seu esforço *para se libertar da ideologia*. Desencantada, *a mente* percebe a existência despida em sua nudez e a submete à crítica. A mente *amaldiçoa a base material* [...] ou torna-se consciente de sua própria posição questionável, em virtude de sua *incompatibilidade com a base*. [...] *Hoje em dia*, a definição de consciência em termos do ser [isto é, Marx] tornou-se um meio de descartar toda consciência que não corresponda à existência. [...] Como ocorre com muitos outros elementos do materialismo dialético, a noção de ideologia se transformou, de um instrumento do conhecimento, em sua camisa-de-força. Em nome da *dependência da superestrutura em relação à infra-estrutura*, todo uso da ideologia é controlado, em vez de ser criticado. Ninguém se preocupa com a substância objetiva de uma ideologia enquanto ela for conveniente.[80]

Assim, a dialética marxista de infra-estrutura e superestrutura foi substituída por um discurso totalmente voluntarista e idealista, quixotescamente opondo a "mente" à base material (às vezes até à "causalidade" e à "realidade empírica em si"), decretando "a incompatibilidade da mente com a infra-estrutura", de modo a poder declarar a espúria liberdade do "sujeito" à beira do "abismo". Uma liberdade que parecia servir apenas à contemplação do aterrador avanço da "reificação absoluta" em sua marcha para "absorver por inteiro a mente". O fato de Adorno ter afirmado, numa atitude reconciliatória gratuita dirigida àqueles que podiam ter-se mantido na posição marxiana, que "nesta época da sociedade sinistra, integrada" – quando supostamente "tudo está misturado" e se torna "uma coisa só" – já não importava saber o que dependia de que e, por isso, o discurso sobre a infra-estrutura e a superestrutura já não tinha qualquer relevância, e era absolutamente sem significado no que se refere à substância da teoria. Enquanto gesto sem conteúdo, só demonstrou que Adorno sempre se colocava em cima do muro.

---

[79]   Marx, "Contribution to Critique of Hegel's *Philosophy of Law*. Introduction", MECW, v. 3, p. 182-7.

[80]   Adorno, *Prisms*, p. 28-30.

Entretanto, seu modo voluntarista de descartar a dialética marxiana de infra-estrutura e superestrutura não era sem importância. Ao contrário, teve conseqüências de largo alcance sobre toda a teoria. Liberta dos constrangimentos de um quadro categorial coerente e objetivamente definido, a ideologia podia ser atribuída a praticamente tudo sobre a terra, e também ao reino puramente espiritual. Em conseqüência, podia substituir com a maior facilidade o "sujeito" e o "objeto"; o "espírito" pela "mente"; a "sociedade enquanto aparência" e a "realidade empírica como tal"; a defesa da arte,[81] assim como a "vida" em si; o "coletivismo repressivo" e o "mundo administrado"; a práxis política consciente (condenada como "intervenções políticas dúbias emaranhadas em uma falsa consciência social") e a "indústria cultural"; e até o "processo material da produção"[82] em sua totalidade. Assim, a *Ideologiekritik* da teoria crítica de Adorno podia "negar" tudo em geral, sem se confrontar com nada em particular no quadro estratégico de um modo de ação historicamente definido e organizado.

Certamente, nessa rejeição da dialética de infra-estrutura e superestrutura, Adorno não estava sozinho, ainda que nesse aspecto seus pontos de vista fossem os mais extremos. No conjunto dos escritos da Escola de Frankfurt prevalecia uma perspectiva curiosamente desorientada sobre o assunto. O significado objetivo das condições de operação necessárias ao processo de reprodução capitalista (isto é, o relacionamento historicamente específico – que comporta a tecnologia – entre o *Estado capitalista* e as práticas produtivas da sociedade mercantil) tendia a ser ignorado por todos os seus membros, em favor de um discurso vago sobre a "racionalidade instrumental", resultando em uma avaliação completamente irrealista da tecnologia e da produção capitalistas como tais. Além disso, uma vez que se deixou de lado essa importante dimensão da dialética da infra-estrutura e da superestrutura, a crítica ideológica da "sociedade industrial avançada" articulada pelos representantes dessa escola sofreu consideravelmente, pois não podia apontar qualquer fundamento para sua crítica exceto ela mesma. O negativismo moralizador evidente em tantas obras de "teoria crítica" foi a conseqüência inevitável de tal omissão.

Adorno, por exemplo, definiu as condições de uma sociedade emancipada como sendo "organizada de forma que as forças produtivas *a permitissem diretamente aqui e agora*, e que as condições de produção *de ambos os lados* inexoravelmente a impedissem".[83] Em conseqüência, a postura de "praga em ambas as casas" (que desejava "eqüidistância" de tudo, dentro do espírito de Ranke, e convenientemente adaptada por Adorno para seus próprios propósitos) produziu a visão de um beco sem saída. A debilidade desta concepção tinha três aspectos.

*Primeiro*, a *miséria global*, sobre a qual as forças produtivas aparentemente bem-sucedidas se fundavam no sistema capitalista contemporâneo, nem era tomada em

---

[81]  Como Adorno afirmou: "Defender a arte é defender a ideologia, se não for reduzir a arte a uma ideologia" (Adorno, *Aesthetic Theory*, p. 27).

[82]  Nas palavras de Adorno:
"*O processo material da produção* finalmente se revela como aquilo que *sempre foi*, desde sua origem na relação de troca, como a falsa consciência que as duas partes contratantes têm uma da outra: a *ideologia*" (Adorno, *Prisms*, p. 30-1).

[83]  Adorno, *Negative Dialectics*, p. 203.

172  *A necessidade da ideologia*

consideração. Conseqüentemente, a questão vital de saber até que ponto a tecnologia produtiva dominante era *generalizável* (isto é, sem que houvesse um grande terremoto social *globalmente difundível*) – questão que, em última análise, decidiria se ela era viável, sem mencionar sua real adequação como base da transformação socialista necessária – nem sequer foi levantada.

*Segundo*, visto que o nível disponível de tecnologia produtiva era declarado adequado também aos propósitos de uma sociedade emancipada, suas contradições objetivas profundas – inerentes às condições operacionais necessárias ao modo estabelecido de reprodução produtiva, que caminhava em uma direção perigosa e, por isso, a restringia em todos os aspectos importantes, *"aqui e agora"*, com implicações explosivas em relação ao seu desenvolvimento futuro – escaparam de qualquer crítica.

*Terceiro*, uma vez que na relação *capital-trabalho* a responsabilidade pelo "impedimento implacável" do surgimento da sociedade emancipada, sobre as bases já dadas de tecnologia produtiva, era atribuída tanto a um lado quanto ao outro, desapareceu a possibilidade de encontrar um agente de emancipação proporcional à tarefa.

Entretanto, uma vez que a situação foi diagnosticada em tais termos, Adorno foi levado a adotar a posição dúbia de uma denúncia moral genérica da situação presente do ponto de vista de sua "dialética negativa" elitisticamente concebida. Não havia, portanto, qualquer consolo em postular que "no poema lírico o sujeito nega tanto sua oposição nua e isolada à sociedade quanto seu mero funcionamento na sociedade racionalmente organizada".[84] Não se revela como o "sujeito" do poema lírico poderia realizar, sozinho, tão grandes milagres. O discurso de Adorno continua desolado porque a redenção subjetiva proposta não pode por si alterar as relações *reais* da "reificação absoluta" e de sua concomitante ideologia, por ele definida, unilateral e negativamente, até em sua "necessidade histórica", como *falsa consciência*. Afirma-se que "a ideologia é inverdade – *falsa consciência*, uma *mentira*. Manifesta-se no *fracasso* das obras de arte, em sua própria *falsidade intrínseca*, e pode ser revelada pela crítica".[85] Em oposição, a função da arte bem-sucedida é projetada como uma contra-imagem romântica: "A grandeza das obras de arte está *somente* em seu poder de fazer ouvir aquelas coisas que a *ideologia dissimula*. Intencional ou não, seu sucesso *transcende a falsa consciência*".[86]

Adorno não pareceu compreender que, definindo assim a arte, tornava-a parasitária da "consciência falsa" e de sua absoluta perpetuação, não possuindo outra *raison d'être* senão fazer ouvir aquilo que era função da ideologia dissimular. Além disso, ainda que se considerasse válida a afirmação segundo a qual a arte, dessa maneira, "transcende a ideologia", isso só se aplicaria à transcendência da ideologia *na arte*, sem afetar a realidade da reificação e a permutabilidade múltipla da ideologia, que, segundo Adorno, podia se identificar com quase tudo no mundo da reprodução produtiva e na comunicação social do cotidiano. A regra real da reificação e seu ocultamento de

---

[84]  Adorno, "Lyric Poetry and Society", *Telos*, n. 20, verão de 1974, p. 63.

[85]  Ibid., p. 58.

[86]  Ibid.

tudo que é substancial (ou "essencial") sob o véu da aparência degradante da "falsa consciência" ideológica continuaria assim a se afirmar como antes, quaisquer que fossem os serviços que a "poesia lírica" (ou a arte em geral) pudesse prestar, em seus raros momentos de redenção, aos poucos "sujeitos" genuínos privilegiados, mas não às "massas" desesperançosamente integradas e "enganadas".[87]

Nas raízes da caracterização que Adorno faz da arte (como um desejado antídoto para aquilo que ela não poderia realmente afetar) é possível encontrar sua avaliação categoricamente negativa e irreal de algumas relações materiais e humanas fundamentais. Havia algo de profundamente errado no diagnóstico que Adorno fez do mundo real para que ele pudesse falar em termos como estes:

> As obras de arte são uma *acusação constante* do sistema de *atividades práticas* e de *seres humanos práticos*, que, por sua vez, são meras fachadas para o *apetite selvagem da espécie humana*. Enquanto eles forem governados por este apetite, não haverá gênero humano, apenas dominação.[88]

Fica-se a imaginar, com assombro, quem poderia ser este "sujeito" arrogante, e de que ponto de vista ele poderia defender a constante acusação da existência pela "arte autônoma", ao mesmo tempo em que coloca além e acima da "espécie humana selvagem". Um exame mais cuidadoso, no entanto, deixa claro que qualquer um que repudiasse a espécie humana como tal, em razão de seu suposto "apetite selvagem", em nome da "arte autônoma", só estaria demonstrando sua distância contemplativa em relação a ambas as coisas.

O "sistema de atividades práticas e de seres humanos práticos" só poderia ser deixado de lado com tal facilidade retórica em uma concepção incapaz de distinguir entre os aspectos estritamente *conjunturais* e os aspectos *substantivos* das relações sociais de produção dominantes, ainda que continuasse a denunciar a *ideologia em si* como irremediavelmente vinculada à *aparência* (aliás, à "falsa aparência"). Por isso, Adorno teve de terminar castigando outro de seus numerosos pseudo-sujeitos – a "sociedade" como tal, retoricamente personificada mas totalmente vaga do ponto de vista sóciohistórico – por causa de algo que, de fato, não era mais que um momento *transitório* no desenvolvimento da sociedade capitalista do pós-guerra, denunciando-a de modo tão genérico como se segue: "a sociedade que intencionalmente colocou o ideal de *pleno emprego* no lugar da abolição do trabalho [...] a perniciosa tendência social para *glorificar os meios – a produção pela produção, o pleno emprego*".[89]

Porém, bem antes de ele morrer, já havia ocorrido um marcante afastamento do "ideal de pleno emprego" – sem mencionar sua *realidade* – em nossas "sociedades industriais avançadas". Adorno, porém, se recusou a tomar conhecimento disso, pois ia contra seus preconceitos abstratos relacionados à "razão instrumental" e à natureza do mundo social em que as "atividades práticas dos seres humanos práticos" tinham de ocorrer, mesmo que isso ofendesse o gosto refinado dos teóricos críticos.

---

[87]  "Enganadas pela indústria da cultura e ávidas por suas mercadorias, as massas descobrem-se em uma condição aquém da arte." (Adorno, *Aesthetic Theory*, p. 24.)

[88]  Ibid., p. 343.

[89]  Ibid., p. 469.

## 174 *A necessidade da ideologia*

Assim como rejeitou as atividades práticas dos seres humanos práticos, Adorno também denunciou a idéia de *planejamento*, em termos mais mordazes.[90] Ele não deu a menor atenção ao fato de que um modo *racionalmente planejado* de produção social é o *pré-requisito absoluto* para se fazer qualquer progresso no sentido da libertação dos seres humanos da carga das formas mais desumanas de trabalho, sem falar da completa "abolição do trabalho". Como veremos posteriormente, Marcuse sucumbiu ao encanto do mesmo canto de sereia da irrealidade retórica, apesar de não atingir a mesma extensão.

Dada sua radical negação genérica do existente, destituída tanto de um sujeito historicamente viável quanto de um objeto de negação socialmente tangível, Adorno não percebeu que o *"pleno emprego"* era uma fase estritamente conjuntural na ordem socioeconômica da "sociedade industrial avançada" (que, parece, "curou-se" deste "mal" particular com efeitos devastadores e duradouros). Ainda mais surpreendente é que também permaneceu cego ao fato de o modo de produção em questão não ter como objetivo a "glorificação dos meios" (uma grotesca mistificação) ou a *"produção pela produção"* (idéia mais grotesca ainda, dada a força motriz real do sistema produtivo estabelecido), mas o objetivo muito mais prosaico (e absolutamente tangível do ponto de vista socioeconômico, ainda que caracteristicamente não mencionado pela "teoria crítica" de Adorno) do *lucro capitalista*. Ele só mencionaria o "capital" se pudesse ao mesmo tempo cegar o gume da crítica necessária, diluindo seus termos de referência no espírito da absurda teoria da "utilidade marginal" e de seu *"consumidor"*, de modo a fazer o *trabalho* desaparecer de cena. Assim, ele nos diz que,

> Em seu cenário econômico original, a *novidade* é aquela característica dos *bens de consumo* por meio da qual eles supostamente se destacam do mesmo suprimento agregado, *estimulando as decisões do consumidor* sujeitas às necessidades do capital. No momento em que o *capital para de se expandir*, ou, na linguagem corrente, no momento em que o *capital cessa de oferecer algo novo*, está perdendo terreno na *luta competitiva*. A arte se apropriou desta categoria econômica. O novo na arte é o *equivalente estético* da *reprodução expansiva do capital na sociedade*. Ambos apresentam a promessa da *plenitude*.[91]

Se a sociedade denunciada era uma "sociedade de consumo de massas", como os bens de consumo poderiam se "destacar" (outra personificação) do suprimento agregado com o objetivo de estimular as "decisões do consumidor" individual, mesmo que estas últimas estivessem sujeitas à necessidade do capital? Tentar explicar as contradições da expansão do capital e da concorrência – em uma época dominada pelo *capital monopolista* – colocando-as dentro da categoria de "novidade" e de suas disfunções foi um assombroso exemplo de ignorância político-econômica *auto-imposta*, que teve como resultado uma total mistificação. As contradições internas da expansão do capital se manifestam na *incapacidade* do sistema de se expandir, *independentemente* de quão novos sejam os produtos que o capital em crise tem a oferecer ao consumidor individual ou institucionalizado.

---

[90]   Ver Adorno, *Prisms*, p. 135.

[91]   Adorno, *Aesthetic Theory*, p. 31.

Outro aspecto curioso desta teoria da "novidade" do capital em expansão era que, apesar de Adorno continuar a trovejar contra a "teoria artística da reflexão", não hesitou em apresentar como sua própria contrateoria "dialética" a versão mecânica mais grosseira daquela teoria, sob a forma de uma *homologia direta* (eco distante da teoria lukacsiana da "reificação" e de seu impacto sobre a consciência de classe, privada de suas conotações sociais). Parecia supor que, transformando a própria *arte* em um pseudo-sujeito ("a arte se apropriou desta categoria econômica") e rebatizando o processo em questão como "o equivalente *estético*" da expansão do capital, ela perderia seu caráter mecânico-reflexivo. (O artifício *metodológico* favorito de Adorno, aquele de peremptoriamente *personificar* as coisas, foi freqüentemente empregado do mesmo modo na tentativa de transubstanciar noções mecânicas em idéias dialéticas. O "sujeito" idealisticamente considerado – em sua espantosa variedade de personificação – era tido como a autenticação, evidente por si mesma, do pretenso caráter dialético deste empreendimento.)

Nem mesmo a teoria da utilidade marginal, em seu subjetivismo absurdo, foi tão longe quanto Adorno, quando ele tentou colocar a motivação (ou o "estímulo") da demanda de consumo individual dentro da categoria de "novidade". Tinha uma explicação muito mais plausível para a escolha do consumidor, sugerindo que os indivíduos particulares distribuem seus recursos entre as alternativas disponíveis para "otimizar suas utilidades marginais". Esta explicação, a despeito de ser completamente incapaz de conceituar o processo *total*, tinha pelo menos *algum* sentido, no que diz respeito ao consumidor individual. Em contraste, em Adorno, o superficial conceito sociológico positivista – mas romanticamente carregado – de "novidade" tentava transformar a apologética auto-imagem da indústria da propaganda (através da qual esta última racionalizava e justificava sua apropriação parasítica de uma porção não negligenciável do valor do excedente disponível) em algo espantosamente profundo, decretando ser ela a "*categoria econômica*" fundamental que explicava, por um lado, "a expansão do capital e a luta competitiva" e, por outro, seu "equivalente estético".

Para tornar as coisas ainda mais vazias, Adorno concluía seu raciocínio com um discurso contraditório sobre "a promessa da *plenitude*" (no contexto da "novidade"), supostamente manifesta na produção capitalista e na produção e consumo da arte. No entanto, se havia algo de sensato (ainda que tautológico) a declarar sobre a "novidade" capitalista, era precisamente a espúria desejabilidade de seu "valor de novidade", que produz a escassez. Quando esta "novidade" se torna "plenitude", necessariamente deixa de ser "novidade". Assim, Adorno terminou abalando totalmente sua pretensa "categoria econômica" da *novidade*, na qual o capital produtor dos bens de consumo em massa – ao contrário da Madison Avenue, orientada para a *pseudonovidade* – jamais poderia estar interessado.

Foi esta a caracterização de Adorno das leis econômicas consideradas reguladoras da existência. Tudo isso se ajustava bem à natureza e ao espírito de suas previsões. Olhando na direção da "sociedade emancipada", Adorno declarou, na mesma veia de irrealidade, que "uma sociedade livre estaria situada além [...] da *racionalidade utilitarista*".[92]

---

[92] Ibid., p. 323.

176   *A necessidade da ideologia*

Esta declaração talvez seja a mais surpreendente de se encontrar em uma "teoria crítica" da ordem social estabelecida e de seu "equivalente utópico". Com isso, Adorno se identificou com a mistificação keynesiana que *misturava lucro com utilidade*, como já vimos, denunciando algo que a "espécie humana" (acusada ou não pela arte) *jamais* poderia dispensar, independentemente de quão refinado se tornasse seu apetite "selvagem". A simples existência dos seres humanos, mesmo numa sociedade altamente avançada e emancipada, depende de um relacionamento significativo e realmente econômico com a "racionalidade utilitarista", para além dos imperativos materiais alienantes e das restrições do *lucro capitalista*. O problema, como Marx o viu, era que,

> Em uma sociedade futura, na qual o antagonismo de classe terá deixado de existir, na qual não mais haverá classes, o *uso* não mais será determinado pelo *tempo mínimo* de produção; mas o *tempo* de produção será determinado pelo grau de sua *utilidade social*.[93]

O contraste entre a definição precisa de Marx, e a solução factível que ele apresenta, e a defesa confusa que Adorno faz da sabedoria keynesiana "denunciadora da utilidade" não poderia ser maior. Vê-se como era defeituosa a apreensão de Adorno, não apenas da ordem socioeconômica presente, mas também dos parâmetros orientadores da futura sociedade "utópica" que ele gostava de invocar em suas denúncias abstratas da sociedade existente.

### 3.4.6

Os críticos notaram a árida esterilidade da *Dialética negativa* de Adorno. Sua *Teoria estética*, apesar da maior familiaridade e da imediata atração de seu tema para o leitor, foi um exercício ainda mais estéril de andar em círculos sem chegar a lugar nenhum. Lê-lo do início ao fim é um esforço frustrante, tarefa dolorosa que, quando concluída, deixa no leitor uma sensação de vazio. Não que não se encontre nessa obra uma variedade das típicas formulações adornianas. De fato, como antes, Adorno escreveu nesta última obra muitas *frases* memoráveis e uma perfeitamente esquecível teoria.

Como em outros de seus escritos, o problema de sua *Teoria estética* era a recusa dos detalhes particulares em se unir, formando um todo coerente. Os lampejos verbais do autor não se destinavam a iluminar seu objeto, em suas múltiplas conexões dialéticas com o *todo* (que ele denunciou, muito tempo antes, como "o falso"), mas a ofuscar o leitor. Adorno os construiu de modo a agradar não só a gregos e troianos, mas a *todos* os grupos que lhe conviesse. Infelizmente, como resultado, suas surpreendentes formulações e aforismos *anulavam-se uns aos outros*, até em sua última obra, que se propunha conscientemente a ser obra de síntese.

Não surpreende, portanto, que Adorno tenha racionalizado seu fracasso como uma virtude paradigmática e o *modelo* universalmente válido para "a época". Como observaram os editores da obra póstuma *Teoria estética* – sua viúva Gretel Adorno e o discípulo Rolf Tiedemann – em seu epílogo a essa obra inacabada, Adorno declarou "que

---

[93]   Marx, *The Poverty of Philosophy*, MECW, v. 6, p. 134.

'o caráter *fragmentário* de uma obra se torna parte de sua expressão' (porque expressa a *crítica da totalidade e da sistematicidade*, parte tão significativa de sua filosofia), evidenciando a *ilusão necessariamente perpetrada pelo espírito*",[94] acrescentando em outro lugar, sob a forma de um paradoxo caracteristicamente autojustificativo (mas, também, absolutamente vazio), que "para as teorias *sistemáticas* revelarem seu verdadeiro conteúdo, elas devem se *desintegrar* em fragmentos".[95] E quando, ao concluir o terceiro esboço da *Teoria estética*, teve de admitir que, apesar de seus "esforços desesperados",[96] os intermináveis fragmentos de seu longo manuscrito recusavam-se a formar um todo adequadamente integrado, Adorno mais uma vez transformou isso em virtude. Teorizou o fiasco como a única maneira autêntica de escrever uma teoria estética em nossa época e, na verdade, isto teria sido conseguido pela primeira vez na história, uma vez que, em sua opinião, todas as tentativas prévias de Aristóteles a Kant, Hegel e outros teriam falhado inevitavelmente.[97] Em vez de apresentar evidências e provas teóricas, ofereceu como autojustificativa algumas metáforas mais ou menos coloridas:

> É interessante que o conteúdo dos pensamentos tenha, *para mim*, influência sobre sua forma. Eu sempre soube disso e nunca esperei outra coisa. Mas, mesmo assim, agora que aconteceu, estou confuso. *Meu teorema* de que não existe o "princípio" filosófico está *voltando a me assombrar*. Não posso construir um universo de raciocínio do modo ordenado usual. Em vez disso, tenho de reunir *um todo* a partir de uma série de complexos parciais que estão *concentricamente* dispostos e têm o *mesmo peso* e importância. É a *constelação*, não a sucessão de cada um desses complexos parciais, que tem de fazer sentido. [...] Este livro deve ser escrito *concentricamente*, de tal forma que as *partes paratáticas* tenham o *mesmo peso* e sejam dispostas *em torno de um centro de gravidade* que elas *expressam* através de sua *constelação*.[98]

Foi assim que, no fim, a consistente atitude evasiva de Adorno em relação à política e à ideologia e seu concomitante discurso genérico sobre a "totalidade" se vingaram de seu formulador, ocultando dele mesmo sua derrota por trás de uma ideologia auto-absolvente e até automitificadora.[99]

---

[94] Adorno, *Aesthetic Theory*, p. 493.

[95] Ibid., p. 494.

[96] Ibid., p. 493.

[97] Sabemos pelo "epílogo" dos organizadores que "uma citação de Friedrich Schlegel teria servido como uma divisa para *Aesthetic Theory*. A citação é: 'O que é chamado de filosofia da arte em geral carece de uma das duas coisas: de filosofia ou de arte'" (ibid., p. 498).

Curiosamente, Adorno parecia convicto, não apenas em suas cartas, mas também em várias passagens de sua obra, de que seu trabalho apresentava, pela primeira vez na história, uma síntese adequada tanto da filosofia como da arte, na medida em que isto pudesse ser alcançado.

[98] Ibid., p. 496.

[99] A definição tendenciosa que Adorno apresentava da tarefa e a caracterização de sua própria realização como sendo o único procedimento viável e o único resultado que se poderia obter, foram aceitas pelos que o cercavam como uma verdade auto-evidente. Assim, os organizadores de *Aesthetic Theory* recomendaram esta obra inacabada ao leitor nos seguintes termos:

"Uma teoria que parte do *individuum ineffabile*, querendo dar compensação ao único, ao não-idêntico, pelas mutilações causadas pelo pensamento que tende à identificação – tal teoria está *necessariamente em*

## 178 A necessidade da ideologia

Adorno escrevia seus melhores textos quando sua tarefa consistia em uma negação bem definida de um objeto conciso, em que a estrutura de suas reflexões era constituída pelas proposições teóricas de seus adversários, como na sua crítica da sociologia do conhecimento de Mannheim. A especificidade desse tipo de empreendimento trabalhava a seu favor, pois suas rejeições tinham um objeto claramente identificável e por isso não sofriam as conseqüências da generalização e moralização abstrata.

Neste sentido, muitas de suas obras críticas mais curtas sustentaram-se naquilo a que se propunham opor. Na verdade, muitas de suas negações específicas continham vislumbres parciais que ele esperava incorporar em uma teoria geral. Esta última, contudo, jamais se materializou. E não foi por acaso.

Na verdade, as tentativas de Adorno de formular uma teoria geral eram contraditórias. As peças que ele queria utilizar para finalmente construir o edifício teórico resistiam, por sua natureza, a tal projeto. Adorno modelou suas peças a partir de uma dupla negação: a do existente e a de suas várias conceituações. Assim, construiu uma prisão em torno de si a partir das "negações absolutas" das "negatividades absolutas" que ele "acusava" (em geral em nome da "arte moderna autônoma", de que reivindicava ser o único porta-voz autêntico), como já vimos, denunciando até a possibilidade de identificação positiva com qualquer coisa no mundo do existente, inclusive qualquer compromisso com o projeto de sua transformação revolucionária.

Paradoxalmente, portanto, Adorno não se permitiu sair dessa situação que ele mesmo se impôs, levando consigo os resultados parciais, mas inerentemente negativos, de suas realizações intelectuais – as peças potenciais de sua síntese final – como uma pedra de moinho amarrada no pescoço. Ao declarar que o verdadeiro conteúdo das teorias sistemáticas só pode ser revelado pela sua desintegração, estava "assobiando no escuro" para se encorajar. Também na teoria há uma conexão dialética intrínseca entre as *partes* e o *todo*, pois a teoria global se reflete nas partes e ajuda a iluminar suas múltiplas interconexões, cuja estrutura de inteligibilidade constitui; e, vice-versa, o próprio estabelecimento das partes dialeticamente ordenadas – que são, cada uma delas, uma espécie de "microcosmo" – exige uma teoria global a que elas não recusam se integrar. Pela mesma razão, é impossível construir uma teoria coerente a partir de *partes que não se integram*, que tendem a se anular em sua parcialidade limitada, em vez de se tornarem as peças de uma síntese teórica.

Portanto, a única solução que Adorno poderia apresentar em suas obras de síntese, sem se afastar de suas acumuladas negatividades ilimitadas, era elevar sua própria incapacidade de articular idéias positivas à condição de princípio constitutivo do

---

*conflito com seu objetivo*, pois, enquanto teoria, só pode ser *abstrata*. A estética de Adorno é levada, por seu conteúdo filosófico, a tomar uma *forma paratática* de apresentação. Esta forma é uma aporia. Adorno não tinha nenhuma dúvida quanto a isso. Sabia que a estética exige uma solução para um problema que *não pode ser resolvido por meio de uma teoria*. A validade da teoria estética depende da obstinada determinação do filósofo de *não desistir* diante de um *dilema insolúvel*. Este *paradoxo* pode ser também um *bom modelo* para a compreensão desta obra" (ibid., p. 497).

Não lhes ocorreu que pode haver algo de inerentemente problemático em um empreendimento teórico que consiste em investigar um "dilema insolúvel" que, em princípio, "não pode ser resolvido por meio de uma teoria".

Política e ideologia   179

universo, decretando que "a arte é capaz de exprimir o inexprimível, que é a Utopia, por intermédio da *negatividade absoluta do mundo*".[100] Curiosamente, Adorno nunca deixou de condenar "os não-dialéticos". Mas nada poderia ser menos dialético do que sua hipóstase da "negatividade absoluta do mundo", juntamente com muitos outros "absolutos" que forjou no mesmo molde. Ora, nunca se poderia formular uma teoria coerente e abrangente a partir de entidades metafísicas como "negatividade absoluta", "reificação absoluta" e "negação absoluta".

### 3.4.7

As razões por que a obra de Adorno permaneceu essencialmente *fragmentária* podem ser identificadas em três pontos intimamente inter-relacionados: *a*) política e ideologia; *b*) teoria; e *c*) metodologia.

Com respeito a *política e ideologia*, a recusa adorniana do *compromisso* tem extrema importância. Ela lhe forneceu uma justificativa automática para todos os tipos de evasão e acomodação e, pior ainda, transformou-os em virtudes, graças aos bons serviços da racionalização ideológica. Assim, em sua irônica rejeição de Brecht (e também de Sartre), Adorno declarou que "as obras comprometidas parecem pantomimas"[101] e que "a noção de uma 'mensagem' na arte, ainda que politicamente radical, já contém uma acomodação ao mundo".[102] A partir de tais premissas, extraiu as mais confortantes conclusões e ilusões (enquanto condenava o "conforto" da arte comprometida):

> A dissimulação de uma política verdadeira aqui e agora, o congelamento das relações históricas que em parte alguma parecem prontas a se dissolver, obrigam *a mente* a ir para onde não seja necessário se degradar. [...] Esta *não é uma época para a arte política*, mas a política migrou para a *arte autônoma*, sobretudo para aquela que parece estar *politicamente morta*.[103]

Como observaram alguns críticos favoráveis:

> As pretensões políticas da "teoria crítica" se desgastaram muito mais do que as do existencialismo libertário de Sartre. Deve-se acrescentar que a noção de um sujeito transcendental residual era estruturalmente essencial ao pensamento de Adorno, constituindo a única posição privilegiada em uma ordem social supostamente totalitária (e fundamentando a possibilidade de um pensamento capaz de a condenar como tal). Nenhuma avaliação de sua estética pode negligenciar essa persistência *semimiraculosa* do sujeito em um esquema conceitual que postula sua *reificação completa*. A crença de Sartre na eficácia do engajamento individual parece muito menos questionável do que uma teoria em que a produção de obras de arte "*autônomas*" é quase *mágica*.[104]

---

[100]   Adorno, *Aesthetic Theory*, p. 48.

[101]   Adorno, "Commitment", em Adorno, Benjamin, Bloch, Brecht, Lukács, com um posfácio de Fredric Jameson e apresentações de Perry Anderson, Rodney Livingstone e Francis Mulhern (subseqüentemente Adorno et al.), *Aesthetics and Politics*, Londres, NLB, 1977, p. 191.

[102]   Ibid., p. 193.

[103]   Ibid., p. 194.

[104]   Ibid., p. 147.

180  *A necessidade da ideologia*

Para justificar suas acomodações práticas, apresentadas como a própria incorporação da "mente autônoma", Adorno estava constantemente tentando criar os mais absurdos "denominadores comuns" entre seus adversários, dirigindo-se, no fundo, contra a esquerda. Para isso, decretou a identidade entre "um amplo espectro de pessoas, desde *Hitler* [...] até *escritores esquerdistas* que são inimigos do conceito de vanguardismo estético [por exemplo, Lukács] em razão de seu *zeloso desejo de ser politicamente de vanguarda*".[105] Esta linha de "argumentação" representava o pior tipo de *demagogia*, cujo propósito era desacreditar a esquerda sem entrar na substância da própria controvérsia estética. Em vez disso, ele achou muito mais fácil reivindicar para sua postura a justificativa automática de ser o único verdadeiro reduto do antifascismo. (O que era muito dúbio, pois havia ocorrido um pouco tardiamente. Hannah Arendt, uma refugiada da Alemanha de Hitler, condenou Adorno explicitamente pelo que considerava ser sua "mentalidade quase colaboracionista" durante a década de 1930.)[106] A semelhança de sua acusação da profana "comunhão" entre Hitler e os "escritores esquerdistas", a quem ele queria denunciar por causa de seu comprometimento sociopolítico, Adorno reduziu a um peculiar denominador comum, como vimos, o "monopólio do capital" e o "monopólio do trabalho". Produziu equações tão arbitrárias por conta de seu distanciamento bilateral em relação ao existente, que ele tentava transformar em virtude. Algumas vezes, esta atitude assumia as formas mais surpreendentes, projetando anistoricamente as preocupações do século XX até às circunstâncias da Antigüidade clássica. Adorno não hesitou em assumir, em sua busca da ideológica "eqüidistância" de tudo, a mais extremada posição anti-histórica, para poder atirar em todas as direções por meio de analogias vazias. Nesse sentido, foi capaz de "descobrir", até no princípio aristotélico da catarse, "a dominação manipuladora da arte pela indústria cultural", e pôde falar do "*embrionário socialismo de Estado de Platão*",[107] dirigindo, é claro, a ferroada desta última "revelação" contra as formas de socialismo hoje existentes.

Naturalmente, Adorno buscou a racionalização de suas acomodações também projetando seu pensamento veleitário como uma tendência artística objetivamente desenvolvida. Desse modo, repetidamente rejeitou Brecht (contra quem teve profundo ressentimento durante toda sua vida) como "ingênuo e racionalista no pior sentido da palavra", e continuou, dizendo: "Portanto, talvez não seja absurdo *prever o fim de sua atual fama*".[108] Ao mesmo tempo, a total irrealidade de sua autopercepção lhe permitiu colaborar com as piores forças da opressão em nome da "mente autônoma". Eis

---

[105]  Adorno, *Aesthetic Theory*, p. 36.

[106]  Adorno retornou freqüentemente à Alemanha de Hitler – após deixá-la em 1934 – quase até o início da guerra. Seu ensaio "On Jazz" "foi escrito sob o pseudônimo de Hektor Rottweiler, que talvez expressasse a ainda viva esperança de retomar uma posição na Alemanha. De fato, durante aqueles anos sua decisão de renunciar ao patronímico Wiesengrund em favor do nome de sua mãe foi interpretada por outra refugiada, Hannah Arendt, como evidência de uma mentalidade quase colaboracionista" (Martin Jay, *Adorno*, p. 34). O juízo de Arendt está em Elizabeth Young-Bruehl, *Hannah Arendt: the Love of the World*, New Haven, 1982, p. 109.

[107]  Adorno, "Commitment", em Adorno et al., *Aesthetics and Politics*, p. 192.

[108]  Adorno, *Aesthetic Theory*, p. 40.

Política e ideologia    181

como críticos simpáticos a ele registraram as circunstâncias sob as quais o degradante ataque de Adorno a Lukács – que na época estava sob prisão domiciliar, na Hungria – foi publicado inicialmente no jornal da CIA da Alemanha Ocidental (*Der Monat*) e logo depois, em todo o mundo, em outros jornais fundados pela CIA (como o *Encounter*):

> Quando estourou a revolta húngara em outubro de 1956, Lukács – embora avaliando lucidamente a probabilidade de sucesso de uma explosão social essencialmente espontânea – não hesitou em fundir seu destino à causa dos trabalhadores e estudantes insurretos. Participando do governo de Nagy, onde previdentemente advertiu contra a retirada do Pacto de Varsóvia, foi capturado pelas tropas russas durante a intervenção soviética e confinado na Romênia. Libertado em março de 1957, completou o prefácio para o livro que vinha escrevendo e o enviou para o estrangeiro. *Realismo crítico hoje* foi publicado na Alemanha Ocidental em 1958. Quando foi lançado, a Hungria estava sob uma dura repressão, e Lukács foi silenciado em seu próprio país, submetido a ataques cada vez mais veementes. Era este livro que Adorno iria criticar [...].
>
> No mesmo ano [1958], Adorno se tornou diretor do Instituto de Pesquisa Social de Frankfurt. Não poderia haver duas situações mais contrastantes. Adorno, no auge de sua carreira, era livre para escrever onde quisesse na República Federal. Na ocasião, seu ensaio foi publicado em *Der Monat*, jornal criado pelo exército norte-americano na Alemanha Ocidental e financiado pela Central Intelligence Agency. As críticas severas de Adorno às "cadeias" mentais de Lukács tiveram assim sua ironia própria: quando ele as estava escrevendo, era Lukács quem estava resistindo à cultura policial, enquanto Adorno inconscientemente se submetia a ela.[109]

Até que ponto foi "inconsciente" a submissão de Adorno às forças da opressão é algo com que não precisamos nos preocupar agora. Jameson também sugeriu que, "retrospectivamente, é fácil identificar seu repúdio a Lukács e a Brecht, devido à práxis política de ambos, como exemplo característico de um anticomunismo próprio da Guerra Fria e atualmente superado junto com ela".[110]

Tais questões devem ser discutidas em seu cenário adequado. Entretanto, o que é diretamente relevante a nossas considerações é o fato de Adorno ter definido sua posição ideológico-política de tal modo que, em nome da "mente autônoma", pôde se permitir realizar quaisquer acomodações que lhe foram convenientes nas devidas circunstâncias. Desse modo, sentia-se livre para constantemente condenar de maneira severa e genérica as "instituições" e a "burocracia", ao mesmo tempo que assumia funções burocráticas e institucionais paradigmáticas – como a adulteração da herança de Walter Benjamin e a "censura" de seus próprios escritos que pertenciam a um período mais radical –, primeiro como vice-diretor e depois como diretor do Instituto de Pesquisa Social de Frankfurt, recriado na Alemanha Ocidental, após seu retorno dos Estados Unidos, "com a benevolente aprovação do regime de Adenauer".[111] Mais do que isso, sentia-se livre também para condenar algumas das mais corajosas manifestações da luta por uma transformação socialista genuína, colaborando alegremente, em nome da "mente autônoma", até com os inimigos profissionais do socialismo.

---

[109] Adorno et al., *Aesthetic and Politics*, p. 143.

[110] Fredric Jameson, "Reflections in Conclusion", em Adorno et al., *Aesthetics and Politics*, p. 208.

[111] "Presentation IV", em Adorno et al., *Aesthetics and Politics*, p. 142.

## 182  A necessidade da ideologia

No caso de Lukács, Adorno surpreendeu seus leitores com uma reviravolta estranha. No passado, ele prestou homenagens ao pensador que Thomas Mann considerava o maior crítico vivo, e a cujo discurso "sobre as grandes formas da literatura épica" e sobre a "reificação" o próprio Adorno tanto devia. Tudo isso, porém, mudou drasticamente quando Lukács – como um ato de desafio aberto e arriscado aos poderes que selvagemente o atacaram na Hungria e em outros locais da Europa oriental, proibindo suas publicações onde puderam – cometeu a imperdoável afronta de publicar seu livro *Realismo crítico hoje* na Alemanha Ocidental, onde Adorno se considerava a instituição cultural incontestável do "pensamento crítico". Assim, juntou-se aos acusadores de Lukács, dirigindo contra o filósofo húngaro termos abusivos que teriam feito corar de vergonha até um magnata da imprensa ordinária e seus serviçais editores.

Eis aqui uma amostra dos pronunciamentos "isentos de ideologia" de Adorno, com os quais ele tentou expulsar o intruso do território que considerava seu. Chamou Lukács de pensador não-dialético "oficialmente licenciado" e de "inquisidor"; alguém que, à maneira de "um provinciano inspetor de escola guilhermino", escreve "os mais batidos chavões do conformismo" e "obstinadamente se agarra a uma antiquada doutrina do materialismo vulgar", pois está "paralisado desde o início pela consciência de sua própria impotência"; um "professor dogmático que sabe não poder ser interrompido"; "nem um conselheiro do rei poderia discorrer sobre a arte de modo tão estranho a ela" quanto Lukács, cujas opiniões são "ao mesmo tempo prosaicas e ideológicas"; um "comissário cultural" e um "mau intérprete teimoso" que veste um "manto ditatorial" e "emite decretos"; "o pedantismo de seu estilo geral é tão grande quanto seu desleixo em termos de detalhe", e portanto "não tem nenhum direito de emitir opiniões sobre questões literárias"; alguém cuja obra é caracterizada por "uma mistura estilística de pedantismo e irresponsabilidade", cujo "abuso traz consigo todos os horrores da perseguição e do extermínio, e não somente na Rússia"; Adorno acusou Lukács de "juntar-se ao coro dos censores" (sem dúvida no conforto íntimo de sua prisão domiciliar), de colocar Kafka "em seu índex", e de fazer tudo isso com "voz estentórea"; pior ainda, comparou Lukács aos "promotores públicos que pedem o extermínio daqueles que consideram indignos de viver ou que se desviam da norma"; além disso, misteriosamente rejeitou a análise crítica que Lukács fez de Thomas Mann como sendo uma "fastidiosa bajulação que teria nauseado o grande cronista da decadência" (misteriosamente, porque Thomas Mann morreu dois anos antes que pudesse ter sido "nauseado" pela "bajulação" de Lukács, embora provavelmente a tivesse preferido ao julgamento refinado e puramente descritivo de Adorno, que o considerou "o grande cronista da decadência"); rejeitou Lukács por ter uma "mente burocrática e obtusa" e, além disso, por escrever de modo "ao mesmo tempo abstrato e infantil"; e acrescentou, em termos definitivos: "Eis um homem que balança desesperadamente as próprias correntes que o prendem, imaginando todo o tempo que seus tinidos anunciam a marcha para diante do espírito do mundo".[112] Estes foram os termos em que

---

[112]  Todas estas citações são de um artigo relativamente curto de Adorno, "Reconciliation under Duress". Ver Adorno et al., *Aesthetics and Politics*, p. 151-76. O original alemão, com o título de "Erpresste Versöehnung", foi publicado em *Der Monat*, em novembro de 1958.

*Política e ideologia* 183

Adorno se sentiu livre para denunciar, nos periódicos de rede internacional e abertamente promotores da Guerra Fria, pertencentes à "indústria cultural" da CIA, alguém de cujo profundo comprometimento socialista e de cuja luta de toda uma vida contra o poder desumanizante da reificação ninguém poderia seriamente duvidar, nem mesmo Adorno. Ao mesmo tempo em que se dedicava a um empreendimento tão inerentemente problemático (para dizer o mínimo), o "teórico crítico" alemão continuava a imaginar que suas próprias acomodações ideológicas e políticas representavam o paradigma da independência radical em um mundo de "reificação total", correspondente ao ponto mais elevado da "mente autônoma". Nenhum teórico poderia se libertar das determinações negativas de uma contradição desse tipo.

As auto-racionalizações ideológicas e políticas de Adorno tiveram *conseqüências teóricas* de longo alcance. Como já dissemos, foi ele mesmo quem se impôs sua ignorância político-econômica, porque sua posição ideológica e teórica se harmonizava muito bem com a substituição de uma análise socioeconômica marxista historicamente atualizada e abrangente pelas categorias mais superficiais da sociologia norte-americana (por exemplo, "o desejo de ter um padrão de vida igual ou melhor do que o dos vizinhos" como a inexplicável "explicação" da "relação das massas com a arte e com os bens de consumo reais").[113]

Na verdade, a adoção de tais categorias estava ligada à afirmação totalmente insustentável de que elas "superavam" o quadro teórico marxiano, de acordo com as novas condições da "sociedade de consumo". Não parecia importar que as banalidades apresentadas pelo novo quadro categorial tivessem sido moldadas desde o início pelas circunstâncias conjunturais de algumas poucas sociedades capitalistas avançadas (acima de tudo pelo capitalismo norte-americano), e portanto não poderiam ser elevadas à posição de uma teoria geral sem antes passarem por um exame crítico sério. Em sua ânsia de se livrar da herança marxiana, a "teoria crítica" se mostrou absolutamente acrítica em relação a seu recém-descoberto aliado sociológico.

A concepção marxiana foi articulada por seu criador como uma teoria *global* em que as tendências de desenvolvimento e subdesenvolvimento tinham de ser avaliadas em sua interconexão dialética, julgando-se a partir dos mesmos princípios a validade das proposições e previsões particulares de Marx. Para a teoria de Adorno, genericamente negativa mas concretamente acomodatícia, eram muito embaraçosas as implicações explosivas de uma teoria global que apontava um dedo acusador contra as altamente privilegiadas sociedades capitalistas avançadas. Em conseqüência, não surpreende que em tal "teoria crítica" não haja lugar para o exame crítico do relacionamento *explorador* imposto pelos "centros metropolitanos" do avanço capitalista sobre seus complementos subdesenvolvidos. As categorias vagas e superficiais que Adorno emprestou da literatura sociológica norte-americana, "ultrapassando" o desconcertante discurso marxiano relativo ao sistema global de exploração e seus explosivos antagonismos, serviram-lhe de tábua de salvação. Convenientemente, ele só se lembrava das "nações subdesenvolvidas" quando podia ao mesmo tempo condená-las

---

[113] Ver, por exemplo, Adorno, *Aesthetic Theory*, p. 24-5.

## 184 *A necessidade da ideologia*

por desejar ter um padrão de vida igual ao dos vizinhos, lamentando "a regressão que ameaça obscurecer a *mente européia* como um todo, uma sombra lançada sobre as *nações desenvolvidas* pelas *subdesenvolvidas*, que já estão começando a *seguir o exemplo das primeiras*".[114] Assim sendo, a teatral "dor do mundo" (*Weltschmerz*) da "mente autônoma" – e na verdade, nessa ocasião, da "mente européia" autônoma – não tinha outro propósito senão o de fazer esquecer a dor muito real causada pela negação da satisfação até das necessidades mais elementares do povo explorado nas "nações subdesenvolvidas". Esta era uma *realidade* por cujo início e continuada existência a "mente européia" tinha grande parcela de responsabilidade. Metamorfosear algo extremamente problemático em um *ideal*, do modo como fez Adorno, era uma boa indicação do "radicalismo" de sua abordagem.

Compreensivelmente, os princípios fundamentais de Marx não se ajustavam a tal linha de raciocínio "crítico", e ele foi descartado como alguém cujo diagnóstico se provou errado e cujas esperanças e idéias relacionadas ao poder emancipatório das necessidades humanas não têm pontos reais de contato com o mundo contemporâneo. Pois

> A antiga esperança de que as *necessidades do povo*, juntamente com o *crescimento dos forças produtivas*, elevariam a qualidade do todo social para um plano novo e mais elevado *já não têm substância*, visto que as necessidades foram sujeitas à *integração* e à falsificação pela *sociedade*.[115]

Desse modo, assim como Adorno anteriormente declarara que a definição marxiana do relacionamento entre o ser e a consciência não era mais válida e nem sequer importava mais saber "o que dependia de que" no relacionamento entre a infra-estrutura e a superestrutura, agora somos informados de que a caracterização marxiana das necessidades do povo, juntamente com suas opiniões sobre a natureza e as limitações do desdobramento dos desenvolvimentos produtivos capitalistas, "já não tem substância". Mas para tornar plausível a decretada "superação" de Marx, suas concepções tinham de ser distorcidas até o extremo. Pois a proposição marxiana de que "a teoria só pode ser compreendida por um povo na medida em que atende às *necessidades* desse povo. [...] Não é suficiente que o pensamento se esforce para realizar-se; a *realidade* deve ela mesma se empenhar pelo pensamento. [...] Somente uma revolução de *necessidades radicais* pode ser uma revolução radical" enfatizava a importância do agente social como a incorporação material de toda teoria social significativa, em oposição à grotesca auto-referência da "mente autônoma", seja ela apresentada em sua generalidade desnuda ou coberta por este ou aquele vestuário geográfico. Do mesmo modo, Marx jamais pensou que pudesse haver um mecânico "crescimento das forças produtivas". Ele declarou *explicitamente* que o inter-relacionamento dialético necessário entre as *forças* e as *relações* de produção, em virtude do qual o caráter mutilado das relações sociais dominantes (limitadas pelo capitalismo), pode também mutilar e de fato mutila o desenvolvimento das *forças* de produção. O postulado do "crescimento

---

[114] Adorno et al., *Aesthetics and Politics*, p. 171.

[115] Adorno, *Aesthetic Theory*, p. 27.

das forças produtivas" em si e por si *jamais* teve, e jamais poderia ter, qualquer substância. Em conseqüência, a atribuição de tal concepção a Marx, para poder negá-la e descartá-la – e assim refutá-lo completamente como alguém cuja "esperança *já não tem substância*" – era um tanto insincera e errou o alvo por milhares de quilômetros.

Este foi o contexto em que o significado intrinsecamente conservador da "teoria crítica" de Adorno veio à tona com grande clareza, juntamente com as limitações que ele próprio impôs a suas idéias político-econômicas. A já citada afirmação de Adorno, segundo a qual "as forças produtivas *permitiriam diretamente, aqui e agora*", a realização de uma ordem social ideal, não continha qualquer informação sobre o mundo real. Era meramente uma peça retórica pela qual o autor podia afirmar sua eqüidistância oportunisticamente bilateral em relação ao existente.

Do mesmo modo, no postulado invertido do "crescimento das forças produtivas" e suas alegadas implicações emancipatórias diretas de que se dizia que "já não têm substância", o objetivo da afirmação de Adorno não era um convite para se fazer uma avaliação adequada da dinâmica real das forças produtivas, das necessidades humanas e das relações sociais de produção dominantes (antagônicas). Em vez disso, seu empreendimento se resumia em exprimir mais uma vez seus lamentos abstratos e genéricos sobre a "integração e a falsificação das necessidades pela *sociedade*" como tal, transformando desse modo a dinâmica explosiva das inter-relações antagônicas na paralisação estática de uma "sociedade inteiramente integrada" da qual, por uma questão de necessidade de definição, não poderia haver escapatória. É por isso que os termos de referência originais de Marx *tiveram* de ser tão grosseiramente mal representados por esta "teoria crítica".

Em tudo isso, a limitação que Adorno se impôs, através da qual misturava potencialidade *abstrata* com potencialidade *real ou concreta*, foi um momento decisivo. Ele não poderia encarar essas importantes categorias dialéticas porque, se assim fizesse, enfraqueceria seus pronunciamentos teóricos fundamentais. Em vez disso, Adorno sempre apagou a linha de demarcação entre a potencialidade abstrata e a concreta (ou real), a serviço de sua equidistância ideologicamente motivada e de seu comprometimento tendencioso com a difamação e a condenação do verdadeiro comprometimento sociopolítico. Esta determinação de ofuscar as linhas de demarcação necessárias se manifestou também na seguinte passagem:

> A arte é a verdadeira consciência de uma época em que a Utopia – a crença de que esta terra, *aqui, agora e imediatamente*, poderia, em virtude do presente *potencial das forças de produção*, tornar-se um paraíso – é uma possibilidade *tão real* quanto a destruição catastrófica total.[116]

A verdade da questão é que, evidentemente, ao passo que o "paraíso na terra", postulado em relação à articulação dada das forças de produção, é uma potencialidade absurdamente *irreal* e totalmente *abstrata*, a "destruição catastrófica total" é, ao contrário, uma possibilidade muito *real* para a qual todos os meios necessários têm sido *realmente produzidos*, vezes seguidas, esperando apenas que alguns botões sejam apertados para sua sinistra realização. A simples equiparação das duas potencialidades,

---

[116] Ibid., p. 48.

186  *A necessidade da ideologia*

como fez Adorno, pode apenas anular a consciência da devastadora realidade da segunda, juntamente com a urgência das tarefas possíveis e tangíveis planejadas para sua prevenção. Se, em virtude da tentativa antidialética de Adorno de apagar a distinção vital entre potencialidade abstrata e concreta, dizendo que uma é *"tão real quanto a outra"*, o único discurso que se pode seguir é a retórica impotente da "irracionalidade total" em um mundo de "reificação total", graças à "racionalidade instrumental" (considerada inerente à "dialética do Iluminismo"), denunciada com freqüência, mas em vão, em relação à qual a "humanidade com seu apetite selvagem" e ausência de disposição para ouvir os nobres sermões da "mente autônoma" pode apenas se censurar.

Para Adorno, a adoção de tal estrutura de discurso significava que os alvos da crítica tinham de ser definidos de modo quixotesco, defendendo um ataque imaginário à causalidade, à "racionalidade utilitarista", etc., como já vimos. Naturalmente, as possibilidades de sucesso desses confrontos eram ainda menores do que as do duelo de Dom Quixote contra o moinho de vento. O nobre espanhol podia pelo menos investir fisicamente contra seu inimigo imaginário, enquanto os alvos de Adorno eram tão abstratos e irreais que permaneciam totalmente fora do alcance. Ao mesmo tempo, os alvos reais e possíveis da ação emancipatória – que necessitam do comprometimento social de agentes históricos reais – eram excluídos *a priori* pela "mente autônoma", como uma *capitulação* às "exigências grosseiramente heterônomas que [Brecht] desesperadamente impôs a si mesmo".[117]

Adorno tentou se libertar de suas contradições substituindo as *determinações sociais* historicamente concretas por questões de *técnica*. É por isso que as soluções por ele apresentadas permaneciam *verbais* em vez de serem genuinamente *teóricas*, freqüentemente dissolvendo-se no quase-sofisma de definições e declamações arbitrárias. Neste sentido, Adorno pouco dizia quando simplesmente dizia que

> O fenômeno do ofício é o *agente* que limita a criação e evita que a arte se transforme em um "mau infinito", no sentido da *Lógica* de Hegel. O *ofício* determina a *possibilidade abstrata* da arte e, portanto, transforma-a em uma *possibilidade concreta*. Por isso, todo verdadeiro artista é obcecado por questões de *técnica* e método. E é isso que há de legítimo no *fetichismo dos meios* tão comum na arte.[118]

Para estabelecer o relacionamento entre potencialidade abstrata e concreta na arte, seria necessário muito mais do que as colocar, *por definição*, sob a palavra "ofício", sem mencionar as outras coisas que Adorno colocava sob o mesmo termo, sem muita explicação. Na verdade, o significado real da afirmação de Adorno estava mais no que ele *não* comentava do que naquilo que tornava explícito. Vinculando diretamente o artista individual à sociedade em geral – isto é, o "indivíduo abstrato" ao "universal abstrato": ambos inerentemente *anistóricos* – e definindo-o como a encarnação genérica das *"forças* de produção" através do seu "ofício" (embora abstrata e genericamente negando as *relações* de produção), Adorno fugia mais uma vez da difícil questão do *agente social coletivo historicamente específico* como o sujeito real também

---

[117] Adorno et al., *Aesthetics and Politics*, p. 188.
[118] Adorno, *Aesthetic Theory*, p. 65.

na arte, sob a forma de uma existência dialeticamente mediada pelas complexas *relações de classe* dos artistas particulares, inseparáveis de seu *comprometimento social*, tão categoricamente rejeitado pelo teórico crítico alemão. Eis por que Adorno, por um lado, teve de personificar a "arte" e a "sociedade" em geral, para poder conferir uma "dimensão coletiva" espúria ao artista individual isolado. Ao mesmo tempo, por outro lado, teve de substituir a especificidade sócio-histórica das múltiplas interdeterminações dialéticas entre a base material e a superestrutura cultural-ideológico-política, assim como das existentes entre os artistas particulares e seu ambiente social, pela questão da *técnica*.

Paradoxalmente, no entanto, optando por tal solução, Adorno só conseguiu se libertar da "má infinitude" mencionada com referência à *Lógica* de Hegel por meio de uma *suposição de definição* que repentinamente (e surpreendentemente) metamorfoseava "a possibilidade abstrata da arte" em "possibilidade concreta". Infelizmente, as mesmas considerações se aplicam também a sua avaliação das *potencialidades emancipatórias* das forças de produção capitalistas. Tratando-as como fatores puramente técnico-tecnológicos, conferiu-lhes a *infinitude mítica* e o poder emancipatório ilusoriamente ilimitado de uma *potencialidade abstrata*, para poder atribuir-lhes a escuridão da negação absoluta devido a seu fracasso em se concretizar na sociedade "totalmente integrada" e "totalmente reificada" de "ambos os lados", rejeitando ao mesmo tempo as supostas "esperanças" de Marx em relação ao contrário. Mas, como vimos, toda esta linha de argumentação é uma interpretação totalmente errada da situação real e de sua conceituação por Marx, baseada na própria identificação falsa de Adorno das potencialidades abstratas e concretas do existente, juntamente com um total desprezo pelas determinações sócio-históricas específicas e pela vinculação social característica da tecnologia dominante enquanto tecnologia – longe de "concreta e potencialmente" emancipatória – *capitalista* da "sociedade industrial avançada".

A *realidade* desta tecnologia é, tal como a conhecemos, imensamente *devastadora* e *destrutiva*, e está de tal modo socialmente articulada que *necessita* da subordinação e da exploração da esmagadora maioria da humanidade. Quanto a suas *possibilidades concretas*, o quadro é ainda menos promissor, pois, com exceção de suas potencialidades produtivas determinadas, que poderiam – sujeitas aos limites e às contradições inerentes ao capital – ampliar o poder material desta tecnologia, passando alguns ganhos reais para um número relativamente pequeno de pessoas sem abrir mão da dura exploração da esmagadora maioria, ela também tem como *possibilidade concreta*, e a fácil alcance, a total destruição do gênero humano. A *"má infinitude"* das *potencialidades abstratas* abertas à ciência e à tecnologia é de fato reduzida a uma dimensão controlável, e convertida em suas *potencialidades concretas*, precisamente através de sua orientação e articulação prática socialmente determinadas. No caso da tecnologia capitalista, isso não poderia ser mais problemático e menos idealizável.

Assim sendo, toda a discussão sobre o potencial emancipatório da tecnologia produtiva, incluindo o discurso de Marx nos *Grundrisse* e em *O capital*, implica necessariamente a *destruição radical* do próprio sistema do capital, juntamente com sua tecnologia sócio-histórica específica. Na verdade, a previsão de Marx de um sistema de produção socialista como o anteriormente citado – em que o *uso* (e a necessidade

188    *A necessidade da ideologia*

"legítima") não é mais determinado pelas restrições mutiladoras do *tempo mínimo*, que corresponde aos ditames do lucro capitalista, mas o tempo dedicado à produção conscientemente planejada de bens não transformáveis em mercadoria é destinado a alvos de produção específicos de acordo com sua *utilidade social* – pressagia uma orientação radicalmente diferente, tanto da ciência quanto da tecnologia.

A potencialidade abstrata da "tecnologia em si" é pura ficção. Para a "potencialidade tecnológica" perder o caráter ficcional – freqüentemente postulado por Adorno e outros sob a forma das milagrosas possibilidades do "aqui e agora" das "forças de produção" – de modo a se tornar verdadeiramente um sinônimo de *potencialidade emancipatória*, ela precisaria antes ser convertida na potencialidade concreta de um projeto socialista praticamente viável e historicamente bem definido por meio de quaisquer passos intermediários que sejam necessários para tornar possível tal conversão. Mas, nesse caso, não se poderia mais falar sobre as possibilidades emancipatórias das forças de produção tal como as conhecemos "aqui e agora".


Na seção 3.4.6 mostramos algumas das importantes implicações *metodológicas* da posição ideológica e teórica de Adorno. Podemos nos limitar aqui à discussão de alguns poucos aspectos adicionais.

Quanto à negatividade como princípio estruturador-chave da obra de Adorno, suas conseqüências profundamente problemáticas puderam, inicialmente, permanecer latentes, na medida em que os irônicos *aforismos* e *paradoxos* de *Minima moralia* e dos ensaios anteriores tinham por objeto a avaliação das manifestações fenomênicas de algumas contradições específicas às quais uma reação puramente negativa parecia apropriada. Baseadas nisso, algumas pessoas declararam que ele deveria ter permanecido com tarefas parciais, que pareciam se adequar tão bem a seu método de escrever, em vez de se aventurar no campo da teoria abrangente, da qual ele mais de uma vez declarou a futilidade em seus ensaios.

Tal alternativa, na verdade, não estava aberta a Adorno, pois as negatividades parciais de seus ensaios curtos e aforismos eram formuladas a partir da concepção de uma *negatividade totalizadora*, e portanto sua validade limitada dependia de seus vínculos recíprocos no quadro geral de suas negações categóricas. Além disso, o princípio metodológico negativo constitutivo de sua obra como um todo resultou em uma espécie peculiar de "acumulação" porque, dada a abordagem geral de Adorno, a variedade de temas debatidos trouxe consigo a multiplicação dos marcos de sinalização negativos no mapa do autor, cujo significado estava longe de ser evidente por si mesmo. O já citado caráter *não-cumulativo* de sua estrutura explanatória foi a conseqüência necessária desta multiplicação de afirmações negativas mais ou menos opacas. Para torná-las (assim como à natureza inerente de todo o empreendimento) inteligíveis, ele tinha de mostrar *ou* a dimensão *positiva* das interconexões dialéticas específicas que poderiam ser localizadas dentro da estrutura antagônica da ordem estabelecida (o que ele *não poderia fazer*, em razão de sua negação genérica e apriorística da "sociedade totalmente reificada" em que "tudo é único", etc.), *ou* tinha de demonstrar que seu princípio metodológico totalizante da *dialética negativa* era, apesar de tudo, factível

Política e ideologia   189

como a estratégia global intrinsecamente significativa de lançar garrafas sem rolha (cheias de condenações categóricas) ao mar furioso.

A dificuldade metodologicamente insuperável para Adorno foi sua tentativa de derivar a *dialética* de um quadro categorial inexoravelmente estático e não-dialético, que ele impôs a si mesmo através de um conjunto de negações apriorísticas. Ele não resolveu o problema quando chamou sua abordagem de "dialética *negativa*", pois as categorias escolhidas resistiam a ser sintetizadas em um todo coerente e dinâmico. Seu culto da "*mônada sem janelas*" era sintomático dessa dificuldade auto-imposta. A dialética do relacionamento entre *parte* e *todo* foi substituída na "monadologia" de Adorno por uma entidade metafísica congelada e fechada em si mesma, cujo relacionamento com o mundo real podia ser retoricamente postulado, mas jamais demonstrado. Além disso, tendo declarado que o todo era "o falso", era difícil entender o motivo da tentativa de relacionar a "mônada sem janelas" a alguma coisa exterior a si mesma, sem mencionar o completo mistério da declaração de que "a obra [de arte] é uma mônada sem janelas da sociedade".[119] Esta "conclusão" não foi mais que o último membro de uma série de *non sequiturs* em que Adorno tentou combinar, por definição, *subjetividade abstrata* com *potencialidade abstrata* e *universalidade abstrata* para delas derivar uma aparência de especificidade sócio-histórica. Eis como Adorno construiu sua linha de argumentação:

> A totalidade das habilidades chamadas *ofício*, embora apenas *subjetivas* na aparência, são de fato a *presença potencial*, na obra de arte, da *sociedade* definida em termos de suas *forças produtivas*. Por isso, a obra é uma *mônada sem janelas da sociedade*.[120]

A incapacidade de estabelecer o caráter sócio-histórico da obra de arte, e a subseqüente solução do problema pela proclamação do relacionamento um tanto misterioso entre arte e sociedade sob a categoria de "uma mônada sem janelas", não foi de modo algum acidental. É *impossível* definir a sociedade como uma realidade sócio-histórica apenas "em termos de suas forças produtivas", transformando desse modo o inter-relacionamento dinâmico e dialético entre as forças e as relações de produção em um impasse estático entre uma generalidade abstrata e sua reflexão, metafisicamente hipostasiada, em uma "mônada sem janelas". Similarmente, a vaga generalidade da categoria adorniana de "*modernidade*" foi conseqüência da eliminação do caráter sócio-histórico do problema em discussão. Assim sendo, o acréscimo do adjetivo "sofisticado" a duas generalidades abstratas e estáticas não as transformaria em um complexo dialético genuíno, visto que, depois de declarar que "a modernidade não é absolutamente cronológica", Adorno só pôde defini-la como "a consciência mais avançada em que se interpenetram procedimentos *técnicos sofisticados* e experiências *subjetivas* igualmente *sofisticadas*".[121] O que estava faltando, mais uma vez, era precisamente a *determinação* e *a mediação social* pelas quais as categorias "técnica" e "subjetividade" poderiam adquirir sua verdadeira dimensão histórica, assim como seu significado dialético. E a razão de sua ausência não era o esquecimento, mas uma

---

[119]   Ibid., p. 64.

[120]   Ibid.

[121]   Ibid., p. 49.

190  *A necessidade da ideologia*

necessidade ideológica, teórica e metodológica, pois a determinação abstrata da "modernidade" de Adorno estava bem harmonizada com o caráter abstrato e vago de sua categoria de "sociedade industrial avançada", que aparecia algumas linhas abaixo, na mesma página.

O tratamento que Adorno deu ao tempo histórico era muito problemático. Um de seus métodos favoritos para reivindicar a plausibilidade pretensamente evidente de sua negatividade ilimitada era dizer "*hoje*" (*Heute*) seguido por uma afirmação. Parecia-lhe que, opondo categoricamente o presente ao passado, pela mera evocação da palavra "hoje", justificaria suas próprias sentenças negativas (como na afirmação "hoje não importa mais o que depende de que", na qual simultaneamente justificava sua rejeição de todo comprometimento efetivo e praticamente factível), assim como sua declaração de que *objetivamente* não há alternativa para o "poder integrador total da reificação absoluta" (mais uma declaração autojustificadora), nem poderia haver, conseqüentemente, qualquer alternativa à sua conceituação do existente.

Este procedimento era inerentemente não-dialético, apesar de ser feito em nome da "dialética negativa". Adorno rompeu a dialética entre *continuidade* e *descontinuidade* com a simples declaração da preponderância da *descontinuidade* apoiado na autoridade do "hoje" sem tentar mostrar sua base ou suas implicações. Além disso, ela se ajustava bem a sua genérica condenação do "mundo reificado" e sua "humanidade com seu apetite selvagem" para definir a "arte autônoma" como "*objetividade sombria*".[122] Ao mesmo tempo, Adorno tinha de admitir a si próprio que a unilateralidade não-dialética em que ele transformou as oposições dialéticas – entre o "velho" e o "novo", "continuidade" e "descontinuidade", etc. – não poderia ser coerentemente defendida e ele tentou introduzir algumas correções em sua linha de raciocínio.

Infelizmente, as correções de Adorno em geral representavam muito pouco, visto que sua "dialética negativa" apriorística impedia a possibilidade de reconhecer as determinações objetivas e as interconexões dinamicamente manifestas da dialética social. De acordo com isso, tinha de se contentar com o tipo de respostas que dava à questão de como o não sombrio e na verdade desfrutável "velho continua a ser possível", quando, em sua opinião peremptória e freqüente, a "arte autônoma" era considerada "radicalmente nova" e completamente "sombria". Sua resposta era que tal possibilidade surgia "por causa do novo".[123] Ele acrescentou a esta evasão retórica outro decreto verbal, em vez de uma explanação teórica, insistindo em que esta curiosa persistência do "velho" (exemplificada pela música de Bruckner) "assume a *forma concreta de modernidade*, ao mesmo tempo em que a *antítese da modernidade*".[124] Assim, a questão recebia apenas uma pseudo-resposta, visto que o problema original se reapresentava ainda mais difícil em sua nova forma, isto é: como era possível que a "antítese da modernidade" assumisse a "forma da modernidade"? Neste caso, a resposta não era sequer tentada. Eis por que o leitor não podia deixar de sentir estar de volta ao ponto de partida depois de 250 páginas de uma exaustiva jornada sem rumo.

---

[122]  Ibid., p. 28.

[123]  Ibid., p. 29.

[124]  Ibid., p. 274.

Uma conseqüência mais séria do método de Adorno de introduzir correções como meras reflexões tardias na negatividade unilateral de seus postulados gerais foi que elas abalam suas declarações originais. É como tentar fazer uma casa, com a mão esquerda destruindo o que a mão direita constrói. Uma seção de *Teoria estética* intitulada "O negro como um ideal", Adorno sentencia:

> Para que as obras de arte sobrevivam em um contexto de crise e escuridão que é a *realidade social* [...] têm de se assimilar àquela realidade. A arte radical atual é arte escura: sua *cor de fundo é o preto*. Muito da arte contemporânea é irrelevante porque não leva em conta este fato, continuando, em vez disso, a alimentar um gosto infantil pelas cores vivas.[125]

Entretanto, algumas linhas depois de postular o necessário negrume da arte autônoma, Adorno teve de admitir como uma reflexão tardia:

> Apesar disso, a arte negra tem certas características que, se consideradas distintamente, perpetuariam nosso desespero histórico. Em conseqüência, enquanto houver esperança de mudança, estas características podem ser encaradas como *efêmeras, também*.

Mas mesmo esta reversão não era o fim do método peculiar de construção de Adorno. Algumas linhas depois, o leitor se deparava com outra inversão não-dialética: "Há mais prazer na *dissonância* do que na *consonância* – um pensamento que faz justiça ao hedonismo, medida para a medida.[126]

Desse modo, Adorno reconsiderava a reconsideração, mudando constantemente a base de seus argumentos e anulando os vislumbres parciais, em vez de integrá-los em uma teoria abrangente. Como resultado, os detalhes de seus escritos não eram coerentes, forçando o autor tanto a reiterá-los como a contradizê-los, obrigando-o a sempre recomeçar do zero.

Como a omissão das mediações sócio-históricas cruciais forçou e condenou Adorno a fazer da *técnica* um fetiche, ele teve de elevar o próprio fetichismo ao *status* de um *paradoxo representativo*. Declarou que

> *Fetichismo* é a palavra que resume o paradoxo da arte em um estado de incerteza geral. O paradoxo é o seguinte: como pode a arte, um artefato humano, existir por si só? Este *paradoxo* é o *sangue vital* da arte moderna.
>
> Por necessidade, o novo é o produto da vontade. [...] O novo *deseja a não-identidade*, mas, ao desejar, inevitavelmente *deseja a identidade*. Em outras palavras, a arte moderna está constantemente *praticando o truque impossível* de tentar *identificar o não-idêntico*.[127]

O modelo – consciente ou inconsciente – desta linha de raciocínio era a crítica de Hegel à concepção da Vontade de Kant e de Fichte. Com uma diferença significativa. Na opinião de Hegel, era uma "contradição desconcertante" de seus dois grandes predecessores filosóficos que sua concepção da Vontade "exija que seu Fim não seja alcançado", porque, "se o mundo fosse como deveria ser, a ação da Vontade estaria no fim".[128] Adorno, ao contrário, não conseguia ver nada de errado nas contradições, nem mesmo

---

[125]   Ibid., p. 58.

[126]   Ibid., p. 59.

[127]   Ibid., p. 33.

[128]   Hegel, *Logic: Part One of the Encyclopaedia of the Philosophical Sciences*, Oxford, Clarendon Press, 1975, p. 291.

## 192 A necessidade da ideologia

nas "contradições desconcertantes". Em vez disso, ele as chamava de "tensões dialéticas" e "paradoxos", deixando as coisas como estavam em nome da "mente autônoma" e da "consciência mais avançada". Adorno nunca revelou como a mente podia ser tão "autônoma" e a consciência tão "avançada" sob as condições totalmente reificadas da "sociedade industrial avançada". Apenas postulou que "a arte é realmente moderna quando tem a capacidade de *absorver os resultados da industrialização*",[129] tarefa em grande parte definida em termos técnicos fetichistas. O que ficou bastante claro, no entanto, foi que tal concepção da "consciência mais avançada" misteriosamente autogeradora e autosustentada – que podia contemplar sua diametral oposição ao existente – não podia se reconciliar com uma visão alternativa que tentava compreender e transformar o mundo através da unidade dialética e do inter-relacionamento dinâmico do *ser social* e da *consciência social*. Por isso, não podia haver lugar para Marx nessa "teoria crítica".

### 3.4.8

As soluções oferecidas por Habermas, politicamente mais ativo, não foram menos problemáticas. Sua "comunidade ideal de comunicação" e sua "situação ideal da fala" defendem uma visão do conflito social e de sua resolução potencial que, na melhor das hipóteses, pode ser qualificada de "ingênua". Entretanto, uma avaliação menos caridosa de sua substância não encontraria dificuldade em apontar a intenção apologética que estava por trás do superecletismo de Habermas, *orientado para o consenso*, que abarcava tudo o que pudesse caber em tal orientação, desde o funcionalismo estrutural parsoniano até a teoria dos sistemas, e desde a filosofia lingüística analítica até uma apriorística antropologia de gabinete.

A definição de Lukács da consciência de classe[130] (a qual influenciou muito os primeiros membros da Escola de Frankfurt) foi transformada por Habermas na categoria vaga e vazia das "necessidades dos membros de um sistema social, interpretadas de modo coletivo e vinculante", de modo a poder impor à teoria social "antiideológica", como termos fundamentais de referência e avaliação, "as condições limitadoras e os imperativos funcionais da sociedade",[131] isto é, a camisa-de-força anti-histórica da teoria dos sistemas.[132]

---

[129] Adorno, *Aesthetic Theory*, p. 50.

[130] "Relacionando-se a consciência com o todo da sociedade, torna-se possível inferir os pensamentos e sentimentos que os homens teriam em uma situação particular se pudessem avaliar tanto a situação quanto os interesses dela oriundos em seu impacto sobre a ação imediata e sobre a estrutura geral da sociedade. Isto é, seria possível inferir os pensamentos e sentimentos apropriados a sua situação objetiva. [...] Ora, a consciência de classe consiste de fato nas reações apropriadas e racionais 'atribuídas' [*zugerechnet*] a uma *posição típica particular no processo de produção*." (Lukács, *History and Class Consciousness*, Londres, Merlin Press, 1971, p. 51. [Ed. bras.: *História e consciência de classe*, São Paulo, Martins Fontes, 2003.])

[131] Segundo Habermas, a questão relevante para a teoria crítica social era:
"Como os *membros de um sistema social*, em um certo estado de desenvolvimento das forças produtivas, interpretariam suas necessidades de *modo coletivo e vinculante* [...] se pudessem e tivessem decidido pela organização do relacionamento social através da formação da vontade discursiva, com o conhecimento adequado das *condições limitadoras e dos imperativos funcionais de sua sociedade*?" (Habermas, *Legitimation Crisis*, Boston, Beacon Press, 1975, p. 113).

[132] Para uma crítica favorável da teoria dos sistemas de Luhmann, ver Cesare Luporini, "Marx/Luhmann: trasformare il mondo o governarlo?", *Problemi dei Socialismo*, ano XXII, maio-agosto de 1981, p. 57-70. O

*Política e ideologia* 193

Visto que Habermas não indicou determinações sociais específicas e que as mais óbvias – ou seja, as determinações de classe existentes – desapareceram sem deixar traço, permanecia um profundo mistério: o que poderia transformar aqueles "membros de um sistema social" em uma força *"coletiva"* coerente, capaz de "interpretar de modo vinculante suas necessidades", a não ser seu "conhecimento adequado" – isto é, sua aceitação cega – das "condições limitadoras e dos imperativos funcionais" de sua sociedade? E, evidentemente, as condições limitadoras e os imperativos funcionais da sociedade se aplicam, por definição, a *todos* os seus membros.

Assim, o "como?" desta "teoria crítica" antiideológica era definido *a priori* pela *suposição* circular de que as "condições limitadoras e imperativos funcionais" seriam as *premissas* orientadoras da interpretação coletivamente vinculante das necessidades dos indivíduos. E os critérios de adequação para a interpretação correta de suas necessidades pelos "membros de um sistema social", em tal mundo circularmente consensual, seria o reconhecimento dos imperativos funcionais inevitáveis do seu mundo.

Pela formulação original de Lukács, os "pensamentos e sentimentos adequados à situação objetiva [de cada classe particular]" seriam articulados de tal modo que habilitariam e induziriam as partes interessadas a decidir pela luta suas diferenças de classe. Em Habermas, ao contrário, a própria situação objetiva se torna sinônimo das "condições limitadoras e imperativos funcionais da sociedade" como tal, que, portanto, não poderia ser desafiada caso se possuísse um "conhecimento" não-ideológico "adequado" do mundo social.

Tendo, assim, rompido todos os laços com um agente social de emancipação historicamente identificável, tudo o que restou a Habermas foram as suposições arbitrárias de uma pseudo-antropologia transcendental, desde uma fictícia "necessidade primordial de auto-reflexão" até a explicação do desenvolvimento social em termos de "um automatismo do não-poder-deixar-de aprender".[133] A isso ele acrescentou uma dedução circular e tortuosa sobre o "acordo" e o "consenso" (até o "consenso contrafactual"[134]), garantidos pela "competência comunicativa",[135] concluindo seu discurso

---

livro mais representativo de Niklas Luhmann disponível em inglês é *Sociological Theory of Law*, Londres, Routledge, 1985 [ed. bras.: *Sociologia do direito*, Rio de Janeiro, Tempo Brasileiro, 1983-1985, 2 v.].

[133] Habermas, *Legitimation Crisis*, p. 15.

[134] "A antevisão formal da discussão idealizada garante o *consenso contrafactual* do apoio final, que deve previamente ligar os potenciais oradores-ouvintes." (Habermas, "Summation and Response", *Continuum*, v. 8, n. 1, primavera-verão de 1970, p. 132.)

[135] "Se, antes de tudo, cada conversa tem como significado que pelo menos dois indivíduos cheguem a um *acordo* sobre algo; se, em segundo lugar, o acordo significa a indução de um *consenso verdadeiro*; se, em terceiro, o *consenso verdadeiro* pode ser distinguido de um *falso consenso* apenas através da referência a uma *situação de fala ideal*, isto é, recorrendo-se a um *acordo* que é *contrafactualmente* considerado como se tivesse ocorrido sob *condições* ideais – assim, nesta idealização da situação de fala, está sendo considerada uma antevisão que: *a*) devemos aplicar em toda situação de fala empírica se quisermos nos comunicar; e *b*) que podemos assegurar com a ajuda dos meios de construção que todo falante tem à sua disposição em virtude de sua *competência comunicativa*." (Ibid., p. 131.)
Em outras palavras, se admitirmos o acordo, o "consenso verdadeiro", a "situação de fala ideal" e a "competência comunicativa", podemos deduzir deles a competência comunicativa que gera o consenso verdadeiro na situação de fala ideal de Habermas, no mundo estritamente contrafactual da comunidade ideal de comunicação.

194   *A necessidade da ideologia*

sobre o significado da "situação ideal da fala" na "comunidade ideal de comunicação" com esta afirmação axiomaticamente autotranqüilizadora, ao mesmo tempo que singularmente não-esclarecedora: "Quando iniciamos um discurso e o continuamos por tempo suficiente, teria sempre de resultar um *consenso*, e ele seria *per se* um *consenso verdadeiro*".[136]

Naturalmente, os "agentes emancipatórios" engajados na produção de tal "consenso verdadeiro" só poderiam ser da elite privilegiada – os vários *experts* e autonomeados especialistas em comunicação – que continuaria "por tempo suficiente" seu discurso ideal (enquanto outros estariam trabalhando por tempo também suficiente para seu benefício), de modo a conhecer e transcender (isto é, dissolver e "explicar satisfatoriamente", no espírito da filosofia lingüística) as diferenças identificadas.

Mais importante ainda, o universo social em que essa comunicação ideal e geradora de consenso poderia ser eficaz teria de ser *de início* um mundo essencialmente *livre de conflitos*, tornando assim *totalmente redundante* o trabalho de nossos "falantes ideais". Se os antagonismos sociais persistissem no mundo real, além dos muros artificiais da "comunidade ideal de comunicação", então, por mais tempo que nossos competentes comunicadores ficassem argumentando entre si, não é provável que conseguissem algo, exceto a demonstração de sua própria *impotência*. Por outro lado, se as contradições objetivas da sociedade não mais existissem, o papel daqueles (redundantes) interlocutores ideais seria tão-somente o de regozijar-se pelo consenso fundamental já instituído, propagando – no espírito da "comunicação" entendida como um exercício de relações públicas – suas virtudes e suas potencialidades ideais.

Por isso, o verdadeiro significado da teoria das comunicações de Habermas só pode ser *ideológico* e *apologético*, ocultando a permanência dos antagonismos estruturais na sociedade capitalista avançada e ficticiamente "superando" as deficiências da "comunicação distorcida" utilizando os procedimentos vazios de sua "comunidade ideal de comunicação", circularmente autoprevista e autoconsumada.

Na verdade, a principal preocupação teórica de Habermas era mostrar que as "sociedades modernas"[137] – as sociedades do *"capitalismo organizado, avançado"*[138] – resolveram com sucesso seus problemas estruturais através de uma "crescente interdependência da pesquisa e da tecnologia, o que transformou as ciências *na principal força produtiva* [...] eliminando, desse modo, as condições relevantes para a aplicação da economia política na versão corretamente formulada por Marx para o *capitalismo liberal*".[139] Desse modo, cumprimentando Marx com a mão esquerda e dando-lhe um tapinha nas costas que simultaneamente o relegava à era irrevogavelmente passada do "capitalismo liberal", Habermas procedeu, em nome da "atualização" do marxismo, à eliminação de *todos* os princípios fundamentais de Marx.

---

[136]   Ibid., p. 132.

[137]   Habermas, *Toward a Rational Society*, Londres, Heinemann, 1971, p. 105.

[138]   Ibid., p.110.

[139]   Ibid., p. 100.

### 3.4.9

A primeira a ser eliminada foi a teoria do valor-trabalho, com o argumento de que a "tecnologia e a ciência se transformam na principal força produtiva, tornando inoperantes as condições da teoria do valor-trabalho de Marx".[140]

É importante citar mais extensamente esta "refutação" de Marx pela "teoria crítica" de Habermas. Ela parte de uma percepção invertida dos desenvolvimentos capitalistas modernos, descritos como "a *cientificização da tecnologia*",[141] quando o que estamos testemunhando, de fato, é um processo muito perigoso que deveria ser caracterizado, ao contrário, como a perniciosa *tecnologização da ciência*, com conseqüências profundamente negativas para o próprio desenvolvimento científico, como veremos mais adiante.

O passo seguinte consiste em uma avaliação totalmente acrítica do complexo militar-industrial e de suas conseqüências pretensamente benéficas para a produção civil. Ele prossegue dizendo:

> Com o advento da *pesquisa industrial em grande escala*, a ciência, a tecnologia e a utilização industrial se fundiram em um sistema. Desde então, a pesquisa industrial tem se vinculado à pesquisa sob contrato governamental, o que primariamente promove o *progresso científico e técnico no setor militar*. Daí, *a informação retorna aos setores da produção civil*.

A última frase é seguida imediatamente pela rejeição, por Habermas, da teoria marxiana do valor, com uma curiosa justificativa:

> *Assim*, a tecnologia e a ciência se transformam na principal força produtiva, tornando inoperantes as condições da teoria do valor-trabalho de Marx. Já não faz sentido calcular a quantidade de investimento de capital na pesquisa e no desenvolvimento tendo como base o valor da força de trabalho não-especializada (simples), quando o progresso científico-técnico se tornou uma fonte *independente* de mais-valia, em relação ao qual a *única* fonte de mais-valia considerada por Marx, isto é, a *força de trabalho dos produtores imediatos*, desempenha um *papel cada vez menor*.

Com relação ao raciocínio de Habermas, vejamos uma passagem do ensaio de autoria de Müller e Neusüss. Eles fazem a consideração válida de que:

> As teorias mais recentes do socialismo de Estado [como a de Habermas] não são mais formuladas em termos da práxis social do movimento do trabalho (e, portanto, de fato, não são mais revisionistas). Apresentam-se, antes de tudo, como teorias sociopolíticas, relegando a análise da "economia" às teorias econômicas. Destas últimas, retiram aquelas declarações que se harmonizam com suas concepções. Desse modo, Habermas apóia-se em Joan Robinson para a "refutação" da teoria do valor de Marx, Offe em Shonfield, e todos eles sobre a variedade keynesiana da economia burguesa. Não mais compreendem que postular como absolutos os segmentos particulares da totalidade do modo capitalista de produção é algo já implícito nas ciências particulares e em sua divisão do trabalho com respeito à construção da teoria. A colagem de afirmações sobre os vários segmentos não resulta em uma concepção do todo. Desde Bernstein, no entanto, todos os revisionistas compartilham a posição de que o processo de

---

[140] Ibid., p. 104.

[141] As citações seguintes, salvo indicações contrárias, são todas da p. 104 da mesma obra.

## 196  *A necessidade da ideologia*

produção – mesmo quando explicitamente discutido – não pode ser visto como a unidade contraditória da realização do trabalho e do capital. Em vez disso, aparece como um mero processo de trabalho que só é ainda identificável como capitalista por causa de suas formas jurídicas e organizacionais específicas. Luxemburgo já criticava Bernstein porque "por capitalista" [ele] não entende uma categoria de produção, mas de direitos de propriedade; não uma unidade econômica, mas uma unidade fiscal [...]. Transferindo o conceito de "capitalista" das relações de produção para as relações de propriedade [...] ele desloca a questão do socialismo do reino da produção para o reino das relações de fortuna [ou, em termos mais recentes, os "abastados" e os "desprivilegiados"] – da relação entre capital e trabalho para a relação entre ricos e pobres.[142]

As críticas de Rosa Luxemburgo contra Bernstein também se aplicam a Habermas. No entanto, além da confusão criada pelo transplante redutivo da categoria do capital para a esfera das relações políticas, para tornar plausível seu modo radicalmente novo de operar sob a autoridade soberana do (benevolente) Estado intervencionista, as afirmações de que a ciência e a tecnologia são a principal força produtiva são não apenas factualmente incorretas com referência a Marx, mas também inteiramente mistificadoras em sua substância. Para resumir em uma frase o que veremos depois mais detalhadamente, uma *tendência contraditória* do capital – há 150 anos identificada como tal pelo próprio Marx – é assumida por Habermas como a *realidade não-problemática* do desenvolvimento presente e futuro do "capitalismo avançado, organizado".

Só que as declarações reivindicando o estabelecimento desta tendência como um fato não-problemático não são mais que uma mera *tautologia*. Citando Marx:

O fato de que, no desenvolvimento do poder produtivo do trabalho, as condições objetivas de trabalho, o trabalho objetivado, devem evoluir em relação ao trabalho vivo – esta é na verdade uma *afirmação tautológica*, pois o que mais significa o crescente poder produtivo do trabalho senão que *menos trabalho imediato* é exigido para a criação de um produto maior, e que, portanto, a riqueza social se expressa cada vez mais nas condições de trabalho criadas pelo próprio trabalho?[143]

Quanto à concepção supostamente estreita de Marx da força de trabalho dos produtores imediatos como sendo a única fonte da mais-valia, algumas citações dos *Grundrisse* falam por si. Em total contraste com a errônea interpretação que Habermas fez de suas opiniões, eis como Marx realmente analisou estas questões em 1857:

O roubo do tempo de trabalho alheio, sobre o qual se baseia a atual riqueza, parece uma *base miserável* diante desta nova, criada pela própria *indústria em grande escala*. Tão logo o *trabalho na forma direta* deixou de ser a grande fonte de riqueza, *o tempo de trabalho deixa e deve deixar de ser sua medida*, e portanto o valor de troca deve deixar de ser a medida do valor de uso.[144]

À medida que a base sobre a qual a grande indústria se estabelece – a apropriação do trabalho alheio – deixa, com seu desenvolvimento, de aumentar ou criar riqueza, e

---

[142] W. Müller e C. Neusüss, "The Illusion of State Socialism", *Telos*, n. 25, p. 23-4. As palavras de Rosa Luxemburgo citadas nas últimas linhas são de "Reform or Revolution?", *Selected Political Essays*, Nova York, org. por Dick Howard, 1971, p. 115-6.

[143] Marx, *Grundrisse*, Harmondsworth, Penguin, 1973, p. 831.

[144] Ibid., p. 705.

*Política e ideologia*   197

o *trabalho direto como tal deixa de ser a base da produção*, visto que, em certo aspecto, ele é transformado mais em uma *atividade de supervisão e regulamentação.*[145]

### 3.4.10

A questão, portanto, não é o fato de perceber ou não esta tendência – pois Marx a identificou claramente muito tempo antes de seus "negadores críticos" terem nascido –, mas de como entendê-la. Quanto a isto, há duas considerações importantes. A primeira diz respeito à gênese da ciência e da tecnologia sobre a base material de uma objetivação historicamente específica do trabalho, em contraposição a seu contestável "autodesenvolvimento" a partir das supostas e algo misteriosas "características do capitalismo avançado". E a segunda questão, ainda mais importante, está ligada à avaliação da própria tendência em relação ao trabalho vivo, em seu contexto *global*, e não meramente nas circunstâncias muito excepcionais – mais uma vez arbitrariamente generalizadas – das "sociedades industriais avançadas".

Evidentemente, com respeito a ambas as questões, Habermas e Marx estão muito longe um do outro. A primeira questão é analisada por Marx da seguinte maneira:

O desenvolvimento dos meios do trabalho, que leva à produção de máquinas, não é um momento acidental do capital, e sim o remodelamento histórico dos meios de trabalho herdados em uma forma adequada ao capital. A acumulação de conhecimento e de habilidade das *forças produtivas gerais do cérebro social* é, assim, absorvida pelo capital, enquanto oposto ao trabalho, e por isso surge como um *atributo do capital*, e mais especificamente do capital fixo, na medida em que ela entra no processo de produção como um meio de produção propriamente dito. [...] Além disso, na medida em que a maquinaria se desenvolve com a acumulação da *ciência da sociedade*, da força produtiva em geral, o *trabalho social geral* já não se apresenta no trabalho, mas no capital. A força produtiva da sociedade é medida em capital fixo, no qual existe em sua forma objetiva; e, inversamente, a força produtiva do capital cresce com este progresso geral, de que o *capital se apropria gratuitamente.*[146]

O processo de produção como um todo não aparece como dependente da habilidade direta do trabalhador, e sim como a *aplicação tecnológica da ciência*. Daí a tendência do capital de dar à produção um *caráter científico*; o trabalho direto [é] reduzido a um mero momento deste processo.[147] A transformação do processo de produção, do *processo de trabalho simples* em um *processo científico*, que subjuga as forças da natureza e as leva a funcionar a serviço das necessidades humanas, surge como uma qualidade do *capital fixo*, em contraposição ao *trabalho vivo*; [...] o trabalho individual como tal deixou de aparecer como produtivo: ou, antes, só é produtivo nesses trabalhos comuns que subordinam as forças da natureza, e [...] esta elevação do trabalho direto à qualidade de trabalho social surge como uma redução do *trabalho individual* no plano do *desamparo* diante da *comunalidade* [*Gemeinsamkeit*] representada pelo capital e nele concentrada.[148]

---

[145]   Ibid., p. 709.

[146]   Ibid., p. 694-5.

[147]   Ibid., p. 699.

[148]   Ibid., p. 700.

## 198  *A necessidade da ideologia*

Deste modo, como podemos ver, além de não haver qualquer traço em Marx da visão simplista que Habermas lhe atribui – uma visão que só seria capaz de reconhecer a importância da "força de trabalho simples" no desenvolvimento do capitalismo –, na visão marxiana também não há lugar para a ficção apologética de uma ciência e tecnologia *"independentes,"* constituindo a "principal força produtiva". Isto porque o trabalho vivo, juntamente com a ciência e a tecnologia, constitui uma unidade complexa e contraditória sob as condições dos desenvolvimentos capitalistas, por mais "organizados" e "avançados" que sejam.

É precisamente esta conjunção contraditória do trabalho vivo com a ciência e a tecnologia que Habermas quer substituir por uma configuração consensual fictícia. Eis por que precisa rejeitar todas as categorias marxianas. Conforme Marx:

> O próprio capital é a *contradição em movimento*, [pois] ele força a redução do tempo de trabalho a um mínimo, enquanto, por outro lado, apresenta o tempo de trabalho como a única medida e fonte de riqueza. Por isso, diminui o tempo de trabalho sob a forma *necessária* de modo a aumentá-lo sob a forma *supérflua*; fazendo isso, *apresenta cada vez mais o supérfluo como uma condição – questão de vida ou morte – para o necessário.* Então, por um lado, chama à vida todos os poderes da ciência e da natureza, assim como os da combinação social e do relacionamento social, para tornar a criação da riqueza *(relativamente) independente* do *tempo de trabalho* nela empregado. Por outro lado, deseja utilizar o tempo de trabalho como a *unidade de medida* para as forças sociais gigantescas assim criadas, e *confiná-las* dentro dos limites requeridos para manter, como valor, o valor já criado. As forças de produção e as relações sociais – dois lados diferentes do desenvolvimento do indivíduo social – surgem para o capital como meros meios, e são simplesmente meios para ele *produzir em sua base limitada*. Na verdade, porém, são as condições materiais que vão destruir esta base.[149]

Desse modo, a *tendência* do capital para atribuir à produção um caráter científico é *contrabalançada* pelas limitações mais íntimas do capital; isto é, pela necessidade paralisante e anti-social de "manter, como valor, o valor já criado", para conter a produção dentro da *base limitada* do capital. Eis por que esta tendência contraditória – assumida por Habermas como um processo não-problemático e irreversível de auto-atualização produtiva da "ciência e tecnologia independentes" – não pode, de fato, desdobrar-se até chegar ao ponto em que a riqueza (capitalisticamente limitada) se transforme em "riqueza real", isto é, "o poder produtivo desenvolvido de todos os indivíduos", ponto este em que a medida da riqueza "não é mais o *tempo de trabalho*, mas o *tempo disponível*".[150] Com efeito:

> O desenvolvimento do capital fixo indica em que grau o *conhecimento social geral* se tornou uma *força direta da produção*, e em que grau, portanto, as condições do próprio processo da vida social ficaram *sob controle do intelecto geral* e foram transformadas de acordo com ele. Em que grau as forças de produção social foram produzidas, não somente sob a forma de conhecimento, mas também como *órgãos imediatos da prática social*, do processo da vida real.[151]

---

[149]  Ibid., p. 706.

[150]  Ibid., p. 708.

[151]  Ibid., p. 706. Muito se tem falado no passado recente sobre a "obsolescência" – graças ao desenvolvimento da ciência e da tecnologia – tanto da *mais-valia absoluta* como da exploração dos "produtores imediatos".

Entretanto, precisamente porque o capital é e permanece "a contradição em movimento", ele deve continuar muito longe de transformar, de modo verdadeiro e completo, o *conhecimento social geral* nos *órgãos imediatos da prática social,* segundo as imensas potencialidades positivas para a regulamentação da sociedade tendo como base o *tempo disponível.*

É aí que podemos ver claramente por que Habermas precisa eliminar as categorias marxianas das "forças e relações de produção" e substituí-las por aquilo que ele chama de par "mais abstrato" (isto é, praticamente sem significado, do tipo parsoniano) de "trabalho e interação". A plausibilidade de sua abordagem orientada para o consenso depende da eliminação do quadro não apenas das "contradições do século XIX" (como as "antiquadas lutas de classe"), mas também a probabilidade de novas contradições surgirem do choque entre as exigências *necessariamente restritivas* do valor de troca auto-expansível e a dinâmica interna do desenvolvimento produtivo. Portanto, esta última deve ser – imaginariamente – separada de seu meio capitalista pela negação da existência do próprio relacionamento, tanto no que diz respeito ao presente e ao futuro como retrospectivamente, com exceção da breve fase histórica do "capitalismo liberal".

Resulta disso que, graças à "nova formulação do materialismo histórico" de Habermas, a ciência e a tecnologia adquirem uma "independência" irrestrita quanto às relações produtivas sociais (ou a suas contradições estruturais, que não mais existem) e desfrutam para sempre de seu *status* recém-adquirido de principal força produtiva da sociedade, relegando o "papel sempre menor dos produtores imediatos" à insignificância prática. (A propósito, o que fundamenta Habermas para continuar falando de ciência e tecnologia como "a principal força produtiva", ao mesmo tempo em que rejeita as categorias marxianas de "forças produtivas" e "relações de produção" como historicamente obsoletas? Este é um mistério cuja solução só é conhecida pelo próprio Habermas.)

### 3.4.11

Eliminando a teoria do valor-trabalho pela transformação da ciência em "principal força produtiva", Habermas assumiu uma posição praticamente idêntica à dos "pós-ideólogos" abertamente antimarxistas. (De fato, Daniel Bell foi rápido em expressar sua entusiástica concordância, citando Habermas e concluindo que "uma sociedade pós-industrial não se caracteriza por uma teoria do valor-trabalho, mas por uma teoria do valor-conhecimento".)[152] Mas isso foi apenas o começo. Veio, em seguida, a afirmação

---

Tais comentários, no entanto, são extremamente prematuros, não apenas quanto ao "Terceiro Mundo", mas até quanto aos países capitalistas mais avançados. O fato é que o desenvolvimento da ciência e da tecnologia, ligado ao relacionamento estrutural entre o capital e o trabalho, só pode ser realisticamente avaliado em seu cenário *global,* no contexto da tensão contraditoriamente manifesta entre o capital social *total* (que inclui tanto seus componentes "avançados" como os "subdesenvolvidos") e a *totalidade* do trabalho. Um relacionamento conflituoso inconciliável, envolvendo tanto a mais-valia *absoluta* como a *relativa,* assim como seus corolários de *exploração* e *opressão,* em vez do pretenso consenso. É este tipo de avaliação das potencialidades e das restrições estruturais do desenvolvimento da ciência e da tecnologia que Habermas é incapaz de fazer e até mesmo de considerar.

[152] Daniel Bell, *The Coming of Post-Industrial Society: A Venture in Social Forecasting,* Nova York, Basic Books, 1976 (1. ed., 1973), p. XIV. Habermas, é claro, retribuiu o cumprimento. Escreveu em seu ensaio "Neoconservative

## 200   A necessidade da ideologia

de que "duas categorias fundamentais da teoria marxiana, isto é, a *luta de classes* e a *ideologia*, não podem mais ser empregadas",[153] e isto sem falar "da exploração e da opressão".[154] Habermas também declarou que

> Se a relativização do campo de aplicação do conceito de ideologia e da teoria das classes for confirmada, então o quadro de categorias desenvolvido por Marx a partir dos pressupostos básicos do materialismo histórico requer uma nova formulação. O modelo das *forças produtivas* e *relações de produção* teria de ser substituído pelo modelo mais abstrato de *trabalho* e *interação*. As relações de produção designam um nível em que a estrutura institucional só se fixou durante a fase de desenvolvimento do *capitalismo liberal*, e não *antes* ou *depois*.[155]

Desse modo, a lista das categorias marxianas "superadas" cresce de forma impressionante. Vai da "teoria do valor-trabalho" até a "luta de classes" e o "conflito de classes", da "ideologia" à "exploração" e à "opressão", e das "forças de produção" às "relações de produção". E uma vez que, em um ponto anterior, as categorias de "infra-estrutura e superestrutura"[156] já haviam sido eliminadas do quadro teórico marxiano, fica-se a imaginar, com tremor, o que sobraria da concepção original do materialismo histórico quando Habermas concluísse sua "nova formulação".

Desnecessário dizer que não foram apresentadas provas, apenas declarações dogmáticas e deduções circulares. Ele simplesmente diz que "o capitalismo regulamentado pelo Estado, que surgiu da reação contra os perigos do aberto antagonismo de classes, *suspende o conflito de classe*",[157] e que, "na sociedade capitalista avançada, os grupos carentes e os privilegiados não mais se confrontam um com o outro como classes socioeconômicas".[158] Habermas deveria ter tentado convencer desta "sabedoria capitalista avançada" os mineiros britânicos que suportaram o extremo sofrimento de uma *greve de um ano* em confronto direto com o Estado capitalista, e obstinadamente continuavam a definir sua condição nos antiquados termos de classe do "capitalismo liberal".[159] É óbvio que não haveria lugar para tais considerações na "nova formulação", ideológica e apologética, "do materialismo histórico" de Habermas, estruturada em torno das categorias circularmente encadeadas do pensamento veleitário.

---

Culture Criticism": "Bell possui uma mente complexa e é um bom teórico da sociedade" (*Habermas and Modernity*, p. 82).

[153]   Habermas, *Toward a Rational Society*, p. 107.

[154]   Ibid., p. 112.

[155]   Ibid., p. 113.

[156]   Ibid., p. 101.

[157]   Ibid., p. 111-2.

[158]   Ibid., p. 110.

[159]   Em uma manifestação ocorrida durante a longa greve dos mineiros, o presidente do sindicato dos mineiros britânicos (o NUM), Arthur Scargill, disse ao líder trabalhista Neil Kinnock, diante de uma grande audiência, que, "quando os mineiros tiverem pavimentado o caminho para a próxima eleição, 'o senhor só tem uma lição para aprender da sra. Thatcher – quando estiver no governo, demonstre para *nossa classe* a mesma lealdade que ela tem demonstrado para a *classe dela*" (*The Observer*, 15 de julho de 1984). E a primeira-ministra britânica colocou as coisas em termos ainda mais fortes. Falando sobre os grevistas em seu discurso de final de mandato, "a sra. Thatcher disse aos parlamentares *tories* que seu governo havia combatido o *inimigo externo* no conflito das Falklands e agora tinha de enfrentar o *inimigo interno*" (*The Guardian*, 20 de julho de 1984).

Política e ideologia 201

No quadro categorial *up-to-date* de Habermas, também o "Terceiro Mundo" só poderia aparecer muito brevemente, em conformidade com a perspectiva expressa nas duas últimas citações. Dessa forma, Habermas assegura que "este modelo parece aplicável até às relações entre as nações industrialmente avançadas e as antigas regiões coloniais do Terceiro Mundo. Aqui também a disparidade crescente leva a uma *forma de desprivilégio* que no futuro *certamente será menos compreensível através das categorias de exploração*".[160] É só isto que Habermas tem a dizer sobre a questão da emancipação do "Terceiro Mundo", continuando a professar uma "visão eurocentricamente limitada" (em suas próprias palavras) até em seus últimos pronunciamentos sobre o assunto, como vimos no capítulo 1.

Na verdade, entretanto, outros projetos emancipatórios também não tiveram melhor sorte. O movimento para a emancipação do trabalho foi declarado obsoleto porque "a atual relação capital-trabalho, por seu vínculo com um mecanismo político de distribuição que garante a lealdade, não mais produz uma exploração e opressão incorretas".[161] A metodologia inerente a esta "nova formulação" da "moderna" relação capital-trabalho – representando a superação histórica da "exploração e opressão *incorretas*" (seja o que for que isso signifique) – funciona através de uma rede de referências circulares. Primeiro, no modelo do revisionismo tradicional (já criticado por Rosa Luxemburgo, como vimos anteriormente), ela transfere, com um reducionismo teórico arbitrariamente "inovador", a questão da *distribuição* – objeto de disputa entre capital e trabalho – da esfera da *produção* para a esfera da *política* diretamente controlada pelo Estado. E então conclui, com triunfante circularidade, que, como resultado da localização historicamente nova da relação capital-trabalho no quadro do "mecanismo distributivo político que garante a lealdade e evita os conflitos", mecanismo este baseado na intervenção do Estado (e postulado pela teoria de Habermas), o "conflito ainda embutido na estrutura da sociedade, em virtude do modo privado de utilização do capital, é a verdadeira área de conflito, que tem grande probabilidade de permanecer latente".[162]

Tentaram-se diversas explicações dos desenvolvimentos políticos e ideológicos tendo como referência as mudanças científicas e técnicas – as quais, juntamente com a intervenção do Estado, pareciam capazes de explicar praticamente tudo no sistema de Habermas –, consideradas como fundamentos evidentes por si mesmos. Declarouse, por exemplo, que "a principal força produtiva – o próprio progresso científicotécnico controlado – se tornou agora a base da legitimação. Entretanto, este novo modo de legitimação abandonou a *velha forma de ideologia*.[163] No entanto, mais uma

---

[160] Habermas, *Toward a Rational Society*, p. 110.

[161] Ibid., p. 112.

[162] Ibid., p. 108. É digno de nota que mesmo este conflito residual – que se diz ter "a maior probabilidade de permanecer latente" – só diz respeito ao "modo privado de utilização do capital" (em outra parte: "forma privada da utilização do capital", p. 105), isto é, não se refere aos antagonismos da própria ordem social. Em outras palavras, o *capital* permanece sendo o quadro de referência absoluto da sociedade, seja ele utilizado (não possuído e explorativamente imposto sobre a totalidade dos produtores, etc.) "privada" ou "não-privadamente".

[163] Ibid., p. 111.

## 202 *A necessidade da ideologia*

vez, toda a estrutura explanatória estava enredada em contradições e circularidade. A emergência do complexo científico-técnico em grande escala foi explicada como inseparável da vasta "pesquisa sob contrato do governo", diretamente controlada pelo Estado e basicamente orientada para o setor militar, e de sua "aplicação subseqüente" em setores da produção civil. Ao mesmo tempo, o poder legitimador do "sistema social moderno" do Estado intervencionista foi explicado com referência ao "*progresso quase autônomo da ciência e da tecnologia*" considerado "como uma *variável independente* da qual depende a mais importante *variável isolada do sistema*, isto é, o crescimento econômico".[164] Assim, as exigências e o "mecanismo de aplicação subseqüente" do desenvolvimento científico e tecnológico de grande escala postulavam a necessidade da intervenção do Estado, que por sua vez postulava a inevitabilidade do tipo existente de desenvolvimento científico e tecnológico em grande escala, que por sua vez postulava o "sistema social moderno" fechado em si mesmo e legitimador de si mesmo,[165] e assim por diante.

Compreensivelmente, do ponto de vista de tal sistema tecnocraticamente concebido, o projeto emancipatório de libertar a vida social das determinações desumanizadoras e destrutivas da ciência e da tecnologia de *base capitalista* teve de ser rejeitado com indisfarçado desprezo:

> A idéia de uma Nova Ciência não resiste a um *exame lógico*, assim como a de uma Nova Tecnologia, *se é que* a ciência deve reter o significado de *ciência moderna*, inerentemente orientada para o controle *técnico* possível. Para esta função, assim como para o *progresso científico-técnico em geral*, não há mais substituto "humano".[166]

É claro que a expressão "*se é que*" não indica o reconhecimento do caráter problemático e contestável da afirmação precedente. Ao contrário, foi inserida para enfatizar a incontestável evidência da única concepção sustentável de "ciência *moderna*" (correspondendo às necessidades da "sociedade *moderna*"), defendida pelo próprio Habermas. Mas, curiosamente, Habermas censurava seus oponentes por sua suposta incapacidade de resistir a um exame lógico.

O "exame lógico" ao qual ele queria submeter aqueles que argumentavam a favor de uma ciência e de uma tecnologia não-reificadas é uma interpretação tecnocrata e comportamentalista da ciência, adotada por ele como a premissa necessária a partir da qual seria provado, mais uma vez, com circularidade "conclusiva", que não poderia haver outra interpretação além da sua:

> Arnold Gehlen observou, de um modo que *me parece conclusivo*, que há uma *conexão imanente* entre a *tecnologia por nós conhecida* e a *estrutura da ação intencional-racional*. Se compreendermos o *sistema comportamental* da ação regulada por seus próprios resultados como a conjunção da decisão racional e da ação instrumental, poderemos reconstruir a história da tecnologia do ponto de vista da objetivação passo-a-passo dos

---

[164] Ibid., p. 105.

[165] "É verdade que os interesses sociais [e não primariamente os da classe capitalista] ainda determinam a direção, as funções e o ritmo do progresso técnico. Mas estes interesses definem de tal modo o *sistema social* como um *todo*, que coincidem com o interesse em se manter o *sistema*." Ibid.

[166] Ibid., p. 88.

elementos daquele próprio sistema. [...] Desse modo, o desenvolvimento tecnológico segue uma lógica que corresponde à estrutura da ação intencional-racional regulada por seus próprios resultados, que é de fato a estrutura do trabalho. Compreendendo isto, é impossível imaginar – enquanto a organização da *natureza humana* não mudar e, portanto, enquanto tivermos de conseguir a autopreservação pelo trabalho social e com o auxílio dos meios que substituem o trabalho – como poderíamos renunciar [...] *a nossa tecnologia* em favor de outra qualitativamente diferente.[167]

Portanto, a preocupação emancipatória daqueles que tentavam concentrar a atenção no *vínculo social necessário* de toda tecnologia era tecnocraticamente posta de lado em nome de um "desenvolvimento tecnológico" ficticiamente sem mediação, que se dizia corresponder diretamente à "estrutura da ação intencional-racional". Visto que a natureza de *"nossa tecnologia"* era categoricamente identificada com a própria "organização da *natureza humana*" – e quem, em sã consciência, teria ousado argumentar contra tal autoridade em nosso universo de ação intencional-racional, conclusivamente em harmonia com o sistema comportamental de ação de Arnold Gehlen? –, não haveria motivo para desafiar o "sistema social moderno" e sua tecnologia em grande escala (estruturada de modo capitalista).

A única coisa difícil de compreender era: por que alguém se preocuparia com a contemplação de uma "comunidade ideal de comunicação"? Se "nossa tecnologia", em seu vínculo necessário com o *"sistema social moderno"*, corresponde diretamente às exigências e às determinações *imanentes* da própria *natureza humana*, que problema restava para ser resolvido que justifique uma discussão que se prolongue por "tempo suficiente"? Afinal de contas, nós vivemos, se não no melhor mundo *possível*, ao menos no melhor mundo *praticamente viável*, desfrutando dos benefícios de *"nossa* tecnologia" articulada com a eterna natureza humana e com a estrutura transcendental e apriorística da ação intencional-racional. E, no mais puro espírito do Pangloss de Voltaire, nada poderia ser mais tranqüilizador do que isso.

## 3.5 Os dilemas da "Grande Recusa" de Marcuse

### 3.5.1

A abordagem de Marcuse à crítica social foi, de muitas maneiras, fundamentalmente diferente. Seu ódio e denúncia da dominação sufocante exercida pela ordem social dominante foram apaixonados e intransigentes. Por isso, é paradoxal que – como resultado da adoção das perspectivas sociopolíticas que atribuíam um poder integrador socialmente incontestável ao "capitalismo organizado" – sua concepção também tenha sofrido as conseqüências paralisadoras de uma negação desprovida de afirmação socialmente tangível. Os agentes de negação substitutos que ele tentou idealizar (desde os "excluídos" até as algo míticas forças psicológicas e biológicas de libertação) não puderam livrá-lo dessas dificuldades.

Apesar de algumas diferenças importantes em relação a Adorno em outros pontos, a *negatividade* também era o princípio orientador da filosofia de Marcuse, desde

---

[167] Ibid., p. 87. (A palavra "nossa" foi grifada por Habermas.)

## 204 *A necessidade da ideologia*

as *Negações* até o *Homem Unidimensional* e desde *Um ensaio sobre a libertação* até *Die Permanenz der Kunst* [*A permanência da arte*].[168]

Seu *Ensaio sobre a libertação*[169] foi típico sob este aspecto, pois a dialética inerente das dimensões positiva e negativa do desenvolvimento social foi rompida – na verdade, liquidada – pela ênfase unidimensional na negatividade. A tal visão da ordem dominante só poderia ser contraposta uma "dimensão estética" totalmente utópica, tendo como base o *imperativo categórico* kantiano e sua modificação por Schiller, no culto da "forma estética". Desse modo, nas palavras de Marcuse:

> O futuro ingressa no presente: em sua *negatividade*, a arte dessublimadora e a antiarte atual "antecipam" um estágio em que a capacidade de produção da sociedade pode ser semelhante à capacidade criadora da arte, e a construção do mundo da arte semelhante à reconstrução do mundo real – a união da arte libertadora e da tecnologia libertadora. [...] Uma visão utópica, mas suficientemente realista para animar os estudantes militantes da École des Beaux-Arts em maio de 1968.[170]

Tal visão pode ter sido "suficientemente realista" para animar (por um breve momento histórico) o *"novo Sujeito histórico da mudança"* de Marcuse,[171] que se opunha ao que ele considerava a *"classe trabalhadora integrada"*. Mas até que ponto esta oposição era realista para antecipar o resultado desejado de remodelação da sociedade conforme a "dimensão estética", mediante a "dessublimação" e a negatividade?

O próprio Marcuse foi forçado a admitir que "a noção de 'forma estética', como forma de uma sociedade livre, na verdade acarretaria a reversão do desenvolvimento do socialismo de *científico para utópico*, a menos que possamos apontar algumas tendências na infra-estrutura da *sociedade industrial avançada* que dêem a esta noção um conteúdo realista".[172] Mas tudo o que nos é apresentado nesse *ensaio* é um conjunto de imperativos categóricos, ligados ao estabelecimento veleitário de uma "sensibilidade biológica" miticamente crescente: na verdade, outro "dever ser".

Uma vez que Marcuse tinha de admitir que os estudantes da École des Beaux-Arts eram um "novo Sujeito histórico da mudança" um tanto insuficiente, atribuiulhes a função de serem os portadores das novas "necessidades biológicas e estéticas",[173] a partir das quais ele poderia descrever o futuro nos seguintes termos:

> Os próprios *instintos de vida* lutam pela unificação e intensificação da vida; na *sublimação não-repressiva*, eles proporcionariam a energia libidinal para o trabalho no desenvolvimento de uma realidade que não exige mais a repressão exploradora do Princípio do Prazer. Os "incentivos" estariam então embutidos na *estrutura instintiva* dos homens. Sua sensibilidade registraria, como *reações biológicas*, a diferença entre o feio e o bonito, entre o tranqüilo e o ruidoso, a ternura e a brutalidade, a inteligência

---

[168] Publicado em inglês sob o título *The Aesthetic Dimension*, Londres, por Macmilan, 1979; ver também a nota 190.

[169] Marcuse, *An Essay on Liberation*, Londres, Alen Lane/The Penguin Press, 1969.

[170] Ibid., p. 48.

[171] Ibid., p. 52.

[172] Ibid., p. 49.

[173] Ibid., p. 52.

*Política e ideologia* 205

e a estupidez, a alegria e a galhofa, e relacionaria esta distinção com aquela entre liberdade e servidão.[174]

Com essa nobre conclusão, Marcuse voltou as costas para o mundo real e, por um curto período, prosseguiu projetando, com grande entusiasmo, a *contra-imagem utópica* do existente, sustentada apenas pelo precário fundamento das "determinações biológicas", veleitariamente postuladas.

### 3.5.2

A debilidade da posição de Marcuse e de Adorno tinha raízes similares. Embora Marcuse (diferentemente de Adorno) tivesse grande simpatia pelos "condenados da Terra",* sua perspectiva social geral era em grande parte baseada no mesmo diagnóstico errado das potencialidades e realizações produtivas inerentes ao sistema capitalista. Também exagerava o papel do "progresso tecnológico" e das "capacidades técnicas" (desenvolvidas sob o capitalismo) para a emancipação humana, entendendo suas limitações sociais inevitáveis não apenas em relação à sua realidade, mas também a sua potencialidade. Ao mesmo tempo, ao generalizar unilateral e anistoricamente as condições dadas e necessariamente transitórias de uns poucos países altamente privilegiados, Marcuse também superestimou muito a capacidade do sistema capitalista *global* de resolver seus antagonismos profundamente arraigados ao afirmar um domínio total da reificação no mundo social. Neste espírito, sem considerar as conseqüências explosivas do *todo* contraditório também para suas *partes* privilegiadas, Marcuse declarava, com sombria irrealidade que, como resultado da "maior felicidade e alegria disponíveis à *maioria* da população",[175] "a classe trabalhadora [...] tornou-se uma força conservadora, e até *contra-revolucionária*".[176]

A posição de Marcuse não poderia ser mais paradoxal, pois estava disposto a admitir ter sido apanhado pelo "círculo vicioso: a ruptura com o *continuum* de necessidades conservador e autopropulsor deve *preceder* a revolução que há de conduzir a uma sociedade livre, mas tal ruptura, em si, só pode ser pensada no contexto de uma revolução".[177] Assim sendo, ele só poderia apresentar um imperativo moral abstrato – o misterioso "surgimento de uma moralidade capaz de precondicionar o homem para a liberdade"[178] – como forma de escapar do "círculo vicioso" que ele mesmo se impôs, defendendo a estratégia de "passar de Marx para Fourier"[179] e até para Kant. (Como Marcuse colocou: "Aqui, também, a teoria estética de Kant conduz às *idéias mais avançadas*: a beleza como 'símbolo' da moral".[180])

---

[174]  Ibid., p. 91.

\*  Título de livro de Frantz Fanon, proibido pelo governo militar brasileiro; originalmente publicado em francês com o título *Les Damnés de la Terre*, Paris, Maspéro, 1961. (N. T.)

[175]  Ibid., p. 13.

[176]  Ibid., p. 16.

[177]  Ibid., p. 18. Os grifos são de Marcuse.

[178]  Ibid., p. 10.

[179]  Ibid., p. 22.

[180]  Ibid., p. 32.

206 *A necessidade da ideologia*

Para piorar sua situação, Marcuse não apenas afirmou categoricamente "a integração da classe trabalhadora organizada (e não apenas da organizada) no sistema do capitalismo avançado",[181] como até tentou apresentar um fundamento *biológico* para a suposta integração estrutural, afirmando: "É precisamente a *excessiva adaptabilidade do organismo humano* que estimula a perpetuação e a extensão da *forma-mercadoria*".[182] Isso estava em aguda contradição com a explicação marxiana da forma dominante – histórica e socialmente determinada – de "falsa consciência" em termos do "fetichismo da mercadoria", embora, neste ponto, Marcuse tenha extraído sua inspiração original da versão de Lukács da reificação e do fetichismo da mercadoria em *História e consciência de classe*.

Além disso, Marcuse também insistia que as "possibilidades utópicas" que ele defendia eram "inerentes às *forças técnicas e tecnológicas* do capitalismo avançado", a partir das quais se poderia "pôr fim à pobreza e à *escassez* em um futuro muito próximo".[183] Assim como Macpherson havia hipostasiado que, em um mundo de fome, sofrimento e exploração, a questão da "renda material" se tornara obsoleta e, portanto, deveríamos, em vez disso, nos preocupar em garantir a "renda imaterial", Marcuse também declarava que "a questão não é mais saber como o indivíduo pode satisfazer suas próprias necessidades sem ferir os outros, e sim em saber como ele pode satisfazer suas necessidades sem ferir a si mesmo".[184]

Dadas tais suposições, Marcuse terminava com um quadro que se assemelhava muito aos postulados tecnologicamente fundados de John Maynard Keynes que já vimos na seção 1.1.3, por mais que possa ter desejado manter distância dos valores sociais e das aspirações ideológicas keynesianas. Marcuse assim se expressou:

> Será concebível uma tal mudança na "natureza" do homem? Acredito que sim, porque o *progresso técnico* atingiu um estágio em que a realidade não mais necessita ser definida em termos da competição debilitante pela sobrevivência e pelo progresso social. Quanto mais estas *capacidades técnicas* superam a estrutura de exploração, no interior da qual permanecem confinadas e sendo usadas, mais *elas estimulam* as diretrizes e as aspirações dos homens para um ponto em que as *necessidades da vida deixem de exigir* os desempenhos agressivos de se "ganhar a vida", e o "não-necessário" se torne uma necessidade vital.[185]

Assim, como no diagnóstico keynesiano, postula-se uma mudança radical na "natureza humana". E, como em Keynes, não há nenhuma indicação de como tal mudança poderia ocorrer na realidade. Só nos é dito que "esta mudança qualitativa *deve* ocorrer nas necessidades, na infra-estrutura do homem",[186] a ponto de o suposto "dever ser" moral da "rebelião criar raízes na própria natureza, na 'biologia' do indivíduo",[187]

---

[181] Ibid., p. 14.
[182] Ibid., p. 17.
[183] Ibid., p. 4.
[184] Ibid.
[185] Ibid., p. 5.
[186] Ibid., p. 4.
[187] Ibid., p. 5.

*Política e ideologia* 207

estabelecendo no próprio "organismo" "a base instintiva da liberdade"[188] e "a necessidade biológica de liberdade".[189]

### 3.5.3

Quase dez anos depois do *Ensaio sobre a libertação*, em *Die Permanenz der Kunst*,[190] a tônica otimista das "previsões" utópicas de Marcuse desaparecera sem deixar rastro, deixando-nos com uma ênfase ainda mais pronunciada no imperativo categórico de Kant e na "dimensão estética" de Schiller. Assim, atribuía-se à arte uma função metassocial, permanente e autônoma a serviço de seu imperativo categórico, postulando que "a autonomia da arte contém o *imperativo categórico*: é preciso ser diferente".[191]

Compreensivelmente, desde que a classe trabalhadora foi caracterizada por Marcuse como "integrada" e era necessário admitir que o "novo Sujeito histórico da mudança" não havia conseguido muita coisa,[192] só o próprio imperativo categórico (enquanto manifesto na esfera da subjetividade rebelde, considerada o significado por excelência da "dimensão estética") poderia surgir como avalista do "é preciso ser diferente".

A função da arte – com seu quadro de referência definido como a individualidade e a subjetividade obscurecidas pela morte, à qual, "em contradição com o mau existencialismo",[193] apenas a arte poderia dar um significado – foi identificada como a *negação da realidade* e como a previsão (deliberadamente) utópica de um futuro melhor. Mas mesmo as previsões utópicas se tornavam extremamente problemáticas diante do pessimismo geral. Nas palavras de Marcuse, "a agressão e a destruição poderiam ser colocadas cada vez mais a serviço de Eros; mas o próprio Eros opera sob o signo do sofrimento, do passado. A finalidade do prazer é alcançada através da morte dos indivíduos. E talvez a própria finalidade não dure muito. O mundo não é feito para o homem, e não se tornou mais humano".[194] Esta passagem resumiu melhor do que qualquer outra a orientação geral da dimensão estética de Marcuse. Dada tal orientação, a função da arte só poderia ser definida como "uma idéia reguladora [Kant novamente] na *luta desesperada* pela transformação do mundo".[195]

A estratégia emancipatória deste "pensamento negativo" era abalada por duas contradições fundamentais:

1. Marcuse esperava que a arte gerasse o tipo de consciência que ele aprovava, de modo a superar os problemas produzidos pela "integração" das massas. Ao mesmo

---

[188] Ibid., p. 4.

[189] Ibid., p. 10.

[190] Marcuse, *Die Permanenz der Kunst*, Munique, Carl Hanser Verlag, 1997. Ver também a nota 168.

[191] Ibid., p. 23.

[192] Até na generosa descrição de Marcuse, o "movimento da década de 1960" só "tendeu para a transformação da subjetividade em sua sensibilidade, imaginação e razão, e para uma nova visão das coisas: a irrupção da superestrutura na base", sem ter realmente um impacto duradouro e na escala necessária (ibid., p. 41).

[193] Ibid., p. 73.

[194] Ibid., p. 74.

[195] Ibid.

208  *A necessidade da ideologia*

tempo, insistia que o artista (ou o escritor) "é obrigado a tomar posição *contra* o povo: *ele não pode falar sua língua. Neste sentido, o conceito de elite* tem atualmente um *significado radical*".[196]

O elitismo de Marcuse era o mais paradoxal de todos, pois estava associado ao postulado abstratamente democrático da "emancipação humana universal". Esta última, entretanto, tinha de permanecer abstrata – e, em última instância, vazia –, porque nenhuma emancipação é viável sem seu agente socialmente identificável: um agente capaz de realizar praticamente a emancipação pressuposta. Desse modo, ao se partir explicitamente de premissas ontológicas e epistemológicas elitistas, ou ao "aceitá-las" sob a forma de um isolamento do agente social de emancipação praticamente viável, chega-se afinal à mesma coisa, pois a perspectiva social escolhida se afirma em todos os níveis de conceituação, penetrando no núcleo da teoria e da metodologia, da ideologia e da epistemologia, da metateoria e da ontologia. É por causa disso que um pensador sinceramente democrático como Marcuse se encontra, por fim, em contraposição às intenções originais de sua própria teoria, na situação curiosa de compartilhar e defender ativamente uma posição aristocrática da qual ele discordaria profundamente no campo estritamente filosófico.

Marcuse foi levado a esta posição dúbia por seu próprio esquema da situação, que assumiu como inevitável a condição de integração da classe trabalhadora e seu impacto mortal sobre a consciência coletiva. Paradoxalmente, ele esperava da arte – que *não poderia* e, segundo ele, *não deveria* falar a linguagem do povo – a produção do tipo correto de consciência nas massas, embora fosse estruturalmente incapaz de se comunicar com elas.

2. Em outro plano, Marcuse falava sobre a sociedade futura como uma "revolução permanente". Entretanto, definia a *raison d'être* dessa sociedade como "*Stillstellung*" (permanecer estável): "*Stillstellung* no desejo de poder, contentamento no gozo do recebido",[197] mas estipulando "a abolição do trabalho indigno do homem" (*die Abschaffung der menschenunwürdigen Arbeit*), que de fato *necessariamente pressupunha* a "produtividade sempre melhorada" (*die immer verbesserte Produktivität*: a suposta inimiga da idealizada *Stillstellung*) que ele tão apaixonadamente (e romanticamente) rejeitava na mesma frase. A práxis social, nas palavras de Marcuse, era desse modo transformada em uma "luta *contra o impossível*" (*ein Kampf gegen das Unmögliche*),[198] e a arte tinha de estar situada de acordo: "Na realidade, o *mal triunfa*; há apenas *ilhas* do bem para as quais se pode *fugir* por curtos períodos de tempo".[199]

Infelizmente, e a despeito de suas intenções originais, Marcuse acabou em uma orientação para a arte – ou, na verdade, para qualquer outra forma de práxis humana – que estava longe de poder ser considerada inspiradora.

---

[196]  Ibid., p. 46.

[197]  Ibid., p. 77.

[198]  Ibid., p. 76.

[199]  Ibid., p. 53.

Política e ideologia    209

O problema de todas essas "negações da realidade" – em nome do "imperativo categórico", da "idéia reguladora", da "ruptura necessária", da "luta contra o impossível", da "irrupção da superestrutura nas bases", etc. – era na verdade que, irônica mas *necessariamente*, elas levavam à perspectiva de "entregar o mundo para o existente": para uma "realidade" em que "o mal triunfava" e da qual se poderia efetuar apenas breves *fugas*, de caráter "regulador", para "ilhas do bem" mais ou menos imaginárias, em favor das "individualidades e subjetividades" cultivadas (e até abertamente elitistas) e em oposição à "má totalidade" coletiva da única totalidade social realmente existente.

Visto que o desafiador problema de determinar (ou "totalizar") reciprocamente a interação e mediação dos indivíduos, grupos e classes era sistematicamente evitado, ou sumariamente tratado sob a categoria da "integração", Marcuse não pôde deixar de concluir pela existência de uma "realidade má" desolada e perene da qual parecia não haver saída. Além disso, uma vez que o indivíduo defendido por Marcuse estava separado de seus vínculos sociais reais, a possibilidade de esperança só poderia surgir pela ação misteriosa do "imperativo categórico" pré-hegeliano e de sua transformação schilleriana na "dimensão estética".

Naturalmente, Marcuse não podia esperar que o indivíduo isolado, não obstante o pretenso "significado radical" de sua subjetividade elitista, realizasse sozinho o trabalho do imperativo categórico. Assim, tinha de dotar seu indivíduo de uma "*dimensão coletiva*" – traçando idealisticamente uma *linha direta* de conexão emancipatória entre o *indivíduo isolado* e a *espécie humana* – que transcendia reguladoramente a má realidade de classe do capitalismo organizado. Em conseqüência, a idealização de Marcuse da "rebelião instintual", dos "instintos de vida", do pretenso surgimento de novas "necessidades biológicas e estéticas", de "incentivos embutidos na estrutura instintiva", da escolha entre valores e não-valores como uma questão de "reações biológicas", etc.

Compreensivelmente, a eficácia social de tal negação, fundamentada em algo tão pouco seguro quanto os postulados abstratos do imperativo categórico e das expectativas dúbias de uma "rebelião instintual", emanada da "estrutura instintiva" da humanidade, tinha de permanecer muito remota. Raymond Aron mostrou uma importante debilidade na abordagem de Marcuse quando, de uma posição diametralmente oposta à intenção emancipatória deste último, observou:

> Não deixa de ser irônico que uma crítica da sociedade obviamente derivada de Marx tenha como objetivo supremo a pacificação das relações humanas, ao mesmo tempo em que admite sua incapacidade de alcançar isso. "A teoria crítica da sociedade não possui conceitos que possam preencher a lacuna entre o presente e seu futuro; não apresentando promessas e não demonstrando sucesso, ela permanece negativa. Assim, quer permanecer fiel àqueles que, sem esperança, deram e dão sua vida pela Grande Recusa."[200] Não estou certo de que haja uma diferença tão enorme entre a Grande Recusa, que não possui esperança e é impossível de ser realizada, e a resignação universal.[201]

Há ainda outra ironia em tudo isso. Isto é, que figuras tão diversas quanto Adorno, Aron, Habermas, Horkheimer, Marcuse, Popper, etc. – com ideologias que vão

---

[200] Marcuse, *One-Dimensional Man*, p. 257
[201] Aron, *The Industrial Society*, p. 174-5.

210    *A necessidade da ideologia*

desde a explícita cumplicidade da "engenharia social gradativa" com a ordem dominante até o desespero ensimesmado da "dialética negativa sem ponto de vista", e desde o transcendentalismo apologético da "comunidade ideal de comunicação" até o radicalismo denunciatório apaixonado da "Grande Recusa" – tenham encontrado seu insuspeito denominador comum, a despeito da grande diferença de suas motivações pessoais e políticas, nas conceituações da "resignação universal" do pós-guerra.

## 3.6  Um homem para todas as estações: o pensamento weberiano e seu renascimento no pós-guerra

### 3.6.1

Curiosamente, esta resignação às vezes assumia – nos escritos daqueles que defendiam "o fim da ideologia" – formas muito próximas do ceticismo total. Como, por exemplo, no caso do próprio Aron, que declarou categoricamente, em agudo contraste com seu ceticismo radical em relação às pretensões de conhecimento por parte de seus oponentes:

> *Eu sei* (e quem não sabe?) que a história humana avança *cegamente* sobre as ruínas das civilizações e sobre os cadáveres dos inocentes. Os Estados são *estabelecidos pela violência* e *mantidos pela força*, que se torna uma instituição, uma *camuflagem da violência* que daí em diante passa despercebida até por aqueles que a sofrem.[202]

O retórico "e quem não sabe?" – imediatamente negado pela referência àqueles que *sofrem* a "violência camuflada" sem mesmo *perceber* sua existência, muito menos que ela é exercida pelo Estado – não era, de modo algum, um convite à expressão de uma visão alternativa. Ao contrário, tratava-se de uma tentativa de, *a priori*, excluir a possibilidade de qualquer desacordo (legítimo) com a posição de Aron. Além disso, misturando a primeira e a segunda frases, Aron, em seu estilo habitual, apresentava ao leitor um "pacote pronto" que juntava o reconhecimento do inegável – a auto-sustentação do Estado pela força explícita ou camuflada – com a condição de não se querer fazer nada a respeito, visto que o mal diagnosticado era considerado inerente ao movimento necessariamente "cego" da história. De acordo com isso, a resignação e capitulação à "renovação infinita da alienação" – em contraste com a "alienação" capitalista (não se trata disso?), colocada entre aspas – poderiam ser defendidas como uma virtude "antiideológica": "A *antiideologia*, como eu a concebia há dez anos e ainda a vejo hoje, significa [...] resignar-se, não às formas atuais de 'alienação', mas à *infinita renovação da alienação* de uma forma ou de outra".[203]

Como afirmações como estas contidas nas duas últimas citações poderiam ser conciliadas com a referência ao "fim da ideologia" é algo totalmente incompreensível. O que é claro, no entanto, é que apenas as opiniões daqueles que queriam introduzir importantes modificações socioeconômicas e políticas eram consideradas "ideológicas"; assim como apenas aqueles que tinham uma visão menos cética do desenvolvimento

---

[202]  Aron, *History and the Dialectic of Violence*, Oxford, Basil Blackwell, 1975, p. 191. (Publicado originalmente em Paris em 1973.)

[203]  Aron, *The Industrial Society*, p. 179.

histórico e das possibilidades de um futuro melhor, em vez daquelas propostas por Aron e seus companheiros de armas da ideologia, tinham de ser descartados como estando desesperadamente enredados por uma "filosofia da história" preconcebida. As considerações, em cujos termos a "esquerda irrecuperavelmente anacrônica" era bruscamente relegada ao esquecimento, aparentemente não se aplicavam aos próprios juízes "pós-ideológicos". Nem mesmo quando estavam reiterando peremptoriamente os chavões pessimistas de uma "filosofia da história" que remontava a Spengler e Arnold Toynbee.

A influência de Max Weber neste aspecto foi indireta e um tanto complicada. Por um lado, ele tinha uma concepção da história incomparavelmente mais sutil que Spengler e seus seguidores. Mas, por outro, sua perspectiva geral não era menos pessimista do que a deles, ainda que a desolação subjacente fosse apresentada de uma forma intelectualmente mais atraente. Como observou Lukács:

A seus olhos, afinal de contas, a democratização da Alemanha era apenas um passo técnico em direção a um imperialismo que funcionasse melhor, apenas um alinhamento da estrutura social da Alemanha com aquela das democracias da Europa ocidental. E estas, ele percebia claramente, estavam igualmente sujeitas aos problemas de "desencantamento", etc., com respeito a sua vida social essencial. Então, quando ele começou a observar a essência da vida da sociedade, viu apenas tristeza geral em toda parte.[204]

Weber tornou-se o "homem para todas as estações" do capitalismo do século XX porque traçou linhas de demarcação engenhosas, que se harmonizavam com as necessidades intelectuais da época, à medida que elas surgiam de acordo com as novas circunstâncias. Como todos sabemos, Kant teve de encontrar *"lugar para a fé"* antes que pudesse se tornar o filósofo universal e o modelo insuperado do pensamento burguês dicotômico, em contraste com a influência necessariamente *episódica* do próprio Hegel, por exemplo. Dentro do mesmo espírito, e atualizando de modo mais ou menos consciente a abordagem kantiana, Weber tentou produzir um novo modelo de *reconciliação*, em uma situação de antagonismos sociais incomparavelmente mais agudos e contradições inegáveis.

Por isso, a magnitude da tarefa de Weber foi definida como a *conciliação do inconciliável*: isto é, encontrar um "lugar para a fé", para a aceitação de uma perspectiva que era reconhecida com tristeza como isenta de perspectiva. Ele tentou alcançar isso com duas estratégias intelectuais complementares. A primeira consistia em uma extrema *relativização dos valores*, acompanhada da glorificação da *subjetividade* arbitrária e de suas acomodações dúbias à "exigência da época", tal como definida pela ordem estabelecida. Nesse sentido, depois de escarnecer – com um ceticismo que tendia para o cinismo – das "muitas pessoas que hoje em dia esperam novos profetas e salvadores", Weber explicou seu credo em termos inequivocamente relativistas e subjetivistas: "Vamos agir de modo diferente, vamos ao nosso trabalho e satisfaçamos à 'exigência da época' – tanto no plano humano como no profissional. Essa exigência, no entanto, é

---

[204] Lukács, *The Destruction of Reason*, p. 618.

212  *A necessidade da ideologia*

clara e simples se cada um de nós encontrar e *obedecer ao demônio* que segura os fios de *sua* vida".[205]

A mesma glorificação do relativismo e da arbitrariedade subjetiva tinha sido expressa por Weber algumas páginas antes: "Uma coisa é o Diabo e outra é Deus, no que diz respeito ao indivíduo; e o indivíduo deve decidir quem, *para ele*, é Deus e quem é o Diabo. E é assim por toda a vida".[206]

Quanto aos *fundamentos* a partir dos quais o próprio indivíduo poderia tomar *sua decisão*, essa questão foi *a priori* declarada fora de propósito; assim como na mitologia indiana, onde se supunha que o elefante carregasse o mundo em suas costas permanecendo de pé sobre as costas da tartaruga cósmica, e não se esperava que ninguém fizesse perguntas sobre a base de sustentação da própria tartaruga mítica.

Mas a questão não podia ficar sem resposta. Ainda que, na opinião de Weber, as escolhas orientadas por valores não pudessem ser objetivamente justificadas, visto que "as várias *esferas de valor* do mundo permanecem em *irreconciliável conflito* umas com as outras",[207] era preciso encontrar um modo de justificar a própria atividade científica. Esta tinha de ser resgatada das desastrosas implicações do relativismo e subjetivismo extremos, estabelecidos como princípios orientadores para a constituição das "visões de mundo" sob as circunstâncias "desencantadas" da época moderna. Por essa razão, o "lugar para a fé" weberiano teve de ser ampliado para incluir também a totalidade da ciência.

Este era o outro lado da moeda kantiana do nosso filósofo. De acordo com isso, era preciso mostrar que aqueles que escolhessem a ciência como sua "vocação" poderiam – embora sendo *incorrigivelmente subjetivos* em relação a sua *"posição fundamental"* – ser *rigorosamente objetivos* em sua busca científica, e, ao mesmo tempo, que as condições objetivas da atividade científica como tal os capacitavam para agir desse modo.

Esta solução tinha de ser procurada, pois os imperativos do valor de troca em expansão apresentavam a ciência e a tecnologia – em uma escala jamais imaginada – com suas inevitáveis *exigências práticas*. Estavam pressionando por *garantias objetivas* da realização daquelas exigências sob as circunstâncias de uma *escala de tempo necessariamente mais longa* – exigindo o "planejamento" capitalista e a "previsão" objetivamente fundamentada – tanto para as práticas produtivas como para as práticas científicas e tecnológicas envolvidas, em resposta às interconexões globais sempre crescentes e às novas complicações e contradições delas oriundas. Compreensivelmente, portanto, era inadmissível aplicar à ciência os mesmos critérios de orientação que produziam, em relação às "várias esferas de valor", o relativismo e o subjetivismo que examinamos anteriormente.

---

[205]  Weber, *Gesammelte Aufsätze zur Wissenschaftslehre*, Tübingen, 1992, p. 558. Citado por Lukács, *The Destruction of Reason*, p. 618.

[206]  Weber, *Gesammelte Aufsätze zur Wissenschaftslehre*, p. 545. Lukács, ibid., p. 616. Para uma tradução inglesa de "Science as a Vocation" – a que pertencem as duas últimas citações, ver H. H. Gerth e C. Wright Mills (org.), *From Max Weber: Essays in Sociology*, Londres, Routledge & Kegan Paul, 1948, p. 129-56.

[207]  Weber, "Science as a vocation", op. cit., p. 147.

Política e ideologia   213

E era aqui que a segunda estratégia ideológico-intelectual de Weber tinha de ser posta em prática. Ela se articulava como uma metodologia para opor radicalmente a constituição de "visões de mundo" ao reino do "conhecimento factual". Esta posição é exemplificada em uma passagem entusiasticamente citada por Merleau-Ponty:

> É o *destino de uma época cultural* que provou da árvore do conhecimento saber que nós *não podemos decifrar* o significado dos acontecimentos do mundo, por mais que os estudemos. Devemos, antes de tudo, estar preparados para criá-los nós mesmos e saber que as *visões de mundo* nunca podem ser produto do *conhecimento factual*.[208]

Desse modo, a mensagem de Weber – repetida mais tarde por Raymond Aron e outros – era que, no que diz respeito ao desdobramento histórico dos acontecimentos do mundo, "nós só sabemos que não sabemos e que não podemos saber". Tínhamos de conceituar estes acontecimentos em termos de "visões de mundo" baseadas em escolhas subjetivas, em "posições *weltanschauliche*",[209] em "atitudes inconciliáveis"[210] e em "juízos de valor sobre os quais nada pode ser dito na sala de aula".[211] Todavia, o mundo da ciência poderia ser resgatado do sofrimento deste ceticismo e relativismo universal, desde que adotássemos a atualizada dicotomia weberiano-kantiana entre "esferas de valor" e "conhecimento factual". E, uma vez que a exclusão radical dos juízos de valor fora declarada, o princípio orientador necessário e *suficiente* da objetividade científica, até a história e o mundo social poderiam se tornar acessíveis à investigação rigorosa, sob a condição de que tal empreendimento fosse dirigido para a construção de "tipos ideais", conforme as exigências da "neutralidade axiológica".[212]

Traçando deste modo as linhas de demarcação, Weber produziu uma solução que parecia satisfazer as exigências de "exatidão científica" no domínio dos insuperáveis "cálculo" e "racionalidade" capitalistas, sem interferir com o anseio do indivíduo isolado pela autodeterminação subjetiva e soberania na esfera dos valores. Como a estrutura kantiana, a "nova universalidade" da solução de Weber oferecia aos intelectuais muitos pontos de acesso e de réplica, com uma "versatilidade" adequada à evolução da realidade capitalista, que continuou se renovando a despeito de suas contradições.

---

[208] Weber, *Gesammelte Aufsätze zur Wissenschaftslehre*, p. 154. Citado em Maurice Merleau-Ponty, *Adventures of the Dialectic*, Londres, Heinemann, 1974, p. 26.

[209] "Em termos dos seus significados, tal e tal posição prática pode ser derivada [...] desta ou daquela *Weltanschauliche* posição fundamental. Talvez ela só possa ser derivada de tal *posição fundamental*, ou talvez de várias, mas não pode ser derivada destas ou daquelas outras posições. Falando de modo figurado, você serve a este deus e ofende o outro deus quando decide aderir a esta posição. E se permanecer fiel a si mesmo, necessariamente chegará a certas conclusões finais que fazem sentido *subjetivamente*." (Weber, "Science as a vocation", p. 151.)

[210] "Hoje em dia, as rotinas da vida cotidiana desafiam a religião. Muitos velhos deuses se levantam de seus túmulos; são *desencantados* e por isso assumem a forma de *forças impessoais*. Lutam para obter poder sobre nossas vidas e mais uma vez *retomam sua eterna luta* de um contra o outro. [...] enquanto a vida permanece imanente e é interpretada em seus próprios termos, ela só conhece uma luta contínua destes deuses – um contra o outro. Ou, falando diretamente, as atitudes fundamentais possíveis em relação à vida são *inconciliáveis*." (Ibid., p. 149-52.)

[211] Ibid., p. 152.

[212] Ou "liberdade de valor", "*Wertfreiheit*". Para saber se o próprio Weber conseguiu estar à altura deste ideal, ver a discussão de suas definições de "capitalismo" e de "burocracia" nas seções 2 e 3 do ensaio "Ideologia e ciência social", em *Filosofia, ideologia e ciência social*. Parte da seção 2 está citada na nota 34 do capítulo 1.

## 214  A necessidade da ideologia

Weber não tentou grosseiramente negar a existência destas últimas. Em vez disso, tentou chegar a bons termos com elas de uma forma intelectualmente respeitável. Por um lado, ele defendia, como já vimos, a submissão incondicional à "exigência da época". Por outro lado, tentava introduzir um distanciamento crítico, dizendo que

> O *destino de nossa época* é caracterizado pela *racionalização* e pela *intelectualização* e, acima de tudo, pelo "desencantamento do mundo". Foram justamente os *valores fundamentais e mais sublimes* que se afastaram da vida pública, refugiando-se no reino transcendental da *vida mística* ou na *fraternidade* das relações humanas diretas e pessoais.[213]

Que crítica! Não podemos deixar de sentir a mais profunda compaixão pela situação do pobre dom Carlos, renascido na fatídica época cultural da racionalizante e intelectualizante sociedade industrial moderna. Foi condenado ao reino transcendental da vida mística a ele oferecido pelo Grande Inquisidor – após ser cruelmente privado da fraternidade do marquês de Posa, assim como dos contatos pessoais mais ternos com a jovem esposa de seu pai –, não em razão da conjuntura sócio-histórica desfavorável para a luta social pela emancipação coletiva, mas porque o "destino de nossa época" tornou os valores fundamentais e mais sublimes "afastados da vida pública", em sintonia com o incontestável "desencantamento do mundo" que assumia "a forma de forças impessoais".

### 3.6.2

Caracteristicamente, o preceito metodológico relativo à fundamentação estritamente subjetiva das reivindicações de valor foi violado pelo próprio Weber toda vez que aparecia a oportunidade. Na última passagem citada, Weber se referia aos valores como se eles pertencessem a um conjunto de entidades fetichisticamente existentes, arranjadas uma em relação às outras segundo as determinações de alguma hierarquia metafísica absoluta; como se a partir desta última fosse possível referir-se objetivamente, e nos termos mais gerais possíveis, aos "valores fundamentais e mais sublimes", presumivelmente contrapostos a outros valores menores. Mas se cada indivíduo podia realmente achar seu "demônio pessoal", e desta maneira escolher ou definir os valores como lhe aprouvesse, definindo como "deus" a mesma "esfera de valor" que fora definida como "diabo" por outra pessoa; neste caso falar sobre "valores fundamentais e mais sublimes" que objetivamente se "afastaram da vida pública" era algo totalmente contraditório ou sem sentido.

Naturalmente, tal referência foi introduzida por Weber porque ela se adequava no contexto dado à sua postura "crítica" genérica, superficial e socialmente vazia. A passagem continuava assim: "Não é por acaso que nossa maior arte é intimista e não monumental [...]. Se tentarmos forçar e 'inventar' um estilo monumental de arte, serão produzidas monstruosidades como os muitos monumentos dos últimos vinte anos".[214]

Tal "radicalismo" certamente deve ter deixado muito satisfeito todo *bel esprit*.

Além disso, esta autonomização fetichista dos valores – divorciados das deliberações tanto dos indivíduos quanto dos grupos sociais, e, ao mesmo tempo, superpostos

---

[213]  Weber, "Science as a Vocation", p. 155.

[214]  Ibid.

a eles de modo irracional e mistificador – tinha também outra função. No caso de alguém começar a pensar em assumir o controle das condições "desencantadas" da sociedade – regulamentadas atualmente pelas "forças impessoais" reconhecidas por Weber – ficaria muito decepcionado. Nada mais havia a fazer quanto ao "desencantamento" do mundo. Se os valores fundamentais e mais sublimes haviam se "afastado da vida pública", isso era simplesmente uma pena. A metodologia de atribuir os valores à "eterna luta dos deuses independentes" serviu bem a seu propósito apologético. Nenhum agente humano identificável foi responsabilizado pelo suposto "afastamento", e muito menos como capaz de intervir praticamente neste processo, com o objetivo de o reverter para tornar o mundo social menos reificado, menos "desencantado" e menos impessoal. A única atitude apropriada à mudança nos valores descrita por Weber era reconhecer que isso tinha acontecido, e evitar produzir na arte "monstruosidades monumentais".

A crítica weberiana se revelou, portanto, como a forma mais acabada da acomodação. Declarando que as "visões de mundo" – necessariamente ligadas a conjuntos de valores inconciliáveis – "nunca podem ser produto do conhecimento factual", Weber as privou de qualquer *justificativa* possível, exceto uma puramente subjetiva e arbitrária. (Como já vimos, os critérios de escolha weberianos só tinham de fazer sentido "subjetivamente".)[215] E situando todo o discurso sobre valores na esfera da *subjetividade isolada*, excluiu *a priori* a possibilidade de uma articulação coerente e objetivamente viável das "visões de mundo" e dos valores a elas associados sobre uma base *coletiva* e *socialmente eficaz*. Mas era precisamente este o significado ideológico fundamental, assim como o núcleo estruturador, do monumental empreendimento weberiano – empreendimento que, quanto a seu poder de atração ideológico e intelectual, permanece insuperável até hoje, sob vários aspectos.

### 3.6.3

É muito significativo que, embora a influência de Weber durante a primeira metade do século XX só tenha atingido círculos intelectuais selecionados, o período do pós-guerra produziu mudanças drásticas a esse respeito. É verdade que algumas de suas principais obras foram publicadas em vários idiomas, inclusive o inglês, muito antes da guerra, mas apareceram em edições pequenas, lidas por pouca gente, e causando um impacto estritamente acadêmico. Depois da guerra, no entanto, suas primeiras obras publicadas foram reimpressas repetidas vezes, em rápida sucessão, e também as obras anteriormente inéditas, juntamente com coletâneas de divulgação de seus escritos, surgiram por todo o mundo ocidental. Como resultado, num período de poucos anos após a Segunda Guerra Mundial, Max Weber – o "intelectual dos intelectuais", difícil de ler – adquiriu um público leitor maciço em ambos os lados do Atlântico. Na verdade, sua obra se tornou a principal inspiração ideológica e metodológica para aqueles que tentavam elaborar uma "visão de mundo" sociopolítica atlanticista.[216]

---

[215] Ver a passagem citada anteriormente na nota 209.

[216] Raymond Aron, por exemplo, que pretendia ter sido "excomungado" pela esquerda por ter defendido sua causa contra os "marxistas-leninistas" e os "progressistas" a partir de uma perspectiva política atlanticista. Ver Aron, *The Industrial Society*, p. 145.

# 216  *A necessidade da ideologia*

A crescente popularidade de Weber no pós-guerra estava sem dúvida ligada a uma conjuntura histórica favorável. Não no sentido de que o conjunto de necessidades e circunstâncias do pós-guerra constituíssem a única situação de grande receptividade para a concepção weberiana. As grandes conceituações ideológicas dos interesses sociais historicamente predominantes, que cobrem um período mais longo, são muito mais flexíveis do que isso. Como Nietzsche – outro "homem para todas as estações" –, Weber articulou seu pensamento tendo em mente o socialismo como principal adversário. E é isso que constitui, sob esse aspecto, o *übergreifendes Moment*: o "fator de fundamental importância", pois, na medida em que as linhas principais do confronto entre capitalismo e socialismo permanecerem traçadas, em um sentido histórico mundial, é provável que sua influência mantenha a vitalidade, ou reapareça se tiver saído de moda por algum tempo, desde que algumas condições históricas específicas solicitem o tipo weberiano de engajamento "razoável" – descrito por Raymond Aron como "a política do entendimento" e citado aprovativamente,[217] com uma qualificação que enfatiza com mais força ainda o elemento razoável e autoquestionador, por Merleau-Ponty[218] – em vez de uma batalha de vida ou de morte até o amargo fim.

No período do pós-guerra, o socialismo teve de ser tratado como um *interlocutor*, em conseqüência do fracasso ainda por demais evidente da tentativa nazifascista de o *proscrever*[219] e reprimir violentamente. Isso foi particularmente verdadeiro na França, onde a retirada do império em desintegração[220] teve de ser realizada na presença de um partido marxista forte. Por isso, a utilidade de Weber – como um interlocutor "compreensivo" e, ao mesmo tempo, um sutil inimigo ideológico e intelectual, e "negador" da posição marxista – não poderia ser esquecida. Merleau-Ponty, de fato, a descreveu nos seguintes termos:

---

[217]   De fato, Merleau-Ponty deu o título de "The Crisis of Understanding" ao primeiro capítulo de seu livro *Adventures of the Dialectic*; e propôs a resolução desta crise dentro dos quadros da concepção weberiana.

[218]   "Raymond Aron escreve que sua política é, assim como a de Alain, uma 'política do entendimento'. Só que, de Alain até Weber, o entendimento aprendeu a duvidar de si mesmo." (Merleau-Ponty, op. cit., p. 25.)

[219]   Merleau-Ponty enfatizou bastante este aspecto da moderação de Weber. Escreveu: "Embora ele rejeite o nacionalismo, o comunismo e o pacifismo, não quer *bani-los*; não quer renunciar à tentativa de entendê-los" (ibid., p. 26).
Deste modo, o critério para se *compreender* os adversários ideológico-intelectuais é reduzido a um sentido formal-legal, definido como o apoio às práticas do Estado que se abstêm de *bani-los*, para que se preserve a racionalização ideológica do "Estado democrático". Não se pensa em manter um *diálogo substantivo* com o outro lado. A mesma atitude – formulada do ponto de vista de um "universalismo" abstrato e formalista que quer apenas *subordinar* o interlocutor a suas próprias concepções prévias – está refletida no conflito entre Merleau-Ponty e Sartre na conferência referida na nota 228.

[220]   Quando o general De Gaulle retornou ao poder, em meio à guerra da Argélia, o historiador italiano Franco Venturi me disse: "Um dia deveríamos levantar uma estátua de Mussolini e inscrever em sua base: 'Este foi um homem muito estúpido, que realizou, porém, uma grande coisa: perdeu o império para nós'".
É verdade que o império italiano era muito diferente do império francês. No entanto, a surpreendente estabilidade do domínio governamental na Itália – país que, apesar de o partido marxista ser consideravelmente mais forte até mesmo do que na França, ainda permanecia, havia mais de quatro décadas sem interrupção, dominado por governos democrata-cristãos, com apenas algumas mudanças puramente superficiais – devia-se, em um grau considerável, à ausência das questões amargamente divisivas do "desengajamento do império".

Weber não é um revolucionário. É verdade que ele escreve que o marxismo é "o momento mais importante da construção dos *tipos ideais*", e que todos aqueles que empregaram seus conceitos sabem como são frutíferos – sob a condição de que tomem como *significados* o que Marx descreve como *forças*. Mas, para ele, esta transposição é incompatível com a teoria e com a prática marxista. Enquanto materialismo histórico, o marxismo é uma *explicação causal* através da economia; e em suas práticas revolucionárias Weber nunca vê aparecer a escolha fundamental do proletariado. Ocorre, portanto, que *este grande intelecto* julga os movimentos revolucionários que testemunhou na Alemanha após 1918 como se fosse um alemão provinciano, burguês [...] [Ele] nunca vê um novo significado histórico nas revoluções após 1917. É contra a revolução porque *não considera que se trate de uma revolução*, ou seja, a *criação de um todo histórico*.[221]

Caracteristicamente, o que Merleau-Ponty estava tentando fazer era resgatar a teoria weberiana de suas contradições, sugerindo que a encarnação deste "grande intelecto" em um corpo "burguês provinciano" não era uma conexão necessária; que sua "falha talvez só seja a do homem Weber";[222] e que seus pontos cegos patentemente anti-socialistas não eram importantes porque "pode-se buscar ler o presente mais atentamente do que Weber o fez, para perceber 'afinidades eletivas' que lhe escaparam".[223]

Na verdade, entretanto, Weber estabeleceu condições que eram radicalmente incompatíveis não apenas com o materialismo histórico como sistema explanatório causal (isto é, solicitando-lhe que substituísse suas categorias – definidas por Marx como *Daseinsformen* sociais, "formas do ser social" – por "tipos ideais" vazios), mas também com o socialismo e a revolução. Ele não imaginou, em nenhum momento, que uma revolução socialista pudesse "criar um todo histórico", pela simples razão de considerar que o destino do capitalismo – com seus necessários "cálculo", "racionalização", "burocracia", etc. – era *não ser superado*. Portanto, houve um pouco de falsidade em Merleau-Ponty ao afirmar que as incompatibilidades estruturais e o necessário viés ideológico da concepção de Weber pudessem ser eliminados por uma "leitura mais atenta" daquelas um tanto misteriosas "afinidades eletivas" no presente. Infelizmente, em conseqüência de um desenvolvimento intelectual talvez não inteiramente livre de conexões *causais* com as lutas sociais da época, a "política autoquestionadora do entendimento" de Merleau-Ponty na verdade acabou levando-o para muito longe dos frutos originalmente previstos pela política e racionalidade weberianas: para o mundo do misticismo desolado e do isolamento pessimista, a uma distância astronômica de um engajamento socialmente significativo com o presente.

### 3.6.4

A crescente influência weberiana no pós-guerra teve muito a ver com a maneira como sua obra pôde ser inserida no confronto aberto com o socialismo de orientação

---

[221] Merleau-Ponty, *Adventures of the Dialectic*, p. 25. As palavras "significados" e "forças" foram grifadas por ele.

[222] Ibid., p. 27.

[223] Ibid., p. 29.

218   *A necessidade da ideologia*

marxista nas novas circunstâncias históricas. E isso tanto em um sentido *substantivo*, opondo a esse socialismo, como fizeram Aron e outros, a "não-superabilidade" weberiana do capitalismo (visto como a sociedade "industrial moderna", necessariamente calculista e racionalizadora, burocrática e autoritária),[224] como adotando a *metodologia* dos "tipos ideais", em nome da qual tudo podia ser *relativizado* e a própria idéia de leis e tendências objetivas do desenvolvimento histórico ser desacreditada, como veremos posteriormente.

Mas houve uma condição igualmente importante que favoreceu a difusão da influência de Weber em ambos os lados do Atlântico. Foi a adequação da abordagem weberiana à articulação de uma "visão de mundo" necessária à relação de forças radicalmente modificada do pós-guerra – sob o poder hegemônico dos Estados Unidos, não apenas militarmente, mas também economicamente vitoriosos –, que relegou o imperialismo britânico e francês a um papel menor. É claro que foram necessários alguns ajustes no sistema weberiano antes que ele pudesse desempenhar seu novo papel ideológico, mas os ajustes requeridos puderam ser feitos sem muita dificuldade, tendo como base certas "afinidades eletivas" reais. Foi assim que Weber assumiu a proeminência intelectual, associada à ampla difusão de sua obra, que de outro modo seria incompreensível, que testemunhamos no pós-guerra.

Tendo surgido imediatamente após a guerra mais destrutiva jamais conhecida pelo homem, a "visão de mundo" da nova potência hegemônica tinha de ser eminentemente "razoável", prometendo uma ordem social tranqüila em lugar do imperialismo tradicional historicamente antiquado e desacreditado. Além disso, o fato embaraçoso de duas potências imperialistas européias terem sido suplantadas de modo tão sumário pela nova potência dominante nas ex-colônias tinha de ser apresentado da maneira mais agradável possível por algum quadro ideológico comum a todos, de modo a rebater a acusação de que o muito difundido "modo de vida americano", neste nosso "século americano", fosse meramente a reimposição, sob nova forma, da dominação e exploração imperialistas. De acordo com esses objetivos, a nova ordem mundial foi definida como liberadora das potencialidades positivas da "sociedade industrial moderna", tanto nos países avançados quanto nas nações que haviam conseguido havia pouco sua independência: nos primeiros, dando fim à *luta de classes* como tal e, ao mesmo tempo, difundindo os benefícios da prosperidade crescente; e nos "países subdesenvolvidos", estendendo a eles os recursos financeiros e tecnológicos necessários para a *"modernização"*, com o objetivo de elevá-los afinal ao plano do perfeito modelo de todas as sociedades industriais modernas: os Estados Unidos da América.

Como já se disse, a escolha de Weber como o principal teórico social e fonte de inspiração metodológica (o "metateórico" por excelência) desse período, e a adaptação de seu sistema às necessidades ideológicas da "nova ordem mundial", envolvia repetidos

---

[224]   Raymond Aron nunca se cansou de repetir que "todas as empresas modernas são organizadas em bases autoritárias. [...] Quanto à orientação tecnoburocrática das indústrias, ela é atualmente mais autoritária do que democrática em todos os tipos de sistemas" (*The Industrial Society*, p. 117-8). Permanece um mistério o modo pelo qual uma tal estrutura socioeconômica inerentemente autoritária pode se articular institucionalmente em um sistema político verdadeiramente democrático.

cruzamentos para trás e para diante através de fronteiras intelectuais e geográficas. O teórico apresentado pelos escritos dos ideólogos "pós-ideológicos" – Raymond Aron e Daniel Bell, por exemplo – não era necessariamente o "Weber histórico", mas um Weber tornado mais adequado aos propósitos ideológicos para os quais se esperava que ele proporcionasse a autoridade intelectual fundamental. A influência de Talcott Parsons como mediador de Weber para os europeus, a partir de uma perspectiva caracteristicamente norte-americana, foi extremamente relevante sob esse aspecto. No momento não é necessário discutir-se detalhadamente tais mediações e modificações, por mais interessante e revelador que isto pudesse ser. O que importa diretamente no presente contexto é realçar que havia uma base comum mais do que suficiente entre as novas necessidades ideológicas e a teoria weberiana original para tornar seu renascimento no pós-guerra viável e eficaz em sua orientação atlanticista específica.

À primeira vista, isto vai contra às inegáveis aspirações imperialistas alemãs de Weber. Entretanto, não se deve esquecer que ele vinculou tais aspirações ao estabelecimento de uma ordem social *internamente estável*, segundo o modelo das *democracias ocidentais* que entusiasticamente aceitou, juntamente com suas condições "desencantadas". Além disso, opôs-se vigorosamente ao *nacionalismo*, em nome da mesma racionalidade de desenvolvimento e da "atitude racional" diante das práticas sociais, inspirada pelo capitalismo, que se adequava perfeitamente às exigências da visão de mundo do pós-guerra neo-imperialista. O fato de esta concepção "democrático-imperial", antinacionalista e pró-ocidental, estar associada a uma doutrina que proclamava o inevitável fracasso do socialismo em face da não-superabilidade do capitalismo, e de tudo isso ter nascido do solo europeu – sendo, portanto, absolvida *a priori* de qualquer acusação de imperialismo cultural e político norte-americano –, só fez aumentar a importância representativa da perspectiva weberiana com relação às necessidades ideológicas dominantes da época.

### 3.7 "Universalismo" ocidental *versus* "nacionalismo do Terceiro Mundo"

#### *3.7.1*

As novas perspectivas ideológicas não ficaram suspensas no ar rarefeito da própria ideologia. Ao contrário, elas receberam um suporte institucional bem firme através de uma variedade de reajustes "universalistas" da rede de relações internacionais, desde o estabelecimento da OTAN até a união de países insubmissos e muitas vezes antagonicamente opostos da Europa ocidental dentro da estrutura da Comunidade Econômica Européia. Tais instituições desafiaram abertamente, e com uma eficácia prática de longo alcance, as noções tradicionais de soberania nacional, entendendo-as como o principal obstáculo à realização da nova ordem mundial. O postulado do "universalismo" – tema favorito do pensamento weberiano,[225] e mais ainda de sua reformulação feita por Talcott

---

[225] Ver, em particular, Weber, *The Theory of Social and Economic Organization* (Parte I de *Wirtschaft und Gesellschaft*), Nova York, The Free Press, 1947, e *The Protestant Ethic and the Spirit of Capitalism*, Londres, Unwin University Books, 1965 [ed. bras.: *A ética protestante e o espírito do capitalismo*, São Paulo, Companhia das Letras, 2004].

## 220 *A necessidade da ideologia*

Parsons[226] segundo as necessidades do presente – tinha de ser afirmado e defendido tanto com respeito à avaliação da própria ordem socioeconômica estabelecida como em relação à ideologia. (Quanto à última, opondo enfaticamente as reivindicações de universalismo da "pós-ideologia" à estreita parcialidade da ideologia do adversário, é claro.) Assim, Raymond Aron insistiu que "uma sociedade *universal* está surgindo. [...] O Ocidente está morrendo como 'cultura' separada, mas tem futuro como *centro de uma sociedade universal*".[227] Ao mesmo tempo, Merleau-Ponty defendia o estabelecimento de um *"novo universalismo"*, pela rejeição da *"concepção de ideologias"*.[228]

É desnecessário dizer que não poderia haver uniformidade no modo como os intelectuais, que partiram de pontos diferentes na busca de objetivos sociopolíticos diferentes, se ajustaram ao quadro geral das perspectivas político-ideológicas dominantes do pós-guerra. Alguns tentaram rejeitá-lo completamente, formulando uma concepção alternativa, ao passo que outros a aceitaram com um misto de entusiasmo apologético e resignação. E outros, ainda – como Marcuse, por exemplo –, se encontraram na incômoda situação de argumentar a partir de seu quadro, não por apreciarem a desumanizadora perspectiva atlanticista do "capitalismo organizado", mas porque não conseguiam identificar qualquer agente social capaz de a superar. O impossível era se abster ou ignorá-la, pois as necessidades auto-reprodutivas dominantes da estrutura sociopolítica geral – articuladas pelas práticas estatais historicamente específicas que correspondem à relação material de forças prevalecente, em seu contexto socioeconômico *global* – estabeleceram a margem de liberdade dentro da qual, pró ou contra, as diferentes imagens ideológicas e intelectuais do relacionamento social podem surgir e competir uma com a outra.

Assim sendo, foi questão de grande importância o modo como os vários intelectuais definiram o inter-relacionamento global entre os países "avançados" e os países "em desenvolvimento". A *ausência* mais ou menos completa desta problemática (como, por exemplo, no caso da Escola de Frankfurt) era tão eloqüente quanto uma abordagem abertamente pró-ocidental, afetando negativamente a viabilidade de toda a concepção. Não que se esperasse a defesa de um romântico "terceiro-mundismo" como substituto para a ação contestante da classe trabalhadora, pretensamente integrada na estrutura do "capitalismo organizado". É óbvio que as contradições sociais das "sociedades industriais avançadas" só poderiam ser resolvidas por suas próprias forças de oposição radical, e não por algum agente exterior, *para elas* ou *em lugar delas*. Apesar disso, para uma formulação adequada das perspectivas gerais de desenvolvimento, era necessário levar plenamente em conta, já no estágio *dado* de intercâmbios globais, as inevitáveis implicações práticas – para os países ocidentais beneficiados – do contínuo "desenvolvimento do subdesenvolvimento", sem falar nas repercussões mais distantes

---

[226] A principal obra teórica de Parsons, *The Social System* (Routledge & Kegan Paul, Londres, 1951), trata do assunto, de modo mais ou menos extenso, em praticamente todos os capítulos.

[227] Aron, "Development Theory and Evolutionism", *The Industrial Society*, p. 74.

[228] Ver a discussão entre Sartre e Merleau-Ponty em uma conferência organizada pela "Société Européenne de Culture" em Veneza, entre 25 e 31 de março de 1956, publicada em *Comprendre*, setembro de 1956; parcialmente republicada em Michel Contat e Michel Rybalka, *Les Écrits de Sartre: chronologie, bibliographie commentée*, Paris, Gallimard, 1970, p. 299-304. Citações das p. 301-2.

Política e ideologia    221

de um bloqueio potencial do canal internacional da exploração, com o desdobramento das contradições inerentes ao capital em seu contexto global.

### 3.7.2

Aron foi um dos principais representantes entre aqueles que se engajaram com mais entusiasmo na defesa da perspectiva atlanticista, rejeitando desdenhosamente toda crítica a ela como "megalomania, antiamericanismo, o 'progressismo' político típico dos intelectuais de origem latina, estejam eles às margens do Sena, em Havana ou no Rio de Janeiro".[229] Na perseguição de seus objetivos, Aron introduziu um "corretivo" ideológico bastante transparente, substituindo *"capitalismo"* por *"todas as sociedades modernas"*,[230] de modo a poder declarar que "na era da *sociedade industrial não há contradição* entre os interesses dos países subdesenvolvidos e aqueles dos países avançados",[231] e que "o grande desenvolvimento de alguns países não é causa nem condição do subdesenvolvimento de outros países".[232]

Os argumentos utilizados por Aron para fundamentar sua posição totalmente acrítica eram às vezes estarrecedores, mesmo por seus próprios padrões. Como, por exemplo, o seguinte: "A crença de que o conquistador é responsável pela prosperidade do vencido é absolutamente nova. Há um século, a classe dominante inglesa não sentia qualquer obrigação desse tipo em relação aos povos dominados".[233] Será que o fato de a classe dominante inglesa não ter tido escrúpulos em suas aventuras coloniais a absolvia das perniciosas práticas passadas e presentes da exploração imperialista? Ou o exemplo de Aron simplesmente servia para ilustrar por que ele preferia a "maturidade" anglo-saxã ao "antiamericanismo megalomaníaco" e inflamado dos intelectuais latinos?

Seja como for, não havia dúvidas quanto ao significado ideológico das estratégias intelectuais adotadas por Aron. Por um lado, ele fez reviver a idéia "científica" do excedente sempre em expansão – e portanto para sempre *superador do conflito* – defendida por F. W. Taylor, dizendo que "uma *sociedade moderna* está em constante mudança, assim como em *constante expansão*",[234] e que "o volume de riqueza não é mais uma quantidade fixa; *expande-se* com o aumento daquela parcela da humanidade capaz de aplicar a *ciência* à indústria".[235] Com isso, a sabedoria apologética da

---

[229]    Aron, "Development Theory and Ideology", *The Industrial Society*, p. 40.

[230]    "A *medida* – das horas de trabalho ou do rendimento – é básica para aquela forma de procedimento que *era chamada de capitalista*, mas que atualmente é reconhecida como *característica de todas as sociedades modernas*. A medida leva ao esforço para se produzir mais durante o mesmo tempo, ou se gastar menos tempo na produção da mesma quantidade, ou ainda à produção de algo de maior valor em menos tempo. Mas, para se alcançar quantitativamente esta ambição, é também necessário substituir os métodos *usuais* de trabalho e de *organização* pela *reflexão* ou pelo *cálculo*, isto é, adotar o que Max Weber chama de uma '*atitude racional*' ou o que é também conhecido como *racionalização*." (Ibid., p. 14.)

[231]    Ibid., p. 24.

[232]    Ibid., p. 1-2.

[233]    Ibid., p. 25.

[234]    Ibid., p. 13.

[235]    Ibid., p. 29. Assim, os problemas *sociais* são transmutados em problemas *técnicos*. A questão altamente polêmica do desenvolvimento é reduzida à da "modernização", pela aplicação da ciência e da tecnologia. Esta abordagem mostra grande afinidade com Walt Rostow – um dos principais arquitetos da política estadunidense

222   *A necessidade da ideologia*

"descoberta científica" de Taylor foi generalizada e transferida de seu contexto original – preocupado com a superação de antagonismos de classe *internos* – para a arena internacional das "iluministas" relações neo-imperialistas de classe e Estado, redefinindo a ordem social atlanticista como a sociedade pós-ideológica, de expansão e modernização sem limites e orientada para a ajuda e o comércio.

Sob esse aspecto, os países capitalistas avançados estavam absolvidos de toda responsabilidade em relação ao passado e ao presente, ao mesmo tempo que, é claro, a existência de contradições estruturais fosse relegada para sempre ao passado, juntamente com as "ideologias anacrônicas" que tentavam criticamente defini-las no presente.

Mas Aron não ficou satisfeito em apresentar apenas esta solução "sem-conflito", orientada para a ciência e para o crescimento. Acrescentou-lhe, por outro lado, um argumento que procurava justificar – em nome das desigualdades regionais maciças geradas por um desenvolvimento neocolonial gravemente distorcido, sob a tutela do capitalismo norte-americano – sua tese de que não poderia haver contradição entre os interesses dos países desenvolvidos e dos subdesenvolvidos, visto que todos dependiam da ciência e da eficiência.

### 3.7.3

Mesmo este tipo de argumento racionalizador não era suficiente. Depois de declarar que na *era da sociedade industrial* não há contradição entre os interesses dos países subdesenvolvidos e dos avançados, Aron prosseguiu:

> Os primeiros podem progredir sem que os últimos percam terreno. Além disso, o progresso em uma região ajuda o progresso nas outras (*ao menos enquanto as matérias-primas forem abundantes* e a área disponível for capaz de acomodar e *alimentar a população*). E se estas declarações parecerem surpreendentes para os brasileiros, por exemplo, convidemo-los a pensar um pouco sobre os contrastes entre as diferentes regiões do Brasil. Pode-se dizer que a pobreza do Nordeste árido é atribuível ao desenvolvimento de uma relativa riqueza em São Paulo? Pode-se dizer que o desenvolvimento do Nordeste seria impossível sem um correspondente empobrecimento de São Paulo? A resposta é, obviamente, não. Talvez os brasileiros do Nordeste pensem que São Paulo não dá uma contribuição suficientemente grande para melhorar a situação dos estados pobres da federação; os contribuintes de São Paulo, por outro lado, talvez sejam de opinião que uma proporção muito grande de seus impostos é gasta em Brasília e Recife. Mas nenhum brasileiro, creio eu, concluiria que o desenvolvimento do Nordeste implica o empobrecimento de São Paulo. E, de fato, como a verdadeira riqueza depende da *eficiência*, por que a humanidade deveria se imaginar envolvida em uma *luta* até à morte quando *não há falta de recursos naturais* e todos os homens podem ser ensinados a tirar proveito deles, mesmo que alguns ainda não saibam como fazer isso?[236]

Uma análise detalhada dessa passagem leva-nos a concluir que ela apresenta uma forma de raciocínio muito estranha. As relações de dominação e subordinação socio-

---

de "modernização" no Vietnã por meio de bombardeios de saturação –, que é muitas vezes citado por Aron com aprovação.

[236]   Ibid., p. 24-5.

econômicas e políticas, objetivamente *não-simétricas*, são arbitrariamente apresentadas por Aron – para chegar à conclusão racionalizadora prefigurada desde o início[237] – como se tais relações pudessem ser invertidas à vontade na própria realidade. Como se alguém argumentasse – e ninguém jamais o fez – que, para ajudar o desenvolvimento das regiões desesperadamente pobres e desumanamente exploradas do mundo, seria necessário empobrecer os Estados Unidos da América.

No entanto, é certo que os desenvolvimentos capitalistas em São Paulo tinham muito a ver com a exploração do Nordeste e com o uso de sua população "excedente" como um exército industrial de reserva muito conveniente. Assim como é certo que o tipo de desenvolvimento socioeconômico que testemunhamos no Brasil como um todo tem muito a ver com os interesses de poderosos grupos capitalistas da Grã-Bretanha, da Alemanha, do Japão e, acima de tudo, dos Estados Unidos.[238] Mas, obviamente, ninguém em sã consciência pensaria que este relacionamento também funcionasse no sentido contrário, ou que pudesse ser caprichosamente invertido. A tentativa de Raymond Aron de desacreditar a preocupação com a dependência e a exploração por meio de uma *reductio ad absurdum* expõe claramente a verdadeira cor de sua posição "pós-ideológica". Seu método de tentar desviar a atenção dos méritos objetivos do caso, especulando a respeito da consciência regional de alguns míticos "contribuintes" brasileiros, revela evidentemente os mesmos interesses ideológicos.

Deve-se notar também outra característica da abordagem de Aron. Há uma contradição óbvia entre o início e o fim do texto citado. E este deslize não é acidental. No final, ele declara categoricamente que "*não há falta de recursos naturais*" para provar que não há necessidade de conflito e luta. Evidentemente, esta proposição é uma parte necessária da solução prometida através de um excedente "sempre em expansão e constantemente crescente" na "sociedade industrial moderna", o que torna o conflito social pela distribuição da riqueza historicamente "antiquado", assim como o foi para F. W. Taylor. Apesar disso, no início Aron teve de restringir sua afirmação de que "o progresso em uma região ajuda o progresso nas outras" – que não é de modo algum evidente por si mesma – acrescentando: "*ao menos enquanto as matérias-primas forem abundantes* e a área disponível for capaz de acomodar e *alimentar a população*".

O problema é que a restrição, que obviamente contradiz a conclusão de Aron, é uma parte igualmente necessária de sua concepção como um todo. Ele está bem consciente do fundamental conflito de interesses envolvido na escolha entre a apropriação pelos países em desenvolvimento, para seu próprio usufruto, de seus recursos e do resultado de seu trabalho, ou a entrega, como ocorre atualmente, da parte do leão de tudo isso para as "sociedades industriais avançadas". Este conflito só pode se intensificar sob a pressão do desdobramento das contradições sociais e das determinações demográficas. Como, entretanto, a existência das contradições sociais fundamentais foi excluída no que diz respeito à "sociedade industrial moderna", Aron só pode reconhecer o "perigo demográfico". Mesmo no que diz respeito ao passado

---

[237] Literalmente desde a página 1, como vimos na nota 232.

[238] Ver o clássico de Caio Prado Júnior, *História econômica do Brasil*, São Paulo, Brasiliense, 28. ed., 1983; primeira edição em 1945.

224　*A necessidade da ideologia*

colonial, ele só pode admitir uma "discrepância entre o aumento da população e o crescimento econômico",[239] considerado como resultado da iniciação dos "nativos" nos ensinamentos da "ciência e da cultura ocidentais".[240]

Assim, do ponto de vista da abordagem atlanticista de Aron, a solução aparece como o combate ao perigo de uma "explosão populacional"[241] – e seu concomitante "desastre moral e material" –, que ele compara ao de uma "guerra termonuclear".[242] É por isso que a contradição entre o início e o fim da passagem citada é *necessária*. As duas proposições inconciliáveis são articulações ideológicas e estruturalmente interligadas dos mesmos interesses de classe.

### 3.7.4

Essa linha de raciocínio constituía a prova definitiva da validade da abordagem de Aron, assim como a última palavra na polêmica contra a crítica do neocolonialismo, pois sua dupla racionalização removia toda a responsabilidade não apenas das políticas governamentais e das gigantescas corporações transnacionais da potência neocolonial dominante,[243] mas também dos regimes dependentes repressivos que desejariam implementar a "democrática" idéia desenvolvimentista da "modernização" sob a forma das ditaduras militares mais brutais.

Compreensivelmente, do ponto de vista desta racionalização atlanticista, o *nacionalismo* tinha de ser condenado e combatido onde quer que aparecesse. No "Terceiro

---

[239]　Ibid., p. 26.

[240]　Ibid.

[241]　Ibid., p. 181.

[242]　Ibid., p.182.

[243]　Dirigindo a si mesmo as perguntas: "Será que a América do Norte deve ser responsabilizada pelo fato de a América Latina ter ficado para trás nos séculos XIX e XX? Pode-se dizer que as corporações norte-americanas impediram a industrialização nas áreas em que estavam estabelecidas?", Aron cria outra linha de argumento característica, que diz:
"Hoje em dia, os países avançados competem uns com os outros em proclamar sua intenção de ajudar os países menos favorecidos – ao que os representantes destes últimos replicam, *às vezes* com razão, que os atos *nem sempre* correspondem às palavras e que os termos do comércio muitas vezes resultam na exploração dos produtores de matérias-primas para a vantagem das economias industrializadas; ou seja, *em última instância*, na exploração dos subdesenvolvidos pelos avançados. Não subestimo a importância do fenômeno, mas penso que *é um erro* acreditar que seja uma *política deliberada* por parte dos *governos* ou das *corporações*" (ibid., p. 27).
A primeira impressão de "sensatez" rapidamente desaparece se prestarmos maior atenção ao que está sendo dito. O reconhecimento das injustiças mais óbvias é de imediato diluído pelas restrições cuidadosamente estudadas de Aron, como "às vezes", "nem sempre", "em última instância", etc. E isso não é tudo, longe disso, porque a última frase anula radicalmente *tudo* o que fora hesitantemente admitido, negando – com a irrefutável evidência do *"penso que é um erro acreditar"* – que houvesse alguma "política deliberada" por trás das ações dos governos e das corporações ocidentais.
Suponhamos, pelo bem do argumento – sem concordar com nada de sua substância duvidosa –, que os governos e corporações norte-americanos ou de outros países ocidentais tenham perseguido seus interesses à custa dos países que eles inquestionavelmente dominavam e exploravam, "em última instância" ou não, sem terem "políticas deliberadas" para esse fim (se isso fosse concebível). Esse fato diminuiria *de algum modo* a dolorosa carga do desenvolvimento deformado e da dependência estrutural? "Obviamente não", como disse Aron em um argumento que defende o oposto, como vimos antes. Tais "despistes" diversionários, portanto, só podem ter uma função ideológica apologética, ainda que sejam apresentados sob o disfarce da "política do entendimento".

Mundo", dizia-se que era defendido por aqueles intelectuais "antiamericanos" que alimentavam o "impulso para uma esperança irracional e tola"[244] que objetivava o progresso rumo a um "futuro radiante", isto é, além das restrições da dominação neocolonial. Já vimos o sarcasmo e o desprezo com que Aron os tratava, zombando de sua "megalomaníaca" insubmissão.

Mas as variedades de nacionalismo da Europa ocidental tinham de ser rejeitadas com igual ênfase. Evidentemente, o argumento utilizado por Aron não tinha nada a ver com os méritos da questão, colocada por seus adversários em termos de soberania política e de uma exigência de igualdade nas relações internacionais. Ele apresentava um argumento "econômico", descrevendo acriticamente a relação de forças existente (dominada pelo complexo militar-industrial norte-americano) de modo a deixar implícito que não havia nada que se pudesse ou devesse fazer a respeito. Fazia a pergunta retórica: "como é possível se animar com a grandeza temporal de uma coletividade que é incapaz de fabricar suas próprias armas?", e dava a seguinte resposta: "O *orçamento da defesa norte-americana* representa três quartos dos gastos militares totais da aliança atlântica. [...] Em nosso século, um *Estado nacional de segunda classe* não é um cenário adequado para a plena expressão humana".[245]

Por esta lógica, enquanto a França fora um poder imperialista maduro – um "Estado nacional de primeira classe"; uma "raça dominante politicamente madura", nos termos da "política do entendimento" weberiana –, tudo estaria em ordem. Mas agora, presumivelmente, submeter-se à lógica política internacionalista hegemônica do complexo militar-industrial norte-americano, assim como aos imperativos econômicos originados do orçamento da defesa do aliado todo-poderoso, constituía o único cenário adequado para a plena expressão humana no mundo atlântico. Aceita a premissa de que a relação de forças dominante é o quadro incontestável de nossa vida, quem poderia argumentar contra isso? E, especialmente, quem poderia discutir que estratégias alternativas, que ousassem questionar tal sabedoria – pelo reexame crítico de suas premissas e pela pressão por um *desarmamento* amplo como saída para seus falsos dilemas –, deveriam ser vistas apenas como relíquias ideológicas quixotescas do passado, se não coisa muito pior?

## 3.8 Merleau-Ponty e a "liga da esperança abandonada"

### 3.8.1

Em comparação com o firme conservadorismo liberal de Raymond Aron, no caso de Merleau-Ponty testemunhamos uma transformação muito estranha durante o passar dos anos. Logo depois da Segunda Guerra, sua "visão de mundo" era extremamente diferente da postura conservadora de Aron. Como amigo de Sartre e talvez seu mais íntimo colaborador na época – um dos co-fundadores de *Les Temps Modernes* e seu editor político até a ruptura pública entre eles –, Merleau-Ponty se identificava com

---

[244] Aron, "The End of the Ideological Age?", em Chaim I. Waxman (Ed.), *The End of Ideology Debate*, Nova York, Simon and Schuster, 1968, p. 27.

[245] Ibid., p. 29.

## 226 *A necessidade da ideologia*

as causas da esquerda e em várias ocasiões defendeu vigorosamente posições "*marxisants*", se não totalmente marxistas. Neste sentido, a trajetória de seu desenvolvimento intelectual foi reveladora. No início da década de 1950 – isto é, nos anos de consolidação da perspectiva atlanticista, que tinha o apoio material e político-ideológico de uma ampla variedade de instituições poderosas, desde a OTAN até a iniciante CEE, já mencionadas –, sua posição já era praticamente idêntica à de Aron. Assim, em 1954, quando escreveu *As aventuras da dialética* – no mesmo ano em que Aron escreveu o livro que estabeleceu sua fama mundial, *O ópio dos intelectuais* –, eles compartilhavam não apenas o mesmo herói intelectual, Max Weber (que figurava com destaque em ambas as obras), mas também uma abordagem completamente cética e conservadora das grandes questões sociais do mundo contemporâneo.

Para compreender a natureza e a magnitude da metamorfose ideológica de Merleau-Ponty, temos de lembrar que, em julho de 1948 – em uma polêmica contra o americano C. L. Sulzberger, correspondente especial de *The New York Times* –, ele ainda citava, com ampla aprovação, a condenação, pela Quarta Internacional, de Burnham, Eastman, Sidney Hook, Schachtman, Victor Serge e Souvarine, considerados "intelectuais em eclipse" que pertenciam à "liga da esperança abandonada" e constituíam uma "fraternidade de renegados".[246] Ao mesmo tempo, criticava veementemente o principal conselheiro do general De Gaulle, o ex-comunista André Malraux, pela entrevista que deu a Sulzberger e por um artigo que culminava com a declaração de que "a garantia da liberdade é a força do Estado a serviço de todos os seus cidadãos".[247] Merleau-Ponty replicou com indisfarçável ironia:

> Esta ambigüidade de intenções que oscila entre a liberdade criativa e a força do Estado corresponde à de um movimento que reúne um bando de ex-comunistas (no comando) e militantes que, como mostram as eleições, são em sua maior parte *conservadores*. Cedendo à paixão de fazer algo a qualquer preço, Malraux consente em ver seu movimento apenas através de seu próprio passado; ele imagina que continua o mesmo, que seu gaullismo de hoje é seu trotskismo de ontem. (Aqui cabe uma pergunta: se Trotski tivesse vencido Stalin, será que o general De Gaulle também teria sido um trotskista?) Estamos bem no meio de um delírio individual. Mas neste exato momento, e na justa medida em que cede à vertigem do ego, Malraux deixa de representar uma causa política e se deixa levar pela onda de que fala Sulzberger.[248] Através da complacência para consigo mesmo, ele se torna uma coisa e um instrumento.[249]

---

[246] Merleau-Ponty, "Paranoid Politics", *Signs*, Northwestern University Press, 1964, p. 250.

[247] Ibid., p. 252.

[248] Na entrevista de Sulzberger citada por Merleau-Ponty, Malraux afirmou que "se Leon Trotski tivesse ganho a batalha dentro do partido contra Joseph Stalin, ele próprio seria hoje um comunista trotskista" (p. 247). As referências irônicas de Merleau-Ponty às implicações dessas afirmações para o general De Gaulle e seu movimento tinham como objetivo desmistificar a tentativa de dar uma aparência de preocupação de esquerda a um movimento fundamentalmente conservador. A "onda" mencionada por Merleau-Ponty se refere ao "desenvolvimento das frentes anticomunistas na Europa", utilizando o plano Marshall e os conselheiros estadunidenses "para cooptar os trabalhadores", enquanto o socialismo – "incluindo-se até o socialismo ocidental" – era mantido fora das novas federações e alianças trabalhistas. (Citações do artigo de Sulzberger.)

[249] Merleau-Ponty, "Paranoid Politics", p. 252.

Na ocasião em que o general foi reconduzido ao poder pela direita francesa, em 1958, a ironia para com ele e seu movimento tinha sido substituída pelas palavras de Merleau-Ponty, pronunciadas em uma entrevista, de que "seria muito difícil roubar o respeito que tenho pelo general De Gaulle".[250] Na mesma entrevista, Merleau-Ponty se queixou de que "estamos vivendo dos restos do pensamento do século XVIII, e ele tem de ser reconstruído de cima a baixo".[251] E o sentido da "reconstrução" que defendia em meio a uma crise política extrema era uma reminiscência da conversa de Weber com o protofascista general Ludendorff sobre a "democracia". Segundo Merleau-Ponty:

Cinqüenta anos atrás, Alain ainda podia definir a república pelo sistema de controle mútuo e pela *permanente polêmica do cidadão* contra aqueles que estavam no poder. Mas o que significa o sistema de controle mútuo quando não há mais qualquer ação para ser controlada? A única tarefa, tanto em 1900 como há dois séculos, era organizar a *crítica*. Atualmente é necessário, sem renunciar à crítica, *reorganizar o poder*. Muitas coisas estúpidas são ditas contra o "*poder pessoal*" ou o "*poder forte*"; é a genuína *força e personalidade* que aqueles que estavam no poder durante a Quarta República não possuíam. [...] *Não há liberdade* na submissão a cada *pequena mudança de opinião*. Como disse Hegel, a liberdade requer algo *substancial*; requer um *Estado*, que a sustente e ao qual ela dá vida.[252]

Ironicamente, portanto, a "política *autoquestionadora* do entendimento" de Weber (em nome da qual ele criticou Alain em *As aventuras da dialética*) se transformou na defesa de um Estado forte, com não poucos traços de bonapartismo. Malraux tinha sido censurado em 1948 por uma "ambigüidade de intenções" quanto à possibilidade de um Estado tão forte. Em 1958, a preocupação com essa questão desaparecera, pois Merleau-Ponty, sem ambigüidade, adotou a posição à qual havia se oposto tão convincentemente alguns anos antes.

### 3.8.2

Com isso, chegou ao fim a longa e tortuosa jornada de Merleau-Ponty, desde a proximidade em relação ao marxismo até uma identificação sem reservas com a dimensão mais problemática, na verdade mais reacionária, do sistema hegeliano, sob o signo da "coruja de Minerva [que] só estende suas asas ao cair da noite".[253] Naturalmente, Merleau-Ponty não poderia simplesmente se tornar um militante gaullista. Sua formação intelectual e alguns dos compromissos ideológicos de seu passado, aos quais permaneceu fiel, a despeito das grandes mudanças ocorridas em outros aspectos desde o início da década de 1950, não lhe permitiram dar esse passo. Em todo caso, quando De Gaulle retornou ao poder, Merleau-Ponty havia perdido todo o interesse em um envolvimento ativo na política. Por isso, sua jornada teve de terminar em resignação. Não surpreende, pois, que as palavras finais de sua entrevista tenham levantado uma questão um tanto desesperada para a qual, é claro, ele não esperava uma resposta.

---

[250] Merleau-Ponty, "Tomorrow ...", uma entrevista concedida em julho de 1958, *Signs*, p. 349.

[251] Ibid., p. 348.

[252] Ibid., p. 348-9.

[253] Hegel, *The Philosophy of Right*, Oxford, Clarendon Press, 1942, p. 13.

## 228 *A necessidade da ideologia*

Foram estas as suas palavras: "Os comandantes profetizam; os professores apontam seus lápis. Onde estão os conselheiros do povo? Será que eles não têm nada a nos oferecer além de seus lamentos?".[254]

Em 1948, Merleau-Ponty acrescentou os nomes de Malraux, Koestler e Thierry Maulnier à "liga da esperança abandonada e dos intelectuais em eclipse", acusando-os de terem "concordado com o caos", ao mesmo tempo em que rejeitava o que chamava de manobras do "americanismo".[255] Mesmo em 1950, em uma aguda crítica a intelectuais norte-americanos que já tinham sido de esquerda, ainda insistia que as revelações sobre os campos de trabalho forçado stalinistas não deviam levar os indivíduos a se afastarem de uma perspectiva socialista de inspiração marxiana, uma perspectiva global e não baseada na "engenharia social":

> Juntamente com o stalinismo e o trotskismo, eles [os intelectuais em questão] renunciaram a todo tipo de *crítica marxista*, a todo tipo de *temperamento radical*. A *exploração através do mundo* aparece-lhes apenas como problemas *dispersos* que devem ser examinados e resolvidos *um por um*. Não possuem mais quaisquer idéias políticas. Quanto aos Estados Unidos, dizem seriamente: "*nós não temos luta de classes aqui*", esquecendo-se de cinqüenta anos ou mais da história norte-americana. "Participar da prosperidade norte-americana", foram estas as palavras de ao menos um deles. Assentados, como se estivessem no eixo do mundo, na prosperidade norte-americana – que havia sofrido muitos choques e, a julgar pelo declínio das políticas e projetos do Plano Marshall para o reequilíbrio do mundo, está em via de sofrer outros –, querem fazer dela um *absoluto*. E quando lhes explicamos que estão em via de sacrificar toda avaliação política a este fato incerto, e que, *em última análise*, o reconhecimento do homem pelo homem e a *sociedade sem classes* são menos vagos como princípios de uma política mundial do que a prosperidade norte-americana, e que a *missão histórica do proletariado* é uma idéia *mais precisa* do que a *missão histórica dos Estados Unidos*, eles nos dizem, como Sidney Hook declarou na *Partisan Review*, que é urgente enviar à França alguns mestres do pensamento de seu calibre.[256]

Baseado nestas considerações, Merleau-Ponty advertiu – com palavras de apaixonado comprometimento – os seguidores europeus de tais estratégias ideológico-políticas que eles poderiam, "como tantos intelectuais norte-americanos que deixaram tudo para trás, terminar em um *nada político*", desafiando-os a declarar sua posição relativa à condenação ou aceitação de "*compromissos com a opressão colonial e social*".[257]

Ironicamente, poucos anos mais tarde, a idéia de Sidney Hook, tratada com sarcasmo por Merleau-Ponty, foi institucionalmente implementada na Europa com o "Congresso para a Liberdade Cultural" e de seus periódicos "pós-ideológicos" patrocinados pela CIA, e o antigo flagelo da "liga da esperança perdida" se tornou um dos heróis intelectuais desta nova cruzada contra o "socialismo antiquado" e contra o marxismo. Na segunda metade da década de 1950, a antiga rejeição de Merleau-Ponty

---

[254] Merleau-Ponty, "Tomorrow ...", p. 350.

[255] Merleau-Ponty, "Paranoid Politics", p. 260.

[256] Merleau-Ponty. "The USSR and the Camps", *Signs*, p. 269-70.

[257] Ibid., p. 272.

Política e ideologia   229

pelos compromissos com a opressão colonial deu lugar à crítica aos intelectuais radicais – os "progressistas" de Aron – pelo que ele chamava de fracasso "moral",[258] pois "eles não consideram qualquer *compromisso na política colonial*".[259] Do mesmo modo, a defesa da "crítica marxista e do temperamento radical" foi substituída pela rejeição da "filosofia marxista da história", dentro do mesmo espírito da ridícula teoria da "modernização" de Walt Rostow. Assim, trocando Marx por uma visão idêntica à da mais grosseira apologia da dominação global norte-americana, Merleau-Ponty declarava que, mesmo que "todos os países coloniais recém-independentes acabassem se militarizando e estabelecendo uma espécie de comunismo, isto não significaria que a filosofia marxista da história é verdadeira, mas que um regime autoritário e não-burguês é o único resultado possível quando a independência política precede a *maturidade econômica*".[260] Igualmente, a perspectiva de uma "sociedade sem classes", que é a "missão histórica do proletariado", foi abandonada por Merleau-Ponty com a desculpa de que "*a própria idéia de um poder proletário se tornou problemática*".[261] Assim, restou muito pouco dos antigos compromissos políticos de Merleau-Ponty – o intelectual que um dia denunciou apaixonadamente todos aqueles "intelectuais em eclipse" que deixaram de ser de esquerda – depois que ele chegou à conclusão resignada de seu próprio eclipse ideológico.

### 3.8.3

Talvez as retratações mais óbvias e mais importantes de Merleau-Ponty – por suas implicações para as práticas repressivas e exploradoras do Estado e das classes dominantes, assim como por tudo o que nos dizem sobre a articulação da "visão de mundo" que o intelectual francês acrescenta em apoio a elas – estejam ligadas à sua atitude em relação aos antigos territórios coloniais. No imediato pós-guerra, ele não hesitou em condenar François Mauriac nos termos mais mordazes, qualificando sua abordagem como simplesmente "*escandalosa*".[262] Naquela ocasião, mais uma vez, Merleau-Ponty utilizou com grande eficácia a arma da ironia, dizendo que "Mauriac repudia o colonialismo 'como era praticado no século XIX' (*como se tivesse mudado tanto desde então*)",[263] e identificou-se com um vietnamita que descreveu a hipócrita "divisão do trabalho" nos sistemas coloniais, entre os "colonialistas" e os "administradores, escritores e jornalistas", com as seguintes palavras: "Os primeiros agem, os outros falam e são a garantia moral dos primeiros. Desse modo, os princípios são

---

[258] "Sua rebelião contra nós não é *intelectual*, pois *eles adoram conversar à moda francesa* e o fazem admiravelmente; é totalmente *emocional e moral*." Ao ler frases como esta, escritas por um intelectual da estatura de Merleau-Ponty, é difícil saber se o melhor é rir ou chorar. "On Madagascar", entrevista de Merleau-Ponty baseada em sua estada em Madagascar em outubro-novembro de 1957, publicada em *L'Express*, não em 3 de julho, como originalmente se pretendia, mas em 21 de agosto de 1958; *Signs*, p. 331.

[259] Ibid., p. 329.

[260] Ibid., p. 331.

[261] Ibid., p. 329.

[262] Merleau-Ponty, "On Indo-China", *Signs*, p. 324.

[263] Ibid., p. 325.

## 230  *A necessidade da ideologia*

salvos – e a *colonização permanece de fato exatamente o que sempre foi*".[264] Em contraste, na entrevista de 1958, ele descreveu "o investimento público francês nos países ao sul do Saara", no período 1946-56, como "um Plano Marshall africano",[265] insistindo em que "não podemos mais dizer que o sistema é feito para a exploração; não mais existe, como se costumava chamar, nenhuma 'colônia de exploração'".[266]

Seguindo tais premissas para a análise da questão do tipo de política a ser adotada quanto aos desenvolvimentos futuros, Merleau-Ponty produziu um argumento inacreditável para negar a independência às colônias, em nome da salvaguarda da paz mundial:

> Não quero que a Argélia, a África negra e Madagascar se tornem países *independentes* imediatamente; porque a independência *política*, que não resolve os problemas do *desenvolvimento* acelerado, daria a eles os meios para uma *agitação permanente em escala mundial*, e *agravaria a tensão entre a União Soviética e os Estados Unidos*, e nenhum deles é capaz de encontrar uma solução para os problemas do subdesenvolvimento enquanto persistirem em sua corrida armamentista.[267]

O caráter abertamente apologético desta racionalização dos interesses coloniais, que só não era transparente para o próprio Merleau-Ponty, fez-se ainda mais óbvio na frase seguinte, em que se envolveu em uma dupla contradição. Primeira, quando – depois de insistir em que a *política por si só* não poderia resolver os problemas urgentes do desenvolvimento socioeconômico – defendeu, em vez da concessão da independência às colônias, a permissão de uma "*autonomia interna*" limitada e dos "meios de *expressão política*, de modo que suas questões [isto é, as questões dos povos coloniais] possam se tornar *realmente deles*, e seus representantes possam obter da França o máximo que ela possa conceder no sentido de uma 'economia distributiva'".[268] (Em outras palavras, desde que a política como tal – mesmo a política de independência plena – não poderia trazer o desenvolvimento necessário, vamos dar apenas uma política que seja um pouco "autônoma internamente", cuidadosamente controlada por nós e vinculada a alguma "distribuição" econômica, e isto deve ser suficiente e adequado para resolver a questão.) E, segunda, quando teve de admitir que "as dificuldades são evidentes"[269] quanto às possibilidades de sucesso da política que ele defendia. Não surpreende, portanto, que Merleau-Ponty tenha tentado escapar dessa dupla contradição idealizando uma ordem colonial "esclarecida" (que não parecia muito diferente do "fardo do homem branco"). A esse respeito, mais uma vez, o contraste com sua posição anterior era realmente notável. Como já vimos, em sua polêmica com Mauriac ele se posicionou do lado do vietnamita que expressava sua condenação do papel racionalizador dos "administradores, escritores e jornalistas". Dessa vez, Merleau-Ponty inverteu as posições e tomou o lado dos "franceses, isto é,

---

[264] Ibid.
[265] Merleau-Ponty, "On Madagascar", *Signs*, p. 332.
[266] Ibid., p. 333.
[267] Ibid., p. 334-5.
[268] Ibid., p. 335.
[269] Ibid.

os administradores": "Um deles me disse: 'Estamos lhes ensinando a não precisar de nós'. Ele estava certo. Essa é, na verdade, *a missão dos administradores franceses* em um regime *internamente autônomo*".[270] Como isto era convincente. Assim como a afirmação de que "400 mil trabalhadores argelinos estão trabalhando na França e alimentando dois milhões de argelinos na própria Argélia [...] confirmando o *fato* de que esta relação entre a Argélia e a França [em 1958!] *nada tem a ver com o colonialismo*".[271] Essa defesa da ordem estabelecida era muito pior do que o antes tão enfaticamente condenado "*compromisso* com a opressão colonial e social", pois representava uma tentativa de *perpetuar* a opressão colonial e social pretendendo que elas não mais *existiam*. No final, defendendo com seriedade uma posição que tentava resolver os problemas debatidos "dizendo que eles *não existiam*", juntamente com as contradições sociais fundamentais às quais se referiam, Merleau-Ponty parece não ter percebido o significado irônico de sua própria trajetória pessoal. Ou seja, que, "em última análise", a missão histórica do proletariado é uma idéia mais precisa do que a missão histórica não apenas dos Estados Unidos, mas também – e até mais – dos administradores coloniais esclarecidos, não importa a que país eles devam fidelidade.

Mas as declarações mais reveladoras da entrevista de Merleau-Ponty em 1958 vieram no fim, quando ele falou sobre o motivo de sua oposição à retirada da França da África. Inicialmente, ele apresentou uma racionalização moralizadora – que ele menosprezava em suas polêmicas contra Mauriac e outros nos anos imediatos do pós-guerra –, dizendo: "porque acho que ela foi capaz e ainda é de fazer algo de *bom* lá". E acrescentou imediatamente – no espírito das "raças dominantes chamadas a intervir no curso dos desenvolvimentos globais" de Weber: "porque eu prefiro fazer parte de um país que *realize algo na história* do que de um país que *se submeta a ela*".[272]

Ora, quais eram os países que "se submetiam à *história*" (não aos exércitos das grandes potências, aos invasores imperialistas e aos exploradores coloniais)? Naturalmente, os países pequenos e os povos coloniais. E quais eram os países que "realizavam *algo* na história"? Obviamente, as potências dominantes; os "Estados nacionais de primeira classe" de Aron; aqueles que podiam "fabricar as armas" necessárias para impor sua vontade aos outros; os poderosos que não hesitam por um momento em usar suas armas e os demais métodos brutais necessários para impor às nações menores seus interesses. A magnitude da opressão inseparável do "realizar algo na história" de Merleau-Ponty foi considerada irrelevante, visto que ele declarou categoricamente, na mesma página, em uma aberta justificação das relações de poder estabelecidas (de acordo com a máxima de Hegel: "*O que é racional é real e o que é real é racional*"):[273] "Eu não posso considerar este encontro [colonial] um mal. *De qualquer modo, é algo estabelecido*".

Depois disso, não chega a ser surpreendente a resposta de Merleau-Ponty à sugestão: "O senhor parece acreditar que nossos valores, os valores das civilizações ocidentais,

---

[270]   Ibid.

[271]   Ibid., p. 332.

[272]   Ibid., p. 336.

[273]   Hegel, *Philosophy of Right*, p. 10.

232   *A necessidade da ideologia*

são *superiores* àqueles dos países subdesenvolvidos". Ele concordou, dizendo que eram superiores *"no que se refere a seu valor histórico"*.[274] E isso completou a reversão radical da posição anterior de Merleau-Ponty em relação a todas as questões importantes.

## 3.9  O poder e o papel ativo da ideologia

### *3.9.1*

Esses desenvolvimentos manifestavam, de modo inequívoco, a forte marca do mundo do pós-guerra. E não há nada de realmente surpreendente nisso, pois, como declarou não o materialista histórico Marx, mas o próprio Hegel: "É tão absurdo imaginar que uma filosofia possa transcender seu mundo contemporâneo, quanto imaginar que um indivíduo possa ultrapassar sua própria época, saltar sobre o canal de Rodes".[275] Entretanto, o que Hegel deixou de dizer em sua sarcástica rejeição das concepções opostas à sua "ciência do Estado"[276] como sendo meras "opiniões" – uma justificativa do *status quo* adotada pelo Merleau-Ponty, já não mais *"marxisant"*, mas *"degaullisant"* –, foi que, enquanto a época em questão continuasse a ser dilacerada por antagonismos sociais profundos, seria totalmente irreal esperar a solução das questões em disputa através de uma "ciência do Estado" incontestável, com a exclusão das concepções ideológico-políticas rivais.

Na verdade, também no período pós-guerra, a tendência ideológica dominante da "antiideologia" teve de desenvolver e consolidar suas posições em confrontos constantes com tendências rivais e opiniões diametralmente opostas. A eterna polêmica de Raymond Aron contra os "marxistas-leninistas", os "progressistas", os "intelectuais latinos", "a nova Sagrada Família dos althusserianos", Sartre e muitos outros não era de modo algum excepcional, pois a ideologia da ordem estabelecida se tornou a ideologia dominante precisamente por demonstrar sua capacidade de defender os interesses materiais e políticos prevalecentes contra aqueles que questionam sua viabilidade em relação às exigências essenciais do metabolismo social total e tentam apresentar uma alternativa radical.

---

[274]  Merleau-Ponty, "On Madagascar", *Signs*, p. 336.

[275]  Hegel, *Philosophy of Right*, p. 11.

[276]  Esta "ciência" devia proporcionar a prova filosófica para a identidade da "realidade" e da "racionalidade" no Estado, que era suposto como constituindo, em si, "o universo ético". Nas palavras de Hegel, *"a ciência do Estado não deve ser outra senão o esforço para apreender e retratar o Estado como algo inerentemente racional"* (ibid.). A apologia da resignação desta *"ciência filosófica do Estado"* fica clara algumas linhas depois, quando Hegel descreve seu propósito nos seguintes termos: "Reconhecer a razão como a rosa na cruz do presente e assim *desfrutar o presente*, eis a *percepção racional* que *nos reconcilia com o real*, reconciliação esta que a filosofia permite àqueles em quem surgiu uma voz interna convidando-os a entender, não apenas a insistir no que é *substantivo*, embora ainda mantendo a liberdade subjetiva, mas também a possuir a liberdade subjetiva, embora não participando de nada *particular* e *acidental*, mas daquilo que existe *absolutamente*" (ibid., p. 12). O apelo de Merleau-Ponty a "algo substancial, exigindo o Estado" com sua "força e personalidade" – contra a "particularidade e a acidentalidade" ligadas à desdenhosamente rejeitada "submissão a cada fragmento de opinião" (isto é, à *"crítica"* a que Merleau-Ponty opôs, apesar da bajulação superficial que lhe prestou, a necessidade primordial de "reorganizar o poder" do Estado) –, revela sua submissão definitiva a uma concepção conservadora e totalmente anistórica do Estado como a pré-condição *absoluta* e como o árbitro final da liberdade.

*Política e ideologia* 233

É claro que as ideologias dominantes da ordem social estabelecida desfrutam de uma importante *posição privilegiada* em relação a todas as variedades de "contraconsciência". Assumindo uma atitude positiva para com as relações de produção dominantes, assim como para com os mecanismos auto-reprodutivos fundamentais da sociedade, podem contar, em suas confrontações ideológicas, com o apoio das principais instituições econômicas, culturais e políticas do sistema todo. Ao mesmo tempo, visto que se identificam "interiormente", digamos assim, com os processos contínuos de reprodução socioeconômica e político-ideológica, podem estipular a "*praticabilidade*" como *pré-requisito absoluto* para a avaliação da seriedade ou da inadmissibilidade categórica da crítica, bem como da legitimidade da mudança social. Assim, não é acidental que as ideologias dominantes insistam nas insuperáveis virtudes do "*pragmatismo*" e da "*engenharia social gradual*", rejeitando (no mais das vezes, pela simples atribuição de algum rótulo exorcizante) todas as formas de "síntese total" ou de "holismo" – isto é, nas palavras autoconfiantes de uma de suas figuras representativas, qualquer concepção da ordem social "*radicalmente diferente daquela estabelecida*".[277]

Além disso, dada sua posição privilegiada na ordem social prevalecente, elas podem ditar as condições e regras gerais do próprio discurso ideológico. Isso acaba trazendo sérias conseqüências para os intelectuais que tentam articular alguma forma de *contraconsciência*, pois são obrigados a reagir às condições impostas, em um terreno escolhido por seus adversários. Compreensivelmente, portanto, muitas vezes sofrem o impacto negativo do fato de se acharem presos pela estrutura e pela problemática do discurso ideológico dominante, como vimos em mais de uma ocasião.

A inevitável desvantagem posicional das ideologias críticas se manifesta em dois aspectos importantes, que afetam desfavoravelmente suas conceituações do sistema social negado e da possibilidade de intervenção significativa. Por um lado, como reação contra a pressão de apresentar alternativas *praticáveis* – e a "praticabilidade" é sempre definida, é claro, do ponto de vista dos interesses preponderantes –, elas tendem a assumir uma postura completamente *negativa* em relação às questões. Por outro, opondo-se à rede institucional dominante da ordem estabelecida – o odiado "sistema" –, freqüentemente se recusam a vincular sua crítica a quaisquer estruturas institucionais específicas, atacando as *instituições como tais*, expondo-se, assim, à acusação de defender "os impulsos do *individualismo anarquista*".[278]

---

[277] "Nas sociedades ocidentais, rejeitar uma *síntese total* [...] é simplesmente afirmar que ninguém (com exceção dos marxistas-leninistas) concebe uma ordem social *radicalmente diferente da estabelecida*." (Aron, *The Industrial Society*, p. 163.)

[278] Ibid., p. 176. Naturalmente, os defensores da ordem estabelecida sempre querem ficar em cima do muro. Assim, Aron primeiro ataca o "utopismo" das soluções individualistas, acrescentando à condenação dos "impulsos do individualismo anarquista" a seguinte declaração de fé no poder estabelecido: "Para que a administração das coisas materiais deixe de ser o governo das pessoas – e este parece ser um dos ideais utópicos que Marcuse apresenta – as pessoas teriam de levar existências sossegadas e solitárias". Neste ponto, no entanto, ele percebe que a corrente principal da tradição crítica socialista – em sua inspiração e aspirações *coletivistas* – está muito longe de ser orientada para as práticas "solitárias". Por isso, insere uma nota de rodapé, rejeitando também a abordagem coletivista afirmando peremptoriamente mais um ato de fé no poder estabelecido, sem sequer tentar oferecer provas: "Outra idéia utópica é tornar os próprios trabalhadores responsáveis pela administração da indústria" (ibid., p. 176-7).

234  *A necessidade da ideologia*

Infelizmente, entretanto, a negatividade de sua resposta em ambos os aspectos em geral resulta em uma debilidade *interna* da posição crítica assumida. Primeiro, porque a *dialética da negação e da afirmação* é rompida em favor de uma negação unilateral que necessariamente permanece *dependente do objeto negado* para poder se definir. E, segundo, porque o desafio de articular de modo abrangente a teoria alternativa – tanto no plano da ação *individual* quanto no da ação *coletiva* juntamente com todos os complexos *instrumentais e institucionais* requeridos para sua implementação prática – não pode ser evitado. A crítica radical do *status quo* social deve definir sua "*práxis*" (isto é, a estratégia praticamente viável de uma transformação revolucionária) com referência a *sua própria* base, inerentemente *positiva*.

Em última análise, a questão da crítica radical é inseparável daquela de um *agente social* em relação ao qual é possível vislumbrar uma *alternativa estrutural* à ordem social dada. Em outras palavras, não é possível articular o conteúdo de uma crítica social radical em termos dos complexos institucionais e instrumentais necessários – isto é, com uma indicação bem precisa de sua praticabilidade na escala de tempo histórico adequada – sem a identificação de uma força social capaz de se tornar a *alternativa hegemônica*[279] à classe (ou classes) dominante da ordem estabelecida.

Disso se segue que não é possível indicar à vontade *qualquer* agente de negação – o um tanto mítico "excluído" de Camus ou Marcuse, por exemplo – na esperança de encontrar a solução desejada. O caráter irremediavelmente negativo de uma teoria não é uma questão de escolha intelectual arbitrária (e muito menos o resultado de algum "erro filosófico"), mas a manifestação necessária de seu centro estrutural: o tipo de agente (ou "o Sujeito", em termos filosóficos tradicionais) a que se refere para a realização da perspectiva defendida.

De acordo com isso, as negações radicais da ordem social prevalecente não podem se libertar nem de sua dependência em relação ao objeto negado nem do poder da ideologia preponderante com que tentam competir, a menos que indiquem uma força hegemônica potencial historicamente identificável como seu ponto de apoio. E visto que as ideologias estão – de modo direto ou indireto, mas sempre – mescladas com a política, operando dentro dos limites do Estado, que institucionalmente regula e controla o metabolismo social como um todo (enquanto o Estado existir), as ideologias críticas e as formas de "contraconsciência" não podem deixar de ser parciais e unilateralmente negativas em sua autodefinição, a menos que possam oferecer uma alternativa hegemônica viável às práticas predominantes nessa formação estatal, em todos os planos da vida social.

### 3.9.2

Naturalmente, tal alternativa hegemônica – que prevê como condição de sua realização a criação de uma estrutura radicalmente diferente de sociedade (excluída *a priori* por Aron e outros) – requer na verdade um agente muito especial. Entretanto, os

---

[279] Sobre algumas questões correlatas, ver "Consciência de classe necessária e consciência de classe contingente", em *Filosofia, ideologia e ciência social*.

agentes com o poder de constituir uma alternativa hegemônica genuína à ordem social a que se opõem raramente surgem na história; por esse motivo, quando isso ocorre, necessariamente determinam o caráter das negações materialmente possíveis e efetivas para toda uma época histórica. Por conseguinte, seria absurdo esperar o aparecimento de teorias revolucionárias fundamentalmente diferentes a cada mudança conjuntural – ou mesmo a cada crise periódica –, pois a escala de tempo do desenvolvimento do agente social, em cujos termos as teorias radicais devem conceituar a situação, é medida em séculos, não em décadas.

Nesse sentido, a afirmação da validade histórica do marxismo – para o futuro previsível – como sendo a insuperável conceituação revolucionária das transformações estruturais em escala mundial não é simplesmente a confirmação de uma grande realização intelectual, e sim, mais significativamente, o necessário reconhecimento dos amplos limites temporais dentro dos quais tais teorias e estratégias práticas de negação radical devem operar. Isto, por sua vez, também significa que a dimensão *positiva* da negação radical, referente aos complexos institucionais e instrumentais requeridos para sua implementação, não pode ser explicada em termos da imediaticidade da ordem estabelecida e como uma resposta direta a ela. Nem mesmo se as instituições desta última estiverem refletidas nas estratégias da negação radical de uma forma invertida, com seu significado oposto, pois isso ainda conservaria a dependência da contraconsciência socialista em relação ao objeto negado, restringindo intoleravelmente as possibilidades de sua própria articulação prática. Em vez disso, a negação radical da ordem dominante deve manter como seu quadro de referência – a despeito de todas as flutuações sociológicas e temporais contingentes – a ampla orientação temporal da qual ela deriva o seu *ethos*, requerido por e adequado à margem de ação (e liberdade) histórica da força hegemônica alternativa à qual a própria teoria está inseparavelmente vinculada.

Ao mesmo tempo, o agente hegemônico potencial em questão – dentro das determinações de classe da ordem capitalista: a classe trabalhadora, no que se refere às perspectivas históricas do socialismo – não é uma invenção teórica abstrata, e sim uma realidade social tangível, com suas necessidades e condições de existência que devem ser constantemente reproduzidas, segundo os meios e as possibilidades disponíveis. Dizer, portanto, que a classe trabalhadora é "integrada" é um truísmo ou um absurdo. É um truísmo porque a classe trabalhadora é necessariamente "integrada", visto que não pode deixar de ser parte essencial da sociedade na qual, em qualquer época (e lugar) ela deve se reproduzir ao mesmo tempo em que produz e reproduz as condições de existência da referida sociedade como um todo. E é um absurdo porque a categoria geral do *trabalho*, enquanto oposto e antagonista estrutural do *capital*, refere-se à *totalidade* do trabalho, do qual só *partes* específicas podem ser eventualmente "integradas" em uma sociedade particular em um determinado ponto da história.

Da mesma maneira, falar sobre o estado "embrionário" da classe trabalhadora – em contraste com sua prevista radicalização e subseqüente ação para a reformulação da sociedade, em sintonia com suas determinações internas e necessidades objetivas – está relacionado a uma condição historicamente *específica*, manifestada em um cenário socioeconômico *particular*. Assim, o desenvolvimento da classe trabalhadora

## 236 A necessidade da ideologia

como alternativa hegemônica à ordem estabelecida só pode significar o desdobramento da tendência de auto-expansão do capital até seu ponto de saturação em uma multiplicidade de situações sociais diferentes, juntamente com o impacto cumulativo das contradições em escala global. A maturação das contradições internas do capital não implica, em absoluto, o aparecimento de uma classe trabalhadora miticamente homogênea – com uma igualmente mítica "consciência de classe unificada"– em algum lugar bem "além da diversidade" de sua constituição real; implica "apenas" a intensificação das contradições em todos os pontos estruturalmente críticos da própria diversidade sócio-histórica em desenvolvimento. Somente esta dialética do surgimento do global a partir da multiplicidade das especificidades *tendencialmente* coerentes – em oposição a sua superimposição sobre estas últimas de modo abstrato e apriorístico – pode estabelecer a validade da teoria geral no quadro de sua orientação *temporal*. Pela mesma razão, tendo em vista sua orientação temporal e seus critérios de autoavaliação (chame-se a isso "verificação" ou falsificação, ou qualquer outra coisa), casos particulares de "integração da classe trabalhadora" – isolados e contrapostos às tendências de desenvolvimento globais e necessariamente de longo prazo – não podem de modo algum refutar a validade fundamental da negação socialista da ordem estabelecida.

Entretanto, dizer isto não significa que se possa ignorar as complicações, contradições e reveses que necessariamente surgem das novas circunstâncias das situações sócio-históricas específicas, afetando profundamente a articulação sociológica da força hegemônica a que se refere a teoria socialista. Na verdade, desde que é sempre o ser social *particular*, local e circunstancialmente definido, da classe trabalhadora que está inserido – como grupos particulares de pessoas, com diferentes conjuntos de interesses reais – na dinâmica geral da situação mundial, a interação complexa de forças tão diversas no quadro global do desenvolvimento sócio-histórico só pode ser definida como um desenvolvimento *desigual*. Inevitavelmente, tal desenvolvimento desigual tem um impacto variável sobre os grupos sociais em questão através do tempo, trazendo consigo avanços e retrocessos, assim como mudanças essenciais nos interesses desses grupos. Conseqüentemente, insistir na validade *temporal* da teoria marxiana equivale a reconhecer que sua validade é *apenas* temporal. Em outras palavras, significa reconhecer que, apesar de o quadro conceitual geral desta teoria abarcar a época capitalista em sua totalidade, ela deve ser constantemente revivificada através de reelaborações específicas em resposta ao desafio da relação de forças necessariamente em mudança no quadro *global* do desenvolvimento desigual.

### 3.9.3

Sem a intervenção ativa de uma ideologia abrangente, o potencial estratégico das mudanças mais ou menos extensivas que são espontaneamente postas em movimento em diferentes pontos do sistema social não pode ser articulado, pela falta de um ponto comum significativo que retenha e aumente cumulativamente a sua importância – que, isoladamente, é muito limitada. Como resultado, as mudanças particulares desprovidas de um quadro estratégico de referência (que apenas uma ideologia coerentemente definida pode proporcionar) em geral ficam limitadas à *imediaticidade* de seu impacto potencial estreitamente circunscrito.

*Política e ideologia* 237

É aí que se pode observar claramente a fundamental diferença metodológica, substantiva e teórica entre as ideologias apologéticas da ordem estabelecida e as formas radicais da contraconsciência socialista. As primeiras podem se permitir manter as coisas dentro dos limites da imediaticidade ("engenharia social gradual" e coisas afins), visto que já detêm o *controle total* da ordem social para a qual se recusam *a priori* a levar em conta qualquer alternativa radicalmente diferente ("holística"). Assim, em tais ideologias, a linha vital de demarcação metodológica entre imediaticidade e orientação global é obscura – na verdade, é completamente apagada. Além disso, o culto (ideologicamente revelador) da imediaticidade é racionalizado e elevado ao *status* de um padrão ideal por meio da condenação desdenhosa das estratégias socialistas abrangentes – que lhes são totalmente opostas, tanto metodologicamente quanto em sentido prático –, que são qualificadas de "totalitarismo", "filosofia da história marxista-leninista", "ideologia do século XIX", etc., como já foi visto.

Em contraste, as estratégias socialistas radicais não podem expressar sequer seus objetivos mais elementares sem desafiar o poder da imediaticidade em todos os níveis e todas suas manifestações, desde os complexos mistificadores/ideológicos e materiais/institucionais da formação estatal estabelecida até a "internalização" das inevitáveis pressões da auto-reprodução "integrativa" no interior da própria consciência da classe trabalhadora. Ao mesmo tempo, a negação radical da imediaticidade a partir da perspectiva de uma ordem social radicalmente diferente da estabelecida não pode se satisfazer com a simples reiteração da validade temporal de sua negação da situação imediatamente dada. Mais que isso, tem de encontrar o caminho correto entre a "cruz e a espada" dos compromissos derrotistas com o poder da imediaticidade, por um lado (característica bem conhecida do "revisionismo"), e a negatividade abstrata da "Grande Recusa" categórica, por outro. Em outras palavras, a maior desvantagem de todas as formas radicais de contraconsciência socialista consiste na imensa dificuldade de assegurar pontos de contato viáveis com as forças sociais de negação disponíveis, incorporando inteiramente as exigências objetivas das últimas sem abandonar sua própria orientação temporal global que percebe a necessária superação de muitas dessas exigências imediatamente dadas – que são, em suas implicações gerais, freqüentemente muito problemáticas.

Entretanto, as acusações de "transcendentalismo" e "filosofia apriorística da história" dirigidas contra as estratégias socialistas pelos apologetas do poder estabelecido não têm absolutamente nada a ver com a questão, pois a negação radical da imediaticidade não precisa degenerar em transcendentalismo simplesmente como resultado de sua orientação temporal global, de cujo ponto de vista pode ser vislumbrada a superação da ordem estabelecida, assim como das limitações da própria negação, enquanto ligada às determinações particulares daquela ordem em um período específico da história.

Toda a questão depende das necessárias *mediações* através das quais se torna possível estabelecer os pontos de contato com as forças e as condições particulares da negação potencial sem abandonar a orientação temporal global da estratégia socialista. As várias formas de revisionismo, que são definidas por suas múltiplas acomodações com o poder da imediaticidade – chegando, no fim, a uma capitulação prática ante

238  *A necessidade da ideologia*

ela – não necessitam de tais mediações. Tampouco os defensores da ordem estabelecida têm qualquer necessidade de *mediações transcendentes*. É esta reveladora ausência da categoria da *mediação* de ambas as abordagens que estabelece a *afinidade metodológica* de longo alcance entre o "reformismo" revisionista e a "engenharia social gradual" dos apologetas declarados.

Em contraposição, as negações socialistas não necessitam buscar as mediações necessárias em um *futuro* vagamente definido a que vinculariam diretamente a própria teoria, porque isso só levaria a uma espécie de transcendentalismo apriorístico. Podem encontrar as necessárias conexões intermediárias entre a imediaticidade negada e as forças capazes de superar historicamente a ordem dominante no próprio *presente* antagonicamente dividido, embora dinamicamente auto-reprodutor.

Na verdade, a categoria das "mediações transcendentes" só é significativa se seus pontos de referência – isto é, as forças e práticas sociais que podem ligar o presente ao futuro – forem estruturalmente operativos, através da dinâmica de suas contradições e trocas recíprocas, na própria ordem prevalecente. A aparência de inércia, utilizada pelos apologetas da ordem estabelecida para afastar aprioristicamente a possibilidade de uma alternativa radical, só pode exercer seu poder mistificador na medida em que os complexos sociais particulares e suas manifestações forem considerados em *isolamento atomístico*. Portanto, não é de modo algum acidental que tais apologetas sejam, via de regra, ligados filosoficamente ao *individualismo atomístico* e se oponham radicalmente não apenas à idéia das mediações transcendentes, mas também a todas as abordagens *abrangentes* que podem quebrar a tão cuidadosamente protegida casca mistificadora da inércia.

### 3.9.4

Na realidade sócio-histórica, é evidente, não há fatos isolados, apenas complexos sociais interagentes. Em conseqüência, o significado de tais complexos é inerentemente dinâmico, e se manifesta através dos complicados laços estruturais que os casos particulares da imediaticidade prevalecente têm entre si, precisamente no interior da totalidade interativa e através dela. E, desde que os próprios complexos sociais são objetivamente estruturados desse modo – isto é, dentro de uma estrutura de interconexões recíprocas historicamente mutável –, o significado real e potencial de cada caso particular só pode ser apreendido em um quadro teórico abrangente: um quadro capaz de considerar de modo pleno a dinâmica de seus deslocamentos e de suas transformações internas.

É assim que as *mediações praticamente viáveis* podem se tornar visíveis no presente historicamente dado. Entretanto, elas só podem se tornar visíveis se a "imediaticidade" das interações e confrontações sociais específicas for transcendida por uma avaliação "totalizante" que traga à tona seu "significado oculto", inerente às suas conexões estruturais gerais, por um lado, e a trajetória histórica das próprias estruturas fundamentais, por outro. A questão é que – tomando-se o caso mais problemático relativo às perspectivas de uma transformação socialista radical –, apesar de algumas manifestações locais de trabalho possam mostrar sinais de "integração" (se tomadas de modo isolado, em seu cenário social limitado, e por enquanto altamente privilegiado,

*Política e ideologia*  239

como nos Estados Unidos), o quadro geral, ligado à questão inevitável da sustentabilidade indefinida ou não dos privilégios atuais, revela uma realidade muito diferente. Isto porque, consideradas, em razão de suas múltiplas interações com outras forças e situações, como partes essenciais da estrutura *abrangente* do desenvolvimento global, até as manifestações mais surpreendentes de "integração" indicam, em uma escala de tempo mais ampla, a necessária irrupção das contradições subjacentes e, desse modo, da *tendência de transcendência* da condição e das circunstâncias existentes.

De qualquer modo, a *transcendência* socialista da ordem dominante só pode ser considerada uma *tendência*, visto que suas manifestações práticas sempre se referem a forças sociais *particulares* e às suas práticas institucionais, com a possibilidade de retrocessos e até de inversões importantes. Isto deve permanecer enquanto essa tendência não se realizar com sucesso em escala *global*; ou, pelo menos, enquanto não se puder falar de uma ruptura tão radical na relação de forças entre o capital global e a totalidade do trabalho que aponte sem ambigüidade na direção da realização efetiva da tendência em um período de tempo relativamente curto. O papel vital da ideologia socialista, como negação radical da ordem estabelecida, consiste precisamente em identificar e ajudar a ativar, através de sua orientação abrangente, todas aquelas mediações potencialmente libertadoras e que tenham a capacidade de transcender essa ordem, mediações que, sem sua ativa intervenção, permaneceriam adormecidas e dominadas pelo poder do isolamento da imediaticidade, gerenciada e manipulada pela ideologia dominante.

# PARTE DOIS

# CIÊNCIA, IDEOLOGIA E METODOLOGIA

Se eu fosse novamente um rapaz e tivesse de decidir como ganhar a vida, não tentaria me tornar um cientista, um acadêmico ou um professor. Escolheria antes ser um encanador ou um vendedor ambulante, na esperança de encontrar aquele modesto grau de independência ainda possível nas atuais circunstâncias.

*Einstein*

Toda filosofia é *prática*, mesmo aquela que, ao primeiro olhar, parece ser a mais contemplativa. Seu *método* é uma *arma social e política*. O racionalismo analítico e crítico dos grandes cartesianos sobreviveu a eles; nascido do conflito, olhava para trás a fim de esclarecê-lo. Na época em que a burguesia tentava destruir as instituições do Antigo Regime, atacou as formulações desgastadas que tentavam justificá-las. Mais tarde, ofereceu seus serviços ao liberalismo e providenciou uma doutrina para os procedimentos que tentavam conseguir a "atomização" do proletariado.

*Sartre*

*Capítulo 4*

# A CIÊNCIA COMO LEGITIMADORA
# DE INTERESSES IDEOLÓGICOS

## 4.1 Pluralismo e legitimação

Os representantes da ideologia dominante jamais se cansam de exaltar seu "pluralismo". Independentemente da intenção apologética bastante óbvia de tal reivindicação, contraposta aos pretensos "holismo" e "totalitarismo" do adversário, há nela um certo grau de verdade, visto que várias abordagens ideológicas contrastantes são compatíveis com os imperativos sociais gerais da ordem estabelecida.

É claro que, nos fundamentos materiais capitalistas, esse pluralismo não pode ir muito longe, pois seus parâmetros absolutos são estabelecidos pelo pressuposto das bases materiais e institucionais da vida social capitalista como tal, para as quais não pode existir alternativa. No entanto, é da própria natureza do capital que ele seja constituído como uma irremovível *pluralidade de capitais*. De fato, não há concentração e centralização do capital que possam alterar radicalmente esta constituição. Elas só podem aumentar o tamanho relativo das partes constitutivas e, desse modo, intensificar as contradições estruturais do próprio capital em uma escala cada vez maior.

Isto significa, por um lado, que o pluralismo ideologicamente alardeado *exclui radicalmente* a legitimidade de uma contestação feita do ponto de vista da classe hegemônica alternativa e estruturalmente subordinada. Conseqüentemente, pelo critério realmente significativo de saber se tal pluralismo inclui ou não a sociedade inteira, só se pode concluir que se trata de um *falso* pluralismo, cuja real substância de classe se revela nas crises importantes. É como a história do século XX testemunha amplamente, desde o advento do fascismo e do nazismo das entranhas das sociedades capitalistas liberais até a mais recente ascensão da "direita radical" a partir de bases sociais neocapitalistas.

Por outro lado, entretanto, a irremovível pluralidade de capitais dentro dos limites da própria formação social capitalista transforma a solução totalitária, que é periodicamente adotada, em um fenômeno necessariamente *transitório* (por mais prolongado que seja), operável apenas em áreas *limitadas* (embora extensas), mas de modo algum uma *solução global permanente*.

244 *Ciência, ideologia e metodologia*

A principal função do intervalo totalitário é *reconstituir* a estrutura geral do metabolismo social capitalista e, assim, preparar o terreno para um retorno do modo pluralista de legitimação político-ideológica. Por isso, logo após o interlúdio totalitário, os representantes da ideologia dominante procuram se dissociar com estardalhaço do "estado de emergência" historicamente recém-superado, que muitos deles ajudaram a instituir ativamente. Tal mudança de atitude não deve ser considerada uma simples acomodação pessoal oportunista às novas circunstâncias, por mais forte que possa ter sido essa motivação em alguns casos bastante conhecidos. Antes de tudo, o ponto é a pressão exercida pela pluralidade dos capitais no que dizia respeito a suas exigências objetivas de funcionamento.

Assim, é uma contradição nos termos a permanência de um sistema totalitário em escala generalizada – isto é, uma configuração que implique uma rede de monopólios inteiramente fechada como sua base material –, em conjunção com a pluralidade efetiva dos capitais em uma sociedade de mercado auto-regulamentada. No entanto, a suspensão mais ou menos voluntária da relativa autonomia das unidades particulares de tomada de decisão capitalista durante o estado de emergência (cujo propósito é a reconstituição das condições gerais da auto-regulamentação capitalista) é um assunto inteiramente diferente. Nossa experiência histórica está repleta de tais exemplos, produzidos sob uma variedade de formas, tanto na Europa quanto em outros continentes.

Em circunstâncias normais, os diversos interesses dos capitais concorrentes não somente permitem, mas até impõem o modo pluralista de legitimação político-ideológica da ordem estabelecida, para assegurar a manifestação efetiva e a interação das estratégias alternativas que correspondem às diferenças objetivas de interesse dentro da própria classe dominante. A transição do "butskellismo" para o "thatcherismo", ou do "New Deal" rooseveltiano para a "reaganomia" (e seus equivalentes em outros países) são alguns casos sugestivos da amplitude que o espectro do pluralismo capitalista pode atingir.

Neste sentido limitado, refletindo a interação estrutural da pluralidade dos capitais dentro da ordem social estabelecida, o modo de legitimação pluralista, longe de ser um fingimento vazio, é de fato mais eficiente, não apenas entre os grupos de interesses concorrentes da classe dominante, mas também como um poderoso regulador do metabolismo sociopolítico como um todo. Até certo ponto, seu mecanismo historicamente bem testado pode acomodar iniciativas vindas do "lado oposto" – daí o fenômeno bastante conhecido da "*cooptação*" –, desde que a crítica se limite à "engenharia social gradual" e, no plano político, à margem de manobra estritamente limitada da "oposição oficial" institucionalizada (codificada até sob nomes como "A Oposição de Sua Majestade").

Além disso, desde que os termos de referência deste pluralismo sejam estabelecidos pelos pressupostos não-contestáveis e pelos imperativos "constitucionais" aprioristicos da própria ordem social prevalecente, o caráter de classe do pluralismo nunca é realmente questionado pelas forças de oposição institucionalizadas. Elas mesmas são constituídas para operar dentro dos limites predeterminados da estrutura de legitimação política e ideológica do adversário. Na verdade, a aceitação aberta e ritualisticamente reiterada daquela estrutura, em nome do *pluralismo* – que não consegue reconhecer o vínculo efetivo deste último com os interesses parciais dos capitais em competição, interesses opostos aos da esmagadora maioria da sociedade –, torna o modo estabelecido de legitimação pluralista uma das armas mais poderosas do arsenal da ideologia dominante.

Desse modo, no plano da ideologia uma multiplicidade de abordagens é colocada em ação, indo desde a aparente "neutralidade axiológica" e a indiferença política do estruturalismo formalista até a franca apologia de Raymond Aron e outros, passando por ex-marxistas transformados em antimarxistas profissionais e por criações da mídia, como "os Novos Filósofos Franceses" (que estão muito longe de ser novos, e muito menos filósofos).[1] Visto que os compromissos de valor podem ser transpostos para o plano metodológico e "metateórico", onde podem adquirir uma forma altamente mediada, a substância de classe fundamentalmente idêntica das ideologias pluralisticamente dominantes costuma permanecer oculta e, por isso, pode exercer com muito mais eficácia sua função mistificadora.

Tudo o que se exige das diversas abordagens pluralistas para transformá-las em componentes importantes da ideologia dominante é a aceitação de alguns princípios metodológicos fundamentais como seu denominador comum. Já vimos, a este respeito, a função ideológica de grande alcance das prescrições metodológicas do pragmatismo e da "*praticabilidade*", do culto à *imediaticidade*, da idealização do "*gradualismo*" em oposição às estratégias abrangentes, etc. O que deve ser sublinhado no presente contexto é que, precisamente graças a seus pressupostos metodológicos comuns, essas ideologias dominantes podem se permitir ser pluralistas com respeito à explicitação ou ocultamento de importantes compromissos de valor. Enquanto a defesa da ordem estabelecida puder ser feita em nome de alguma precondição metodológica elementar de todo discurso racional – como a suposta superioridade do "pouco a pouco" e da "engenharia social gradual" sobre o "holismo" –, não só o valor implícito em tal recomendação fica efetivamente oculto, mas, ao mesmo tempo e de um só golpe, a própria possibilidade de contrapor a ele outro valor como uma alternativa radical à ordem dominante é rejeitada como manifestação de "emotividade" e irracionalidade.

## 4.2 A tendência ideológica central do cientificismo

### *4.2.1*

Talvez a mais eficaz das maneiras pela qual os compromissos de valor são apresentados com a pretensão de neutralidade e incontestável objetividade seja o apelo à autoridade da ciência, em cujo nome a adoção de certas medidas e cursos de ação é recomendada. Isto se tornou particularmente pronunciado no século XX, embora as raízes desta

---

[1]  Alguns anos atrás, a revista *Time* estampou em sua capa o busto de Marx com a inscrição "Marx está morto", assinado por "Os Novos Filósofos Franceses". Isso me fez lembrar o que ocorrera muitos anos antes no Salão da Fama da Universidade de Viena, onde o busto de Nietzsche trazia a inscrição "Deus está morto", assinado por "Nietzsche". Certo dia, outra inscrição apareceu abaixo da original. Dizia: "Nietzsche está morto", assinado por "Deus". Como dizem em italiano: "Se non è vero, è bene trovato".

246  *Ciência, ideologia e metodologia*

atitude estejam num passado mais remoto. Para ser mais preciso, remontam pelo menos à ascensão do positivismo na primeira metade do século XIX, e talvez até antes.

O que torna as coisas um pouco complicadas a este respeito é que a própria ciência pode assumir funções muito diferentes nas confrontações intelectuais e ideológicas, segundo os contextos sociais em mudança. Afinal, não se deve esquecer que, poucas décadas antes da emergência do positivismo, a segunda metade do século XVIII marcou o clímax do envolvimento positivo da ciência em uma grande luta de emancipação contra as formas anteriores de controle ideológico obscurantista e interferência no desenvolvimento das forças produtivas. Com sua participação ativa nos confrontos ideológicos cruciais, a ciência contribuiu significativamente para a vitória do movimento do Iluminismo e para limpar o terreno para seu próprio desenvolvimento futuro, e também, ao mesmo tempo, para o desenvolvimento prático da Revolução Industrial. Em conseqüência disso, nasceu um novo tipo de relacionamento entre ciência, tecnologia e indústria,[2] que sustentou a realização das potencialidades produtivas da sociedade em uma extensão anteriormente inimaginável.

Compreensivelmente, portanto, com este novo relacionamento entre a ciência e a produção também surgiu no horizonte um novo modo de legitimação ideológica, que desde então se mostrou extremamente poderoso. A interferência obscurantista anterior ao triunfo do Iluminismo não era apenas imaginação de algumas pessoas, mas um freio muito real aos desenvolvimentos produtivos, e "deixar que a razão seguisse seu próprio curso" era algo demonstravelmente capaz de provocar importantes progressos neste aspecto. Ao mesmo tempo, os problemas e contradições da ordem social estabelecida, com suas evidentes desigualdades, podiam ser apresentados pela primeira vez na história como fenômenos estritamente *transitórios*, que o avanço do conhecimento científico e sua aplicação sistemática à produção acabariam superando, tão certo quanto o dia segue a noite.

Até os pensadores mais esclarecidos da burguesia em ascendência, como Adam Smith, assumiram uma postura completamente acrítica em face do avanço inexorável e ubíquo da divisão capitalista do trabalho enquanto ligada à ciência, a despeito de sua disposição de reconhecer suas conseqüências nocivas como um fenômeno marginal. Eles não somente deixaram de apresentar quaisquer propostas sérias contra aquelas conseqüências nocivas, como, ao contrário, esperavam, um tanto ingenuamente, a eliminação de todos os problemas e contradições remanescentes pela difusão universal do modo capitalista de produção e troca, com o qual se identificavam totalmente. Assim, a expectativa falaciosa da eliminação das desigualdades sociais estruturais mediante a expansão quantitativa da produção – a ser realizada, como um objetivo tranqüilo e inquestionável, graças ao avanço da ciência e da tecnologia –, que tem

---

[2]  Como Sánchez Vázquez corretamente sublinhou: "Nos tempos modernos, por meio da técnica, a ciência – uma vez constituída – penetra na produção. Entretanto, apenas em nossa época – com a tecnologia –, a ação real, transformadora e produtiva adquire uma dimensão plenamente racional, que ela recebe precisamente em virtude da unificação da ciência e da tecnologia" (Adolfo Sánchez Vázquez, "Racionalismo tecnologico, ideología y política", *Dialéctica*, junho de 1983, p. 13). Ver, também, Adolfo Sánchez Vázquez, *Ensayos marxistas sobre filosofia e ideología*, Barcelona, Océano, 1983, p. 185-205.

sido tão predominante nas últimas décadas, remonta a uma fase muito anterior da prática capitalista de legitimação ideológica. (A diferença fundamental entre a posição dos Adam Smiths do século XVIII e a dos apologetas de nossa época é que os dois séculos que os separam, com sua dolorosa incapacidade de realizar minimamente as expectativas originais, deveriam ter ensinado aos últimos uma lição.)

Outro problema que deve ser mencionado é que a tradição socialista em sua totalidade – isto é, tanto a chamada "utópica" como a "científica" – assumiu uma atitude extremamente positiva em relação ao casamento da ciência com a tecnologia produtiva. Em particular no caso do socialismo marxiano, afirmou-se vigorosamente que não haveria sentido em defender a "generalização da miséria" como o frustrante objetivo do "socialismo igualitário". Conseqüentemente, o máximo desenvolvimento possível das forças produtivas – juntamente com a aplicação livre das potencialidades criativas da ciência em uma estrutura social racionalmente planejada e regulamentada – constituía, na opinião de Marx, o pré-requisito necessário para aquele "livre desenvolvimento das individualidades"[3] que ele considerava a *raison d'être* do socialismo.

Marx identificava as potencialidades da emancipação como *tendencialmente* inerentes ao próprio capital, embora, é claro, estivessem profundamente submersas nas múltiplas contradições deste último. Em suas palavras,

> Surge aqui a tendência universalizante do capital, que o distingue de todos os estágios anteriores da produção. Embora limitado por sua própria natureza, caminha na direção do *desenvolvimento universal* das forças de produção, e desse modo se transforma no *pressuposto* de um novo modo de produção que não é fundado no desenvolvimento das forças de produção com o propósito de reproduzir ou quando muito expandir uma condição dada, mas em que o *desenvolvimento livre, desobstruído, progressivo e universal* das forças de produção seja em si o *pressuposto da sociedade* e, portanto, de sua reprodução; em que o avanço além do ponto de partida é o único pressuposto. [...] O desenvolvimento da ciência, esta riqueza ideal e ao mesmo tempo prática, é *apenas um aspecto*, uma forma sob a qual aparece o desenvolvimento das forças humanas produtivas, isto é, da riqueza. Considerada do ponto de vista idealista, a dissolução de uma determinada forma de consciência bastava para matar toda uma época. Na realidade, esta barreira à consciência corresponde a um grau definido de desenvolvimento das forças da produção material, e, por conseguinte, da riqueza. [...] A barreira ao capital é que todo este desenvolvimento atua de modo contraditório, e que a atuação das forças produtivas, da riqueza geral, etc., do conhecimento, etc., se dá de tal maneira que o indivíduo trabalhador *se aliena [sich entäussert]*; relaciona-se com as condições dele extraídas através do seu trabalho como se elas não fossem sua própria riqueza, mas *alheia*, e sua própria pobreza. Mas esta forma antitética é em si passageira, e produz as condições reais de sua própria superação. O resultado é o desenvolvimento *tendencial e potencialmente* geral das forças de produção – da riqueza como tal – como uma base; do mesmo modo, a universalidade das relações e, daí, o mercado mundial como

---

[3] "Em resumo, é o desenvolvimento do indivíduo social que surge como a grande pedra fundamental da produção e da riqueza. [...] O livre desenvolvimento das individualidades e, daí, não a redução do tempo de trabalho necessário para viabilizar o trabalho excedente, e sim a redução geral do trabalho necessário da sociedade a um mínimo, o que, então, corresponde ao desenvolvimento artístico, científico, etc. dos indivíduos no tempo que lhes ficou livre, e com os meios criados, para todos eles." (Marx, *Grundrisse*, p. 705-6.)

# 248 *Ciência, ideologia e metodologia*

uma base. A base como a possibilidade de desenvolvimento universal do indivíduo, e o desenvolvimento real dos indivíduos a partir desta base como uma constante superação de sua barreira, que é reconhecida como uma barreira e não como um limite sagrado. Não uma universalidade ideal ou imaginária do indivíduo, mas a universalidade de suas relações reais e ideais. Daí também o entendimento de sua *própria história como um processo*, e o reconhecimento da natureza (igualmente presente como poder prático sobre a natureza) como seu verdadeiro corpo. O próprio processo de desenvolvimento postulado e conhecido como pressuposto do mesmo. Para isso, entretanto, é necessário, acima de tudo, que o *pleno desenvolvimento* das forças produtivas tenha se tornado a *condição da produção*; e não que as condições de produção específicas sejam postuladas como um limite para o desenvolvimento das forças produtivas.[4]

Assim, na concepção marxiana, em contraste com sua interpretação positivista althusseriana, por exemplo, a importância da ciência foi relativizada como "apenas um aspecto" do complexo geral de desenvolvimento. Ela, assim tinha de ser considerada como inevitavelmente sujeita às mesmas contradições que caracterizavam as práticas produtivas capitalistas em sua totalidade. Nenhuma posição privilegiada era atribuída a uma "ciência" idealizada (em oposição à "ideologia" ou a qualquer outra coisa), a partir de cujo ponto de vista se poderia contemplar e julgar o resto do mundo. Como as formas e práticas existentes da ciência eram manifestações específicas da alienação e da divisão do trabalho prevalecentes, todo o complexo tinha de ser radicalmente questionado, em todos os aspectos, caso se quisesse explicar como as imensas *potencialidades criativas* das tendências em desenvolvimento foram transformadas em todos os planos – inclusive no da ciência – em *realidades destrutivas* pelas contradições estruturais do capital.

Dadas as interpretações positivistas da ciência atribuídas a Marx pela escola althusseriana, será necessário retornar resumidamente a alguns desses problemas. O que deve ser sublinhado neste momento é que não foi por acidente que a leitura positivista de Althusser da obra de Marx (e não apenas de *O capital*), realizada para extrair desta uma ciência ficticiamente "antiideológica", esteve associada a uma cruzada contra o "conceito ideológico" da alienação, baseada na afirmação totalmente infundada (refutada pelo texto citado dos *Grundrisse*, assim como por inúmeras outras passagens da mesma obra e de *O capital*, etc.) de que aquele conceito "desaparecera" do "Marx maduro".[5]

## 4.2.2

Marx não foi o primeiro a situar em uma perspectiva histórica a interação qualitativamente nova da ciência e da tecnologia sob o domínio do capital. Rousseau tentou fazer o mesmo em suas análises dos desenvolvimentos históricos e produtivos modernos, chegando a conclusões muito pessimistas quanto às perspectivas para o futuro. Embora as violentas críticas de Rousseau às tendências em andamento e suas

---

4    Ibid., p. 540-2.

5    O leitor interessado pode encontrar uma grande documentação a este respeito em meu livro *Marx's Theory of Alienation*, Londres, Merlin Press, 1970, 4. ed., 1975, p. 217-53 e 328-36.

A ciência como legitimadora de interesses ideológicos    249

convenientes conceituações representassem um corretivo importante para o "positivismo acrítico" dos economistas políticos, seu ponto de vista social – defendendo as virtudes de uma "condição média" idealizada[6] – impediu-o de desenredar todas as implicações de seu vigoroso diagnóstico da alienação e da desumanização capitalistas.

Entretanto, a despeito de suas limitações, a tentativa de Rousseau de tratar a ciência e seu profundo impacto sobre as transformações sociais de maneira histórica e crítica foi uma realização importante, especialmente à luz dos desenvolvimentos

---

[6]  Significativamente, em seu radical diagnóstico dos desenvolvimentos em andamento, Rousseau chegou a fazer alusão a "uma revolução que considero inevitável. Na verdade, todos os reis da Europa estão operando em conjunto para acelerar sua chegada" (Rousseau, *The Social Contract*, Everyman Edition, p. 37). No entanto, mais tarde, em sua defesa, ele também declarou que "sempre insisti na preservação das instituições existentes" (Rousseau, *Troisième dialogue, Oeuvres complètes*, Paris, Ed. du Seuil, 1967, vol. 1, p. 474). A contradição fundamental no pensamento de Rousseau está em sua percepção incomparavelmente aguda das *manifestações* de alienação e na glorificação de sua *causa fundamental*. As premissas básicas de seu sistema são: por um lado, a aceitação da *propriedade privada* como base sagrada da sociedade civil e, por outro, a "*condição média*" como a única *forma de distribuição* adequada da propriedade. Ele escreve: "É certo que o *direito de propriedade é o mais sagrado de todos os direitos* de cidadania, e em alguns aspectos até *mais importante* do que a *própria liberdade*; [...] a propriedade é o verdadeiro fundamento da sociedade civil e a garantia real dos empreendimentos dos cidadãos, pois, se a responsabilidade pelo que se faz com a propriedade não fosse pessoal, nada seria mais fácil do que fugir dos deveres e rir das leis" (Rousseau, *A Discourse on Political Economy*, Everyman Edition, p. 254).
Quanto à "condição média", segundo Rousseau, sua necessidade surge das exigências inerentes à própria vida social. Eis como ele coloca a questão:
"Sob maus governos, a igualdade é apenas aparente e ilusória; serve somente para manter o pobre em sua pobreza e o rico na posição que ele usurpou. De fato, as leis são sempre úteis para aqueles que possuem algo e prejudiciais para aqueles que nada têm; disso se segue que o estado social é vantajoso para os homens *somente quando todos têm alguma coisa e nenhum possui demais*" (Rousseau, *The Social Contract*, p. 19).
Assim, para remediar a situação, deve-se encorajar positivamente a difusão geral desta "condição média", que "constitui a genuína força do Estado" (Rousseau, *A Discourse on Political Economy*, p. 268), pois "nada é mais prejudicial à moral e à República do que a contínua mudança de posição e de fortuna entre os cidadãos" (ibid., p. 255).
Rousseau reconhece que a lei é feita para a proteção da propriedade privada e que tudo o mais na ordem da "sociedade civil" – incluindo a "liberdade civil" – se apóia nisso. No entanto, uma vez que não pode ir além do horizonte desta sociedade civil idealizada, ele sustenta não somente que a lei é criada para o benefício da propriedade privada, mas também que a propriedade privada é criada para o benefício da lei, como a única garantia do cumprimento desta. Assim, o círculo fica irrevogavelmente fechado; não há como escapar dele. Como Rousseau opera a partir do ponto de vista da mesma base material da sociedade cujas manifestações ele denuncia – a ordem social da propriedade privada e da "troca justa e vantajosa" –, os termos de sua crítica social são intensa e abstratamente moralizadores. A alienação capitalista percebida por Rousseau em suas manifestações particulares – ou seja, aquelas que são prejudiciais à "*condição média*" – é por ele considerada contingente, não necessária; e seu discurso moral radical deveria proporcionar a alternativa não-contingente, para que o povo, esclarecido por seu desmascaramento de tudo aquilo que é meramente "aparente e ilusório", voltasse as costas para as práticas artificiais e alienadas da vida social.
Estas ilusões moralizadoras do sistema de Rousseau, enraizadas na idealização de um modo de vida supostamente adequado à "condição média", em oposição à realidade da produção capitalista de grande escala, em progresso dinâmico e universalmente alienadora, são ilusões necessárias, pois, se a investigação crítica se limitar a criar alternativas apenas para os efeitos desumanizadores de um determinado sistema de produção, deixando intactas as premissas básicas deste, só resta aos indivíduos a arma do apelo moralizador – "educacional". Tal apelo convida-os a se opor às tendências denunciadas, a "resistir à corrupção", a renunciar ao "calculismo", a demonstrar "moderação", a resistir às tentações da "riqueza ilusória", a seguir o "curso natural", a restringir seus "desejos inúteis", a interromper a "busca do lucro", a "se recusar a "se vender", etc., etc. Se eles *podem* ou não fazer tudo isso, é outra questão; de qualquer modo, *devem* fazê-lo. (Discuti estes problemas muito mais detalhadamente em *Marx's Theory of Alienation*, p. 48-61, 80-4, 105-7 e 317-19.)

250  *Ciência, ideologia e metodologia*

posteriores. Em meados do século XIX – que testemunhou pela primeira vez o tratamento de Hegel como um "cachorro morto" –,[7] a abordagem histórica originalmente associada à burguesia tinha se tornado completamente marginal.

No lugar desta abordagem, o "positivismo acrítico" ditava as regras na época, ainda que na maior parte dos países ainda não fosse chamado de positivismo. Na verdade, com a formulação das doutrinas de Auguste Comte e seus seguidores, o "positivismo acrítico", de um modo ou de outro inerente a muitas teorias (na época bem-sucedidas), foi elevado a um *status* ideal, eliminando radicalmente a dimensão histórica da visão de mundo dominante. O grande sucesso do positivismo (e do "neopositivismo") desde então, sob uma grande variedade de formas, de sua versão original até as modas ideológicas recentes do funcionalismo estrutural e do estruturalismo, deve mais a esta liquidação radical da dimensão histórica – logo, crítica – do que a qualquer outra coisa.

Por conseguinte, o cientificismo anistórico se tornou o quadro de referência comum para uma multidão de ideologias diferentes, penetrando profundamente até no movimento da classe trabalhadora e nos escritos das principais figuras da Segunda Internacional: esta tradição foi paradoxalmente revivida pelo stalinismo, sob o disfarce de um radicalismo verbal voluntarista, não apenas na Rússia, mas também na França e em outras partes. Esta é a razão pela qual testemunhamos o curioso espetáculo de stalinistas que dirigiam contra Marx, por conta de seu suposto "hegelianismo", as mesmas críticas que Bernstein, seu adversário, lhe dirigira muito antes deles.[8]

Naturalmente, no decorrer da criação da "nova ortodoxia" do cientificismo positivista dominante, Hegel teve de ser desprezado e "tratado como um cachorro morto" em mais de uma ocasião. Para injetar sofisticação na grosseria comtiana, os esforços dos "exterminadores de Hegel" (não apenas críticos) se dirigiram com freqüência para algum tipo de renascimento neokantiano. (Na realidade, há tantas variedades de neokantismo "científico" quanto de positivismo e de neopositivismo.) Significativamente, no entanto, o sepultamento da filosofia hegeliana como "metafísica não-científica"[9] tinha por objeto, via de regra, precisamente os aspectos mais positivos daquela

---

[7]  Expressão de Marx.

[8]  Citando Lukács:

"Seria simplificar e falsificar a história supor que uma certa mudança terminológica bastaria para se passar da dialética idealista de Hegel para a dialética materialista de Marx. [...] [Pois] mesmo aqueles elementos progressistas da dialética de Hegel com os quais Marx pôde se identificar tiveram de ser completamente transformados, tanto em relação à forma quanto ao conteúdo, e criticamente reelaborados na dialética materialista. Por pouco que este procedimento tenha sido compreendido pela filosofia burguesa, sua presença provavelmente deve ter se tornado também uma razão codeterminante para que o pensamento burguês se afastasse de Hegel. Bernstein, defensor cego das tendências filosóficas burguesas e fundador do revisionismo, expressou este estado de coisas muito claramente quando, de uma só vez, procurou transformar Kant no filósofo do marxismo 'oportuno' e atacou Marx por seu 'hegelianismo', por causa do caráter dialético (revolucionário, não evolucionário) de sua doutrina" (Lukács, *The Destruction of Reason*, p. 547-8).
Em termos amplos, a mesma abordagem é reconhecível nos escritos de Galvano della Volpe e de sua escola, incluindo Colletti.

[9]  Ver, por exemplo, o livro de Otto Liebmann, *Kant und die Epigonen* (Leipzig, 1865), que exaltava o agnosticismo como a única maneira científica de se proceder, ao passo que rejeitava Hegel sumariamente como um epígono insignificante e criador da "metafísica não-científica".

filosofia: suas aspirações históricas, associadas aos princípios de uma dialética objetiva, que constituíam o suporte metodológico da interpretação hegeliana do desenvolvimento como sendo irreprimivelmente dinâmico em todas as esferas da atividade humana, inclusive a da ciência.

Por mais fortes que sejam as restrições ao modo pelo qual Hegel implementou seu próprio programa filosófico – e todos sabemos como as restrições de Marx eram profundas –, a questão se apresenta sempre da seguinte maneira: qual atitude em relação à filosofia hegeliana deve ser adotada, entre as seguintes alternativas completamente opostas? A primeira, defendida por Marx, era tentar ampliar a dimensão histórica e a dialética objetiva a ela inerente, ao passo que a segunda tentava destruir tanto a dialética como a historicidade, em virtude de sua incompatibilidade com os objetivos dos apologetas sociais, fossem eles capitalistas ou stalinistas.

É importante sublinhar aqui que a autoridade da ciência – na verdade, uma verdadeira caricatura da ciência, definida como um constructo inteiramente anistórico – foi utilizada para disfarçar a substância social conservadora dos pontos de vista defendidos. Assim, o "historicismo" podia ser tratado como um pecado vergonhoso, a ser exorcizado com fogo e enxofre por causa de sua suposta oposição à ciência. Do mesmo modo, a *dialética* se tornou quase um palavrão. Como era de se esperar, também neste ponto Bernstein desempenhou um papel central na desorientação intelectual da Segunda Internacional, repudiando arbitrária e arrogantemente não apenas a dialética hegeliana, mas também a dialética marxiana, como simples "verbalismo" e um "ponto inútil" no "arcabouço" de uma "teoria especulativa", como veremos na seção 8.5.

No que diz respeito ao desenvolvimento correto e adequado da filosofia e da teoria socioeconômica, supunha-se que o destino da dialética havia sido "definitivamente" selado pela "solução científica" (isto é, a dissolução agnóstica) de seus problemas[10] proporcionada pela *Crítica da Razão Pura* de Kant, a partir da qual apenas os "irracionalistas" ou os "confusos" poderiam falar a sério de contradições dialéticas, pois a única "dialética" considerada legítima pelos defensores da ordem social em questão era a *"dialética interminável"* – anistoricamente estipulada – "entre a produção das mesmas coisas, melhor e em maiores quantidades, e a produção de coisas diferentes – entre a produção de bens da mesma espécie de modo diferente e a produção de bens que nunca haviam sido antes cogitados. A forma exata que a satisfação de uma aspiração assume é o resultado do *progresso científico*, mas as *necessidades básicas permanecem as mesmas"*.[11]

Esta concepção da interação social produtiva como uma "dialética interminável" limitada à permanente reprodução das práticas produtivas estabelecidas com base num conjunto eterno de "necessidades básicas", de acordo com os pretensos ditames da

---

[10] Esta maneira kantiana de "dissolver" os problemas filosóficos mais complicados, para livrar-se deles, tornou-se o modelo para o método neopositivista de concluir agnosticamente pela inexistência de questões teóricas e práticas importantes e conflitos ideológicos persistentes – classificando-as apenas como "confusões conceituais" –, desde o primeiro Wittgenstein até a escola vienense dos positivistas lógicos e os seguidores do segundo Wittgenstein, o da escola "analítica" de filosofia lingüística.

[11] Raymond Aron, *The Industrial Society*, p. 56-7.

## 252 *Ciência, ideologia e metodologia*

própria natureza era, é claro, diametralmente oposta às implicações revolucionárias da dialética marxiana. Marx jamais deixou de insistir que o potencial fundamentalmente subversivo e transformador do processo histórico em desenvolvimento era o *übergreifendes Moment* da dialética da interação social. No entanto, na pseudodialética "interminável" de Aron e outros – modelada na circularidade viciosa do valor de troca auto-reprodutor e autoexpansivo –, encontramos apenas a idealização da inércia social conservadora. Como tal, ela só podia perceber a expansão quantitativa dos mesmos processos de produção reificada de mercadorias, mas sob nenhuma condição a possibilidade de uma reestruturação radical do modo de produção estabelecido e do intercâmbio social, que rejeitava categoricamente com um revelador apriorismo.

Como convém a uma teoria que objetivava a "eternização das relações sociais prevalecentes", a noção pseudodialética da produção de mercadorias circularmente auto-reprodutora foi complementada pela hipóstase de uma ordem pseudonatural. E supunha-se que esta última prescrevesse à sociedade a reprodução repetitiva das "mesmas necessidades básicas" que poderiam ser prontamente satisfeitas (pelo menos naquela ocasião) pela sociedade mercantil, vista como o equivalente social óbvio da natureza. Esta concepção, mais uma vez, foi apresentada em oposição a Marx, que caracterizava a dialética histórica desde seu início como intervindo dinamicamente na produção de novas necessidades[12] além daquelas naturalmente herdadas, assentando assim os fundamentos de um modo *qualitativamente* diferente de auto-reprodução humana produtiva.

Igualmente importante nesta concepção era a função atribuída ao "progresso científico", que foi descaradamente utilizado para ajudar a destruir a dimensão histórica e crítica da teoria social, trocando-a por referências vazias a uma temporalidade abstrata derivada da pretensamente auto-referencial "lógica do progresso científico", em oposição à dinâmica historicamente manifesta dos processos e contradições sociais objetivos.

---

[12] Como disse Marx em *The German Ideology*: "A satisfação da primeira necessidade, a ação de satisfazer e o instrumento da satisfação que foi adquirido conduzem a *novas necessidades*; e esta *criação de novas necessidades é o primeiro ato histórico*" (MECW, vol. 5, p. 42). E ele desenvolve o complexo inter-relacionamento dialético entre a produção, o consumo e as necessidades em uma passagem seminal dos *Grundrisse*:

"Fome é fome, mas a fome satisfeita pela carne cozida comida com garfo e faca é uma fome diferente daquela que devora carne crua com as mãos, unhas e dentes. Assim sendo, a produção produz não apenas o objeto, mas também a maneira de consumo, não apenas objetivamente, mas também subjetivamente. A produção não apenas supre um material para a necessidade, mas também supre uma necessidade para o material. Tão logo o consumo sai do seu estado inicial, deixando de ser cru e imediato – e, se permanecesse nesse estágio, seria porque a própria produção teria se interrompido naquele ponto –, ele, enquanto impulso, se torna mediado pelo objeto. A necessidade que o consumo sente do objeto é criada pela percepção do objeto. O objeto de arte – como qualquer outro produto – cria um público que é sensível à arte e desfruta a beleza. Portanto, a produção não apenas cria um objeto para o sujeito, mas também um sujeito para o objeto. Assim, a produção produz consumo: 1) criando o material para ele; 2) determinando a maneira do consumo; e 3) criando os produtos, inicialmente estabelecidos por ela como objetos, na forma de uma necessidade sentida pelo consumidor. Produz, deste modo, o objeto do consumo, a maneira do consumo e o motivo do consumo. Do mesmo modo, o consumo produz a tendência do produtor, acenando-lhe como uma necessidade que determina os objetivos dele" (Marx, *Grundrisse*, p. 92).

A ciência como legitimadora de interesses ideológicos   253

Visto que o modo de produção estabelecido e suas relações de propriedade tinham de ser representados como insuperáveis, portanto eternos – objetivo alcançado através da afirmação de sua correspondência ideal com a ordem "natural" de satisfação e reprodução do conjunto postulado de "necessidades básicas" imutáveis –, o único modo de o tempo entrar em cena seria não apenas não perturbar, mas reforçar positivamente esse arranjo.

Naturalmente, sob o impacto do poder sem precedentes de auto-expansão do capital, o fato da mudança histórica – inevitavelmente trazendo consigo novas circunstâncias e novos tipos de conflito e interação social, anteriormente inimagináveis – não poderia ser negado nem mesmo pela mais grosseira apologética. Na verdade, não era necessário negar totalmente a realidade das mudanças socioeconômicas e culturais instituídas; especialmente porque os representantes da ideologia dominante desejavam atribuir, com entusiasmo, o crédito das realizações "progressistas" dos novos desenvolvimentos produtivos ao próprio sistema social capitalista.

Não obstante, tinham de enfrentar e resolver uma não negligenciável dificuldade. Para ser completamente eficaz, sua racionalização ideológica da ordem existente tinha de ser expressa tanto como algo *historicamente específico* – para ser capaz de aproveitar do melhor modo possível as pretensas realizações – como, ao mesmo tempo, *aprioristicamente perene*, para excluir a possibilidade, sem mencionar a necessidade, de uma transformação histórica radical. Desse modo, era preciso encontrar um modo de assegurar um "tipo correto de avaliação" das inegáveis mudanças, que não interferisse com a ideologia que insistia na naturalidade e na insuperabilidade da ordem estabelecida.

Foi nesse momento que a interpretação positivista da ciência e do "progresso científico" passou a ser útil. A premissa em que se baseava a definição de tal progresso era, como já vimos, a existência de duas ordens "naturais": por um lado, a das "necessidades básicas que permanecem as mesmas"; e, por outro, o sistema de produção de mercadorias idealmente adequado à satisfação de tais necessidades. Além disso, a maneira pela qual este relacionamento entre as duas ordens pseudonaturais era apresentado implicava também, e às vezes afirmava explicitamente, sua identidade fundamental. Com a introdução da ciência (interpretada de modo positivista) na concepção geral, uma nova relação de identidade poderia ser estipulada. Tratava-se da identidade entre o "progresso" – representado como "progresso científico", "espírito científico", etc. – e o próprio modo de produção capitalista, porque imaginava-se este último não somente como o equivalente produtivo ideal das determinações naturais originadas diretamente das necessidades básicas, mas também como a única incorporação adequada do "espírito científico" como tal e dos benefícios "evidentes" que ele proporciona às pessoas da "sociedade industrial moderna" – isto é, da sociedade que realmente correspondia às exigências internas desse "espírito científico" um tanto mítico – sob a forma de um "progresso científico" infinito. Citando as palavras exatas com as quais Raymond Aron expressou esta concepção de ciência como necessariamente entrosada com a produção "progressista" de mercadorias:

> Uma sociedade não é verdadeiramente industrializada até que as ações dos homens e a operação das instituições estejam em harmonia com o *espírito da indústria*. De modo provisório, chamamos *científico ao espírito da economia moderna*. Fundamentalmente,

254     *Ciência, ideologia e metodologia*

as sociedades industrializadas podem ser chamadas de científicas na medida em que tanto a mecanização quanto a produtividade são frutos do *espírito científico* e as *causas primeiras* tanto da industrialização como da *natureza progressista da economia*.[13]

Esta solução teve a grande vantagem de transformar a questão da *temporalidade histórica* em um problema totalmente fugidio. No lugar dos parâmetros sociais do tempo histórico, é apresentada, como substituto fictício, a absoluta *imanência* do desenvolvimento científico. Como, na realidade, a ciência está sempre inextricavelmente ligada aos desenvolvimentos da sociedade em cujo solo ela opera e sem cujo suporte seu progresso seria totalmente inconcebível, aqui tudo aparece de ponta-cabeça, e o desenvolvimento imanente da ciência, surgindo das determinações misteriosas do "espírito científico", era apresentado como "a causa primeira" do próprio desenvolvimento social.

Naturalmente, ninguém deseja negar que a "lógica" do desenvolvimento científico tem um aspecto *relativamente autônomo* como um *momento* importante do complexo geral das interdeterminações dialéticas. Entretanto, esse reconhecimento não pode chegar a ponto de tornar absoluta a lógica imanente do desenvolvimento científico, com a eliminação, de modo ideologicamente tendencioso, das importantes e muitas vezes problemáticas determinações sócio-históricas. Defender a absoluta imanência do progresso científico e de seu impacto sobre os desenvolvimentos sociais só pode servir aos propósitos da apologia social. É o caso de Aron, que postulava a ação soberana do "espírito científico" como "a causa primeira" dos desenvolvimentos socioeconômicos, para poder, simultaneamente, declarar e legitimar, em nome do "progresso científico", a obscura "*natureza progressista da economia*" de sua "sociedade industrial moderna", que ele afirmava estar em completa "harmonia com o espírito da indústria".[14]

### 4.2.3

A concepção original do cientificismo positivista estava vinculada às grandes expectativas de um otimismo evolucionista um tanto simplório. Compreensivelmente, a repetida irrupção de crises capitalistas na segunda metade do século XIX pôs um fim em tudo isso. Resultou disso a remodelação da ideologia do cientificismo em um molde profundamente cético, se não completamente pessimista. Sua abordagem anti-histórica dos problemas encontrados tornou-o extremamente adequado à "eternização" e legitimação ideológica do sistema estabelecido, especialmente porque também apresentava a *ilusão* de temporalidade: uma ilusão diretamente emanada da própria ciência. Ao mesmo tempo, novamente em contraste com as profundas melhorias previstas na concepção original, a eliminação dos males sociais, na medida em que sua existência era reconhecida, foi confinada estritamente ao "trabalho gradual do progresso científico" como única solução possível (para não dizer admissível).

A insistência na racionalidade exclusiva do "pouco a pouco" revelou uma incoerência lógica notável, pois, se a eliminação de todos os males e desigualdades sociais

---

[13]   Aron, *The Industrial Society*, p. 57.

[14]   É claro que tudo isso é convenientemente circular. Como em geral ocorre com tais teorias, a circularidade ideologicamente motivada opera com suposições não-fundamentadas, das quais pode facilmente deduzir as conclusões desejadas de racionalização e legitimação.

era estritamente uma questão de progresso científico, e se afirmava que o desenvolvimento futuro da ciência era imprevisível, como se poderia também sustentar, *decidindo antecipadamente* a questão, que os únicos desenvolvimentos e melhorias concebíveis das condições sociais prevalecentes teriam de ser realizados "pouco a pouco"? Por que não poderia haver uma revolução científica tão fundamental que permitisse mudanças positivas que abrangessem a todos? Tanto mais que os escritos dos defensores do cientificismo neopositivista não paravam de falar na "lógica das revoluções científicas" e na "segunda revolução industrial": outra incoerência reveladora.

Para se compreender a curiosa lógica dos "positivistas lógicos", assim como a de muitos intelectuais pertencentes a outras variedades de neopositivismo, deve-se examinar os interesses sociais subjacentes. Somente as *motivações ideológicas conservadoras* das raízes do cientificismo neopositivista podem explicar as gritantes inconsistências lógicas, abundantes até nos escritos de seus representantes mais importantes.

Foi especialmente por conta de sua eficácia sem rival para fornecer a racionalização exigida pelos interesses socioeconômicos e políticos dominantes que o cientificismo neopositivista pôde adquirir proeminência – a despeito de sua notável deficiência lógica e irracionalidade – como o paradigma da explicação racional da sociedade e como a principal corrente de legitimação ideológica. Em lugar da dialética histórica das inter-relações sociais complexas, ele oferecia a objetividade fetichista de grosseiras determinações materiais e instrumentais. Em oposição à análise crítica da divisão social hierárquica do trabalho, continuou a apresentar este último como puramente tecnológico-científico e, portanto, necessariamente permanente.

Em ambos os aspectos, estava bem sintonizado com as práticas produtivas dominantes da sociedade mercantil e com suas conceituações espontâneas referentes à experiência cotidiana, pois, como Marx afirmou, em conseqüência do fetichismo da mercadoria na sociedade capitalista,

> As relações mútuas dos produtores, no interior das quais se afirma o caráter social de seu trabalho, tomam a forma de uma relação social entre os *produtos*. [...] Há uma relação social definida entre os homens, que assume, a seus olhos, a forma fantástica de uma *relação entre coisas*. [...] Visto que os produtores não entram em contato social um com o outro até que troquem seus produtos, o caráter social específico do trabalho de cada produtor só aparece no ato da troca. Em outras palavras, o trabalho do indivíduo só se afirma como uma parte do trabalho da sociedade, por meio das relações que o ato da troca estabelece *diretamente entre os produtos*, e indiretamente, através deles, entre os produtores. Para estes últimos, portanto, as relações que vinculam o trabalho de um indivíduo ao dos demais não aparecem como *relações sociais diretas* entre indivíduos em atividade, mas como o que realmente são, *relações coisificadas* [*dinglich* = que tem a qualidade de coisa] entre *pessoas* e relações *sociais* entre *coisas*. [...] O caráter de possuir valor, uma vez gravado sobre os produtos, obtém *fixidez* pela única razão de eles atuarem e reagirem um sobre o outro como quantidades de valor. Estas quantidades variam continuamente, *independentemente* da vontade, previsão e ação dos produtores. Para eles, sua própria ação social toma a forma da *ação dos objetos*, que *dominam os produtores* em vez de serem dominados por eles. [...] As reflexões do homem sobre as formas de vida social e, conseqüentemente, também sua análise científica dessas formas, toma um curso diretamente oposto ao de seu desenvolvimento histórico real. Ele começa,

256  *Ciência, ideologia e metodologia*

*post festum*, com os *resultados* do processo de desenvolvimento prontos diante dele. As características que qualificam os produtos como mercadorias, e cujo estabelecimento é uma preliminar necessária à circulação das mercadorias, já adquiriram a estabilidade de formas naturais e evidentes da vida social, antes de o homem buscar decifrar, não seu *caráter histórico*, pois a seus olhos elas são *imutáveis*, mas seu *significado*.[15]

O cientificismo neopositivista fez da miséria desta reificação uma virtude, aceitando tácita e anistoricamente tudo o que era dado "pronto" e reduzindo a complexidade dinâmica das relações sociais à fixidez petrificada das "relações entre os produtos" (no máximo, entre "produtos concorrentes").

A tentativa de eliminar o agente social e a consciência coletiva de suas equações mecanicistas (do behaviorismo ao estruturalismo) era parte essencial da mesma submissão consciente à reificação, que só podia compreender as relações entre as pessoas se elas fossem *relações coisificadas*. Daí a glorificação do "contrato" capitalista e das relações de troca em qualquer contexto, até nos mais surpreendentes. Pode-se lembrar, neste ponto, o modo como estruturalistas e funcionalistas estruturais projetaram arbitrariamente as formas e práticas institucionais capitalistas dominantes sobre as circunstâncias qualitativamente diferentes das chamadas "sociedades tradicionais", para poderem "provar" a onipresença e a eterna validade do "capital" e da "troca".

Ao mesmo tempo, atribuiu-se poder quase mítico às "relações sociais entre as coisas" que se impunham à sociedade pela estrutura do mercado, tratando-as como se nunca pudessem ser desafiadas e controladas. Portanto, não surpreende que os problemas sociais tivessem de ser metamorfoseados em questões tecnológico-científicas "neutras" (ou "isentas de valor"), para que se evitasse a questão de sua dependência das relações sociais (historicamente estabelecidas), assim como para manter afastado qualquer desafio possível a estas últimas.

Assim, encontramos – em lugar de realidades sociais altamente conflitivas – a ilusão de soluções puramente instrumentais para as dificuldades relutantemente admitidas, como vimos em diversas ocasiões. Visto que, nas circunstâncias do fetichismo da mercadoria e da reificação – que transformaram as relações em coisas e as coisas em relações sociais incontroláveis –, a dimensão *social* da divisão de trabalho prevalecente era e tinha de permanecer inextricavelmente entrelaçada às determinações *tecnológico-instrumentais capitalistas* (articuladas em uma ordem *hierárquica* socialmente sacralizada e reforçada), a ideologia do cientificismo neopositivista pôde se apoiar em uma base material realmente muito sólida para realizar sua *fusão* mistificadora[16] do *social* com o *tecnológico*, a serviço da legitimação do primeiro em nome do último.

---

[15]  Marx, *Capital*, Moscou, Foreign Languages Publishing House, 1958, vol. 1, p. 72-6. Algumas das idéias fundamentais desta seção sobre "O fetichismo da mercadoria" são antecipadas no seguinte trecho de *A ideologia alemã*:
"A transformação, pela divisão do trabalho, dos poderes (relações) *pessoais* em poderes *materiais*, não pode ser dissipada afastando-se da mente essa idéia geral; só pode ser abolida se os indivíduos novamente *sujeitarem esses poderes materiais a eles, consumidores, e abolirem a divisão do trabalho*" (MECW, vol. 5, p. 77-8).

[16]  O fundo apologético desta fusão se torna claro se lembrarmos do fato potencialmente explosivo de que "*divisão do trabalho e propriedade privada são, afinal de contas, expressões idênticas*: a mesma coisa que é afirmada com referência à *atividade* em uma delas é afirmada na outra com referência ao *produto* da atividade" (MECW, vol. 5, p. 46).

A ciência como legitimadora de interesses ideológicos    257

Foi esta íntima afinidade do cientificismo neopositivista com as estruturas objetivas da reificação que o habilitar a se tornar a principal corrente da legitimação ideológica: condição que provavelmente permaneça, não importa sob forma de quais "diferentes" mudanças estilísticas, enquanto as estruturas capitalistas sobreviverem.

Sua metodologia, utilizando quase *ad nauseam* modelos, diagramas, fórmulas, "provas" estatísticas distorcidas, "observações de massa" e "entrevistas de massa" (baseadas em "amostras representativas cientificamente determinadas" – embora na realidade ridiculamente insignificantes), etc., refletia uma necessidade vital e um imperativo prático da sociedade mercantil. Isto é, assegurar a reprodução do valor de troca em uma escala cada vez maior por meio da *manipulação* desenfreada dos processos sociais em todas as esferas de atividade, desde a geração de "demandas" materiais pela "administração da oferta" até o exercício de uma fortíssima *influência* sobre a opinião pública, mascarada pela pretensão de a representar objetivamente; desde a cínica "produção" de escassez artificial em um mundo de abundância até a "manipulação" dos fatos com o objetivo de provocar as necessárias reações ideológicas e políticas em um público sistematicamente deseducado.

A ideologia do cientificismo neopositivista, que continuou a idealizar uma ciência subserviente às exigências tecnológicas reificadas do modo de produção dominante, era sumamente adequada para assumir o papel-chave neste processo de manipulação, uma vez que tinha o poder de sancionar com a elevada autoridade da ciência até as mais prosaicas práticas manipuladoras. Na verdade, a ideologia do cientificismo – não apenas por si mesma, é claro, mas em grande parte graças a seus vínculos inerentes com as práticas produtivas dominantes – era tão poderosa que penetrou não apenas nas cidadelas do conhecimento, mas em praticamente todos os espaços da vida cotidiana. Suas manifestações iam "do sublime ao ridículo", desde que pudessem ser quantificadas ou transformadas em modelos, fórmulas e "paradigmas". Para um raro exemplo do "sublime", podemos pensar no engenhoso sistema dos "tipos ideais isentos de valor" de Max Weber. Quanto ao abuso ridículo e freqüentemente grotesco da ciência a serviço da manipulação, os exemplos são muitos: desde os departamentos de "Ciência Mortuária" (leia-se: serviço funerário lucrativo) e "Ciência Apiária" (isto é; criação de abelhas) de algumas universidades norte-americanas até a *tecnologia do campo unificado* do Maharishi Mahesh Yogi e seus meditabundos seguidores, com sua grotesca mistificação "cientificamente quantificável" sobre a "raiz quadrada da população do mundo".

### 4.2.4

Naturalmente, a ideologia do novo cientificismo neopositivista, com sua pretensiosa apropriação das categorias de "verificação" e "falsificação" – e, na verdade, o uso generoso da segunda, ainda que não no sentido confessado –, era perfeitamente adequada para conduzir o ataque à "ideologia" em nome de uma "ciência" fictícia. Seu peso preponderante, material e institucionalmente, apoiado pelos imperativos manipuladores da sociedade mercantil, estabeleceu-se com tal força que conseguiu resultados políticos muito surpreendentes, mesmo entre aqueles que continuavam a declarar sua fidelidade ao marxismo.

258  *Ciência, ideologia e metodologia*

Os althusserianos, por exemplo, ficaram presos dentro dos limites do discurso "antiideológico" dominante, atrás de "rupturas" imaginárias – a partir dos pressupostos acriticamente adotados do cientificismo neopositivista e do estruturalismo –, para serem capazes de estabelecer, de acordo com o tema em moda do "fim da ideologia", a oposição categórica entre "conceitos científicos" e "conceitos ideológicos".

Ironicamente, Althusser estava repetindo aqui, cinco a dez anos depois de sua publicação, os chavões neopositivistas contidos em um artigo de um político e intelectual italiano de direita, Mario Albertini: "Una nuova cultura o una nuova politica?".[17] Nesse artigo, Albertini, insuspeito predecessor de Althusser, trovejava não apenas contra a "*linguagem ideológica*" da análise marxista da *alienação*, mas também contra o conceito "*ilusório*" de uma "personalidade protagonista da história", isto é, o "sujeito coletivo" do proletariado. O mesmo que Althusser fez em suas denúncias do "humanismo teórico" e do "hegelianismo" do jovem Marx (isto é, até o momento em que descobriu que também o "Marx maduro" era culpado desses pecados) e em sua eliminação sumária da categoria de "sujeito" do discurso filosófico e teórico adequado.[18]

Como Cesare Cases espirituosamente comentou sobre o artigo de Albertini, "Aqui nos são apresentadas a economia e a ética do servo: não fale em alienação, apenas venda-se, e ao mais alto preço".[19] É evidente que Althusser não pode ser acusado de ter a intenção de se identificar com as implicações práticas das posições "antiideológicas" e "anti-sujeito" do italiano, que tinha como alvo as aspirações hegemônicas da classe trabalhadora. Mas ele chegou às mesmas "descobertas" neopositivistas do político-intelectual do movimento *Comunità*, de Olivetti.

Naturalmente, a questão não é traçar influências e julgar reivindicações de "originalidade". É completamente sem importância se Althusser conhecia ou não o artigo de Albertini; de qualquer modo, ambos *devem* ter lido Galvano della Volpe e outras figuras influentes do cientificismo neopositivista. O que realmente importa no presente contexto é que o clima ideológico dominante na época tornou tais idéias "antiideológicas" lugares-comuns amplamente difundidos. Assim, usá-las em um discurso fetichistamente "orientado para a ciência" equivalia a colocar-se, conscientemente ou não, dentro da estrutura de um discurso que favorecia o adversário ideológico e contribuía para a legitimação de seu empreendimento.

## 4.2.5

Para acrescentar insulto à injúria, a "reorientação" mistificadora da teoria socialista pelos althusserianos foi realizada em nome de um "marxismo" que não hesitou em rejeitar como "hegeliana" a totalidade da obra teórica do próprio Marx, salvando apenas as poucas páginas da *Crítica ao Programa de Gotha* e das "Notas marginais

---

[17]  "New Culture or New Politics", *Comunità*, agosto-setembro de 1958, p. 71-4.

[18]  Ver "Ideology and the State", de Althusser, escrito em 1969 e republicado no volume *Lenin and Philosophy and Other Essays*, Londres, NLB, 1971, p. 123-73, assim como sua discussão da "categoria de processo sem sujeito" em seu artigo "Marx's Relation to Hegel", escrito em 1968, p. 163-86, da edição inglesa de *Montesquieu, Rousseau, Marx*, Londres, Verso, 1982.

[19]  Ver Cesare Cases, *Marxismo e neopositivismo*, Turim, Einaudi, 1958, p. 95-6.

A ciência como legitimadora de interesses ideológicos    259

sobre Wagner". Assim, a aceitação da estrutura do discurso do adversário ideológico resultou em uma capitulação *de facto* ante uma falsa problemática, trazendo consigo as conseqüências desorientadoras de uma concepção totalmente idealista da chamada "prática teórica". Quaisquer que fossem as intenções originais dos atores envolvidos, no final tudo isso contribuiu significativamente para o surgimento do antimarxismo virulento dos "Novos Filósofos Franceses" e para aquela "crise do marxismo" que os althusserianos tentaram definir do ponto de vista imaginário de seu autoproclamado "discurso científico", como se sua própria "prática teórica" de *revisão indiscriminada* nada tivesse a ver com a crise sobre a qual falavam.

Obviamente, há mais sobre essas questões do que a pressão do discurso ideológico dominante. Como já foi enfatizado, há uma afinidade essencial entre as aspirações inerentemente conservadoras das racionalizações e das legitimações capitalista e stalinista, que encontram suas curiosas manifestações teóricas em tais convergências.

Nesse ponto, é significativo que todas as principais figuras do neopositivismo "marxista" – desde Galvano della Volpe[20] e Althusser[21] até Colletti[22] – tenham se vinculado

---

[20]  Della Volpe permaneceu stalinista e seguidor de Jdanov até o fim, diferentemente de alguns de seus discípulos, cuja triste trajetória intelectual e política os levou da esquerda sectária para a "direita radical".

[21]  Para uma crítica vigorosa de Althusser a partir de uma perspectiva socialista, ver E. P. Thompson, *The Poverty of Theory*, Londres, Merlin Press, 1978, e Adolfo Sánchez Vázquez, *Ciencia y revolución: el marxismo de Althusser*, Madri, Alianza Editorial, 1978.
Um outro escritor que formula sua crítica a partir da mesma perspectiva, Simon Clarke (ver seu "Althusserian Marxism", em *One-Dimensional Marxism: Althusser and the Politics of Culture*, de S. Clarke et al., Londres, Allison & Busby, 1980), relata a intolerância stalinista com que a *coterie* althusseriana que assessorava os editores pretendeu impedir a publicação de seu estudo:
"Os althusserianos reagiram como se tivessem sido ultrajados. [...] O artigo foi descrito nos seguintes termos por consultores anônimos: 'quase inteiramente inadequado [...] incoerente [...] uma série de afirmações sem fundamento [...] distorções grosseiras [...] deturpações [...] interpretação grotesca [...] uma forma de desonestidade intelectual [...] patético'. Um consultor althusseriano um pouco menos simpático considerou-o 'o pior artigo que li sobre Althusser [...] a pior espécie de polêmica dogmática e mal-informada [...] absolutamente estarrecedor [...] uma série de ataques totalmente gratuitos [...] o artigo não tem nenhum valor [...] nada menos do que escandaloso [...] bobagem [...] a epistemologia mais prosaica e filosoficamente ingênua [...] é de tirar o fôlego'" (ibid., p. 8).
Um estudo recente (John Hoffmann, *The Gramscian Challenge: Coercion and Consent in Marxist Political Theory*, Oxford, Basil Blackwell, 1984) sublinha, corretamente, as semelhanças entre algumas das proposições de Althusser e os argumentos revisionistas originais de Bernstein. Aparentemente, seria difícil conciliar isso com o stalinismo de Althusser. Na verdade, porém, a conexão é muito próxima, visto que a revisão mais extensa (e prejudicial) da abordagem marxista no século XX – em nome da única interpretação admissível do marxismo-leninismo – foi realizada e administrativamente imposta ao movimento comunista internacional pelo próprio Stalin.

[22]  Lamentavelmente, Colletti – outrora um dos mais chegados colaboradores e seguidores de Della Volpe – está na linha de frente daqueles que se voltaram intelectualmente contra Marx e se deslocaram politicamente muito para a direita. Ver, por exemplo, sua coletânea de ensaios *Tra marxismo e no* (Bari, Laterza, 1970), sem mencionar alguns de seus artigos mais recentes. Tipicamente, as retratações antimarxistas de Colletti – "A brecha é irreparável; veio como conseqüência da *exaustão histórica do marxismo*. [...] Não se pode fazer *ciência* com a *dialética*. Se isto é positivismo, eu sou positivista. [...] Minhas dificuldades começaram quando compreendi (para falar a verdade, isto não deveria ter demorado tanto; mas o fato é que para mim demorou muito) que a dialética está também em *O capital* [...]. O modelo de *autogoverno* é impraticável", etc. (Lucio Colletti, "La crisi de marxismo", *Mondoperaio*, novembro de 1977) – exibem a mesma circularidade lógica que caracteriza os constructos ideológicos "científicos" dos apologistas do capital que já vimos em vários contextos. Do mesmo modo, na tradição consagrada da ciência social burguesa de Max Weber em diante, a "complexidade" se torna o centro mágico de referência e a suposição autojustificadora

# 260 *Ciência, ideologia e metodologia*

em algum estágio, de modo mais ou menos forte, à ortodoxia stalinista, quaisquer que fossem suas posteriores mudanças de posição. De fato, o já citado crítico literário italiano, Cesare Cases, não exagerou, tendo até suavizado amavelmente a questão quando escreveu, em 1958: "Della Volpe mantém excelentes relações com a sombra

---

para que toda crítica radical seja imediatamente rejeitada, sem qualquer discussão, sob a alegação de que ela é evidentemente "impraticável" ou outra coisa qualquer. Assim, ficamos sabendo que "a Comuna *não existe* porque *não pode* existir; porque *não há sociedade* – por *menos desenvolvida e complexa* que seja – que possa ser regulada por princípios tão *simplistas* e vagos como o de *autogoverno*" (ibid.). Qual a "prova" de que os princípios marxistas são "simplistas"? Nada além da *suposição* – teoricamente vazia, embora ideologicamente densa – de que *todas* as sociedades são *complexas* a ponto de invalidar *a priori* o conceito marxiano de *autogoverno*, mesmo nas sociedades mais *subdesenvolvidas*.

Esta é, então, a pretensa "ciência" que Colletti produz com sua liquidação da dialética em favor do princípio "aristotélico" de "não-contradição" de Galvano della Volpe. Já se argumentou que

"Estas concepções não-dialéticas da dialética no marxismo ocidental, assim como a sobrevivência geral do materialismo iluminista, refletem a dupla pressão da derrota da classe trabalhadora e do sucesso da tecnologia e da ciência natural burguesa e, mais especificamente, no plano teórico, o renascimento acadêmico da lógica formal com Frege e Russell, com sua filosofia auto-reflexiva da lógica ecoando inequivocamente na obra de Althusser e na escola de Della Volpe" (Roy Edgley, "Marx's Revolutionary Science", em *Issues in Marxist Philosophy*, organizado por John Mepham e David-Hillel Ruben, Harvester Press, Brighton, 1979, vol. III, p. 22. Ver também o excelente ensaio de Roy Edgley, "Dialectic: the Contradiction of Colletti", *Critique*, n. VII, inverno de 1976-7).

Há muita verdade nesta análise, porém, deve-se também lembrar que, muito tempo antes de as linhas acima terem sido publicadas, Colletti já havia abandonado todas as pretensões de pertencer ao marxismo, "ocidental" ou não, e se juntado entusiasticamente ao outro lado. Além disso, o "marxismo ocidental" é em si um conceito extremamente problemático. Foi criado por Merleau-Ponty, em seu *As aventuras da dialética*, com intenção abertamente *antimarxista* e a correspondente plausibilidade ideológico-intelectual (opondo o chamado "marxismo ocidental" ao "marxismo do *Pravda*" que se supunha teria absorvido também o Lukács pós-*História e consciência de classe*), e mais tarde adotado acriticamente por alguns teóricos da Nova Esquerda, desde o Perry Anderson de *Considerações sobre o marxismo ocidental* (São Paulo, Boitempo, 2004) até vários colaboradores dos três volumes de *Issues in Marxist Philosophy*.

Na verdade, a substância social e política da lógica circular e da "ciência" antimarxista de Colletti já eram visíveis desde longo tempo. Além disso, longe de ser "em tudo o mais exemplar" (Ted Benton, "Natural Science and Cultural Struggle: Engels on Philosophy and the Natural Sciences", *Issues in Marxist Philosophy*, vol. II, p. 138), o relacionamento de seu neokantismo inerentemente positivista com Marx foi desde o início muito difícil, como já mostrava a edição italiana da primeira parte de *Il marxismo e Hegel* – originalmente publicado em 1958 como a Introdução aos *Cadernos filosóficos* de Lenin. Uma vez afrouxados e depois rompidos os laços com o movimento socialista italiano, não havia razão para que Colletti não levasse seu cientificismo neopositivista a sua conclusão natural, rejeitando totalmente o marxismo, ainda que "a prestação".

Neste sentido, do ponto de vista filosófico, Colletti é mais coerente hoje do que quando embarcou, com complexas ambições e inibições políticas, em sua trajetória de "revisão crítica". Como resultado de sua rejeição de Marx, muitas das antigas ambigüidades foram eliminadas. Assim, a função ideológica de sua filosofia, desde há muitos anos mais ou menos abertamente confessa, tornou-se (e permanece) a de desacreditar e rejeitar como inimigos natos das "instituições democrático-liberais" – idealizadas por Colletti (op. cit.) – todos aqueles socialistas que defendiam ou ainda sustentam que o "atraso asiático" (Lenin) e o "subdesenvolvimento" desesperadamente distorcido tiveram algo a ver com os desenvolvimentos socioeconômicos e políticos que testemunhamos nas sociedades pós-revolucionárias. Para Colletti, temos de abdicar de todas as esperanças de que isto possa acontecer no futuro de outra maneira, visto que os fracassos são a conseqüência necessária dos próprios "princípios simplistas" que não podem se ajustar às realidades "complexas" de *qualquer* sociedade. Assim, as *violações* sócio-historicamente condicionadas (e firmemente condenadas por todos os socialistas) do princípio vital do "*autogoverno dos produtores associados*" se tornaram uma desculpa conveniente (e transparente) para a rejeição categórica até da possibilidade do socialismo. Ao mesmo tempo, a ordem estabelecida recebe uma justificativa *a priori* e uma legitimação permanente na defesa teoricamente vazia e logicamente falaciosa que Colletti faz da "complexidade insuperável".

A ciência como legitimadora de interesses ideológicos 261

de Jdanov, que lhe dá lições de lógica e estética e o ensina a tratar Hegel e Lukács como chinelos velhos [*pezze da piedi*]".[23]

O mesmo ocorria com Althusser, que continuava a falar da teoria e filosofia marxistas, da "grande *tradição clássica* do Movimento dos Trabalhadores, desde Marx até Lenin, Stalin e Mao".[24] E não levou mais do que treze anos, a partir do XX Congresso do Partido Soviético (ocorrido em 1956), para que ele inserisse, em seu sincero elogio à percepção filosófica de Stalin dos problemas da dialética, a suave ressalva: "pelo menos neste ponto",[25] quando quase todos estavam bem conscientes do caráter escolástico e dogmático do tratamento que a dialética tinha recebido deste "grande clássico" do marxismo.

Todas essas conexões com o stalinismo são, evidentemente, inegáveis e pertinentes para a compreensão do surgimento e da orientação original do neopositivismo marxista. Sem dúvida, a formação intelectual dos indivíduos tratados desempenhou papel igualmente importante a este respeito. (Por exemplo, não é de menor importância que Galvano della Volpe – o nem sempre reconhecido pioneiro desta tendência do cientificismo neopositivista no desenvolvimento do marxismo no pós-guerra – tenha sido por muitos anos um filósofo *neokantiano*[26] consumado, antes de se converter ao marxismo.) Entretanto, nunca será demasiado insistir no papel preponderante que a ideologia dominante pode desempenhar na determinação da orientação de toda a sociedade, impondo seu discurso até sobre seus adversários políticos caso estes, por alguma razão, inclusive as razões indicadas nas últimas páginas, se deixarem apanhar desprevenidos. Na verdade, este fenômeno representa uma das maneiras mais óbvias pelas quais a *relativa autonomia* da ideologia – sob a forma da ideologia dominante que afeta *diretamente* outras ideologias – se afirma com tal eficácia.

## 4.3 Tecnologia, ciência e sociedade

*4.3.1*
Graças ao poder das forças sociais reificadoras que estavam por trás do sucesso do positivismo e do neopositivismo, uma visão extremamente unilateral do desenvolvimento "autônomo" da ciência e da tecnologia se tornou, não o "senso comum", mas

---

[23]  Cases, *Su Lukács: Vicende di un'i interpretazione*, p. 76-7.

[24]  Althusser, *Montesquieu, Rousseau, Marx*, p. 165.

[25]  Ibid., p. 181.

[26]  Galvano della Volpe filiou-se ao Partido Comunista Italiano após a libertação da Sicília, aos cinqüenta anos de idade, após quinze anos de tranqüila carreira universitária durante o governo de Mussolini, sete dos quais como chefe de departamento em Messina. Na verdade, ele contribuiu com uma curiosa peça "estética" para a revista *Primato*, fundada pelo ministro fascista da Cultura, Bottai, em 1940. Como foi relatado em uma carta de Cases a Lukács (datada de 9 de janeiro de 1959): "nosso amigo Della Volpe publicou na *Primato* um artigo com o estranho título de *A estética do tanque de guerra* (*L'estetica del carro armato*)" (ver Cesare Cases, *Su Lukács: Vicende di un'interpretazione*, Turim, Einaudi, 1985, p. 172).
Naturalmente, as transformações filosóficas de um pensador na casa dos cinqüenta são muito mais complicadas do que seu ingresso no Partido Comunista. De fato, mesmo a última versão da *Lógica como uma ciência positiva*, de Galvano della Volpe (Londres, NLB, 1980; edição italiana de 1960), permaneceu muito dominada por sua formação neokantiana original.

## 262  Ciência, ideologia e metodologia

o mistificador *lugar-comum* de nossa época. Seus defensores vão desde filósofos ganhadores do prêmio Nobel, como Bertrand Russell,[27] até sábios midiáticos dedicados à divulgação de vôos lunares religiosamente acompanhados; desde escritores de ficção científica até os bem-recompensados propagandistas do complexo militar-industrial.

A aceitação acrítica dessa visão foi particularmente favorecida pelo pós-guerra, período marcado pelo consenso e por sua irmã gêmea, a ideologia do "fim da ideologia". Tornou-se moda falar sobre "a ascensão da *sociedade tecnológica*, um *tipo totalmente novo de sociedade humana*, na qual *a ciência e a tecnologia ditam* as formas dominantes de pensamento e moldam cada vez mais quase todos os aspectos de nossa vida cotidiana".[28] Desta maneira, a imagem da tecnologia como o agente todo-poderoso e independente que interfere com a ordem estabelecida e seus valores foi pintada com alguma apreensão: "Como a tecnologia molda cada vez mais quase todos os domínios de nossas vidas cotidianas [...] *ela poderia transformar ou destruir os fundamentos sociais* de nossos valores humanos mais prezados".[29]

No mesmo espírito, E. T. Chase escreveu:

> Finalmente se está começando a perceber que, mais do que a *luta ideológica* ou mesmo a *economia*, é a *rápida mudança tecnológica* que está preparando uma crise política fundamental nos Estados Unidos. [...] O que ocorre é que os *efeitos da tecnologia* estão repentinamente questionando a viabilidade de nossas instituições políticas em um grau desconhecido pelo menos desde a Guerra Civil.[30]

A substância ideológica desta abordagem que pretendia estar acima da "luta ideológica" se torna transparente apenas algumas linhas adiante, quando o autor diferencia sua posição daquilo "que os *doutrinários*, obcecados com a *retórica antiquada do socialismo versus capitalismo*, nos levaram a esperar". De acordo Chase, o único assunto relevante no mundo contemporâneo era o "impacto cumulativo da tecnologia, impacto este que é *impessoal, não ideológico, implacável* e possivelmente *esmagador*",[31] pois, em nossa "sociedade industrial moderna", o desemprego era "*desemprego tecnológico*" e a tecnologia estava destinada a impor à sociedade seu "grau de mudança *exponencial*".[32]

---

[27]  Ver, por exemplo, de Bertrand Russel, *The Impact of Science on Society*, Londres, Allen & Unwin, 1968. Duas obras clássicas, escritas de uma perspectiva radicalmente diferente da abordagem de Russell: J. D. Bernal, *The Social Function of Science*, Londres, Routledge & Kegan Paul, 1939, e Joseph Needham, *Science and Civilization in Ancient China*, Cambridge University Press, 1954-65.

[28]  Texto extraído da Introdução a uma coletânea de ensaios – de Daniel Bell, Irene Taviss, Robert Nisbet, Karl Mannheim, David Riesman, Norbert Wiener, Carl R. Rogers, B. F. Skinner, C. Wright Mills, Lawrence K. Frank e Edward T. Chase – caracteristicamente intitulada *The Technological Threat* [A ameaça tecnológica], organizada por Jack D. Douglas, Englewood Cliffs, Nova Jersey, Prentice Hall, 1971, p. 2.

[29]  Ibid.

[30]  Edward T. Chase, "Politics and Technology", em Jack D Douglas (org.), op. cit., p. 170.

[31]  Ibid.

[32]  Ibid., p. 171. O "índice de mudança *exponencial*" é o mito favorito de todos arautos da desgraça que metamorfoseiam suas preferências sociais conservadoras em fórmulas puramente tecnológicas, tentando dar um cunho "científico" a suas curiosas idéias – na ausência de qualquer prova diferente de fictícias "projeções computadorizadas"–, fazendo referência ao que se supõe ser, por definição, uma fraseologia "não-ideológica" cientificamente persuasiva.

A ciência como legitimadora de interesses ideológicos    263

Reveladoramente, também se dizia, embora não apenas a ideologia, mas "até a economia" fosse afastada na avaliação da dimensão política dos desenvolvimentos sociais, que os verdadeiros dilemas da sociedade se apresentavam da seguinte maneira:

Quando o *desemprego tecnológico*, em combinação com a *medicina científica*, produzir uma população crescente de pessoas idosas "aposentadas" em uma sociedade industrial urbanizada e basicamente formada por assalariados, como serão financiados seus pesados gastos médicos para as inevitáveis enfermidades crônicas da velhice? Ou, quando um *serviço público* essencial for ameaçado de extinção enquanto *empreendimento lucrativo*, em virtude da *fatal competição* com uma *tecnologia mais avançada*, o governo vai ficar desamparado, como no caso da ferrovia de New Haven, ou nossos líderes políticos encontrarão algum expediente bem-sucedido, sem incorrer em uma crise constitucional?[33]

Se estas questões não pertencem ao domínio da "economia" – de fato, ao domínio "ideologicamente suspeito" da economia política –, o que pertenceria?

Na verdade, declarar, de um ponto de vista supostamente "supra-ideológico", que tais problemas – inclusive o da "fatal competição" – surgem da lógica estritamente instrumental de uma "tecnologia mais avançada", é algo que revela um ânimo ideológico extremo por parte do autor. Suas referências tecnológicas fetichistas tentavam desacreditar qualquer tentativa de formular a questão das *escolhas sociais significativas* – com relação à nova tendência de desemprego e outras contradições estruturais da "sociedade industrial moderna" – a partir da perspectiva de uma alternativa social radical.

É por esse motivo que a discussão de *socialismo versus capitalismo* teve de ser condenada como a "retórica antiquada" de uma época ultrapassada – retórica que apenas os "doutrinários obcecados com a luta ideológica" poderiam tolerar. Assim, este discurso vazio sobre a tecnologia pretendia justificar *a priori* a ordem estabelecida – pois quem, em seu juízo perfeito, exceto os luddistas (que se supunha não possuírem qualquer juízo), poderia questionar os benefícios prometidos por nossa "tecnologia avançada"?[34] – e, ao mesmo tempo, enterrar para sempre o fantasma "antiquado" do socialismo.

---

[33]  Ibid.

[34]  Um editorial de *The Sunday Times* (21 de outubro de 1984), com o sonoro título: "It's time to get a grip" [É hora de tomar providências], torna inesperadamente claro o caráter de classe da ligação entre a política estabelecida e a tecnologia. Referindo-se aos oito meses da longa disputa dos mineiros, o editorialista insiste em que
"Não se deve hesitar em utilizar *todo o poder à disposição do governo* para derrotar Scargill e acabar com sua greve. Isso significa pagar o dinheiro excedente, levar avante o programa de fechamento e deixar claro que *toda a força do Estado* será usada para transferir os estoques das minas para as centrais elétricas. Não há tempo a perder. Quando os membros da Câmara dos Comuns tiveram o seu último grande debate, em julho, Nigel Lawson [o ministro das Finanças] apontou a economia norte-americana como o modelo a ser seguido – sua maior liberdade e dinamismo, impostos mais baixos, gasto público menor e a "ausência de sindicalismo luddita".
Naturalmente, em linguagem clara, a última frase quer dizer pura e simplesmente a *ausência de qualquer sindicalismo*, pois todo sindicalismo disposto a lutar pelos interesses de seus membros é *"luddita"* por definição e, como tal, deve ser derrotado, em nome das virtudes supostamente evidentes do "avanço tecnológico" e de seus imperativos totalmente desejáveis de "alocação racional dos recursos". É por isso que encontramos, no lado "positivo" da equação do ministro, "impostos mais baixos, gasto público menor e maior liberdade *para os negócios*", ao passo que o lado "negativo" é representado pelos intoleráveis obstáculos a tais objetivos,

## 264  Ciência, ideologia e metodologia

### 4.3.2

A cegueira dos intelectuais não é uma calamidade natural que os atinge simplesmente como se fosse seu destino inevitável, mas uma condição auto-induzida. A este respeito, nada pode ilustrar melhor a total cegueira produzida pela ânsia "antiideológica" de transubstanciar os problemas e desafios sociais em dificuldades meramente tecnológicas – que seriam aquelas instrumentalmente solucionáveis (boas do ponto de vista da racionalização e legitimação capitalistas) ou insuperáveis no plano puramente tecnológico (boas também, uma vez que a questão da *crítica social* não pode ser levantada em relação a elas) – do que a apresentação do organizador Jack Douglas ao ensaio de C. Wright Mills sobre os "Valores liberais no mundo moderno" no livro *A ameaça tecnológica*:

> Esta apresentação declarava nada menos que isto:
> C. Wright Mills esboça as mudanças fundamentais que ocorreram na sociedade ocidental, em grande parte como resultado de *mudanças tecnológicas* no último século. Mais importante que isso, Mills afirma que a tecnologia abalou a base primária do liberalismo do século XIX, que por sua vez foi a base fundamental das instituições políticas e valores democráticos. Acima de tudo, a *ciência e a tecnologia* levaram a uma forma de produção e comercialização cada vez mais centralizada e maciça, que terminou por destruir o velho sistema do trabalho empresarial descentralizado.[35]

Caracteristicamente, este resumo confuso da posição de C. Wright Mills falseava *completamente* o sentido do ensaio. Mills não falava *absolutamente nada* sobre "mudanças tecnológicas" abalando o liberalismo nem sobre a "ciência e tecnologia" levando à centralização e destruindo o "trabalho empresarial descentralizado". Em vez disso, falava de *relações sociais de poder*, rejeitando enfaticamente a "suposição, em moda, de que não existe classe dominante", e apontando para as *condições estruturais* como quadro explicativo necessário. É verdade que ele esboçou as condições e os desenvolvimentos relevantes. Mas, contrastando com o que afirmava o organizador, eis como

---

sob a forma do sindicalismo (luddita). E é por isso que o governo britânico esteve e está implementando uma legislação (e práticas) anti-sindicalista, moldada nas realidades e na orientação norte-americanas, como elemento central de sua estratégia. Compreensivelmente, o editorial de *The Sunday Times* defende que se aplique uma dose cavalar do remédio preconizado, falando de uma pretensa "revolução" e solicitando o uso de "toda a força do Estado", e apresenta aos políticos hesitantes a dramática advertência:

"A *revolução thatcheriana*, para não terminar como outra tentativa fracassada de reversão do declínio britânico, tem de infundir neste país o *senso de realismo* que impregna a economia norte-americana [...]. Ao mesmo tempo, são necessárias *medidas radicais para estimular os investimentos e revolucionar nosso artrítico mercado de trabalho*".

Supõe-se, pois, que a natureza socialmente "neutra" da "tecnologia avançada", altamente benéfica para toda a sociedade, fale por si mesma, que se imagina, de fato, que apenas os "udditas" de um "artrítico mercado de trabalho" permaneçam insensíveis a ela. Entretanto, a verdade perturbadora é que esse exercício parlamentar de relações-públicas de Lawson é absurdo até segundo seus próprios termos. Ele deixa de reconhecer certos "detalhes aparentemente menores": que o propalado dinamismo da economia norte-americana é inseparável da *posição estruturalmente dominante* do capital norte-americano no sistema capitalista global, associada ao *orçamento astronômico e aos enormes déficits comerciais internacionais* do governo norte-americano nos últimos anos (que todo monetarista que se preza deveria reconhecer e abominar como o *oposto diametral* do idealizado "senso de realismo"). Obviamente, no entanto, tais questões prosaicas (e talvez também muito embaraçosas) não são dignas da atenção dos altivos editorialistas.

[35]  Jack D. Douglas, "The Impact of Technology on Political Values", op. cit., p. 152.

ele resumiu suas conclusões: "O que ocorre no âmbito interno pode ser descrito como o forte impulso rumo a uma *permanente economia de guerra em um estado militarizado*". Quanto à *concentração*, apontou inequivocamente – e várias vezes – para a "*proprie-dade* concentrada", para um "enorme aumento na escala das *unidades de propriedade*", para "o predomínio da *propriedade de larga escala*" e para "uma *competição assimétrica* entre e em meio às *facções dominantes e os interesses dos pequenos*". Nem *uma palavra* sobre tecnologia e mudança científico-tecnológica, mas muita coisa sobre as alarmantes forças socioeconômicas, políticas e institucionais produzindo o que ele chamava de "*incapacidade de massa*": uma situação que ele gostaria de ver radicalmente alterada. Pois, segundo Mills,

> o que ocorreu foi a fusão de *muitas ordens institucionais*; a coordenação das ordens mais importantes tornou-se a realidade contemporânea. Observamos atualmente nos Estados Unidos uma crescente coincidência e *fusão das ordens econômica, política e militar*.[36]

A falsificação escandalosa do significado simples de "Valores liberais no mundo moderno" e a completa castração desta crítica social *notavelmente óbvia* que testemu-nhamos na apresentação das opiniões de Mills como preocupações *tecnológicas* não foram acidentais. Ao contrário, demonstrava, embora de forma grosseira, as necessá-rias limitações de todas as abordagens que percebem os problemas que a sociedade está enfrentando, assim como a única solução admissível para eles, a partir do ponto de vista do capital. Isto porque, se a possibilidade de uma mudança social radical for *excluída a priori*, nesse caso – por mais "sofisticada" que seja a caracterização das difi-culdades que devem ser submetidas a exame – somente aperfeiçoamentos *tecnológicos* podem ser oferecidos como solução. E se, sob a pressão das crescentes tensões, deve-se admitir que os problemas identificados não são insignificantes, a culpa de sua existên-cia, do ponto de vista do capital, nunca é vista como inerente ao próprio sistema socioeconômico estabelecido. Em vez disso, é invariavelmente atribuída apenas às *deficiências tecnológicas* que serão corrigidas "pouco a pouco".

### 4.3.3

A afirmação de que nossa "sociedade tecnológica" é um "*tipo totalmente novo de socie-dade*" em que "*a ciência e a tecnologia ditam*" o que acontece ao corpo social, abalando por sua própria conta as instituições estabelecidas e "destruindo os fundamentos sociais dos valores mais prezados", é uma completa mistificação. Não pode haver um "tipo totalmente novo de sociedade" criado pelo mecanismo pretensamente incontrolável e autopropulsionado das descobertas científicas e dos desenvolvimentos tecnológicos por-que, na verdade, a ciência e a tecnologia estão sempre profundamente inseridas nas estruturas e determinações sociais de sua época. Conseqüentemente, não são nem mais "impessoais e não-ideológicas", nem mais ameaçadoras do que qualquer outra prática produtiva importante da sociedade em questão.

Se o impacto da ciência e da tecnologia sobre a sociedade parece ser "implacável e possivelmente esmagador", evocando a ameaça de uma total paralisia e desintegração

---

[36] C. Wright Mills, "Liberal Values in the Modern World", em Jack D. Douglas (org.), op. cit., p. 154-61.

## 266  Ciência, ideologia e metodologia

social observadas com angústia por "governos desamparados", isso não ocorre por conta de suas características intrínsecas. É mais por causa da maneira pela qual as forças sociais dominantes – inclusive, em uma posição preponderante, aquelas descritas como "governos desamparados" – se relacionam com a ciência e a tecnologia: seja assumindo a responsabilidade por seu controle a serviço de objetivos humanos, seja, ao contrário, usando-as como um álibi conveniente e seguro para sua própria capitulação ante os poderes da alienação e da destruição.

A idéia de que a ciência segue um curso de desenvolvimento independente, de que as aplicações tecnológicas nascem e se impõem sobre a sociedade com uma exigência férrea, é uma simplificação demasiadamente grosseira e com objetivos ideológicos. Afirmou-se vigorosamente:

> Embora a ordem interna da ciência seja uma condição necessária de qualquer avanço particular, de modo que a biologia molecular deve ser precedida pela genética clássica e pela química orgânica, isto não significa que seja uma condição suficiente. [...] até o mais básico da ciência que realizamos é um produto de nossa sociedade. Portanto, certos tipos de sociedade realizam certos tipos de ciência; investigam determinados aspectos da natureza. A religião babilônica antiga exigia a previsão exata dos acontecimentos celestes, e a ciência babilônica era muito dedicada ao estudo intensivo da astronomia. O capitalismo emergente da revolução industrial na Grã-Bretanha exigia avanços tecnológicos na geração de energia, e os físicos estudaram as leis da termodinâmica e da conservação e transformação da energia. Não foi por acaso que muitos destes avanços fundamentais na física tenham sido realizados na Grã-Bretanha no período entre 1810 e 1860, ao passo que na química e na fisiologia os principais centros foram a França e a Alemanha. [...] Mas o corolário negativo deste relacionamento entre ciência e sociedade também é verdadeiro; isto é, em algumas sociedades alguns tipos de ciência *não são* praticados. Tornam-se impraticáveis ou impensáveis. [...] Não é evitável nem errado que tais restrições existam. As perguntas que temos de fazer, ao longo do caminho, devem levá-las em conta. Elas são: que tipo de ciência desejamos? quanta ciência desejamos? quem deve realizá-la? como essas pessoas e suas atividades deveriam ser controladas? Mas a questão fundamental subjacente a todas estas é: *que tipo de sociedade desejamos?*[37]

A verdadeira questão é, portanto, dupla. Por um lado, consiste em perguntar que tipos de desenvolvimentos sociais – em sua *interação* dialética com as práticas científicas e tecnológicas correspondentes – foram responsáveis pela criação do atual relacionamento entre a sociedade, a ciência e a tecnologia, que causa nas pessoas a mais profunda preocupação quanto a suas conseqüências fundamentais para a própria sobrevivência da humanidade. E, por outro lado, deve-se também perguntar: como é possível reverter a tendência perigosamente crescente da falta de controle e da "incapacidade da massa", como apropriadamente declarou C. Wright Mills, de forma a manter a *totalidade* das práticas sociais – isto é, não *exclusivamente*, mas *inclusive* a ciência e a tecnologia – sob um *controle social* plenamente adequado?

O grande dilema da ciência moderna é que seu desenvolvimento esteve sempre ligado ao *dinamismo contraditório* do próprio capital. Além disso, a impossibilidade

---

[37]  Trecho de um excelente estudo de Hilary e Steven Rose, *Science and Society*, Harmondsworth, Penguin Books, 1970, p. 243-5.

A ciência como legitimadora de interesses ideológicos 267

de separar a ciência e a tecnologia modernas deste perverso dinamismo está destinada a permanecer conosco enquanto não for realizada uma tentativa consciente e socialmente viável para produzir e manter a necessária separação. Desse modo, por mais popular que seja a ficção do "desenvolvimento científico imanente", a ciência moderna não pode deixar de se orientar para a implementação mais eficaz possível dos *imperativos objetivos* que definem a natureza e os limites inerentes do capital, assim como seu modo necessário de funcionamento nas mais variadas circunstâncias.

Por isso, culpar a ciência pelas implicações ameaçadoras de seus produtos – que são, na verdade, produtos do modo socialmente dominante de produção em sua totalidade – seria tão absurdo quanto imaginar que a ação isolada dos cientistas esclarecidos pudesse reverter o processo em curso. A perfeita alternativa delineada por Rosa Luxemburgo – "socialismo ou barbárie" –, cujo significado profético podemos apreciar muito melhor hoje do que na época em que ela o formulou, há mais de setenta anos, com referência à nova tendência da militarização como modo de deslocar as contradições internas do capital, diz respeito a *toda* a sociedade.

Obviamente, não se pode fugir de tais contradições para uma remota "terra de ninguém", deixando intacto o mundo social do capital. A realização da muito necessária separação entre a ciência e as determinações capitalistas destrutivas só é concebível se a sociedade como um todo escapar da órbita do capital e estabelecer um novo campo – com princípios de orientação diferentes – em que as práticas científicas possam florescer a serviço dos objetivos humanos. Daí surge – em uma época em que também a ciência corre o risco de ser eliminada, juntamente com o resto da humanidade – a urgência da questão básica do ponto de vista da própria ciência, e em seu interesse: "Que tipo de sociedade desejamos?". Qualquer questão menos fundamental do que esta (por exemplo, "como melhorar a produtividade da ciência?" ou "como a ciência pode melhorar a produtividade em geral?", duas perguntas caracteristicamente orientadas para o capital e formuladas com freqüência hoje em dia) não chega nem a arranhar a superfície das contradições que devem ser confrontadas.

Em relação à ciência, a razão principal pela qual a pergunta "que tipo de sociedade desejamos?" deve ter como resposta "uma sociedade radicalmente diferente" é que a *crise estrutural* crescente do capital ameaça também, inevitavelmente, o desenvolvimento futuro da ciência.

O que está em jogo aqui não é alguma condição *a priori*, com suas conotações negativas igualmente apriorísticas, mas o clímax *histórico* altamente problemático de um conjunto de determinações complexas que, em seu contexto *original*, foram responsáveis tanto pela emancipação da ciência de um domínio estranho (teológico) – *ancilla theologiae* – como pelo crescimento realmente "exponencial" da ciência nos dois últimos séculos. Nenhum modo de produção social anterior ao capitalista pode se comparar – em seu impacto material e também intelectual, favorecendo a articulação espetacular das potencialidades produtivas da ciência – ao dinamismo do capitalismo que testemunhamos pelo menos desde a revolução industrial, com suas raízes se estendendo até os primeiros desenvolvimentos capitalistas nos séculos XV e XVI.

Sem dúvida, a nova combinação da ciência com uma tecnologia produtiva sempre em expansão, juntamente com um poderoso mecanismo de realimentação que se

## 268 *Ciência, ideologia e metodologia*

estabelece através das determinações competitivas do mercado, explica em grande medida o sucesso sem precedentes desta história. Entretanto, eles estão longe de proporcionar uma explicação real, uma vez que não tornam inteligível nada além do funcionamento do *mecanismo* em si, sem tocar na questão de sua origem sócio-histórica e suas necessárias limitações, que a origem muitas vezes prenuncia, embora normalmente de forma muito paradoxal.

Na verdade, o grande paradoxo da ciência moderna – uma "ciência experimental" tecnologicamente articulada que nasce do solo das bases capitalistas *"utilitárias"* – é que ela passou a ser muito menos utilitária em *algumas* de suas dimensões do que a ciência das épocas anteriores. Ou seja, menos utilitária no sentido de estar menos *diretamente* ligada a determinações sociais mais estreitas, sejam elas tangivelmente material-instrumentais ou, como no caso da ciência babilônica antiga, de tipo religioso.

Estranhamente, então, uma época em que as determinações materiais se fizeram mais óbvias e universais produziu as chamadas "ciência básica" e a "ciência pura", em acréscimo e contraste à "ciência aplicada", que se tornou difundida sob uma imensa variedade de formas altamente especializadas. Como foi possível este tipo de desenvolvimento? Fica patente que há algo que precisa ser explicado, algo que não pode ser desvendado por nenhuma discussão a respeito do *mecanismo* historicamente específico da produção-mercado-ciência-tecnologia capitalistas – mesmo levando inteiramente em consideração a correspondente rede de complicadas realimentações recíprocas.

### 4.3.4

As determinações sociais que se acham na raiz de tais desenvolvimentos caem em duas categorias principais. A primeira se refere às condições de produção dos cientistas *individuais*, muito mais autônomos, cortando o "cordão umbilical" que anteriormente ligava mais fortemente os realizadores da ciência a determinados complexos sociais e instrumentais. Um fenômeno *análogo*, embora de modo algum *idêntico*, foi o surgimento do artista moderno como um realizador "independente" de sua arte e ofício, fato que foi tanto uma bênção como uma maldição em comparação com o *status* anterior do artista criativo na sociedade.

O segundo desenvolvimento, que é de certo modo mais importante (pois proporcionou o dinamismo material que deu suporte à "individualização" da arte e da ciência), foi o afastamento radical da produção das *restrições* do *uso direto*. Foi isto que colocou a produtividade sob todos os aspectos, inclusive os relacionados à ciência e à tecnologia, em uma base radicalmente diferente e qualitativamente mais elevada, ativando assim aquele ritmo cada vez mais acelerado da expansão econômica que caracteriza a história do capitalismo até nossos dias.

Entretanto, a mesma determinação socioeconômica da disjunção estrutural entre o uso (correspondente à necessidade humana) e a produção orientada para o valor de troca, responsável por colocar em movimento os prodigiosos avanços produtivos do capital, também prenunciava desde o início as futuras complicações e, à medida que o tempo passou, cada vez mais se afirmou como uma força extremamente problemática e, em última análise, destrutiva e autodestrutiva. A produção do *valor de uso* tornou-se impiedosamente *subordinada* aos imperativos do *valor de troca* sempre em expansão, progressivamente transformando este último em um poder auto-sustentado. Como tal, ele se tornou não apenas *indiferente* às necessidades humanas, mas ativa e diametralmente *oposto* a elas, apropriando-se, sem levar em conta as conseqüências, dos recursos materiais e intelectuais finitos da sociedade em sua qualidade de *antivalor de uso necessariamente* auto-orientado e autoperpetuador.

Portanto, a força-motriz destes desenvolvimentos foi, desde o início, *socioeconômica* em sua substância, e não *tecnológico-instrumental*, como as interpretações apologéticas do estado de coisas prevalecente gostariam que fosse. A ciência e a tecnologia seriam inevitavelmente absorvidas pelo processo de articulação material alienada da lógica perversa do capital. Aliás, as estruturas produtivas e os complexos tecnológico-instrumentais criados com a participação ativa da ciência, sobre a base das determinações socioeconômicas capitalistas, adquiriram um caráter que estava harmonizado com a lógica interna do capital e lhe dava sustentação. Em conseqüência, a ciência contribuiu muito para o rápido desenvolvimento tanto da potencialidade positiva, como da destrutiva, desta formação social.

Não existe, entretanto, nada na natureza da ciência e da tecnologia de onde se possa derivar a subordinação estrutural do valor de uso ao valor de troca, com todas as suas conseqüências destrutivas, em última instância, inevitáveis. Em contraste, a articulação histórica da ciência e da tecnologia, o modo como elas moldam nossas vidas hoje em dia, é *totalmente ininteligível* sem o reconhecimento de sua profunda inserção nas determinações socioeconômicas do capital, tanto na escala temporal quanto em relação às estruturas contemporâneas dominantes. Sem querer negar a dialética das interações recíprocas e a inevitável realimentação, o fato é que, no relacionamento entre a ciência e a tecnologia, por um lado, e os determinantes socioeconômicos – como o papel estruturalmente dominante do valor de troca –, por outro, o *übergreifendes Moment* são estes últimos.

Não foi em conseqüência de sua própria "lógica imanente" que a ciência moderna chegou ao tipo de orientação e aos resultados de pesquisas com os quais muitos cientistas hoje em dia estão profundamente preocupados, mas por causa da impossibilidade de separar seu desenvolvimento das exigências objetivas do processo de produção capitalista. Ela jamais pôde sonhar em estabelecer seus próprios objetivos de produção em um vácuo social, seguindo apenas as determinações "imanentes" de uma situação de pesquisa "ideal". Ao contrário, ao longo de todo seu desenvolvimento, a ciência moderna foi obrigada a servir com todos os meios a sua disposição à expansão do valor de troca, dentro do quadro de um sistema de produção orientado para o mercado que, em si, estava sujeito aos ditames da concentração e da centralização do capital, assim como à absoluta necessidade de lucro sob as condições da composição orgânica do capital que, do ponto de vista da facilidade de lucro, foi se tornando cada vez pior. Como resultado, a *orientação geral da pesquisa* imposta à ciência pelos imperativos da expansão do capital consistiu em *ajudar a deslocar* as contradições, em última instância explosivas, inerentes à concentração/centralização crescentes e à piora da composição orgânica do capital. Neste sentido, a angustiada caracterização que C. Wright Mills faz de nossa "permanente economia de guerra em um estado militarizado" – o que é inconcebível sem a ativa contribuição da ciência, em resposta às

270 *Ciência, ideologia e metodologia*

determinações socioeconômicas e políticas prevalecentes – só reforça o fato de que a ciência que possuímos não é uma entidade atemporal que opera segundo seu próprio conjunto de regras "imanentes", mas a ciência de uma ordem social historicamente específica.

É igualmente importante enfatizar que a ilusão da autodeterminação "não-ideológica" e da correspondente "neutralidade" da ciência é, em si, o resultado do processo histórico da alienação e da divisão do trabalho capitalistas. Não é um "erro" ou uma "confusão" que possam ser eliminados pelo "iluminismo filosófico", como pretendem os positivistas lógicos e os filósofos analíticos. Antes, é uma ilusão *necessária*, com suas raízes firmemente plantadas no solo social da produção de mercadorias e que se reproduz constantemente sobre essa base, dentro do quadro estrutural das "mediações de segunda ordem" alienadas.[38] Em conseqüência da divisão social do trabalho, a ciência está de fato alienada (e privada) da determinação social dos objetivos de sua própria atividade, que ela recebe "pronta", sob a forma de ditames materiais e objetivos de produção, do órgão reificado de controle do metabolismo social como um todo, ou seja, do capital.

Operando, assim, dentro dos limites de premissas *objetivas* – carregadas de *valores* –, que são categórica e incontestavelmente impostas pelo quadro estrutural da própria divisão social do trabalho dominante, a ciência fragmentada e dividida é direcionada para tarefas e problemas *reificados* produzindo resultados e soluções *reificados*. Como resultado, a ciência torna-se, não apenas *de fato*, mas *por necessidade* – em virtude de sua constituição objetiva sob as relações sociais dadas –, *ignorante* e *despreocupada* quanto às conseqüências sociais de sua profunda intervenção prática no processo de reprodução social expandida. E visto que a ciência, em sua operação "normal", e por sua constituição, é separada da luta social que decide seus valores tacitamente assumidos, a aceitação acrítica da *ausência de mediações* da prática cotidiana fragmentada da ciência gera e mantém viva a ilusão, amplamente difundida, de suas "autodeterminações não-ideológicas" e de sua "desvinculação" em relação aos valores.

Portanto, toda preocupação com os valores sociais se torna uma mera "*reflexão tardia*", confinada à "consciência individual" de cientistas isolados, ou, na melhor das hipóteses, à consciência agregada de um grupo limitado deles, que se empenha em levantar a questão da "responsabilidade social da ciência" (o que só pode ser feito fora do âmbito de suas práticas produtivas), sendo condenada à impotência pela estrutura inerentemente alienada de tomada efetiva de decisões sob domínio do capital.

---

[38] O fato de os seres humanos pertencerem à ordem da *natureza*, devendo, conseqüentemente, satisfazer às condições objetivas de sua auto-reprodução como seres da natureza, significa que o processo contínuo de *mediação entre os homens e a natureza* através da atividade produtiva é uma necessidade absoluta. Entretanto, uma "mediação da mediação" alienada *de segunda ordem* é sobreposta à mediação fundamental, afetando profundamente todas as facetas da vida humana. Como resultado, as mediações de segunda ordem capitalisticamente institucionalizadas – *propriedade privada* (capital), *troca* (mercado), *divisão social hierárquica* (não simplesmente tecnológica) *do trabalho* – se interpõem como uma "mediação alienada" ("*entäusserte Vermittlung*", Marx) entre a ordem natural e a produtividade essencial, subordinando totalmente esta última a seus próprios ditames. A ciência, assim como qualquer outra forma de atividade produtiva, não tem como fugir das conseqüências negativas do fato de estar sujeita aos imperativos sociais, institucionais e materiais reificados destas mediações alienadas de segunda ordem.

### 4.3.5

Um ensaio de Norbert Wiener traz para o primeiro plano alguns dilemas insolúveis produzidos pelo fato de se estar condenado a operar dentro do círculo vicioso imposto à ciência pelo capital. Intitulado "Algumas conseqüências morais e técnicas da automação",[39] este ensaio é escrito com uma preocupação e um compromisso de cuja autenticidade e validade não se pode duvidar. É muito revelador que até um cientista da estatura e da dedicação de Wiener à causa do despertar da responsabilidade social da ciência tenha chegado a este tipo de conclusões.

Eis como Wiener resume as conseqüências práticas de suas reflexões:

Vimos que uma das principais causas do perigo de conseqüências desastrosas no uso das máquinas inteligentes é que o homem e a máquina operam em *duas escalas de tempo distintas*, visto que a máquina é muito mais rápida do que o homem e os dois não trabalham juntos sem sérias dificuldades. Problemas do mesmo tipo surgem quando dois operadores de controle que trabalham em escalas de tempo muito diferentes atuam juntos, independentemente de saber qual é o sistema mais rápido. Isto nos leva a uma questão de caráter muito mais diretamente moral: quais são os *problemas morais* que se apresentam quando um homem, enquanto *indivíduo*, opera em conexão com um processo controlado de uma *escala de tempo muito mais lenta*, tal como uma *porção da história política* ou – nosso principal tema de investigação – o *desenvolvimento da ciência*?

Note-se que o desenvolvimento da ciência é um *processo de controle e comunicação* para a compreensão e o controle da *matéria* a longo prazo. Neste processo, *cinqüenta anos são como um dia na vida do indivíduo*. Por esta razão, o cientista individual deve trabalhar como parte de um processo cuja escala de tempo é tão longa que *ele próprio só pode contemplar um setor muito limitado dela*. Aqui também a comunicação entre as duas partes de uma máquina dupla é difícil e limitada. Mesmo quando o indivíduo acredita que a ciência contribui para os objetivos humanos que ele tem no coração, sua crença necessita de uma contínua inspeção e reavaliação que só parcialmente são possíveis. Para o *cientista individual*, mesmo a avaliação parcial desta ligação entre o homem e o processo requer um *olhar imaginativo para diante, na história*, o que é difícil, exigente e *realizável apenas de modo limitado*. E, se aderimos simplesmente ao credo do cientista de que um conhecimento incompleto do mundo e de nós próprios é melhor do que nenhum conhecimento, ainda assim não podemos justificar sempre a suposição ingênua de que *quanto mais rápido nos lançarmos para a frente* para utilizar os novos poderes de ação que nos estão disponíveis *melhor será*. Devemos sempre utilizar toda a *força de nossa imaginação* para verificar até onde o pleno uso de nossas novas modalidades pode nos levar.[40]

A maior fraqueza da linha de pensamento de Wiener é que ele aceita a mesma estrutura de discurso contra cujas desastrosas conseqüências expressa sua nobre advertência. O que falta, lamentavelmente, a suas considerações é a *dimensão social*, mesmo quando seus argumentos seriam incomparavelmente mais fortes se tentasse colocar em relevo as conexões sociais pertinentes. Um exemplo óbvio é o que ocorre quando

---

[39] Norbert Wiener, "Some Moral and Technical Consequences of Automation", publicado pela primeira vez em 1960 e republicado em Jack D. Douglas (org.), op. cit., p. 92-101.

[40] Ibid., p. 100-1.

272   *Ciência, ideologia e metodologia*

sugere, de modo um tanto ingênuo, que a adoção prática da máxima "quanto mais rápido nos lançarmos para a frente melhor será" é o resultado de uma *"suposição ingênua"* por parte de alguns *cientistas individuais* que não utilizam "toda a força de sua imaginação", pois, na realidade, ela é a conseqüência *necessária* das determinações estruturais objetivas do capital, manifestadas em uma lógica impiedosamente orientada para a vantagem competitiva.

Na verdade, não há problemas morais ligados à automação *como tal*, mas apenas a sua implementação prática de um modo determinado e em um *tipo particular de sociedade*. Igualmente, ao mesmo tempo em que se pode concordar prontamente que a ciência é em si um "processo de controle e comunicação", afirmar que seu objetivo é "o controle e a compreensão da *matéria* a *longo prazo*" é uma definição estreita demais, e isto por duas razões. Primeira, porque a ciência está simultaneamente preocupada com os problemas do controle a *curto prazo*, e de onde surgem suas determinações *imediatas*. E, segunda, porque a ciência tem de voltar-se para muito mais do que apenas a compreensão e o controle da "matéria" se quiser ter qualquer chance de realizar seus objetivos gerais, que abrangem a vida social sob todos os aspectos, inclusive os aspectos morais e intelectuais mais complexos. Ao lado disso, definindo-se estreita e unilateralmente a ciência como o controle da *matéria*, cria-se a ilusão de que o agente autoconsciente da ciência detém o controle sobre suas próprias práticas, ao passo que, na realidade, a determinação e o controle alienado de seus objetivos pelo capital são o problema mais grave que a ciência, assim como a sociedade em geral, está enfrentando, com implicações práticas potencialmente mais perigosas e desastrosas para o futuro.

Ademais, a simples diferença de *velocidade* não estabelece uma escala separada de *temporalidade*. Se assim fosse, a sociedade humana seria fragmentada em um número *infinito* de escalas de temporalidade mesmo em um particular ponto no tempo, sem mencionar sua totalidade histórica, com uma conseqüente impossibilidade lógica de compreensão, comunicação e controle. Tampouco a "máquina" possui uma temporalidade própria. Na realidade, não existe, nem pode existir, "a máquina" em si, mas somente *máquinas particulares*. E ainda que, como sem dúvida ocorre, algumas máquinas sejam incomparavelmente mais rápidas do que o homem, isso não prova que possuam uma temporalidade própria, pois o homem, em princípio, pode criar outras máquinas para alcançar e superar uma que de início parecia escapar dele, demonstrando assim, de modo tangível, a validade de sua própria temporalidade na ordem da natureza e dos homens, que pertencem, é claro, à mesma ordem da natureza e compartilham fundamentalmente a mesma escala de temporalidade.

A *fragmentação* relativamente às exigências de *controle*, a que Wiener se refere, nos confronta com "o perigo de conseqüências desastrosas", com as quais ele se mostra profunda e justamente perturbado. Entretanto, isto não é o resultado de um conflito entre a escala de tempo do cientista individual e a temporalidade a longo prazo da ciência como um todo, que é, de qualquer modo, uma condição *a priori* *inevitável* no plano da individualidade isolada. A questão fundamental não é que o cientista individual – limitado a um tempo de vida que não passa de "um dia na história da ciência", a qual abrange a totalidade do desenvolvimento humano – "só pode *contemplar* um setor muito limitado" da totalidade histórica da ciência. É, antes, o fato desconcertante de que, até no ponto particular do tempo em que ele age, sua ação é incerimoniosamente restrita a um *fragmento do fragmento* quase infinitesimal, por conta da divisão do trabalho predominante.

Para piorar ainda mais as coisas, o cientista pode apenas contemplar, com a maior frustração, como a que o próprio Wiener sentiu em seu campo de atividade, a estrutura fragmentada e o "setor limitado" da ciência para o qual contribui, sem ser capaz de influenciar significativamente as determinações e decisões sociopolíticas vitais que, direta ou indiretamente, afetam tanto os objetivos dados como o desenvolvimento futuro da ciência em seu inescapável ambiente social.

O problema estrutural insuperável é que as contradições objetivas de um *ser social* determinado, capitalisticamente estruturado – contradições que se afirmam também através do modo fragmentado e reificado de funcionamento da ciência sob domínio do capital –, não podem ser remediadas por uma *reorientação individual*, embora imaginativa, esclarecida e positiva em sua intenção. Eis por que o dilema que Wiener apresentou aos cientistas fica sem solução.

No plano da própria temporalidade, a contradição entre as "escalas de tempo" do cientista individual e da ciência como um todo só pode desaparecer na unidade transistórica da humanidade a que todos os indivíduos pertencem. Tal solução, entretanto, permanece um *postulado abstrato*, no espírito do Fausto moribundo, tal como descrito com torturante ambigüidade e ironia por Goethe, na medida em que a *realidade atual* da humanidade não manifeste a *unidade real* dos sujeitos individuais e coletivos, capazes de planejar e regular, a "curto" e também a "longo prazo", as complexas modalidades das relações sociais, incluindo a da ciência.

Assim, a questão em jogo se refere à articulação prática de complexos sociais radicalmente diferentes, com a necessária reestruturação também da constituição atual da ciência, libertando-a, e ao restante da sociedade, pela ação coletiva, de sua atual sujeição aos objetivos alienantes do capital. E nenhum "olhar imaginativo para diante, na história", por parte dos cientistas individuais isolados – ainda que eles exercitem ao máximo sua imaginação criativa –, pode proporcionar um substituto viável para isso.

*Capítulo 5*

# A CIÊNCIA À SOMBRA DO COMPLEXO MILITAR-INDUSTRIAL

O mundo que emergiu da "Grande Depressão" da década de 1930 e da Segunda Guerra Mundial – intimamente relacionada à Depressão –, defrontou-se com uma situação nova, com tensões e limitações de um tipo muito diferente, em comparação com período entreguerras. O "isolacionismo" dos Estados Unidos – que foi conscientemente combatido por Roosevelt desde seu discurso inaugural – foi irrevogavelmente relegado ao passado, e a intervenção ativa do país mais poderoso do mundo capitalista nos assuntos internacionais se tornou a política oficial vigorosamente praticada, ao mesmo tempo que os ex-impérios britânico e francês foram substituídos por novas formas de domínio "neocolonial". Ao mesmo tempo, em seguida à Segunda Guerra Mundial, também a União Soviética apareceu no palco internacional como uma potência mundial incomparavelmente mais ativa do que antes da guerra. Depois, em 1949, ocorreu a vitória da revolução chinesa. Estes fatos alteraram significativamente a antiga relação de forças.

Compreensivelmente, na euforia da reconstrução e expansão do pós-guerra, prestou-se pouca atenção aos problemas e contradições internos do sistema capitalista. Dado o poder econômico e político de algumas empresas industriais que conseguiram uma posição imensamente forte na economia norte-americana com a produção militar durante os anos da guerra, precisava-se encontrar um modo de salvaguardar a continuidade de seu lucro e de sua expansão nas novas circunstâncias, utilizando-se os bons serviços do Estado tanto na economia interna como na criação de tipos de relações internacionais que favorecessem a consolidação e o crescimento de tais forças.

Quanto à primeira dimensão, o US Federal Employment Act de 1946 assinalou uma diferença importante em relação às práticas anteriores. Ele garantia o pleno apoio do Estado à manutenção e sustentação financeira do mais alto nível de atividade econômica através da política de *pleno emprego*, racionalizando e legitimando a audácia da intervenção do Estado no idealizado "sistema de livre empresa" e insistindo que, em uma época de "ruptura tecnológica", era necessário "suplementar" o sistema do mercado pela ação política, para que se assegurasse a "alocação racional" de recursos e a "satisfação da necessidade pública". Com respeito às condições internacionais, que beneficiaram muito a expansão da produção militar em tempo de paz, o mesmo ano de 1946 trouxe consigo o início da Guerra Fria – marcada pelo discurso de Churchill em Fulton e por várias manobras buscando o estabelecimento de uma nova aliança militar ocidental –, que foi mantida desde então em vários graus de intensidade, às vezes até ameaçando se transformar em uma guerra real de ampla escala.

Durante o pós-guerra, a economia foi silenciosa, mas radicalmente reestruturada, de forma a satisfazer as necessidades – eufemisticamente descritas como "necessidades públicas" – das forças socioeconômicas dominantes. Naturalmente, a ciência desempenhou um papel importante nessas transformações. Dada a amplitude das forças produtivas envolvidas, assim como sua articulação tecnológica que envolvia intensa aplicação de capital, o sucesso desse empreendimento teria sido simplesmente inconcebível sem a participação ativa da ciência. Ao mesmo tempo, em vista da natureza de tal tarefa, a própria ciência teve de sofrer as conseqüências dos desenvolvimentos para os quais tanto contribuiu. Como resultado, o controle da ciência pelo Estado cresceu a tal ponto que sua situação contemporânea não comporta, neste ponto, comparações com os estágios passados do desenvolvimento histórico. Ironicamente, entretanto, a ideologia do "cientificismo" e as ilusões relacionadas às pretensas autonomia e objetividade da atividade científica, proposta como o modelo para tudo, nunca floresceram mais do que sob o clima do "fim da ideologia" do pós-guerra. Na realidade, porém, testemunhamos transformações extremamente problemáticas, com implicações de longo alcance tanto para a ciência quanto para a sociedade como um todo.

## 5.1 A luta de Einstein no pós-guerra contra a militarização da ciência

### 5.1.1

No final de 1945, Einstein esboçou uma mensagem a ser lida em um congresso nacional de cientistas, marcado para 10-12 de janeiro de 1946. Eis seus principais pontos:

> Estou sinceramente satisfeito pelo fato de *a grande maioria dos cientistas estar plenamente consciente de suas responsabilidades* como estudiosos e cidadãos do mundo; e de não terem sido atingidos pela disseminada histeria que ameaça nosso futuro e o de nossos filhos. [...] É terrível perceber que o veneno do *militarismo e do imperialismo* ameaça trazer mudanças indesejáveis na atitude política dos Estados Unidos, no exato momento em que este país deve assumir uma posição de liderança no estabelecimento da segurança internacional. [...] O que vemos ocorrendo aqui não é uma expressão dos sentimentos do povo norte-americano; reflete, antes de tudo, o desejo de *uma minoria poderosa* que *utiliza seu poder econômico para controlar os órgãos da vida política.* [...] Se o governo seguir este curso fatídico, nós, cientistas, devemos nos recusar a nos submeter a suas exigências imorais, ainda que elas contem com o apoio da máquina legal. Existe uma lei não escrita, aquela da nossa própria consciência, que deve ser ouvida muito mais do que qualquer lei criada em Washington. E existem, é claro, mesmo para nós, as armas fundamentais: *a não-cooperação e a greve.*
>
> Nós, justificadamente, responsabilizamos os intelectuais alemães por terem se submetido incondicionalmente ao controle de um governo indigno. É correto puni-los pelos crimes que cometeram, ainda que eles afirmem terem sido legalmente obriga-

276  *Ciência, ideologia e metodologia*

dos a agir como agiram. Tenho confiança em que nossos intelectuais estejam determinados a evitar um erro semelhante; a atitude que têm adotado até agora justifica tal esperança.[1]

No entanto, as esperanças de Einstein foram imediatamente frustradas. O projetado congresso nacional de cientistas interessados jamais se realizou, e portanto a mensagem de Einstein jamais chegou a seu destino, permanecendo em sua gaveta até aparecer em uma publicação póstuma das contribuições de seu autor para o movimento em favor da paz.

Certamente, Einstein continuou a levantar sua voz contra o novo imperialismo dos interesses econômicos norte-americanos e contra a militarização da ciência sob a pressão dessas determinações econômicas. Ele defendeu Norbert Wiener – que condenou "o massacre de Nagasaki"[2] e corajosamente se recusou a trabalhar em um projeto de desenvolvimento de computadores, patrocinado pela marinha norte-americana, que ele temia poder ser usado para um massacre em larga escala – declarando categoricamente que "a não-cooperação em questões militares deve ser um princípio moral essencial para todos os verdadeiros cientistas".[3] E, quando o presidente Truman anunciou um supremo esforço para desenvolver rapidamente a bomba de hidrogênio, Einstein transmitiu claramente seu alarme em um programa de televisão apresentado pela sra. Eleanor Roosevelt:

A crença nacional de que é possível alcançar a segurança através dos armamentos é, no presente estado da tecnologia militar, uma *ilusão desastrosa*. [...] Qualquer ação relacionada à política externa é dirigida por uma única consideração: como devemos agir para alcançar a superioridade máxima sobre o inimigo em caso de guerra? A resposta tem sido: fora dos Estados Unidos, devemos estabelecer *bases militares* em todo ponto possível e estrategicamente importante do globo, além de armar e reforçar economicamente nossos aliados potenciais. E, dentro dos Estados Unidos, *um enorme poder financeiro está sendo concentrado nas mãos dos militares*; a juventude está sendo militarizada; e a lealdade dos cidadãos, particularmente dos funcionários públicos, é cuidadosamente supervisionada por uma *força policial que a cada dia fica mais poderosa*. As pessoas com pensamento político independente são molestadas. O público é sutilmente *doutrinado pelo rádio, pela imprensa, pelas escolas*. Sob a *pressão do segredo militar*, a extensão da informação pública é cada vez mais restrita. [...] O aspecto estranho deste desenvolvimento está em seu *caráter aparentemente inexorável*. Cada passo parece ser a conseqüência inevitável do passo anterior. E no fim, aparecendo cada vez mais clara, está a *aniquilação geral*.[4]

O que tornava as coisas ainda mais angustiantes para Einstein era a crescente percepção de que:

Enquanto se mostrou possível, a um custo extremamente alto, derrotar os alemães, os queridos norte-americanos vigorosamente assumiram o lugar deles. [...] A calamidade

---

[1]  Otto Nathan e Heinz Norden (org.), *Einstein on Peace*, Nova York, Schocken Books, 1960, p. 343.

[2]  De uma carta de Daniel Q. Posin a Einstein, datada de 21 de outubro de 1945, publicada em *Einstein on Peace*, p. 340-1.

[3]  Ibid., p. 401.

[4]  Ibid., p. 520-1.

A ciência à sombra do complexo militar-industrial  277

alemã de anos atrás se repete: as *pessoas aquiescem sem resistência* e se alinham com as forças do mal. E a isto assistimos *impotentes*.[5]

Entretanto, apesar de se sentir impotente, Einstein jamais deixou de protestar contra tal aquiescência. Apropriadamente, a última assinatura de sua vida foi colocada em uma dramática declaração dos cientistas contra a ameaça da aniquilação nuclear. Ao mesmo tempo, ele tentava compreender as causas da impotência, e resumiu suas conclusões com grande clareza em uma carta endereçada a uma velha amiga – a notável rainha-mãe da Bélgica – alguns meses antes de sua morte:

> Quando olho para a humanidade hoje, nada me surpreende tanto ver como é curta a memória do homem em relação aos desenvolvimentos políticos. Ontem, os processos de Nuremberg; hoje, o máximo esforço para rearmar a Alemanha. Buscando algum tipo de explicação, não consigo me libertar do pensamento de que esta, a última de minhas pátrias, inventou para seu próprio uso um *novo tipo de colonialismo*, um colonialismo menos evidente que o da velha Europa. Consegue *dominar os outros países investindo capital norte-americano neles*, o que torna esses países *solidamente dependentes* dos Estados Unidos. Qualquer um que se oponha a esta política ou a suas implicações é tratado como um *inimigo dos Estados Unidos*. É dentro deste contexto geral que tento compreender as políticas atuais da Europa, incluindo a Inglaterra. Estou inclinado a acreditar que estas políticas são menos o resultado de um curso de ação *planejado* do que conseqüências naturais de *condições objetivas*.[6]

Quando se refere a "conseqüências naturais" Einstein quer dizer, é claro, ao impacto vicioso das condições objetivas do sistema socioeconômico capitalista, que inevitavelmente se superpõem à atividade humana consciente como uma "lei quase natural", frustrando os esforços dos indivíduos e anulando seus planos para combater a anarquia da ordem social prevalecente.[7] Foram o "caráter aparentemente inexorável" desta anarquia e sua objetividade extrema que ele considerou às vezes totalmente paralisantes. Por isso, exclamou com desespero, em resposta a uma pergunta de *The Reporter* referente à situação dos cientistas nos Estados Unidos:

> Se eu fosse novamente um rapaz e tivesse de decidir como ganhar a vida, não tentaria me tornar um cientista, um acadêmico ou um professor. Escolheria antes ser um en-

---

[5]    Ibid., p. 554. (De uma carta à rainha-mãe da Bélgica, datada de 6 de janeiro de 1951.)

[6]    Ibid., p. 616. (Carta datada de 2 de janeiro de 1955.)

[7]    Ele escreveu em um artigo publicado no primeiro número da *Monthly Review*: "A *anarquia econômica* da sociedade capitalista tal como ela existe hoje é, em minha opinião, a verdadeira fonte do mal. [...] O resultado destes acontecimentos é uma oligarquia do capital privado, cujo enorme poder não pode ser eficazmente verificado nem mesmo por uma sociedade política democraticamente organizada [...]. Além disso, nas condições atuais, os capitalistas privados inevitavelmente controlam, direta ou indiretamente, as principais fontes de informação (imprensa, rádio, educação). Por isso, é extremamente difícil, e em muitos casos impossível, que o cidadão individual chegue a conclusões objetivas e faça uso inteligente de seus direitos políticos. [...] Estou convencido de que só há uma maneira de eliminar estes graves males, isto é, pelo estabelecimento de uma *economia socialista*, acompanhada de um *sistema educacional* que seria orientado para *metas sociais*. [...] Uma *economia planejada*, que ajuste a produção às *necessidades da comunidade*, distribuiria o trabalho a ser realizado entre todos aqueles capazes de trabalhar e garantiria um sustento a todo homem, mulher e criança. A educação do indivíduo, além de promover suas próprias capacidades inatas, tentaria desenvolver nele um *senso de responsabilidade por seus semelhantes* em lugar da glorificação do poder e do sucesso que ocorre em nossa atual sociedade" (Einstein, "Why socialism?", *Monthly Review*, maio de 1949).

278  *Ciência, ideologia e metodologia*

canador ou um vendedor ambulante, na esperança de encontrar aquele modesto grau de independência ainda possível nas atuais circunstâncias.[8]

## 5.1.2

A fragilidade da posição de Einstein não foi resultado de uma fraqueza *pessoal*, seja no sentido das limitações teóricas ou por conta de alguma pretensa "neutralidade" política" e moral. Ao contrário, sua estatura como um dos gigantes intelectuais do século era organicamente complementada por um profundo compromisso com os valores de uma sociedade socialista, cuja implantação ele considerava absolutamente vital para a própria sobrevivência da humanidade. Assim, ele foi de fato uma refutação viva da ridícula opinião de J. L. Austin, que afirmava que os grandes cientistas chegaram a suas descobertas fundamentais "*perambulando* para um lado e outro com seus instrumentos" e "*tropeçando* em algo realmente importante, mais do que, um belo dia, resolvendo: vamos atacar algum grande problema".[9] Pois Einstein constantemente se propunha a "atacar algum grande problema" dentro do quadro abrangente de seu próprio ambiente.

Além disso, sendo o físico mais célebre e aclamado do século, reconhecido mundialmente por suas realizações em um "campo não controvertido", ele teve acesso sem paralelo aos chefes de governo e aos meios de comunicação de massa. Na verdade, podia atrair toda a atenção do público quando quisesse e sobre qualquer tema que quisesse, até os mais controvertidos, graças tanto à autoridade a ele conferida por inúmeros prêmios – desde o prêmio Nobel até o título de membro honorário do Sindicato dos Encanadores Americanos – como pela constante exaltação de sua pessoa, que chegava às raias da adulação repugnante (e que deixava Einstein muito contrariado), como o epíteto "Monarca do Intelecto". Portanto, é mais significativo, por suas implicações sobre a posição da ciência e dos cientistas sob o domínio do complexo militar-industrial, que ele se sentisse não apenas ameaçado, em meio a agressivas denúncias políticas,[10] mas também intelectual e politicamente traído, isolado e tão absolutamente impotente que não pôde deixar de lamentar, em uma resignação angustiada e algo misantrópica – uma postura totalmente estranha a seu caráter positivo e combativo – que: "*No fim, os homens terão o que merecem*".[11]

---

[8]  *Einstein on Peace*, p. 613.

[9]  J. L. Austin, "Contribuição a 'Cahiers de Royaumont'", *Philosophie n. IV: La Philosophie analytique*, p. 350. Para uma discussão detalhada da concepção fetichista de Austin, que vê a ciência como o único modelo viável para a filosofia "não-ideológica", ver meu "Crítica à filosofia analítica", em *Filosofia, ideologia e ciência social*, op. cit.

[10]  Em 25 de outubro de 1945, "o congressista John Rankin, político do Mississipi com posições ultraconservadoras, atacou violentamente Einstein na Câmara dos Representantes por supostamente apoiar uma organização anti-Franco. 'Este *agitador estrangeiro* gostaria de nos mergulhar em outra guerra européia para *difundir mais o comunismo pelo mundo*", declarou ele. "Chegou a hora de o povo americano ficar de olho em Einstein" (Ronald W. Clark, *Einstein: The Life and Times*, Londres, Hodder and Stoughton, 1973, p. 552). O que o autor omite é *como* o congressista, bem conhecido por suas posições racistas, queria fazer com que o povo americano "ficasse de olho em Einstein". Insinuou que Einstein estava "violando a lei", acrescentando que "*deve ser processado*" imediatamente (*Einstein on Peace*, p. 344).

[11]  *Einstein on Peace*, p. 533.

Einstein sabia muito bem, e afirmou claramente, que "os homens jamais se libertaram da servidão intolerável, *consubstanciada em leis*, exceto pela *ação revolucionária*".[12] Era por isso que insistia que "precisamos de atos, não de palavras; meras palavras não levam os pacifistas a lugar algum. Eles precisam iniciar uma ação, e começar com o que pode ser realizado agora".[13] Assim, a pergunta prática que Einstein enfrentava era dupla: *a*) que tipo de ação era realmente viável, nas circunstâncias vigentes, para enfrentar as tarefas inerentes ao problema diagnosticado?; e *b*) em que medida a ação imaginada poderia ser considerada adequada para a realização do objetivo desejado?

Havia uma consideração "tática" importante e inevitável, expressa por Einstein em 1949 enquanto defendia uma posição militante, intransigentemente "não-cooperativa". Apoiando um artigo escrito no mesmo espírito por Herbert Jehle, ele acrescentou, em uma carta ao editor que havia rejeitado o artigo alegando transparentes pretextos referentes ao "rigor" da sua lógica:

> *visto que isso* [isto é, a defesa aberta da não-cooperação militante] *não pode ser expresso de maneira mais clara*, qualquer pronunciamento sobre este assunto será necessariamente considerado falho do ponto de vista lógico. E, afinal de contas, *falar mais francamente apenas indignaria a multidão conformista*.[14]

Muitos anos antes, Einstein também havia abordado, a partir de considerações essencialmente idênticas, a questão de como relacionar os objetivos do socialismo e do pacifismo. Foi assim que ele resumiu sua posição em março de 1931, respondendo a uma pergunta de Norman Thomas, na época o líder dos socialistas norte-americanos:

> É mais fácil converter as pessoas para o pacifismo do que para o socialismo. Os problemas sociais e econômicos se tornaram muito mais complexos, e é necessário que os homens e mulheres cheguem primeiro a um ponto em que realmente acreditem na possibilidade de soluções pacíficas. Uma vez conseguido isso, pode-se esperar que abordem problemas econômicos e políticos dentro de um espírito de cooperação. Eu diria que deveríamos trabalhar *inicialmente pelo pacifismo*, e *somente depois pelo socialismo*.[15]

É claro, formular desse modo o relacionamento entre paz e socialismo era algo extremamente problemático porque, dadas as contradições da sociedade e o imenso poder dos interesses materiais e culturais dominantes, não poderia haver qualquer garantia de que a "primeira fase" de esclarecimento e entendimento pacifistas seria concluída com êxito, de forma a ser seguida pela muito necessária "segunda fase" de cooperação socialista.

Seria absolutamente equivocado, no entanto, fazer um contraste simplista entre a "perspectiva correta" e a "perspectiva errada". Sejam quais forem os méritos da questão, na realidade é imprescindível articular qualquer estratégia mesmo a melhor do ponto de vista teórico, em relação às limitações materiais e ideológicas dos agentes sociais existentes. Em outras palavras, a questão que revela a completa vacuidade de toda conversa sobre o fato de uma perspectiva ser *a priori* "correta" é esta: que tipo

---

[12] Ibid., p. 107.

[13] Ibid., p. 116.

[14] Ibid., p. 514.

[15] Ibid., p. 124.

280  *Ciência, ideologia e metodologia*

de ação poderia ser efetuada nas circunstâncias vigentes, caso ela fosse adotada. Portanto, se a adoção da estratégia abstratamente "ideal" não oferece possibilidade de ação, isso só demonstra o absurdo teórico e a bem merecida impotência prática da procura de "soluções" *externas* à estrutura das inevitáveis limitações sócio-históricas, tanto subjetivas como objetivas.

Na verdade, foi a grande dificuldade de localizar um agente social historicamente viável que tornou o discurso de Einstein por vezes tão problemático, apesar de suas profundas percepções teóricas e a inabalável intensidade de seus compromissos morais e políticos.

Nada mostra isso mais claramente do que a posição muito ambígua que ele assumiu ao avaliar o poder da razão. Por um lado, estava bem consciente de suas limitações e expressou seu ceticismo[16] – às vezes, até um absoluto pessimismo[17] – quanto a sua eficácia. No entanto, por outro lado, era constantemente forçado a apelar para "os melhores cérebros"[18] e para o senso de responsabilidade daqueles "intelectuais influentes",[19] cujo ativo envolvimento na realização dos objetivos defendidos considerava absolutamente essencial, assim como a única estratégia praticamente possível sob as limitações negativas das circunstâncias prevalecentes. Diferentemente de Romain Rolland, seu amigo e correligionário na causa do pacifismo militante, que trabalhava na França em um ambiente social de crescentes movimentos de massa, Einstein não podia apelar à *"ação organizada em grande escala"* em favor de uma *"revolução social* [que era] o único método para a abolição do sistema que produz a guerra".[20] Tinha de construir sobre as bases de que dispunha, ativando as energias dos companheiros cientistas mais influentes e preocupados contra a ameaça letal da militarização, em situações em que uma ação de massa sustentável, infelizmente, não estava à vista.

No fim a luta se mostrou muito desigual, apesar da grande estatura moral e intelectual de Einstein sob todos os aspectos, e que era tanto maior em comparação com a de seus adversários, desde congressistas como Rankin até "os escrevinhadores

---

[16]  Comentando a organização de intelectuais, projetada por Leo Szilárd para trabalhar a favor da paz e do desarmamento, Einstein escreveu em uma carta para H. Noel Brailsford (em 24 de abril de 1930): "Considero Szilárd um homem fino e inteligente que em geral não é dado a ilusões. Como muitas pessoas desse tipo, pode estar *inclinado a exagerar a importância da razão nas questões humanas*" (ibid., p. 103-4).

[17]  Depois de seu amargo desapontamento com o *Bulletin of the Atomic Scientists* – que a seu ver traiu sua missão ao dedicar um número à "defesa civil", abandonando o princípio de se opor à guerra em vez de fazer considerações sobre como mais bem se preparar para ela –, ele rejeitou (a 5 de janeiro de 1951) o convite do editor para apresentar "uma visão da perspectiva pacifista". Einstein respondeu a Eugene Rabinowitch, editor do *Bulletin*: "Não pretendo escrever o artigo que você sugere; acredito que *um apelo à razão seria totalmente inútil* na atual atmosfera poluída" (ibid., p. 553).

[18]  Em 3 de julho de 1930, menos de três meses depois de sua observação um tanto cética sobre a inclinação de Szilárd para exagerar a importância da razão nas questões humanas, em uma carta expressando sua solidariedade à pacifista militante Rozika Schwimmer, Einstein escreveu: "A paz mundial, tão urgentemente necessária, jamais será alcançada a menos que os *melhores cérebros* se oponham ativamente aos órgãos de autoridade e às forças reais que estão por trás da autoridade [...]. O sucesso só virá quando um número suficiente de *pessoas influentes* tiver a coragem moral de adotar uma atitude desse tipo" (ibid., p. 106-7).

[19]  Ibid., p. 404, por exemplo.

[20]  Ver *Einstein on Peace*, p. 116-9.

A ciência à sombra do complexo militar-industrial   281

de aluguel de uma imprensa acomodada",[21] sem esquecer os incontáveis membros da própria comunidade científica que se acomodavam e faziam concessões. Sua confiança em que "a *grande maioria* dos cientistas está *plenamente consciente* de suas responsabilidades" esvaiu-se à medida que o avanço "inexorável" do complexo militar-industrial esmagou as "armas fundamentais: a não-cooperação e a greve", privando-o até de alguns de seus antigos aliados mais chegados, como a capitulação prática de sua criação intelectual, o anteriormente leal *Bulletin of the Atomic Scientists*, entre muitas outras decepções.

Ter de lutar em condições desesperadamente desiguais contra a progressiva integração da ciência na estrutura *perniciosamente* prática do complexo militar-industrial forçou Einstein a adotar uma posição teoricamente insustentável em relação a seus critérios anteriores, quando declarou, no espírito de uma falsa dicotomia, em defesa do direito moral do cientista à não cooperação diante de uma perseguição ameaçadora, que "o progresso da ciência se origina da procura do homem por *conhecimento*, e raramente de sua busca por objetivos *práticos*. A ciência estagnará se for realizada para servir a objetivos práticos".[22] Assim, um dos maiores cientistas de todos os tempos e que sempre proclamou orgulhosamente a inerradicável origem social da ciência, bem como seu necessário destino social,[23] ficou acuado em um canto, a conduzir sua ação de retaguarda em favor e em nome da "pesquisa básica" contra os "objetivos práticos", quando na realidade *ambos* haviam se tornado subordinados e dominados pelos *objetivos práticos destrutivos* do complexo militar-industrial.

Uma vez que "a arma fundamental" – a greve dos cientistas – não podia nem ser considerada nas circunstâncias de um isolamento social quase completo e de seu complemento, o poder sempre crescente do adversário, a única ação que restava também a Einstein era assumir uma postura muito semelhante à do "*olhar imaginativo para diante, na história*" de Wiener, ainda que, paradoxalmente, formulado como um "futuro do pretérito irreal" retrospectivo. Assim, menos de um mês antes de sua morte, Einstein escreveu em uma carta a seu velho amigo Max von Laue:

---

[21]  Einstein em *The Born-Einstein Letters*, Londres, Macmillan, 1971, p. 231.

[22]  *Einstein on Peace*, p. 402.

[23]  Em sua palestra aos estudantes do Instituto de Tecnologia da Califórnia, realizada em 16 de fevereiro de 1931, Einstein observou: "A preocupação com o próprio homem deve sempre constituir o principal objetivo de todo esforço tecnológico, preocupação com os grandes e não resolvidos problemas de como organizar o trabalho humano e a distribuição dos bens de consumo de maneira *a assegurar que os resultados do nosso pensamento científico possam ser uma bênção para a humanidade*, e não uma maldição. Jamais se esqueçam disso quando estiverem refletindo sobre seus *diagramas e equações*" (ibid., p. 122).
No mesmo espírito, quando criticou a "ciência aplicada" pela maneira como ela realmente contribui para a miséria humana, em vez de utilizar seu grande potencial positivo, tornou claro que o que deve ser combatido é a inserção social escravizante da ciência aplicada e a conseqüente insegurança da existência dos trabalhadores. Porque, segundo ele,
"em tempos de guerra, a ciência aplicada tem dado aos homens os meios para envenenar e mutilar uns aos outros. Em tempo de paz, a ciência tem tornado nossas vidas apressadas e inseguras. Em vez de nos libertar de grande parte do trabalho monótono que tem de ser feito, ela tem escravizado os homens às máquinas; os homens que despendem longas e cansativas horas em seu trabalho, sem nenhuma alegria e com o medo contínuo de perder sua renda miserável" (ibid.).

## 282 *Ciência, ideologia e metodologia*

Minha ação quanto à bomba atômica e Roosevelt consistiu meramente no fato de que, em razão do risco de Hitler ser o primeiro a possuir a bomba, assinei uma carta ao presidente que foi redigida por Szilárd. *Se eu soubesse* que aquele medo era injustificado, eu, assim como Szilárd, jamais teria participado da *abertura desta caixa de Pandora*. Pois minha desconfiança em relação aos governos não se limitava ao da Alemanha.[24]

O fato trágico, entretanto, não é tanto a caixa de Pandora ter sido completamente aberta, para que as futuras gerações enfrentem uma crescente ansiedade, enquanto tiverem a oportunidade de o fazer, e sim que os cientistas – mesmo os maiores dentre os envolvidos na abertura da caixa – tenham tido tão pouca alternativa, se é que tiveram alguma, retrospectivamente ou com um olhar imaginativo para diante, na história, para o fazer ou não, sem mencionar sua total impotência para desfazer seu ato fatídico. Somente uma ação social combinada e coordenada, em que todos os cientistas envolvidos fossem parte inalienável desse empreendimento, poderia enfrentar esse desafio histórico sem paralelos e a correspondente magnitude das tarefas daí decorrentes.

## 5.2 Limitações objetivas da pesquisa científica

### 5.2.1

A grande dificuldade é que os obstáculos a superar se erguem sobre as bases objetivas de determinações materiais contraditórias que se opõem a qualquer um que tente interferir com os ditames materiais de sua lógica. Dizer que, "no fim, os homens terão o que merecem" implica a intervenção de uma justiça divina muito peculiar e autodestrutiva, pois a esmagadora maioria dos homens é de um modo ou de outro privada do poder de tomar decisões, e por isso realmente não "merecem" o que lhes acontece por causa das decisões de uma pequena minoria: uma circunstância que transforma em seu absoluto oposto a noção de "justiça divina". E, de qualquer modo, quando ex-primeiros-ministros – como Edward Heath e Willie Brandt – confessam, curiosamente, a completa impotência de seu alto cargo, em manifestações tardias, embora genuínas, de sua boa vontade (nos *Relatórios Brandt*, que são tão ignorados por seus sucessores quanto os próprios autores desses relatórios subestimaram – quando chefiavam o gabinete ministerial – a importância dessas questões, agora reconhecidas como importantes); e quando ex-presidentes norte-americanos, como Jimmy Carter, choram diante das câmeras de televisão, admitindo abertamente o fracasso de suas políticas e ao mesmo tempo se defendendo ao dizer que suas decisões presidenciais não contavam nada ("o presidente é completamente impotente", como declarou Jimmy Carter), fica-se imaginando quem realmente tem o poder de decisão na sociedade contemporânea.

Foi outro presidente norte-americano, o ex-comandante supremo das forças aliadas, general Eisenhower, que – em 1961 – preveniu contra a crescente influência do que chamou, adequadamente, de "*complexo militar-industrial*". Também reconheceu que a operação desse complexo era inseparável de uma "elite científico-tecnológica"

---

[24] Ibid., p. 621.

vinculada aos interesses autônomos do complexo militar-industrial, e expressou seu medo de que a política pública como um todo pudesse se tornar *prisioneira* das forças cuja influência perniciosa ele declarou ser visível – já em 1961 – em cada cidade, em cada departamento de estado e em cada gabinete do governo federal.

Evidentemente, as raízes de tais desenvolvimentos remontam a uma fase histórica muito anterior, ao início do século XX, como vimos quando fizemos referência a Rosa Luxemburgo. Entretanto, o que importa no presente contexto é enfatizar que as forças sinistras que assustavam até alguns presidentes norte-americanos são manifestações de condições – e contradições – *estruturais* objetivas do domínio do capital, em seu estágio "avançado" de desenvolvimento. Por isso, a disputa entre as *determinações estruturais objetivas* da sociedade e a *consciência* de um número limitado de cientistas preocupados, mesmo sendo da estatura de Einstein, passa a ser uma disputa desigual. O que podemos ver, na realidade, não é que "os homens têm o que merecem", mas que as forças materiais correspondentes às determinações estruturais fundamentais da sociedade produzem os "*homens de que eles precisam*" em cada aspecto da vida, inclusive a ciência, mediante a qual podem impor seus imperativos estruturais destrutivos sobre a sociedade como um todo, sem levar em conta as conseqüências. Este é o motivo por que, sob as determinações estruturais dominantes, a "não-cooperação e a greve" dos cientistas preocupados *necessariamente* assumem a triste e bem desconcertante forma de um futuro do pretérito irreal retrospectivo – o tragicamente impotente "se eu soubesse...", até dos Einstein.

É um símbolo de nossa época que as mais elevadas realizações intelectuais sejam recompensadas com uma grande soma de dinheiro ligada a um prêmio – o prêmio Nobel – que representa o investimento lucrativo da fortuna acumulada pelo inventor da maior força de destruição conhecida pelo homem antes da bomba atômica. Além disso, a obscenidade de se glorificar os poderes de destruição assume forma ainda mais abertamente cínica ao se conceder o "prêmio Nobel da Paz" para certas figuras públicas que, em virtude de seu alto cargo, foram diretamente responsáveis por grandes crimes contra a humanidade, sob a forma de bombardeios de saturação e outros atos de genocídio contra pessoas indefesas. Eis como o poder do complexo militar-industrial consegue transformar tudo em seu oposto, remodelando a sua própria imagem, no interesse de sua autolegitimação, até a escala de valores pela qual tais atos poderiam ser avaliados, enquanto – como escreveu Einstein à rainha-mãe da Bélgica – "a isto nós assistimos, impotentes".

Uma das ilusões mais resistentes em relação às ciências naturais refere-se a suas pretensas "objetividade" e "neutralidade", que lhes são atribuídas em virtude de seu caráter experimental e instrumental, em contraste com o caráter socialmente mais envolvido e comprometido das "ciências humanas". Entretanto, um exame mais cuidadoso mostra que estas objetividade e neutralidade não passam de lenda, pois, na realidade, o que ocorre é o *oposto*.

Lukács dizia que os filósofos são propensos a imaginar que o mundo é bidimensional porque o meio em que produzem suas idéias é a superfície bidimensional do papel. É verdade que os cientistas naturais que se dedicam à verificação experimental de suas idéias têm pouquíssima probabilidade de ser acusados do mesmo pecado.

284  *Ciência, ideologia e metodologia*

Mas a razão pela qual podem escapar mais facilmente desta forma particular de auto-ilusão é a mesma pela qual não podem se permitir ficar tão desligados – para não dizer em oposição – das estruturas produtivas dominantes de sua sociedade quanto os intelectuais atuantes nas ciências humanas e sociais. O que está em questão aqui é que, como os cientistas naturais precisam trabalhar dentro da estrutura de apoio e de complexos instrumentais tangíveis (além de dispendiosos), necessitam assegurar recursos materiais incomparavelmente maiores, como condição elementar de sua atividade, do que seus colegas do setor de "humanas", nas universidades e na sociedade em geral.

É de conhecimento comum que é muito mais dispendioso criar e conservar faculdades de ciências exatas nas universidades do que um número equivalente de faculdades de ciências humanas: discrepância que, por mais digna de nota que seja, só revela uma pequena parte do total de recursos sociais destinados à ciência. Para colocar as coisas como elas são realmente, deve-se lembrar que *grande número* de cientistas na sociedade contemporânea só pode trabalhar se tiver *recursos materiais* que excedem em muito, *anualmente e em média*, o prêmio Nobel concedido a um número *insignificante* de cientistas *uma vez na vida*.

Assim, os cientistas naturais são até menos "*freischwebend*" (isto é, "livres" ou "desvinculados", no sentido de Mannheim) do que seus colegas nas ciências humanas e sociais. Sociólogos e filósofos podem continuar a escrever livros críticos à ordem social estabelecida mesmo que tenham sido colocados em inúmeras "listas negras". É claro que o mesmo não se aplica aos cientistas naturais, os quais perdem as condições instrumentais e institucionais indispensáveis a sua atividade, se ousarem criticar a ameaça à sobrevivência humana representada pelo complexo militar-industrial, fato que é comprovado pelas atribulações de figuras notáveis como Oppenheimer, Wiener e outros. Sem dúvida, tal diferença nas condições objetivas da produção intelectual põe em relevo a medida da dívida da sociedade para com os cientistas que se levantam contra os perigos que eles percebem, desafiando as conseqüências. Ao mesmo tempo, também ajuda a explicar por que, *em média* – nas universidades e em toda parte –, os cientistas naturais assumem uma posição consideravelmente mais conservadora do que seus colegas do setor de humanas, em vez de serem mais objetivos, mais neutros, mais independentes e, portanto, potencialmente mais críticos, como sugere a lenda.

Estamos preocupados aqui com um conjunto de grandes restrições e determinações que apontam em uma direção oposta à da emancipação, a despeito das alegações em contrário por parte dos ideólogos da ordem estabelecida. Certamente, os recursos consumidos pela ciência em seu ambiente social contemporâneo são realmente prodigiosos. Mas, exatamente pelo fato de serem tão proibitivos, só são acessíveis a pouquíssimas sociedades "avançadas", ajudando desse modo a *perpetuar* o sistema historicamente estabelecido de desigualdades e exploração em escala global, em vez de contribuir ativamente para sua eliminação, como querem os mitos da "modernização", da "transferência de tecnologia", da "revolução verde" e afins.

Portanto, enxergar no crescimento da ciência atual o novo agente da emancipação social – contraposto à força emancipatória "historicamente obsoleta": a classe

A ciência à sombra do complexo militar-industrial   285

trabalhadora –, declarando que, graças à "nova estrutura de classes da sociedade pós-industrial",[25] o crescente exército de cientistas pode "rivalizar com a voz dominante do passado, a comunidade dos negócios", é entregar-se às fantasias "pós-ideológicas" dos apologetas sociais. Tal afirmação deixa de mencionar que a ciência não é um agente soberano material e politicamente auto-suficiente, sendo, ao contrário, inseparável e subordinada – ou, caso se prefira a expressão do presidente Eisenhower, "vinculada" – à voz que domina o presente: "a comunidade dos negócios" do complexo militar-industrial. Por isso, pregar a solução das explosivas contradições do capital pela mítica "nova classe dos cientistas" (ou por seu equivalente, a "tecnoestrutura" de Galbraith) é tão realista quanto esperar a abolição da discriminação racial e a plena emancipação de todos os povos negros da África do Sul – ou mesmo dos Estados Unidos – pelo muito anunciado, mas pouco visível "desenvolvimento do capitalismo negro".

### 5.2.2

Na verdade, os fatos ocorridos nas últimas décadas do desenvolvimento real contam uma história muito desanimadora sobre a situação da ciência na sociedade contemporânea, apesar da enorme quantidade de recursos destinados à ciência e à tecnologia no quadro das estruturas socioeconômicas dominantes. As somas envolvidas são direta ou indiretamente controladas pelo complexo militar-industrial em uma extensão quase inacreditável, ao mesmo tempo que as ideologias de legitimação e racionalização continuam a elogiar o "feroz espírito de independência" e a "autonomia operacional" da pesquisa científica sob o "sistema de livre empresa". Entretanto, como mais de 70% de toda a pesquisa científica dos Estados Unidos é controlada pelo complexo militar-industrial, e na Grã-Bretanha o dado equivalente corresponde a mais de 50%, sendo crescente em ambos os países, pergunta-se de quem são a liberdade e a autonomia a que estão se referindo quando louvam os arranjos estabelecidos, que são – é claro – os melhores possíveis nos limites das referidas estruturas.

Na Grã-Bretanha, o que é proposto como o ideal para o mundo acadêmico é uma instituição sob a firme direção administrativa de seu líder, "Sir Henry Chilver, vice-reitor e criador do Cranfield Institute of Technology, escolha natural da sra. Thatcher como negociador do governo".[26] De acordo com a hagiografia de página inteira publicada no prestigiado jornal do *establishment* britânico, *The Times*: "Há poucos caminhos na revolução da informática que não conduzam a Cranfield, a Chilver ou a planos inspirados por Chilver".[27] A instituição de sir Henry foi

> Transformada em faculdade de graduação no final da década de 1960, tendo sido antes uma escola de treinamento criada *pelos fabricantes de aviões* [Cranfield – daí o seu nome]. [...] Construído em torno de um campo de aviação em Bedfordshire, Cranfield se expandiu e englobou a Faculdade Nacional de Engenharia Agrícola nos

---

[25]   Título, que expressa mais o desejo do que uma realidade, de um capítulo do livro de Daniel Bell, *The Coming of Post-Industrial Society*. Para conhecer os argumentos de Bell, ver as p. 165-266 e também as seções conclusivas de seu livro sobre "The Future of Science" e "Meritocracy and Equality" (p. 378-455).

[26]   David Walker, "The Pure and Applied Scientist", *The Times*, 8 de novembro de 1984.

[27]   Ibid.

286 *Ciência, ideologia e metodologia*

arredores de Silsoe; no início deste ano *ligou-se à Real Faculdade Militar de Ciências,* em Shrivenham.

É verdade que não possui faculdade de ciências humanas. Está fora do âmbito do Comitê de Subvenções Universitárias e está ligado diretamente ao governo, que cobre cerca de um quarto de seu orçamento. [...] O estilo de administração de Cranfield [pretende que] cada departamento pague suas próprias contas, buscando pesquisas e patrocínios fora da instituição [...]. [Segundo sir Henry] Não existe área – incluindo a sociologia e as humanidades – que não possa atrair verbas privadas para apoiar a pesquisa; a pesquisa que não interessa ao mundo exterior não merece apoio.[28]

Uma vez que os fundos das organizações da classe trabalhadora e das comunidades não equivalem exatamente às fortunas dos Rockefeller, das GECs, das General Dynamics e das Texas Instruments deste mundo, não é necessária muita reflexão para adivinhar que tipo de financiamento seria possível, nesse sistema, para os propósitos da "pesquisa objetiva".

O artigo diz que sir Henry "sustenta que as lições de Cranfield podem ser aplicadas em qualquer lugar, por mais prejudiciais que possam ser para os sociólogos e professores de inglês".[29] Mas por que se deveria preocupar com um pequeno prejuízo que pode ser contrabalançado pelos benefícios de se libertar os acadêmicos da área de humanas da ilusão de pertencerem à "*intelligentsia* independente", trazendo-os para a mesma linha de seus colegas das ciências naturais e da tecnologia, subordinando-os diretamente à "racionalidade" – controlada pelo desembolso de financiamentos – das estruturas socioeconômicas dominantes? Embora – por um pequeno descuido – não tenhamos sido informados sobre quantos campos de aviação, escolas de treinamento de fabricantes de aviões e reais faculdades militares de ciências podem ser encontrados nas vizinhanças de todas as universidades e instituições britânicas de educação superior, as "lições de Cranfield" e a "filosofia de Cranfield" são consideradas amplamente generalizáveis como modelo para o futuro. O artigo acrescenta: "Tudo isso é, ou deveria ser, música para os ouvidos de sir Keith Joseph [o ministro da Educação conservador na época], mas seria errado acusar sir Henry de *ideologia*. Seu título de cavaleiro, afinal de contas, vem da época de Callaghan".[30]

Assim, caracteristicamente, a expressão "acima da ideologia" é definida como a adoção bipartidária-consensual dos ideais que correspondem aos interesses da "voz dominante do presente: a comunidade dos negócios" e a formação estatal que a complementa.

---

[28] Ibid.

[29] Ibid.

[30] Ibid. E o artigo, curiosamente, após absolver Chilver de todas as possíveis acusações de adesão à ideologia *tory*, conclui:
"Pode-se pensar que ele gostaria de aplicá-las [as lições de Cranfield] no papel, talvez, de vice-reitor de uma das grandes universidades, ou *como político do governo Thatcher*. [...] Sir Henry Chilver está esperando uma chamada para outras coisas. Será que não existe uma indústria estatal pronta a acolher sua convicção radical de que necessitamos 'romper' com o padrão de propriedade e organização da década de 1940? Não há uma instituição na lista da primeira-ministra que necessite da filosofia administrativa de Chilver? Os recursos de pessoal da sra. Thatcher certamente não são tão pródigos para que ela possa *deixar esta alma-gêmea relativamente subempregada*".

Nos países capitalistas avançados, todos os ramos da ciência e da tecnologia são levados a funcionar em auxílio aos objetivos das poderosas estruturas econômicas e político-organizacionais. As linhas tradicionais de demarcação entre "ciência pura" e "ciência aplicada" – assim como entre os negócios e o universo cada vez mais desdenhado da "academia" – são radicalmente retraçadas para adequar todas as formas de produção intelectual às necessidades do complexo militar-industrial.

É desnecessário dizer que o conhecimento exigido para a fabricação de uma vasta gama de produtos, mesmo que remotamente relacionados com os lucrativos negócios dos equipamentos militares, é necessariamente dirigido para estes canais. O que é à primeira vista um pouco mais surpreendente é que parece não haver como fugir da imensa atração material – seja ela de 70% ou mais de 50% – destes desenvolvimentos, quer se esteja trabalhando em engenharia genética, quer com problemas menos tangíveis pertencentes ao campo da inteligência artificial. Como um artigo recente enfatizou: "Em uma daquelas misteriosas mudanças de opinião que sinalizam que a hora de uma idéia chegou, calejados industriais, cautelosos funcionários públicos e militares de alta patente despertaram para o que a inteligência artificial estava fazendo".[31] E isso não é de admirar, pois:

> Tanto o ritmo quanto a complexidade da guerra moderna deixaram para trás o sistema nervoso humano. O Departamento de Defesa dos Estados Unidos é uma das principais fontes de fundos para a pesquisa de IA. É um *fato incômodo* que a pesquisa em IA tenha se conservado saudável nos Estados Unidos por toda a década de 1970 por causa de um setor militar que, ao contrário dos negócios, pode se permitir alguns fracassos. Os computadores se tornaram indispensáveis no planejamento e gerenciamento da guerra. Além disso, uma tremenda quantidade de *software* é atualmente utilizada nos equipamentos militares. Reconhecimento de voz, percepção visual mecânica e outras formas de análise de padrões, como as aplicadas aos sinais de radar, são de particular interesse para as forças armadas, e este interesse tem beneficiado outros. Por exemplo, o sistema Tercom de orientação do míssil Cruise, que compara montanhas e vales com um mapa interno, é comprovadamente precário. Mas as empresas que trabalharam no desenvolvimento do sistema estão agora lucrando com a experiência que adquiriram, comercializando sistemas de percepção visual industrial.[32]

De fato, é muito incômodo pensar que a "saúde" de um importante campo de pesquisa tenha de depender de um questionável financiamento militar; mas é ainda

---

[31]  T. Durham, "Fifth Generation Fever", *Practical Computing*, vol. 7, outubro de 1984, p. 115.

[32]  Ibid. Um aspecto sinistro da tendência crescente de se subordinar a pesquisa científica – e até a muito acalentada "liberdade democrática de publicação" – aos interesses do complexo militar-industrial chamou a atenção do público com a supressão de um livro de Richard Ennals, que havia renunciado, anteriormente, como forma de protesto, à sua participação no prestigiado Programa Alvey, patrocinado pelo governo, e ao cargo de gerente de pesquisas no Departamento de Computação do Imperial College. Seu livro, *Star Wars: A Question of Initiative*, era muito embaraçoso para o poderoso poder político-militar que tem um pé em todos os lugares. Como se disse na *Computer Weekly* (25 de setembro de 1986), o livro foi "recolhido alguns dias antes de ser publicado pela editora John Wiley [...]. O quadro que ele apresenta em seu livro é de um governo britânico vendendo-se descaradamente à máquina militar norte-americana. 'Desde março de 1985, a portas fechadas, o governo do Reino Unido tem um plano montado para vender tecnologia avançada do Reino Unido para uso militar dos Estados Unidos', diz ele [...]. Teriam sido afirmações como esta que levaram a Wiley a recolher o livro antes da publicação".

## 288  *Ciência, ideologia e metodologia*

mais incômodo que a subordinação do conhecimento às necessidades e aos interesses do complexo militar-industrial seja racionalizada e legitimada pela prática instituída de empresas comerciais que pegam lucrativas caronas em sucessos e fracassos militares potencialmente apocalípticos.

Quanto à saúde das pesquisas em engenharia genética realizadas sob controle dos militares, os cientistas envolvidos recentemente começaram a dar o alarme sobre os perigos para o futuro. Apontam para duas possibilidades fatais. Uma refere-se à perspectiva mais distante da total extinção da vida neste planeta, em conseqüência de uma conflagração global que teria a contribuição letal das armas biológicas como parte essencial. A segunda, dizem, está muito mais próxima, praticamente podendo acontecer amanhã. Consistiria na combinação da disseminação clandestina de alguns agentes biológicos de destruição, já disponíveis e muito virulentos, com a fraqueza intrínseca – chegando, em alguns casos, à inexistência prática – de uma infra-estrutura de saúde e higiene nos países do "Terceiro Mundo". E isto representaria a "solução final" para o problema da chamada "explosão populacional", com a qual o complexo militar-industrial parece tão profundamente preocupado.

## 5.3 A ciência aplicada do complexo militar-industrial

### 5.3.1

Em uma de suas conferências públicas, Einstein afirmou que "este é o século da ciência aplicada, e os Estados Unidos são seu berço", e prosseguiu: "Por que a ciência aplicada, que é tão magnífica, economiza trabalho e torna a vida mais fácil, nos proporciona tão pouca felicidade? A resposta é simples: ainda não aprendemos a utilizá-la adequadamente".[33]

Naturalmente, ele sabia muito bem que o "aprender" em questão não era simplesmente uma deficiência de conhecimento teórico, mas estava relacionado aos obstáculos *práticos* aparentemente insuperáveis representados pelo modo como a ciência e a tecnologia eram incorporadas ao modo de produção dominado pelo capital. Mais tarde, quando as pressões se tornaram mais fortes por causa da expansão do complexo militar-industrial, Einstein protestou em vão contra a iminente "estagnação da ciência" em conseqüência de sua subordinação aos "objetivos práticos" dos novos desenvolvimentos. Seus dramáticos apelos em defesa da "verdadeira ciência" ou da "pesquisa básica", contra a imposição de metas práticas extremamente restritivas e prejudiciais, bateram em ouvidos moucos. Os próprios conceitos de "ciência pura" e "pesquisa fundamental" estavam sendo *praticamente* redefinidos segundo um espírito que prescrevia sua total integração nas práticas produtivas do complexo militar-industrial patrocinadas pelo Estado.

Como era inevitável, essa perversa redefinição prática da ciência e da pesquisa fundamental em conseqüência das novas restrições virou muitas coisas de cabeça para baixo, para que as aspirações e valores da ciência fossem reformuladas segundo as novas exigências. Caso bem ilustrativo é a história de como o "pai da bomba de hi-

---

[33] *Einstein on Peace*, p. 122.

drogênio" – Edward Teller – comunicou pela primeira vez a uma audiência de cientistas suas idéias sobre como se deveria proceder:

> Teller levantou-se e explicou seu novo plano de explosão termonuclear, ilustrando-a com desenhos no quadro-negro. Os cientistas presentes estavam atentos. Foram arrebatados pela engenhosidade da idéia. *Não se tratava de um novo conceito da ordem da natureza*, uma daquelas revelações intelectuais que podem ser, para o cientista, uma experiência quase religiosa. Mas era um *truque habilidoso para submeter a natureza* à vontade do homem. "É engenhoso", exclamou um cientista, "é muito engenhoso".[34]

Comparado a Einstein, que criou "novos conceitos da ordem da natureza", Teller é apenas um "técnico astuto" que usa "truques habilidosos para submeter a natureza". Além disso, visto que seu empreendimento não contempla uma perspectiva humana abrangente, o "truque habilidoso" em questão na verdade não submete a natureza "à vontade do homem", mas, em última análise, direciona-a de modo catastrófico *contra a humanidade* na mais insana de todas as equações concebíveis, vendo as condições elementares do progresso humano na expansão ilimitada do poder desumanizador e necessariamente destrutivo do complexo militar-industrial, a despeito das perspectivas da "aniquilação geral assomando cada vez mais claras". Hegel se referia à dialética objetiva manifesta na "astúcia da Razão" como o agente paradoxal, mas benevolente, do desenvolvimento histórico rumo à realização da liberdade. O desenvolvimento histórico produziu o perverso agente material do complexo militar-industrial e os "truques habilidosos" dos "técnicos engenhosos", por meio dos quais a "astúcia da Razão" parece estar prestes a *levar a melhor sobre si mesma*, assumindo a forma de *irracionalidade total* e, em vez de realizar a liberdade na história, colocando um ponto final na própria história.

A tragédia é que a transformação da ciência num ofício de "técnicos engenhosos" não é um problema marginal, e sim que afeta, em sua totalidade, o desenvolvimento contemporâneo do conhecimento. É por esta razão que os Teller deste mundo são preferidos aos Einstein e aos Oppenheimer, que devem terminar suas carreiras intelectuais, por maior que seja sua estatura, como personagens desesperadamente isolados e até perseguidos. E é também por esta razão que a produção do conhecimento como um todo é reconstituída em torno dos "técnicos engenhosos" que são proclamados grandes cientistas em virtude de sua total disposição para defender os interesses destrutivos e, em última instância, autodestrutivos do complexo militar-industrial.

### 5.3.2

Para compreender esta mudança na orientação da ciência é necessário identificar, sem cerimônia, os poderosos determinantes socioeconômicos e políticos do processo em curso. A ausência dessa identificação leva a conclusões vazias quanto às *causas* e aos possíveis *remédios*, ainda que alguns dos *sintomas* sejam corretamente descritos. Exemplo sugestivo é o tratamento que Popper dá ao problema, que é apresentado por ele nos seguintes termos:

---

[34] Norman Moss, *Men Who Play God. The Story of the Hydrogen Bomb*, Harmondsworth, Penguin Books, 1968, p. 55-6.

290  *Ciência, ideologia e metodologia*

É provável que o crescimento da ciência normal, que está vinculada ao crescimento da Grande Ciência (*Big Science*), impeça ou até destrua o crescimento do conhecimento, o crescimento da grande ciência (*great science*). Encaro a situação como trágica, senão desesperada; e é provável que a tendência atual, nas chamadas investigações empíricas dentro da sociologia das ciências naturais, contribua para o declínio da ciência. Sobreposto a este perigo há um outro, criado pela Grande Ciência: sua necessidade urgente de técnicos científicos. Cada vez mais os candidatos ao doutorado recebem uma formação meramente técnica, em algumas técnicas de medição; não são iniciados na tradição científica, na tradição crítica do questionamento, de serem tentados e guiados mais pelos grandes enigmas aparentemente insolúveis do que pela solubilidade de pequenos quebra-cabeças. É verdade que estes técnicos, estes especialistas, estão geralmente conscientes de suas limitações. Denominam-se especialistas e não reivindicam qualquer autoridade fora de suas especialidades. Mas agem assim orgulhosamente, proclamando que a especialização é uma necessidade. Isto, porém, equivale a negar os fatos, que mostram que os grandes avanços ainda vêm daqueles com uma larga variedade de interesses. Se a maioria, os especialistas, vencer, será o fim da ciência tal como a conhecemos – da grande ciência. Será uma catástrofe espiritual comparável, em suas conseqüências, ao armamento nuclear.[35]

O problema da análise de Popper é que ele não percebe as *complementaridades* vitais inerentes ao processo diagnosticado – enraizadas em um conjunto de profundas *determinações sociais* – e por isso termina com oposições vazias e proposições disjuntivas, associadas a um *elitismo romântico* e a uma atitude desdenhosamente superior com relação ao que está ocorrendo no mundo da ciência e em seu ambiente. Nem é acidental que Popper não perceba a complementaridade, na verdade a conexão causal, entre os armamentos nucleares e a "catástrofe espiritual" emergente no campo do conhecimento. Dada sua postura profundamente conservadora e a mitologia do "pouco a pouco" como único corretivo social admissível, ele deve comprimir tudo dentro dos esquemas de sua disjunção ideológica apriorística, expressa no título programático de seu artigo: "Razão ou revolução?".

Por isso, Popper rejeita *a priori* todas as tentativas de avaliar criticamente o ambiente social da ciência, declarando sem nenhuma sustentação lógica que "é provável que elas contribuam para o declínio da ciência". É também por essa razão que nos apresenta a estéril oposição entre "grande ciência" e "Grande Ciência", assim como entre a "maioria" especializada, de um lado, e os "poucos" eleitos mais ecléticos, de outro.

Mas, é claro, o mais desconcertante para Popper é que seu apelo abstrato à razão e à integridade do conhecimento científico é negado pela realidade da própria ciência, tal como é reconstituído no mundo contemporâneo. Além disso, deve ser duplamente desanimador que a metodologia do "pouco a pouco" do *engenheiro social*, anteriormente idealizada, repercuta depois com tanta violência sobre seu paladino ideológico, forçando-o a denunciá-la como a intolerável miopia do "*técnico científico*" desprovido de visão abrangente. Depois disso, nada mais resta ao autor senão lamentar a orientação

---

[35] Karl Popper, "Reason or Revolution?", em T. W. Adorno et al., *The Positivist Dispute in German Sociology*, Londres, Heinemann, 1976, p. 295-6.

perversa da "Grande Ciência" (conceito teórica e socialmente vazio) e rejeitar a tolice de todos aqueles que preferem a "Grande Ciência" às credenciais intelectualmente superiores da "grande ciência".

Na realidade, entretanto, o problema não é o fato de a *ciência* ser "Grande" (uma completa mistificação) e de haver um número enorme de doutorandos buscando resolver "pequenos quebra-cabeças". O problema é que a voz dominante atual – a "comunidade dos negócios" do complexo militar-industrial – é grande demais e vai se ampliando indefinidamente, subordinando o desenvolvimento da ciência aos imperativos reificados de seu próprio crescimento canceroso. E quem poderia seriamente sugerir a possibilidade de reverter "pouco a pouco" tal tendência? Nem mesmo Popper.

A mudança visível na reconstituição da ciência no pós-guerra é, de fato, muito perturbadora e potencialmente catastrófica. Mas não porque a própria ciência seja, por si só, responsável pela produção de uma "catástrofe intelectual" pela qual nenhuma outra força na sociedade poderia ser responsabilizada. A questão não é a oposição entre "Grande Ciência" e "grande ciência"; nem mesmo entre "ciência pura" ou "pesquisa básica" e "ciência aplicada", e sim o fato de que a *ciência em geral* está sendo transformada e degradada à condição de "*ciência aplicada*" *do complexo militar-industrial.*

Inevitavelmente, uma questão deste tipo diz respeito à matriz estrutural fundamental da sociedade e às perspectivas excludentes de suas classes antagônicas. Desse modo, a reversão das tendências de desenvolvimento das condições do conhecimento no pós-guerra é inconcebível sem uma grande intervenção na estrutura social, a partir da qual surgem as determinações destrutivas da ciência e da tecnologia.

## 5.4 A equivalência entre consumo e destruição na lógica do capital

### 5.4.1

A principal razão pela qual a "não-cooperação e a greve" dos cientistas, defendida por Einstein, jamais teve uma oportunidade de deter o crescente domínio de todos os campos e ramos do conhecimento pelo complexo militar-industrial, reside nas condições de produção do conhecimento no âmbito da organização e da divisão capitalistas do trabalho. Três aspectos do relacionamento são pertinentes a esse respeito:

1. A parcialidade e a fragmentação da produção intelectual individual.

2. As diferenças de talento e motivação, assim como uma tendência à competição a elas associada.

3. Um antagonismo social historicamente específico, articulado em uma rede de complexos sociais hierárquicos que integram, em seu quadro, as tendências – em si e por si ainda indefinidas – dos dois primeiros, dando-lhes um sentido de acordo com suas determinações e imperativos estruturais.

Os defensores da ordem estabelecida (desde os primeiros representantes do "ponto de vista da economia política") gostam de absolutizar os dois primeiros. Na verdade, gostam de elevá-los a "leis naturais" a partir das quais possam *ignorar* completamente o terceiro ou – quando as contradições da sociedade irrompem com uma intensidade grande demais para ser ignoradas – *justificar* as hierarquias estruturais

292 *Ciência, ideologia e metodologia*

existentes, apesar de todas as suas manifestações destrutivas, apresentando-as como *inalteráveis* em virtude de sua suposta correspondência com a ordem da natureza.

Mas a verdade é que a articulação e a organização individualista das condições de trabalho são em si uma condição *social* historicamente estabelecida. A "competição" pode assumir também uma multiplicidade de formas e funções extremamente diversas e até diametralmente opostas, em consonância com seu ambiente social específico. E, de qualquer modo, não há nada de errado com a motivação e a competição individuais *como tais*, mas apenas com sua articulação socialmente divisiva e paralisante como *fragmentação, isolamento,* e *super* e *subordinação* antagônicas, que de fato condenam os indivíduos pretensamente "soberanos" à impotência, apesar de suas "boas intenções". Para dizê-lo de outro modo, usando uma analogia: é o caráter "altamente explosivo" do antagonismo social e de sua irmã gêmea, a correspondente divisão social hierárquica do trabalho – isto é, a terceira condição mencionada – que fundem as metades em si inofensivas do "urânio 235", representadas pelas duas primeiras condições, em uma "massa crítica" da bomba responsável pela explosão nuclear.

Assim, a fragmentação socialmente determinada da produção intelectual e a negação estruturalmente assegurada do controle dos cientistas sobre as condições de sua atividade tornam virtualmente impossível considerar a "não-cooperação e a greve" em grande escala dentro da estrutura do sistema socioeconômico vigente. O domínio da ciência não constitui uma força autônoma, com um campo material de auto-sustentação. E, ainda que constituísse, a "não-cooperação e a greve" mesmo assim estariam além da gama de estratégias viáveis, visto que representariam um desafio direto ao modo estabelecido de controle social em sua totalidade, em vez de estarem confinadas aos interesses e às questões específicas da ciência.

Igualmente, a "não-cooperação e a greve", até dos trabalhadores das empresas industriais – que sem dúvida possuem um poder de oposição materialmente fundamentado, e a potencialidade de envolver-se no estabelecimento de uma alternativa social radical –, não são uma estratégia viável nas circunstâncias, a não ser que se tornassem uma *greve geral* cujo objetivo sociopolítico seria a derrubada do sistema capitalista. A fragmentação e a falta de controle geral inerentes à prevalecente divisão social do trabalho não se aplicam menos às classes trabalhadoras do que aos indivíduos engajados na produção intelectual. O complexo militar-industrial abrange uma vasta área de produção e reprodução social, e seus empreendimentos representam as condições de *trabalho* (e sobrevivência) das pessoas neles empregadas. Portanto, dadas as ligações internas e internacionais e as determinações recíprocas na estrutura da produção capitalista contemporânea, nenhuma *ação isolada* pode ir além do objetivo de modificar, em extensão limitada, as condições locais de trabalho e de pagamento. Em contraste, considerar uma alternativa – na escala necessária – ao tipo de atividade produtiva realizada nos limites do complexo militar-industrial implicaria, de fato, a inevitável reestruturação de todo o sistema de produção e do modo de controle social necessariamente associado a ele.

## 5.4.2

Tendo tudo isso em vista, é importante identificar a *especificidade* sócio-histórica das forças que estão por trás do espetacular avanço do complexo militar-industrial no período pós-guerra, para que se possa localizar os agentes requeridos para uma crítica social radical e uma margem de ação adequada. Igualmente, é necessário destacar a *substância socioeconômica* das forças criticadas, pois a concentração em apenas algumas das *manifestações políticas* de sua atividade deixa-lhes um grande espaço para ajustes, sem afetar seriamente seu desastroso impacto sobre os desenvolvimentos sociais contemporâneos.

Para ilustrar este problema, vejamos uma passagem de um manifesto assinado por Einstein e outros, intitulado "Militarismo e civilização", em protesto contra o que chamavam de "a militarização da América":

> Arnold J. Toynbee, em seu monumental *Um estudo da história*, observa que o militarismo "tem sido de longe a causa mais comum dos colapsos das civilizações". A atual tendência para o controle militar da vida e das instituições norte-americanas deveria, portanto, causar a mais profunda preocupação para qualquer patriota norte-americano. Seria pretencioso e suicida de nossa parte imaginar que podemos seguir caminhos que corromperam e destruíram outras civilizações, e escapar de tal destino. O militarismo conduz tanto à guerra quanto à perda da liberdade. E há perigos sutis, além dos mais óbvios, para qualquer nação que submeta suas funções civis ao controle militar. O espírito de iniciativa e de investigação pode ser minado, mesmo quando alguns dos aparatos externos da militarização não apareçam. Por exemplo, se o direito de discordar das forças armadas não é vigorosamente exercido por causa do aumento de prestígio dos militares, a existência teórica ou formal do direito não vai beneficiar ou salvar nossa sociedade livre.[36]

O problema, entretanto, é que a vaga noção de "militarismo" de Toynbee não consegue explicar os antagonismos destrutivos das formações sociais passadas, e muito menos a apreender adequadamente a novidade histórica dos desenvolvimentos socioeconômicos e políticos do pós-guerra, sob a dominação do complexo militar-industrial, pois nem o "controle militar das funções civis" nem as violações macartistas das liberdades civis poderiam ser consideradas exigências *necessárias* à imposição dos interesses dominantes aqui mencionados, qualquer que fosse a referida margem de ajuste político nas novas circunstâncias.

A concentração na questão do *militarismo* tende a subestimar a importância vital da específica articulação *industrial* do capital em seu atual estágio de desenvolvimento histórico. Tal articulação consiste em um relacionamento "simbiótico" único, cujo principal objetivo é assegurar continuamente e em escala sempre maior os recursos necessários para projetos militar-industriais altamente lucrativos, e não o exercício de um controle político-militar direto sobre o corpo social.

Os métodos políticos empregados neste processo dependem inteiramente do fato de haver ou não uma resistência efetiva à realização de tal objetivo. Por isso, não é de surpreender que o capitalismo britânico no período de consenso político do pós-

---

[36] *Einstein on Peace*, p. 464-5.

294  *Ciência, ideologia e metodologia*

guerra tenha conseguido estabelecer uma "Lei de Segredo Oficial" muito mais restritiva do que a dos Estados Unidos – através dos chamados "acordos de cavalheiros", "*D-notices*", etc. – sem qualquer necessidade de violar abertamente as liberdades civis. Quando as coisas mudam para pior neste aspecto, como a legislação repressiva anti-sindical do governo Thatcher evidencia, isso não é resultado da intervenção direta dos militares na política. Mais exatamente, o óbvio *conteúdo classista* de tais medidas reflete a crescente crise estrutural do capital e a intensificação do antagonismo social fundamental em suas raízes.

É este último que determina a margem de manobra da formação estatal capitalista no plano dos direitos políticos e das liberdades civis. Além disso, visto que um dos principais fatores da legitimação ideológica dos interesses do complexo militar-industrial é a chamada oposição – como questão de princípio – à "militarização" e ao "totalitarismo", em nome de uma defesa inflexível dos valores fundamentais da democracia e da liberdade, a adoção aberta de um modo militarista de tratar as questões *internas*[37] das sociedades capitalistas avançadas, sob um estado de emergência economicamente prejudicial, só seria admissível como último recurso.

Nesse sentido, o "militarismo" do complexo militar-industrial é de um tipo jamais encontrado antes na história humana, pois nem seu modo de funcionamento nos países capitalistas avançados nem seu propósito fundamental estão propriamente presentes nas manifestações tradicionais desse fenômeno. Assim, a questão que necessita ser colocada é: quais são as características específicas e as determinações estruturais deste complexo social historicamente único, considerado em seus principais aspectos, que o definem como a manifestação socioeconômica, política e ideológica dominante do capitalismo contemporâneo? Em outras palavras, a questão relevante está mais relacionada à importância representativa deste complexo social com respeito à dinâmica histórica do capital enquanto *força de controle geral* da sociedade, do que meramente às modificações mais ou menos passageiras das esferas política e militar, modificações que ocorrem de acordo com a margem de manobra disponível, a qual é circunscrita pelos limites estruturais do capital.

### 5.4.3

Dado o quadro de determinações inerentemente contraditório em que estes problemas se desenvolvem, freqüentemente nos são apresentadas pseudo-soluções que concordam com o sistema existente e acriticamente refletem seus ditames reificados como a última palavra do saber criativo. Um exemplo representativo é fornecido pelas reflexões e recomendações de Charles J. Hitch, que já foi presidente do Conselho de Pesquisa da RAND Corporation e depois, muito apropriadamente, secretário-assistente da Defesa do governo dos Estados Unidos. Em uma conferência sobre política e tecnologia, ele formulou a pergunta diretamente relevante aos interesses do complexo militar-industrial: "Em que medida o governo deve financiar ou subsidiar a pesquisa industrial

---

[37] Naturalmente, regras muito diferentes se aplicam em suas relações internacionais com os países do "Terceiro Mundo", onde a desestabilização e a derrubada violenta dos governos democraticamente eleitos, assim como o estabelecimento de ditaduras militares "amigáveis", são ativamente promovidos.

em geral?". Justificou sua defesa entusiástica de tais subsídios dizendo que "gastos *relativamente pequenos* [*sic*] destinados à pesquisa e ao desenvolvimento no setor militar têm sido *produtivos* em grau assombroso e até alarmante". E acrescentou: "Tentei pensar em alguma razão pela qual os militares devam ser os únicos com essa regalia; não consegui encontrar nenhuma".[38]

Assim, a surpreendente incapacidade (se não a recusa cínica) de compreender a diferença *qualitativa* entre as dificuldades envolvidas na demolição de um edifício e aquelas relativas a sua construção, ou entre a destruição termonuclear e a produção da "energia de fusão" com propósitos criativos, que ainda se é praticamente impossível até em escala laboratorial mínima, ou entre provocar câncer por radiação nuclear e descobrir um método de curá-lo, etc., parece ser a qualificação básica para fazer parte de um gabinete ministerial a serviço do complexo militar-industrial. Portanto, a óbvia "contra-seleção" que se manifesta na prática de manter a pesquisa científica sob a administração e o controle de um pessoal satisfeito com tais "princípios orientadores" serve, é claro, ao propósito prático de reorientar a atividade produtiva, em todas as suas dimensões, para objetivos acriticamente adotados daquele complexo. Quanto às dúvidas que poderiam surgir, são afastadas com a retórica e o sofisma de se mencionar de passagem – como concessão à "consciência crítica" – que a pesquisa e o desenvolvimento militar têm sido "produtivos em grau *assombroso e alarmante*", antes de se recomendar, não obstante, sua adoção *geral* como o *modelo* na busca de realizações produtivas.

Entretanto, deve-se destacar mais uma vez que não estamos tratando apenas de aberrações pessoais e confusões conceituais. Mais do que isso, as mistificações que encontramos – isto é, cuja função é combinar e conceitualmente "reconciliar" algumas categorias que se referem na realidade a conflitos sociais inconciliáveis e a divergências de interesse – são em si manifestações de imperativos estruturais profundos, refletindo as necessidades objetivas do modo estabelecido de reprodução e controle social no atual estágio do desenvolvimento histórico. A proeminência do *relativismo* sob uma grande variedade de formas na história intelectual do século XX e a popularidade do autoproclamado método "revolucionário" de "dissolver" os problemas da vida real utilizando artifícios *semânticos* vazios na filosofia e na teoria social pertencem à mesma tendência.

Temos de considerar agora algumas das "confusões categoriais" necessariamente produzidas pelo desconcertante processo da *prática de confundir* que caracteriza o capital enquanto força controladora do intercâmbio e da reprodução sociais. Mas primeiro é necessário discutir, ainda que de maneira breve, uma das determinações cruciais que está nas raízes dos desenvolvimentos capitalistas modernos: a dinâmica, mas em última instância devastadora, lei da taxa de uso decrescente – uma lei inseparável da tendência capitalista para a superprodução e para as crises a ela associadas.

Uma discussão detalhada dessas tendências e de seu impacto progressivo, pode ser encontrada em meu livro *A crise do desenvolvimento*. No presente contexto, a questão relevante é que, como a taxa de uso decrescente abre novas possibilidades para a

---

[38] Citado por E. T. Chase, op. cit., p. 174.

## 296 *Ciência, ideologia e metodologia*

expansão capitalista, ela adquire um papel muito especial no processo de realização do capitalismo "avançado".

Em primeiro lugar, em virtude de sua capacidade de lidar com as pressões que surgem da interação entre produção e consumo por causa dos restritos limites de circulação, a taxa de uso decrescente funciona como o *meio* insubstituível de realizar a requerida reprodução em uma escala *maior*, enquanto detém artificialmente a tendência a ampliar o próprio círculo consumidor. Porém, em seqüência, quanto maior a dependência do processo geral de reprodução em relação à taxa de uso, visto que traz a possibilidade de expansão *ilimitada*, desde que não haja impedimentos para que a própria taxa possa seja diminuída.

Por mais absurda que possa parecer esta suposição, as práticas produtivas a ela associadas proporcionam uma base operacional poderosa para os desenvolvimentos capitalistas sob circunstâncias em que os cursos de ação alternativos (por exemplo, a ampliação do círculo consumidor) só intensificariam as contradições do capital. O objetivo e o princípio orientador da produção passam, portanto, a ser o de assegurar a expansão *máxima* (e o lucro correspondente) com base na *mínima* taxa de uso que garanta a *continuidade* da reprodução ampliada.

Naturalmente, a adoção de um tal objetivo favorece o aparecimento e crescimento daqueles tipos de atividades econômicas que preencham as necessidades desse processo com o maior dinamismo e eficácia. Assim, sob o impacto destas determinações, não é a ampliação da periferia da circulação que constitui uma tendência inexorável dos desenvolvimentos capitalistas, mas, ao contrário, a restrição artificial do círculo consumidor e a exclusão das massas "subprivilegiadas", não somente no "Terceiro Mundo", mas até nos países capitalistas avançados do Ocidente.

O agente disposto e capaz de resolver o dilema de como combinar a máxima expansão possível com a mínima taxa de uso se apresentou para o capital sob a forma do complexo militar-industrial, depois de várias tentativas fracassadas de resolver o problema da superprodução após a crise econômica mundial de 1929-33. Embora os primeiros passos para solucionar o problema da superprodução pela produção militarista já tivessem sido dados antes da Primeira Guerra Mundial, sua adoção *geral* só ocorreu após a Segunda Guerra.

A grande inovação do complexo militar-industrial para o desenvolvimento capitalista foi eliminar a distinção literalmente vital entre *consumo* e *destruição*. Esta mudança pôde ocorrer porque consumo e destruição são *equivalentes funcionais* do ponto de vista perverso do *"processo de realização"* capitalista: a única coisa em que o capital está realmente interessado. Desse modo, a questão do que prevaleceria, se o consumo normal – isto é, o consumo humano de *valores de uso* correspondentes às necessidades – ou o *"consumo" por meio da destruição*, é decidida a partir da comparação da adequação de um ou de outro para satisfazer às exigências gerais da auto-reprodução do capital sob as novas circunstâncias.

Esta "inovação" (que consiste em relativizar e, em última análise, eliminar a diferença entre consumo e destruição) ofereceu uma solução radical para uma contradição inerente ao valor autopostulado em todas as suas formas, ainda que essa contradição só se tenha tornado aguda no capitalismo contemporâneo. Tal contradição

## A ciência à sombra do complexo militar-industrial 297

surge das *barreiras* restritivas da riqueza em expansão, barreiras que devem ser ultrapassadas a todo custo para que o valor, enquanto força operacional independente, se realize de acordo com sua natureza objetiva. É por isso que, na Roma imperial, como observou Marx, o valor alienado e independente, enquanto riqueza orientada para o consumo, "aparece como um *desperdício ilimitado* que logicamente tenta elevar o consumo a uma infinitude imaginária, *devorando saladas de pérolas*, etc.".[39]

Na verdade, o problema tratado tem duas dimensões. Em primeiro lugar, refere-se aos *recursos limitados* da sociedade e, por isso, à necessidade de *legitimar* sua alocação. Em segundo, tem a ver com o próprio *consumidor* real; isto é, com todas as *limitações de seus apetites*, as naturais e socioeconômicas e também as culturais.

O complexo militar-industrial "resolveu" com sucesso essas restrições fundamentais. Em relação à primeira dimensão, avaliando o ato de "devorar saladas de pérolas", é irresistível concluir pela sua gratuidade decadente, ao passo que o desperdício realmente ilimitado de "devorar" recursos equivalentes a bilhões de tais saladas de pérolas através dos anos – enquanto incontáveis milhões de seres humanos passam fome como seu "destino" inevitável, e tantos perecem diariamente no processo – consegue se legitimar como um dever patriótico inquestionável.

Igualmente, quanto ao segundo aspecto vital, o complexo militar-industrial conseguiu remover as restrições tradicionais do círculo de consumo, definidas pelas limitações dos apetites dos consumidores. Resolveu este problema reestruturando o quadro da produção de modo a eliminar, para todos os efeitos, a necessidade do consumo real. Em outras palavras, destina uma porção maciça e sempre maior dos recursos materiais e humanos da sociedade a uma forma de produção parasitária e *autoconsumidora* que está tão radicalmente divorciada das – e, na verdade, oposta às – necessidades humanas reais e do correspondente consumo, que pode considerar sua justificativa racional e objetivo último, não menos contraditório e desumano do que a destruição total da humanidade.

### 5.4.4

O capitalismo, enquanto modo de reprodução social, é caracterizado pela contradição inconciliável entre a produção para o *uso* (correspondente à necessidade) e a produção para a *troca*, que em certo estágio do desenvolvimento se torna um fim em si mesma, subordinando todas as considerações do uso humano a sua lógica completamente perversa de auto-reprodução alienante. E, como a expansão do valor de troca é a preocupação dominante desta sociedade, toda forma de mistificação é utilizada para aparentar que a produção de uma quantidade de valor de troca sempre crescente, não importa quão obviamente desperdiçadora, está perfeitamente de acordo com os melhores princípios da "racionalidade econômica", correspondendo com grande eficácia a alguma "demanda real".

Por isso, a questão do *uso real* é exorcizada como decorrência da *prática de confundir* anteriormente mencionada, e o mero ato da *transação comercial* se torna o

---

[39] Marx, *Grundrisse*, p. 270.

298 *Ciência, ideologia e metodologia*

único critério relevante de "consumo", fundindo, desse modo, os conceitos de *uso* e *troca*. Assim como podemos testemunhar em outros contextos a identificação totalmente mistificadora do "*produtor*" com o *capitalista*, com o objetivo de eliminar do cenário o embaraçoso produtor real – o trabalhador –, aqui nos defrontamos com a identificação tendenciosa do comprador com o chamado "consumidor".

Graças a esta última mistificação, dois problemas delicados são convenientemente resolvidos de um só golpe. Primeiro, a questão sobre a existência de algum *consumo real* – correspondente a uma *necessidade humana* – subseqüente ao necessário passo preliminar da *transação "contratual"* não pode sequer surgir, pois o simples ato de transferência da mercadoria para o novo proprietário, em troca de dinheiro a ser reinvestido, completa o circuito da auto-reprodução ampliada do capital. E, segundo, as mercadorias podem agora ser *acumuladas* sem qualquer dificuldade ou justificativa em ambos os lados da *relação de troca*, pois o próprio *ato da compra* pode, em princípio, "consumir" uma quantidade *ilimitada* de bens (sem consumir na realidade *absolutamente nada*), em vista do fato de não estar vinculado aos apetites necessariamente limitados dos seres humanos reais.

O complexo militar-industrial não apenas aperfeiçoa os meios pelos quais o capital pode agora tratar todas essas limitações e contradições estruturais, mas também realiza um "salto quântico" no sentido de que o alcance e a dimensão das operações lucrativas se tornam incomparavelmente maiores do que se poderia conceber nos primeiros estágios do desenvolvimento. Este salto quântico cria escoadouros anteriormente inimagináveis, modificando qualitativamente, portanto, a relação de forças em favor do capital por um período diretamente proporcional ao tamanho destes próprios escoadouros produtivos recém-criados.

Naturalmente, esta nova modalidade de produção pede ajustes categoriais adequados para ser capaz de enfrentar – quanto à dimensão vital da racionalização e legitimação ideológicas – as práticas dominantes da ordem reestruturada do capital. Por isso, se uma porção importante dos recursos disponíveis é abertamente destinada à *produção de desperdício*, igualando a produção dos meios de destruição à *produção* como tal, tudo isso ocorre, é claro, com o inatacável propósito de "proporcionar empregos muito necessários". Também não se precisa mais levar em conta as dificuldades causadas pelas restrições dos apetites humanos e da renda pessoal. O assim chamado "*consumidor*" já não é apenas o agregado disponível de indivíduos limitados. Na verdade, graças à importante transformação das estruturas produtivas dominantes da sociedade do pós-guerra, associada com o correspondente realinhamento de sua relação com o Estado capitalista (tanto para propósitos econômicos quanto para assegurar a legitimação ideológico-política necessária), a partir de agora, o *produtor-comprador-consumidor* miticamente fundido é nada menos do que a própria "nação".

Esta é outra inovação fundamental do complexo militar-industrial. Pois, enquanto a anterior identificação do *comprador* com o *consumidor* se limitava a colocar de lado a questão embaraçosa dos apetites humanos e da exigência tradicional de se produzir bens com um uso real correspondente a tais apetites, não era adequado oferecer às restrições financeiras ligadas à "soberania do consumidor" individual soluções que frustrassem as necessidades expansionistas alienadas do próprio processo de realização capitalista. Somente a "nação" poderia satisfazer a dupla exigência de fornecer, por um lado, uma *bolsa inesgotável* (durante algum tempo) para tornar possível a auto-reprodução ampliada do capital e, por outro, um *buraco sem fundo* para engolir todo o desperdício resultante.

Na verdade, o desperdício e a destruição dos ativos produtivos têm sido associados às práticas capitalistas já há muito tempo. Manifestaram-se, no passado, sobretudo pela destruição periódica do capital superproduzido nas épocas de grandes dificuldades econômicas. Entretanto, a inovação do capitalismo "avançado" e de seu complexo militar-industrial é que agora a prática anterior – o fornecimento para as exigências excepcionais e emergenciais das crises – é *generalizada* e se transforma no *modelo da normalidade* para a vida cotidiana de todo o sistema orientado à *produção para a destruição* como fato natural, em conformidade com a taxa de uso decrescente tendendo à *taxa zero*.

Essa nova normalidade do sistema capitalista permite que ele desloque (mas, evidentemente, não elimine) a contradição fundamental do capital desenvolvido: a superprodução. Graças à capacidade do complexo militar-industrial de *impor* suas necessidades à sociedade, a velha ilusão da economia política burguesa – a pretensa identidade da *oferta* e da *procura* – é manipuladoramente realizada, por algum tempo, dentro de sua estrutura.

Marx acertadamente censurou os economistas políticos clássicos que tentavam eliminar a contradição entre produção e consumo afirmando que "a oferta e a procura são [...] idênticas, e por isso devem necessariamente corresponder uma à outra. Ou seja, a *oferta* é supostamente uma demanda *medida por sua própria quantidade*".[40]

Agora, aquilo com que os economistas políticos só podiam sonhar é estabelecido *por decreto* pelo todo-poderoso complexo militar-industrial, agindo em sintonia com o Estado capitalista. Assim, tanto a oferta quanto a procura são cinicamente relativizadas, para permitir a legitimação da *oferta real* mediante uma *"demanda" fictícia*. Como resultado, a oferta em questão – por mais que seja desperdiçadora, perigosa, indesejada e destrutiva – é violentamente imposta à sociedade por meio de dispositivos jurídicos incontestáveis e se torna a suprema *"demanda da nação"*, real e efetivamente *"medida por sua própria quantidade"* e protegida pelo Estado servil até mesmo contra as limitações dos critérios capitalistas do "custo de produção racional", concedendo aumentos anuais do orçamento militar que permanecem imunes à inflação, à custas de todos os serviços sociais e das necessidades humanas reais.

O mesmo ocorre com respeito ao desenvolvimento da ciência e à transformação das práticas produtivas de acordo com suas potencialidades inerentes, que se espera que favoreçam a expansão do valor de uso e a interação dialética do valor de uso, progressivamente em expansão, com o desenvolvimento das necessidades humanas. Como resultado das novas exigências e determinações do capital, a ciência afastou-se de seus objetivos positivos e assumiu o papel de auxiliar a multiplicação das forças e modalidades de destruição, tanto diretamente, na folha de pagamento do complexo

---

[40] Ibid., p. 411.

## 300  *Ciência, ideologia e metodologia*

militar-industrial perversa e catastroficamente esbanjador, como indiretamente, a serviço da "obsolescência planejada" e de outras práticas manipuladoras engenhosas, criadas com o propósito de manter o fantasma da superprodução longe das indústrias de bens de consumo.

### 5.4.5

Para compreender essas características desnorteantes do capitalismo contemporâneo, deve-se traçar uma distinção vital entre *produção* e *auto-reprodução*. Esta distinção é muito importante porque o capital não está nem um pouco interessado com a produção como tal, mas apenas com a *auto-reprodução*. Do mesmo modo, o *"movimento irresistível do capital rumo ao universalismo"* (destacado por Marx) só se preocupa com os interesses da auto-reprodução, e não com os da produção em si.

Naturalmente, em determinadas circunstâncias históricas, as duas podem *coincidir* em um sentido positivo; e, quando isso ocorre, o capital pode aumentar os poderes produtivos da sociedade e estimular, até o ponto determinado e permitido por seus próprios interesses, o aparecimento da "industriosidade geral". Entretanto, as condições necessárias da produção genuína e as da auto-reprodução ampliada do capital nem sempre coincidem, até podendo, ao contrário, se opor diametralmente umas às outras.

Em total contraste com a articulação social predominantemente produtiva do capital durante a época de Marx, o capitalismo contemporâneo atingiu o estágio em que a *disjunção radical* entre a produção genuína e a auto-reprodução do capital não é mais uma possibilidade remota, mas uma cruel realidade, com conseqüências devastadoras para o futuro. Atualmente, as barreiras à produção capitalista são superadas pelo próprio capital, com o objetivo de assegurar sua própria reprodução – em uma extensão já grande e constantemente crescente – sob a forma de uma *auto-reprodução destrutiva*, em oposição antagônica à *produção* genuína.

Neste sentido, os limites do capital não podem mais ser definidos meramente como obstáculos materiais a um maior aumento da produtividade e da riqueza social e, portanto, como um *freio* ao desenvolvimento, mas como um desafio direto à sobrevivência da humanidade. E, em outro sentido, os limites do capital podem se voltar contra ele enquanto controlador do metabolismo social – não quando seus interesses colidem com o interesse social geral da ampliação das forças de produção genuína, mas apenas quando o capital já não é capaz de garantir, com os meios que tem a sua disposição, as condições de sua *auto-reprodução destrutiva* e provoca, por essa razão, o colapso de todo o metabolismo social.

A dominação da ciência pelo complexo militar-industrial é parte essencial da auto-reprodução destrutiva do capital. Esta é a razão pela qual, no interesse da emancipação, a definição da responsabilidade social da ciência é hoje em dia particularmente importante.

*Capítulo 6*

# METODOLOGIA E IDEOLOGIA

## 6.1 A ideologia da neutralidade metodológica

### *6.1.1*

Em parte alguma o mito da neutralidade ideológica – a autoproclamada *Wertfreiheit*, ou neutralidade axiológica, da chamada "ciência social rigorosa" – é mais forte do que no campo da metodologia. Na verdade, encontramos com freqüência a afirmação de que a adoção deste ou daquele quadro metodológico nos isentaria automaticamente de qualquer controvérsia sobre os valores, visto que eles são sistematicamente excluídos (ou adequadamente "postos entre parênteses") pelo próprio método cientificamente adequado, poupando-nos assim de complicações desnecessárias e garantindo a objetividade desejada e o resultado incontestável.

Afirmações e procedimentos deste tipo são, é claro, extremamente problemáticos, porque *presumem*, de modo circular, que seu entusiasmo pelas virtudes da "neutralidade metodológica" produziria inevitavelmente soluções "axiologicamente neutras" em relação a assuntos altamente controversos, sem inicialmente examinar a importantíssima questão da *possibilidade* da neutralidade sistemática no plano da própria metodologia. Considera-se que a validade do procedimento recomendado seja indiscutível e *evidente por si mesma*, por conta de seu caráter *puramente metodológico*.

Na verdade, esta abordagem da metodologia tem um forte viés ideológico conservador. Entretanto, uma vez que se diz que o plano da *metodologia* (e da "metateoria") está *em princípio* separado daquele das questões *substanciais*, o círculo metodológico pode ser convenientemente fechado. Depois disso, acredita-se que a mera insistência no caráter puramente metodológico dos critérios estabelecidos legitima a afirmação de que a abordagem em questão é neutra porque todos podem adotá-la como o quadro comum de referência do "discurso racional".

Mas, muito curiosamente, os princípios metodológicos propostos são definidos de tal forma que áreas de grande importância social são excluídas *a priori* deste discurso racional por serem "metafísicas", "ideológicas", etc. Tal aceitação de uma única abordagem como admissível tem por efeito desqualificar automaticamente, em nome da

302  *Ciência, ideologia e metodologia*

própria *metodologia*, todas as abordagens que não se ajustam àquela estrutura discursiva. Como resultado, os proponentes do "método correto" evitam todas as dificuldades que acompanham o reconhecimento das divisões e das incompatibilidades reais, à medida que elas necessariamente se desenvolvem a partir dos interesses sociais antagônicos que estão nas raízes de abordagens alternativas e dos conjuntos de valores rivais a elas associados.

É aí que podemos ver mais claramente a orientação social implícita em todo o procedimento. Longe de oferecer um espaço adequado para a investigação crítica, a adoção geral do quadro metodológico pretensamente neutro equivale, de fato, a consentir em não levantar as questões que realmente importam. Em vez disso, o procedimento metodológico "comum" estipulado consegue apenas transformar o "discurso racional" na prática dúbia da produção de uma *metodologia pela metodologia*: tendência mais pronunciada no século XX do que em qualquer época anterior. Esta prática consiste em afiar a faca metodológica recomendada até que nada reste a não ser o cabo, quando então uma nova faca é adotada com o mesmo propósito, pois a faca metodológica ideal não se destina a cortar, mas apenas a ser afiada, interpondo-se assim entre a intenção crítica e os objetos reais da crítica, que acaba por eliminar enquanto prossegue a atividade pseudocrítica de afiar por afiar a faca. E é exatamente este seu propósito ideológico inerente.

### 6.1.2

Naturalmente, falar de uma estrutura metodológica "comum" na qual se possam resolver os problemas de uma sociedade dilacerada por interesses sociais inconciliáveis e as confrontações antagônicas decorrentes é, na melhor das hipóteses, ilusório, apesar de todo o discurso sobre as "comunidades ideais de comunicação". Mas definir os princípios metodológicos de todo discurso racional pela transubstanciação da discussão dos valores sociais antagônicos em "tipos ideais" (ou colocando-a entre "parênteses" metodológicos) revela o colorido ideológico e também a extrema falácia da pretensa racionalidade. Tal tratamento das principais áreas de conflito, sob uma grande variedade de formas – desde a versão vienense do "positivismo lógico" até a famosa escada de Wittgenstein, que deve ser "jogada fora" no momento de confrontar a questão dos valores, e desde a defesa do princípio popperiano do "pouco a pouco" até a teoria "emotivista" do valor –, inevitavelmente favorece a ordem estabelecida. E o faz declarando que os parâmetros estruturais fundamentais da sociedade em questão estão "proibidos" aos potenciais contestadores, pela autoridade da metodologia idealmente "comum".

Entretanto, mesmo em uma verificação superficial das questões em jogo fica bastante óbvio que consentir em *não* questionar o quadro estrutural fundamental da ordem estabelecida é *radicalmente* diferente conforme seja feito por algum beneficiário dessa ordem ou do ponto de vista daqueles que sofrem suas conseqüências, explorados e oprimidos pelas determinações gerais (e não apenas por algum detalhe limitado e mais ou menos facilmente corrigível) dessa mesma ordem. Conseqüentemente, estabelecer a identidade "comum" dos dois lados opostos de uma ordem hierárquica estruturalmente salvaguardada – reduzindo-se as pessoas que pertencem às forças sociais em disputa a fictícios "interlocutores racionais", extraídos de seu mundo real dividido e transplantados para o universo "compartilhado" do discurso ideal – seria, em suma, um milagre metodológico.

Ao contrário de uma hipostasiada comunalidade racional atemporal e socialmente inespecífica, a condição elementar de um discurso verdadeiramente racional estaria em reconhecer a legitimidade de contestar a própria *substância* da ordem social vigente. Isto implicaria a articulação dos problemas relevantes, não no plano da teoria auto-referencial e da metodologia, mas como questões inerentemente *práticas* cujas condições de solução apontam para a necessidade de mudanças estruturais radicais. Em outras palavras, exigiria a rejeição explícita de toda a ficção da neutralidade metodológica e metateórica. Mas é claro que seria demais esperar que isso ocorresse, precisamente porque a sociedade em que vivemos é uma sociedade profundamente dividida. Portanto, por meio das dicotomias entre "fato e valor", "teoria e prática", "racionalidade formal e substancial", etc., o milagre metodológico que transcende o conflito é constantemente proposto, no interesse da *ideologia dominante*, como a estrutura reguladora necessária do "discurso racional" nas humanidades e nas ciências sociais.

O que torna essa abordagem particularmente difícil de desafiar é que seus compromissos de valor são a tal ponto *mediados* por preceitos metodológicos que é virtualmente impossível discuti-los sem contestar abertamente a estrutura como um todo. Os conjuntos de valores conservadores que estão na raiz de tal orientação permanecem bem distantes do assunto ostensivo em disputa, definido em termos lógico-metodológicos, formal-estruturais e semântico-analíticos. E quem suspeitaria do viés ideológico das credenciais impecáveis – metodologicamente sancionadas – das "regras de procedimento", dos "modelos" e dos "paradigmas"?

No entanto, uma vez adotados tais paradigmas e regras como o quadro de referência comum do que é ou não um legítimo objeto de debate, tudo o que entra nos parâmetros aceitos é necessariamente restringido, não só pela pequena extensão do quadro geral, mas também pelas suposições ideológicas não explícitas sobre cujas bases os próprios princípios metodológicos foram constituídos. Por isso, as ideologias pretensamente "não-ideológicas" que, com tanto sucesso, exercem sua função apologética sob o disfarce da metodologia neutra são duplamente mistificadoras.

As correntes de pensamento do século XX são dominadas por abordagens que tendem a articular os interesses e os valores sociais da ordem dominante através de mediações complicadas – às vezes completamente desnorteantes – no plano metodológico. Portanto, mais do que no passado, a tarefa da desmistificação ideológica é inseparável da investigação do inter-relacionamento dialético complexo entre os métodos e os valores, do qual nenhuma teoria ou filosofia social consegue escapar.

## 6.2 A reprodução dos sistemas teóricos representativos

Em sua discussão em *Questão do método*, Sartre opôs a filosofia à ideologia e declarou:

> Os períodos de criação filosófica são raros. Entre os séculos XVII e XX vejo três desses períodos, que eu designaria pelos nomes dos homens que os dominaram: há o "momento" de Descartes e Locke, o de Kant e Hegel e, finalmente, o de Marx. Essas três

304  *Ciência, ideologia e metodologia*

filosofias se tornaram, cada uma por sua vez, o húmus de qualquer pensamento particular e o horizonte de toda a cultura; não há como ir além delas enquanto o homem não tenha ido além do momento histórico que essas filosofias expressam. Tenho dito freqüentemente que um argumento "antimarxista" é apenas o aparente rejuvenescimento de uma idéia pré-marxista. Uma pretensa "superação" do marxismo seria, na pior das hipóteses, apenas um retorno ao pré-marxismo; na melhor, apenas a redescoberta de um pensamento já contido na filosofia que alguém acredita ter superado.[1]

Quando escreveu estas linhas, Sartre teve suas razões para traçar, do modo como o fez, as linhas de demarcação entre filosofia e ideologia. Esse foi o período em que estava tentando estabelecer uma síntese entre o existencialismo e o marxismo dentro do quadro deste último. Desse modo, designou os raros sistemas "totalizantes" pelo nome de filosofia e reservou o termo "ideologia" para os empreendimentos mais limitados que, em sua opinião, não podem escapar, por mais que tentem, do campo gravitacional do sistema historicamente dominante e todo-abrangente de sua época. Sartre, referindo-se aos criadores de tais sistemas parciais, escreveu:

Vou chamar de "ideólogos" estes homens *relativos*. E, uma vez que devo falar de existencialismo, vamos deixar claro que o considero como uma "ideologia". É um sistema parasitário que vive à margem do Conhecimento, a que de início ele se opôs, mas ao qual atualmente busca se integrar.[2]

Não pode haver dúvida de que esta oposição da filosofia à ideologia (da qual a contraposição althusseriana da "teoria" à "ideologia" é uma variante não reconhecida) é altamente problemática, pois toda filosofia é ao mesmo tempo uma ideologia. Entretanto, não estamos preocupados aqui com as determinações históricas e ideológicas da posição sartriana. O que interessa, no presente contexto, é sua proposição fundamentalmente válida que vincula intimamente as grandes filosofias do passado e do presente ao cenário social particular – que abrange toda uma época histórica – que define positivamente e limita negativamente seu horizonte conceitual.

Situar as várias filosofias em seu cenário histórico-temporal é essencial também para se compreender o significado específico e carregado de valor de seu método aparentemente *abstrato*, freqüentemente proposto como *atemporal*. Pois

Toda filosofia é prática, mesmo aquela que, de início, parece a mais contemplativa. Seu *método* é uma *arma social e política*. O *racionalismo crítico* e analítico dos grandes cartesianos sobreviveu a eles; nascido do conflito, olhava para trás a fim de esclarecer o conflito. Na época em que a burguesia tentava destruir as instituições do Antigo Regime, atacou as formulações desgastadas que tentavam justificá-las.[3] Mais tarde,

---

[1]  Sartre, *The Problem of Method*, Londres, Methuen, 1963, p. 7. [Ed. bras.: *Questão de método*, São Paulo, Difusão Européia do Livro, 1966.]

[2]  Ibid., p. 8.

[3]  Neste ponto, Sartre acrescenta uma esclarecedora nota de rodapé: "No caso do cartesianismo, a ação da 'filosofia' permanece *negativa*; ela abre caminho, destrói e permite que os homens, em meio às infinitas complexidades e particularismos do sistema feudal, *vislumbrem a universalidade abstrata da propriedade burguesa*. Mas em circunstâncias diferentes, quando a luta social assume outras formas, a contribuição da teoria pode ser *positiva*" (ibid., p. 5).

Metodologia e ideologia 305

ofereceu seus serviços ao *liberalismo* e forneceu uma doutrina para os procedimentos que tentavam realizar a "atomização" do proletariado.[4]

Portanto, os métodos – por mais abstratos e mediados que sejam – das filosofias rivais são inseparáveis das *preocupações práticas* que elas defendem à sua própria maneira. Originam-se de tais preocupações e podem acomodar em sua estrutura os interesses temporalmente definidos das forças sociais com cujo ponto de vista se identificam, mais ou menos conscientemente, os pensadores que conceitualmente articulam tais interesses.

Quando métodos rivais se engajam em uma luta prática, têm uma margem de manobra significativa precisamente porque seus princípios são expressos mais em termos das linhas mais amplas e dos princípios reguladores gerais de uma metodologia do que como proposições altamente específicas, enunciadas com respeito a circunstâncias de importância estrutural apenas parcial. As proposições deste último tipo, em contraste, representam a adaptação mais ou menos "tática" dos próprios princípios gerais às circunstâncias em constante mudança, baseada em uma "retroalimentação" cujo objetivo é circunscrito, de modo flexível mas inevitável, pelo próprio método "totalizante". Na verdade, de acordo com as determinações historicamente mutáveis das classes sociais cujos interesses fundamentais eles articulam, tais métodos podem até ter sua função central alterada, de uma função dinamicamente progressiva (como o "racionalismo crítico" de várias formas de cartesianismo durante um longo período histórico) para uma função que se esgota na prática "liberal" da manipulação social e da racionalização apologética da ordem estabelecida. Entretanto, jamais conseguem se libertar das determinações sociais específicas e das tarefas práticas que necessariamente estabelecem os limites para a estrutura conceitual e circunscrevem a validade histórica relativa de qualquer metodologia.

## 6.3 Filosofias vivas e métodos concorrentes

Nesse contexto, surgem duas questões importantes. A primeira refere-se às condições sob as quais os vários sistemas filosóficos – com suas regras metodológicas específicas e modelos de "procedimento correto" – se *originam* e se afirmam como o quadro orientador abrangente do pensamento de sua época. E a segunda questão, igualmente relevante, está relacionada à contínua *reprodução* de sua importância, de uma forma ou de outra, para sua época. Sem a reafirmação efetiva da validade de seus princípios centrais, eles não possuiriam o *significado representativo* que sem dúvida possuem precisamente em virtude de tal reprodução, quer pensemos nas filosofias cartesiana e kantiana, quer na abordagem marxiana.

Sem investigar essas questões, será difícil apreender as complexas determinações que estão por trás da articulação original e das transformações sócio-historicamente concretas dos grandes sistemas filosóficos. Espera-se então que atribuamos seu sucesso às "descobertas" mais ou menos idealisticamente concebidas de grandes indivíduos, ou terminemos a investigação (como ocorreu com Sartre) com a afirmação genérica,

---

[4]  Ibid.

306 *Ciência, ideologia e metodologia*

ainda que correta em sua generalidade, de que os sistemas em questão dão expressão ao movimento geral de sua sociedade. Além disso, espera-se também que aceitemos a opinião muito simplificada de que "não se pode jamais encontrar ao mesmo tempo mais de *uma* filosofia viva".[5]

Entretanto, a questão de o quanto uma filosofia está viva ou morta não é decidida por intelectuais iluminados de acordo com os critérios teoricamente mais avançados de outra filosofia, ainda que seja a mais moderna e progressista. É determinada, de modo menos tranqüilizador, pela capacidade de a filosofia em questão reproduzir sua própria relevância teórica e prática em alguma força social fundamental da época.

Não importa o quanto essa força – e, em conseqüência, a correspondente substância teórica da filosofia analisada – possa ser problemática (ou mesmo reacionária) se considerada a partir de uma perspectiva histórica mais ampla. Enquanto ela puder se reproduzir com êxito no contexto de um continuado antagonismo social, nada mais é preciso para sustentar suas reivindicações de vitalidade do que seu poder para combater o adversário com eficácia nos relevantes planos da vida social e intelectual. Contudo, se separarmos a ideologia da filosofia já não há sentido em falar das "formas ideológicas em que os homens se tornam conscientes de seus conflitos sociais e os resolvem pela luta", como faz Marx, pois esta confrontação fica mais parecida com um boxeador lutando contra sua sombra do que com uma luta real. Nesse caso, a questão seria automaticamente decidida, por definição, em favor da "filosofia viva", quando o período mais recente da "criação filosófica" – o "momento de Marx", por exemplo, em oposição ao de Kant e de Hegel, sem mencionar outros antes deles – expulsasse para o reino dos mortos as filosofias que antes da chegada do novo momento ainda estavam vivas.

Muito curiosamente, a afirmação sartriana de que nunca existe ao mesmo tempo mais do que uma filosofia viva é precedida pela reformulação de uma idéia tipicamente kantiana, ainda que o próprio Sartre possa não estar consciente disso. Declara ele: "Em nossa opinião, *a filosofia não existe*. Seja qual for a forma sob a qual a consideremos, esta sombra da ciência, esta Eminência Parda da humanidade, é apenas uma abstração hipostasiada. Na verdade, há *filosofias*".[6] E eis como essencialmente a mesma proposição aparece na *Crítica da razão pura*, de Kant: "A *filosofia* é o sistema de toda cognição filosófica [...] o padrão pelo qual todas as filosofias *subjetivas* devem ser julgadas. Neste sentido, a filosofia é apenas a idéia de uma ciência possível, que *não existe concretamente*".[7]

Na verdade, Kant chega a negar até a existência do filósofo, considerado "o professor ideal, que emprega [a matemática, as ciências naturais e a lógica] como instrumentos para o avanço dos objetivos essenciais da razão humana. Só a ele podemos chamar de filósofo; mas ele *não existe em nenhuma parte*".[8]

Naturalmente, a inspiração kantiana de grande parte da filosofia de Sartre vai muito mais longe do que a reprodução de tais idéias. As conexões mais importantes

---

[5]  Ibid., p. 3.

[6]  Ibid.

[7]  Kant, *Critique of Pure Reason*, Londres, Dent & Sons, 1934, p. 474.

[8]  Ibid., p. 475.

podem ser encontradas na concepção sartriana da moral e em sua *Crítica da razão dialética*. Entretanto, o ponto que nos interessa aqui é que as filosofias cujo "momento" original se encontram em um passado remoto (até de vários séculos) podem readquirir a vitalidade mediante sua adequada reprodução nas, e de acordo com, novas circunstâncias sócio-históricas. Neste sentido, a filosofia kantiana, por exemplo, não apenas continuou a exercer, até em nossa época, uma influência incomparavelmente mais difundida do que a de qualquer outra filosofia, mas conseguiu influenciar também várias abordagens marxistas, desde Bernstein e Kautsky até o austromarxismo, sem esquecer, mais recentemente, Galvano della Volpe e seus seguidores (Colletti, por exemplo).

Mas, além das influências deste tipo, mesmo um sistema muito anterior (por exemplo, a filosofia de Descartes) pôde renascer algumas vezes no século XX, exercendo grande influência na maneira pela qual foi revitalizado e adaptado às exigências das novas condições. As *Meditações cartesianas* de Husserl e o desenvolvimento da fenomenologia em geral – e, na verdade, a própria filosofia de Sartre, em todas as suas fases de desenvolvimento – dão testemunho disso.

## 6.4 A necessidade da auto-renovação metodológica

As mesmas considerações se aplicam à avaliação da filosofia marxiana, não obstante sua importância representativa quanto à incorporação intelectual de uma fase mais avançada do desenvolvimento histórico. Sua reivindicação de ser o mais abrangente sistema vivo de pensamento não é julgada com base na novidade histórica de seus princípios centrais tais como inicialmente articulados na obra de seu criador. É decidida sobretudo por conta de sua contínua capacidade para oferecer – apesar dos numerosos reveses e reversões sociais e das revisões teóricas correspondentes – um quadro para a crítica radical tendo em vista uma reestruturação fundamental da sociedade em sua totalidade.

O radicalismo metodológico da abordagem marxiana e sua importância para a época em que se originou são determinados pela profunda crise de uma ordem social cujos problemas só podem ser solucionados por uma reestruturação radical da própria ordem social, nas suas dimensões fundamentais. Na falta de uma tal solução, pode-se apenas manipular, "pouco a pouco", as contradições socioeconômicas em questão e suas manifestações ideológicas, *adiando* temporariamente a erupção da crise iminente sem, no entanto, instituir um remédio estrutural adequado.

Naturalmente, a realização de uma reestruturação radical da sociedade é inconcebível como um "acontecimento" repentino e irreversível. Ela deve ser encarada, em vez disso, como um *processo* auto-renovador, mantido por um período histórico tão longo quanto persistir sua necessidade em relação a *determinadas* tarefas e a adversários ideológicos bem identificados. Quando deixa de existir a necessidade desta reestruturação radical, "do topo à base, de toda a sociedade", inevitavelmente a abordagem marxiana perde sua importância e significado como uma irreprimível "filosofia viva" e se transforma no monumental documento histórico de uma época passada, como ocorreu com outros grandes sistemas "totalizantes" antes dela.

308  *Ciência, ideologia e metodologia*

Desse modo, paradoxalmente, a concepção marxiana só pode se tornar vitoriosa com a condição de "falir" e deixar de ser a filosofia viva – isto é, o quadro orientador abrangente – das forças mais progressistas da época.

Isto pode soar perturbador para aqueles que estão cativados pela ideologia do cientificismo e querem transcender, de modo imaginário, toda ideologia. Entretanto, as conseqüências de se adotar o ponto de vista destes últimos são que se distorcem a origem e as características inerentes da abordagem marxiana, de modo a se adequar à pré-concepção cientificista, e tornam completamente incompreensíveis os desenvolvimentos subseqüentes da teoria original, realizados pelos seguidores de Marx. Passam a ser considerados "interpretações errôneas", "desvios ideológicos", "traições sociais" e assemelhados. O problema, todavia, é que caracterizações deste tipo, mesmo se descritivamente corretas, limitam-se a colocar *rótulos* nos desenvolvimentos em questão, sem tentar compreender seus complexos determinantes e funções sociais no contexto vivo das novas condições históricas.

Na realidade, o quadro marxiano – em suas origens e transformações posteriores – é ininteligível sem um pleno reconhecimento do papel ideológico vital que ele sempre teve (e tem) de desempenhar em face de outras ideologias. Por isso, nunca se deve esquecer que as "três fontes do marxismo" – a filosofia clássica alemã, a economia política inglesa e o socialismo utópico – não eram apenas *fontes* de que o marxismo tinha de se apropriar positivamente. Eram, ao mesmo tempo, os três principais adversários ideológicos da nova concepção, na época de sua formulação original por Marx.

Elas foram elevadas a tal posição-chave no novo quadro conceitual não porque representassem – pois não representavam – o outro extremo do espectro ideológico, e sim porque, além de seus méritos intrínsecos, exerciam uma influência muito desorientadora sobre o desenvolvimento do movimento da classe trabalhadora, influência da qual este último tinha de ser emancipado. Em outras palavras, eram identificadas como os interlocutores e adversários ideológicos mais importantes não no plano abstrato, enquanto potenciais opostos teóricos ao marxismo, mas precisamente enquanto sistemas *vivos* de pensamento, cujo impacto tangível sobre o movimento socialista não poderia deixar de ser desafiado. As mudanças subseqüentes na avaliação dessas "três fontes", ainda durante a vida de Marx, sem mencionar o desenvolvimento das abordagens marxistas no final do século XIX e no século XX, só se tornam significativas ante o pano de fundo das novas exigências ideológicas do movimento internacional do trabalho, e não como "descobertas teóricas" fictícias.

É instrutivo recordar, quanto a este ponto, a mudança significativa na opinião de Marx sobre Proudhon, que foi de uma empolgante simpatia à completa hostilidade. Do mesmo modo, a importância de um diálogo crítico com o socialismo utópico já era muito menor no início da década de 1850. Na verdade, mais tarde, em conseqüência de uma confrontação prática com os seguidores de Proudhon, que "tagarelam sobre ciência e nada sabem", que "na verdade preconizam a *ciência burguesa* ordinária, apenas proudhonisticamente idealizada",[9] Marx resumiu sua posição em relação às

---

[9]  Marx, Carta a Kugelmann, 9 de outubro de 1866.

figuras de destaque do pensamento utópico francês e alemão – em contraste com Proudhon, a quem rejeitava neste contexto como "um filisteu utópico" – dizendo que, "nas utopias de um Fourier, um Owen, etc., há o pressentimento e a expressão imaginativa de um mundo novo".[10]

Também em relação a Hegel, a mudança – em um sentido diametralmente oposto ao que ocorreu quanto a Proudhon, de uma avaliação negativa mais sumária nas primeiras obras até a avaliação altamente positiva nos *Grundrisse* e em *O capital*, não obstante algumas lendas completamente infundadas afirmando o contrário – é inseparável de algumas controvérsias ideológicas "internas" contra Lange e outros. Lange, autor de *A questão trabalhista: seu significado para o presente e para o futuro* (1865), que assumiu o papel de um "conciliador" no movimento alemão dos trabalhadores – e que, segundo Marx, "quer agradar a todos os lados" –,[11] exerceu grande influência sobre o movimento da classe trabalhadora alemã, defendendo uma posição dogmaticamente anti-hegeliana e antidialética (as duas coisas estão freqüentemente juntas). Como Marx escreveu mais tarde:

> *Herr* Lange me elogia em voz alta, mas com o objetivo de tornar a si mesmo importante. [...] O que o mesmo Lange diz a respeito do método hegeliano e da aplicação que faço dele é realmente infantil. Antes de tudo, ele não entende nada do método de Hegel, e depois, em conseqüência disso, muito menos ainda da aplicação crítica que faço dele. [...] Herr Lange se admira que Engels, eu, etc., levemos a sério esse cachorro morto que é Hegel, enquanto Büchner, Lange, dr. Dühring, Fechner, etc., acham que já o enterraram – coitado – há muito tempo.[12]

Exemplos deste tipo poderiam ser multiplicados, desde o contexto ideológico historicamente determinado de *A sagrada família*, *A ideologia alemã* e *A miséria da filosofia* até o *Anti-Dühring* de Engels. No que se refere à última obra, o próprio Engels tornou absolutamente claro que não foi a substância intelectual do livro do dr. Dühring que o levou a escrever sua extensa refutação crítica a ele, mas o fato de que as pessoas estavam se "preparando para difundir esta doutrina de forma popularizada entre os trabalhadores".[13]

Tendo em mente desenvolvimentos teóricos e político-intelectuais como esses, fica claro que, embora os amplos parâmetros metodológicos de todos os grandes sistemas de pensamento sejam estabelecidos para todo um período histórico, devem, mesmo assim, se redefinir constantemente como sistemas vivos, de acordo com as exigências práticas de suas funções ideológicas mutáveis. Devem entrar em diálogo crítico uns com os outros e, assim fazendo, inevitavelmente levantam a problemática sócio-historicamente específica – na verdade, em princípio "estranha" – de seus adversários ideológicos, ainda que apenas para "superá-los", tanto na teoria quanto no terreno prático-organizacional das confrontações sociais reais.

---

[10] Ibid.

[11] Marx, Carta a Engels, 11 de março de 1865.

[12] Marx, Carta a Kugelmann, 27 de janeiro de 1870.

[13] Engels, *Anti-Dühring: Herr Eugen Dühring's Revolution in Science*, Londres, Lawrence & Wishart, 1975, p. 9.

310  *Ciência, ideologia e metodologia*

## 6.5 Radicalismo metodológico e compromisso ideológico

*6.5.1*

Um período histórico sempre apresenta várias *alternativas práticas*, as quais são, em diversos graus e dentro dos limites gerais de suas determinações objetivas, viáveis para as forças sociais em disputa. Por isso, a realização de uma *tendência* histórica em desenvolvimento – e não se pode falar de necessidades históricas senão em relação a *tendências* mutantes, às vezes desconcertantemente "flexíveis" e, até certo ponto, reversíveis – é decidida com base nas alternativas particulares que são escolhidas, dentre todas as disponíveis, pelas forças sociais envolvidas, no curso de suas *interações* objetivamente condicionadas. Em conseqüência, elas precisam fazer ajustes e reajustes *recíprocos* fundamentais em suas estratégias, de modo a alinhá-las com as modificações de suas possibilidades objetivas de ação.

Certamente, as *restrições estruturais* fundamentais, correspondentes às características inerentes das forças em questão, *finalmente* prevalecem, e cumulativamente até estreitam a margem de ação possível das forças sociais rivais, uma em relação à outra. Não obstante, a *escolha* inevitável de *uma alternativa específica* em detrimento a outras carrega um *compromisso ideológico* igualmente inevitável com determinada posição. Além disso, tal escolha também traz a necessidade de se realinhar à perspectiva geral, em sintonia com o curso de ação objetivamente adotado e implícito na alternativa escolhida, combatendo desse modo não apenas o adversário, mas até as possibilidades rivais que poderiam surgir no *mesmo* lado da confrontação social fundamental. É por isso que todo grande sistema de pensamento, inclusive a orientação marxiana da crítica social, é simultânea, e "incorrigivelmente", também uma ideologia.

*6.5.2*

Para ilustrar, basta a referência ao papel que o conceito de capital – definido como um sistema global que faz valer seu poder por meio do mercado mundial – desempenha no quadro marxiano. Em sua origem, está ligado à concepção hegeliana de "história do mundo" (o domínio da auto-atividade do Espírito do Mundo), à qual a abordagem marxiana contrapõe um conjunto de acontecimentos e desenvolvimentos tangíveis e empiricamente identificáveis.

Marx formula desta maneira sua contra-imagem materialista à concepção hegeliana:

> Quanto mais as esferas separadas, que atuam umas sobre as outras, se estendem no decorrer deste desenvolvimento, e quanto mais o isolamento original das nacionalidades separadas é destruído pelo modo de produção avançado, pelo relacionamento e pela divisão natural do trabalho entre várias nações que surge como conseqüência disso, mais *a história se torna história-do-mundo*. Assim, por exemplo, se na Inglaterra for inventada uma máquina que priva de pão inúmeros trabalhadores na Índia e na China, e subverte toda a forma de existência destes impérios, esta invenção se torna um *fato histórico-mundial*. [...] Disso segue-se que esta transformação da história em história-do-mundo não é um simples ato abstrato da "autoconsciência", do espírito do mundo ou de qualquer outro espectro metafísico, mas um ato absolutamente material, empiricamente verificável, um ato cuja comprovação é apresentada por todo

indivíduo à medida que ele vem e vai, come, bebe e se veste. Na história até o presente, é certamente também um fato empírico que indivíduos isolados, com a ampliação de sua atividade em *atividade histórico-mundial*, se tornaram cada vez mais escravos de *um poder estranho a eles* (pressão essa que conceberam como um truque sujo por parte do chamado espírito do mundo, etc.), poder que se tem tornado cada vez maior e, em última instância, transforma-se no *mercado mundial*.[14]

Naturalmente, esta visão da história do mundo, concebida como o desdobramento universal do modo de produção mais avançado na estrutura de um mercado mundial plenamente desenvolvido, trazia com ele uma visão correspondente da solução dos antagonismos destrutivos da ordem social tratada. Por um lado, ela considerava, como condições necessárias de sua realização, o nível de produtividade mais alto possível (que implicava a superação das barreiras e contradições locais e nacionais, assim como a integração benéfica e a racionalização cooperativa da produção material e intelectual em uma escala global). E, por outro, antecipava, como conseqüência necessária do caráter global da tarefa identificada, a ação combinada das nações industrialmente mais poderosas, de modo a realizar a nova – em seu modo de funcionamento objetivo, "universal", e em seu espírito conscientemente internacionalista – ordem social. Citando Marx outra vez:

> este desenvolvimento das forças produtivas (que ao mesmo tempo implica a existência empírica real dos homens em *seu ser histórico-mundial*, em vez de local) é uma premissa prática absolutamente necessária, pois de sua ausência decorre a simples generalização da escassez e da privação; com a escassez, a luta pelas necessidades recomeçaria, e toda a antiga imundície voltaria necessariamente à existência; além disso, porque somente com este *desenvolvimento universal* das forças produtivas é estabelecido um *relacionamento universal* entre os homens, o que por um lado produz *em todas as nações* simultaneamente o fenômeno da massa "sem propriedade" (competição universal), fazendo *cada nação dependente das revoluções das outras*, e, finalmente, coloca *indivíduos histórico-mundiais, empiricamente universais*, no lugar dos indivíduos locais. [...] Empiricamente, o comunismo só é possível como o *ato "conjunto" e simultâneo dos povos dominantes*, o que pressupõe o desenvolvimento universal das forças produtivas e o *relacionamento mundial* a elas vinculado.[15]

É aí que podemos identificar claramente não apenas a superioridade da concepção materialista da história em relação às concepções idealistas, inclusive a hegeliana, mas também as grandes dificuldades que acompanham a adoção da abordagem marxiana porque, no que se refere às filosofias idealistas, o ônus da prova material quanto

---

[14] MECW, vol. 5, p. 50-1.

[15] Ibid., p. 49. Pouco mais adiante, Marx acrescenta no mesmo espírito: "a verdadeira riqueza intelectual do indivíduo depende inteiramente da riqueza de suas verdadeiras conexões. Somente isto conseguirá libertar os indivíduos isolados das várias barreiras nacionais e locais, levando-os à conexão prática com a produção (incluindo a produção intelectual) do *mundo todo* e tornando-lhes possível adquirir a capacidade de desfrutar desta *produção total do mundo todo* (as criações do homem). A *dependência geral*, esta forma 'natural' primordial da *cooperação histórico-mundial* dos indivíduos, será transformada por esta revolução comunista no *controle e no domínio consciente* sobre estes poderes, que, nascidos da ação dos homens em relação uns aos outros, têm até agora intimidado e dominado a estes como poderes completamente alienados deles" (ibid., p. 51-2).

312 *Ciência, ideologia e metodologia*

à realização prática das tendências históricas – compreendidas à medida que se fazem valer nas circunstâncias objetivas dos indivíduos reais que buscam seus objetivos dentro de uma rede de determinações sociais complexas – não existe e não pode existir. Isso torna compreensível a razão de a primeira grande concepção da história do mundo – a hegeliana – ter sido articulada como um sistema idealista. Como tal, ela pôde facilmente, sem incoerência conceitual, deixar de lado as imensas complicações envolvidas na demonstração do desdobramento contraditório de uma totalidade histórica realmente integrada (isto é, de um modo socialmente tangível) em escala global, sob domínio do capital. Operar dentro do quadro conceitual idealista permitia aos filósofos substituir as provas materiais requeridas pelas abstrações convenientemente maleáveis e essencialmente circulares do Espírito do Mundo "auto-alienante" e "auto-realizador".

As dificuldades de Marx, no entanto, eram inseparáveis da adoção dos princípios orientadores materialistas e do correspondente método histórico e dialético. O aspecto problemático da visão manifestada nas duas últimas citações não era sua relevância ao novo período histórico como um todo – o que não pode ser contestado, exceto a partir de um ponto de vista aprioristicamente hostil –, mas sua relação com a situação real na maior parte do mundo, na época de sua concepção. Porque mesmo hoje, 143 anos depois, a "existência empírica real dos homens em seu ser histórico-mundial, em vez de local", está longe de ser uma realidade plenamente concretizada, pois o "desenvolvimento universal das forças produtivas e o relacionamento mundial a elas vinculado" está ainda em processo, um tanto contraditório, de desdobramento, com grandes controvérsias que afetam a avaliação tanto de sua *escala de tempo* factível quanto das *modalidades* de sua realização prática.

Desse modo, a afirmação de que "o comunismo só é possível como o ato 'conjunto' e simultâneo" dos povos dominantes permanece plausível como a "premissa prática absolutamente necessária" e a caracterização das condições de uma transição bem-sucedida do período capitalista para a nova ordem social, em uma escala não mais vulnerável à intervenção externa e à subversão. Obviamente, no entanto, esta afirmação se torna muito problemática quando se tenta interpretá-la como uma declaração profética sobre as formas específicas do colapso do capital ou como um guia estratégico que indica os passos mediadores *necessariamente parciais* rumo ao futuro.

Compreensivelmente, Marx fez uma escolha consciente quanto à estratégia a ser defendida, e se identificou com a alternativa escolhida com um compromisso ideológico apaixonado. Estava constante e ansiosamente à procura dos sinais da crise iminente,[16]

---

[16] Eis aqui uma seleção das passagens relevantes de suas cartas sobre este ponto, limitadas aos anos 1857-58:
"Na Inglaterra, as coisas afinal se precipitarão" (Carta a Engels, 18 de março de 1857).
"A crise norte-americana – sua irrupção em Nova York foi prevista por nós na *Revue* de novembro de 1850 – é bonita e teve repercussões imediatas na indústria francesa, pois os produtos de seda estão agora muito mais baratos em Nova York do que os produzidos em Lyon." (Carta a Engels, 20 de outubro de 1857.)
"O pânico monetário em Londres foi abrandado em certa medida durante os últimos dias, mas logo recomeçará [...]. Quanto aos Estados Unidos, parece quase certo que, como resultado da crise, os protecionistas prevalecerão. No que se refere aos respeitáveis ingleses, isto terá repercussões duradouras e desagradáveis. [...] Jones está desempenhando um papel muito estúpido. Como você sabe, muito antes da crise e sem

até em circunstâncias de penúria e adversidade pessoal – às vezes insuportáveis.[17] Como confessou em uma carta:

> nenhum objetivo particular em vista, a não ser criar um pretexto para a agitação durante a calmaria, ele propôs a realização de uma conferência cartista a que seriam convidados radicais burgueses (não apenas Bright, mas até mesmo gente como Cunningham). [...] Agora, em vez de fazer uso da crise e substituir pela agitação genuína um pretexto mal escolhido para a agitação, ele se apega ao seu disparate; escandaliza os trabalhadores pregando a cooperação com os burgueses [...]." (Carta a Engels, 24 de novembro de 1857.)
>
> "As medidas políticas contra as exportações de metais em barra, atualmente em pleno vigor na França, [...] adiaram por uma ou duas semanas o escoamento de metais em barra do Banco da França. Não obstante, o escoamento vai começar, e mesmo que, como em 1856 (outubro), não dure muito, a catástrofe será completa. Enquanto isso, os industriais franceses estão tratando seus trabalhadores de modo tão implacável que nem parece ter havido uma revolução. Isto será vantajoso [...]. Estou trabalhando feito louco todas as noites reunindo meus estudos econômicos para pelo menos conseguir realizar o plano geral [os *Grundrisse*] antes do dilúvio. Visto que Lupus [Wilhelm Wolff, trabalhador revolucionário e seu amigo íntimo] mantém um registro regular das nossas *previsões de crises*, diga-lhe que *The Economist* do último sábado afirma que, durante os últimos meses de 1853, todo o ano de 1854, o outono de 1855 e 'as repentinas mudanças de 1856', a Europa nunca esteve tão próxima da catástrofe." (Carta a Engels, 8 de dezembro de 1857. Engels respondeu a última frase em uma carta a Marx, datada de 17 de dezembro de 1857: "Lupus está se desculpando; nós estávamos certos".)
>
> "Estou trabalhando muito, normalmente até às quatro horas da manhã. Estou realizando uma dupla tarefa: 1) Preparar um plano geral da economia política. [...]. 2. A crise atual. Com exceção dos artigos para o *Tribune*, tudo o que faço é registrar tudo o que se refere à crise, o que, no entanto, consome um tempo enorme. Penso que, talvez por volta da primavera, devemos escrever juntos um panfleto sobre a questão como um lembrete ao público alemão de que ainda continuamos vivos, e *sempre os mesmos*. [Itálicos de Marx.] Iniciei três grandes livros de registros – Inglaterra, Alemanha e França. Todo o material sobre a questão norte-americana está disponível no *Tribune* e pode ser reunido depois. [...] Escreva-me sempre que tiver tempo, pois mais tarde você certamente vai esquecer toda a 'chronique scandaleuse' da crise, de tanto valor para nós." (Carta a Engels, 18 de dezembro de 1857.)
>
> "A atual crise comercial levou-me a começar a trabalhar seriamente em meu plano geral da economia política, e também a preparar algo sobre a crise atual." (Carta a Ferdinand Lassalle, 21 de dezembro de 1857.)
>
> "A própria crise francesa não vai irromper até que a *crise geral* tenha atingido um certo grau na Holanda, na Bélgica, no *Zollverein* [união alfandegária], na Itália (incluindo Trieste), na parte oriental do Mediterrâneo e na Rússia [...]. Quando a crise francesa irromper, vai ser o diabo tanto para o mercado de valores quanto para os valores daquele mercado, o *Estado* [...]. Toda a velha estrutura apodrecida está ruindo, e a grotesca corrida ao mercado de valores na Inglaterra, etc., que tem ocorrido até agora, também vai terminar em desastre." (Carta a Engels, 25 de dezembro de 1857.)
>
> "Agora que estou finalmente pronto para começar a trabalhar, depois de quinze anos de estudo, sinto uma sensação desconfortável de que *movimentos turbulentos* vindos de fora provavelmente vão interferir. Não importa. Se eu terminar muito tarde e por isso já não encontrar o *mundo atento a tais questões*, a culpa será claramente minha [...]. Períodos turbulentos estão à vista. Se eu simplesmente consultasse minhas próprias inclinações, desejaria mais alguns anos de calma aparente. Não haveria época melhor para empreendimentos intelectuais [...]. Entretanto, todas estas não passam de ruminações prosaicas que serão varridas pela primeira tempestade." (Carta a Lassalle, 22 de fevereiro de 1858.)
>
> "Não há dúvida de que haverá uma quebradeira na França, seguida por fatos semelhantes na Bélgica, na Holanda, na Prússia Renana, etc. Na Itália, a situação é realmente ameaçadora [...] No todo, a crise vai avançando lenta e silenciosamente, como uma velha toupeira." (Carta a Engels, 22 de fevereiro de 1858.)
>
> "A *história* está prestes a *começar de novo*, e os sinais de dissolução em *toda parte* são prazerosos para todo aquele que não se curva à manutenção das coisas como elas estão." (Carta a Lassalle, 31 de maio de 1858.)

[17] Ele escreveu a Engels em fevereiro de 1857: "Visto que, em meio à *minha própria crise*, é muito edificante para mim ouvir falar em *crises*, mande-me algumas linhas contando como estão as coisas nos distritos industriais. Não estão boas, segundo as reportagens dos jornais londrinos". (Carta a Engels, 24 de fevereiro de 1857.) Nove meses mais tarde retomou o tema no mesmo tom: "Embora minhas dificuldades financeiras sejam medonhas, jamais, desde 1849, eu me senti tão bem quanto durante esta insurreição" (Carta a Engels, 13 de novembro de 1857). E sua atitude permaneceu a mesma, até quando teve de tornar clara sua percepção

314  *Ciência, ideologia e metodologia*

Tive de usar cada momento em que era capaz de trabalhar para terminar a tarefa à qual sacrifiquei minha saúde, minha felicidade na vida e minha família. [...] Eu rio dos chamados homens "práticos" e de sua sabedoria. Se alguém escolhesse ser um boi, poderia evidentemente voltar as costas para as agonias da humanidade e cuidar de sua própria pele. Mas eu certamente teria me considerado inepto se tivesse morrido sem terminar completamente meu livro, pelo menos no manuscrito.[18]

Desnecessário afirmar que a perspectiva de se tornar um "homem prático" era rejeitada por Marx com desprezo, apesar dos pesados dilemas pessoais que sua atitude "endurecida" necessariamente acarretava. Mas, até quando a dúvida sobre as implicações do desenvolvimento global ainda *ascendente* do capital entrava em seu horizonte de considerações,[19] se recusava a mudar sua posição. Considerando as possíveis armadilhas estratégicas dessas implicações para a adoção de uma perspectiva desmobilizadora pelo movimento da classe trabalhadora, recusou fazer concessões à margem de manobra da ordem capitalista para *deslocar*, senão para *superar*, suas contradições internas. Pelo contrário, continuou a se concentrar naqueles sinais que apontavam para uma ruptura dinâmica e iminente. Exemplos neste sentido variam desde o modo como saudou o movimento dos escravos na América e dos servos na Rússia[20] até sua tentativa de teorizar, em sua correspondência com Vera Zassulitch, as potencialidades positivas de uma transformação socialista que se iniciava na Rússia capitalisticamente atrasada.

## 6.6 A unidade metodológica da ciência e da ideologia

### 6.6.1

Inevitavelmente, então, a "ciência *proletária*" de Marx, conscientemente oposta à "ciência *burguesa* comum"[21] de Proudhon e seus seguidores – ou, neste ponto, a qualquer outro que imaginasse que a teoria social científica, como "ciência" pura e simples, pudesse ser separada e artificialmente contraposta à ideologia –, representou a *unidade dialética* das aquisições teóricas e das determinações de valor que era possível nas condições sócio-históricas dadas. Marx tratava com sarcasmo a postura pseudocientífica dos "representantes da 'jovem França' (não trabalhadores)" que rejeitavam sumariamente as visões de seus oponentes como "preconceitos antiquados", esperando a

---

da amarga ironia inerente à situação, em sua confissão a Engels: "Pessoalmente, posso me enterrar no trabalho e fugir da *misère*, dedicando minha atenção às *universalidades*. Minha mulher, evidentemente, não possui tal refúgio". (Carta a Engels, 28 de janeiro de 1858.)

[18]  Marx, Carta a S. Meyer, 30 de abril de 1867.

[19]  Ver Marx, Carta a Engels datada de 8 de outubro de 1858.

[20]  "Em minha opinião, as coisas mais importantes que estão acontecendo atualmente no mundo são, por um lado, o movimento dos escravos na América, iniciado com a morte de John Brown, e, por outro, o movimento dos servos na Rússia. Você terá percebido que a aristocracia russa se lançou inteiramente na agitação por uma constituição e que duas ou três pessoas das principais famílias já encontraram seu caminho para a Sibéria. Ao mesmo tempo, Alexandre estragou as coisas com os camponeses através do último manifesto, que declara sem rodeios que o 'princípio comunista' deve acabar com a emancipação. Assim sendo, o movimento 'social' começou no Ocidente e no Oriente. Isto, acrescido à esperada derrocada da Europa central, será grandioso." (Carta a Engels, 11 de janeiro de 1860.)

[21]  Marx, Carta a Kugelmann, 13 de outubro de 1866.

Metodologia e ideologia 315

salvação, com uma arrogância intelectual característica, da gradual concretização de uma conformidade global com seu "stirnerismo proudhonizado".[22] E zombou de sua posição dizendo que eles se comportavam como se, no meio tempo,

> a história vá parar em todos os outros países e todo o mundo espere até que os franceses estejam prontos para uma revolução social. Eles então realizarão a experiência diante de nossos olhos, e o resto do mundo, arrastado pela força de seu exemplo, fará o mesmo. Exatamente o que Fourier esperava de seu modelo de falanstério. Além disso, todo aquele que complica a questão "social" com as "superstições" do mundo é um "reacionário".[23]

Marx, portanto, não vê qualquer utilidade para uma idéia de ciência que pudesse ser separada, ainda que por um momento, de um compromisso social praticamente viável.

Neste sentido, a inextricável unidade da ciência e da ideologia na obra de Marx, longe de ser um obstáculo ao aprofundamento teórico, constituiu sua motivação pessoal, sua justificação e sua importância prática. Além disso, quanto à metodologia, o reconhecimento explícito (e aceitação consciente) das inevitáveis determinações ideológicas atuantes na constituição de *qualquer* síntese teórica representativa permitia a Marx, por um lado, apreender *criticamente* o verdadeiro caráter e a *estrutura interna* das concepções do passado; e, por outro, lhe possibilitava assumir uma posição incomparavelmente mais *autocrítica* em relação a seu próprio trabalho – explicado dentro e em relação a seu ambiente social específico – do que qualquer outro antes dele. Na verdade, elevou a *autocrítica* ao *status* de princípio metodológico fundamental precisamente em virtude de seu papel-chave, tanto para o aprofundamento teórico quanto para possibilitar ao movimento social do proletariado superar as inevitáveis contradições e as falhas de sua realização prática.

Visto que a opção de Marx por uma alternativa específica – o princípio orientador da visão de mundo e da estratégia por ele defendida – rejeitava, em razão de suas implicações potencialmente desmobilizadoras, a *ascendência global* do capital, buscando aberturas radicais em uma direção decididamente oposta a tais perspectivas, sua teoria representava, é claro, um "atalho" em direção a um estado da sociedade que ainda hoje está longe de se realizar.

Entretanto, reconhecer isso não implica questionar a *validade* de sua visão *para esta época histórica*. É característica metodológica importante das sínteses teóricas representativas de toda uma época que elas tendem a concentrar seus esforços em traçar as linhas fundamentais de demarcação, e por essa causa não podem articular sua própria abordagem sem *previsões* e *atalhos*. Em contraste com isso, as tendências históricas concretas não podem seguir obedientemente nenhum modelo, seja ele "clássico" ou

---

[22]  Marx, Carta a Engels, 20 de junho de 1866.

[23]  Ibid. Com referência ao "socialismo proudhonista agora em moda na França", Marx insiste: "o comunismo deve acima de tudo se libertar deste falso irmão" (Carta a Weydemeyer, 1º de fevereiro de 1859). Acompanha os destinos de Proudhon e seus seguidores com profundo interesse, relatando a Engels em 1856 que "Proudhon se tornou diretor das ferrovias imperiais reais" (Carta a Engels, 29 de fevereiro de 1856), e a Lassalle em 1859 que "diz-se que Proudhon ficou louco e foi internado em um asilo em Bruxelas" (Carta a Lassalle, 10 de junho de 1859).

316  *Ciência, ideologia e metodologia*

não, por mais cuidadosamente que seja formulado, e mesmo que seja a partir do ponto de vista historicamente mais avançado. Nunca será demasiado insistir que em nenhum momento é possível prever em detalhes, quanto ao futuro distante ainda a ser construído, o inevitável impacto recíproco das várias forças interagindo, bem como os "desvios" em relação a um curso de ação anteriormente concebido e implementado.

Disso tudo segue-se que as complicações teóricas (e práticas) – manifestas também no plano metodológico – não só *podem*, como *devem* surgir de acordo com as circunstâncias, limitações e contradições específicas dos movimentos associados à perspectiva marxiana, mesmo antes da conquista do poder. Naturalmente, tal proposição é ainda mais verdadeira depois desse avanço, quando um determinado "caminho para o socialismo" é adotado, com sua própria estratégia de desenvolvimento que eleva ao *status* de modelo geral a "força das circunstâncias" e a margem de ação disponível e historicamente limitada e limitadora. Por isso – em lugar da tranqüila continuidade de desenvolvimento de um *marxismo* ideal abstrato –, a história, de fato, produz uma multiplicidade de *marxismos* competindo uns com os outros e às vezes até se enfrentando hostilmente.

### 6.6.2

Todavia, por maiores que sejam os desvios teóricos e práticos em relação ao curso de desenvolvimento originalmente previsto, duas condições vitais permanecem operantes em meio às mais diversas determinações ideológicas. (Sem elas, um relativismo extremo dominaria – e paralisaria – os movimentos cujas estratégias as tendências rivais do marxismo tentam articular.)

Em *primeiro lugar*, as várias abordagens marxistas (na medida em que estejam realmente comprometidas com a perspectiva marxiana, indo além dos meros comprometimentos "da boca para fora", qualquer que seja a razão histórica ou tática destes últimos) devem conservar tanto as *idéias centrais* como os correspondentes *princípios metodológicos* da concepção original.

Quanto a isto, não é acidental que a socialdemocratização oportunista do movimento da classe trabalhadora estivesse associada, no plano da metodologia, a um "evolucionismo" e a um "cientificismo" mecanicamente orientados para a quantidade, e ao corolário natural dos mesmos: a rejeição da *dialética* das contradições objetivas e das mudanças qualitativas (revolucionárias). Como disse Engels, com razão: "Marx e eu fomos os únicos a resgatar a dialética consciente da filosofia idealista alemã e a aplicá-la à concepção materialista da natureza e da história".[24] Assim, tomando-se apenas um exemplo, descrever o princípio dialético da "negação da negação" – que aparece nos escritos de Marx em vários contextos – como "truques verbais", como o fez o dr. Dühring, ou como uma "intrusão inadmissível do hegelianismo no materialismo científico", em uma fraseologia mais recentemente em moda, são manifestações da mesma "*podridão positivista*" de que Marx já se queixava.[25]

---

[24]  Engels, *Anti-Dühring*, Lawrence & Wishart, Londres, 1975, p. 15.

[25]  Ver a Carta a Engels, de Marx, em que ele falava sobre esta "podridão positivista" e descrevia os escritos de Comte como "paupérrimos em comparação com Hegel", 7 de julho de 1866.

Caracteristicamente, um dos modos pelos quais se procurou tirar do marxismo a objetividade das determinações dialéticas consistia em afirmar que eram uma invenção de Engels, que falava sobre a dialética não apenas na história, mas, *horribile dictu*, também na *natureza*. Isto, insistiam, devia ser rejeitado como incompatível com os próprios escritos de Marx. No entanto, os próprios fatos, mais uma vez, dizem outra coisa. Se alguém é "culpado" nesse ponto, certamente é o próprio Marx, que escreveu a Engels, quase *dez anos* antes de este último *começar* a escrever sua *Dialética da natureza*:

> Você também verá, pela conclusão do meu capítulo III [de *O capital*], no qual se menciona a transformação do mestre-artesão em um capitalista – como resultado de mudanças puramente quantitativas –, que no texto afirmo que a lei descoberta por Hegel, de mudanças puramente *quantitativas* acabam se transformando em mudanças *qualitativas, vale tanto na história quanto nas ciências naturais.*[26]

A *segunda* condição vital que, apesar de tudo, permanece operativa, sustentando e justificando também a primeira condição, diz respeito ao ponto final histórico real da ascendência global do capital. É esta que, em última análise, decide a questão, ativando as contradições estruturais do sistema produtivo injusto e destrutivo do capital e de seu modo de controle social universalmente desumanizador.

Com relação à teoria, tal determinação geral tem incidência prática importante. Sem dúvida, as variedades particulares do marxismo estão intimamente ligadas, em suas funções mediadoras, a seu ambiente sócio-histórico específico, não apenas refletindo necessariamente as limitações práticas de sua situação, mas também, *ipso facto*, assumindo a problemática ideológica de seu adversário, sob a forma de concessões importantes. Não obstante, por mais que sejam compreensíveis as determinações particulares e as exigências mediadoras que se originam da contingência histórica dada, a concepção original da "nova forma histórica" – que, como tal, não admite em sua estrutura conciliações com a velha ordem social – deve, por fim, prevalecer.

Quanto às "concessões históricas" realmente inevitáveis, não estamos nos referindo à estratégia mal concebida e malograda do "eurocomunismo", que conscientemente pretendia estabelecer o que chamava de "grande concessão histórica", mas à necessidade de ajustes recíprocos nas ações das principais forças em oposição, em seus confrontos reais. Quaisquer que sejam os objetivos imediatos das partes envolvidas, seus ajustes recíprocos não podem deixar de ser concessões históricas, se vistos a partir da perspectiva marxiana que aponta para uma transformação socialista radical e total da ordem social dominante.

As inevitáveis restrições de tais ajustes e concessões são determinadas, evidentemente, pelas circunstâncias históricas prevalecentes e pela relação de forças em mudança. Dadas certas pressões muito grandes, como o perigoso estágio da corrida

---

[26] Marx, Carta a Engels, 22 de junho de 1867.
A mesma carta, escrita por ocasião da primeira publicação de *O capital*, contém também a frase em que Marx diz: "Espero que a burguesia se recorde de meus carbúnculos pelo resto de sua vida". Mostrando a profunda paixão ideológica e o comprometimento de sua "ciência proletária", ele fala nesta carta, no mesmo fôlego, sobre provas científicas e leis dialéticas como os "vampiros da lição de casa", da luta em que ele está pessoalmente envolvido (através de sua posição na Internacional) pela "abolição da tortura de um milhão e meio de seres humanos", de "outra prova do que são os suínos [a burguesia]", etc.

318  *Ciência, ideologia e metodologia*

armamentista, ou a extrema dificuldade de garantir as condições materiais da "acumulação originária" (seja ela chamada "acumulação do capital" ou "acumulação socialista") na escala necessária, é em princípio concebível que a abordagem marxiana, com sua atitude radicalmente inflexível em afirmar a única *solução* factível – genuinamente socialista – para os antagonismos estruturais da sociedade, tenha de ser posta de lado por um período significativo, até mesmo em países que declaram estar envolvidos na construção do socialismo.

Entretanto, ver soluções *permanentes* nos ajustes e concessões *temporários*, por mais que sejam necessários nas circunstâncias prevalecentes, seria tão ingênuo quanto imaginar que a intenção modernizadora da atual liderança chinesa possa transformar toda a China em uma grande Hong Kong. Não se deve confundir a *escala de tempo* e as *modalidades* de transformação socialista em *determinadas* regiões com o *terminus ad quem* – o resultado geral – do processo social que se desenvolve em nível *global*. As "concessões históricas" não *eliminam* as contradições subjacentes; apenas modificam suas condições de irrupção e eventual resolução.

No fim, não pode haver "meio-termo" entre a dominação do capital e a transformação socialista da sociedade em escala global. E isso por sua vez implica necessariamente que os antagonismos inerentes ao capital devem ser "resolvidos pela luta" até uma conclusão irreversível e estruturalmente garantida. Isto é inevitável, mesmo que o modo pelo qual o processo de "combate" se desenrola, por um período histórico longo e contínuo, só possa ser considerado uma genuína superação (*Aufhebung*) produzida pelas complexas interdeterminações da "continuidade na descontinuidade e da descontinuidade na continuidade", no sentido indicado pela dialética das "mudanças quantitativas se transformando em mudanças qualitativas". Ou seja, uma dialética objetiva de reciprocidades que a "filosofia viva" socialista da época deve refletir tanto em sua complexidade metodológica como em sua orientação teórica ideologicamente sustentada (e constantemente reforçada) rumo ao *terminus ad quem* da viagem.

É neste sentido que a concepção marxiana, apesar das flutuações causadas pelas várias "concessões históricas", permanece metodológica e teoricamente válida para toda a época histórica de transição do domínio do capital para a nova ordem social, graças à vitalidade ideológica e ao discernimento científico nela manifestados em unidade dialética.

## 6.7 Antagonismos sociais e disputas metodológicas

### 6.7.1

A preocupação intensa com problemas de método é particularmente pronunciada em períodos históricos de crise e transição. Em tais períodos, quando a ideologia anteriormente preponderante das classes dominantes não pode mais ignorar ou simplesmente pôr de lado seu adversário, as reivindicações hegemônicas de *ambos* os lados devem ser formuladas de maneira que os mais abrangentes princípios metateóricos e metodológicos dos sistemas rivais se tornem explícitos. Isto acontece precisamente para reforçar as aspirações mutuamente exclusivas das partes opostas a ocupar a posição dominante, tanto teórica quanto prática, na sociedade.

No caso da velha ideologia, geralmente isso significa a adoção de alguma forma de *academicismo* (ou metodologia pela metodologia), com a ajuda do qual – em nome das regras, modelos e paradigmas *formais* estabelecidos – as abordagens alternativas podem ser *a priori* desacreditadas e banidas do quadro legítimo do discurso. Na realidade, são rejeitadas em virtude da desafiadora novidade de seus *conteúdos* e dos métodos *correspondentes*. Entretanto, por razões ideológicas, as motivações reais não podem ser abertamente admitidas. Conseqüentemente, a acusação deve ser formulada de modo que pareça referir-se apenas à suposta violação de alguma regra de lógica universalmente válida.

Como o sistema antigo precisa incorporar e defender os interesses fundamentais da ordem estabelecida, não pode se renovar sob as condições de retrocesso social – por mais bem-sucedido que seja em reproduzir-se como a "filosofia viva" das forças dominantes – quanto a conteúdos significativos e abrangentemente válidos, não obstante suas reivindicações universalistas. Daí a tendência geral para o *formalismo metodológico* (utilizado para dar substância para as vazias aspirações à "universalidade") e para a metodologia pela metodologia: aspectos particularmente proeminentes no século XX, mas de modo algum a ele limitados.

Visto que os argumentos do adversário não podem ser enfrentados no plano de proposições *substantivas*, o método da "refutação" toma uma forma inerentemente *falaciosa*, pois alguns critérios formais arbitrariamente assumidos são utilizados para rejeitar categoricamente os *conteúdos* essenciais do sistema rival – declarando-os metodologicamente ilegítimos. A abordagem do "fim da ideologia" – assim como outras teorias do mesmo tipo, tanto antes como depois do surgimento desta forma particular de ideologia – exibe em seu modo de raciocínio este formalismo e apriorismo metodológicos falaciosos, pois deduzem do suposto desvio do adversário em relação a uma regra geral (de "objetividade científica", "neutralidade axiológica", "isenção ideológica", etc.), estipulada mas jamais provada, a radical insustentabilidade de suas *proposições substantivas* específicas. Assim, desqualificam formalmente, com a ajuda de critérios de definição circularmente auto-isentadores, as idéias e estratégias práticas do outro lado, que deveriam ter seu conteúdo concretamente analisado e avaliado à luz da evidência disponível. Paradoxalmente, portanto, a excessiva orientação metodológica de tais abordagens, embora ostensivamente "antiideológicas", manifesta, de fato, uma adesão ideológica muito mais intensa – característica de épocas de forte conflito social – aos imperativos e aos valores estruturais da ordem estabelecida. Ou seja, uma adesão mais intensa e de maior consciência de classe do que aquilo que se pode ver, geralmente, em circunstâncias históricas de menor polarização.

## 6.7.2

Ao mesmo tempo, as ideologias das forças sociais em ascensão também devem expor a importância de sua posição, traçando claramente as linhas metodológicas de demarcação por meio das quais as diferenças em relação aos adversários possam ser apresentadas de modo mais marcante. De fato, as afirmações de sua novidade radical e validade geral simplesmente não podem ser articuladas sem a rigorosa formulação da nova abordagem em termos metodológicos explícitos. A própria natureza do empreen-

320    *Ciência, ideologia e metodologia*

dimento e as condições inevitavelmente "prematuras", sob as quais sua implementação deve se dar, levam a que tal formulação necessariamente contenha, entre outras coisas, *previsões* do futuro. Conseqüentemente, na ausência de outras provas da viabilidade da estrutura defendida, as forças em ascensão devem afirmar e sustentar suas reivindicações demonstrando a coerência teórica e o potencial libertador da nova abordagem em virtude de seu radicalismo metodológico e de sua universalidade abrangente. Isso não é menos verdade em relação a Bacon e a Descartes (que continuam a partilhar, em aspectos importantes, os pressupostos de seus adversários escolásticos) do que em relação à "revolução copernicana" de Kant; e não menos em relação à dialética hegeliana do que à reorientação radical da filosofia por Marx.[27]

## 6.8 O significado da "garantia metodológica" de Lukács

### 6.8.1

Há períodos em que, devido a um retrocesso histórico, um apelo direto ao significado orientador da nova metodologia parece ser o *único* modo de reafirmar a validade contínua das perspectivas gerais da teoria em questão diante de circunstâncias históricas altamente desfavoráveis.

Exemplo frisante deste fato é *História e consciência de classe*, de Lukács, escrita após a derrota militar da República Húngara dos Conselhos e a restauração da dominação e estabilidade internacionais do capital, após o curto interlúdio revolucionário iniciado pela Revolução Russa.

Quando Lukács afirmou, nessa obra, que "ao partido é designado o papel sublime de portador da consciência de classe do proletariado e da consciência de sua vocação histórica", ele o fez em aberta contestação à "visão superficialmente mais ativa e 'realista' [que] atribui ao partido tarefas referentes predominante ou exclusivamente à organização".[28] Nesta avaliação desafiadora das condições históricas prevalecentes, *atribuiu-se* à classe trabalhadora – não obstante sua estratificação internamente divisiva e de sua submissão acomodatícia ao poder do capital – sua consciência de classe totalizadora e se *consignou* ao partido o papel de real portador daquela consciência, apesar das tendências claramente identificáveis e altamente perturbadoras do "realismo" estreito e da burocratização no movimento comunista internacional.

Assim, na ausência das condições objetivas requeridas, a idéia de uma totalização consciente dos múltiplos processos sociais conflitantes rumo a uma transformação socialista radical se tornou extremamente problemática. Ela teve de ser transformada em um postulado metodológico para ser mantida viva para o futuro, e foi preciso criar uma teoria capaz de afirmar e reafirmar sua própria validade diante de quaisquer derrotas e decepções que o futuro concreto pudesse ainda reservar para o movimento socialista acuado.

---

[27]    Discuti alguns problemas correlatos em um ensaio intitulado "Il rinnovamento del marxismo e l'attualità storica dell'offensiva socialista", *Problemi del Socialismo*, n. 23, janeiro-abril de 1982, p. 5-141. Ver em particular as seções I/1 ("L'incompiuto progetto di Marx: scopo, metodo e risultati", p. 7-13) e II/6 ("Ambiguità temporali e mediazioni mancanti", p. 92-9).

[28]    Lukács, *History and Class Consciousness*, Londres, Merlin Press, 1971, p. 41.

Contra as circunstâncias esmagadoramente negativas que prevaleciam na época, Lukács não podia simplesmente apresentar melhoras *prováveis* e *parciais*. Tinha de proclamar a *certeza* de uma ruptura revolucionária *todo-abrangente* e irreversível, para contrabalançar todas as evidências que apontavam para a direção oposta. Não se podia permitir que algo lançasse dúvidas sobre "*a certeza de que o capitalismo está condenado e que, por fim, o proletariado será vitorioso*".[29] Entretanto, como a classe trabalhadora internacional não dava sinais de querer "superar o hiato existente entre sua consciência de classe *atribuída* e a *psicológica*",[30] e uma vez que o próprio Lukács tinha de condenar as tendências burocráticas do partido que ocupava a posição central em seu próprio esquema estratégico, seu discurso teve de ser transferido para o plano metodológico. Naquelas circunstâncias, a validade das distantes perspectivas positivas que ele desafiadoramente reafirmava só poderia ser provada – contra todas as evidências visíveis e, como ele disse, concebíveis – dentro de um discurso primordialmente metodológico. Lukács declarou, na continuação da passagem citada sobre a certeza da derrota capitalista e da vitória do proletariado: "Não pode haver garantia 'material' para esta certeza. Ela pode ser *garantida metodologicamente* – pelo método dialético".[31] Nesse mesmo espírito, um importante ponto levantado por Franz Mehring foi ignorado por Lukács em nome do método, transformando em virtude uma lacuna séria na teoria de Marx. Nas palavras de Lukács:

> A questão de Mehring sobre o quanto Marx superestimou a consciência da Revolta dos Tecelões não nos interessa aqui. *Metodologicamente* [o grifo é de Lukács], ele deu uma descrição *perfeita* do desenvolvimento da consciência de classe revolucionária no proletariado.[32]

Tal oposição entre método e conteúdo se destinava, é claro, a eliminar os fatores contingentes da teoria, estabelecendo assim suas perspectivas sobre fundamentos isentos de flutuações empíricas e temporais. Entretanto, em sua tentativa de promover uma defesa segura – em termos da temporalidade a longo prazo de uma metodologia dialética – contra a ausência de mediação das confrontações políticas e econômicas diárias, freqüentemente exploradas de forma ideológica, Lukács concluía com um paradoxo extremo:

> Suponhamos, à guisa de argumento, que as pesquisas recentes tenham desmentido de uma vez por todas cada uma das teses de Marx. Mesmo que isso fosse comprovado, todo marxista "ortodoxo" sério ainda seria capaz de aceitar todos esses achados modernos sem reservas, e daí rejeitar *in totum* todas as teses de Marx, sem ter de renunciar por um momento sequer à sua ortodoxia. Portanto, o marxismo ortodoxo não implica a aceitação acrítica dos resultados das investigações de Marx. Não é a "crença" nesta ou naquela tese, nem a exegese de um livro "sagrado". Ao contrário, a ortodoxia se refere exclusivamente ao *método*.[33]

---

[29] Ibid., p. 43.

[30] Ibid., p. 74.

[31] Ibid., p. 43.

[32] Ibid., p. 219.

[33] Ibid., p. 1. Os grifos são de Lukács.

322 *Ciência, ideologia e metodologia*

### 6.8.2

A necessidade de providenciar garantias sólidas em relação à "certeza da vitória final", juntamente com as dificuldades de encontrar, a partir de sua perspectiva e nas circunstâncias históricas prevalecentes, outras garantias que não as puramente "metodológicas" para desenvolvimentos positivos, produziram uma abordagem teórica que permaneceu com Lukács pelo resto de sua vida.

Em seu ensaio "Estrutura de classe e consciência social", Tom Bottomore expressou sua surpresa "de que Lukács repetisse, com grande aprovação, em seu novo prefácio da edição de 1967", a passagem que opunha o método ao conteúdo no ensaio de abertura de *História e consciência de classe*,[34] originalmente publicado em 1923.

A preocupação de Bottomore era, à primeira vista, amplamente justificada. Se, entretanto, relacionarmos o fato à função que a idéia de uma "garantia metodológica" desempenhava no pensamento de Lukács, como vimos, a reafirmação positiva da validade de seu conceito de método em 1967 dificilmente poderia ser considerada surpreendente. De fato, a constante polêmica de Lukács em defesa do método dialético contra o "marxismo vulgar" e o "fatalismo mecanicista [...] a concomitância normal da teoria da reflexão no materialismo mecanicista", a seus olhos desempenhava, simultaneamente, uma importante função político-ideológica na luta contra o "sectarismo" e seu culto não-dialético da ausência de mediação.

A longa relação de obras que tratam disso parte da crítica de Lukács ao *Materialismo histórico* de Bukharin, passa por seu ensaio sobre "Moses Hess e os problemas da dialética idealista" e chega até *O jovem Hegel*, *A destruição da razão* e, finalmente, *A ontologia do ser social*. Na verdade, à medida que as condições de abertura do debate ideológico e político desapareciam com a consolidação do stalinismo, o discurso sobre como superar a "crise ideológica do proletariado" tornou-se cada vez mais limitado à defesa do método dialético como tal, expressando, assim, na "linguagem esópica" da metodologia filosófica, as aspirações políticas muito mediadas de Lukács. *O jovem Hegel* talvez tenha sido o documento mais importante desta "*fase esópica*" do desenvolvimento de Lukács.

Outro aspecto importante deste problema foi a insistência de Lukács, durante toda sua vida, em que só pode haver um "marxismo verdadeiro" (isto é, o que ele chamava de "ortodoxia" marxista, colocando o termo entre aspas para diferenciá-lo da ortodoxia institucionalmente imposta). Ao mesmo tempo, e em conformidade com o caráter mais íntimo de seu discurso – centrado nas idéias da "crise ideológica" e da "responsabilidade dos intelectuais" para abrir caminho para o fim da referida crise –, estava profundamente preocupado em ampliar a influência intelectual do marxismo.

Estas determinações político-ideológicas estão juntas na *definição metodológica* de Lukács do "verdadeiro marxismo". Por um lado, tal definição tinha de exercer uma função crítico-excludente contra o "dogmatismo stalinista", o "materialismo mecânico", o "marxismo vulgar", etc., sem atacar frontalmente os poderosos objetos insti-

---

[34] Em *Aspects of History and Class Consciousness*, org. por I. Mészáros, Londres, Routledge & Kegan Paul, 1971, p. 55.

tucionais desta crítica. E, por outro lado, a definição lukacsiana do marxismo tinha de ser flexível o suficiente para abranger, de modo "não-sectário" e a partir de um espectro político bastante amplo, todos os estudiosos e intelectuais sérios dispostos a dar um passo positivo em direção ao marxismo. (Esta última preocupação foi, evidentemente, uma das principais razões da considerável influência de Lukács entre os intelectuais.)

Ambos os aspectos foram claramente expostos em uma conferência proferida por Lukács na Itália, em junho de 1956 – *A luta cultural entre o progresso e a reação hoje* –,[35] na qual, pela primeira vez após três longas décadas, em seguida ao XX Congresso do Partido Comunista da União Soviética, ele pôde desafiar abertamente seus adversários ideológicos. Insistiu que, para uma "propaganda esclarecedora do verdadeiro marxismo",[36] com o objetivo de exercer uma "influência ideológica [...] para conduzir em uma nova direção os intelectuais não marxistas"[37] e assim "influenciar o fermento ideológico e o desenvolvimento do mundo",[38] era necessário "romper definitivamente com o sectarismo e o dogmatismo".[39]

O "dogmatismo stalinista" rejeitado[40] foi definido, mais uma vez, inicialmente em termos metodológicos: como a "ausência de *mediação*",[41] a reificadora "confusão da *tendência* com o *fato* realizado",[42] a "subordinação *mecânica* da *parte* ao *todo*",[43] a afirmação de um "relacionamento imediato entre os princípios *fundamentais* da teoria e os problemas da época",[44] a "restrição dogmática do materialismo dialético"[45] e, mais importante, como a crença errônea de que "o *marxismo era uma reunião de dogmas*".[46] Lukács também declarou categoricamente que o único modo de exercer influência ideológica era a "crítica *imanente*"[47] que coloca as questões metodológicas em *primeiro* plano.

Foi dentro do mesmo espírito que elogiou – no Prefácio de 1967 a *História e consciência de classe* – sua velha definição metodológica de "ortodoxia no marxismo, que agora considero não apenas objetivamente correta, mas também capaz de exercer ainda hoje uma considerável influência, quando estamos às vésperas de um renascimento marxista".[48]

---

[35]   *La lotta fra progresso e reazione nella cultura d'oggi*, Milão, Feltrinelli, 1957.

[36]   Ibid., p. 18.

[37]   Ibid., p. 34.

[38]   Ibid., p. 46.

[39]   Ibid., p. 44.

[40]   Ibid., p. 34.

[41]   Ibid., p. 5.

[42]   Ibid., p. 7.

[43]   Ibid., p. 9.

[44]   Ibid., p. 10.

[45]   Ibid., p. 36.

[46]   Ibid., p. 45.

[47]   Ibid., p. 25.

[48]   Lukács, *History and Class Consciousness*, p. XXV.

## 6.9 Conclusão

Como pudemos ver, períodos históricos de crise e transição, quando os antagonismos sociais latentes vêm à tona com grande intensidade, são, em geral, acompanhados por agudas "disputas metodológicas". Estas últimas não são inteligíveis em termos estritamente metodológicos, devendo ser analisadas à luz das reivindicações hegemônicas das partes envolvidas. Assim, não obstante muitas opiniões contrárias, o aumento da preocupação das principais forças antagônicas com questões metodológicas aparentemente abstratas é prova da intensificação das determinações ideológicas que influenciam – intelectual e politicamente – a orientação estratégica dessas forças, quer elas estejam, quer não, conscientes de ser movidas por tais fatores.

# PARTE TRÊS

# IDEOLOGIA E EMANCIPAÇÃO

O socialismo não pode ser e não será inaugurado por decreto; não pode ser estabelecido por qualquer governo, ainda que admiravelmente socialista. O socialismo deve ser criado pelas massas, deve ser realizado por todo proletário. Onde as cadeias do capitalismo são forjadas, aí existem cadeias a ser rompidas. Somente isto é socialismo, e só assim ele pode nascer. As massas devem aprender a usar o poder usando o poder. Não há outro modo.

*Rosa Luxemburgo*

*Capítulo 7*

# REVOLUÇÃO SOCIAL
# E DIVISÃO DO TRABALHO

Sendo a ideologia a consciência prática inevitável das sociedades de classe, articulada de modo tal que os membros das forças sociais opostas possam se tornar conscientes de seus conflitos materialmente fundados e lutar por eles, a questão verdadeiramente importante é a seguinte: os indivíduos, equipados com a ideologia da classe a que pertencem, ficarão do lado da causa da emancipação, que se desdobra na história, ou se alinharão contra ela? A ideologia pode (e de fato o faz) servir a ambos os lados com seus meios e métodos de mobilização dos indivíduos que, ainda que não percebam com clareza o que ocorre, inevitavelmente participam da luta em andamento.

Para provar sua continuada viabilidade, a ordem socioeconômica estabelecida deve constantemente se ajustar às condições mutáveis de dominação. Através de toda a história por nós conhecida, a ideologia desempenhou papel importante nesse processo de reajustes estruturais. A reprodução bem-sucedida das condições de dominação não poderia ocorrer sem a participação ativa de poderosos fatores ideológicos para a manutenção da ordem existente.

Naturalmente, a ideologia dominante tem interesse em preservar o *status quo*, em que até as desigualdades mais patentes já estão *estruturalmente* entrincheiradas e garantidas. Em consequência, pode se permitir proclamar as virtudes dos arranjos "consensuais", de "unidade orgânica" e "participação", reivindicando para si, desse modo, também a racionalidade evidente da "moderação" (*dominante*). No entanto, a ordem social que ela defende é necessariamente dilacerada por contradições e antagonismos internos, por mais bem-sucedida que seja, através dos tempos, a reprodução do quadro estrutural hierárquico de dominação e subordinação e a *aparência* de "comunalidade orgânica" e "interesses compartilhados".

O mito da "unidade orgânica" dominou o discurso ideológico desde que o relacionamento social teve de se conformar aos imperativos materiais de garantia da continuidade da produção dentro da estrutura potencialmente explosiva da divisão social hierárquica do trabalho, que mudou repetidamente suas formas no curso da história, mas nunca sua substância exploradora.

328  *Ideologia e emancipação*

Esta correlação entre ideologia pacificadora e estrutura social hierárquica é perfeitamente compreensível. Não importa quão profundamente divididas e antagonicamente dilaceradas em seus relacionamentos estruturais básicos sejam as sociedades de classe, elas devem ser capazes de operar, em circunstâncias normais, como *conjuntos integrados* (e, neste sentido, "sistemas orgânicos"), com exceção daqueles períodos de *explosão* que traçam a linha de demarcação histórica entre uma e outra formação social.

A plausibilidade e a influência espontânea do discurso ideológico dominante, influência essa que atinge muito além das fileiras de seus verdadeiros beneficiários, residem precisamente em seu apelo tranqüilizador à "unidade" e às preocupações a ela associadas, desde "a observação das regras da objetividade" até a descoberta do "equilíbrio" correto nos "ajustes recíprocos" necessários – mas absolutamente injusto, por causa da relação de forças desigual normalmente prevalecente – entre as forças sociais conflitantes. A necessária função consolidadora da ideologia dominante torna-se ainda mais evidente (e significativa) quando recordamos que mesmo suas variantes mais agressivas – do chauvinismo e do nazismo até as ideologias mais recentes da "direita radical" – precisam afirmar que representam a esmagadora maioria da população contra o "inimigo" externo, as minorias "racialmente inferiores", o pretenso "mero punhado de desordeiros" que se supõe serem a causa das greves e da inquietação social ("o inimigo interno", na linguagem da sra. Thatcher), etc.

Do ponto de vista da ideologia dominante, o conflito hegemônico em curso nunca será descrito como um conflito entre iguais potenciais. Isto levantaria, *ipso facto*, a questão da legitimidade, e conferiria racionalidade histórica ao adversário. Assim, é por uma determinação estrutural insuperável que a ideologia dominante – em vista de suas aspirações legitimadoras apriorísticas – não pode operar sem apresentar seus próprios interesses, por mais estreitos que sejam, como o "interesse geral" da sociedade. Mas, precisamente pela mesma razão, o discurso ideológico da ordem dominante deve manter seu culto da "unidade" e do "equilíbrio adequado", mesmo que – particularmente em épocas de crises importantes – isso não represente mais do que retórica vazia quando contraposto ao princípio operativo real de *dividir para reinar*.

Naturalmente, restrições muito diferentes se aplicam às ideologias críticas. Todos aqueles que tentam articular os interesses das classes subordinadas têm de assumir – também por uma determinação estrutural insuperável – uma postura negativa, não apenas com respeito à suposta "organicidade" da ordem estabelecida, mas também quanto às suas determinações objetivas e às instituições de controle socioeconômico e político-cultural.

No entanto, deve-se reconhecer também que a história não pode terminar no ponto da simples negatividade. Nenhuma força social pode apresentar suas reivindicações como uma *alternativa hegemônica* sem também indicar, pelo menos em linhas gerais, a dimensão positiva e afirmativa de sua negação radical. Isto é verdadeiro para milhares de anos de história, não apenas para os últimos séculos. Via de regra, as ideologias que se esgotam na negação pura e simples fracassam em pouco tempo e não conseguem sustentar qualquer reivindicação real de constituírem uma alternativa viável.

Além disso, um tanto paradoxalmente, é um aspecto característico apenas das ideologias dominantes que, uma vez atingida a fase de declínio das forças sociais cujos

Revolução social e divisão de trabalho 329

interesses expressam, elas sejam incapazes de apresentar outra coisa que não um quadro conceitual completamente negativo, apesar de seu "positivismo acrítico", ou seja, de sua identificação "positiva" com o *status quo*. Na verdade, sua dimensão afirmativa é absolutamente *mecânico-determinista* – como bem exemplifica o ditado muitas vezes repetido de que *"não há alternativa"*, e que, contraditoriamente, afirma ser a defesa da "liberdade", da "soberania do indivíduo", etc. – e toda sua preocupação ativa é dirigida para a rejeição de seu adversário com uma *negatividade* apriorística, permanecendo assim inteiramente dependente (isto é, intelectualmente parasitária) dos argumentos que rejeitam a partir de seu preconceito mecânico de que "não há alternativa".

O projeto socialista, ao contrário, parte da premissa de que *há uma alternativa*. Define as condições de implementação dessa alternativa – as condições práticas de emancipação – como uma forma de ação na qual o momento de negação adquire seu significado através dos objetivos positivos que acarreta. Eis por que o projeto socialista não pode se contentar com a negatividade da revolução *política*, ainda que ela seja necessária, mas deve lutar pela revolução *social* intrinsecamente positiva, no decorrer da qual os indivíduos associados podem "mudar de cima a baixo as condições de sua existência industrial e política, e, conseqüentemente, toda sua maneira de ser" (Marx). E é por isso que se deve insistir, com Rosa Luxemburgo, que "o socialismo não pode ser e não será inaugurado por decreto; não pode ser estabelecido por qualquer governo, ainda que admiravelmente socialista. O socialismo deve ser criado pelas massas, deve ser realizado por todo proletário".

Evidentemente, tais objetivos não podem ser obtidos sem o trabalho da ideologia emancipadora, através da qual a estrutura de motivação necessária para a transformação de "toda a maneira de ser" dos indivíduos sociais é definida e constantemente redefinida. Não de cima, mas por uma atividade própria conscientemente buscada.

É claro que essa perspectiva também apresenta seus problemas. A consideração do tipo de transformação social prevista pela visão marxiana tem de avaliar não apenas as dificuldades inerentes à própria magnitude das tarefas a serem realizadas, mas também deve ser capaz de enfrentar as complicações que inevitavelmente surgem das contingências sócio-históricas mutáveis, à luz das quais as proposições básicas da teoria original devem ser reexaminadas e, caso necessário, adaptadas às novas circunstâncias. É disto que vamos tratar nas páginas seguintes.

## 7.1 A base estrutural das determinações de classe

### 7.1.1

De acordo com Marx, a classe – inclusive a "classe-para-si" – está necessariamente confinada à *"pré-história"*. Por conseguinte, enquanto houver determinações de classe objetivas, a idéia da "totalização coletiva consciente" (isto é, o controle consciente e adequado de suas condições de existência por parte da totalidade dos indivíduos autodeterminados e mutuamente interagentes que formam a "classe universal") é e permanecerá um conceito paradoxal, apesar das diferenças *qualitativas* entre capital e trabalho como alternativas sociais hegemônicas. Na tentativa de avaliar a natureza

330 *Ideologia e emancipação*

até da classe mais avançada e de seu relacionamento com o que Marx chama de "verdadeira história" (em oposição à "pré-história"), nós nos defrontamos com o difícil problema de que a classe como tal é tanto o agente de emancipação *necessário* como inerentemente *problemático*. Isto ocorre por duas razões principais:

1. Por mais amplas que sejam suas bases, a classe é, por definição, uma força social *exclusiva*, visto que não pode abranger outros indivíduos além de seus próprios membros.

2. A relação entre os indivíduos e sua classe é, em si, sujeita a pesadas restrições críticas, pois sua articulação prática *necessariamente* levanta a questão da representação, da hierarquia e da dominação.

É por essas razões que, para Marx, mesmo a "classe-para-si" está limitada a existir na pré-história. Ele sempre insiste na necessidade de transcender *todas* as classes como condição fundamental para se fazer a "verdadeira história". A "totalização coletiva" – ainda que centralizada em volta dos interesses da classe historicamente mais avançada –, sob as determinações da pré-história, envolve necessariamente um componente não totalmente controlável. Isto se deve ao fato de que as contradições antagônicas da sociedade capitalista *"devem ser combatidas"* por todos os meios e formas de confrontação disponíveis, inclusive aqueles que são mais ou menos diretamente determinados pelos movimentos do *adversário*. Naturalmente, o papel da ideologia é crucial nesse processo.

A idéia de uma totalização coletiva plenamente consciente, através da atuação da classe e sem a participação autodeterminada de seus membros individuais, é uma proposição dúbia. Também as limitações objetivas que surgem das circunstâncias sóciohistóricas dadas (com referência à autodefinição institucional da própria classe, de acordo com seus objetivos básicos, e em resposta às estratégias e realidades institucionais das forças contestadas) provocam sérias interrogações quanto ao *grau* possível de interação coletiva consciente baseada no envolvimento individual autodeterminado em qualquer sociedade de classes, até nas várias sociedades de transição para o socialismo. Por isso, a classe como tal deve ser criticamente avaliada sob os aspectos que serão tratados nas próximas subseções.

### 7.1.2 *Classe* versus *indivíduo*

Como é dolorosamente óbvio, a classe necessariamente subordina a si mesma todos seus membros individuais. Em conseqüência, os indivíduos só podem definir sua própria posição na sociedade partindo de certas pressuposições que lhes são impostas, de modo inexorável, pelo simples fato de pertencerem a uma ou outra das classes sociais antagônicas. Marx é enfaticamente claro e firme neste ponto, vinculando a questão da emancipação à necessidade de também superar a dominação dos indivíduos por sua própria classe, juntamente com sua libertação das restrições paralisantes da divisão social do trabalho historicamente estabelecida, da qual a classe em si é a articulação estrutural necessária. Ele escreveu o seguinte em *A ideologia alemã*:

> a classe, por sua vez, assume uma *existência independente em contraposição aos indivíduos*, de forma que estes últimos encontram suas condições de vida *predeterminadas* e têm sua posição na vida e seu desenvolvimento pessoal *condicionados por sua classe*, tornando-se

assim *subordinados* a ela. Este é o mesmo fenômeno da sujeição de indivíduos isolados à *divisão do trabalho* e só pode ser eliminado pela *abolição da propriedade privada e do próprio trabalho.*[1]

Assim, a classe é, paradoxalmente, tanto o veículo necessário quanto o *agente* ativo da tarefa histórica da emancipação socialista e, ao mesmo tempo, também um *obstáculo* fundamental a sua realização.

### 7.1.3 *Classe* versus *classe*

A confrontação entre as classes carrega inevitavelmente *determinações recíprocas* para todas as partes envolvidas. A luta pela hegemonia requer a mobilização coordenada e disciplinada dos recursos totais das classes concorrentes, impondo sobre seus membros uma *estrutura de comando* mais ou menos rígida de acordo com a intensidade dos conflitos e as implicações práticas gerais das questões em jogo.

Ademais, os meios e métodos à disposição de um lado inevitavelmente levam à adoção, pelo outro lado, de movimentos e contramedidas estratégicas apropriadas, com todos os seus corolários institucionais. Tais movimentos e correspondentes complexos institucionais são concebidos, em grande parte, para possibilitar o *enfrentamento* do adversário em seu próprio terreno. Isto deve ocorrer ainda que acarrete um desvio, por tempo considerável, em relação aos objetivos positivos inerentes à classe em questão. Naturalmente, tais determinações recíprocas têm implicações sérias para a autonomia e a margem de iniciativa possível para os membros individuais das classes opostas.

### 7.1.4 *Estratificação e unidade*

As classes modernas não são, de maneira alguma, entidades homogêneas, nem o processo de desenvolvimento industrial global – com suas interdeterminações complexas e múltiplas divisões de interesse – jamais poderia transformá-las em forças sociais homogêneas. No entanto, as condições da luta pela hegemonia levantam a questão da *unidade*, particularmente em períodos de fortes confrontações: mas esta é uma exigência muito mais fácil de ser postulada do que alcançada na prática, no que diz respeito à classe subordinada.

Infelizmente, os problemas da estratificação pertencem à parte menos desenvolvida da teoria de classes marxista. Embora Marx frise que "a subordinação dos indivíduos a classes definidas não pode ser abolida até que se tenha desenvolvido uma classe que não tenha mais qualquer interesse de classe a defender contra uma classe dominante",[2] isto em si não constitui, de modo algum, a solução das penosas questões em jogo, ao contrário do que freqüentemente se supõe. A frase apenas define as *condições gerais* sob as quais pode ser vislumbrada uma solução para as contradições subjacentes. A definição marxiana da linha de ação necessária nem sequer sugere que os problemas e as dificuldades práticas da estratégia da classe proletária desapareceriam,

---

[1]    MECW, vol. 5, p. 77.

[2]    Ibid.

332   *Ideologia e emancipação*

automaticamente, com o complicado desenvolvimento – com todas as suas "inadequações, debilidades e vilezas" (Marx), que acarretariam "interrupções" e recaídas – de um *desafio histórico* objetivo que seja, em princípio, *capaz* de superar os antagonismos internos do capital.

Apresentar a caracterização marxiana de uma *precondição histórica* como sendo uma *solução pronta* não é senão uma caricatura de Marx, geralmente vinculada à tentativa de lhe atribuir uma teoria primitiva de "pauperização do proletariado", negligenciando todas as evidências em contrário contidas em seus escritos. A estratificação é um aspecto vital da realidade da classe. Não se pode lidar com os problemas dela provenientes tratando-os em termos unilateralmente negativos e procurar, desse modo, provar teoricamente sua inexistência. Ao contrário, uma abordagem adequada da estratificação envolve a elaboração e a implementação prática de estratégias viáveis que reconheçam plenamente que as complexidades dinâmicas da totalização coletiva estão fundadas na atividade própria de forças sociais multifacetadas, com interesses objetivos próprios. O denominador comum *socialista* de tais interesses diversos só pode articular-se por meio desta própria atividade, e não pela imposição arbitrária de um postulado "unitário" abstrato. As exigências e os postulados de "unidade" são, com freqüência, não apenas quiméricos, como também tendem a ser formulados a partir da perspectiva dominante da corrente reformista-oportunista do movimento trabalhista e contra a *esquerda*, sempre acusada de "afundar o barco" do sucesso eleitoral com suas exigências radicais.

Obviamente, com respeito à questão da unidade, não se pode falar de uma *simetria* entre as duas classes fundamentais que lutam pela hegemonia na sociedade capitalista. A classe dominante tem de defender interesses *reais*, imensos e evidentes por si mesmos, que agem como uma força de unificação poderosa entre suas várias camadas. Em completo contraste, a estratificação interna das classes subordinadas serve para intensificar a contradição entre os interesses *imediatos* e os de *longo prazo*, definindo estes últimos como meramente *potenciais* (previstos, hipotéticos, etc.), cujas condições de realização necessariamente escapam da situação imediata. Surge daí a necessidade de uma atitude inerentemente *crítica* quanto à exigência de unidade na classe subordinada, implicando a articulação prática de modos e meios de ação para mobilizar e *coordenar* positivamente as diversas forças de suas numerosas camadas, sem superpor a elas uma estrutura burocrática de "unificação" vinda de cima, que serve para derrubar seu propósito original.

### 7.1.5 *Interesse de classe e inércia institucional*

Compreensivelmente, a avaliação efetiva do interesse de classe (qualquer que seja a classe que tomemos como exemplo) é impensável sem seus próprios meios e sua estrutura institucional. É igualmente claro que a natureza dos complexos institucionais necessários não pode estar isolada dos riscos e das condições da luta em curso.

No entanto, o problema é que as instituições típicas que têm por objetivo afirmar o interesse de classe tendem, devido a sua característica *dual* – isto é, a necessária capacidade de, por um lado, *confrontar* o antagonista e, por outro, *controlar* (ou "subordinar") seus próprios membros sob determinações objetivamente estipuladas –, a fortalecer sua própria estrutura material-institucional até à custa de seus partidários. Assim, o "perigo da ossificação" (observado por Lukács em *História e consciência de classe*) passa a ser um problema *estrutural intrínseco* – uma função da *necessária dualidade* da própria natureza e da determinação interna de qualquer instituição de classe como tal – e só pode ser afastado por contramedidas conscientes e *contínuas*, associadas a garantias institucionais realmente democráticas que envolvam positivamente os membros individuais da classe.

### 7.1.6 Hierarquia, dominação e representação participativa

Evidentemente, as questões espinhosas da hierarquia social são inerentes a todos os quatro aspectos do relacionamento entre indivíduo e classe até agora mencionados. Tomados em conjunto, eles mostram claramente o caráter ambivalente da classe enquanto agente inevitável de emancipação. Mas, bem além das contingências mais ou menos penosas de todas essas relações, a hierarquia – assim como a dominação e a repressão que acompanham a hierarquia imposta – constitui uma determinação *estrutural* fundamental da existência da classe como tal, independentemente de quais sejam as pessoas diretamente envolvidas no exercício da dominação de classe em qualquer período da história.

Isto significa que a questão da dominação e da subordinação de classe não é levantada simplesmente com respeito ao relacionamento de uma classe com a outra (isto é, afetando a multiplicidade de indivíduos que constituem os lados opostos das referidas relações antagônicas de classe), porém, mais importante, em virtude da posição objetiva das principais classes da sociedade na estrutura de produção historicamente estabelecida. Em outras palavras, as classes são dominadas não apenas pelo *pessoal* da outra classe, mas também pelos *imperativos estruturais objetivos* do sistema de produção e da divisão do trabalho historicamente dados.

De fato, neste relacionamento, o *übergreifendes Moment* é, sem dúvida, a obstinada *persistência* do imperativo estrutural que objetivamente sustenta o pessoal que exerce uma determinada dominação de classe ou, inversamente, seu desaparecimento com a mudança das circunstâncias históricas. É por isso que a aristocracia, como classe dominante do sistema feudal, torna-se uma "classe supérflua" – na verdade, uma força parasitária e obstrutiva – do ponto de vista da reprodução social durante a reestruturação objetiva que caracteriza o processo socioeconômico do "antigo regime" em sua última fase de desenvolvimento, antes da Revolução Francesa.

A transição da dominação do capital para uma ordem socialista da sociedade, ao contrário, traz consigo algumas diferenças estruturais importantes neste aspecto, uma vez que a própria noção de *hierarquia estrutural* está sendo radicalmente desafiada pela "nova forma histórica" da sociedade sem classes. Tais diferenças devem ser avaliadas com realismo – do ponto de vista do metabolismo social como um todo – também quanto ao complexo relacionamento dialético entre os indivíduos incumbidos de realizar determinadas funções sociais e o imperativo estrutural objetivo das próprias funções requeridas.

As inevitáveis implicações negativas dos imperativos estruturais objetivos antes mencionados irrompem com rapidez brutal e conseqüências de longo alcance em cir-

334　*Ideologia e emancipação*

cunstâncias históricas nas quais a classe dominante é politicamente deposta ao mesmo tempo que a estrutura geral da produção e da divisão estrutural-funcional – *hierárquica* – do trabalho permanece fundamentalmente intacta, como deve ocorrer, de fato, nas fases iniciais do desenvolvimento de uma formação social de transição. As agudas contradições entre as teorias originais da ditadura do proletariado elaboradas por Marx e Lenin e a realização histórica de tal ditadura no século XX têm muito a ver com o descaso por esta dimensão crucial do problema.

Previu-se originalmente que a "destruição do aparelho estatal burguês", por um lado, e a instituição em seu lugar de um sistema de *delegação direta* – tendo o "mandato compulsório" e a "revogabilidade do mandato" como princípios regulamentadores – proporcionariam tanto as salvaguardas necessárias contra a hierarquia quanto, ao mesmo tempo, em termos positivos, constituiriam um instrumental plenamente adequado para a emancipação social desejada. A questão ligada ao relacionamento entre o mandato e as pressões objetivas – os fortes imperativos estruturais – da estrutura de produção herdada não recebeu um exame sério, seja no contexto da Comuna de Paris, seja em relação a acontecimentos posteriores. Quando Lenin (em novembro de 1917, no "pós-escrito à primeira edição" de *O Estado e a revolução*) explicou o caráter inacabado de sua obra, é compreensível que ainda pudesse declarar, com um espírito otimista: "É mais agradável e útil passar pela 'experiência da revolução' do que escrever sobre ela".[3] Mais tarde, entretanto, ele se queixou de dificuldades imprevistas de insuperável gravidade e complexidade em todos os níveis da vida política e social, para as quais a revolução proletária não estava nem teórica nem praticamente preparada.

Podemos também recordar neste contexto uma carta de Marx a Joseph Weydemeyer[4] em que falava sobre a *necessidade* da ditadura do proletariado enquanto fase de *transição* para a transcendência (ou superação, não "abolição") das classes (*Aufhebung der Klassen*). Na mesma carta, vinculava intimamente estas proposições à sua fundamentação teórica, ou seja, que a existência das próprias classes está limitada a "determinadas fases históricas do desenvolvimento da produção" (*bestimmte Entwicklungsphasen der Produktion*).[5]

Assim, deduz-se que a preocupação-chave de Marx era o sistema herdado de *produção*, com suas determinações socioeconômicas objetivas, como diretamente manifestado pela existência da prevalecente divisão social do trabalho sob a forma das classes (ou, pelo menos, de imperativos estruturais geradores de uma hierarquia semelhante à das classes). Quanto a esta divisão, a questão das formas políticas e organizacionais só pode constituir uma *parte* específica que, por sua vez, deve ser sempre avaliada relativamente às transformações dinamicamente desenvolvidas do sistema de produção do próprio capital global. Entretanto, é necessário enfatizar que neste contexto – teórica e praticamente vital – a teoria marxiana só oferece indicações e implicações indiretas. Lamentavelmente, Marx jamais atingiu o ponto de seu projeto

---

[3]　Lenin, *Collected Works*, vol. 25, p. 492.

[4]　Marx, Letter to Joseph Weydemeyer, 5 de março de 1852.

[5]　Ver MECW, vol. 28, p. 508.

Revolução social e divisão de trabalho   335

original em que poderia ter começado a traçar as linhas gerais de sua teoria do Estado e do relacionamento do Estado com a "relação de produção internacional; a divisão internacional do trabalho; o comércio internacional; o mercado mundial e as crises"[6] – embora tudo isso constituísse parte essencial de seu quadro teórico geral.

As realidades da existência de classes são inseparáveis das muito poderosas determinações materiais do próprio metabolismo social. Estas determinações não são radicalmente alteradas pela remoção do pessoal que dominava, na medida em que a estrutura da produção (qualquer que seja a razão) continuar essencialmente a mesma de antes. Pelo contrário, o vazio criado pela derrubada da classe dominante e de suas instituições políticas deve, mais cedo ou mais tarde, ser preenchido pelo que costumeira (e superficialmente) se chama de "burocratização", para reconstituir o funcionamento "normal" (isto é, herdado) do metabolismo social não-reestruturado, de acordo com a divisão social do trabalho prevalecente. Esta última, seguindo a "linha de menor resistência" logo após uma crise maior, continua a suprir as exigências elementares (respondendo, desse modo, com êxito aos imperativos estruturais objetivos) deste metabolismo.

Em sua constituição original, a classe subordinada é necessariamente estruturada de modo hierárquico, não apenas por causa de sua confrontação com a classe dominante, mas sobretudo pelas funções metabólicas vitais que ela deve desempenhar no sistema de reprodução social historicamente dado. A remoção do pessoal dominante e a derrubada das formas institucionais específicas que tais indivíduos usavam para impor seu modo de controle sobre a sociedade como um todo não eliminam a necessidade de controle da estrutura de produção dada, material e objetivamente hierárquica. Muito menos suprimem a necessidade de continuar executando, da maneira mais tranqüila possível, as funções metabólicas vitais – engastadas da forma mais reificada nas próprias estruturas de produção herdadas – das quais depende a sobrevivência dos homens e a continuidade da reprodução social.

Portanto, a hierarquia e a dominação são imperativos materiais e estruturais dolorosamente evidentes de determinadas formas da divisão do trabalho, a partir das quais se articulam também, de maneira semelhante, no plano político. Esta é a razão pela qual o proletariado pode – e sob certas condições deve – "dirigir sua ditadura contra si mesmo".[7] Conseqüentemente, postular que a "democracia direta" é a solução imediata contra a hierarquia e a dominação é altamente problemático, não somente por causa de sua duvidosa viabilidade – como afirmou, com fortes palavras, Norberto Bobbio[8] – mas também em vista do fato de que uma tal abordagem se refere ao

---

6   Marx, *Grundrisse*, p. 108.

7   Lukács, "Az erkölcs szerepe a kommunista termelésben" (O papel da moral na produção comunista), publicado pela primeira vez na Hungria, em 1919, em *Szocialista Termelés*.

8   Ver uma instigante série de artigos de Norberto Bobbio (escritos entre 1973-76 e reunidos em um volume sob o título *Quale socialismo? Discussione di um'alternativa*, Turim, Einaudi, 1976) que originou uma ampla discussão na Itália sobre a relação entre socialismo e democracia em um período no qual estes problemas reapareceram dramaticamente na agenda política em virtude de alguns graves acontecimentos internacionais (como o golpe no Chile) e ao aprofundamento da crise interna da própria sociedade italiana. Como Bobbio corretamente observou, com um toque de ironia, depois de ter sido apresentado entusiasticamente pelo líder do Partido Socialista Italiano, Pietro Nenni:

336   *Ideologia e emancipação*

problema em questão só em termos fundamentalmente *políticos*, em oposição à "democracia formal" capitalista e suas práticas dúbias de "representação". Também não é possível buscar uma solução na forma de algum *postulado moral*, como Lukács tentou fazer em um ensaio[9] escrito pouco antes de *História e consciência de classe*.

Como o problema em questão se refere aos imperativos estruturais objetivos do metabolismo social, inerentes à estrutura produtiva e à divisão do trabalho estabelecidas, uma solução realista é inconcebível sem uma transformação radical de toda a estrutura social, com todas as suas determinações materiais e manifestações institucionais vitais. Naturalmente, os princípios reguladores de representação *socialmente fundamentados e controlados* (em contraste com a representação meramente parlamentar) e da *participação direta* – que são preocupações não apenas legítimas, mas também instrumentalmente vitais de qualquer estratégia socialista genuína – só podem encontrar seu papel adequado e campo para intervenção ativa no desenrolar daquele processo de transformações estruturais radicais.

## 7.2  A importância da contingência histórica[10]

### 7.2.1

Como vimos na seção anterior, Marx estava bem consciente do peso das determinações de classe, que tendem a subordinar à sua própria lógica os indivíduos que constituem a sociedade. Com efeito, desde seus primeiros escritos até os *Grundrisse* e *O capital*, ele nunca deixou de definir a tarefa da emancipação como pertencente ao indivíduo social. Insistiu igualmente na necessidade da formação de uma *consciência de massa* socialista, que seria a exigência indispensável para envolver a grande maioria dos indivíduos em seu empreendimento coletivo de auto-emancipação.

Uma vez que Marx sempre afirmou a primazia da prática social como o *übergreifendes Moment* da dialética entre teoria e prática, não via utilidade em princípios filosóficos abstratos – como a *"identidade do Sujeito e do Objeto"* hegeliana – para realizar o trabalho da história real de modo apriorístico. Em vez disso, sempre enfatizou a maturação de certas condições objetivas, sem as quais o "canto solo da revolução proletária", por mais consciente que fosse, acabaria como "um canto de cisne em todas as sociedades camponesas"[11] – ou seja, na maior parte do mundo.

---

"Há trinta anos venho escrevendo estudos sobre teoria política, mas não tenho conhecimento de uma única palavra deles ter sido citada por um político de tão alta autoridade em um congresso de partido! *O tempora o mores!*" (ibid., p. 68).

[9]   Ver "The Role of Morality in Communist Production", em Georg Lukács, *Political Writings 1919-1929*, Londres, NLB, 1968, p. 48-52.

[10]   As seções 7.2 a 7.7 deste capítulo foram publicadas pela primeira vez em *Praxis y Filosofía: Ensayos en homenaje a Adolfo Sánchez Vásquez* (org. Juliana González, Carlos Pereyra e Gabriel Vargas Lozano, México/Barcelona/Buenos Aires, Grijalbo, 1985, p. 57-94), e, subseqüentemente, em *Radical Philosophy* (n. 44, outono de 1986, p. 14-32), em *Monthly Review*, julho-agosto de 1987, p. 80-108) e em *Meenyaya Epitheorese* (dezembro de 1987, p. 3-38).

[11]   Marx, "The Eighteenth Brumaire of Louis Bonaparte", em Marx e Engels, *Selected Works*, Moscou, Foreign Languages Publishing House, 1958, vol. 1, p. 340.

Assim, as duas considerações vitais de uma transformação socialista genuína, há pouco mencionadas – que enfatizam a necessária emancipação dos indivíduos sociais das restrições de sua *própria classe* como pré-requisito para a construção da "nova forma histórica" em escala realmente *de massas* –, foram claramente identificadas por Marx desde o início. Tampouco ele imaginava que somente medidas políticas, não importa quão radicais, pudessem resolver os imensos problemas apresentados à "revolução *social* do século XIX".[12] Ao contrário, Marx insistia na necessidade de uma transformação estrutural fundamental da sociedade em sua totalidade.

Do mesmo modo, já em *A ideologia alemã*,[13] definiu as condições da revolução social em termos essencialmente internacionais; e as revoluções de 1848-49, com suas dolorosas conseqüências, só fizeram reforçar sua crença de que

> a Europa assumiu uma forma que faz que cada nova revolta do proletariado na França coincida diretamente com uma *guerra mundial*. A nova revolução francesa é forçada a deixar imediatamente seu solo nacional e a *conquistar o terreno europeu*, o único no qual a revolução social do século XIX pode ser realizada.[14]

De acordo com esta perspectiva, não poderia haver "socialismo em um só país", quanto mais em uma sociedade camponesa isolada e cercada, em que a revolução proletária teve de enfrentar o dilema marxista do "canto solo" que é transformado pelas restrições sócio-históricas em um "canto de cisne".

## 7.2.2

Marx formulou seus princípios básicos em relação às condições para a ocorrência de uma transformação socialista muito antes de o peso da experiência histórica ter afetado profundamente o movimento político do proletariado, primeiro pelas acomodações da socialdemocracia alemã, e depois com a formação do partido de vanguarda leninista, após a morte de Marx. Compreensivelmente, portanto, as amplas conseqüências de tais desenvolvimentos estiveram além do horizonte de Marx, embora o ceticismo radical de seu "*dixi et salvavi animam meam*", no final da *Crítica do Programa de Gotha*, testemunhe o desconforto com que encarava as tendências emergentes do envolvimento da classe trabalhadora na arena política. (Falarei mais sobre tais mudanças no próximo capítulo.)

Sob outro aspecto, até o fim de sua vida – num cuidadoso rascunho de uma carta para Vera Zassulitch –, Marx voltou-se para os problemas específicos das sociedades camponesas, no que diz respeito a suas potencialidades para o desenvolvimento socialista. Entretanto, não expôs com detalhes suas conclusões nem modificou seus pontos de vista estratégicos anteriores em relação ao mandato histórico da revolução proletária e à formação do Estado de transição: a ditadura do proletariado.

---

[12] Expressão usada por Marx para caracterizar as tarefas da revolução socialista de 1843 em diante, contrastando agudamente a "revolução *social*" com os horizontes estreitamente *políticos* das revoluções do passado.

[13] "Empiricamente, o comunismo só é possível como o ato 'conjunto' e simultâneo dos povos dominantes, o que pressupõe o desenvolvimento universal das forças produtivas e o relacionamento mundial a elas vinculado." (MECW, vol. 5, p. 49.)

[14] Marx, "The Class Struggles in France 1848-1850", *Selected Works*, vol. 1, p. 163. Os grifos são de Marx.

338   *Ideologia e emancipação*

A possibilidade de um desenvolvimento muito mais prolongado surgiu à margem do pensamento de Marx, formulada como um grande dilema – implicando muitos fatores desconhecidos, com todas as necessárias conseqüências teóricas em uma carta a Engels:

> A tarefa histórica da sociedade burguesa é o estabelecimento do *mercado mundial*, pelo menos em seus contornos gerais, e de um modo de produção que se apóie em suas bases. Como o mundo é redondo, parece que isso foi realizado com a colonização da Califórnia e da Austrália e com a anexação da China e do Japão.
>
> Para nós, a *questão difícil* é a seguinte: a revolução no continente é iminente e seu caráter será imediatamente socialista; ela não será *necessariamente esmagada* neste *pequeno canto do mundo*, visto que em um terreno muito maior o desenvolvimento da sociedade burguesa ainda está em *ascendência*.[15]

Na mesma carta, Marx também deixou claro que o colapso da sociedade burguesa no futuro previsível era apenas uma *esperança*, de modo algum uma certeza: "Não se pode negar que a sociedade burguesa vive seu segundo século XVI que, espero eu, vai levá-la para o túmulo, assim como o primeiro deu-lhe a vida". A situação mundial tinha de ser caracterizada deste modo por causa daquilo que Marx enfatizava como a inegável *ascendência* do capital naquele "terreno muito maior" que necessariamente relativizava o "pequeno canto do mundo" que era a Europa.

Então, como podemos ver, alguns elementos fundamentais de uma avaliação muito diferente da revolução socialista vindoura apareceram no pensamento de Marx após as revoltas de 1848-49 e continuaram a surgir em vários contextos até o fim de sua vida. Tais elementos não questionavam a necessidade da revolução socialista, mas tinham conseqüências de longo alcance sobre sua *escala de tempo* e a *modalidade* potencial de seu desenvolvimento. As formas sociopolíticas de transição podem variar muito, dependendo *de onde* e sob que tipo de *relações de classe* a revolução socialista irrompe e deve tentar a radical reestruturação do metabolismo da sociedade, sob o mais ou menos restritivo grau de desenvolvimento (ou subdesenvolvimento) das forças de produção herdadas. Por sua vez, as formas de transição em curso necessariamente influenciam a possibilidade de uma integração verdadeiramente autodeterminada dos indivíduos dentro da estrutura da ação coletiva consciente e, assim, sua emancipação em relação às cegas determinações de classe, como previa a perspectiva marxiana da nova *consciência de massa* comunista.

Nesse sentido, o fracasso da revolução socialista em se realizar no "pequeno canto do mundo" que é a Europa – ao passo que seu sucesso potencial bloquearia o desenvolvimento da ordem burguesa no terreno incomparavelmente maior do resto do mundo – teve importantes conseqüências para a maturação das contradições internas do capital. Uma vez que se supunha que o estabelecimento da nova ordem prevista só seria possível como o "ato 'conjunto' e simultâneo dos povos dominantes", a partir do "desenvolvimento universal das forças produtivas e do relacionamento mundial a elas vinculado", a possibilidade de desenvolvimento das saídas produtivas

---

[15]   Marx, Carta a Engels, 8 de outubro de 1858.

Revolução social e divisão de trabalho 339

do capital em qualquer lugar onde a sociedade burguesa ainda estava em ascendência equivalia à possibilidade de *deslocar* as contradições internas do capital por todo este período de ascendência histórica. Isto é, até que o "relacionamento mundial" como um todo se tornasse *saturado* pela dinâmica da inexorável auto-expansão do capital, de modo a fazer estagnar todo o processo por meio de uma crise estrutural cada vez mais profunda das "forças produtivas universalmente desenvolvidas", em uma escala verdadeiramente global.

Naturalmente, Marx não poderia se preocupar, de início, em deduzir as múltiplas implicações dessa perspectiva a longo prazo, quando esperava – e ele o disse explicitamente – que "o segundo século XVI da sociedade burguesa" levasse a ordem capitalista para o túmulo como resultado das bem-sucedidas revoluções socialistas do proletariado nos países europeus avançados. Assim, os elementos sumariamente identificados de tal perspectiva foram deixados à margem de sua concepção, aparecendo de tempos em tempos como vislumbres um tanto isolados, mas nunca completamente integrados à sua teoria como um todo. Não obstante, o simples fato de tais constituintes vitais da perspectiva alternativa terem se manifestado à margem do pensamento de Marx, na fase inicial do avanço imperial europeu que deu nova vida ao capital, indica que os desenvolvimentos subseqüentes não representaram um afastamento radical – ou, como declaram seus adversários, uma refutação – da teoria marxiana, mas a realização de algumas potencialidades objetivas do desenvolvimento, inerentes aos complexos fatores sócio-históricos do período e já visíveis, pelo menos em alguma extensão, durante a vida de Marx.

## 7.3 As lacunas em Marx

A sociedade burguesa não foi levada ao túmulo por seu segundo século XVI nem pelas revoluções sociais do século XX, muito menos por aquelas do XIX. A bem-sucedida exploração capitalista das gigantescas saídas potenciais para sua ascendência global nas sociedades camponesas e subdesenvolvidas apresentou um novo desafio às forças que aspiram a uma revolução socialista. Enquanto os "povos dominantes" – os principais beneficiários da expansão renovada e da dominação imperialista do capital – eram impedidos, por seus interesses, de seguir o caminho em direção a uma transformação socialista, novos tipos de contradição apareciam na "periferia" e nos "elos fracos" do sistema global, cada vez mais interdependente e saturado. Ao mesmo tempo, a eclosão de revoluções na periferia subdesenvolvida e a bem-sucedida consolidação de seus resultados (por mais limitados e problemáticos que tenham sido)[16] colocaram a questão da *transição para o socialismo* em um contexto global *hostil*; isto é, num período em que até os primeiros passos experimentais em direção à perspectiva originalmente considerada da "*dissolução*" do Estado não poderiam ser seriamente cogitadas nem por um momento, uma vez que a relação de

---

[16] Devem ser lembradas as repetidas queixas de Lenin sobre o impacto paralisante do "atraso asiático" sobre os desenvolvimentos pós-revolucionários.

340  *Ideologia e emancipação*

forças prevalecente se inclinava decididamente para o lado dos "povos dominantes" capitalistas.[17]

Assim, levando também em conta a "visão retrospectiva", as lacunas na própria abordagem de Marx ao problema em questão serão descritas nas próximas seções.

### 7.3.1

Os problemas da *transição para o socialismo* nunca foram discutidos por Marx em detalhe, exceto algumas breves referências gerais ao contraste fundamental entre a fases "alta" e "baixa" da sociedade futura vislumbrada, que apareceram na *Crítica ao Programa de Gotha* impostas pelo contexto polêmico dessa obra.

Essa questão, com todas as suas dimensões práticas desconcertantes, nunca foi um desafio histórico premente durante a vida de Marx, dada a nova vitalidade que o capital recebeu de sua expansão imperialista. Não obstante, visto que Marx contemplava a possibilidade de que os "povos dominantes" pudessem não se movimentar "conjunta e simultaneamente" rumo a uma transformação socialista, tal consideração acarretava algumas implicações de peso para os desenvolvimentos futuros, especialmente com respeito às mudanças prováveis na superestrutura jurídica e política e seu necessário impacto sobre os processos materiais da sociedade em geral. As exigências fundamentais do metabolismo social se impõem de maneiras muito diversas em circunstâncias políticas substancialmente diferentes, apesar da primazia da base material – "em última análise" – na estrutura geral de determinações e intercâmbios. É por esse motivo que a avaliação do real significado e da inércia material da divisão internacional do trabalho em sua relação com as sociedades de transição é inseparável da confrontação dos problemas do Estado no cenário global. (Com certeza, o livro originalmente planejado por Marx, sobre o Estado reciprocamente integrado com as relações internacionais de produção e troca, aponta com precisão uma dimensão crucial ausente de sua obra.)

Este fator é muito importante, uma vez que os parâmetros políticos internos e internacionais do metabolismo social (vitais mesmo sob as circunstâncias mais favoráveis) aparecem historicamente articulados como um conjunto de *relações interestatais antagônicas* após uma revolução socialista no "elo fraco" da cadeia imperialista. Dadas tais condições, a força inercial da política – definida como uma reação aos movimentos de um mundo externo *hostil*, sob a bandeira de um Estado sitiado, e por isso muito *fortalecido*, e não um Estado que começa a mostrar os primeiros sinais de "dissolução" – torna-se esmagadora.

### 7.3.2

O desenvolvimento histórico das contradições entre *produção social* e *apropriação privada* se prestava a uma leitura alternativa: uma leitura muito diferente da apresentada por Marx. Como Paul Mattick sublinhou corretamente:

> Para Marx, o capitalismo era o capitalismo da propriedade privada, e onde este parecia perder sua natureza estrita de empresa privada, como em indústrias estatais e até

---

[17]  Eis como Lenin tentou reinserir a revolução da "*Rússia atrasada*" – contrastada com as potencialidades dos "*países avançados da Europa ocidental*" – nas perspectivas originais:

Revolução social e divisão de trabalho   341

em empresas de sociedade anônima, ele via isto como uma abolição parcial do modo de produção capitalista dentro do modo de produção capitalista; um sinal da decadência do sistema capitalista.[18]

Na realidade, entretanto, uma grande variedade de combinações "híbridas" – todas as permutações possíveis da mistificadora "economia mista" – é completamente compatível com a sobrevivência (e até a revitalização temporária) do capitalismo privado, sem falar nos limites últimos do capital em si. Na verdade, a "nacionalização" em larga escala de indústrias falidas que ocorreu nos países capitalistas após a Segunda Guerra Mundial – freqüentemente seguida pela prática lucrativa da desnacionalização no devido tempo: após a imposição das necessárias mudanças político-econômicas que não poderiam ser realizadas pelo capital privado fragmentado (em relação ao poder dos sindicatos, por exemplo) – foi uma forma bem recebida de ampliar a racionalidade manipuladora do sistema capitalista.

Em todos os desenvolvimentos desse tipo, não se avança um único passo rumo à realização da atividade coletiva consciente dos indivíduos, visto que o controle dos processos socioeconômicos fundamentais permanece radicalmente separado dos produtores e a eles oposto. A integração transindustrial, e até transnacional do processo de produção não torna os produtores mais "associados" do que eram nos empreendimentos industriais capitalistas de escala mais limitada. O que realmente decide a questão é a transferência – do capital para os produtores – do *controle efetivo* das várias unidades de produção, independentemente de sua dimensão. Isto equivale a uma genuína *socialização* do processo de *produção* em todas as suas características essenciais, o que vai muito além do problema imediato da *propriedade*; socialização que é oposta à administração hierárquica remota através da "*estatização*" e da "*nacionalização*" – ou, de resto, através da crescente integração transnacional. Em outras palavras, a questão é antes de tudo político-social, exigindo em primeiro lugar uma mudança política qualitativa para sua realização. E esta mudança política não é necessariamente auxiliada, podendo ser, ao contrário, prejudicada pelo desenvolvimento da centralização e da concentração do capital, que foram vistas por Marx, com tanta esperança, como necessidades econômicas. Diante do poder maciço da crescente concentração e centralização

---

"Seria errôneo esquecer que, logo após a vitória da revolução do proletariado em pelo menos um dos países avançados, provavelmente ocorra uma grande mudança: *a Rússia deixará de ser o modelo* e mais uma vez se tornará um *país atrasado* (no sentido 'soviético' e socialista)" (Lenin, *Collected Works*, Londres, Lawrence & Wishart, 1960ss, vol. 31, p. 21).

É claro que a relação de forças mudou significativamente desde que Lenin escreveu essas linhas. Apesar disso, o fato de a revolução do proletariado ainda não ter sido realizada "em pelo menos um dos países avançados" continua a impedir o "deslocamento histórico" para a transformação radical e o "definhamento" final do Estado, assim como para a realização das potencialidades de "totalização coletiva consciente" – isto é, a integração abrangente autodeterminada e a ação coletiva consciente dos indivíduos sociais – implícitos nos desenvolvimentos previstos por Marx.

[18]   Paul Mattick, *Critique of Marcuse: One-Dimensional Man in Class Society*, Londres, Merlin Press, 1972, p. 61. Embora não se possa negar o valor da perspectiva genuinamente marxiana da obra de Mattick – sustentada por um período de muitos anos, com franca determinação e coerência, nas condições de um quase total isolamento nos Estados Unidos –, é necessário discordar dele quando caracteriza sumariamente as várias sociedades pós-capitalistas como formações "*capitalistas de Estado*".

342  *Ideologia e emancipação*

do capital, a força política do trabalho deve ser igualmente grande para ter qualquer chance de sucesso contra o adversário.

### 7.3.3

A avaliação otimista de Marx sobre a Comuna de Paris, vendo-a como "uma revolução, não contra esta ou aquela [...] forma de poder de Estado, [mas] uma revolução contra o *próprio Estado*",[19] estava associada a uma caracterização igualmente otimista do Segundo Império bonapartista como "a última expressão daquele poder de Estado", a "*última forma possível* de domínio de classe [burguês]" e o "*último* triunfo de um Estado separado e independente da sociedade".[20]

Esta visão apresentava um grande contraste com o modo pelo qual ele vinculava, na mesma obra,[21] as "*superestruturas políticas*" a determinados "*corpos sociais*" que as sustentam, referindo-se à "dissolução" de certos corpos sociais que tornam a permanência de suas superestruturas políticas um anacronismo histórico. Em outra passagem,[22] também enfatizou que a base social que corresponde à "superestrutura de um poder estatal centralizado" é a "divisão sistemática e hierárquica do trabalho", indicando deste modo a forte determinação recíproca e o suporte mútuo existentes entre as duas.

O problema, entretanto, é que as implicações óbvias e altamente perturbadoras de tais observações abalam as expectativas esperançosas de Marx quanto à "última forma possível" de um poder de Estado separado e independente da sociedade. Enquanto existir a base social da divisão sistemática e hierárquica do trabalho – e enquanto ela puder se renovar e fortalecer em conjunto com a transformação em curso dos corpos sociais da "sociedade civil", em escala sempre crescente e rumo a uma integração global –, uma reestruturação correspondente das formas de Estado, em prol da continuação do domínio de classe (tanto internamente quanto nas relações interestatais), não pode ser negada ao sistema estabelecido. Assim, ainda hoje estamos muito distantes da "última forma" do Estado capitalista e de seu domínio de classe; quanto mais na época em que Marx escreveu as linhas citadas em defesa da Comuna.

### 7.3.4

O outro lado da questão da permanência do domínio da sociedade pelo Estado e da recusa deste em "dissolver-se" refere-se ao proletariado. Uma revolução da classe trabalhadora – como Marx via a Comuna[23] – só em uma escala histórica de longo prazo é também, *ipso facto*, uma revolução "contra o próprio Estado" (isto é, contra o Estado como tal). Mas não o é quanto ao impacto realmente possível de seus objetivos imediatos inevitáveis.

---

[19]  Marx, *The Civil War in France*, Pequim, Foreign Languages Press, 1966, p. 166.

[20]  Ibid.,p. 167.

[21]  Ibid., p. 237.

[22]  Ibid., p. 227.

[23]  A Comuna "foi essencialmente um governo da classe trabalhadora" (ibid., p. 72).

Tal limitação não é simplesmente a conseqüência de uma revolução isolada e de seu subseqüente "cerco", embora, é claro, este último tenha muito a ver com ela, visto que a *"coordenação nacional e internacional harmoniosa"*[24] do relacionamento social prevista por Marx não pode ser sequer sonhada em tais circunstâncias. No entanto, o óbvio atraso histórico do ataque às fundações do Estado como tal resulta, antes de tudo, da própria natureza da tarefa: "realizar a *emancipação econômica* do trabalho" mediante a *"forma política* finalmente descoberta",[25] para que o *"trabalho livre e associado"* assuma a forma de *"sociedades cooperativas unidas"* a fim de "regulamentar a produção *nacional* segundo um plano comum".[26]

Assim, na concepção de Marx, as *exigências* objetivas e subjetivas de uma transformação socialista – a plena emancipação do trabalho em relação à divisão social do trabalho prevalecente – estipulam uma *forma política* (o Estado proletário) sob a qual a transição da velha para a nova sociedade deve ser realizada, enquanto o próprio Estado de transição é chamado a atuar ao mesmo tempo como senhor e como escravo do longo processo de emancipação.[27] Supõe-se que tal Estado não teria interesses próprios a defender, a despeito de sua função inquestionavelmente estratégica – como *forma política específica* da indispensável "coordenação nacional" da vida social – na divisão do trabalho, cuja continuação é inevitável (mesmo que progressivamente menor) para todo o período de reestruturação radical. Parece não haver contradição em esperar que a *nova forma política* realize a *emancipação econômica* do trabalho, uma vez que a classe trabalhadora teria completo controle sobre o processo político em uma estrutura social na qual os interesses daqueles que controlam diretamente a máquina do Estado de transição e os interesses da sociedade como um todo coincidiriam plenamente.

Certamente, Marx está bem consciente do fato de que as mudanças necessárias para a superação da divisão do trabalho herdada só podem resultar de um processo histórico de transformação altamente complexo. Com efeito, ele insiste em que a classe trabalhadora "terá de enfrentar *prolongadas lutas*, através de uma série de processos históricos, transformando *circunstâncias e homens*".[28] No entanto, ele tem de recorrer a um subterfúgio para resolver a contradição entre o fato de a tarefa de "transformar circunstâncias e homens" estar longe de ser realizada, e a suposição de que a consciência comunista da classe trabalhadora *já estaria determinada.*

A consciência comunista foi definida em *A ideologia alemã* como "a consciência da necessidade de uma revolução fundamental".[29] Ao mesmo tempo, declarava: "Tanto

---

[24] Ibid., p. 172.

[25] Ibid., p. 72.

[26] Ibid., p. 73.

[27] "[...] para servir como alavanca para extirpar as bases econômicas sobre as quais se apóia a existência de classes" (ibid., p. 72) e "para tornar a *propriedade individual* uma verdade, transformando os meios de produção, terra e capital, agora primordialmente meios de escravização e exploração do trabalho, em meros instrumentos de *trabalho livre e associado*" (ibid., p. 73).

[28] Ibid.

[29] MECW, vol. 5, p. 52.

344 *Ideologia e emancipação*

para a produção em uma escala maciça desta consciência comunista quanto para o sucesso da causa em si, *é necessária a alteração dos homens em escala maciça*".[30]

As mesmas idéias aparecem na avaliação da Comuna, mas desta vez atribuindo à classe trabalhadora, *no presente*, "a *plena consciência* de sua missão histórica".[31] Marx declara também que a classe trabalhadora possui a determinação prática de agir de acordo com essa consciência – bem como a capacidade de o fazer sem a interferência do Estado, "em comunas auto-operantes e autogovernadas".[32] Assim, começando cada frase com: "a classe trabalhadora sabe", ou "sabem",[33] Marx é capaz de transformar certos *imperativos* históricos vitais (cuja realização depende da plena articulação da "consciência comunista em escala maciça") na *afirmação* de forças sociais já desenvolvidas e efetivamente autodeterminadas.

Do mesmo modo, em *A ideologia alemã*, Marx declarou que "o comunismo não é para nós [...] um ideal ao qual a realidade terá de se adaptar".[34] Agora, a mesma idéia é apresentada de forma significativamente modificada: "Eles [os trabalhadores] não têm ideais a realizar, senão libertar os elementos da nova sociedade que a própria sociedade burguesa em colapso traz dentro de si".[35] O problema não é saber se o empreendimento de "libertar os elementos da nova sociedade" deve ser considerado um "ideal a ser realizado". O que importa no presente contexto é a mudança de "*para nós*" – ou de "para os comunistas", em outros escritos[36] – para a *classe traba-lhadora como um todo*, postulando-se, ainda que de forma ambígua, a plena *realização* daquela consciência de massa comunista cuja *produção* foi apresentada em *A ideologia alemã* como uma desafiadora tarefa histórica para o futuro.

Esta maneira de tratar a consciência da classe trabalhadora está inextricavelmen-te ligada às reflexões de Marx sobre o poder político do proletariado. Com efeito, encontramos um equívoco similar na recusa em chamar o Estado proletário de Estado, denominando-o em vez disso de "a forma política de emancipação social"[37] e "a forma

---

[30] Ibid., p. 52-3.

[31] *The Civil War in France*, p. 73.

[32] Ibid., p. 171.

[33] "*A classe trabalhadora sabe* que tem de superar fases diferentes de luta de classes. *Eles sabem* que a substituição das condições econômicas da escravidão do trabalho pelas condições de trabalho livre e associado só pode ser obra progressiva do tempo, [...] que ela requer não apenas uma mudança de distribuição, mas uma nova organização da produção, ou melhor, a libertação das formas sociais de produção, no trabalho organizado atual (engendrado pela indústria atual), dos grilhões da escravidão, de seu atual caráter de classe e de sua coordenação nacional e internacional harmoniosa. *Sabem* que esta obra de regeneração será muitas vezes atrasada e prejudicada pela resistência de interesses investidos e pelo egoísmo de classe. *Sabem* que a atual 'ação espontânea das leis naturais do capital e dos bens de raiz' só pode ser superada pela 'ação espontânea das leis de economia social do trabalho livre e associado', por meio de um longo processo de desenvolvimento de novas condições [...]. Mas *sabem*, ao mesmo tempo, que grandes passos podem ser dados imediatamen-te através da forma comunal da organização política, e que chegou o momento de iniciar esse movimento em benefício de si mesma e da humanidade." (Ibid., p. 172-3.)

[34] MECW, vol. 5, p. 49.

[35] *The Civil War in France*, p. 73.

[36] No *Manifesto comunista*, por exemplo.

[37] *The Civil War in France*, p. 171.

comunal de organização política".[38] Enaltecendo o fato de que, na Comuna, "as funções do Estado [eram] reduzidas a poucas funções para propósitos nacionais gerais",[39] esquece-se que um *Estado de emergência* extremo – como a Comuna de Paris teve necessidade de ser – não pode ser o modelo do desenvolvimento futuro do Estado proletário e de suas complexas funções internas e internacionais em circunstâncias normais. Se a classe trabalhadora tem a missão histórica de realizar, com a "nova forma política", a completa emancipação do trabalho, e, em conseqüência, a emancipação da sociedade como um todo contra a tirania social da divisão do trabalho herdada, como uma tarefa de tal magnitude, complexidade e longa escala de tempo poderia ser realizada com base na redução das funções do Estado a um mínimo absoluto simplificado? E isto tendo particularmente em vista o fato de que, ao mesmo tempo, seria preciso implementar também aquela "coordenação nacional e internacional harmoniosa" da produção e da distribuição – que, obviamente, representava um problema da mais alta complexidade – de que falava Marx.

Com efeito, a "dissolução" final do Estado é inconcebível sem uma redução e simplificação progressivas de suas tarefas, tanto quanto possível, e sua transferência para o corpo social "auto-operante e autogovernado". Entretanto, sugerir que este processo de redução e simplificação no plano político possa ser realizado pela imediata substituição do Estado como tal por uma "nova forma política" não problemática – após o que só permaneceriam as dificuldades relacionadas à emancipação econômica da sociedade em relação à divisão do trabalho – equivale a tomar um atalho ideal em direção ao futuro. Isto é tanto mais problemático na medida em que a base social da "divisão sistemática e hierárquica do trabalho" é inseparável da "superestrutura de um poder estatal centralizado", ainda que não do tipo capitalista. Na realidade, o Estado só pode ser "desmantelado" (no processo da "desalienação" política e *"comunalização"* da sociedade) na mesma proporção em que a divisão social do trabalho herdada seja modificada de modo correspondente e, assim, o metabolismo social como um todo seja eficazmente reestruturado.

A perspectiva de tal atalho – compreensível no contexto da defesa da Comuna de Paris – traz consigo também a caracterização "prescritiva" da consciência da classe trabalhadora, que acabamos de ver. Reconhecendo-se que a mudança social necessária se estende por um longo processo histórico de confrontações e lutas, o poder da "consciência comunista em escala maciça" adquire particular importância na concepção marxiana. Em virtude de sua determinação como *consciência de massa*, protege as forças socialistas, envolvidas na luta, contra as divisões internas e o estabelecimento de novas hierarquias, em contraste com a visão elitista de Bakunin, pela qual a sociedade, após a conquista do poder, seria dominada pelos poucos autonomeados que reivindicam saber mais.

De acordo com isso, se houver uma identidade de propósitos na grande maioria da população – uma identidade que, nas circunstâncias prevalecentes, somente a "plena consciência [da classe trabalhadora] de sua missão histórica e heróica resolução

---

[38] Ibid., p. 173.

[39] Ibid., p. 171.

## 346  Ideologia e emancipação

de agir de acordo com ela"[40] pode produzir –, o *Estado* se torna, de forma imediata, uma "forma política" de transição totalmente controlada e um simples meio para a ação emancipatória, visto que a diferença entre os governantes e os governados desaparece por definição. É por esta razão que Marx pode retrucar à pergunta de Bakunin: "Os alemães são quase quarenta milhões. Todos os quarenta milhões serão, por exemplo, membros do governo?", com um enfático: "*Certamente*, pois a coisa se *inicia* com o *autogoverno da comuna*".[41]

Outro aspecto importante da consciência de massa comunista nesta perspectiva é que ela pode *superar a lacuna* que separa as condições atuais de privação da "nova forma histórica" proposta, porque, com sua força orientadora, ela pode garantir a direção geral do desenvolvimento, que deve ser mantida, e minimizar o perigo de recaídas e reversões sob a pressão das dificuldades encontradas. Na verdade, nas condições inevitavelmente *prematuras* da "revolução social" pretendida – quando o capitalismo é reconhecido por Marx como estando em *ascendência* na maior parte do planeta –, somente a consciência de massa comunista prescrita pode superar esta grande lacuna histórica e promover a garantia desejada para manter o ímpeto da luta indispensável.

### 7.3.5

A última e mais complexa questão a ser considerada aqui refere-se à avaliação de Marx da posição da classe trabalhadora na *divisão do trabalho* existente. Tal avaliação está intimamente vinculada a suas opiniões sobre a "forma política" pós-revolucionária, com grandes implicações para o desenvolvimento da consciência de classe e para a articulação das estratégias políticas socialistas.

Antecipando o ponto principal: na perspectiva marxiana, a *fragmentação* da classe trabalhadora é muito subestimada e as conseqüências políticas necessárias de tal fragmentação (e concomitante estratificação) permanecem em grande medida inexploradas. A ênfase está no proletariado que constitui a "*classe universal*", uma caracterização plenamente adequada para destacar a mudança qualitativa da velha para a "nova forma histórica", mas repleta de ambigüidades e interrogações em relação às restrições práticas do futuro imediato.

Isto é absolutamente notável, visto que Marx, em *A ideologia alemã*, insistiu em que

> A divisão do trabalho implica, desde o início, a divisão das condições de trabalho, de instrumentos e materiais, e, consequentemente, a fragmentação do capital acumulado entre diferentes proprietários, e, por isso, também a fragmentação entre capital e trabalho e as diferentes formas da propriedade em si. Quanto mais se desenvolve a divisão do trabalho e aumenta a acumulação, mais se desenvolve a fragmentação. *O próprio trabalho só pode existir tendo como premissa esta fragmentação.*[42]

---

[40]  Ibid., p. 73.

[41]  Marx, "Conspectus of Bakunin's Book: *State and Anarchy*", em Marx, Engels, Lenin, *Anarchism and Anarcho-Syndicalism*, Moscou, Progress Publishers, 1972, p. 151. Quanto ao caloroso debate entre Marx e Bakunin, ver o esclarecedor artigo de Maurício Tragtenberg, "Marx/Bakunin", *Nova Escrita Ensaio*, ano V, n. 11/12, 1983, p. 279-300.

[42]  MECW, vol. 5, p. 86.

Entretanto, Marx nunca diz quais poderiam ser as conseqüências do fato de o trabalho existir "tendo como premissa a fragmentação" engendrada pela divisão capitalista do trabalho. Ao contrário, prescreve a progressão natural de um sindicalismo ocasional e parcial até um sindicalismo permanente e abrangente, de acordo com o desenvolvimento da produção em escala mundial:

> o sindicalismo nem por um instante deixou de progredir e se ampliar com o desenvolvimento e crescimento da indústria moderna. Agora atingiu um estágio tal que o *grau em que o sindicalismo se desenvolveu em qualquer país determina claramente a posição que tal país ocupa na hierarquia do mercado mundial*. A Inglaterra, cuja indústria atingiu o mais alto grau de desenvolvimento, possui os maiores e mais bem organizados sindicatos.[43]

Ao mesmo tempo, é também sugerida a existência de um movimento irresistível que, partindo da defesa de interesses econômicos limitados culmina com a afirmação politicamente consciente dos interesses de emancipação universal,[44] movimento levado a cabo pela "classe-para-si" do proletariado unido por meio da abolição de todas as classes e pela sua auto-abolição.[45]

É de se notar que a idéia inicial de Marx de que o proletariado "só é vitorioso se abolir a si mesmo e a seu oposto"[46] é reiterada várias vezes, durante toda sua vida. Eis como Marx responde, em 1874, à questão de Bakunin: "Qual o significado do fato de o proletariado se transformar na classe dominante?":

> Significa que o proletariado, em vez de lutar individualmente contra as classes economicamente privilegiadas, ganhou suficiente força e tem suficiente organização para empregar meios gerais de compulsão em sua luta contra aquelas classes. Entretanto, ele só pode usar meios *econômicos* destinados a abolir seu próprio traço distintivo de assalariado, e, portanto, *abolir-se enquanto classe*. Sua completa *vitória*, conseqüentemente, é também o *fim de sua dominação*, visto que seu caráter de classe desapareceu.[47]

Não há a menor indicação em Marx de que, além da fragmentação "entre capital e trabalho", etc., deve-se também enfrentar a fragmentação *dentro do próprio trabalho* como um grande problema para o proletariado, tanto antes como depois da conquista do poder político. O processo de emancipação que se segue à revolução é concebido como um problema essencialmente *econômico* (como vimos em várias ocasiões, incluindo a citação anterior). A capacidade do proletariado de agir como uma força unida é pressuposta como coisa natural, em flagrante contraste com o campesinato:

> Os pequenos proprietários camponeses formam uma vasta massa, cujos membros vivem em condições similares, mas sem manter relações múltiplas entre si. Seu modo de produção os isola uns dos outros, em vez de uni-los em um relacionamento mútuo. [...] Na medida em que milhões de famílias vivem sob condições econômicas de existência que separam seu modo de vida, seus interesses e sua cultura daqueles

---

[43] Ibid., p. 210.

[44] Ver Marx, *The Poverty of Philosophy*, MECW, vol. 6, p. 206-12.

[45] Ibid., p. 211-2.

[46] MECW, vol. 4, p. 36.

[47] Marx, "Conspectus of Bakunin's Book: *State and Anarchy*", op. cit., p. 150.

348 *Ideologia e emancipação*

de outra classe, e colocam-nas em oposição hostil à última, elas formam uma classe. Na medida em que há meramente uma interconexão local entre esses pequenos proprietários camponeses, e a identidade de seus interesses não gera uma comunidade, nenhum vínculo nacional e nenhuma organização política, eles não formam uma classe. Em conseqüência, são *incapazes de impor seus interesses em seu próprio nome*, seja através de um parlamento, seja através de uma convenção. *Eles não podem representar-se, eles devem ser representados.* Seus representantes devem ao mesmo tempo aparecer [...] como uma autoridade sobre eles, como um poder governamental ilimitado que *os protege contra as outras classes* [...]. Por isso, a influência dos pequenos proprietários camponeses encontra sua expressão final no *poder executivo que subordina a sociedade a si.*[48]

O problema, entretanto, é que muito do que Marx diz aqui sobre o campesinato é igualmente válido para a classe trabalhadora. Na verdade, a ação unida e o domínio desta última não podem ser presumidos sem primeiro enfrentar a difícil "premissa da fragmentação" na divisão do trabalho prevalecente. O proletariado tem a *potencialidade* de superar sua própria fragmentação e posição subordinada na divisão do trabalho existente, mas a *realização* dessa potencialidade depende da maturação de várias condições objetivas, incluindo alguns desenvolvimentos importantes na organização política e na autodeterminação coletiva consciente dos indivíduos que constituem a classe de "produtores livremente associados". Assim, sugerir que o "grau de sindicalização" de qualquer país corresponde diretamente à "posição que ele ocupa na hierarquia do mercado mundial"[49] é transformar uma *exigência* histórica em algo que necessariamente *é obtido*. Igualmente, prever a sindicalização global e a articulação política da classe trabalhadora unida, enquanto a divisão capitalista do trabalho – e a fragmentação do trabalho necessariamente acarretada por esta divisão do trabalho – permanece intacta, é simplesmente reafirmar o potencial a longo prazo da "classe universal" para emancipar a sociedade da dominação de classe, sem indicar, entretanto, os obstáculos subjetivos e objetivos, assim como os internos e internacionais, que devem ser superados no curso da transição para o objetivo pretendido.

Não há como discordar da proposição de que o proletariado "só é vitorioso se abolir a si mesmo". Ademais, considerando a posição do trabalho na manutenção do funcionamento normal do metabolismo social, é impossível discordar de Marx quando ele diz que o proletariado, por um lado, "não pode se emancipar sem abolir as condições de sua vida", e que, por outro, "ele não pode abolir as condições de sua vida sem abolir todas as condições desumanas da vida da sociedade atual, que são

---

[48] Marx, "The Eighteenth Brumaire of Louis Bonaparte", op. cit., p. 334.

[49] Para nós, com a vantagem da visão retrospectiva, é suficiente pensar nos Estados Unidos para ver como é problemática a generalização de Marx. O "desenvolvimento e crescimento da indústria moderna" e o avanço da divisão internacional do trabalho que, segundo a fórmula marxiana, deveriam trazer o mais alto grau de "sindicalização" e um nível igualmente alto de militância política organizada e plenamente consciente, não chegaram aos resultados previstos. Para se explicar a tendência atual dos acontecimentos nos EUA – freqüentemente descrita como a "integração da classe trabalhadora" – juntamente com a possibilidade de sua reversão, é obviamente necessário introduzir várias condições restritivas importantes que não aparecem na avaliação original de Marx.

resumidas em sua própria situação".[50] Entretanto, ao dizer isso apenas definimos as *condições* necessárias de uma "revolução social" bem-sucedida, mas não o modo específico pelo qual este círculo aparentemente vicioso (a vitória de um empreendimento particular depende da solução bem-sucedida dos problemas do todo, e vice-versa) pode ser e será rompido.

O círculo vicioso em questão não é *conceitual*. Mais exatamente, ele é circularidade prática sufocante da divisão social do trabalho prevalecente, pois esta última atribui ao próprio trabalho o papel-chave na sustentação do metabolismo social, restringindo estruturalmente, desse modo, o trabalho quanto a sua margem possível de ação emancipadora e auto-emancipadora. Eis por que a conclusão marxiana é inevitável: o proletariado "só é vitorioso se abolir a si mesmo e a seu oposto", e a auto-emancipação do trabalho só pode ser realizada na medida em que a sociedade como um todo for emancipada. Assim, a questão em discussão refere-se simultaneamente tanto à divisão do trabalho como tal, e à posição do proletariado (ou trabalho) dentro dela. Em outras palavras, a questão é como romper o estrangulamento que a divisão social do trabalho impõe ao trabalho, sem arriscar as funções vitais do próprio metabolismo social.

Inevitavelmente, em uma questão de tal magnitude e complexidade, os aspectos subjetivos e objetivos, bem como os políticos e socioeconômicos, estão inextricavelmente interligados. *Subjetivamente*, apenas o próprio trabalho pode realizar "para si mesmo" a tarefa em questão, o que determina a necessidade de desenvolvimento da consciência da classe trabalhadora. De outro modo, sem demonstrar as determinações *objetivas* que realmente impulsionam o desenvolvimento da consciência de classe totalizadora – em oposição à consciência de classe parcial e vinculada a interesses estreitos –, a necessidade desta última é apenas postulada, em vez de se provar que ela é uma força social adequada à sua "tarefa histórica". Além disso, embora a confrontação *política* do trabalho com a formação do Estado capitalista seja o ponto de partida necessário (para o qual deve ser encontrada a forma institucional apropriada), ele não pode ser mais do que um ponto de partida. A questão fundamental é a superação da divisão tradicional do trabalho, que só é concebível sobre a base de uma radical reestruturação de toda a estrutura *socioeconômica*. No entanto, paradoxalmente, esta última implica que o controle político total da sociedade permaneça durante todo o processo de reestruturação. Os vários componentes do todo social – incluindo o trabalho – devem acomodar-se à margem disponível de ação, sob a orientação da nova "forma política". Somente esta tem condições de supervisionar o processo todo, embora se suponha que ela constitua apenas o ponto de partida da transformação socialista em curso.

Nesse ponto podemos notar claramente aquela que talvez seja a maior dificuldade teórica de Marx. Ele não pode, na verdade, reconhecer a fragmentação e a estratificação do trabalho, pois isso complicaria muito e abalaria fundamentalmente sua concepção da "forma política" de transição. Se os *interesses parciais* objetivos dos vários grupos de trabalhadores – que surgem inevitavelmente da fragmentação estrutural do

---

[50] Marx, *The Holy Family*, MECW, vol. 4, p. 37.

350   *Ideologia e emancipação*

trabalho – se afirmarem sob a forma de reivindicações conflitantes, nesse caso o *"interesse comum"* defendido e imposto pela nova "forma política" não é tão evidente quanto poderia parecer a partir do pressuposto do *trabalho unificado*. Tal pressuposto, entretanto, sem justificativa, põe de lado a inevitável, e anteriormente reconhecida, "premissa da fragmentação do trabalho.

Assim, dar grande importância à necessária fragmentação do trabalho sob as condições da divisão tradicional do trabalho significa, ao mesmo tempo, reconhecer o espaço deixado ao exercício das funções *tradicionais* do Estado durante todo um período histórico; isto é, contanto que a fragmentação do trabalho não seja efetivamente superada – tanto em termos materiais como em termos ideológicos e políticos – pela "negação" real (*Aufhebung*/superação/reestruturação radical) da divisão social do trabalho há muito estabelecida.

Naturalmente, isso significa que, qualquer que seja a função do Estado proletário em suas relações *externas*, ele não pode, internamente, ser apenas a defesa do proletariado contra a classe dominante anterior. Mais que tudo, a função *interna* fundamental do Estado proletário – após um período relativamente curto – é a *arbitragem* de uma multiplicidade de interesses parciais complexos, e até contraditórios, que ocorrem por causa da continuação da divisão social do trabalho. É por isso que o proletariado pode – e, sob tais condições, deve – "voltar sua ditadura contra si mesmo", e não por não conseguir estar à altura dos ditames ideais de um imperativo moral categórico, como Lukács sugeriu em seu ensaio sobre "O papel da moral na produção comunista".

As dificuldades teóricas de Marx devem-se apenas em parte ao fato de ele ter vinculado a "classe universal" ao *"imperativo categórico de destruir todas as relações* em que o homem é um ser aviltado, escravizado, desamparado e desprezível".[51] Ele está,

---

[51]   Marx, *Contribution to Critique of Hegel's Philosophy of Law*, MECW, vol. 3, p. 182 (os grifos são de Marx). Eis como Marx define o papel do proletariado no contexto do "imperativo categórico" aqui referido: "Na França, a emancipação parcial é a base da emancipação universal; na Alemanha, a emancipação universal é a *conditio sine qua non* de qualquer emancipação parcial. Na França, é a realidade da libertação gradual, e na Alemanha a impossibilidade de libertação gradual, que *necessariamente* darão origem à *liberdade completa*".

Partindo de tal premissa, Marx indaga: "Onde, então, está a possibilidade positiva de uma emancipação alemã?", e responde da seguinte maneira: "Na formação de uma classe *radicalmente agrilhoada*, uma classe da sociedade civil que não seja uma classe da sociedade civil, de um Estado que seja a dissolução de todos os estamentos, de uma esfera que tenha um caráter *universal* devido a seu sofrimento *universal* e não reivindique *nenhum direito particular* porque nenhum mal particular é perpetrado contra ela, exceto o mal geral; que não possa mais invocar um título histórico, mas apenas um título humano; que não se situe em nenhuma antítese unilateral às conseqüências, mas em uma antítese total às premissas do Estado alemão; uma esfera, afinal, que não possa se emancipar sem se emancipar de todas as outras esferas da sociedade e *assim emancipar todas as outras esferas da sociedade*; esfera que, em resumo, é a completa perda do homem e por isso só pode ganhar a si mesma mediante a completa reconquista do homem. Esta *dissolução* da sociedade enquanto estamento *particular* é o proletariado".

Deste modo o proletariado se ajusta perfeitamente ao "imperativo categórico de destruir todas as relações estabelecidas". Embora o caráter de "imperativo" desta linha de raciocínio tenha sido, depois, eliminado em grande parte, muitos de seus aspectos vitais – desde a explicação do desenvolvimento da "classe universal" a partir da "dissolução drástica da sociedade, principalmente da classe média", até a definição do relacionamento entre a parcialidade e a universalidade em relação às condições de emancipação – permaneceram centrais no pensamento de Marx por toda a sua vida (citações de MECW, vol. 3, p. 186-7).

*Revolução social e divisão de trabalho*   351

de fato, ansioso para estabelecer o papel histórico mundial e a tarefa que os "escritores socialistas *atribuem* ao [...] proletariado plenamente formado",[52] com base em uma necessidade sócio-histórica objetiva. Por isso, insiste em que o problema "não é o que este ou aquele proletário, ou mesmo todo o proletariado, no momento, *considera* ser seu objetivo. A questão é o que o *proletariado* é, e, de acordo com este *ser*, do que será historicamente obrigado a fazer".[53]

Entretanto, postulando o desenvolvimento de uma consciência de classe proletária plenamente adequada, em face do caráter inevitavelmente *prematuro* da revolução social ocorrida num período de *ascendência global* do capital, ele é forçado a declarar que "grande parte do proletariado inglês e francês *já está consciente* de sua tarefa histórica e está *constantemente trabalhando* para desenvolver essa consciência com *absoluta clareza*".[54] Por esta razão, tende a prever um curso muito menos problemático dos acontecimentos – como fez ao projetar a sindicalização global e a correspondente militância política – do que aquele que os fatos históricos mostram.

## 7.4  O futuro do trabalho

A conseqüência de tudo isso é que, por um lado, numerosas proposições paradoxais e muito ambíguas acabam por preencher a lacuna entre o estado de coisas existente e as previsões históricas a longo prazo; e, por outro lado, algumas características importantes da existência da classe trabalhadora não recebem a devida ênfase na perspectiva marxiana. Quanto à primeira categoria, basta pensar em afirmações como "o proletariado só é vitorioso ao abolir a si mesmo e a seu oposto", que é ao mesmo tempo incontestável em suas implicações fundamentais e cheia de enigmas em relação aos passos necessários para sua realização pela parcialidade proletária potencialmente "universal e auto-superadora". Quanto à segunda categoria, o desenvolvimento histórico nos proporcionou exemplos suficientes o bastante para dispensar maiores discussões, desde o "chauvinismo social" dos partidos da classe trabalhadora durante a Primeira Guerra Mundial até a "integração" da classe trabalhadora norte-americana e a atitude exploradora das classes trabalhadoras ocidentais em geral em relação ao "Terceiro Mundo".

Portanto, é muito problemático afirmar que, "com o trabalho emancipado, todo homem se torna um trabalhador e o trabalho produtivo deixa de ser um atributo de classe".[55] Tal declaração estipula apenas que a emancipação implica a divisão universal

---

[52]   MECW, vol. 4, p. 36.

[53]   Ibid., p. 37 (os grifos são de Marx). Aqui podemos ver o modelo lukácsiano de consciência de classe no contraste marxiano entre "o que o proletariado considera seu objetivo no momento" e o que é "atribuído ao proletariado plenamente formado" pelos escritores socialistas (isto é, a "consciência de classe psicológica" em oposição à "consciência de classe atribuída", nos termos de Lukács). Entretanto, a diferença fundamental é que ao passo que Marx espera a realização de sua versão de "consciência atribuída" na classe *como um todo*, de acordo com a transformação de sua existência sob a imposição da história, Lukács consigna ao partido a função de ser o verdadeiro "portador" e "encarnação" da consciência de classe "atribuída" do proletariado.

[54]   Ibid.

[55]   Marx, *The Civil War in France*, p. 72.

352  *Ideologia e emancipação*

do trabalho por todos os membros da sociedade, sem definir o significado de "trabalho produtivo" e, talvez mais importante, ignorando uma questão da maior gravidade quanto à fragmentação e à divisão interna do trabalho: a *escassez das oportunidades de trabalho*, necessária e precipitadamente crescente, na estrutura do desenvolvimento tecnológico capitalista.

O único momento em que Marx se refere a este problema ocorre ao tratar da inerente incapacidade da contabilidade capitalista de encontrar saídas para a potencialidade produtiva irresistivelmente crescente do trabalho. Descreve um processo de desenvolvimento baseado na "indústria em grande escala" – tratando-a, de fato, muito ambiguamente, pois ela jamais poderia surgir antes de um rompimento radical com a estrutura restritiva do capital –, em conseqüência da qual

> O trabalho já não parece fazer parte do processo de produção; em vez disso, o ser humano passa a ter o papel de observador e regulador do processo de produção [...]. [O trabalhador] fica à parte do processo de produção, em vez de ser o seu ator principal. Nesta transformação, não é o trabalho humano direto que ele próprio realiza nem o tempo durante o qual ele trabalha, mas, antes, a apropriação de seu próprio poder produtivo geral, sua compreensão da natureza e seu domínio sobre ela em virtude de sua presença como um corpo social – é, em uma palavra, o desenvolvimento do indivíduo social – que surge como a grande pedra fundamental da produção e da riqueza.[56]

Neste ponto, Marx enfatiza mais uma vez as inconciliáveis contradições envolvidas nos desenvolvimentos com que está preocupado, e conclui sua linha de raciocínio com vários imperativos fortes:

> O furto do tempo de trabalho alheio, no qual é fundamentada a riqueza atual, parece uma base miserável diante desta nova, *criada pela própria indústria em grande escala*. Tão logo o trabalho, sob forma direta, deixa de ser a grande fonte de riqueza, o tempo de trabalho deixa e *deve deixar* de ser sua medida, e, por isso, o valor de troca *deve deixar* de ser a medida do valor de uso. O trabalho excedente da massa deixou de ser a condição para o desenvolvimento da riqueza geral, assim como o não-trabalho de poucos, para o desenvolvimento das capacidades gerais do cérebro humano. Com isso, *a produção baseada no valor de troca entra em colapso* e o processo de produção direto, material, é despojado da forma de penúria e da antítese. [...] As forças de produção e as relações sociais – dois lados diferentes do desenvolvimento do indivíduo social – aparecem para o capital como simples meios, e são apenas meios para que ele produza a partir de sua base limitada. Entretanto, elas são, de fato, as condições materiais *que vão explodir essa base*.[57]

A dificuldade é que, enquanto as determinações capitalistas permanecerem controlando a sociedade, o trabalho – ainda que *idealmente* devesse fazê-lo – simplesmente *não pode* deixar de ser a fonte da riqueza, nem o tempo de trabalho a sua medida. Do mesmo modo, sob tais condições, o valor de troca *não pode* deixar de ser a medida do valor de uso, nem podemos simplesmente postular que, em virtude das

---

[56]  Marx, *Grundrisse*, p. 705.

[57]  Ibid., p. 705-6.

implicações *ideais* destas relações – que transformam o sistema capitalista em um anacronismo *histórico*, mas um anacronismo que não é imediatamente visível nem materialmente sentido –, o modo de produção baseado no valor de troca *realmente* entra em colapso. Por isso, enquanto o capital puder encontrar novas saídas para a expansão através do vasto terreno de sua ascendência global, a não possibilidade de realização do indivíduo social permanece apenas como uma contradição *latente* desta sociedade, em vez de "explodir" suas bases estreitas.

Portanto, se considerarmos o desenvolvimento historicamente identificável da inerente tendência capitalista à redução drástica do tempo de trabalho necessário, sem postular, *ipso facto*, o colapso do sistema capitalista (ainda que tal colapso seja teoricamente uma conseqüência da *plena* articulação *a longo prazo* desta tendência), fica evidente a existência de uma importante força *negativa* que sustenta o capital durante um tempo considerável, não oferecendo qualquer conforto ao trabalho no futuro previsível. A tendência em questão, em seu impacto imediato, só pode dividir e fragmentar ainda mais o trabalho, voltando seus vários setores um contra o outro, em vez de contribuir positivamente para a "unificação" global e para a homogeneização do trabalho previstas na perspectiva marxiana.

## 7.5 A divisão do trabalho

A fragmentação e a divisão hierárquica do trabalho aparecem sob os seguintes aspectos principais, correspondentes a divisões objetivas de interesse significativamente diferentes:

1. Dentro de um grupo particular ou de um setor do trabalho.

2. Entre diferentes grupos de trabalhadores pertencentes à mesma comunidade nacional.

3. Entre corpos de trabalho de nações diferentes, opostos um ao outro no contexto da competição capitalista internacional, desde a escala mínima até a mais abrangente, incluindo a potencial colisão de interesses sob forma de guerras.

4. A força de trabalho dos países capitalistas avançados – os beneficiários relativos da divisão capitalista global do trabalho – em oposição à força de trabalho comparativamente muito mais explorada do "Terceiro Mundo".

5. O trabalho no emprego, separado e oposto aos interesses objetivamente diferentes – e em geral política e organizacionalmente não-articulados – dos "não assalariados" e dos desempregados, inclusive as crescentes vítimas da "segunda revolução industrial".

A razão por que tal fragmentação e divisão de interesses *no interior do próprio trabalho* importa tanto é que ela implica – tanto antes quanto depois da revolução – uma inevitável atuação do Estado, embora em teoria se suponha que ele seja o alvo imediato mais óbvio da revolução socialista. Na verdade, o Estado burguês encontra apoio entre vários grupos do trabalho sobretudo em virtude da "proteção" que ele fornece, sustentando juridicamente e garantindo a estrutura objetivamente estabelecida da divisão do trabalho. É suficiente lembrar a grande variedade de medidas adotadas pelo Estado com respeito a isso, desde o salário mínimo e a legislação do

354  *Ideologia e emancipação*

seguro social até a criação de tarifas protecionistas e outras barreiras nacionais, e desde a administração interna da relação de forças contra os "excessos" até a participação em empreendimentos internacionais que assegurem maior vantagem à classe dominante nacional, que pode conceder, portanto, alguma vantagem relativa à força de trabalho nacional.

Naturalmente, o Estado burguês só pode realizar sua função "protetora" em prol dos grupos de trabalho fragmentados e divididos até o ponto em que o exercício dessa função corresponda objetivamente aos interesses da classe dominante como um todo. É claro que esta condição também é o fundamento a partir do qual o Estado pode sujeitar vários interesses menores que estão do seu lado na confrontação social mais ou menos latente. Além disso, e nunca será demasiado insistir neste ponto, não estamos falando de um grau negligenciável de interesses comuns, especialmente nos países capitalistas avançados, pois, precisamente em vista da divisão social do trabalho, que origina, reproduz e constantemente reforça a fragmentação e divisão internas do trabalho, este tem grande interesse na continuada *estabilidade social* (daí a tendência para seguir a "linha de menor resistência"), como condição vital de sua auto-reprodução.

Em circunstâncias normais, o trabalho internamente dividido e fragmentado está à mercê não apenas da classe dominante e de seu Estado, mas também das exigências objetivas da prevalecente divisão social do trabalho. Por isso, observamos manifestações paradoxais e problemáticas daqueles interesses que o trabalho compartilha com seu adversário dentro dos limites do metabolismo social material e institucionalmente imposto (e, em grande extensão, auto-imposto). Somente em períodos de crise profunda – quando é questionada a continuidade do funcionamento do próprio metabolismo social fundamental, em meio a um maciço colapso econômico ou como resultado da desintegração dramática do Estado burguês, como conseqüência, por exemplo, de uma guerra perdida – o trabalho pode se libertar temporariamente destas restrições paralisadoras.

É durante tais crises estruturais profundas que o trabalho pode fazer valer com sucesso sua reivindicação de ser a única *alternativa hegemônica* possível à ordem estabelecida em todas as suas dimensões, desde as condições materiais básicas de vida até os mais intricados aspectos políticos e ideológicos do intercâmbio social. Também a importante questão da sujeição do próprio Estado ao controle efetivo do trabalho só pode ser levantada nas circunstâncias de uma *crise hegemônica* (isto é, a crise da hegemonia burguesa).

Entretanto, embora o trabalho possa derrubar o Estado burguês e assumir o controle dos instrumentos políticos essenciais que regulam o metabolismo social, *iniciando* assim o necessário processo de *reestruturação* radical, o "Estado dos trabalhadores" não poderá jamais *abolir* a divisão social tradicional do trabalho, exceto no que se refere diretamente à propriedade dos meios de produção. A "nova forma política" também não pode simplesmente abolir a fragmentação e a divisão interna do trabalho vinculadas e incorporadas aos instrumentos e práticas produtivos tradicionais da sociedade. Estas mudanças envolvem todo o processo de reestruturação, com suas limitações objetivas e subjetivas que escapam, em grande medida, ao poder da intervenção política direta.

## 7.6 O Estado pós-revolucionário

É aí que podemos observar a desconcertante "nova circularidade" entre a "sociedade civil" *pós-revolucionária* e sua divisão do trabalho, de um lado, e o Estado proletário, de outro. Os vários setores do trabalho fragmentado e internamente dividido necessitam da proteção do Estado, por um longo tempo após a revolução, não apenas contra as classes dominantes anteriores, mas também uns contra os outros, no interior da estrutura da ainda prevalecente divisão social do trabalho.

Assim, paradoxalmente, eles criam e mantêm vivo, durante todo o processo de reestruturação radical, um *poder executivo forte* contra eles próprios. Esta situação não é de todo diferente daquela do campesinato francês em sua sujeição a sua própria forma estatal sob o governo de "Napoleão, o Pequeno", como resultado de sua fragmentação, pois esta última permitiu ao poder executivo bonapartista subordinar a sociedade a si, como já vimos na análise de Marx.

Ao mesmo tempo, para completar o novo círculo vicioso entre a sociedade civil pós-revolucionária e seu Estado, este último não é meramente a manifestação da continuação da divisão do trabalho, mas também o apogeu hierárquico do seu sistema de tomada de decisões. Por este motivo, tem grande interesse em manter, indefinidamente, o controle mais firme possível sobre todo o processo de transformação em andamento, e portanto estimulando, em vez de destruir, a divisão social estabelecida do trabalho, da qual o próprio Estado pós-revolucionário – em virtude de seu papel estratégico – constitui a dimensão mais privilegiada. Aqui, podemos novamente observar que a controvertida questão dos "privilégios burocráticos" não é simplesmente um problema do pessoal envolvido, mas, acima de tudo, da conservação pelo Estado de funções *objetivamente "privilegiadas"* – isto é, estrategicamente vitais – no metabolismo social geral. Na ausência de uma forma alternativa de controle social baseada em um envolvimento de massa sempre crescente e verdadeiramente ativo, o exercício continuado dessas funções estrategicamente privilegiadas por um órgão separado, por sua vez, acaba encontrando seu equivalente subjetivo no escalão dos "funcionários do Estado burocratizado".

A subordinação da sociedade civil pós-revolucionária à "nova forma política" de um executivo poderoso nas fases iniciais da transição é, portanto, primeiramente, a conseqüência da própria fragmentação e divisão interna do trabalho, "assinada e selada" pela divisão tradicional do trabalho. Isto pode ser agravado, é claro, por certas características específicas de subdesenvolvimento estrutural – inclusive o chamado "atraso asiático" – causadas por uma posição particularmente desfavorável da força de trabalho total de um país dentro da divisão internacional do trabalho. Entretanto, o ponto a ser enfatizado é que – em vista das condições estruturais objetivas do referido metabolismo social e das difíceis limitações materiais e institucionais de sua reestruturação – as condições politicamente "desequilibradas" de desenvolvimento se aplicam em toda parte, até nos países economicamente mais avançados, com a mais longa tradição histórica de democracia liberal. As circunstâncias de um desenvolvimento econômico mais favorável e de tradições democráticas liberais, por mais que sejam vantajosas sob alguns aspectos, não eliminam o forte determinante nega-

356  *Ideologia e emancipação*

tivo da fragmentação e da divisão interna do trabalho. Conseqüentemente, por si mesmas elas não sancionam absolutamente as previsões de alguns teóricos da Nova Esquerda, assim como de certos políticos importantes da Esquerda Trabalhista, que vêem nelas uma espécie de garantia histórica apriorística em relação às perspectivas de uma transformação socialista democrática nos países capitalistas avançados.

Além disso, de acordo com as necessidades inerentes às transformações estruturais, que não podem deixar de atacar os fundamentos da economia de mercado capitalista, as medidas democrático-liberais que paradoxalmente surgem da absoluta tirania material do mercado devem ser substituídas, sem apelação, por novos tipos de instrumentos reguladores político-administrativos, que devem ser estendidos também a áreas anteriormente "não-regulamentadas" da interação social. E, a este respeito, não basta lembrar que a estrutura democrático-liberal de regulamentação relativamente "não-regulamentada" só é possível em virtude do imenso poder material discriminatório do mercado capitalista que, em circunstâncias normais, minimiza a necessidade de interferência (política) direta na vida cotidiana dos indivíduos. Permanece o fato de que a remoção socialmente necessária dos instrumentos auto-reguladores – por mais cegos e anárquicos que sejam – da "democracia de mercado" liberal cria um vazio institucional no plano político. Como resultado, também sob este aspecto, quanto menos sucesso tiver a sociedade civil pós-revolucionária em articular e garantir institucionalmente os interesses objetivos de seus vários grupos de modo verdadeiramente cooperativo, tanto mais o poder executivo estatal terá força e espaço para impor uma "autonomia política" do *tipo stalinista*.

É compreensível, portanto – embora não deixe de ser, sob certo aspecto, uma "ironia da história" –, que, após o abuso stalinista do poder, surjam teorias de "*socialismo de mercado*", afirmando ilusoriamente a possibilidade de assegurar a *democracia socialista* pelo restabelecimento dos mecanismos auto-reguladores de um mercado capitalista modificado sob a "supervisão do Estado". Mesmo que não levemos em conta as incompatibilidades necessariamente envolvidas neste curso de ação – por um lado, as tendências para a inadmissível restauração por atacado do capitalismo e, por outro, a reafirmação de contramedidas políticas autoritárias para evitar a consumação dessas tendências –, o problema destas teorias é que, na verdade, não se resolve nada com a criação de tais "mercados parcialmente controlados". Estratégias deste tipo podem, no máximo, *adiar* a questão essencial da *reestruturação* radical, que está longe de ser apenas, ou mesmo primordialmente, um problema "*econômico*" que poderia ser resolvido dentro dos parâmetros estreitamente "orientados para a eficiência" do mercado idealizado. Curiosamente, os defensores do "socialismo de mercado" parecem esquecer que a própria necessidade da transformação socialista se origina, antes de tudo, da inevitável crise da ordem socioeconômica que aperfeiçoa e fornece as condições para o predomínio universal para uma estrutura de "contradições vivas": o mercado auto-regulador que agora querem resgatar e utilizar como fundamento seguro para os desenvolvimentos socialistas democráticos, negligenciando (levados por uma esperança muito ingênua) a *certeza do desemprego em massa* que acompanha tal estrutura reguladora.

## 7.7 Consciência socialista

A maior dificuldade para a teoria socialista talvez seja saber como encarar a superação da fragmentação e da divisão interna do trabalho sem reduzir os problemas em jogo a um apelo direto a uma consciência de classe idealizada, defendendo a *"unidade"* como a solução desejável, mas negligenciando a base material objetiva da fragmentação existente, inerente à manutenção da divisão do trabalho.

Como já vimos, Marx não fez apelo direto a uma consciência idealizada da classe proletária, exceto no contexto polêmico a ele imposto pela necessidade de defender a Comuna de Paris contra uma imprensa hostil. Entretanto, ele realmente esperava o surgimento do que chamava de "consciência comunista de massa" – associada a uma articulação institucional plenamente adequada na forma do sindicalismo global e da correspondente militância política – pelo desenvolvimento histórico da ordem social capitalista, sob o impacto do desenvolvimento inexorável dos potenciais produtivos, assim como das contradições daquela ordem social. No entanto, não é apenas graças à possibilidade de visão retrospectiva que podemos perceber, atualmente, que tal expectativa era muito problemática. Aliás, certas ambigüidades das próprias análises de Marx já apontavam na mesma direção, como pudemos verificar nas páginas anteriores.

Para concluir: dado o auxílio que o capital global recebe – para deslocar suas contradições – da fragmentação e do impacto divisivo do "desenvolvimento desigual" e da divisão internacional do trabalho, inseparáveis do índice diferencial de exploração do trabalho, é improvável que certas condições para a socialização da produção e conseqüente unificação do trabalho previstas por Marx se realizem dentro dos limites e das restrições da ordem social capitalista.

Naturalmente, isso não diminui a importância de uma consciência de massa socialista. Ao contrário, destaca ainda mais a função sócio-histórica vital de tal consciência, pois a completa realização do projeto socialista é inconcebível sem um bem-sucedido tratamento consciente, integrado e "totalizador" (embora, é claro, mediado) de seus problemas pelos produtores associados, em um ambiente globalmente interligado que é *"inconscientemente"*[58] criado, antes de tudo, pelo próprio desenvolvimento do capitalismo.

Mas, precisamente por esta última razão, só se pode apelar com realismo para a importância crescente de uma consciência social totalizadora evocando-se, ao mesmo tempo, as *mediações materiais* necessárias – que buscam a superação da fragmentação do trabalho existente – por meio das quais se torna inicialmente possível o desenvolvimento desta consciência.

---

[58] Inconscientemente, no sentido de operar por meio de totalizações atomistas – isto é, sob a forma de previsões e *expectativas parciais* mais ou menos impiedosamente anuladas por uma *realimentação* reificadora vinda das conseqüências indesejadas das interações individuais *agregadoras post festum* – implementadas por meio do mercado e de outros veículos e intermediários institucionais semelhantes.

# 358 *Ideologia e emancipação*

A fragmentação do trabalho não pode ser eliminada pela "socialização da produção" capitalista. Nem pode ser rapidamente superada – em vista das estruturas materiais, profundamente arraigadas, da divisão global tradicional do trabalho – após a revolução política socialista. Eis por que as *mediações materiais* necessárias em questão, caracterizadas por uma capacidade vital para promover a redução progressiva do papel restritivo das *determinações materiais* herdadas, devem permanecer como a estrutura reguladora da vida social durante todo o período histórico de transição.

*Capítulo 8*

# A CONSTITUIÇÃO DA SOLIDARIEDADE

## 8.1 Ilusões históricas e apelos ideológicos

*8.1.1*

Mesmo dezesseis anos depois de Marx ter escrito seus comentários críticos sobre o Programa de Gotha, eles só puderam ser publicados em meio a aguda controvérsia, forçando Engels a esclarecer aos líderes obstrucionistas do Partido Socialdemocrata Alemão que "nenhum partido, em nenhum país, pode condenar-me ao silêncio se eu estiver determinado a falar".[1] A razão de tal controvérsia, apesar do tempo decorrido, era uma dolorosa recordação de como fora problemático, desde o início, o ato de unificação.

Engels deixou bem claro – depois de sublinhar que se opunha, acima de tudo, à "troca de princípios" – que a idéia da unificação representava uma interferência externa no projeto socialista. Referindo-se a Wilhelm Liebknecht, principal autor do Programa de Gotha, escreveu: "Da *democracia burguesa* ele trouxe e conservou uma verdadeira *mania de unificação*".[2] E, na época em que a unificação já tinha ocorrido, Engels levantara o ponto vitalmente importante de que o programa, sobre cujas bases a manobra oportunista da unificação pôde ser realizada, também implicava que "o princípio de que o movimento dos trabalhadores é um movimento *internacional* é, para todos os efeitos e propósitos, completamente repudiado".[3] À luz dos desenvolvimentos subseqüentes que lançam sua sombra até nossos dias, ninguém pode seriamente duvidar da validade de tais declarações.

Naturalmente, Marx (que também descreveu o que estava ocorrendo, em termos sarcásticos, como uma "barganha de princípios")[4] sabia muito bem que "o simples fato da unificação é satisfatório para os trabalhadores".[5] Mas também sabia que "é um

---

[1]    Engels, Carta a August Bebel, 1-2 de maio de 1891.

[2]    Ibid.

[3]    Engels, Carta a Bebel, 18-28 de março de 1875.

[4]    Marx, Carta a Wilhelm Bracke, 5 de maio de 1875.

[5]    Ibid.

360    *Ideologia e emancipação*

erro acreditar que este sucesso momentâneo não seja alcançado a *um preço alto demais*".[6] Ele sugeriu, como alternativa prática e viável ao ato sem fundamento da unificação, "um acordo para a ação contra o inimigo comum [...] um programa de ação ou um plano de organização para a ação comum".[7]

A despeito do grande prestígio de Marx no movimento internacional da classe trabalhadora, seu conselho crítico caiu em ouvidos moucos. Também não se pode dizer que a publicação de sua *Crítica ao Programa de Gotha* tenha produzido os resultados esperados por Engels. Na realidade, as "lições da história" não são muito fáceis de aprender.

Por isso, não surpreende que Rosa Luxemburgo tenha se queixado, em seu último discurso, mais de quatro décadas após o *dixi et salvavi animam meam* de Marx (com que ele concluiu sua *Crítica ao Programa de Gotha*, como já mencionamos anteriormente) e apenas dezesseis dias antes de ser assassinada:

As semanas entre 9 de novembro e o dia de hoje foram repletas de ilusões multiformes. A ilusão fundamental dos trabalhadores e soldados que fizeram a revolução foi sua crença na possibilidade da *unidade* sob a bandeira do que passa pelo nome de socialismo. O que poderia ser mais característico da fragilidade interna da revolução de 9 de novembro do que o fato de que, já no início, a liderança tenha passado em grande parte para as mãos de pessoas como Ebert, Scheidemann e Haase que, poucas horas antes da eclosão da revolução, haviam considerado seu principal dever lançar advertências contra ela, para tentar torná-la impossível? Uma das principais idéias da revolução de 9 de novembro era a de *unir* as várias tendências socialistas. A união seria realizada por aclamação. Esta *ilusão* teve de ser dissipada com um banho de sangue, e os acontecimentos dos últimos dias provocaram um *amargo despertar dos nossos sonhos*.[8]

Entretanto, quaisquer que fossem as lições, as ilusões continuaram a surgir, como se nada houvesse acontecido. Assim, três meses depois da amarga e sangrenta experiência da Alemanha – que na época contava entre suas vítimas, juntamente com inúmeras outras, duas figuras de grande destaque do movimento socialista europeu, Rosa Luxemburgo e Karl Liebknecht, ambos brutalmente assassinados pelas forças militares direitistas da "lei e da ordem", sob um governo socialdemocrata –, na Hungria, Lukács elogiava a unificação dos partidos Comunista e Socialdemocrata nos termos mais irrealistas. Escreveu ele:

Os partidos deixaram de existir – agora, há um proletariado unificado. [Um *non-sequitur* lógico.] Esta é a significância teórica decisiva desta união. Não importa que ele se considere um partido – a palavra partido agora significa algo absolutamente novo e diferente [...]. Hoje, o partido é o meio pelo qual se expressa *a vontade unificada do proletariado unificado*; é o órgão executivo da vontade que está se desenvolvendo na nova sociedade a partir de novas fontes de força. A crise do socialismo, que encontra sua expressão no antagonismo dialético entre os movimentos do partido, chegou ao fim. O movimento proletário entrou definitivamente em uma nova fase,

---

[6]    Ibid.

[7]    Ibid.

[8]    Rosa Luxemburg, *Spartacus*, Merlin Press, 1971, p. 15.

A *constituição da solidariedade*    361

a fase do poder do proletariado. A realização mais prodigiosa do proletariado húngaro *foi conduzir a revolução mundial conclusivamente até esta fase*. A revolução russa demonstrou que o proletariado é capaz de tomar o poder e organizar uma nova sociedade. A revolução húngara demonstrou que esta revolução é possível sem lutas fratricidas dentro do próprio proletariado. Portanto, a revolução mundial avançou um estágio. E é motivo de crédito e honra permanente para o proletariado húngaro que ele tenha sido capaz de *extrair de dentro de si a força e os recursos para assumir este papel de liderança,* para liderar, não apenas seus próprios dirigentes, mas os proletários de todos os países.[9]

A prosaica realidade do ultimato militarista do coronel Vix, representando as exigências não negociáveis (e inaceitáveis pela coalizão dominante) da *Entente Cordiale*, e o posterior colapso do regime liberal-socialdemocrata do conde Károlyi foram deixados completamente de lado na teorização eufórica que Lukács fez dos acontecimentos.

A história se repetiu até no fato de que – assim como os socialdemocratas alemães inimigos da revolução a que Rosa Luxemburgo se referiu em seu último discurso – o "socialdemocrata de esquerda" húngaro Vilmos Böhm, que, posteriormente, se tornou o chefe militar da "vontade unificada do proletariado unificado", duas semanas antes da unificação (da qual foi uma figura importante) ainda estava pedindo ao conde Michael Károlyi, presidente da breve República Húngara, que o deixasse "libertar o país dos comunistas, cujo número, segundo ele, chegava a mil": um pedido que foi enfaticamente rejeitado por Károlyi, liberal-democrata sincero.[10] De repente, entretanto, todas essas contradições deixaram de existir (ou de ter qualquer significado) aos olhos daqueles que tentavam definir o que consideravam ser as características e as exigências fundamentais da consciência de classe proletária verdadeira ou "atribuída" – em oposição à "falsa" ou "psicológica".

### 8.1.2

Na Alemanha, após o banho de sangue promovido pelo governo, Rosa Luxemburgo observou que a cura da ilusão infelizmente exigia que "o povo tivesse seu sangue derramado [...]. A matança em Chausseestrasse a 6 de dezembro e o massacre de 24 de dezembro revelaram a verdade para as massas do povo".[11] Como resultado, afirmou ela, os trabalhadores alemães "perderam a ilusão que os levou a acreditar que uma união entre Haase[12] e Ebert-Scheidemann[13] levaria a um governo socialista.[14]

---

[9]     Lukács, "Party and Class", em Lukács, *Political Writings, 1919-1929*, Londres, New Left Books, 1972, p. 36. (Publicado em húngaro sob o título: "O significado teórico da restauração da unidade do proletariado" em um panfleto, *Documents on Unity*, Budapeste, 1919.)

[10]    "Due settimance prima Vilmos Böhm mi aveva chiesto di autorizzarlo a liberare il paese dai comunisti, ch'egli faceva ammontare a 1000. 'Non acconsentirò mai', gli risposi." (Mihály Károlyi, *Memorie di un Patriota*, Milão, Feltrinelli, 1958, p. 165.)

[11]    Rosa Luxemburg, *Spartacus*, p. 15.

[12]    Hugo Hasse foi líder do USPD socialdemocrata de esquerda.

[13]    Friedrich Ebert e Philip Scheidemann representavam a "corrente principal" de direita do Partido Social-democrata Alemão.

[14]    Luxemburg, *Spartacus*, p. 16.

362  *Ideologia e emancipação*

Quaisquer que fossem as diferenças históricas, muito complicadas por intervenções militares estrangeiras e por ultimatos aliados na Hungria, as ilusões ainda eram grandes quando Lukács escreveu suas otimistas reflexões, e se manifestavam na crença ingênua de que a união de Béla Kún e Vilmos Böhm realmente houvesse produzido a "vitória histórico-mundial conclusiva do proletariado unificado". No mesmo espírito com que saudou a unificação dos dois partidos da classe trabalhadora, Lukács tentou superar os imensos obstáculos materiais do presente – a situação precária da República Húngara dos Conselhos, cercada por todos os lados, tanto interna quanto externamente – com um apelo moralizador direto à consciência de classe do proletariado, afirmando:

> É claro que os fenômenos mais opressivos do poder do proletariado – isto é, a escassez dos bens e os preços elevados, de cujas conseqüências imediatas qualquer proletário tem sua experiência pessoal – são conseqüências diretas do relaxamento da disciplina do trabalho e do declínio na produção. [...] A ajuda chega de duas maneiras. Ou os indivíduos que constituem o proletariado *compreendem* que só eles podem se ajudar, fortalecendo voluntariamente a disciplina do trabalho e levando, portanto, a um aumento na produção, ou, se forem incapazes disso, criando instituições capazes de efetivar esta imprescindível situação. No último caso, criam um sistema legal por meio do qual o proletariado *obriga* seus próprios membros individuais, os proletários, a agir de um modo que corresponda a seus interesses de classe: *o proletariado volta sua ditadura contra si mesmo.* Esta medida é necessária para a autopreservação do proletariado quando não existe um *reconhecimento correto* dos interesses de classe e uma ação voluntária a favor desses interesses [...]. Assim, o desenvolvimento continuaria em uma direção que colocaria em risco o aparecimento e a realização do objetivo final. [...] Depende do proletariado o início da história real da humanidade – isto é, *o poder da moral sobre as instituições e a economia*".[15]

---

[15]  Lukács, "Az erkölcs szerepe a komunista termelésben" (O papel da moral na produção comunista). A tradução em português foi feita a partir de minha própria tradução para o inglês, mas ver Lukács, *Political Writings, 1919-1929.*

Rosa Luxemburgo é incomparavelmente mais realista também neste aspecto. Ela tanto se recusa a idealizar os feitos da revolução, como identifica a magnitude das tarefas para se transformarem radicalmente as bases estruturais da sociedade, em vez de pregar a "disciplina do trabalho" de cima para baixo, para os trabalhadores individuais, em nome da entidade coletiva abstrata do "proletariado" a eles oposta. São estas as suas palavras:

"A revolução de 9 de novembro foi caracterizada pela inadequação e pela debilidade. [...] O que aconteceu em 9 de novembro só em pequena extensão foi a vitória de um novo princípio; foi pouco mais que um colapso do sistema de imperialismo existente. [...] A seqüela deste colapso foi um movimento mais ou menos caótico, praticamente desprovido de um planejamento racional. A única fonte de união, o único princípio persistente e redentor, foi o lema 'Formem Conselhos de Trabalhadores e de Soldados'. [...] Este era nosso grito de combate comum, e só por meio dos conselhos podemos esperar atingir o socialismo. [...] Por outro lado, temos de reconhecer, comparando este esplêndido grito de batalha com os escassos resultados alcançados na prática, que estes não eram mais do que os primeiros passos infantis e hesitantes da revolução, que tem muitas tarefas árduas para realizar e um longo caminho para percorrer antes que a promessa dos primeiros lemas possa ser totalmente cumprida. [...] Os levianos tiveram uma visão muito diferente do curso das coisas. Imaginavam que apenas seria necessário derrubar o velho governo, formar um governo socialista e então *instituir o socialismo por decreto*. Outra ilusão? O socialismo não será e não pode ser estabelecido por decreto; não pode ser estabelecido por nenhum governo, por mais admiravelmente socialista que seja. O socialismo deve ser criado pelas massas, deve ser realizado por todo proletário. *Onde são forjadas*

A constituição da solidariedade 363

Na verdade, nada poderia estar mais carente de um fundamento material adequado do que a defesa do "poder da moral sobre as instituições e a economia". Em vez disso, Lukács só pôde oferecer como solução seu apelo abstrato ao "reconhecimento correto do interesse de classe" e à "compreensão" da necessidade de uma disciplina de trabalho muito mais forte. E ele fez isso, apesar de tais apelos estarem em si desprovidos de um suporte material firme e de uma força de motivação correspondente. Desse modo, completou o círculo ideológico do qual não pode haver saída.

Mas a recorrência obstinada de ilusões, que se supunha terem sido abandonadas em decorrência da experiência histórica, requer um cuidado renovado. Ela torna patentes as grandes dificuldades envolvidas na tentativa de afastar a irrealidade dos apelos ideológicos diretos a uma consciência de classe idealizada, sem abandonar, ao mesmo tempo, a tarefa de mobilizar e tornar autoconscientes, em apoio aos objetivos socialistas defendidos, as forças que estão *objetivamente* em conflito (ainda que não de modo imediato) com os interesses do capital. A crítica dos apelos idealistas à "unidade e conformidade com a correta consciência de classe" não tem validade, a menos que também indique o caminho para a constituição de uma *solidariedade* permanente, construída em firme solo material, sem o que o próprio projeto socialista está fadado a permanecer irreal. Nesse sentido, até os apelos ideológicos diretos mais abstratos, que mantêm, em princípio, sua fidelidade aos valores socialistas, são infinitamente preferíveis à *"Realpolitik"* – isto é, às contorções intelectuais e políticas oportunistas – de muitos ex-marxistas de hoje.

## 8.2 Tendências e contratendências

### 8.2.1

As dificuldades para se traçar uma linha de demarcação válida entre a rejeição dos apelos moralizadores abstratos, por um lado, e a abdicação ideológica, por outro, são realmente desencorajadoras. Além disso, parecem se multiplicar, mais do que diminuir, à medida que o complexo processo histórico faz amadurecer as contradições internas do capital. Como se as regras que regulamentam a confrontação social fundamental na realidade pudessem ser constantemente reescritas e as "metas" movimentadas de acordo, para se adequarem à conveniência da ordem estabelecida. Em sintonia com a natureza de certas estratégias históricas mais ou menos conscientemente postas em

---

as cadeias do capitalismo, lá elas devem ser rompidas. Só isso é socialismo, e só assim pode ser criado o socialismo. [...] *As massas devem aprender a usar o poder usando o poder. Não há outro modo.* [...] temos de operar a partir de baixo. Aí se mostra o caráter de massa de nossa revolução, uma revolução que tem como objetivo a transformação de *toda a estrutura da sociedade.* Por isso é característico da moderna revolução do proletariado que devamos efetuar a *conquista do poder* político, não a partir de cima, mas a partir de baixo. O 9 de novembro foi uma tentativa, uma tentativa desanimada, semiconsciente e caótica, de derrubar a autoridade pública existente e colocar um fim no domínio do direito de propriedade. O que nos compete agora é concentrar deliberadamente todas as forças do proletariado para um ataque às verdadeiras bases da sociedade capitalista. Ali, na raiz, onde o empregador individual se confronta com seus escravos assalariados; na raiz, onde todos os órgãos executivos do domínio do direito de propriedade se confrontam com o objeto deste domínio, se confrontam com as massas; ali, passo a passo, devemos tomar os meios de poder dos dominadores, devemos tomá-los em nossas próprias mãos" (ibid., p. 13-27).

364  *Ideologia e emancipação*

prática e das transformações correspondentes, o capital pode ajustar suas defesas às movimentações de seu adversário com todos os meios à sua disposição, que são verdadeiramente imensos, tanto no plano econômico como na esfera jurídico-política. Assim, nada poderia ser mais idealista do que ver, nos problemas e dificuldades aqui discutidos, insuficiências simplesmente teóricas, a serem rapidamente corrigidas pela "prática teórica" adequada – "científica" e positiva, em oposição à prática teórica "ideológica" e negativa.

Na verdade, Marx oferece uma abordagem muito diferente e teoricamente bem superior àquela encontrada nos primeiros escritos de Lukács, sem no entanto resolver as dificuldades. Eis como ele descreve o problema da "unidade" em *O capital*:

> Quem agora é expropriado não é mais o trabalhador que trabalha por si, mas o capitalista que explora muitos trabalhadores. Esta expropriação é realizada pela ação das *leis imanentes da própria produção capitalista*, pela *centralização do capital*. Um capitalista sempre mata muitos. De mãos dadas com esta centralização, ou com esta expropriação de muitos capitalistas por poucos, desenvolvem-se, em escala sempre crescente, a forma *cooperativa* do processo de trabalho, a aplicação técnica consciente da ciência, o cultivo metódico do solo, a transformação dos instrumentos de trabalho em instrumentos de trabalho apenas utilizáveis em comum, a *economia* de todos os meios de produção por seu uso como meios de produção do trabalho combinado, socializado, o entrelaçamento de todas as pessoas na rede do *mercado mundial* e, com isso, o caráter *internacional* do regime capitalista.
>
> Juntamente com a diminuição constante do número dos magnatas do capital, que usurpam e *monopolizam* todas as vantagens deste processo de transformação, cresce a massa da miséria, da opressão, da escravidão, da degradação, da exploração; mas, com isso, cresce também a revolta da classe trabalhadora, *uma classe sempre crescente em número, e disciplinada, unida e organizada pelo próprio mecanismo do processo de produção capitalista*. O monopólio do capital torna-se um grilhão para o modo de produção, que brotou e floresceu com ele e sob seu jugo. A *centralização* dos meios de produção e a *socialização* do trabalho finalmente alcançam um ponto em que se tornam *incompatíveis com o tecido capitalista em que se inserem*. Assim, o tecido é feito em pedaços. Soa o dobre de finados para a *propriedade privada capitalista*. Os expropriadores são expropriados.[16]

Como podemos ver, o modo pelo qual, nesta citação, se apresenta a constituição histórica da *unidade* – em conjunção com a "disciplina" e a "organização" imanentes ao próprio processo de trabalho capitalista – nada tem em comum com as *exortações subjetivo-político-ideológicas*. Em vez disso, Marx insiste nas determinações materiais *objetivas* com as quais a "produção capitalista cria, com a *inexorabilidade de uma lei da natureza*, sua própria negação".[17]

Tudo isso é muito importante no que diz respeito às perspectivas a longo prazo do desenvolvimento socioeconômico, que progressivamente reduzem a margem de manobra compatível com as determinações estruturais objetivas do capital.

---

[16]  Marx, *O capital*, vol. 1, p. 763.

[17]  Ibid.

A constituição da solidariedade    365

Entretanto, devemos ter sempre em mente que todas as leis econômicas são leis *tendenciais*. Isto é, em sua natureza mais íntima, são qualitativamente diferentes da lei da *gravidade*, por exemplo, pois esta, sendo uma lei material do universo físico, não se estabelece *tendencialmente*, mas com uma finalidade e uma previsibilidade categóricas. Isto também significa que, no contexto das leis econômicas, estamos falando sobre *tendências* específicas – e ao menos temporariamente removíveis – que *na realidade* não podem ser separadas de suas *contratendências*, embora no curso da *análise teórica* seja inevitável tratá-las às vezes separadamente; ou seja, sempre que a ênfase deva ser posta sobre um aspecto, em oposição ao outro.

Toda tendência é de fato necessariamente neutralizada – em maior ou menor grau – por seu contrário durante os desenvolvimentos capitalistas. Esta condição de complicadas interações tendenciais, em geral aplicável à esfera social, é mais acentuada (e agravada em suas implicações para as estratégias socialistas a curto prazo) como resultado da natureza intrinsecamente contraditória do próprio capital. (Quaisquer que possam ser as mudanças corretivas imediatamente possíveis sob este aspecto, o impacto negativo das interações tendenciais e contratendenciais herdadas do passado permanece como um problema importante, *mutatis mutandis*, também na fase pós-capitalista, pelo menos por um período considerável.)

O resultado final de tais intercâmbios é determinado pela configuração geral das várias tendências e contratendências relacionadas uma à outra, com base nas características objetivas de cada uma. Sob este aspecto, o relativismo teórico só pode ser evitado fazendo-se referência à ação irreprimível dos *limites últimos* (isto é, a natureza imanente) do próprio capital, que determina a tendência *global* (ou "totalizadora") das mais variadas manifestações do capital. Esta tendência global, por sua vez, só pode prevalecer – com suas características objetivas e sua força de determinação – por meio das próprias interações múltiplas, parciais e conflitantes. Estas últimas, em sua especificidade histórica, estão evidentemente sujeitas a uma resposta corretiva significativa (e em grande extensão conscientemente posta em prática) dentro dos parâmetros materiais dos limites gerais que, *em última instância*, são insuperáveis.

### 8.2.2

De acordo com isso, podemos claramente identificar no presente contexto várias contratendências objetivas que contrastam com as tendências enumeradas por Marx. Assim, a tendência irreprimível do capital para o *monopólio* é efetivamente contrabalançada pela *competição* (e vice-versa);[18] da mesma maneira:

---

[18]  Engels enfatizou vigorosamente, já em 1843, em *Esboço de uma crítica da economia política*, que a oposição estabelecida por diferentes escolas de economia política entre o monopólio e a competição era uma "antítese completamente falsa", acrescentando:
"A competição é baseada no interesse próprio, e o interesse próprio por sua vez alimenta o monopólio. Em resumo, a competição passa para o lado do monopólio. Por outro lado, o monopólio não pode deter a maré de competição – na verdade, ele próprio alimenta a competição; assim como as altas tarifas, por exemplo, ou uma proibição de importações alimentam positivamente a competição do contrabando. [...] Além disso, a competição já pressupõe o monopólio – isto é, o monopólio da propriedade (e aqui a hipocrisia dos liberais novamente aparece); e, enquanto existir o monopólio da propriedade, a posse do mono-

## 366 *Ideologia e emancipação*

– a *centralização* pela *fragmentação*;
– a *internacionalização* pelo *particularismo nacional* e *regional*;
– a *economia* pelo *extremo desperdício*;
– a *unificação* pela *estratificação*;
– a *socialização* pela *privatização*;
– o *equilíbrio* pelo *colapso do equilíbrio*;[19]

---

pólio será igualmente justificada – porque o monopólio, uma vez existente, é também propriedade. Portanto, atacar os pequenos monopólios e deixar intocado o monopólio básico é usar o desprezível artifício de dois pesos e duas medidas. [...] A livre competição, palavra-chave de nossos atuais economistas, é uma impossibilidade [...]. O monopólio produz a livre competição, e esta, por sua vez, produz o monopólio. Por isso, ambos devem cair, e estas dificuldades devem ser resolvidas através da superação do princípio que lhes dá origem".

Naturalmente, o relacionamento preciso entre as dimensões competitivas e monopolistas do sistema capitalista é historicamente modificado. Assim, Lenin pôde destacar corretamente o aspecto monopolista quando definiu o imperialismo como "o estágio monopolista do capitalismo". Igualmente, Baran e Sweezy afirmaram vigorosamente em *Capital monopolista* que a operação do sistema econômico dominante, o do capitalismo norte-americano, e o futuro que este último prenuncia para os "países capitalistas de segundo escalão", não pode ser compreendido sem voltar a atenção para a grande corporação monopolista-oligopolista.

Entretanto, não se segue de tudo isso que, quando as tendências centralizadoras e monopolistas levam a melhor, as tendências descentralizadoras e competitivas percam sua importância. Como acertadamente enfatizou Harry Magdoff, o capitalismo norte-americano encontrou um meio de descentralizar a tal ponto suas operações fabris que, em 1958, apenas 29,7% de sua força de trabalho estava trabalhando em fábricas com mil ou mais empregados. (Ver H. Magdoff, "China: Contrasts with the USSR", *Monthly Review*, julho-agosto de 1975, p. 26.) Assim, a dimensão competitiva permanece essencial, mesmo em termos estritamente produtivo-fabris, sem mencionar sua importância para reproduzir com êxito o necessário poder de compra do sistema capitalista – por mais que este seja monopolisticamente avançado.

[19]  É preciso fazer aqui duas importantes restrições para uma avaliação adequada da maneira como se estabelecem as tendências e contratendências historicamente manifestas e estruturalmente dominantes do desenvolvimento capitalista.

*Primeiro*, como o funcionamento deste sistema através da história é caracterizado pela predominância da lei do *desenvolvimento desigual*, as tendências e contratendências em questão podem se manifestar de maneiras diferentes em diversas partes do mundo, dependendo da posição mais ou menos dominante dessas partes na estrutura do capital *global*.

Por conseguinte, é possível que *um lado* do par tendência/contratendência, objetivamente interligado, *predomine em um país*, enquanto o *outro* prevalece em um *país diferente*. Basta pensar a este respeito nas extremas dificuldades, no "arrocho" e no "aperto de cinto" a que as classes trabalhadoras brasileira e mexicana, entre outras, foram submetidas desde a evaporação de seus respectivos "milagres" de desenvolvimento expansionista, enquanto os Estados Unidos em particular, e os países capitalistas avançados do Ocidente em geral, continuam a desperdiçar grandes quantidades de recursos sob a pressão da taxa decrescente de utilização. Não obstante, deve ser enfatizado ao mesmo tempo que só se pode falar na *pre*-dominância de um dos lados interligados desta lei tendencial, pois – por mais absurdo que isto seja – mesmo no "mundo subdesenvolvido" os setores capitalistas avançados não podem escapar dos imperativos de produção do desperdício na atual conjuntura da história, dado o caráter globalmente entrelaçado do sistema do capital.

A *segunda* restrição é igualmente importante. Ela se refere às próprias determinações internas das várias tendências, assim como a seu peso relativo na totalidade dos desenvolvimentos capitalistas. Sejam quais forem suas transformações, mudanças na ênfase e alterações de uma em relação à outra ou a suas contratendências específicas, em locais diferentes e em períodos muito diferentes na história – isto é, aquelas que podemos considerar suas características estritamente transitórias, identificáveis em termos do *inter-relacionamento conjuntural* das diversas forças e determinações das quais elas próprias constituem uma parte específica do cenário sócio-histórico considerado –, elas também possuem uma lógica imanente própria, de acordo com a qual podem se desdobrar *através da história*, e deste modo circunscrever objetivamente os *limites* do desenvolvimento capitalista global.

A constituição da solidariedade    367

– a transformação de instrumentos produtivos *cooperativamente* utilizáveis em instrumentos paradoxalmente concentrados e, por isso, *atomisticamente* utilizáveis – mas, não obstante, com alta produtividade (por exemplo, os computadores), etc.

Não se pode sustentar, é claro, que as tendências objetivas do processo econômico se estabelecem de modo autocontrolado. Na medida em que o metabolismo social for articulado da maneira atual nos sistemas existentes da "sociedade civil", as leis identificadas como emanadas da própria "esfera econômica", ou nela centralizadas,

---

Neste sentido, embora a reciprocidade dialética das múltiplas interações tendenciais defina as características de qualquer tendência ou contratendência particular como sendo *relativas* à configuração *geral* das forças e das determinações sociais *dadas*, não pode haver dúvida sobre o *relativismo* histórico e a "eqüidistância de Deus", no espírito da historiografia do tipo pós-rankiano. Em cada caso, *um* lado (ou um dos principais aspectos) das várias tendências supracitadas se afirma como a *dominante* – isto é, na terminologia de Marx ele constitui o *übergreifendes Moment* deste complexo dialético – através da *trajetória global* do desenvolvimento capitalista, apesar do fato (considerado em termos de suas histórias particulares) de poderem mostrar grandes variações, e até reversões completas, de uma fase da história capitalista global para outra.

Por isso, no fim das contas, o *monopólio* tende a prevalecer sobre a *competição*, à medida que o sistema do capital, enquanto sistema produtivo, progride historicamente em direção a seus limites estruturais últimos. Além disso, no devido tempo, as primeiras manifestações *monopolistas* que caracterizam as práticas "construtoras de impérios" das "grandes nações empreendedoras" (Mandeville) dão lugar – como um exemplo claro das possíveis reversões à qual nos referimos há pouco – à predominância de intensa *competição* (e às concomitantes medidas antimonopolistas do Estado capitalista) no período médio da expansão capitalista; mas apenas para sofrer uma nova e terrível reversão no século XX, e particularmente nas últimas décadas, em favor de monopólios gigantescos, ao mesmo que se mantém, com absoluta hipocrisia, a retumbante retórica da competição como a legitimação definitiva do sistema empresarial privado. Significativamente, mesmo a prática da "desnacionalização" (ou "privatização") sofreu uma grande mudança neste aspecto no pós-guerra. No início, a classe dominante estava satisfeita com o restabelecimento da competição de capitais privados na indústria siderúrgica britânica, por exemplo, uma vez que sua falência anterior havia sido reparada pelo uso dos recursos públicos da "nacionalização". Entretanto, logo os problemas recomeçaram, exigindo não apenas uma segunda etapa de intervenção do Estado para a absorção de empresas falidas e para a "nacionalização", mas, simultaneamente, o reconhecimento, muito embaraçoso do ponto de vista ideológico, de outro grande fracasso capitalista. Compreensivelmente, nos últimos anos a *forma dominante* de "desnacionalização" tem sido o estabelecimento de *monopólios privados de abrangência nacional* – desde a British Telecom até a British Gas –, que cinicamente eliminaram até a simples possibilidade de competição (e os riscos econômicos a ela inerentes) dentro dos limites legislativamente controlados pelo Estado capitalista em questão. (Mudanças similares – ou suas variantes, que buscam manter as partes falidas de toda uma indústria sob o controle do Estado, enquanto deixam ao capital privado seus setores altamente lucrativos – estão sendo atualmente planejadas na Grã-Bretanha para a indústria do carvão, já renomeada British Coal, nos moldes da privatizada British Telecom; para a administração do fornecimento de água e eletricidade, etc.)

Do mesmo modo que no caso do monopólio e da competição, com relação à evolução histórica da tendência e contratendência de *centralização versus fragmentação* o *übergreifendes Moment* é a primeira. Igualmente, a tendência *internacionalizante* do capital predomina muito obviamente em nossa época, em contraposição aos *particularismos* nacionais e regionais identificáveis, sob a forma do poder irresistivelmente crescente das corporações *transnacionais* em todos os países capitalistas importantes. E, o que não é menos importante, a desorganização e o *colapso do equilíbrio* vêm a ser a tendência fundamentalmente dominante do sistema do capital, em lugar da tendência complementar para o *equilíbrio*. Isto ocorre apesar das inúmeras teorias e práticas políticas dedicadas à tarefa de garantir o equilíbrio durante os desenvolvimentos capitalistas do século XX. O caráter fundamentalmente predominante da tendência ao colapso do equilíbrio (isto é, o fato de se afirmar como o *übergreifendes Moment*) é evidenciado em nossa época pelo "retorno cada vez menor" que o sistema recebe dos esforços cada vez maiores investidos na reconstituição – com a ajuda da intervenção desavergonhadamente direta do Estado – do equilíbrio periodicamente (mas com freqüência cada vez maior) perdido, enquanto, no passado mais distante, o equilíbrio parecia capaz de cuidar de si quanto a sua necessidade de reconstituição.

368   *Ideologia e emancipação*

terão de ser dialeticamente complementadas e condicionadas em todas as avaliações teóricas pela dimensão especificamente *política* com que os próprios processos econômicos se desenrolam na realidade, dentro dos limites sociopolíticos das relações *estatais* e *interestatais*. Além disso, deve-se também lembrar que as relações estatais e interestatais em questão estão permeadas de uma multiplicidade de contradições – algumas apontando na direção da emancipação, outras decididamente contra ela –, o que por sua vez complica ainda mais o quadro.

## 8.3 Mudança radical na orientação do movimento socialista

### *8.3.1*

Quanto a este ponto, é importante analisar o impacto ambivalente da expansão imperial dos principais países capitalistas no último terço do século XIX. Sem dúvida, em certo sentido, isto levou todo o planeta para a órbita do capital, realçando, desta maneira, o fato de que os limites territoriais não podem mais ser ampliados. Ao mesmo tempo, no entanto, as conseqüências negativas de tais desenvolvimentos para a realização das expectativas socialistas se revelam sob dois aspectos principais.

*Primeiro*, a própria expansão imperial – que não está de modo algum confinada ao passado mais ou menos remoto, mas abrange toda a linha de desenvolvimento que vai do colonialismo e do imperialismo explícitos até as formas mais mistificadoras da dominação da "periferia" pelos "países metropolitanos" (formas costumeiramente chamadas de "neocolonialismo" e "neocapitalismo") – fortaleceu muito (e ainda continua a sustentar) o poder do capital, adiando por um tempo considerável (na verdade, por tanto tempo quanto houver escoadouros para a produção no mercado global) a maturação de suas contradições imanentes.

*Segundo*, as organizações decisivas da classe trabalhadora – seus partidos de massa e o movimento sindical – se tornaram cada vez mais intimamente vinculadas ao Estado nacional imperialista, conservando sua vassalagem a este último mesmo em aventuras extremamente dúbias, como demonstrou de modo clamoroso sua capitulação às forças mais chauvinistas do capital tanto na irrupção da Primeira Guerra Mundial como subseqüentemente. O relato que Rosa Luxemburgo faz das atitudes de August Winnig – presidente do Sindicato dos Construtores Alemães e plenipotenciário do governo socialdemocrata de Ebert-Scheidemann nas negociações de paz com o plenipotenciário britânico – é altamente revelador a este respeito.[20]

---

[20]   Winnig pertencia à ala imperialista-anexacionista da socialdemocracia alemã, que esperava a melhoria das condições da classe trabalhadora da Alemanha como uma decorrência da conquista do mercado mundial pelos capitalistas alemães. Em novembro de 1919, ele foi nomeado – pelo governo socialdemocrata "revolucionário" – *comissário do Reich* para os Estados bálticos, tendo também atuado como conselheiro na intervenção militar contra os sovietes russos.
Eis como Rosa Luxemburgo descreveu seu papel naquele período:
"Todos vocês devem ter lido sobre o modo como as tropas alemãs em Riga já estão marchando ombro a ombro com os ingleses contra os bolcheviques russos. Camaradas, tenho em mãos documentos que lançam uma luz interessante sobre o que está atualmente ocorrendo em Riga. A coisa toda parte do alto comando do Oitavo Exército, que está colaborando com Herr August Winnig, líder sindicalista e socialdemocrata. Sempre nos disseram que os infelizes Ebert e Scheidemann são vítimas dos aliados. Mas há semanas, desde o início da nossa revolução, a política do *Vorwärts* [órgão oficial dos socialdemocratas alemães] tem sido

## 8.3.2

Então, não foi acidental que os problemas internos da *Primeira Internacional* (ainda sob a liderança intelectual e política de Marx) tivessem se tornado cada vez mais pronunciados no final da década de 1860. Em 1872, Marx foi forçado a transferir sua sede para Nova York, na esperança – logo abandonada – de preservar sua orientação internacionalista descompromissada, sem mencionar sua simples existência.

A força centrífuga dos movimentos nacionais e dos Estados nacionais aos quais eles estavam ligados acabou por mostrar-se demasiada para que se lhe pudesse resistir. A própria *Primeira Internacional* se fragmentou como resultado de tais pressões e contradições. A *Segunda Internacional* que se seguiu – com o envolvimento ativo de pessoas como Wilhelm Liebknecht, socialista profundamente comprometido que havia desempenhado um papel importante também nas atividades da Primeira Internacional – tinha muito pouco a ver com o espírito revolucionário e conscientemente antiestatal de sua predecessora. Compreensivelmente, portanto, ela praticamente se desintegrou por causa da intensificação dos antagonismos nacionais e das rivalidades imperialistas (que, por fim, tomaram a forma devastadora da Primeira Guerra Mundial), apenas para ser substituída pela *Terceira Internacional*. Mas mesmo esta última foi, por sua vez, dominada pelas estratégias stalinistas e pelos interesses do Estado, e assim se condenou à extinção certa logo após seu nascimento, embora o ato da dissolução formal se materializasse apenas após algum tempo.

---

sugerir que a supressão da Revolução Russa é o desejo sincero dos aliados. Temos provas documentais de como tudo isso foi arranjado em detrimento do proletariado russo e da revolução alemã. Em um telegrama datado de 26 de dezembro, o tenente-coronel Burkner, chefe do alto-comando do Oitavo Exército, passou informações relativas às negociações que levaram ao acordo em Riga. O telegrama diz o seguinte:

'Em 23 de dezembro houve um entendimento entre o plenipotenciário alemão Winnig e o plenipotenciário britânico Mosanquet, ex-cônsul-geral em Riga. O encontro ocorreu a bordo do HMS Princess Margaret e o oficial comandante das tropas alemãs foi convidado a comparecer [...]. A conversa foi a seguinte:

'Do lado inglês: Os navios britânicos em Riga supervisionarão a execução das condições do armistício. Sobre essas condições são baseadas as seguintes exigências:

'1) Os alemães devem conservar nesta região uma força suficiente para manter os bolcheviques sob controle e para evitar que eles estendam a área atualmente ocupada [...],

'3) Um relatório da atual disposição das tropas que combatem os bolcheviques, incluindo os soldados alemães e os letões, deve ser enviado ao chefe do alto-comando britânico, de modo que a informação possa ser passada ao comandante-chefe da marinha. Todas as futuras disposições das tropas em combate contra os bolcheviques devem ser comunicadas da mesma maneira e por meio do mesmo oficial [...]'.

"Seguem-se várias exigências adicionais."

"Passemos agora à resposta de Herr Winnig, plenipotenciário alemão e líder sindicalista.

'Embora não seja comum que se expresse o desejo de que um governo mantenha a ocupação de um Estado estrangeiro, neste caso é de nosso próprio interesse assim fazê-lo, pois trata-se de proteger o sangue alemão [...]. Entretanto, nossos esforços provavelmente seriam frustrados, em primeiro lugar, pela condição das tropas, pois nossos soldados nesta região são em sua maior parte homens de idade já avançada e relativamente inaptos para o serviço e, em virtude do armistício, ansiosos para voltar para casa, com pouca disposição para lutar; em segundo lugar, por causa da atitude dos governos bálticos, pelos quais os alemães são encarados como opressores. Mas vamos nos esforçar para providenciar tropas voluntárias, compostas de homens com espírito de luta, e na verdade isto em parte já foi feito.'

"Vemos aqui a contra-revolução em ação. Vocês devem ter lido, há não muito tempo, sobre a formação da Divisão de Ferro, expressamente destinada a combater os bolcheviques nas províncias bálticas. Naquela ocasião houve alguma dúvida quanto à atitude do governo Ebert-Scheidemann. Agora vão compreender que a iniciativa da criação de tal força, na verdade, partiu do governo" (Luxemburg, ibid., p. 22-3).

370  *Ideologia e emancipação*

Há uma tendência a atribuir estes problemas a "falhas ideológicas", à "ascensão do oportunismo", à "influência da aristocracia do trabalho", à "falta da correta consciência de classe", etc. Seja o que for que pensemos de tais explicações, todas merecem ser questionadas, visto que apresentam como explicações causais fenômenos cujo próprio aparecimento, em um determinado período da história, necessita de explicação. Para aceitar hipóteses explicativas como a da "aristocracia do trabalho", etc., teríamos primeiro de equiparar pessoas como Wilhelm Liebknecht, Wilhelm Bracke e August Bebel – que foram presos em 1870 por sua oposição à guerra e à anexação da Alsácia-Lorena – com Ferdinand Lassalle e seus seguidores mais próximos que, em completo contraste, estavam na verdade conspirando com o "Chanceler de Ferro" Otto von Bismarck, nas costas daqueles que os apoiavam na classe trabalhadora. (Eles solicitaram desavergonhadamente o patrocínio político secreto e os favores financeiros de Bismarck, prometendo mobilizar a classe trabalhadora alemã em favor da causa absolutamente reacionária do chanceler.)

Marx não faz uso de tais pseudo-explicações simplistas. Em uma circular do Conselho Geral da Primeira Internacional dirigida "Ao Conselho Federal da Suíça Românica" e escrita por Marx em francês no início de janeiro de 1870, ele defendeu vigorosamente o grupo de Liebknecht (os "eisenacherianos", que mais tarde uniram-se aos "lassallianos" na estrutura "unificadora" do *Programa de Gotha*) contra a lassalliana "Associação Geral dos Trabalhadores Alemães" de J. B. von Schweitzer, afirmando categoricamente que a "organização artificial e sectária" desta última "opõe-se à organização histórica e espontânea da classe trabalhadora".[21]

Ao mesmo tempo, tanto Marx como Engels percebiam – ainda que sem plenas provas documentais dos acordos secretos de Lassalle com Bismarck, que só vieram à luz em 1928 – que algum tipo de "aliança profana" estava por trás da atuação pública dos lassallianos e de seu jornal, o *Social Democrat*, editado por J. B. von Schweitzer. Como Marx escreveu em uma carta a Engels: "Considero Schweitzer incorrigível (provavelmente em entendimento secreto com Bismarck)".[22] Do mesmo modo, Engels, com razão, escreveu a Marx que "o valoroso Lassalle está sendo aos poucos desmascarado, no fim das contas, como um velhaco vulgar",[23] falando na mesma carta da "entrega", por parte do barão Itzig (isto é, de Lassalle), "de todo o movimento dos trabalhadores aos prussianos". Mal sabiam eles então que, em uma carta de Lassalle para Bismarck, acompanhada dos estatutos da recém-formada Associação Geral dos Trabalhadores Alemães, ele apresentara as seguintes garantias a seu mestre e chefe político inclinado à ditadura:

> [Os estatutos] o convencerão claramente do quanto é verdade que a classe trabalhadora sente uma inclinação instintiva para a ditadura, caso ela possa ser, de início, corretamente convencida de que esta será exercida em seu interesse; e o quanto, apesar de

---

[21] "Son organisation factice de secte est opposée à l'organisation historique et spontanée de la classe ouvrière." (*Documents of the First International*, Londres, Lawrence & Wishart, (s.d.), vol. 3, p. 362.)

[22] Marx, Carta a Engels, 18 de fevereiro de 1865.

[23] Engels, Carta a Marx, 27 de janeiro de 1865.

todas as opiniões republicanas – ou, antes, precisamente por causa delas –, estaria portanto inclinada, como eu lhe disse recentemente, a considerar a Coroa, em oposição ao egoísmo da sociedade burguesa, como a representante natural da ditadura social, se a Coroa, por seu lado, puder se decidir a dar o passo – certamente muito improvável – de tomar uma linha revolucionária e transformar-se da monarquia das ordens privilegiadas em uma monarquia do povo, social e revolucionária.[24]

Lassalle também afirmou, em outra carta secreta enviada a Bismarck e escrita com o mesmo espírito de paternalismo arrogante em relação aos trabalhadores (contradizendo diretamente sua observação bombástica e vazia sobre a oposição da classe trabalhadora ao "egoísmo da sociedade burguesa"), que Bismarck deveria fazer sua jogada antes da planejada guerra de Schleswig-Holstein contra os dinamarqueses (guerra que Lassalle apoiou plenamente), da seguinte maneira:

Por que você pode fazer qualquer coisa que deseja em tempo de paz? Por que admiti a você, já em maio último, que enquanto não surgisse um conflito externo nosso país aceitaria tranqüilamente até o mais severo absolutismo? Em tempo de paz, os interesses da vida privada predominam completamente e reduzem o ânimo das pessoas à indiferença, quaisquer que sejam as condições de vida.[25]

É óbvio, portanto, que somente a supersimplificação mais míope (para não dizer a completa ignorância) dos acontecimentos históricos reais poderia pretender reduzir a um único denominador comum, sob o rótulo de "aristocracia do trabalho" ou qualquer outra coisa, forças e motivações tão diversas quanto as dos movimentos sociopolíticos de Liebknecht, Bebel, Bracke e outros como eles, de um lado, e Lassalle, Schweitzer e seus seguidores imediatos, de outro.

## 8.3.3

Entretanto, a despeito das grandes diferenças entre a "organização histórica e espontânea da classe trabalhadora" e a "organização artificial e sectária" de Schweitzer, as contradições do processo sócio-histórico em curso praticamente realizaram em 1875 a unificação dos eisenacherianos e dos lassallianos, a qual, apenas alguns anos antes, em 1870, ainda parecia impensável. Além disso, outra das grandes esperanças de Marx – mencionada em uma carta a Engels em outubro de 1869 e reafirmada na mesma circular de "O Conselho Geral para o Conselho Federal da Suíça Românica" que deu total apoio aos eisenacherianos em sua oposição, por princípio, aos lassallianos – teve um triste fim logo após sua enunciação.

A carta de Marx a Engels declarava que "uma das conseqüências do Congresso de Basiléia deve ser a formação da *Liga da Terra e do Trabalho* (estabelecida diretamente, aliás, pelo Conselho Geral), por meio da qual o partido dos trabalhadores está promovendo um rompimento completo com a burguesia, e cujo ponto de partida é a nacionalização da terra".[26]

---

[24]  Lassalle, Carta a Bismarck, 8 de junho de 1863.

[25]  Lassalle, Carta a Bismarck, início de fevereiro de 1864. Estas cartas foram publicadas pela primeira vez em *Bismarck and Lassalle*, por Gustav Mayer, em Berlim, 1928.

[26]  Marx, Carta a Engels, 30 de outubro de 1869.

372  *Ideologia e emancipação*

Poucos meses depois, esta circular enfatizava o potencial da *Liga da Terra e do Trabalho* para se tornar um "movimento espontâneo da classe trabalhadora inglesa", ao mesmo tempo que se opunha ao surgimento de iniciativas puramente regionalistas. Insistindo no alto grau de "*maturidade e universalidade*" dos desenvolvimentos capitalistas ingleses, tanto no plano da economia quanto no campo da luta de classe (evidenciados na sindicalização avançada da classe trabalhadora), ele afirmava que "os ingleses possuem todas as condições *materiais* necessárias à revolução social. O que lhes falta é o *espírito de generalização* e *paixão revolucionária*",[27] acrescentando que somente na estrutura da Internacional as potencialidades exemplares dos desenvolvimentos ingleses poderiam atingir a plena realização, em oposição às tendências identificáveis de separatismo regional que despontavam na Inglaterra da época. E concluía a linha de argumentação enfatizando que "a Inglaterra não deve ser tratada meramente como um país entre outros, mas como a *metrópole do capital*".[28]

Dadas estas considerações, é totalmente insuficiente a mera afirmação, como a do prefácio do Instituto de Marxismo-Leninismo de Moscou aos *Documentos da Primeira Internacional*, de que, "devido à forte *tendência reformista* no movimento da classe trabalhadora britânica, representada pela *aristocracia do trabalho*, e em razão da *atitude conciliatória* e *chauvinista* dos líderes sindicais, a Liga caiu cada vez mais sob a *influência burguesa* e gradualmente separou-se da Internacional".[29] Ainda que os *sintomas* estejam corretamente descritos, são apresentados de maneira ingênua e falaciosa, como se fossem *causas* auto-explicativas.

Lenin oferecia uma explicação qualitativamente diferente da mudança ocorrida neste período da história da classe trabalhadora, enfatizando que a Primeira Internacional "abriu caminho para um período de desenvolvimento bem maior do movimento trabalhista em todos os países do mundo, período em que o movimento cresceu em *amplitude* e se formaram os partidos trabalhadores socialistas *de massa* nos Estados *nacionais individuais*".[30]

Além disso, em relação ao desenvolvimento da consciência da classe trabalhadora, Lenin chegou a uma conclusão praticamente decisiva de sua avaliação da nova situação. Ele a resumiu dizendo que, nas circunstâncias prevalecentes, apenas a "*consciência sindicalista*" poderia ser produzida com base na ação de classe *espontânea* e, por isso, o papel de formular e pôr em prática as estratégias socialistas necessárias tinha de ser atribuído ao partido de vanguarda.

---

[27]  "L'Angleterre seul peut servir de levier pour une révolution sérieusement économique. [...] C'est le seul pays où la lutte des classes et l'organisation de la classe ouvrière par des Trades Unions ont acquis un certain degré d'universalité. A cause de sa domination sur le marché du monde, c'est le seul pays ou chaque révolution dans les faits économiques doit immédiatement réagir sur tout le monde [...]. Les Anglais ont toute la *matière* nécessaire à la révolution sociale. Ce qui leur manque, c'est *l'esprit généralisateur et la passion révolutionnaire*." (*Documents of the First International*, vol. 3, p. 357.)

[28]  "L'Angleterre ne doit pas être simplement traitée comme un pays après des autres pays – Elle doit être traitée comme la *métropole du capital*." (Ibid., p. 358.)

[29]  Ibid., p. 21.

[30]  Lenin, *Collected Works*, vol. 21, p. 49.

## 8.4 A consolidação das perspectivas ideológicas e políticas mutuamente exclusivas

### 8.4.1

Em termos práticos, tudo isso representou uma reorientação maciça do movimento da classe trabalhadora, independentemente da rapidez e da forma precisa pela qual os participantes a perceberam, dentro dos limites de seus "Estados nacionais individuais". Isto é, dentro de limites que, por sua vez, foram materialmente marcados pelas posições socioeconômicas diferentes – e, na verdade, cada vez mais *estruturalmente divergentes* – dos Estados nacionais particulares na articulação global do capital historicamente em desenvolvimento.

Citando os estatutos da Associação Internacional, a circular de Marx dirigida ao Conselho Federal da Suíça Romântica ainda insistia em que "a *emancipação econômica das classes trabalhadoras é o grande objetivo a que todo movimento político deve, como um meio, estar subordinado*".[31] Daí em diante, entretanto, com o sangrento fim da Comuna de Paris em 1871, que demonstrou aos participantes e também aos observadores a terrível realidade da consciência de classe burguesa,[32] duas estratégias diametralmente opostas foram adotadas pelo movimento da classe trabalhadora, permanecendo conosco desde então, não obstante o ingênuo entusiasmo com que o jovem Lukács saudou sua "superação histórico-mundial", exaltando a "percepção ideológica correta", surgida de modo um tanto misterioso, embora não problemático, e que se manifestou no ato da unificação do partido húngaro.

A *primeira* estratégia apareceu, não por acaso, em todas as sociedades capitalistas avançadas. Sob a bandeira da socialdemocracia, que era a corrente principal, defendia o estabelecimento *gradual* de uma ordem social *socialista* utilizando o instrumental do Estado capitalista (uma verdadeira contradição nos termos). Além disso – fato que destaca claramente o significado histórico desses desenvolvimentos –, a perspectiva do gradualismo trabalhista, a despeito dos bem mais de cem anos de fracasso em efetivar o programa socialdemocrata, outrora orgulhosamente proclamado, é mais dominante hoje do que nunca nos países em questão. Como resultado dos realinhamentos sociais e políticos ocorridos na Europa nas duas últimas décadas, atualmente esta perspectiva também conta, entre seus defensores, com um número significativo de seus antigos adversários da esquerda, graças à socialdemocratização até de alguns importantes partidos da classe trabalhadora (desde os socialistas italianos até os comunistas espanhóis, etc.) que fizeram parte da *Terceira Internacional*. Mas, agora, as exigências e expectativas originais foram tão diluídas que quase impedem o reconhecimento, em virtude das derrotas sofridas nas longas décadas de decepções históricas.

A *segunda* perspectiva, ao contrário, surgiu encravada e parece estar criando raízes irreprimíveis na "*periferia*" da dominação global do capital. Definiu a tarefa fundamental que o movimento enfrentava como sendo tanto a *conquista revolucionária*

---

[31] *Documents of the First International*, vol. 3, p. 361. Esta passagem é citada a partir dos estatutos originais ingleses na circular francesa. Os grifos são de Marx.

[32] Discuti alguns aspectos deste problema, inclusive o papel de Bismarck no conflito e sua resolução, em "The cunning of History in Reverse Gear", *Radical Philosophy*, n. 42, inverno/primavera de 1986, p. 2-10.

374  *Ideologia e emancipação*

*do poder de Estado* quanto sua efetiva *retenção imprecisa* pela centralmente disciplinada *vanguarda política* do proletariado. Embora esta perspectiva nunca tenha conseguido se impor praticamente nos países capitalistas avançados, ela obteve sucesso, de uma forma ou de outra, na realização de seu objetivo central, em uma parte significativa do mundo "subdesenvolvido", dirigindo hoje, de forma direta, o intercâmbio social de pelo menos um bilhão e meio de pessoas na Europa, Ásia, África e – com o exemplo artificialmente isolado de Cuba – até no "hemisfério americano".

Os contrastes entre estas duas perspectivas foram muito ressaltados, desde o início, nas autodefinições de cada uma, às vezes irrompendo sob a forma de confrontações ideológicas e lutas políticas muito acrimoniosas. Entretanto, do ponto de vista teórico, seria totalmente errado – e, com relação à necessária reconstituição prática de estratégias socialistas possíveis, seriamente enganoso – concentrar-se, como em geral ocorre, apenas em suas diferenças. O que foi comum às duas tendências desde sua origem, apesar de sua total diferença no plano da ação política, foi o fato de que, em *ambas*, foi relegada a segundo plano a exigência marxiana original de subordinação estrita de qualquer movimento político, como um *meio*, ao objetivo central da *emancipação econômica* das classes trabalhadoras, a qual seria levada a cabo com a transformação radical da divisão do trabalho historicamente estabelecida.

## 8.4.2

O fato de não se perceber esse dado crucial (isto é, o denominador comum que as unia negativamente) acarretou uma amnésia ideológica seletiva. Isto foi, em certo sentido, perfeitamente compreensível à luz das transformações socioeconômicas ocorridas no período em que essas perspectivas mutuamente exclusivas de ação da classe trabalhadora em relação ao poder político foram teorizadas e institucionalmente articuladas. Infelizmente, entretanto, o esquecimento das determinações socioeconômicas subjacentes também fez que as mudanças *material-estruturais* historicamente emergentes e aprofundadas, de importância verdadeiramente fundamental, fossem reduzidas a diferenças *ideológico-políticas*, o que também levou a procurar a retificação dessas mudanças, sem qualquer chance de sucesso, com a adoção de soluções ideológico-políticas adequadas.

A situação se tornou ainda mais complicada após a Revolução de Outubro de 1917 e suas repercussões na Alemanha, na Hungria e em toda parte. Nas novas circunstâncias, o antagonismo capital-trabalho inevitavelmente acabou adquirindo também a dimensão das relações e dos conflitos interestatais, estendendo-se desde as imediatas intervenções contra-revolucionárias dos países capitalistas avançados na Rússia pós-revolucionária até as rivalidades e os antagonismos interestatais de nossa época. Nem as contradições do sistema stalinista ajudaram a aliviar a tendência para a crescente polarização ideológico-política e para o imobilismo a ela associado. Ao contrário, contribuíram muito para tal polarização, afetando negativamente as chances de movimentos socialistas radicais no Ocidente, movimentos que não poderiam sequer começar a realizar seu potencial sociopolítico – embora este fosse relativamente fraco, como só poderia ser nas novas circunstâncias históricas globais que então se consolidavam – sem primeiro se libertar de tais conexões comprometedoras.

A constituição da solidariedade   375

Então, dada a imobilidade da situação histórica prevalecente, em especial depois que a onda revolucionária de 1917-19 desapareceu, era quase inevitável que os problemas e contradições dos multifacetados movimentos sócio-históricos e das formações sociais a que pertenciam fossem definidos (não apenas por Lukács, mas também por muitos outros da ala radical do movimento socialista) como uma "crise ideológica".

Naturalmente, a partir desse diagnóstico errôneo da complicada situação socioeconômica e política, seguiu-se que a solução dessa crise, tal como a encaravam, fosse considerada sob o prisma de uma inflexível "luta pela consciência", postulando a substituição da "consciência falsa" pela "consciência verdadeira".[33] No fim, a estratégia ideológico-política defendida culminou na proposição desesperadamente unilateral e irrealista segundo a qual a crise da sociedade capitalista era "uma *crise ideológica* que deve ser resolvida *antes* que possa ser encontrada uma solução prática para a crise econômica mundial".[34]

### 8.4.3

Duas décadas antes – a partir da perspectiva oposta e de acordo com a motivação profundamente conservadora da socialdemocracia reformista –, Bernstein afirmara que o marxismo defendia a "*ação política* como o dever mais importante do movimento",[35] em contradição direta com a insistência de Marx em que todo movimento político devia ser estritamente subordinado *à emancipação econômica* do proletariado, como já vimos. Embora com intenções e expectativas diametralmente opostas àquelas da ala radical do movimento, representada por Rosa Luxemburgo desde a virada do século até seu assassinato, e por Lukács e outros posteriormente, Bernstein prosseguiu definindo a tarefa da emancipação socialista em termos político-ideológico-educacionais. A diferença bastante óbvia entre eles era que, enquanto Lukács defendia o renascimento da dialética, com referências altamente positivas a Hegel e em aguda oposição a Kant e a seus seguidores na Segunda Internacional, Bernstein pregava um retorno a Kant (e ao neokantiano Lange) "contra a hipocrisia que buscava conseguir influência sobre o movimento da classe trabalhadora e à qual a *dialética hegeliana* oferece um cômodo refúgio".[36]

A oposição de intenções e expectativas das duas perspectivas ideológicas ficou ainda mais óbvia quando Bernstein declarou que a tarefa possível consistia em resgatar os trabalhadores "mal-educados"[37] do "auto-engano" e da "*ideologia falaciosa*" do *materialismo* marxiano,[38] para que eles adquirissem "um alto grau de independência mental"[39]

---

[33] Lukács, *History and Class Consciousness*, p. 67-9.
[34] Ibid., p. 79.
[35] Eduard Bernstein, *Evolutionary Socialism*, Nova York, Schocken Books, 1961, p. 216.
[36] Ibid., p. 222-3.
[37] Ibid., p. 221.
[38] Ibid., p. 223.
[39] Ibid., p. 219.

## 376  Ideologia e emancipação

e "o alto padrão intelectual e moral que a organização e a existência de uma comunidade socialista pressupõe",[40] acrescentando com uma arrogância condescendente e já bem conhecida no movimento socialdemocrata desde Lassalle: "É apenas por esperar muito das classes trabalhadoras que *censuro* tudo o que tende a corromper seu *discernimento moral*".[41]

Naturalmente, Lukács, em radical oposição ao espírito da Segunda Internacional, desejava a realização do oposto do programa de Bernstein. Lutava pelo desenvolvimento e difusão tanto do materialismo marxiano como da dialética – inseparáveis um do outro –, e também pela vitória das forças socialistas no terreno ideológico, da qual ele esperava, no momento devido, "a solução prática da crise econômica mundial". Tudo isso, no entanto, não altera o fato de que seu discurso também permaneceu dentro dos limites bastante irreais das confrontações político-ideológicas que levavam à abstração das determinações materiais em curso.

### 8.5 O beco sem saída representativo de Bernstein

#### 8.5.1

Deve-se destacar também, neste contexto, que a adoção dessa posição dúbia não pode ser simplesmente atribuída a uma insuficiência teórica de Lukács, assim como o *status* teórico representativo que Eduard Bernstein adquiriu – e ainda mantém em nossos dias[42] – não pode, por nenhum esforço de imaginação, ser atribuído à excelência teórica de suas idéias. Ao contrário, a substância intelectual de seu *Socialismo evolucionário* é, numa avaliação generosa, muito reduzida, como Rosa Luxemburgo demonstrou claramente no auge dos debates gerados pela obra de Bernstein[43] na época de sua primeira publicação. Apesar disso, ela foi incapaz de deter a crescente influência dos princípios expressos nesse pequeno livro, a despeito do rigor intelectual e da clareza de sua análise, juntamente com o peso histórico e as provas econômicas que apresentou em sua demonstração da superficialidade, do caráter retrógrado e até da falácia lógica do quadro conceitual e das recomendações práticas de seu adversário.

Diretamente relevante para nós aqui é o fato de que – por mais que fossem vazios os argumentos teóricos de Bernstein e por mais grosseiramente que ele tenha distorcido as proposições marxianas rejeitadas – não foi por acidente que ele se tornou uma figura representativa do movimento socialdemocrata alemão e internacional e, aliás, no marxista favorito (se não o *único* aceitável) de todos os pensadores liberal-burgueses, inclusive Max Weber.

---

[40]   Ibid., p. 221.

[41]   Ibid., p. 222.

[42]   A edição em brochura da Schocken de *Evolutionary Socialism* acima citada – com uma introdução de Sidney Hook: um dos intelectuais sarcasticamente criticados por Merleau-Ponty por pertencer à "Liga da Esperança Abandonada" – anuncia até hoje o livro de Bernstein em sua primeira página como: "A declaração clássica do socialismo democrático".

[43]   Ver seu livro *Reforma ou revolução*, publicado pela primeira vez em 1898 e 1899 em dois artigos no *Leipziger Volkszeitung* e, em um só volume, em 1900 e – em edição atualizada – 1908. Uma edição facilmente disponível, baseada na versão de 1908, foi publicada por Pathfinder Press, Nova York, em 1970.

Isso não ocorreu somente pelo fato de ter dito, com grande autoconfiança, o que muitas pessoas desejavam ouvir. A principal razão de seu sucesso reside precisamente em *por que* eles queriam ouvir o que ele estava tão ansioso para dizer. Ainda que de modo invertido, sua obra refletia e racionalizava ideologicamente a necessidade de realinhar as estratégias políticas do movimento que outrora se caracterizara pela orientação internacionalista e agora se achava enredado em seu cenário nacional de tendência imperialista.

O grande atrativo da racionalização ideológica apresentada por Bernstein foi que, por intermédio dela, a tendência do desenvolvimento socioeconômico e político que então se manifestava – e que, em relação às exigências objetivas da emancipação socialista, era extremamente problemática e *contraprodutiva* – podia não só ser apresentada como uma tendência totalmente livre de suas implicações *negativo-destrutivas*; pior ainda, podia ser até saudada como um grande avanço *positivo*: a tranqüilizadora *prova* e a *garantia* da obtenção do resultado desejado.

### 8.5.2

Para tomar um exemplo típico – que revela tanto a extrema pobreza dos pretensos "fatos" e argumentos intelectuais reunidos pelo autor como a tendência ideológico-política conservadora de toda a abordagem –, vamos examinar de perto a célebre "refutação" feita por Bernstein da análise de Marx referente à concentração e à centralização do capital:

> Para mim, o capítulo [sobre a "Tendência histórica da acumulação capitalista" no volume I de *O capital*] ilustra um *dualismo* que atravessa toda a obra monumental de Marx [...] um dualismo que consiste no fato de que a obra pretende ser uma investigação científica e também provar uma teoria formulada muito antes do seu esboço; há uma fórmula em sua base, que fixa previamente qual o resultado a que a exposição deve conduzir. O retorno ao *Manifesto comunista* [citado em uma nota de rodapé no referido capítulo] aponta aqui para um resíduo real de utopismo no sistema marxista [...] quando Marx chega ao ponto em que o objetivo final [da luta pela emancipação] entra seriamente em questão, ele se torna inseguro e inconfiável [...]. Surgem então contradições [...] na seção sobre o movimento de rendas na *sociedade moderna*. Parece, então, que este grande espírito científico era, no fim, escravo de uma *doutrina* [...].
>
> O fato de o *número dos ricos estar aumentando* e não diminuindo não é uma invenção dos "economistas da harmonia" burgueses, mas um fato estabelecido pelos *conselhos de taxação de impostos*, freqüentemente para o *pesar* dos interessados, e que não pode ser mais contestado. Mas qual o significado deste fato em relação à vitória do socialismo? Por que a realização do socialismo dependeria de sua refutação? Simplesmente pela seguinte razão: porque o esquema dialético parece assim prescrevê-lo; porque uma coluna ameaça cair caso se admita que o *produto social excedente* [note-se: não a *mais-valia* extraída por exploração] é apropriado por um número de *possuidores* crescente, em vez de decrescente. Mas somente a *teoria especulativa* é afetada por esta questão; ela não afeta de modo algum o movimento real. Nem a luta dos trabalhadores pela *democracia na política* nem sua luta pela *democracia na indústria* são prejudicadas por ela. As perspectivas desta luta não dependem da teoria da concentração do capital nas mãos de um número decrescente de magnatas, nem da *estrutura dialética* da qual este

378  *Ideologia e emancipação*

pressuposto é uma coluna, mas do crescimento da *riqueza social* e das forças sociais produtivas, em conjunção com o *progresso social geral* e, particularmente, em conjunção com o avanço *intelectual* e *moral* das próprias classes trabalhadoras.[44]

E este é um teórico "clássico" na opinião de muitos intelectuais de renome, desde Max Weber até aqueles que se juntaram à "liga da esperança abandonada".

Vejamos, então, o que realmente vem a ser esta "exposição clássica do socialismo democrático"?[45]

Em primeiro lugar, ela apresenta um dado cronológico trivial: o fato indiscutível de que o *Manifesto comunista* precedeu historicamente o volume I de *O capital*. (Esta é, aliás, a única coisa indiscutível na longa passagem citada.) Entretanto, a pretensão a ela vinculada está muito longe de ser indiscutível. Supõe-se que estabelece, com a força da autoevidência, que Marx estava tentando provar "uma teoria formulada muito antes de seu esboço". Bernstein considera isto completamente censurável porque, em sua opinião, "fixa *previamente* qual o resultado a que a exposição deve levar". Assim, prossegue o argumento de Bernstein, o utopismo preconcebido domina o sistema "dualista" marxiano, que, portanto, deve ser descartado – por completo, sem esquecer a "estrutura dialética".

Infelizmente para Bernstein, no entanto, o dado cronológico significante está invertido, pois os *Manuscritos econômico-filosóficos de 1844* – em que Marx pela primeira vez "formula" e também "esboça" seu sistema com considerável detalhe – precederam mais de três anos o esboço do *Manifesto comunista*.

Mas não se deve dar muita importância a esses fatos. As pretensões teóricas devem ser estabelecidas em seu próprio campo, usando-se argumentos teóricos demonstráveis sustentados por evidências materiais adequadas e tiradas do mundo real. Se, no entanto, alguém não tem à disposição nem um quadro teórico adequado nem as evidências sócio-históricas exigidas, é claro que não lhe sobra muito a fazer além de elevar alguns fatos da cronologia (de qualquer modo inconclusivos por si mesmos, mesmo quando não estão invertidos) ao *status* de pseudoteoria.

A segunda característica do procedimento de Bernstein: sua denúncia mal-humorada da dialética como "hipocrisia" e "estrutura especulativa" inútil, ajusta-se ao mesmo padrão que seu uso da cronologia; ambas se apresentam como substitutos "evidentes por si mesmos" para os argumentos teóricos. Graças aos insultos lançados contra a dialética, esta dimensão vital da teoria marxiana parece ser plenamente desacreditada, sem qualquer prova adicional.

A estrutura lógica deste tipo de raciocínio é a seguinte: "Eu odeio você, por isso você é odioso"; o que em si não prova nada além de sua própria falácia. Mas, no caso de Bernstein, há algo mais do que isso. O verdadeiro propósito de sua rejeição da dialética – logicamente falaciosa e politicamente motivada, mas bem apoiada em seu fundamento social reformista – só aparece se observarmos cuidadosamente o que ocorre à medida que a argumentação de Bernstein se desenrola. Por trás da pretensa

---

[44]  Bernstein, *Evolutionary Socialism*, p. 209-13.

[45]  Ver nota 211 do capítulo 3.

demolição da "estrutura dialética" de Marx, uma novidade teórica importante é apresentada, inesperadamente, sem a mais leve tentativa de justificação. Tudo que nos é oferecido é a declaração arbitrária de que a questão em jogo (absolutamente fundamental, tanto teórica quanto praticamente) – a inexoravelmente crescente centralização do capital, tal como descrita em *O capital* de Marx – nada mais é do que uma coluna inútil de uma estrutura supérflua. Bernstein simplesmente decreta que tal estrutura só importa para a *"teoria especulativa"*, que é, ela própria, desprovida de qualquer significado para o *"movimento real"*.

Graças a esta novidade teórica, que não apenas oblitera as tendências objetivas do desenvolvimento socioeconômico global como denuncia a simples idéia da preocupação com elas como hipocrisia dialética e irrelevância especulativa, o "movimento real" é radicalmente separado de sua perspectiva geral e de seu quadro estratégico. O trecho seguinte, a exposição programática de Bernstein, não é fundamentado nem na argumentação teórica nem em evidências sócio-históricas suficientes. É apenas (e categoricamente) declarado *válido* em virtude da *invalidade* categoricamente afirmada da *"especulativa"* perspectiva marxiana.

Ficamos sabendo que as únicas coisas que realmente importam são: observar, com uma disposição otimista, o crescimento da "democracia na política" (ou seja, a influência crescente de Bernstein e de seus amigos revisionistas); a difusão da "democracia na indústria" (isto é, a utopia das pequenas cooperativas de trabalhadores triunfando sobre a empresa capitalista de grande escala); a emergência do "progresso social *geral*" (equivalente à realização da utopia final, na qual não há mais necessidade nem lugar para o antagonismo social),[46] "particularmente em conjunção com o avanço intelectual e moral das próprias classes trabalhadoras". Teremos de esperar muito tempo por estes últimos, talvez para sempre, pois as classes trabalhadoras, de acordo com Bernstein, são "imaturas e mal-educadas", e não há muitos sinais de que o "progresso social geral" vá modificar isto. Portanto, nesse ínterim, os trabalhadores envolvidos no "movimento real" devem se contentar com as condescendentes garantias oferecidas por Bernstein, de que algum dia irão se tornar *dignos* de ser admitidos em sua utopia, nos termos do *moralismo neokantiano* idealista de Lange-Bernstein. (E, novamente, as virtudes deste moralismo não são provadas em seus próprios termos, mas apenas através da rejeição categórica da má influência que a dialética hegeliano-marxista exerce "sobre o movimento da classe trabalhadora".) No fim, tudo isso se resume no seguinte: os trabalhadores devem apreciar que seus líderes, já completamente desenvolvidos do ponto de vista moral e intelectual, "esperem tanto deles" e tenham por isso todo o direito de agir indefinidamente em seu nome, conduzindo-os em uma direção diametralmente oposta à preconizada por Marx.

Além disso, como na sociedade *capitalista* existente as coisas enumeradas por Bernstein não podem ser sequer sonhadas, muito menos obtidas pela maioria dos

---

46   Caracteristicamente, o vazio postulado de Bernstein do "progresso social geral", que se diz surgir automática e tranqüilamente do "crescimento da riqueza social e das forças sociais produtivas", está ligado a sua defesa das teses dos "economistas burgueses da harmonia" (em primeiro lugar da sua própria, é claro) contra o marxismo.

380  *Ideologia e emancipação*

trabalhadores – porque a tendência global de centralização e concentração do capital (que ele categoricamente baniu da existência, apesar de todas as provas em contrário) recusa-se obstinadamente a ir embora e continua, todos os dias, a aniquilar, com implacável eficácia, os pequenos refúgios da "democracia industrial" cooperativa, etc. –, toda a esperança deve estar ligada ao "movimento de rendas na *sociedade moderna*". Assim, Bernstein se revela, apropriadamente, um dos ancestrais intelectuais das teorias recentes da "modernidade" dessocializada, e nesse sentido merece plenamente seu *status* representativo. Da mesma maneira que, nos anais recentes da modernidade, também sua "sociedade moderna", caracterizada pelo promissor "movimento de rendas", não deve mais ser considerada uma sociedade *capitalista* injusta, em virtude da pretensão explicitamente declarada de que, nesta sociedade moderna, o crescente "produto social excedente" é apropriado por um número sempre crescente de "*possuidores*" que não pertencem a qualquer classe.

### 8.5.3

Compreensivelmente, não há espaço para Marx dentro de tal visão. Entretanto, na época de Bernstein, Marx não podia ser, como agora, simplesmente rejeitado como um "teórico do século XIX" desesperadamente confuso e antiquado, visto que ele ainda contava com demasiados "seguidores do século XIX" no "movimento real". Assim sendo, inicialmente, Bernstein lhe dá um carinhoso tapinha nas costas, dizendo que ele foi um "*grande espírito científico*". Ao mesmo tempo, dar-lhe também um tremendo soco, na mesma frase, por ser "*escravo de uma doutrina*". Como um "*escravo de uma doutrina*" possa ser também considerado um "grande espírito científico" permanece um completo mistério.

Entretanto, o que é ainda mais desconcertante do que este exemplo de absurda bajulação diplomática, dualisticamente associada a um insulto aviltante, é que Bernstein precise acusar *Marx* de dualismo, quando, de fato, é seu próprio livro que está entulhado de proposições dualistas superficiais e grosseiras dicotomias mecânicas, o que convém perfeitamente a alguém – que não vê nada na dialética exceto uma "estrutura inútil". Os dualismos de Bernstein vão desde a oposição rígida por ele estabelecida entre o "*objetivo final*" e o "*movimento real*" até a pretensa antinomia entre a "*razão*" da reforma e da legislação e a "*emoção*" das intervenções revolucionárias no processo histórico, sem mencionar seu método de argumentação vazio e rústico, dualista e oportunista que, não querendo "sair de cima do muro", recorre a expressões como "por um lado–por outro lado, sim–mas, mais–menos, etc."[47] – no que foi corretamente censurado, assim como em muitas outras coisas, por Rosa Luxemburgo.

Mas o aspecto mais problemático – e ao mesmo tempo o mais representativo e influente – da obra de Bernstein é a maneira pela qual ele tenta provar que "o número dos ricos aumenta" em sua "sociedade moderna". É óbvio que, para que isso tenha algum significado, o autor deveria, antes de tudo, explicar precisamente os termos de referência a partir dos quais se possa avaliar a suficiência da prova apresentada para

---

[47]  Luxemburg, *Reform or Revolution*, p. 58.

A constituição da solidariedade   381

demonstrar a correção de suas afirmações. Entretanto, mantendo seu procedimento costumeiro, Bernstein não nos oferece nada disso. Simplesmente declara que o "fato indiscutível" de o número de ricos estar aumentando é "comprovado pelos conselhos de taxação de impostos", acrescentando a esse pretenso fato indiscutível outra proposição, que considera a prova evidente e definitiva da força de suas opiniões: que tudo isso ocorre "freqüentemente para o *pesar* dos interessados".

Mas, se perguntarmos o que foi realmente provado por Bernstein, chegamos a uma proposição singularmente não-esclarecedora, ainda que evidente: a de que os ricos não gostam de pagar impostos, daí seu "pesar". Em que medida eles são *realmente* taxados e em que medida podem ser consideradas *ricas* as pessoas que indubitavelmente estão sendo taxadas, são questões altamente pertinentes. Bernstein, entretanto, decide não lhes dar a menor atenção. Prefere, em vez disso, afastar *nossa* atenção de tais questões com sua observação "pesarosa" sobre os conselhos de tributação, observação que fala bem alto aos bolsos de qualquer burguês respeitável, seja ele "economista da harmonia" ou não. Mas as "novas evidências históricas" que nos são propostas como base para assegurar o futuro do movimento não são mais do que um punhado de areia que rapidamente escapa por entre nossos dedos. Elas só provam a pobreza intelectual da "exposição clássica do socialismo democrático" de Bernstein.

No entanto, apesar da vacuidade de sua substância teórica e da falta de graça da apresentação, nesta proposição e em seus corolários, Bernstein legou ao "movimento real" um dogma clássico do pensamento veleitário socialdemocrata, que está conosco desde então. Neste sentido, mais uma vez, pode ser considerado uma figura representativa, pois identificou claramente o *beco sem saída* das medidas capitalistas graduais – entre elas, no alto da lista das prioridades, a *tributação capitalista* – como o único método realmente apropriado de realizar uma mudança social radical em uma "sociedade moderna".

### 8.5.4

Naturalmente, a realidade de tal tributação era dolorosamente diversa do mito socialdemocrata da *"tributação progressiva"*, como demonstraram, com abundantes provas empíricas mesmo alguns importantes cientistas sociais que têm simpatias pelo ideário socialdemocrata.[48] Portanto, a tentativa de Bernstein de utilizar, como prova irrefu-

---

[48]   Richard Titmuss, por exemplo, declarou veementemente em sua excelente introdução à edição de 1964 de *Equality*, de R. H. Tawney, que as esperanças da emancipação gradual do trabalho simplesmente não se realizaram. Observou ele:
"O fato mais notável sobre a sociedade britânica ainda é a grande concentração na propriedade do capital líquido pessoal. De acordo com o professor Lydall e o senhor Tipping, em 1951-56, 1% da população possuía 42% e 5% possuía 67,5%. Mesmo estas proporções são subestimadas, pois os dados excluem os recursos e fundos de pensão (que cresceram enormemente nos últimos anos) e não levam em consideração a tendência cada vez maior dos grandes proprietários de terras de distribuir sua riqueza entre suas famílias, enviá-la para o estrangeiro e transformá-la de outras maneiras. [...] Longos anos de depressão econômica, uma guerra civil, racionamento e 'partilhas justas para todos', as chamadas 'taxas penais de tributação' e imposto sobre a propriedade, e 'o Estado do bem-estar', tiveram pouca influência sobre a posse de grandes fortunas. A instituição da riqueza concentrada parece ser tão aferrada à vida quanto os girinos inteligentes

382  *Ideologia e emancipação*

tável para a contestação da teoria de Marx sobre a concentração e a centralização do capital, o "movimento das rendas na sociedade moderna" e a tributação esclarecida de um número cada vez maior de pessoas ricas mostrou-se inevitavelmente defeituosa por esquecer vários aspectos vitais da questão.

*Primeiro*, o fato absolutamente elementar de que o número de pessoas a serem taxadas pode ser aumentado ou diminuído à vontade pelas autoridades governamentais, dependendo dos limites determinados pelas circunstâncias socioeconômicas e históricas específicas, que devem sempre ser explicitados caso se queira atribuir alguma importância às medidas adotadas. Sem tal especificação, acaba-se por chegar à grotesca conclusão de que a tributação de todo mundo é uma "prova irrefutável" da realização da "riqueza social e do progresso social geral", e a ausência de tributação pessoal, ao contrário, seria a demonstração mais clara possível de que a sociedade em questão é composta de indigentes não-tributáveis. Ademais, os administradores do Estado capitalista compreenderam há muito que a *"tributação indireta"*, que é imposta a todos – em oposição à *"tributação direta"* –, atinge com mais dureza precisamente os setores mais pobres da população, e que tal tributação indireta pode ser convenientemente associada à política declarada dos governos, supostamente de redução da carga de impostos que recai sobre os mais necessitados, embora, na realidade, não faça nada disso.[49]

*Segundo*, Bernstein e seus seguidores se esqueceram do aspecto da tributação mais óbvio e, mesmo em termos estatísticos, muito fácil de ser demonstrada. E isso, evidentemente, não ocorreu por uma negligência acidental. Uma vez abandonada a perspectiva de uma intervenção estrutural radical no processo histórico, a ânsia de afirmar que o "movimento real" está caminhando em direção aos objetivos desejados, a despeito da inversão de direção, acarreta uma cegueira congênita em relação ao

---

de Tawney. [...] Uma nova análise que o professor Townsend e o dr. Abel-Smith fizeram dos levantamentos nacionais de rendimentos e despesas realizados pelo Ministério do Trabalho em 1953-54 e em 1960 mostra que houve um grande aumento na proporção da população que vive em torno do nível oficial de subsistência – elevação que parece ter sido acompanhada de um aumento na incidência de desnutrição. [...]

"Em todos estes setores fundamentais de riqueza, renda, educação, emprego e propriedade da terra, não há sinais de que a Grã-Bretanha tenha se movido em direção a uma sociedade sem classes" (citações das p. 16-22 de Tawney, *Equality*, Londres, Unwin Books, 1964. Ver também Richard M. Titmuss, *Income Distribution and Social Change*, Allen & Unwin, 1962).

A recente e monumental monografia de Peter Townsend, *Poverty* (Penguin Books, Harmondsworth, 1985), apresenta um quadro muito mais desolador do que seu ensaio "The Meaning of Poverty" (*British Journal of Sociology*, vol. 3, 1962) referido por Titmuss.

49  Mesmo em um país como a Índia, onde a esmagadora maioria da população é extremamente pobre, com 300 milhões de pessoas abaixo da linha oficialmente reconhecida de "pobreza absoluta", a política governamental de colocar o peso maior da tributação nos ombros dos pobres sob a forma de taxas indiretas é extremamente clara:

"Os cortes no imposto de renda direto não trazem vantagem nenhuma aos 80% de pobres da população, que não pagam imposto de renda. Mas o pobre paga *impostos indiretos* na compra de alimentos e em algumas outras mercadorias essenciais que absorvem de 75% a 85% de sua renda. Os impostos indiretos são a maior fonte *(80%) da receita de impostos do país*, e vêm crescendo. Entre 1975-76 e 1984-85, ao mesmo tempo que os impostos diretos, como uma proporção do PIB decresceram, os impostos indiretos aumentaram de 11,7% para 14%. Assim, como sempre, os pobres pagarão pelo aumento do consumo conspícuo das classes média e alta, e pelo aumento dos lucros do setor corporativo privado" (M. R. Bhagavan, op. cit., p. 73).

A constituição da solidariedade    383

fato muito desagradável de que a *carga tributária* cai mais pesadamente sobre os ombros do *pobre*, e não do *rico*, ao contrário do que o pensamento veleitário reformista tem de afirmar para dar algum sentido a sua estratégia gradualista orientada para o futuro.

Talvez se queira desculpar Bernstein por prever um desenvolvimento feliz do "progresso social geral", etc., que não se materializou, pelo fato de ele não ter tido acesso a provas empíricas contrárias, visto que nós mesmos só o tivemos – em grande abundância e em cada um dos países capitalistas – como resultado de muitas décadas de expectativas frustradas.

Na verdade, entretanto, seria errôneo supor que a apresentação tendenciosa da carga tributária pelos reformistas só possa ser corrigida *a posteriori*, a partir de uma base de provas sócio-históricas cumulativas. De qualquer modo, tais provas empíricas, por mais importantes e numerosas que sejam, não abalaram de forma conclusiva as expectativas do pensamento gradualista, pois sempre existe a desculpa do *amanhã*. Além disso, mesmo a medida das realizações ou dos fracassos reais pode ser alterada, mais ou menos arbitrariamente – uma vez que a medida anteriormente adotada de "progresso social geral" seja esvaziada pelas evidências históricas que claramente vão contra as previsões confiantes de ontem e, por isso, deixa de cumprir sua função mistificadora –, a fim de se adequar à única constante ideológica insubstituível: o postulado apriorístico de que o "movimento real" está no caminho certo.[50]

A base sobre a qual a concepção invertida de Bernstein a respeito de quem realmente suporta a necessária carga de tributação pode ser questionada, não *a posteriori*, mas desde o momento de sua formulação, é sua própria estrutura teórica; ou, ao invés, sua não-existência, no que diz respeito ao próprio Bernstein. É aí que podemos ver como a rejeição, social e ideologicamente condicionada, dos princípios teóricos marxianos, como uma "estrutura especulativa" inútil, adquire sua racionalidade perversa e sua *raison d'être* intelectual. Na ausência de uma estrutura categórica adequada tudo é válido, permitindo aos teóricos reformistas substituir até os fatores materiais mais óbvios pelas fantasias mais assombrosas.

Eles fazem isso manipulando a dimensão temporal dos dados questionados (sempre que as evidências proporcionadas pela ordem de coisas real contradizem seus postulados gratuitos) ou tentando desacreditar totalmente – com referências retóricas e exortativas vazias ao "espírito do grande filósofo de Königsberg, o crítico da razão pura"[51] e aos "pontos de vista sociopolíticos [neokantianos] de Friedrich Albert

---

[50]  Por exemplo, pode ser adaptado às exigências eleitorais manipuladoras da estrutura política dada; pode ser até mesmo quantificado, para saber quantos milhões de "pessoas comuns se apresentaram para a compra de ações" na British Telecom, na British Gas ou em outros casos de suborno organizado pelo Estado, como uma "prova", pelo governo conservador, de que eles devem ser considerados atualmente os verdadeiros guardiões do "progresso social geral"; e, por outro lado, em uma mudança defensiva, para não se perder terreno eleitoral, tais dados e procedimentos podem ser rapidamente traduzidos, mediante uma redefinição semântica de algumas variedades de propriedade privada, em "propriedade social", pela oposição social-democrata inspirada pelo eurocomunismo, etc.

[51]  Bernstein, *Evolutionary Socialism*, p. 222.

## 384 *Ideologia e emancipação*

Lange",[52] etc. – a relevância dos *fatores materiais* para a constituição de estratégias sociopolíticas viáveis, com a desculpa de que elas não representam senão o "materialismo intoleravelmente restritivo" e a "ideologia enganosa".

É assim que chegam à idéia verdadeiramente peculiar (buscada talvez como o princípio orientador mais importante de todo seu programa prático) de que seria possível, no devido tempo, eliminar o capital por meio da tributação, desde que prossigam por tempo suficiente com seus esforços graduais dirigidos àquele objetivo. Além disso, parecem não questionar, nem por um momento, a viabilidade do que consideram a única estratégia realista a ser posta em prática, apesar da circunstância reveladora – ou antes, que *deveria ser* reveladora – de que a transformação fundamental prevista para a sociedade, utilizando-se a tributação progressiva, terá de ocorrer dentro dos limites, e por meio da operação instrumental necessariamente resistente, do *Estado capitalista*.

Uma análise teórica séria dos fatores objetivos envolvidos – isto é, da natureza intrínseca do capital e de sua necessária dominação estrutural sobre o trabalho, regulada no plano sociopolítico pelo Estado capitalista, que está longe de ser neutro – poderia facilmente demonstrar-lhes, mesmo dentro da matriz de categorias da economia política de Adam Smith, a *impossibilidade* de uma tal realização. Mas, proceder ao longo dessa linha, só poderia levar a resultados altamente embaraçosos para toda essa abordagem. Daí a rejeição da teoria em si, chamando-a de "teoria especulativa", o que por sua vez evita que observem (não importa quantas décadas ou séculos decorram) que são os pobres que têm de ser, e na verdade estão sendo, tributados; não até deixar de existir[53] – porque a exploração necessita deles também no futuro –, mas simplesmente até os ossos. Ao mesmo tempo, de acordo com os objetivos socioeconômicos

---

[52]  Ibid., p. 223. Neste sentido, como podemos ver, o veículo do neokantismo idealista é adotado para servir a um propósito ideológico-político tangível no combate ao adversário materialista dentro do movimento.
Como pudemos observar anteriormente (ver seção 6.4), Marx havia profeticamente percebido o perigo que Lange – que não compreendia absolutamente nada de dialética, seja em sua versão hegeliana, seja em sua versão marxiana – representava para o movimento da classe trabalhadora alemã, por colocar-se como um "conciliador" sem princípios que, nas palavras de Marx, "namora todos os lados". Tipicamente, para Bernstein, este charlatão filosófico neokantiano sem princípios se tornou o modelo moral e intelectual do pensamento socialista.

[53]  Richard Titmuss, em seu ensaio citado na nota 48, lançou com razão todo seu desprezo sobre aqueles que continuavam a propagar o mito da eliminação dos ricos mediante a cobrança de impostos. Caracterizando o clima ideológico do período, escreveu:
"Em 1960, a Inglaterra havia se tornado uma sociedade cuja realidade estava mais encoberta. A situação do seu povo, rico, remediado e pobre, era dissimulada por uma combinação de mitos e incompetência de avaliação. A desigualdade, como tema do discurso político, estava menos em evidência em toda parte, e o que permanecia da pobreza na Grã-Bretanha supunha-se que podia ser erradicado pelos processos 'naturais' de crescimento ou constituição de um resíduo permanente de infelizes e irresponsáveis. Os ricos, declarou-se depois, já não existiam; haviam sido *eliminados, pela cobrança de impostos*, pela classe que anteriormente os havia reverenciado" (ibid., p. 11).
Assim, sessenta anos depois de Bernstein, não se podia mais simplesmente prometer que *um dia* a cobrança de impostos acabaria com a riqueza. À luz das evidências maciças que provavam o *exato oposto* – ou seja, a concentração sempre crescente da riqueza nas mãos de poucos –, fez-se necessário declarar cinicamente, amontoando mentiras nas estatísticas e em outras distorções "científicas", que a promessa original da social-democracia revisionista já havia sido plenamente cumprida.

A constituição da solidariedade    385

adotados e as estratégias práticas correspondentes, a crítica da *exploração capitalista* deve ser substituída (na teoria míope que sobrou) pelo louvor do promissor *"movimento da renda na sociedade moderna"*. Além disso, o conceito de *Estado capitalista*, sobre o qual a atenção crítica deveria ser focalizada, precisa ser descartado em favor da noção vaga e ilusória de *"democracia na política"*.

A *terceira* grande omissão da frase de Bernstein sobre o número crescente de ricos sujeitos à tributação leva-nos ao núcleo da questão. Ela pode ser claramente identificada se tentamos localizar os *limites* – processo de importância elementar quando se tem de lidar com tendências sócio-históricas, econômicas e também políticas – dentro dos quais o referido número pode ser levado a sério.

O que encontramos no caso de Bernstein é que a tarefa de estabelecer os limites é sistematicamente evitada. Em vez disso, ele combina a duvidosa informação factual do número crescente de ricos com uma projeção anistórica do pretenso "progresso social geral" para o futuro, como um elemento absoluto e auto-suficiente. Na verdade, porém, nada poderia ser mais problemático do que isso. O apelo fetichista aos números como substituto para a teoria não consegue situar a tendência em questão dentro de seus parâmetros adequados, em relação a outras tendências e contratendências pertinentes do desenvolvimento socioeconômico em curso. Como resultado, a importância relativa da expansão historicamente específica da riqueza social em um número limitado de sociedades capitalistas é distorcida ao extremo, tanto em seus aspectos *internos* como em seus aspectos *internacionais*.

No plano *interno*, a projeção rústica e quantitativa de números da qual se abstrai toda consideração *qualitativa* também ignora que não pode haver expansão automaticamente auto-sustentada da riqueza em qualquer sociedade, quanto mais no capitalismo. Os próprios números considerados deveriam ser causalmente relacionados com o *avanço material produtivo*, em vez de milagrosamente extraídos de uma cartola sem fundo. Em outras palavras, o "crescimento da riqueza social e do progresso social geral", em qualquer país capitalista, só é possível enquanto for compatível com os limites estruturais não-superáveis impostos pela necessidade da *expansão do capital*. É a persistência de tais limites que evita a realização do "progresso social *geral*", mesmo no auge da ascendência do capital e até nas sociedades capitalistas mais privilegiadas.

Portanto, é uma ficção absoluta postular o crescimento da riqueza social adequadamente distribuída e o progresso social geral visto que, na realidade, até as sociedades capitalistas mais ricas caracterizam-se pela *desigualdade estrutural* – não acidental e marginal, mas necessária e onipresente. Uma desigualdade incorrigível que emana, não da perversidade ou da insensatez de indivíduos não esclarecidos (que em princípio poderiam ser convertidos à causa do reformador social), mas das determinações mais íntimas do capital, que precisa subordinar tudo ao imperativo de sua *expansão lucrativa*, afetando assim negativamente a maior parte da população trabalhadora, mesmo nos países mais privilegiados e até sob as circunstâncias mais favoráveis. Conseqüentemente, a omissão mais ou menos consciente das limitações históricas necessárias (que devem ser definidas levando em conta as inevitáveis determinações estruturais do capital) torna totalmente sem sentido a tentativa, empreendida

386   *Ideologia e emancipação*

por Bernstein e seus seguidores, de transformar a afirmação atemporalmente projetada de que "o número dos ricos aumenta" no *modelo geral de emancipação socialista*.

Entretanto, é a dimensão *internacional* da posição reformista que revela sua completa vacuidade. Mesmo que se pudesse afirmar – tendo-se em mente os limites inevitáveis – que em *alguns* países capitalistas *certos setores* da classe trabalhadora são muito beneficiados pelo crescimento da riqueza (e isso só ocorre *enquanto* tais desenvolvimentos puderem ser mantidos pela existência de margens para a expansão lucrativa do capital), a mesma linha de raciocínio seria um absurdo óbvio se aplicada ao mundo como um todo, em que os privilégios dos poucos que detêm o domínio imperialista ou neocolonialista são obtidos à custa da esmagadora maioria. É por isso que a negligência com relação a este problema é tão completa dentro dos limites da perspectiva reformista (até Habermas e outros). Ou ele é mantido sob *silêncio total* (que por si só fala alto o bastante para aqueles que estão dispostos a ouvir) ou, nas épocas mais recentes, postula-se simplesmente que o mesmo tipo de "desenvolvimento" e "modernização" que caracterizou a história dos países capitalistas dominantes realizará seu "bom trabalho" se esperarmos o suficiente para que ele ocorra, ou, no máximo, se adotarmos uma postura de "interesse próprio esclarecido" (como os *Relatórios Brandt*, por exemplo) para apressar sua chegada.

### 8.5.5

O beco sem saída ideológico de Bernstein adquiriu sua importância representativa precisamente por oferecer um quadro conceitual em que a cumplicidade do silêncio podia predominar com a maior facilidade e as perguntas (altamente embaraçosas para os socialistas) referentes à possibilidade de *generalização* da busca por privilégios à custa da esmagadora maioria da humanidade não podiam sequer ser formuladas. O capítulo de *O capital* foi aberta e categoricamente rejeitado por Bernstein porque nele Marx revelava a preocupação absolutamente vital do movimento socialista – desde que realmente deseje progredir em direção ao seu objetivo proclamado – com "o envolvimento de *todos os povos* no complexo do *mercado mundial* e, portanto, com o *caráter internacional* do regime capitalista".[54]

Contrapondo-se por completo à concepção marxiana, Bernstein idealizava os desenvolvimentos previstos como se fossem limitados ao ambiente *nacional* em questão, ignorando totalmente o modo pelo qual as determinações globais do capital estavam fadadas a se impor sobre tais desenvolvimentos, mais cedo ou mais tarde. Ele metamorfoseou as previsões ilusórias e quase sem sentido de um "progresso social geral" (contraditoriamente limitado, em seu discurso, a um ambiente nacional particular) no modelo da racionalidade, para poder rejeitar, declarando-a sem sentido, a necessidade estratégica de uma transformação socialista revolucionária. Estas foram suas palavras:

> Logo que uma *nação* atinge uma posição em que os *direitos da minoria de proprietários* deixam de ser um obstáculo sério ao *progresso social*, em que as tarefas negativas da

---

[54]   Marx, *O capital*, Moscou, Foreign Languages Publishing House, 1958, vol. I, p. 763.

ação política são menos prementes do que as positivas, o apelo a uma revolução pela força se torna uma *frase sem sentido*.[55]

Tipicamente, um elemento de mistificação hipócrita foi aqui acrescentado ao arsenal de argumentação de Bernstein, sugerindo que as objeções do autor diziam respeito à revolução *pela força* e não à revolução como tal, quando, de fato, *todo* o *Socialismo evolucionário* era dedicado à tarefa de desacreditar o "emocionalismo" da revolução em favor do "intelectualismo" e da adequação racional da legislação realizada aos poucos, através da "democracia na política".

Duas verdades básicas foram obscurecidas por este método. *Primeiro*, que o fato de uma revolução ter de se estabelecer predominantemente "pela força" – embora deva ser ressaltado aqui que, de qualquer modo, a burguesia consideraria até as medidas legislativas mais simples e não-violentas contra sua dominação da sociedade como atos de "força" e "ilegalidade" – ou poder alcançar seus objetivos sem recorrer a métodos repressivos é algo que depende da *relação de forças* sócio-histórica. Conseqüentemente, a questão teria de ser avaliada segundo seu ambiente histórico concreto, e não condenada *a priori*. *Segundo*, que conceber uma transformação socialista – isto é, estrutural e radical – da sociedade e ao mesmo tempo renunciar à revolução é uma contradição nos termos, porque ser radical significa, literalmente, "agarrar as coisas pela raiz" e agir de acordo com isso, como Marx corretamente enfatizou. Naturalmente, a desconsideração desses dados muito elementares tinha a função de levar as pessoas a subscreverem a proposição absurda e, como sempre, totalmente sem substância, de Bernstein, de que "os direitos da minoria de proprietários *deixaram* [*realmente*] *de ser* um obstáculo sério ao progresso social".

Seguindo tal raciocínio – que previa a realização do progresso social geral a partir das migalhas que poderiam ser asseguradas resguardando-se "positivamente" "os direitos da minoria de proprietários" –, a aberta capitulação da socialdemocracia ao chauvinismo burguês e seu apoio ativo às aventuras imperialistas seria apenas uma questão de tempo e de oportunidade, como, afinal, a deflagração da Primeira Guerra Mundial demonstrou dolorosamente.

Quando as hostilidades militares iniciaram, em 1914, a linha revisionista abertamente defendida – ainda sob ataque na imprensa partidária e nas conferências do partido quando Bernstein lançou seu *Socialismo evolucionário* – tornou-se quase completamente dominante no Partido Socialdemocrata Alemão, assim como na Segunda Internacional em geral, graças, em grau significativo, à influência crescente do próprio Bernstein.

Entretanto, o aspecto de fato importante desses desenvolvimentos foi que as sementes que ele plantou, junto com outros como ele, caíram sobre um terreno excepcionalmente fértil, pois, já no auge dos debates que envolveram a publicação da obra de Bernstein, a liderança do partido alemão se comportou com total cinismo e duplicidade, afirmando uma coisa em público e fazendo algo completamente diferente

---

[55] Bernstein, *Evolutionary Socialism*, p. 218. E Bernstein acrescentou aqui em uma nota de rodapé: "Felizmente, a 'revolução' neste país deixou de ser algo mais do que uma expressão afetada" (revista mensal *News*, do Partido Trabalhista Independente da Inglaterra, janeiro de 1899).

## 388   *Ideologia e emancipação*

nos bastidores. Assim, Ignaz Auer, que não era um funcionário obscuro, e sim o secretário-geral do Partido Socialdemocrata Alemão, escreveu a Bernstein em 1899, no momento em que a linha revisionista defendida por *Socialismo evolucionário* era fortemente criticada nas conferências do partido: "Meu caro Ede, não se toma formalmente a decisão de fazer as coisas que você sugere; tais coisas não se *dizem,* simplesmente *se fazem".*[56] Foi assim que a concepção de Bernstein, intelectualmente menos do que medíocre, mas política e ideologicamente representativa, veio a ocupar seu lugar, ainda longe de ser eclipsado, de "clássico" do movimento socialdemocrata.

A estratégia defendida por Bernstein foi um beco sem saída para o movimento da classe trabalhadora desde o início. Mas, para fazer-lhe justiça, não foi o único criador daquele beco. Mais do que isso, refletiu e difundiu energicamente uma tendência objetiva de desenvolvimento que continuou a ganhar força – por mais problemáticas e fundamentalmente destrutivas que fossem suas conseqüências para as aspirações originais do movimento socialista – desde que os "povos dominantes" citados por Marx, partindo do "pequeno canto do mundo" europeu, embarcaram, no último quartel do século XIX, em sua fatal empreitada imperial, para colocar o resto do mundo a serviço de seus interesses capitalistas.

Com isso, as chances de uma ruptura socialista precoce no mundo ocidental sofreu um recuo histórico trágico, tornando, portanto, inevitável a redefinição radical das condições materiais e ideológicas da emancipação segundo as novas determinações da época, no terreno agora realmente global do capital. Mas, antes que tal redefinição das condições de emancipação socialista – correspondente às características objetivas e necessidades humanas das novas circunstâncias históricas – pudesse se tornar possível, a realização das potencialidades qualitativamente mais amplas do capital pelo desenvolvimento do subdesenvolvimento, por um lado, e da acumulação de enormes privilégios, por outro, teve de ocorrer com todos os seus desconcertantes desvios e conseqüências ideológico-políticas.

Assim, a reprodução constante das duas perspectivas antagônicas de emancipação do trabalho (que se consolidaram no início do século XX) se impôs como uma regra inapelável, a despeito de todas as tentativas de "unidade organizacional" e de "reconciliação política", por tanto tempo quanto o sistema *global* do capital possa se sustentar sem atingir seu ponto de *saturação* e a *crise estrutural* implícita neste último. Este é o motivo pelo qual a abordagem reformista inicialmente difundida por Bernstein – e de imediato adotada de modo entusiástico, como seu credo natural, por todos os demais criptoconservadores que acabaram por dominar o escalão superior de todos os partidos socialdemocratas – conservou até nossos dias sua influência tragicamente mistificadora, mas historicamente representativa, sobre o movimento da classe trabalhadora ocidental.

---

[56]   Citado na introdução de Mary-Alice Waters a *Reform or Revolution* de Rosa Luxemburg, Nova York, 1970, p. 7.

## 8.6 O significado da tragédia de Rosa Luxemburgo

### 8.6.1

No entanto, a tragédia não terminou aí. Longe disso. A ala radical do movimento da classe trabalhadora teve, no século XX, três grandes figuras trágicas entre seus líderes; as três dotadas de uma grandeza shakespeariana. Foram elas: na Europa ocidental, Antonio Gramsci; na oriental, Lenin; e entre as duas, Rosa Luxemburgo.

A tragédia de Gramsci não foi simplesmente aquilo que é óbvio em sua história pessoal: isto é, que ele teve de suportar um extremo sofrimento durante oito anos de sua vida nos cárceres de Mussolini e depois morrer prematuramente em conseqüência desse sofrimento. Mais do que isso, seu trágico confinamento fez que um líder revolucionário de imensos dotes práticos, que só se achava em seu ambiente natural quando podia organizar e se comunicar diretamente com as massas do povo trabalhador, teve de passar seus anos potencialmente mais fecundos cruelmente separado de seus companheiros de luta, como um filósofo do partido de vanguarda, privado dos instrumentos necessários ao trabalho intelectual e freqüentemente condenado a utilizar uma linguagem obscura e metafórica para enganar seus carcereiros. E, pior ainda, no fim ele foi submetido à indignidade de uma excomunhão sectária pelo pecado capital de permanecer fiel a seus princípios não-fracionistas.

Já Lenin pôde permanecer ativo até o fim da vida como o líder formalmente inconteste de um movimento revolucionário bem-sucedido. A cruel ironia em seu destino foi que ele, totalmente dedicado à causa da revolução socialista, ajudou a paralisar as mesmas forças de base da classe trabalhadora para as quais tentou se voltar em busca de ajuda no fim da vida, quando percebeu o perigo terrível representado pelas mudanças ocorridas na Rússia e que iriam culminar no stalinismo. Como já afirmei em outro artigo,[57] Lenin, um gênio da estratégia realista, teve de se comportar como um utopista desesperado do início de 1923 até sua morte, apresentando com insistência esquemas sem possibilidade de concretização – como a proposta de criação de uma maioria no Comitê Central a partir dos quadros da classe trabalhadora, para neutralizar os burocratas do partido, com Stalin à frente – com o objetivo de reverter a tendência perigosa, na ocasião já muito avançada. Sua grande tragédia foi que, no fim, sua estratégia incomparável, instrumentalmente concreta e intensamente prática, acabou por derrotá-lo. Nos últimos anos de vida, não pôde escapar de sua triste condição de isolamento. Os desenvolvimentos que ele, mais do que ninguém, ajudou a colocar em movimento, tornaram-no historicamente supérfluo. A forma específica pela qual viveu a unidade da teoria e da prática provou ser o inevitável limite de sua própria grandeza.

Mas a figura mais intensamente trágica da história do movimento da classe trabalhadora foi Rosa Luxemburgo. Assim como os heróis e heroínas de certas tragédias clássicas – refletindo o destino das grandes forças históricas e de suas colisões –, ela chegou cedo demais e teve de sofrer as conseqüências de estar tão adiante de sua época agitada pelo conflito.

---

[57] Ver meu ensaio "Poder político e dissidência nas sociedades pós-revolucionárias", Revista *Ensaio*, n. 14, 1984, p. 29-47. Publicado em *Para além do capital*, op. cit., p. 1012-31.

390    *Ideologia e emancipação*

## 8.6.2

Rosa Luxemburgo chegou cedo demais no sentido de que pôde escrever com total clareza e perspicácia o epitáfio do "eurocomunismo" meio século antes de seu nascimento, sem qualquer esperança de reverter uma tendência objetiva que no fim iria engolfar até a ala política radical do movimento da classe trabalhadora ocidental antes que esta pudesse consumar sua vocação. Situando a questão do reformismo no contexto dos desenvolvimentos econômicos e político-militares em escala global,[58] Rosa Luxemburgo pintou com assustadora precisão o retrato do conciliador político do passado e do presente:

> Ele aconselha o proletariado a rejeitar seu objetivo socialista, para que os liberais mortalmente amedrontados saiam do buraco de rato da reação. Transformando a supressão do movimento operário socialista em condição essencial para a preservação da democracia burguesa, ele prova de uma maneira admirável que esta democracia está em completa contradição com a tendência interna de desenvolvimento da sociedade atual. [...] Transformando a renúncia ao objetivo socialista em condição essencial da ressurreição da democracia burguesa, mostra como é inexata a afirmação de que a democracia burguesa é uma condição indispensável ao movimento socialista e à vitória do socialismo. [...] Devemos concluir que o movimento socialista não está vinculado à democracia burguesa, mas que, ao contrário, o destino da democracia está vinculado ao movimento socialista. Portanto, devemos concluir que a democracia não adquire maiores possibilidades de existência à medida que a classe trabalhadora renuncia à luta por sua emancipação, mas que, ao contrário, a democracia adquire maiores possibilidades de sobrevivência quando o movimento socialista se torna forte o suficiente para lutar contra as conseqüências reacionárias da política mundial e do repúdio da democracia por parte da burguesia. Quem quiser fortalecer a democracia deve desejar fortalecer, e não debilitar, o movimento socialista. Quem renuncia à luta pelo socialismo renuncia tanto ao movimento operário quanto à democracia.[59] E aquele que tenta aplicar a sabedoria caseira derivada de batalhas parlamentares entre sapos e ratos ao campo das táticas revolucionárias, apenas mostra que a própria psicologia e as leis da existência da revolução lhe são estranhas e que toda a experiência histórica é para ele um livro fechado com sete selos.[60]

Ela percebeu claramente que a própria democracia, tal como era realmente constituída, estava se tornando cada vez mais problemática, exigindo para sua revita-

---

[58]   "Como resultado do desenvolvimento da economia mundial e do agravamento e da generalização da competição no mercado mundial, o *militarismo* e a política de grandes armadas se tornaram, como instrumentos da *política mundial*, um fator decisivo na vida interna e externa dos grandes Estados. Se é verdade que a política mundial e o militarismo representam uma tendência crescente na presente fase do capitalismo, então a democracia burguesa, pela lógica, caminha em uma linha descendente.
"Na Alemanha, a era dos grandes *armamentos*, iniciada em 1893, e a da política mundial, inaugurada com a tomada de Kiao-Cheou, teve como conseqüência imediata a seguinte vítima sacrificial: a decomposição do liberalismo, o esvaziamento do Partido do Centro, que passou da oposição para o governo. As eleições recentes para o Reichstag, de 1907, desenroladas sob o signo da *política colonial alemã*, foram, ao mesmo tempo, o sepultamento histórico do liberalismo alemão." (Luxemburg, *Reform or Revolution*, p. 47.)

[59]   Ibid., p. 47-8.

[60]   Luxemburg, *The Russian Revolution*, The University of Michigan Press, 1961, p. 36.

lização o compromisso socialista mais firme possível e a correspondente ação de classe, em vez da subordinação desta última à noção abstrata e vazia da "democracia na política", repetidas vezes contraposta às estratégias socialistas radicais do século XX, não apenas pelos inimigos do socialismo, mas também por seus defensores socialdemocratas. Além disso, Rosa Luxemburgo compreendeu com igual clareza que, enquanto o movimento socialista se achava fortemente constrangido pelo ambiente institucional parlamentar da democracia burguesa, sua classe adversária não hesitava nem por um momento em quebrar suas próprias regras de conduta política sempre que as circunstâncias assim o exigissem no interesse da manutenção de seu domínio sobre a sociedade, ainda que *não-democrático*.

### 8.6.3
A estrutura institucional parlamentar já estava plenamente estabelecida muito antes de a classe trabalhadora aparecer no cenário histórico como uma força política autônoma. Por isso, tal estrutura não podia refletir os interesses do trabalho em oposição aos do capital, mesmo em sua articulação constitucional básica e regras formais de funcionamento.

Também não era concebível, de acordo com Rosa Luxemburgo, a alteração radical da situação existente. A referida estrutura legislativa da democracia parlamentar nunca poderia superar uma das mais importantes circunstâncias materiais:

> O que distingue a sociedade burguesa das outras sociedades de classe – da sociedade antiga e da ordem social da Idade Média – [...] [é] precisamente o fato de que a dominação de classe não repousa sobre "direitos adquiridos", mas sobre *relações econômicas reais*; o fato de o trabalho assalariado *não ser uma relação jurídica*, mas uma *relação puramente econômica*. Em nosso sistema jurídico não há uma única fórmula legal que imponha a atual dominação de classe. [Assim,] como a escravidão assalariada pode ser suprimida pela "via legislativa" se a escravidão assalariada não está expressa nas leis? Bernstein, que quer abolir o capitalismo pela reforma legislativa, encontra-se na mesma situação do policial russo de Uspenski, que diz: "Rapidamente, agarrei o velhaco pelo colarinho! Mas o que vejo? O maldito não possui colarinho!". É esse, exatamente, o problema de Bernstein.[61]

O problema indicado por Rosa Luxemburgo não era atributo apenas de Bernstein. Ao contrário, tornou-se a característica aparentemente inevitável do movimento socialdemocrata em todos os países capitalistas avançados, procurando "colarinhos" legislativamente eficazes que jamais poderiam ser encontrados, em vista da natureza imanente dos relacionamentos em questão. Conseqüentemente, como disse Luxemburgo, "nenhuma *lei* do mundo poderia dar ao proletariado os meios de produção enquanto ele permanecesse na estrutura da sociedade burguesa, pois não foram as leis, mas o *desenvolvimento econômico*, que arrancou os meios de produção da posse dos produtores".[62]

É por isso que o abandono do princípio orientador marxiano – isto é, o de que "a emancipação econômica das classes trabalhadoras é o grande fim ao qual todo

---

61  Luxemburg, *Reform or Revolution*, p. 50.
62  Ibid., p. 51.

392    *Ideologia e emancipação*

movimento político deve estar subordinado como um meio" – por parte dos revisionistas se mostrou tão fatídico no século XX. É compreensível, portanto, que, num quadro histórico de predomínio total da tendência reformista-oportunista da classe trabalhadora ocidental, que perdurou até as repentinas explosões do pós-guerra, Rosa Luxemburgo procurasse fazer reviver o espírito original da Primeira Internacional marxiana ao insistir, em meio aos motins revolucionários alemães, que

> Foi típico do primeiro período da revolução, até 24 de dezembro, que ela tenha permanecido *exclusivamente política*. Daí o caráter infantil, a insuficiência, o desânimo, a ausência de metas desta revolução. Tal foi o primeiro estágio de uma transformação revolucionária cujo principal objetivo está no campo econômico, cujo principal propósito é assegurar uma mudança fundamental nas condições econômicas. Seus passos foram tão incertos quanto os de uma criança tateando seu caminho sem saber para onde vai; nesse estágio, repito, a revolução possuía um caráter puramente político. Mas, nas últimas duas ou três semanas, várias greves nasceram de modo absolutamente espontâneo. Agora, considero como a própria essência desta revolução que as greves se tornem cada vez mais amplas, até constituírem, por fim, o foco da revolução. Desse modo teremos uma *revolução econômica* e, conseqüentemente, uma *revolução socialista*.[63]

### 8.6.4

A partir desta visão da revolução socialista seguiu-se a definição necessária das tarefas organizacionais convenientes a um movimento de massa firmemente arraigado nos princípios. Eis como Luxemburgo a enunciava, já em sua crítica a Bernstein em 1899:

> A união das massas populares com um objetivo que vai além da ordem social existente, a união da luta diária com a grande transformação do mundo, é esta a tarefa do movimento socialdemocrata, que deve logicamente encontrar um caminho de desenvolvimento que passe entre dois obstáculos: abandonar o *caráter de massa* do partido ou abandonar seu *objetivo final*, caindo no reformismo burguês ou no sectarismo, anarquismo ou oportunismo.[64]

Eis como as mesmas preocupações surgiram em sua avaliação crítica das "Questões organizacionais da socialdemocracia russa":

> Por um lado, temos a massa; por outro, seu objetivo histórico, localizado fora da sociedade existente. Por um lado, a luta do dia-a-dia; por outro, a revolução social. São estes os termos da *contradição dialética* por intermédio da qual o movimento socialista abre seu caminho. Portanto, este movimento pode avançar melhor esgueirando-se por entre os dois perigos pelos quais está sendo constantemente ameaçado. Um deles é a perda do seu *caráter de massa*; o outro, o abandono de seu *objetivo*. Um é o perigo de voltar à condição de uma *seita*; o outro, o perigo de se tornar um movimento de *reforma social burguesa*. Por isso, é ilusório, e contrário à experiência histórica, esperar fixar, de uma vez por todas, a direção da luta socialista revolucionária com a ajuda de

---

[63]    Luxemburg, *Spartacus*, p. 19.

[64]    Luxemburg, *Reform or Revolution*, p. 60-1.

*meios formais*, com os quais se espera proteger o movimento dos trabalhadores contra todas as possibilidades de digressão oportunista.[65]

Naturalmente, esta concepção do movimento socialista como um genuíno *movimento de massa* – firmemente orientado para objetivos socialistas, no mesmo espírito em que o próprio Marx falou, muitos anos antes, da necessidade de se constituir uma *consciência de massa socialista* – implicava uma correspondente conceituação do *poder real*. Neste sentido, embora Luxemburgo estivesse totalmente consciente da necessidade de conquistar e manter o poder do Estado (de uma forma fundamentalmente alterada, ou seja, para o propósito da *reestruturação radical* da ordem socioeconômica e por tanto tempo quanto durasse tal reestruturação), ela compreendia a tarefa como a *transferência* de todo o poder para o corpo social, associada à eliminação da separação entre os *poderes legislativo* e *executivo* pela incorporação efetiva destes nas massas do povo trabalhador. Eis como defendia sua posição:

> Temos de tomar o poder, e a questão da tomada do poder assume o seguinte aspecto: o que, em toda a Alemanha, cada conselho de trabalhadores e de soldados pode conseguir? Aí se encontra a fonte do poder. Devemos minar o Estado burguês em toda parte, pondo um fim à divisão dos poderes públicos, à separação entre os poderes legislativo e executivo. Estes poderes devem ficar unidos nas mãos dos conselhos de trabalhadores e de soldados [...]. Para nós, a conquista do poder não será efetuada de uma só vez. Será um ato progressivo, pois devemos progressivamente ocupar todas as posições do Estado capitalista, defendendo com unhas e dentes cada uma de que nos apoderarmos. Além disso, em minha opinião e naquela de meus companheiros mais chegados do partido, a *luta econômica* também será efetuada pelos conselhos de trabalhadores. A decisão das questões econômicas, assim como a contínua expansão da área desta decisão, deve ficar nas mãos dos conselhos de trabalhadores.
>
> Os conselhos devem ter todo o poder no Estado. É para esses objetivos que devemos dirigir nossas atividades no futuro imediato, e é óbvio que, se seguirmos esta linha, não pode deixar de haver uma enorme e imediata intensificação da luta. Pois, passo a passo, por meio da luta corpo a corpo, em todas as províncias, em todas as cidades, em todas as aldeias, em todas as comunas, *todos os poderes do Estado* têm de ser *transferidos*, pouco a pouco, da burguesia para os conselhos de trabalhadores e de soldados. [...]
>
> A história não vai tornar nossa revolução tão fácil como as revoluções burguesas. Nessas revoluções, bastava derrubar o poder oficial que estava no centro e substituir uma dúzia de autoridades. Nós, porém, temos de trabalhar a partir da base. Aí se mostra o *caráter de massa* da nossa revolução, que pretende transformar *toda a estrutura* da sociedade. É característico da revolução proletária moderna que a conquista do poder político se efetue, *não a partir de cima, mas a partir da base*.[66]

Assim sendo, em todas as questões de importância prática vital para o movimento, Rosa Luxemburgo apresentou um conjunto de idéias coerente, profundamente dialético e, apesar das complexidades, exposto com notável clareza; conjunto de idéias

---

[65] Luxemburg, "Organizational questions of the Russian Social Democracy", em *The Russian Revolution*, p. 105.

[66] Luxemburg, *Spartacus*, p. 26-7.

394   *Ideologia e emancipação*

que, com relação às *perspectivas a longo prazo* da transformação socialista vindoura, ainda não foi superado.

### 8.6.5

A tragédia foi que, nas circunstâncias históricas prevalecentes, apesar da clareza da visão de Rosa Luxemburgo e da profundidade de seu compromisso socialista revolucionário, o curso de ação que ela defendeu com coerência exemplar por toda a vida não pôde ser concluído com êxito.

Nesse sentido, pode-se observar na situação de Luxemburgo "a trágica colisão entre o postulado *historicamente necessário* e a *impossibilidade prática* de o levar a efeito".[67] Foi isso que deu a sua vida uma intensidade trágica, e não simplesmente o assassinato brutal que ela poderia ter evitado caso houvesse se escondido. Mas rejeitou o conselho de seus amigos e camaradas que repetidamente a instaram a se esconder; não por bravata, mas devido a um elevado (e decididamente não "romântico") "senso de responsabilidade, um sentimento de que simplesmente tinha de compartilhar todo perigo com os combatentes comuns da revolução".[68] E mesmo quando já era óbvio que as forças da "lei e da ordem" a estavam procurando, quando "uma camarada do sexo feminino, enviada para descobrir o que estava ocorrendo nos escritórios da *Rote Fahne*", foi presa por engano no lugar de Luxemburgo e "submetida a longas horas de tratamento ameaçador antes de finalmente conseguir escapar", descrevendo para Rosa as ameaças de morte que recebera no cativeiro em seu lugar; quando essa camarada "aconselhou-a a fugir, ela rejeitou enfaticamente a idéia, explicando que ela e Karl [Liebknecht] tinham de permanecer em Berlim para evitar que a derrota dos trabalhadores conduzisse a sua desmoralização".[69]

Como Lukács disse em seu ensaio sobre "O marxismo de Rosa Luxemburgo":

Sua morte nas mãos de seus piores inimigos, Noske e Scheidemann, é, logicamente, o ponto que coroa seu pensamento e sua vida. Teoricamente, ela havia previsto a derrota da insurreição de janeiro anos antes de sua ocorrência; taticamente, previu-a no momento da ação. Mas, com coerência, permaneceu ao lado das massas e compartilhou seu destino. Ou seja, a unidade da teoria e da prática foi mantida em suas ações

---

[67]   Engels, Carta a Ferdinand Lassalle, 18 de maio de 1859.

[68]   Paul Fröhlich, *Rosa Luxemburg: Her Life and Work*, Nova York, Monthly Review Press, 1972 (originalmente publicado em Paris em 1939), p. 294.

[69]   Ibid., p. 295. O primeiro biógrafo de Rosa Luxemburgo também descreveu as circunstâncias nas quais foi instaurada a "caça às cabeças", com a qual o governo socialdemocrata estava intensamente envolvido: "Finalmente, havia o serviço de espionagem do chamado Regimento do Reichstag, fundado pelo SPD. A verdadeira função desta instituição, oficialmente conhecida como 'Serviço Auxiliar do SPD, Seção 14', foi mais tarde exposta no processo por difamação conduzido contra um certo Herr Prinz. De acordo com as descobertas do tribunal, esta Seção 14 do Regimento do Reichstag, nos nomes de Philipp Scheidemann e do sustentador financeiro do regimento, Georg Sklarz (um indivíduo corrupto e especulador), estipulou um prêmio de 100 mil marcos pelas cabeças de Karl Liebknecht e Rosa Luxemburgo. Hesel, oficial encarregado da Seção 14, Ernst Sonnefeld, tesoureiro do regimento, e Krasnik, um oficial do regimento, declararam sob juramento que Fritz Henck, genro de Scheidemann, havia-lhes confirmado expressamente que a oferta da recompensa era séria e que havia dinheiro disponível para tal propósito. Muitos outros membros do regimento confirmaram este testemunho, reiterando que *havia sido dada uma ordem para assassinar*

A constituição da solidariedade    395

com a mesma consistência e com a mesma lógica que lhe valeram a inimizade de seus assassinos: os oportunistas da socialdemocracia.[70]

Nesse sentido, ela teve de viver os violentos conflitos históricos até seu amargo fim, ainda que isso significasse morrer durante a luta. Pois sabia muito bem (e o declarou com firmeza em sua polêmica contra Kautsky e outros) que as revoluções socialistas pioneiras só podiam ser "imaturas" e "prematuras" e, por isso, corriam inevitavelmente o risco da derrota. E sabia igualmente bem o que aquele risco significava para as pessoas que tomassem parte em tais revoluções, consciente e desafiadoramente aceitando as implicações fatídicas de seu envolvimento ativo na "trágica colisão entre o postulado historicamente necessário e a impossibilidade prática de o levar a efeito".

A mesma intensidade trágica que podemos testemunhar nas ações de Rosa Luxemburgo caracterizou também sua obra teórica. Assim como ela seguiu sua vocação de militante até seus limites extremos – não apenas no momento em que o círculo de seus assassinos estava visivelmente se fechando em torno dela, mas durante toda sua vida, quando recusou a oferta de um tratamento excepcional e, em vez disso, aceitou a prisão como um fato natural –, do mesmo modo levou a investigação dos temas que submeteu a exame crítico até suas últimas conseqüências, recusando-se a fazer qualquer concessão às considerações táticas, mesmo em meio à guerra, quando a ameaça de ser condenada por "traição", em virtude de seus pontos de vista inflexíveis, pairava sobre sua cabeça. Assim, durante a guerra, em uma prisão alemã, teve forças não apenas para denunciar "a conflagração e o caos mundial da matança imperialista", mas também para algo muito mais difícil: conseguiu, ao mesmo tempo, reunir seus recursos internos para enfatizar, na mesma frase, com a intransigência angustiada de uma verdadeira revolucionária, "o completo fracasso da classe trabalhadora internacional"[71] em evitar a consumação de seu próprio massacre e a realização da mais absurda ironia da história: "os *dividendos estão subindo – os proletários caindo*",[72] como expressou de modo vivido em outro panfleto.

Rosa Luxemburgo dirigiu idêntico tipo de crítica severa e convicta à revolução russa, que ela reconhecia estar lutando sob a sombra do "fracasso do proletariado alemão e da ocupação da Rússia pelo imperialismo alemão".[73] Eis como formulou sua "crítica imanente" da revolução, continuando sua última frase citada e criticando o

---

*Liebknecht e Luxemburgo*, embora ela jamais tenha sido colocada no papel, e quem pegasse os dois, *vivos ou mortos*, receberia uma *recompensa de 100 mil marcos*. Absolvendo Prinz da acusação de difamação, o tribunal estava na verdade condenando Scheidemann e Sklarz. Nenhum dos dois jamais ousou tentar limpar-se deste veredito incriminatório" (Fröhlich, *Rosa Luxemburg: Her Life and Work*, p. 297-8).

[70]  Lukács, *History and Class Consciousness*, p. 44. Os dois outros ensaios de *Histoty and Class Consciousness* dedicados à discussão das idéias de Rosa Luxemburgo – "Critical Observations on Rosa Luxemburg's *Critique of the Russian Revolution*" e "Towards a Methodology of the Problem of Organization" (p. 272-342) –, escritos em uma data posterior, após a aceitação de Lukács da crítica de Lenin ao seu artigo "On the Question of Parliamentarianism" como uma manifestação de *O esquerdismo: uma doença infantil do comunismo*, contêm alguns juízos muito problemáticos, como veremos em seguida.

[71]  Luxemburg, *The Russian Revolution*, p. 28.

[72]  Luxemburg, *The Junius Pamphlet: The Crisis in the German Social Democracy*, A Young Socialist Publication, Colombo, 1967, p. 82.

[73]  Luxemburg, *The Russian Revolution*, p. 78.

## 396   *Ideologia e emancipação*

uso que os líderes revolucionários fizeram da força da circunstância e das limitações das táticas que haviam sido obrigados a adotar:

> Seria exigir algo sobre-humano de Lenin e de seus camaradas que, sob tais circunstâncias, eles pudessem criar a mais pura democracia, a mais exemplar ditadura do proletariado e uma economia socialista florescente. Com sua postura revolucionária, sua força exemplar na ação e sua inquebrantável lealdade ao socialismo internacional, eles contribuíram com tudo o que puderam sob condições extremamente difíceis. O perigo começa apenas quando fazem da *necessidade uma virtude* e querem congelar em um sistema teórico completo todas as *táticas que estas circunstâncias fatais os obrigaram a adotar*, e querem recomendá-las ao proletariado internacional como um *modelo* das táticas socialistas.[74]

Percebendo o mundo a partir das perspectivas históricas mais amplas do socialismo e articulando sua visão do antagonismo social fundamental como um desafio inextricavelmente global, referindo-se ao necessário "acerto de contas entre o *capital e o trabalho em todo o mundo*",[75] Rosa Luxemburgo teve de concluir que "na Rússia o problema só pôde ser apresentado. Mas não poderia ser solucionado".[76] A mesma abordagem caracterizou, por toda sua vida, a avaliação que Luxemburgo fez de *todas* as questões importantes. Sempre apresentou suas idéias com a inflexível autenticidade do que chamava de "verdade nua": clara, rude, evidente e abraçada sem reservas, no contexto de sua estrutura *temporal* de referência, desafiando sem meios-termos a "força das circunstâncias". Dadas as circunstâncias históricas "imaturas" sob as quais ela teve de viver e trabalhar, o resultado, compreensivelmente, não poderia ser outro senão uma "trágica colisão entre o postulado historicamente necessário e a impossibilidade prática de o levar a efeito".

Em um de seus inflamados discursos, ela citou uma passagem de Lessing que representava uma de suas mais caras máximas. Eis o que dizia:

> Não sei se é um dever sacrificar a felicidade e a vida à verdade. Mas sei muito bem que é nosso dever, se desejamos ensinar a verdade, ensiná-la por *inteiro* ou não ensiná-la, ensiná-la claramente e sem rodeios, de modo evidente e sem reservas, inspirados pela confiança plena em seu poder. Quanto mais grosseiro um erro, mais curto e mais direto o caminho que conduz à verdade. Mas um erro altamente refinado pode nos manter permanentemente afastados da verdade, e tanto mais quanto maior for nossa dificuldade em compreender que se trata de um erro. Aquele que pensa em transmitir à humanidade verdades mascaradas e maquiadas pode ser um alcoviteiro da verdade, mas jamais foi um amante da verdade.[77]

A duradoura importância dos escritos de Rosa Luxemburgo tem muito a ver com o fato de ela ter aplicado esta máxima a sua vida, tomando-a como um dos princípios orientadores fundamentais de sua teoria e de sua prática. É por isso que constatamos uma dupla mistificação ao ler um pronunciamento feito no espírito da "liga da espe-

---

[74] Ibid., p. 78-9.

[75] Ibid., p. 80.

[76] Ibid.

[77] Luxemburg, *Spartacus*, p. 17.

rança abandonada" de Merleau-Ponty, por um dos críticos "favoráveis" a Luxemburgo. No parágrafo final da introdução a *A revolução russa*, de Rosa Luxemburgo (edição em brochura da Ann Arbor), o autor dessa introdução, Bertram D. Wolfe, declarou – como era comum nos escritos dessa curiosa liga, sem se preocupar em provar nada ou mesmo em apresentar alguns exemplos ilustrativos que pudessem apontar na direção da prova exigida – que "muito do que Rosa Luxemburgo escreveu neste pequeno panfleto está agora *irremediavelmente datado*, pois grande parte dele se origina de *dogmas* que não se sustentariam perante um exame e não resistiram à passagem do tempo".[78]

Nada poderia estar mais longe da verdade que um tal juízo, sob ambos os aspectos. Quaisquer que tenham sido os limites históricos das realizações de Rosa Luxemburgo, a última coisa que se poderia dizer a respeito de sua obra é que ela seja "dogmática" e esteja "irremediavelmente datada". Muito pelo contrário. Em relação à primeira acusação, Luxemburgo passou grande parte de sua vida combatendo o dogmatismo e o sectarismo em sua incansável defesa do socialismo como um genuíno *movimento de massa*, constantemente advertindo contra "o perigo de voltar à condição de uma seita", como vimos em várias passagens. Quanto à segunda acusação, o único sentido em que poderia ser considerada "defasada" em relação à sua época – e mesmo em relação à nossa – não é o de estar "irremediavelmente *datada*", mas, ao contrário, no sentido de que, sob certos aspectos importantes, o seu tempo *ainda não* chegou.

### 8.6.6

Para compreender o significado da tragédia de Rosa Luxemburgo, temos de voltar a seu difícil relacionamento político com Lenin.

A julgar pelas aparências, a constante tensão nesse relacionamento era absolutamente surpreendente, visto que Lenin e Luxemburgo foram duas figuras revolucionárias de destaque em sua época que, a despeito de seus repetidos desacordos, tinham muito em comum. No entanto, o que lhes dificultava (se não impossibilitava) levar suas divergências a um denominador comum era o fato de as perspectivas estratégicas de *ambos* terem justificativas históricas bem fundamentadas.

Após o assassinato de Rosa, por ocasião da muito discutida publicação pelo dissidente Paul Levi[79] da avaliação crítica da revolução russa que ela fizera, Lenin escreveu:

---

[78] Introdução de Bertram D. Wolfe a *The Russian Revolution*, de Rosa Luxemburg, op. cit., p. 24. Embora as pessoas que pertencem a esta linha de pensamento gostem muito de condenar todo e qualquer tipo de "zelo", a última frase da introdução de Wolfe revela claramente o zelo ideológico antimarxista do autor. De modo contraditório, ele elogia o "pequeno panfleto dogmático" e "irremediavelmente ultrapassado" de Luxemburgo como sendo um "*clássico*", assim como Bernstein elogiava Marx como "um grande espírito científico" e ao mesmo tempo o rejeitava como "escravo de uma doutrina". De fato, o elogio dúbio de Wolfe a Rosa Luxemburgo serve apenas para proporcionar ao autor uma ocasião ritualista para a proclamação algo prematura do sepultamento de tudo que ela simbolizava. É por isso que o autor dessa introdução apresenta um julgamento final peculiarmente distorcido, segundo o qual a obra supostamente tão defeituosa de Luxemburgo seria "um clássico daquele *movimento socialista marxista agora extinto*, de que ela era tão ardorosa defensora" (ibid., p. 24).

[79] Mesmo antes da publicação do texto de Rosa Luxemburgo, Lenin expressou em uma carta sua grande preocupação quanto à maneira como ele poderia ser utilizado. Escreveu a Zinoviev em 28 de agosto de 1921:

398   *Ideologia e emancipação*

Devemos replicar a isso citando duas linhas de uma antiga fábula russa: "As águias podem às vezes voar mais baixo do que as galinhas, mas as galinhas jamais podem subir à altura das águias". Rosa Luxemburgo estava equivocada quanto à questão da independência da Polônia; estava equivocada em relação à teoria da acumulação do capital; estava equivocada em julho de 1914, quando, juntamente com Plekhanov, Vandervelde, Kautsky e outros, defendeu a unidade entre os bolcheviques e os mencheviques; estava equivocada naquilo que escreveu na prisão em 1918 [...]. Mas, apesar de seus erros, ela foi – e permanece sendo para nós – uma águia.[80]

Do mesmo modo, Lenin apreciou muito, em seu todo, *O panfleto de Junius*, de Rosa Luxemburgo, declarando em um artigo crítico que essa obra (escrita em abril de 1915 e publicada em desafio à censura em 1916) era "uma esplêndida obra marxista".[81]

Mas a diferença de perspectiva entre os dois foi também fortemente destacada no mesmo artigo, quando Lenin enfatizou que "um grande defeito no marxismo revolucionário da Alemanha, como um todo, é a *ausência de uma organização ilegal compacta* que possa pôr sistematicamente em prática sua própria linha e eduque as massas no espírito das novas tarefas".[82] E Lenin não apenas repetiu a mesma preocupação, como a reforçou em suas observações finais, insistindo:

O panfleto de Junius traz a nossa mente a imagem de um homem solitário que não possui camaradas em uma *organização ilegal* acostumada a estudar a fundo os lemas revolucionários e a educar as massas em seu espírito. Mas esta falha – seria um erro esquecer isso – não é uma falha pessoal de Junius, mas o resultado da fraqueza de todos os esquerdistas alemães [...]. Os partidários de Junius conseguiram, a despeito

---

"Tendo em vista várias declarações feitas por [Clara] Zetkin, considero tão importante a conversa que tive com ela ontem, antes de sua partida, que preciso informar-lhe a respeito.

"Ela quer apresentar duas condições a Levi:

"1) que renuncie a sua cadeira parlamentar;

"2) que feche seu jornal (*Soviet* ou *Unser Weg*, como creio se chamar agora), publicando uma declaração de lealdade às decisões do Terceiro Congresso da Internacional Comunista.

"Além disso, ela teme que possa ocorrer a algum amigo de Levi a idéia de publicar o manuscrito de Rosa Luxemburgo contra os bolcheviques (creio que ela o escreveu na prisão, em 1918). Se alguém vier a fazê-lo, ela pretende apresentar uma declaração à imprensa de que está absolutamente certa da deslealdade de tal ato. Dirá que conheceu Rosa Luxemburgo melhor do que ninguém e está certa de que ela própria admitiu que estas opiniões são errôneas; que ela admitiu, após sair da prisão, ter estado insuficientemente informada.

"E também que Léon Jogiches, o melhor amigo de Rosa Luxemburgo, em uma conversa detalhada com Zetkin dois dias antes da morte dele, contou-lhe sobre este manuscrito de Rosa Luxemburgo e sobre o fato de a própria Rosa Luxemburgo ter reconhecido que seu conteúdo estava errado. Zetkin ia escrever a você a este respeito por solicitação minha" (Lenin, *Collected Works*, vol. 45, p. 231-2).

De fato, Clara Zetkin publicou um livro intitulado *Um Rosa Luxemburg's Stellung zur russischen Revolution* (Moscou-Leningrado, 1922), em que criticava asperamente a apresentação do manuscrito de Luxemburgo feita por Paul Levi. A publicação de Levi também foi lançada em 1922, sob o título: *Die russische Revolution. Eine kritische Würdigung. Aus dem Nachlass von Rosa Luxemburg.*

[80]   Lenin, "Notes of a Publicist", *Collected Works*, vol. 33, p. 210. Ele também acrescentou que a "biografia e as obras *completas* de Luxemburgo (cuja publicação os comunistas alemães estão adiando excessivamente...) servirão como manuais úteis para o treinamento de muitas gerações de comunistas em todo o mundo" (ibid. O grifo é de Lenin).

[81]   Lenin, resenha de *The Junius Pamphlet*, *Collected Works*, vol. 22, p. 306.

[82]   Ibid., p. 307.

A constituição da solidariedade 399

de seu isolamento, iniciar a publicação de *folhetos ilegais* e começar a guerra contra o kautskysmo. Conseguirão avançar ao longo desse caminho, que é o caminho certo.[83] Lenin deixou claro, em várias ocasiões, que o caminho certo era o da ilegalidade. Como tal, este caminho impossibilitava a realização de várias preocupações fundamentais de Rosa Luxemburgo. Assim, os caminhos revolucionários destas grandes figuras socialistas *tinham* de divergir de maneira significativa.

Quanto a sua determinação negativa, a via seguida por Lenin foi imposta aos bolcheviques pelas medidas repressivas extremas do regime czarista. Mas somente isto não teria sido o bastante para torná-la viável. Tinha de ser sustentada também positivamente, como na verdade o foi pelo crescimento dramático do movimento revolucionário russo nas duas primeiras décadas do século XX.

Ninguém enxergou isso com mais clareza do que a autora de *O panfleto de Junius*. Ela considerava a eclosão da Primeira Guerra Mundial um ato capaz apenas de adiar a irrupção da revolução russa, cuja chegada e vitória estavam, em sua opinião, na ordem do dia.[84]

Entretanto, Rosa Luxemburgo sabia também que as condições favoráveis à realização bem-sucedida de uma revolução apoiada pela massa não estavam presentes na Alemanha, país em que vivia esta destacada teórica socialista e militante política de origem polonesa. Conseqüentemente, segundo ela, outras estratégias tinham de ser postas em ação para criar as bases de um *movimento de massa* socialista que se afirmasse vitoriosamente, em face do aprisionamento parlamentar do Partido Socialdemocrata Alemão, inquestionavelmente apoiado pela massa, e dos partidos da classe trabalhadora de orientação semelhante nos países capitalistas avançados do Ocidente, com os quais a socialdemocracia alemã estava intimamente associada.

Neste sentido, a principal diferença de perspectiva entre Lenin e Rosa Luxemburgo era o reflexo preciso das características objetivas extremamente contrastantes de seus países na estrutura estratégica do capital global.

Desde o início da última fase expansionista imperialista do século XIX, os países "metropolitanos" ou "centrais" do sistema capitalista global, apesar de suas diferenças de interesse, eram objetivamente opostos aos da "periferia" (e também direta e indiretamente beneficiados por seu relacionamento de dominação em relação a eles). Inevi-

---

[83] Ibid., p. 319.

[84] Em abril de 1915, ela escreveu:
"As greves, os protestos e as demonstrações políticas de massa reuniram 1.005.000 trabalhadores em 1912 e 1.272.000 em 1913. Em 1914, os números se elevaram ainda mais. Em 22 de janeiro, aniversário do início da Revolução [de 1905], houve uma demonstração de greve maciça de 200 mil trabalhadores. Como nos dias anteriores à revolução de 1905, a chama acendeu-se em junho, no Cáucaso. Em Baku, 40 mil trabalhadores estavam em greve geral. As chamas se alastraram até Petersburgo. Em 17 de junho, 80 mil trabalhadores de Petersburgo largaram seus instrumentos de trabalho, em 20 de julho já eram 200 mil; em 23 de julho, o movimento da greve geral estava se difundindo por toda a Rússia, barricadas eram construídas, a revolução estava em andamento. Mais alguns meses e ela teria chegado, com suas bandeiras tremulando ao vento [...]. Mas a reação alemã reprimiu o movimento revolucionário. De Berlim e Viena chegaram declarações de guerra, e a revolução russa foi enterrada sob seus destroços [...]. Quando estourou a guerra, a revolução russa havia ocorrido. Sua primeira tentativa não foi vitoriosa; mas não podia ser ignorada; *ela está na ordem do dia*" (Luxemburg, *The Junius Pamphlet*, p. 48-9).

400   *Ideologia e emancipação*

tavelmente, esta circunstância acarretava conseqüências de longo alcance no plano dos movimentos sociopolíticos possíveis do trabalho, resultando na separação (aliás, no conflito inconciliável) das correntes reformista e revolucionária do movimento original da classe trabalhadora internacional.

Em última análise, sua separação e oposição (tanto no que diz respeito aos objetivos estratégicos quanto às formas organizacionais correspondentes) coincidiram com as fronteiras dos países das regiões "desenvolvidas" e "atrasadas". Entretanto, visto que a transformação socialista radical da ordem social capitalista – que Rosa Luxemburgo perseguia tanto quanto Lenin – era inconcebível no interior das fronteiras de países isolados, tornava-se necessário demonstrar que as especificidades e limitações sócio-históricas de movimentos de trabalhadores muito diferentes poderiam ser transcendidas em vista dos objetivos gerais da mudança socialista em escala global. Portanto, a questão de como tornar *geralmente válida* uma ou outra das vias alternativas não pôde ser evitada.

Como já vimos, os reformistas da Segunda Internacional (desde Bernstein e seus amigos até seus distantes seguidores em nossa época) negligenciaram a questão de modo caracteristicamente evasivo. Afirmavam a importância do "movimento" como tal, mas ao mesmo tempo abandonavam seus objetivos socialistas, de forma explícita ou atenuando-os a ponto de deixá-los irreconhecíveis. Dada a posição estruturalmente dominante e privilegiada dos países a que pertenciam, em face das regiões capitalistas subdesenvolvidas, não seria possível *generalizar* de modo convincente sua abordagem da "reforma social". Sua concepção de um "avanço social geral" dependia objetivamente – quer de modo explícito, que por implicação – da manutenção da subordinação do resto do mundo aos interesses das sociedades de "capitalismo avançado". Por isso, não foi por acidente que as tendências reformistas do movimento trabalhista tornaram-se predominantes na parte estruturalmente privilegiada do sistema capitalista global. Somente as correntes revolucionárias – aquelas que conscientemente rejeitavam a ordem social capitalista prevalecente, com todas as suas aquisições e também suas desigualdades estruturais – tentavam enfrentar o desafio de provar a validade geral do curso de ação em que se empenhavam.

Compreensivelmente, a exigência de demonstrar a viabilidade geral das estratégias defendidas apresentou aos revolucionários, tanto no Ocidente quanto na "periferia", algumas dificuldades importantes. No Ocidente, elas se deviam primariamente à dominação das próprias tendências reformistas e à marginalização das correntes revolucionárias (e, é claro, às determinações materiais subjacentes a ambas). Já os movimentos revolucionários das regiões atrasadas tinham de se haver com o fato de o projeto socialista, apresentando-se como a única alternativa viável ao domínio do capital, estabelecer explicitamente a necessidade do mais alto grau de desenvolvimento produtivo como maneira de se evitar "a generalização da miséria" (Marx) e, conseqüentemente, o fracasso do empreendimento socialista. Naturalmente, esta consideração não destacou as limitações e deficiências de sua situação sob o ponto de vista das transformações globais necessárias que tinham de representar um avanço social fundamental até em relação às circunstâncias das sociedades capitalistas mais avançadas.

A constituição da solidariedade   401

Na verdade, Lenin estava bem consciente do fato de que havia algo muito problemático na transformação das estratégias baseadas na realidade socioeconômica de um país atrasado como a Rússia no modelo de ação do movimento socialista internacional como um todo. Foi por isso que não hesitou em admitir que, "logo após a vitória da revolução do proletariado em pelo menos um dos países avançados, provavelmente ocorrerá uma grande mudança: a Rússia deixará de ser o *modelo* e outra vez se tornará um país atrasado (no sentido 'soviético' e socialista)".[85] Mas, para apoiar sua linha de argumentação nas circunstâncias, teve de acrescentar:

> Entretanto, no momento atual da história, é o *modelo russo* que revela a *todos os países* algo altamente significativo acerca de seu *futuro próximo e inevitável*. Os trabalhadores progressistas em toda parte há muito compreenderam isso; e mais intuíram isso com seu *instinto* revolucionário de classe do que propriamente o compreenderam. Aí está a "importância" internacional (no sentido estrito da palavra) do poder soviético e dos princípios *fundamentais da teoria e da tática bolcheviques*.[86]

Uma vez que a questão crucial para Lenin era conquistar e manter o poder do Estado como o veículo das transformações socialistas em um país extremamente atrasado, ansiando com esperança e otimismo pela vitória da revolução socialista "em pelo menos um dos países avançados", no "*futuro próximo e inevitável*", como um modo de fortalecer a posição precária de suas próprias forças, ele não conseguia ver nenhuma alternativa a tal solução, apesar de reconhecer de modo absolutamente honesto e claro seu caráter paradoxal e até problemático.

Como o próprio Lenin costumava dizer, "as coisas ocorreram de modo diferente".[87] A revolução russa não conseguiu desempenhar seu papel de modelo de ação – o "futuro próximo e inevitável" – das sociedades privilegiadas do Ocidente. O fracasso das revoluções socialistas empreendidas nos países capitalistas avançados (inclusive na Alemanha de Rosa Luxemburgo) tornou patente o fato de que era preciso enfrentar as complicações quase proibitivas de tipos de desenvolvimento (e de "subdesenvolvimento") significativamente diversos em diferentes partes do mundo, a despeito de sua estrutura socioeconômica global comum. Isso exigia a elaboração de soluções estratégicas e formas de organização adequadas ao ambiente social específico de cada movimento radical, embora permanecendo-se fiel ao princípio inspirador internacional do movimento socialista como um todo. Sem este último, os movimentos socialistas particulares não poderiam ter sucesso nem mesmo em seus objetivos parciais mais limitados.

### 8.6.7

Rosa Luxemburgo, mais do que ninguém desde Marx, manteve-se constantemente atenta à importância das conexões e também das restrições globais que inevitavelmente se originam das determinações recíprocas de interdependência.

Do ponto de vista metodológico, a maior habilidade de Lenin era a sua incomparável percepção das especificidades históricas e sociais e das possibilidades práticas

---

[85]   Lenin, "'Left-Wing' Communism – An infantile disorder", *Collected Works*, vol. 31, p. 21.

[86]   Ibid., p. 22.

[87]   Por exemplo, "The Right of Nations to Self-Determination", *Collected Works*, vol. 20, p. 441.

## 402 *Ideologia e emancipação*

imediatas que poderiam ser delas derivadas. Rosa Luxemburgo, ao contrário, orientou-se para os marcos das tendências históricas mais amplas, freqüentemente desafiando a realidade histórica corrente.

Como exemplo, podemos pensar em sua avaliação (e vigorosa afirmação) da identidade fundamental dos interesses estratégicos de todas as classes trabalhadoras nacionais, por mais profundamente que estivessem divididas sob as condições da rivalidade imperialista:

> O movimento operário moderno, sua laboriosa luta cotidiana nas indústrias do mundo, sua organização de massa, são baseados na cooperação dos trabalhadores em todos os países capitalistas. Caso seja verdadeiro o truísmo de que a causa do trabalho só pode vicejar em um ambiente industrial viril, pulsante, nesse caso ele não é verdadeiro apenas para a Alemanha, mas também para a França, a Inglaterra, a Bélgica, a Rússia e a Itália. E se o movimento operário ficar estagnado em todos os Estados capitalistas da Europa, se as condições industriais resultarem em salários baixos, sindicatos enfraquecidos e em um menor poder de resistência por parte do trabalho, o sindicalismo na Alemanha não poderá florescer. Deste ponto de vista, a perda suportada pela classe trabalhadora em sua luta industrial é, em última análise, idêntica, seja o capital alemão fortalecido à custa do capital francês, ou o capital inglês fortalecido à custa do alemão.[88]

O que Rosa Luxemburgo afirmava nesta passagem de *O panfleto de Junius*, durante a conflagração global que lançou a classe trabalhadora de uma nação diretamente contra os trabalhadores de outra, era absolutamente verdadeiro sob seus aspectos teóricos gerais. Era também *temporalmente* válido em todas as suas implicações práticas vitais, apesar do fato de que ela conscientemente ia contra as realidades confusas do momento, que transmitiam uma mensagem muito diferente. É claro que há muita coisa, mesmo hoje, que os movimentos dos trabalhadores das sociedades capitalistas avançadas poderiam aprender com a perspectiva de Rosa Luxemburgo. Se foi "praticamente impossível levar a efeito" – não apenas em sua época, mas também agora – "o postulado historicamente necessário" de que falava com tanta paixão e percepção, isto decididamente não foi culpa de Rosa Luxemburgo, apenas sua tragédia.

A mesma perspectiva global radical a partir da qual ela condenou a capitulação da socialdemocracia ocidental e afirmou a inevitável interdependência e os concomitantes interesses mútuos dos vários movimentos operários, também lhe tornou impossível ceder à tentação de transformar a validade parcial de qualquer experiência histórica particular, por mais importante que fosse, em um *modelo geral*.

Para ela, a verdade não poderia ser outra senão o *todo*, em seu desenrolar contraditório.[89] Por um lado, isto significava, em sua opinião, que o adversário histórico

---

[88] Luxemburg, *The Junius Pamphlet*, p. 76.

[89] Em plena guerra, Rosa Luxemburgo se expressou assim:
"O desenvolvimento histórico movimenta-se em *contradições*, e a cada *necessidade* coloca também o seu *oposto* no mundo. O Estado capitalista da sociedade é sem dúvida uma necessidade histórica, mas também o é a revolta da classe trabalhadora contra ele. O capital é uma necessidade histórica, mas, na mesma medida, também o escavador de seu túmulo – o proletariado socialista – é uma necessidade histórica. O domínio mundial do imperialismo é uma necessidade histórica, mas, do mesmo modo, sua derrubada pelo proletariado internacional também o é. Lado a lado, as duas necessidades históricas existem, em constante

A constituição da solidariedade    403

tinha de ser identificado como o sistema intimamente entrosado e imperialisticamente articulado do capital global:

O imperialismo não é a criação de um Estado ou de um grupo de Estados. É o produto de uma situação particular de maturação do *desenvolvimento mundial do capital*, uma condição internacional inata, um *todo indivisível*, apenas reconhecível em *todas as suas relações* e do qual nenhuma nação pode se manter separada. Somente deste ponto de vista é possível compreender corretamente a questão da "defesa nacional" na presente guerra. [...] O capitalismo é incompatível com as divisões econômicas e políticas, com a decorrente fragmentação em pequenos Estados. Para seu desenvolvimento, necessita de territórios grandes, unidos, e de um estado de desenvolvimento mental e intelectual na nação que elevará as demandas e necessidades da sociedade a um plano correspondente ao estágio da produção capitalista prevalecente e aos mecanismos da moderna dominação de classe capitalista.[90]

Por outro lado, no mesmo espírito, sua visão, em sua orientação para o "todo indivisível", estipulava o axioma estratégico de que nenhuma parte isolada (tendo em vista sua inevitável limitação sócio-histórica) poderia representar o todo complexo e constantemente em mutação. Já vimos, a este respeito, sua crítica angustiada de Lenin e de seus companheiros que, na opinião de Luxemburgo, tentaram transformar a força das "circunstâncias fatais" em um sistema teórico completo, que pretendiam recomendar ao proletariado internacional "como um modelo das táticas socialistas".[91] Vimos também que, a despeito das garantias de Clara Zetkin, segundo as quais Rosa

---

conflito uma com a outra. E é nossa a necessidade do socialismo. Nossa necessidade recebe sua justificativa no momento em que a classe capitalista deixa de ser a portadora do progresso histórico, quando ela se torna um obstáculo, um *perigo*, para o desenvolvimento futuro da sociedade. A presente guerra mundial revelou que o capitalismo atingiu este estágio" (ibid., p. 79).

No caso de alguém imaginar que Luxemburgo estava pensando em necessidades mecânicas que excluíam ou mesmo subestimavam o papel da ação humana, vale a pena recordarmos o que ela exclamou: "ocorreu uma *tragédia mundial*; a *capitulação da Socialdemocracia*" (ibid., p. 2). E quando falou da inflexível alternativa com que se defronta a humanidade, *socialismo ou barbárie*, mais uma vez atribuiu a "inevitabilidade" à *escolha* do agente histórico progressista, insistindo que "Este é o dilema da história mundial, a sua inevitável *escolha*, cujos pratos estão tremendo na balança, aguardando a *decisão* do proletariado" (ibid., p. 9). E foi ainda mais longe em sua caracterização do modo como as grandes crises históricas se desenvolvem: "As revoluções não são 'feitas' e os grandes movimentos do povo não são produzidos de acordo com receitas técnicas que repousam nos bolsos dos líderes partidários. Pequenos círculos de conspiradores podem organizar um motim para um certo dia e uma certa hora, podem dar a seu pequeno grupo de adeptos o sinal para começar. Os movimentos de *massa* em *grandes crises históricas* não podem ser iniciados por tais medidas primitivas. A mais bem preparada das greves gerais pode fracassar lamentavelmente no exato momento em que os líderes do partido derem o sinal, entrar em colapso absoluto antes do primeiro ataque. O sucesso dos grandes movimentos populares depende, sempre, do próprio tempo, e a circunstância de seu início é decidida por vários fatores *econômicos, políticos e psicológicos*. O grau de tensão entre as classes, o grau de inteligência das massas e o grau de maturidade de seu espírito de resistência – todos estes fatores, que são incalculáveis, são premissas que não podem ser artificialmente criadas por nenhum partido. É esta a diferença entre as *grandes revoltas históricas* e as pequenas demonstrações que um partido bem disciplinado pode realizar em tempos de paz, atuações ordeiras e bem treinadas, respondendo obedientemente ao bastão que está nas mãos dos líderes do partido. O próprio grande momento histórico cria as formas que levarão os movimentos revolucionários a um resultado bem-sucedido, *cria e improvisa* novas armas, enriquece o arsenal do povo com armas ignoradas e desconhecidas pelos partidos e por seus líderes" (ibid., p. 70).

90   Ibid., p. 62.

91   Ver nota 74.

404  *Ideologia e emancipação*

Luxemburgo considerara sua crítica "errônea",[92] as preocupações e reservas que expressava (em relação à conceituação, por parte da vanguarda política bolchevique, das restrições necessárias sob as quais a revolução russa tinha de se dirigir aos problemas da época) não eram de forma alguma infundadas. Nas passagens já citadas,[93] Lenin explicitamente reivindicava o *status de modelo* para a experiência russa, apresentada como o "futuro próximo e inevitável" das sociedades capitalistas avançadas do Ocidente, apesar de suas escrupulosas reservas quanto ao atraso extremo de seu país.

### 8.6.8

Mas seria absolutamente errado lançar Luxemburgo contra Lenin e imaginar sua perspectiva dessa forma. Na verdade, fazer isto seria cometer uma injustiça não apenas contra Lenin, mas também contra Rosa Luxemburgo, privando-a de sua intensidade trágica e de sua verdadeira importância histórica.

Como já mencionamos, as perspectivas estratégicas, tanto de Lenin como de Rosa Luxemburgo, tinham suas justificativas históricas bem fundamentadas. Foi precisamente a *complementaridade* essencial de suas perspectivas contrastantes – isto é, a necessidade objetiva de sustentar *ambas* ao mesmo tempo, com igual autenticidade e integridade, sem a possibilidade de conciliar as diferenças – que nos forneceu a medida real dos obstáculos que desafiavam o movimento socialista internacional em seu mandato histórico de superar o domínio do capital.

Este contraste de perspectivas mostra claramente os dilemas fundamentais verificados na tentativa de encontrar soluções estrategicamente válidas e também taticamente viáveis para os desafios práticos que dividiram não apenas o movimento da classe trabalhadora como um todo, resultando em sua cisão nas abordagens reformista e revolucionária, mas criaram outras divisões até em sua ala revolucionária. Esta tragédia das figuras revolucionárias de destaque – Lenin e Rosa Luxemburgo – adquiriu importância histórica por ser representativa da tragédia do próprio movimento.

A profunda tragédia do movimento socialista dividido como tal (que até hoje continua a assombrar as possibilidades práticas da necessária mudança estrutural radical) pode ser assim resumida: os interesses estratégicos globais e os caminhos taticamente viáveis das correntes revolucionárias não podiam ser conciliados sob as condições e relação de forças historicamente prevalecentes.

É neste importante sentido que se demonstrou praticamente impossível até agora levar a efeito "o postulado historicamente necessário" que inspirou tanto Lenin quanto Luxemburgo. Sem esta circunstância, as polêmicas recorrentes entre figuras históricas tão importantes poderiam ser reduzidas a disputas puramente teóricas e intelectuais, permitindo que nos colocássemos ao lado de um ou de outra (ou às vezes com um e outras vezes com a outra), sem ter por que prender mais nossa atenção.

Entretanto, tendo em vista a complementaridade fundamental dessas duas perspectivas, que, de modo representativo, refletiam a separação objetiva entre os

---

[92]  Ver nota 79.

[93]  Ver notas 85 e 86.

interesses estratégicos globais e os caminhos taticamente viáveis do movimento socialista revolucionário, as questões que dividiam Lenin e Rosa Luxemburgo não podiam ficar confinadas ao domínio da história política e intelectual. Ao contrário, elas preservam sua relevância prática direta e vitalidade, no sentido de que é impossível vislumbrar uma saída do presente impasse do movimento socialista internacional sem solucionar historicamente os dilemas que, por necessidade objetiva (e não em decorrência de um "fracasso subjetivo" e da incapacidade individual de reconhecer ou avaliar "erros"), polarizaram por tanto tempo as perspectivas estratégicas de seus melhores representantes.

Desse modo, identificar-se com as perspectivas de Lenin *ou* Luxemburgo, uma contra a outra, sem reconhecer ao mesmo tempo os aspectos problemáticos e historicamente determinados de cada uma delas, seria um ato completamente unilateral. Só os dois juntos, em sua complementaridade como corretivos recíprocos um do outro, podem compor uma visão estratégica plenamente adequada. Uma visão que vá além das restrições sócio-históricas, como a de Luxemburgo, e ao mesmo tempo, promova os necessários corretivos práticos, do ponto de vista de Lenin, de acordo com a "força das circunstâncias", aos princípios socialistas mais fundamentais e às correspondentes determinações materiais (constantemente reiterados nos escritos de Rosa Luxemburgo), que só podem prevalecer com o passar do tempo.

### 8.6.9

Manter juntas estas duas perspectivas, em uma *visão unificada*, não é tarefa fácil. Só é possível se tivermos em mente as circunstâncias específicas (isto é, não apenas historicamente *necessárias*, mas também – conforme o significado fundamental de "necessidade histórica" – *superáveis*) que as separavam, juntamente com a dinâmica de transformações *globais* que produz o quadro de sua necessária *complementaridade*.

Embora a tentativa de determinar os méritos históricos relativos de Lenin e Luxemburgo procurando saber quem estava "certo" e quem estava "errado" seja um ato completamente unilateral, o contraste entre as duas perspectivas pode ser, por ora, resumido em um duplo paradoxo: Rosa Luxemburgo estava certa ao estar *errada* e Lenin estava errado ao estar *certo*.

Uns poucos exemplos tirados de suas controvérsias podem ilustrar as questões complicadas e inextricavelmente interligadas que estavam em jogo. Infelizmente, foram manifestações de uma conjuntura trágica, pois surgiram de um modo que excluía a possibilidade de serem desembaraçadas nas circunstâncias históricas e políticas vigentes.

O dilema que os líderes das forças revolucionárias tiveram de enfrentar referia-se à possibilidade de *iniciar* um ataque socialista sobre a ordem estabelecida, em uma época em que esta última parecia ser capaz de se expandir e consolidar suas posições pelo mundo inteiro, a despeito de seus antagonismos internos. Por isso, se as forças revolucionárias quisessem operar uma *ruptura* na direção de uma transformação socialista, tinham de explorar todas as oportunidades que surgissem das contradições da rivalidade imperialista. Ao mesmo tempo, não poderia haver garantia de que os

406  *Ideologia e emancipação*

processos postos em movimento pela tentativa de uma primeira ruptura conduzissem à realização dos objetivos socialistas desejados, visto que, sob a relação de forças prevalecente, muita coisa permaneceria fora do controle do agente social revolucionário. A possibilidade de recaídas e até de derrotas importantes não podia ser afastada. Entretanto, sem procurar operar a necessária ruptura histórica, por mais desfavoráveis que fossem as circunstâncias, não se poderia esperar conduzir o projeto socialista nem um passo adiante, rumo a sua realização completa.

Lenin, dotado de extraordinário senso de oportunidade e se concentrando nas determinações historicamente específicas e viáveis, tanto táticas quanto organizacionais, articulou seus princípios filosóficos fundamentais enfatizando com firmeza o *concreto*, de forma a assegurar o máximo impacto prático da intervenção política consciente, apoderando-se, como ele gostava de dizer, do "elo mais próximo da cadeia". Por isso, não surpreende que, em uma de suas confrontações com Rosa Luxemburgo, Lenin a censurasse, acusando-a de ser incapaz de compreender o ABC da dialética. Ele resumiu sua rejeição enfática da abordagem de Luxemburgo ao tema em discussão, dizendo:

> Não existe a *verdade abstrata*, pois a verdade é sempre *concreta*. A camarada Rosa Luxemburgo ignora inteiramente os *fatos concretos* de nossa luta partidária e se põe a discursar de modo grandiloqüente sobre questões que simplesmente não podem ser discutidas a sério.[94]

Um exame cuidadoso das controvérsias políticas entre Lenin e Luxemburgo mostra que, na maior parte dos casos, as circunstâncias exigiam a insuperável compreensão que Lenin tinha da dimensão concreta das coisas, caso se desejasse triunfar sobre o poderoso adversário histórico. Na verdade, tornando as coisas ainda mais paradoxais, às vezes descobrimos que a própria Rosa Luxemburgo, em situações históricas concretas de grande adversidade, foi *forçada* a modificar sua posição geral e chegar mais ou menos às mesmas conclusões que Lenin. Como exemplo, podemos pensar em sua rejeição crítica – e autocrítica – da "ilusão da unidade", abandonada depois de um "despertar amargo de nossos sonhos", como já foi citado.[95] Isso estava perfeitamente em harmonia com a posição de Lenin, que ela não pôde aceitar na época de seus desentendimentos mais extremos, sobre a questão da reforma organizacional e da unidade do partido. Foram estas as palavras de Lenin:

> A unidade é uma grande coisa e um grande lema. Mas o que a causa dos trabalhadores necessita é a unidade dos marxistas, não a unidade entre os marxistas e os oponentes e deturpadores do marxismo.[96]

Entretanto, admitir a correção da posição de Lenin sob as limitações impostas por "circunstâncias inevitáveis" não resolve de modo algum o dilema histórico subjacente. Ao contrário, só dá um realce ainda mais acentuado à tragédia do movimento – e de seus destacados representantes, que foram forçados a chegar a tais conclusões.

---

[94]  Lenin, "One Step Forward, Two Steps Back: Reply to Rosa Luxemburg", *Collected Works*, vol. 7, p. 478.

[95]  Ver nota 8.

[96]  Lenin, "Unity", *Collected Works*, vol. 20, p. 232.

A *constituição da solidariedade*    407

Podemos ilustrar o mesmo dilema com referência a outra grande controvérsia, talvez a mais aguda. Eis como Rosa Luxemburgo apresentou sua percepção das questões históricas fundamentais:

A classe trabalhadora exige o direito de cometer seus erros e aprender com a dialética da história. Falemos claro. *Historicamente*, os erros cometidos por um movimento realmente revolucionário são infinitamente mais frutíferos do que a infalibilidade do mais hábil comitê central.[97]

Lenin jamais poderia aceitar tais "verdades abstratas", pelas quais Rosa Luxemburgo teve de pagar com sua vida. Os "erros infinitamente mais frutíferos" do movimento revolucionário não são cometidos em um terreno que favoreça historicamente as forças socialistas. São cometidos (ou evitados com maior ou menor êxito) sob condições "necessariamente prematuras" – como Rosa Luxemburgo observou, de modo correto, em sua crítica a Kautsky – que, na verdade, sempre favorecem o impiedoso adversário.

Apesar disso, a verdade histórica, em sua determinação *temporal* mais ampla, só poderia estar do lado da insistência "insensata" – e realmente prematura – de Rosa Luxemburgo sobre o "direito" da classe trabalhadora "de cometer seus erros e aprender com a dialética da história". Em última análise, sem aprender as lições que podem e devem ser tiradas da interação e da reação dialética entre os resultados sempre renovados das políticas adotadas e o *agente coletivo* conscientemente envolvido na realização dessas políticas, e também responsável por elas – por mais dolorosas que possam ser, de início, as lições aprendidas no curso desse processo –, os trabalhadores não têm a menor condição de "aprender a usar o poder usando o poder": uma necessidade absoluta para que as massas populares possam realizar, por si, o objetivo socialista fundamental de transformar "de cima a baixo as condições de sua existência industrial e política, e, conseqüentemente, toda a sua maneira de ser".

Pela mesma razão, a soberania do *concreto*, que tantas vezes "tirava as coisas dos eixos", tinha de ser corrigida – não simplesmente como princípio filosófico, mas como realidade prática do desenvolvimento histórico, corrigida pelo próprio desenvolvimento histórico – por uma orientação para o *geral*, e não para o "abstrato". Embora Lenin estivesse certo ao insistir em que, nas circunstâncias prevalecentes, era impossível chegar a uma unidade politicamente viável entre os marxistas e os oponentes e deturpadores do marxismo, a "verdade concreta" desta proposição (uma verdade completamente negativa, embora necessária) possuía uma importância histórica muito limitada, pois quase não levava em consideração a questão monumental de como fazer convergir a vanguarda marxista, relativamente pequena, e as amplas massas de não-marxistas no curso da difícil transição para a sociedade socialista.

É claro que, de início, o corretivo necessário à soberania do concreto só podia ser articulado como uma previsão teórica, sob a forma de uma perspectiva estratégica alternativa. Em parte, esta previsão tomou a forma de um importante princípio orien-

---

[97] Luxemburg, "Organizational Questions of the Russian Social Democracy", publicado com o título "Leninism or Marxism" na edição da Universidade de Michigan/Ann Arbor Paperback de *The Russian Revolution*, op. cit., p. 108.

408   *Ideologia e emancipação*

tador metodológico. Desse modo, Rosa Luxemburgo sublinhou fortemente as conexões *globais* e as determinações globais do antagonismo histórico entre o capital e o trabalho, situando os acontecimentos e tendências socioeconômicos e políticos concretos do desenvolvimento dentro de sua perspectiva geral, destacando não apenas sua especificidade histórica, mas também suas inevitáveis *limitações* em relação a seu impacto potencial sobre as questões mais importantes da *época*. E o fez independentemente de onde estivessem situados os exemplos concretos da luta, seja do lado do capital, seja do lado do trabalho.

Ao mesmo tempo, o princípio orientador metodológico de Rosa Luxemburgo – que negava que "a verdade é sempre concreta", pois "a verdade em seu processo histórico de formação" não pode reivindicar para si a concretude e a correspondente validade a que somente sua plena realização pode aspirar, embora seja absolutamente vital se apoiar nela, qualquer que seja a forma que ela assuma, a partir do momento em que se torne visível no horizonte histórico – habilitou-a a apontar, a partir dessa perspectiva, tanto a direção geral da caminhada como alguns dos maiores perigos que teriam de ser evitados caso se desejasse completá-la com êxito.

Foi assim que os diagnósticos de Rosa Luxemburgo se revelaram *corretos* em uma base histórica de *longo prazo*, a despeito de serem com freqüência altamente questionáveis (e, neste sentido, *errados*) como práticas políticas e táticas viáveis para o futuro *imediato*. Do mesmo modo, e pela mesma razão, o princípio orientador de Lenin – que, de maneira negativa, identificava a *verdade geral* (a necessária estrutura geral das *verdades concretas*) com a "*verdade abstrata*", sumariamente descartada – acabou por se revelar inadequado como estratégia realmente generalizável, e por isso válida para a época, isto é, como "modelo" representativo, se não do "futuro próximo", ao menos do "*futuro inevitável*" das várias sociedades capitalistas. Sendo o resultado de especificidades e restrições sócio-históricas desfavoráveis, este princípio orientador revelou-se inadequado enquanto generalização da "verdade concreta" não-generalizável, ainda que tivesse de ser seguido com sincera dedicação e sacrifício nas circunstâncias históricas dadas. Enquanto era posto em prática como o único curso de ação taticamente viável, necessário para romper o estrangulamento do capital global "no elo mais débil da cadeia", não pôde deixar de legar, ao mesmo tempo – por causa das limitações inerentes da referida concretude histórica, problematicamente generalizadas sob a força de "circunstâncias inevitáveis" –, enormes problemas ao futuro.

### 8.6.10

Os "discursos grandiloqüentes" de Rosa Luxemburgo, que Lenin rejeitava como uma "aula [totalmente irrelevante] sobre o oportunismo nos países parlamentares",[98] estavam ligados a sua tentativa de encontrar soluções contra os perigos enfrentados pelo movimento socialista. Ela buscou a solução em uma genuína articulação da *massa* do movimento da classe trabalhadora contra as medidas e regulamentos *formais* codificados nos estatutos do partido. Eis como expressou suas preocupações:

---

[98]   Lenin, "Reply to Rosa Luxemburg", *Collected Works*, vol. 7, p. 478.

É ilusório, e contrário à experiência histórica, esperar fixar definitivamente a direção da luta socialista revolucionária com a ajuda de meios formais, com os quais se espera proteger o movimento trabalhista contra todas as possibilidades de digressão oportunista. A teoria marxista nos oferece um instrumento confiável que nos permite reconhecer e combater as manifestações típicas de oportunismo. Mas o movimento socialista é um *movimento de massa*. Os perigos que o ameçam não são o produto de maquinações insidiosas de indivíduos e grupos; antes, originam-se de condições sociais inevitáveis. Não há como evitar *previamente* todas as possibilidades de desvio oportunista. Tais perigos só podem ser superados pelo *próprio movimento* – certamente com a ajuda da teoria marxista, mas só depois que os perigos em questão tiverem assumido forma tangível na prática.

Considerado deste ângulo, o oportunismo parece ser um produto e uma *fase inevitável* do desenvolvimento histórico do movimento dos trabalhadores. [...] Em vista disso, consideramos espantosa a afirmação de que é possível evitar qualquer possibilidade de oportunismo no movimento russo usando algumas palavras, em lugar de outras, na constituição do partido. Tal tentativa de exorcizar o oportunismo por intermédio de um pedaço de papel pode vir a ser extremamente prejudicial – não para o oportunismo, mas para o movimento socialista.

Quando se impede a pulsação natural de um organismo vivo, ele se enfraquece e vê diminuída sua resistência e seu espírito combativo – neste caso, não apenas contra o oportunismo, mas também (e isto certamente é de grande importância) contra a ordem social existente. Os *meios* propostos se voltam contra o *fim* a que pensam servir.

Na ânsia de Lenin de estabelecer a guarda de um *comitê central onipotente* e onisciente para proteger um movimento de trabalhadores tão promissor e vigoroso contra qualquer passo em falso, reconhecemos os sintomas do mesmo *subjetivismo* que já pregou mais de uma peça no pensamento socialista russo.[99]

A conservação do mesmo ponto de vista a partir do qual estas linhas foram concebidas, em 1904, também permitiu a Rosa Luxemburgo identificar posteriormente, por ocasião da revolução de outubro de 1917, várias ameaças importantes aos desenvolvimentos socialistas no futuro. Embora suas recomendações práticas fossem, mais uma vez, de viabilidade duvidosa para as circunstâncias do período, que favoreciam as acomodações táticas reconhecidas por Lenin, a visão que tinha das implicações estratégicas, para o futuro mais distante, das medidas adotadas pelos bolcheviques mostrou ser da maior importância. Tragicamente, no entanto, na época em que as conseqüências negativas e, em sua essência, destrutivas da força das "circunstâncias inevitáveis" se tornaram claramente visíveis, foi impossível neutralizá-las.

Um exemplo de toda uma série de perspicazes observações críticas – que iam desde a questão das nacionalidades até uma avaliação da Assembléia Constituinte, passando por uma vigorosa discussão do relacionamento entre a democracia e a ditadura na construção do socialismo – é suficiente para ilustrar o ponto em questão. Diz respeito à abordagem "maximalista" de Rosa Luxemburgo à questão da terra, acentuadamente oposta à política de Lenin, que defendia a imediata tomada de posse das terras e sua distribuição aos camponeses. Eis como ela defendeu seu ponto de vista:

---

[99] Luxemburg, "Organizational Questions of the Russian Social Democracy", op. cit., p. 105-7.

410  *Ideologia e emancipação*

Como medida política para fortalecer o governo socialista proletário, foi uma *manobra tática excelente*. Infelizmente, entretanto, tinha dois lados, e o lado oposto consistia em que a apreensão direta da terra pelos camponeses em geral não tem absolutamente nada em comum com a economia socialista.

No que se refere às relações agrárias, uma transformação socialista das relações econômicas pressupõe duas coisas:

Em primeiro lugar, só a *nacionalização* das grandes propriedades territoriais, que são os meios e métodos tecnicamente mais avançados e mais concentrados da produção agrária, pode servir como ponto de partida para o modo socialista de produção na terra. [...] Além disso, em segundo lugar, um dos pré-requisitos desta transformação é que a separação entre a economia rural e a indústria, tão característica da sociedade burguesa, seja superada de modo a se realizar uma interpenetração mútua e uma fusão de ambas, abrindo caminho para o planejamento da produção agrária e industrial segundo um ponto de vista unificado. [...] A nacionalização das propriedades de grande e médio porte e a união da indústria e da agricultura são as duas exigências fundamentais de qualquer reforma econômica socialista, sem a qual não existe socialismo. [...]

Ora, o lema lançado pelos bolcheviques, a imediata tomada de posse da terra e sua distribuição aos camponeses, inevitavelmente encaminharia à direção oposta. Não somente não é uma medida socialista, como fecha o caminho para tais medidas; *ergue obstáculos insuperáveis* para a *transformação socialista das relações agrárias*. [...] O que foi criado não é propriedade social, mas uma nova forma de propriedade privada, ou seja, a fragmentação de grandes propriedades em médias e pequenas propriedades, ou de grandes unidades de produção relativamente avançadas em pequenas unidades primitivas que operam com meios técnicos do tempo dos faraós.

E isto não é tudo! Através destas medidas e do estilo caótico e puramente arbitrário de sua execução, a *diferenciação* na propriedade territorial [entre camponeses ricos e pobres] está longe de ter sido eliminada, foi até acentuada. [...] agora, após a "distribuição da terra" – uma força oposta a qualquer tentativa de socialização da produção agrária – há uma massa recém-desenvolvida e poderosa de *camponeses proprietários que defenderão sua propriedade recém-obtida com unhas e dentes contra qualquer ataque socialista*. A questão da futura socialização da economia agrária – ou seja, qualquer socialização da produção em geral na Rússia – tornou-se agora uma questão de oposição e de luta entre o proletariado urbano e a massa do campesinato. O quanto já se tornou agudo este antagonismo é demonstrado pelo *boicote camponês contra as cidades* [...] agora que o camponês russo tomou posse da terra com suas próprias mãos, ele nem mesmo sonha em defender a Rússia e a revolução à qual deve a terra. Entrincheirou-se obstinadamente em suas novas possessões e abandonou a revolução aos seus inimigos, o Estado à decadência, e a população urbana à fome.

A reforma agrária leninista criou uma nova e poderosa camada de inimigos populares do socialismo no campo, inimigos cuja resistência será muito mais perigosa e inflexível do que a dos grandes proprietários nobres.[100]

À luz da coletivização stalinista da agricultura soviética e das revoltas que se seguiram, cujas conseqüências chegam até nossa época, reproduzindo a crônica insufi-

---

[100] Luxemburg, *The Russian Revolution*, p. 40-6.

A constituição da solidariedade   411

ciência da produção agrícola mais de sete décadas após a revolução, seria difícil negar a veracidade deste diagnóstico. A tragédia – para Rosa Luxemburgo e para o movimento socialista internacional como um todo – foi que a perspectiva a partir da qual tal diagnóstico se tornou possível (tanto nesta questão quanto em muitas outras) teve de permanecer marginal e ineficaz sob a pressão de "circunstâncias inevitáveis".

### 8.6.11

Aqui, mais uma vez, é importante destacar a necessidade de se reunir essas duas perspectivas contrastantes do socialismo revolucionário, reconhecendo sua complementaridade fundamental, a despeito de sua trágica inconciliabilidade quando da irrupção das várias controvérsias entre Lenin e Luxemburgo. Ainda que o juízo de Lenin sobre a análise de Rosa Luxemburgo sobre o oportunismo, como sendo um "discurso grandiloqüente", só possa ser considerado uma manifestação áspera e insustentável de uma polêmica mal colocada, ele teve razões muito boas para combater, da forma como o fez, os oportunistas de seu partido. Teve constantemente de enfrentar e derrotar formas renovadas de oportunismo como precondição para transformar o movimento russo em uma força de luta coerente, disciplinada e eficaz nas condições impostas pelo regime czarista.

Uma nota crítica dirigida a Kautsky bem antes de seu clamoroso rompimento político nos proporciona, a este respeito, um exemplo ilustrativo da meticulosa atenção de Lenin aos detalhes e de sua incomparável compreensão da situação histórica concreta, sem as quais as realizações políticas dos bolcheviques dificilmente teriam ocorrido. Eis o que tinha a dizer:

O camarada Kautsky favoreceu a formulação de Martov [no debate sobre a organização do partido], e o argumento que ele apresenta é o da *conveniência*. Em primeiro lugar, no congresso de nosso partido esta questão não foi discutida a partir do ponto de vista da conveniência, mas do *princípio*. Foi assim que Axelrod colocou a questão. Em segundo lugar, o camarada Kautsky está errado se pensa que sob o *regime policial russo* há grande diferença entre pertencer a uma organização do partido e simplesmente *trabalhar sob seu controle*. Em terceiro lugar, é particularmente enganoso comparar a posição da Rússia de hoje com a da Alemanha sob a *Lei Anti-Socialista*.[101]

Evidentemente, dois dos três pontos aqui levantados por Lenin em oposição a Kautsky estavam, mais uma vez, diretamente relacionados com seu objetivo supremo de superar as restrições históricas específicas da *ilegalidade*, impostas pela repressão político-militar czarista, com o objetivo central de criar uma organização capaz tanto de derrubar o regime czarista como de manter o controle efetivo sobre o poder do Estado durante todo o período de transição para uma sociedade socialista. Suas constantes polêmicas contra o "*economicismo*" e o "*grevismo*"[102] eram partes essenciais da

---

[101]   Lenin, "Reply to Rosa Luxemburg", *Collected Works*, vol. 7, p. 481-2.

[102]   Este assunto ocupou um lugar importante também na "Resposta a Rosa Luxemburgo", de Lenin, como podemos ver nesta citação:
"Logo em seguida ao congresso [de fundação do Partido Trabalhista Socialdemocrata Russo], o Comitê Central do partido foi preso. A *Rabochaya Gazeta* [órgão central do partido] teve de parar sua publicação

## 412   *Ideologia e emancipação*

mesma preocupação. Esta abordagem acentuava a necessidade de uma ação *política* centralmente organizada, disciplinada e taticamente viável, cujo princípio organizacional Lenin denominou "centralismo democrático". Os "fatos concretos" que contrapunha ao que chamava de "lugares-comuns e fórmulas abstratas" de Rosa Luxemburgo[103] foram compilados por Lenin a partir desta perspectiva.

Infelizmente, no entanto, nesta necessária insistência quanto à centralidade da ação política, defendida com vigor por Lenin contra todos aqueles que (tanto no partido russo quanto no movimento socialdemocrático ocidental) "depreciavam a importância da luta política",[104] alguns componentes vitais da concepção marxiana original – bem resumidos na proposição segundo a qual "a *emancipação econômica* das classes trabalhadoras é o grande fim a que todo *movimento político* deve estar subordinado como um *meio*"[105] – foram deixados à margem dos interesses estratégicos. Na verdade, na mente de alguns dos líderes revolucionários, tais componentes foram erroneamente agrupados sob o rótulo de "economicismo" e "grevismo".

Este emaranhado infeliz dos termos marxianos originais da emancipação com a idéia de "economicismo", vista com suspeição, era em larga medida compreensível nas "circunstâncias inevitáveis" prevalecentes. Os "fatos concretos" das lutas políticas e ideológicas conduzidas por Lenin dentro de seu partido, e o contexto político mais amplo de constante confrontação com a força policial do mais reacionário Estado capitalista, em um país atrasado, deixaram muito pouco espaço para a consideração da fundamental questão estratégica socialista de emancipar *economicamente* a classe trabalhadora, num período em que faltavam até as condições mais elementares de sua emancipação política.

Além disso, como já vimos, o economicismo da Segunda Internacional, sob os lemas do "socialismo evolucionário" de Bernstein, fizeram uma verdadeira paródia da proposição marxiana de emancipação econômica, afirmando que ela já estava prestes a ser realizada sem a necessidade de uma intervenção socialista revolucionária na arena política como precondição necessária a sua realização. (Já vimos como Bernstein

---

após o segundo número. Todo o partido se tornou um conglomerado disforme de organizações partidárias *locais* (conhecidas como comitês). O único elo entre esses comitês locais era *ideológico, puramente espiritual*. Estava para novamente se iniciar um período de falta de unidade, de hesitação e de cisões. Os intelectuais, que em nosso partido compunham uma percentagem muito maior do que nos partidos da Europa ocidental, adotaram o marxismo como uma nova moda. Esta moda logo deu lugar, por um lado, a uma aceitação servil da crítica burguesa a Marx, e, por outro, a um grande entusiasmo por um movimento *trabalhista puramente sindicalista* (*grevismo, economicismo*). A divergência entre as tendências intelectual-oportunistas e proletário-revolucionárias levou a uma cisão da União no Estrangeiro. O jornal *Rabochaya Mysl* e a revista *Rabocheye Dyelo*, publicados no estrangeiro, expressavam (o último em grau um pouco menor) o ponto de vista do *economicismo, negligenciaram a importância da luta política* [...]. Os críticos 'legais' de Marx – os senhores Struve, Tugan-Baranovski, Bulgakov, Berdiaev e o resto – conduziram-se todos para a direita. Em nenhum lugar na Europa encontramos o *bernsteinismo* chegando com tal velocidade a sua consumação lógica – a formação de um grupo liberal – quanto ocorreu na Rússia" (Lenin, *Collected Works*, vol. 7, p. 479).

[103]   Ibid., p. 478.

[104]   Ibid., p. 479.

[105]   Ver nota 31.

desdenhosamente rejeitou a defesa da ação política revolucionária como uma "expressão sem significado".)[106] Ao lado disso, sob as circunstâncias históricas da época, a dimensão econômica da questão da emancipação socialista no contexto do império russo parecia ser muito pouco urgente. As dificuldades políticas e organizacionais para se derrubar uma máquina estatal poderosa, com todo seu poderio militar e sua onipresente força policial, tinham de ser resolvidas antes que se pudesse pensar sobre as necessárias mudanças práticas que um dia deveriam ser realizadas no contexto da ação emancipatória econômica globalmente interdependente.

Naturalmente, a perspectiva de Rosa Luxemburgo nada tinha a ver com o economicismo da Segunda Internacional. Ao contrário, ela continuava a condená-lo de todas as maneiras a partir de uma posição revolucionária. Ao mesmo tempo, por um lado, ela corretamente insistia em que "não foram as leis, mas o *desenvolvimento econômico* que arrancou os meios de produção da posse dos produtores",[107] e, por outro, que o "caráter infantil" da revolução socialista tentada na Alemanha (de início desenrolando-se apenas como uma revolução estritamente política) será superado quando "tivermos uma *revolução econômica* e, portanto, uma *revolução socialista*".[108] Mas, tragicamente, nas circunstâncias prevalecentes, seu discurso nada "economicista" encontrou muito pouca afinidade com as preocupações centrais da outra perspectiva revolucionária articulada por Lenin.

Para Lenin – intensamente preocupado em conseguir uma posse segura do "elo mais próximo da cadeia", o que em sua opinião só poderia ser realizado pela ação *política* organizacionalmente sólida –, muitas formulações estratégicas de Rosa Luxemburgo soavam como "economicismo" e "grevismo". Por isso, é compreensível que fossem rejeitadas como "discursos grandiloqüentes que simplesmente não podem ser discutidos a sério", "erros" subjetivos, "aulas" intelectualistas irrelevantes do ponto de vista prático e "lugares-comuns e fórmulas abstratas" desprovidas de qualquer consciência dos "fatos concretos de nossa luta partidária".

Na verdade, entretanto, a perspectiva de Rosa Luxemburgo adotava como centro de referência algumas questões (e dificuldades) fundamentais do projeto de emancipação socialista. Luxemburgo insistia em que o teste da viabilidade de qualquer medida particular criada para decidir em favor das classes trabalhadoras a luta global entre o capital e o trabalho só poderia ser este: esta medida contribui (e em que extensão) para a superação final da *divisão social do trabalho* ou, ao contrário, contém as sementes de novas contradições que reproduzem, ainda que sob uma nova forma, as hierarquias estruturais de domínio e subordinação e a concomitante passividade e alienação das grandes massas populares? Eis por que a inevitabilidade da "revolução *econômica*" socialista – desafio incomparavelmente maior do que qualquer possível revolução política anticapitalista – aparecia tanto em sua concepção.

---

[106] Ver nota 55.

[107] Ver nota 62.

[108] Ver nota 63.

## 8.6.12

O que Rosa Luxemburgo disse sobre o surgimento do oportunismo no movimento socialista internacional – ou seja, que não era "o produto de maquinações insidiosas de indivíduos e grupos", mas "origina-se de condições sociais inevitáveis", representando assim "*uma fase inevitável* do desenvolvimento histórico do movimento dos trabalhadores"[109] – deve ser dito, com igual validade, sobre a grande diferença de pontos de vista entre Lenin e Luxemburgo, os mais destacados líderes revolucionários de sua época.

A inevitável tragédia do movimento socialista foi que as duas perspectivas revolucionárias da ideologia marxista do século XX tenham sido articuladas não apenas separadamente, mas com freqüência em acentuada oposição uma à outra. E a tragédia pessoal de Rosa Luxemburgo foi ter chegado cedo demais, com seu apelo perspicaz, poderoso e comovente para que o movimento fosse firmemente orientado e – sempre que desviado pela força das "circunstâncias inevitáveis" – prontamente reorientado em direção a seus objetivos fundamentais, dentro do quadro de referência, *global* e válido para a *época* histórica, da concepção marxiana original.

Assim, como resultado das fortes determinações objetivas, Rosa Luxemburgo deu testemunho da "trágica colisão entre o postulado historicamente necessário e a impossibilidade prática de o levar a efeito", participando ao mesmo tempo da necessidade histórica igualmente trágica e da insuficiência daquilo que realmente *pôde* ser levado a efeito, naquelas circunstâncias, fazendo prevalecer a perspectiva de Lenin em prol da *primeira ruptura*, antes que esta, por sua vez, fosse subordinada pelo subjetivismo stalinista ou por este subvertida.

Como Rosa Luxemburgo percebeu claramente, a estratégia ligada ao objetivo da primeira ruptura não pode ser estabelecida como o modelo de futuros avanços rumo a uma reestruturação radical do sistema social globalmente interligado. Sobretudo porque, depois da primeira ruptura, o adversário pode – e com efeito o faz – adaptar-se às condições qualitativamente alteradas do antagonismo sócio-histórico básico entre o capital e o trabalho.

Porém, ao mesmo tempo, a indispensável reafirmação dos objetivos estratégicos gerais de uma transformação socialista irreversível em escala global – que inevitavelmente questiona a viabilidade do "socialismo em um só país", por maior que este seja – não pode por si só fornecer as respostas necessárias. A "verdade geral" do socialismo em seu desdobramento histórico necessita das *mediações materiais praticamente viáveis* através das quais ele pode ser articulado com êxito, sob as restrições vigentes, pelo agente social *disponível* – por maior que seja sua fragmentação inicial devida à divisão tradicional do trabalho –, como a "verdade concreta" e a progressiva satisfação da vida cotidiana de massas populares mais amplas. Portanto, só é possível aproximar-se do objetivo fundamental de uma reestruturação socialista da sociedade em sua totalidade – isto é, a alteração radical das "condições de existência industrial e política e, conseqüentemente, de toda a maneira de ser" do povo – na medida em que o pró-

---

[109] Ver nota 99.

prio agente social em desenvolvimento consiga superar, com a ajuda daquelas mediações materiais historicamente específicas e mutáveis, suas próprias divisões internas.

É por isso que a saída da tragédia histórica do movimento socialista só pode se dar pela *unificação* fundamental das perspectivas revolucionárias complementares de Lenin e Luxemburgo. Uma vez que o desenvolvimento global das potencialidades produtivas do capital – assim como de suas inseparáveis contradições, que transformam as potencialidades positivas em realidades devastadoras – efetivamente alterar a relação histórica de forças, substituindo assim as "circunstâncias inevitáveis" há muito prevalecentes por circunstâncias mais favoráveis à realização do objetivo geral da emancipação socialista.

## 8.7 A base material da solidariedade

### *8.7.1*

Em sua tentativa de explicar o surgimento de tendências oportunistas no movimento da classe trabalhadora, Rosa Luxemburgo examinou o impacto do parlamentarismo burguês sobre o próprio partido. Dizia ela:

> Este parlamentarismo é o viveiro de todas as tendências oportunistas atualmente existentes na socialdemocracia ocidental. O tipo de parlamentarismo que agora temos na França, na Itália e na Alemanha abre espaço para as ilusões do oportunismo corrente, tais como a supervalorização das reformas sociais, a colaboração da classe e do partido, a esperança de desenvolvimento pacífico em direção ao socialismo, etc. Realiza isso colocando os intelectuais, que atuam na qualidade de parlamentares, acima do proletariado e separando os intelectuais dos proletários dentro do próprio partido socialista. Com o crescimento do movimento trabalhista, o parlamentarismo torna-se um trampolim para carreiristas políticos. Por isso, tantos fracassados ambiciosos da burguesia acorrem em bandos para as bandeiras dos partidos socialistas. [...]
>
> O partido atua como uma barreira, protegendo o movimento de classe contra desvios na direção do parlamentarismo burguês. Para triunfar, estas tendências devem destruir a barreira. Devem dissolver o setor ativo da consciência de classe do proletariado na *massa amorfa de um 'eleitorado'*".[110]

Desse modo, ela deixa absolutamente claro que a tendência *ideológica* do oportunismo (ou a defesa do revisionismo reformista) não pode ser compreendida em termos *estritamente ideológicos*. Para compreender sua origem e seu espetacular sucesso no mundo ocidental, era necessário relacioná-lo a seu "viveiro": a base material-institucional do parlamentarismo burguês.

Os desenvolvimentos políticos ocorridos desde 1904, quando Rosa Luxemburgo escreveu estas linhas, confirmaram amplamente a correção de sua análise. Nos 85 anos decorridos desde a publicação de suas reflexões sobre estas questões, não só os partidos reformistas da socialdemocracia ocidental foram sugados cada vez mais profundamente para o parlamentarismo burguês – que, do ponto de vista do trabalho, não proporciona nenhuma esperança –, mas também vários dos partidos de trabalhadores da

---

[110] Luxemburg, "Organizational Questions of the Russian Social Democracy", op. cit., p. 98.

416  *Ideologia e emancipação*

Terceira Internacional, originalmente anti-reformistas, seguiram o mesmo caminho, com a *socialdemocratização* de quase todos os partidos comunistas ocidentais.

Uma vez que a estrutura parlamentar em questão é aceita como o horizonte limitador de toda intervenção política admissível, a definição marxiana do objetivo socialista básico como "a emancipação econômica do trabalho" (à qual as estratégias historicamente mutáveis da ação política devem estar subordinadas na qualidade de meios) é necessariamente descartada. Isto por que a "emancipação econômica do trabalho", em seu sentido marxiano, e a política que a ela corresponde, são radicalmente incompatíveis com uma estrutura política reguladora acriticamente aceita, que estipula como critério de "legitimidade" e "constitucionalidade" a observância estrita de regras que favoreçam a perpetuação das relações de propriedade estabelecidas, isto é, o contínuo domínio do capital sobre a sociedade.

A lógica perversa da acomodação reformista-oportunista às restrições insuperáveis do parlamentarismo burguês se desenvolve da seguinte maneira. Primeiro, declara-se (em oposição direta à perspectiva marxiana, embora afirmando estar de acordo com seu espírito) que a "ação política", tal como foi praticamente definida pela burguesia a seu próprio favor dentro da estrutura do seu sistema parlamentar há muito estabelecido, "é o dever mais importante do movimento",[111] limitando, dessa maneira, a grande tarefa histórica do movimento socialista à eleição de "representantes" totalmente estranhos à base da classe trabalhadora. Em seguida, os objetivos da ação política são tendenciosamente divididos em "tarefas negativas" e "tarefas positivas". Aquelas que *não podem* ser subordinadas às práticas limitadas da ação parlamentar (necessariamente enquadradas pelos interesses estruturais do capital) são classificadas como "tarefas negativas" e declaradas "não mais urgentes".[112] Ao mesmo tempo, e por decreto da mesma lógica circular do apriorismo parlamentar do capital que presume ser, por definição, o horizonte absoluto de toda política legítima, aqueles objetivos que *podem* ser acomodados dentro dos limites dos ajustes sociopolíticos (só marginalmente eficazes) são promovidos ao nobre *status* de "tarefas positivas".[113] E, finalmente – representando a "conclusão" circular do que foi pressuposto desde o início pela pronta aceitação da redução dos objetivos e supressão dos agentes da ação política emancipatória, de modo a adequá-los aos limites prescritos pelo ambiente parlamentar capitalista –, proclama-se que lutar por uma alternativa radical à ordem estabelecida por meio da ação socialista organizada é uma "expressão sem significado"[114] (ou "mera pose", no jargão trabalhista mais recente).

Sejam quais forem as diferenças parciais entre as várias tendências reformistas da socialdemocracia ocidental, no conjunto todas elas parecem ter adotado a mesma abordagem em relação aos objetivos estratégicos viáveis do movimento da classe trabalhadora na estrutura parlamentar. Suas ideologias não são, portanto, o resultado de

---

[111]  Ver nota 35.

[112]  Ver nota 55.

[113]  Ibid.

[114]  Ibid.

"maquinações insidiosas" e "traições subjetivas". Nem poderiam ser consideradas simplesmente "concepções errôneas" de indivíduos particulares que, apesar de improvável, em princípio poderiam ser levados a reconhecer seus erros e a modificar suas opiniões. Elas são a articulação *necessária* de um "*curto-circuito*" histórico em que a ala parlamentarista do movimento da classe trabalhadora ocidental se encontra em uma determinada época do seu desenvolvimento.

### 8.7.2

A natureza deste "curto-circuito" pode ser compreendida se nos recordamos que a "dialética da história", a partir da qual um movimento social realmente significativo pode e deve aprender, envolve, dentro do espírito de Rosa Luxemburgo, a participação com total comprometimento nas vicissitudes do desenvolvimento sócio-histórico, interagindo com suas diversas forças e absorvendo os frutos que podem ser derivados de tal interação, de acordo com as potencialidades intrínsecas do movimento em questão. Em contraste, o "curto-circuito" da socialdemocracia ocidental, causado pela participação no antagonismo capital-trabalho mediante a instrumentalidade restritiva do parlamentarismo burguês (que inevitavelmente prejulga as questões em litígio em favor do capital), provoca o empobrecimento do movimento, em lugar de seu enriquecimento. Isto porque as restrições *contingentes* e desafiáveis da restritiva estrutura política capitalista – que, porém, o trabalhismo ocidental não se limitou a aceitar temporariamente *sob protesto*, mas, ao contrário, abraçou e idealizou permanentemente – *são internalizadas*, no decorrer de sua adoção acrítica, como se fossem limites *absolutos*, gerando assim as ideologias autoparalisantes da acomodação reformista que nos é familiar.

Portanto, não é por acaso que *noventa anos* de teorização reformista no *conjunto* da socialdemocracia ocidental não tenham produzido qualquer avanço significativo em relação às formulações originais de Bernstein. As repetidas declarações de que cada novo compromisso com o adversário de classe é assumido para manter a estratégia política do movimento "atualizada" e mais adequada à sua tarefa, alinhada com as novas circunstâncias históricas, na realidade não representam mais do que a espalhafatosa racionalização e a justificativa das práticas manipuladoras da ala parlamentarista, separada e alienada da base da classe social que um dia lhe deu origem.

A ideologia pós-bernsteiniana da socialdemocracia ocidental consiste em defender como a única estratégia viável para o movimento da classe trabalhadora o já adotado "curto-circuito" da acomodação reformista. Este é o único objeto real da sua "teoria", e por isso ela não pode oferecer nenhuma inovação significativa em comparação com as fórmulas bernsteinianas originais. Na verdade, é por isso que os vazios postulados e as generalizações arbitrárias de Eduard Bernstein nunca são considerados à luz de suas necessárias limitações, como o produto questionável de uma determinada conjuntura histórica. Em vez disso, recebem o *status* de "clássico", por mais que as confiantes previsões do *socialismo evolucionário* tenham sido refutadas, óbvia e conclusivamente, pelos desenvolvimentos históricos subseqüentes, como podemos verificar no caso da negação bernsteiniana da *concentração* e da *centralização* inexoráveis do capital.

418  *Ideologia e emancipação*

No que diz respeito à socialdemocracia ocidental, percebendo o mundo a partir dos parâmetros do seu auto-imposto "curto-circuito", nem mesmo as maiores insurreições revolucionárias (inclusive as revoluções russa e chinesa) fazem a menor diferença em face das virtudes justamente pressupostas e, portanto, incontestáveis de sua própria acomodação parlamentar (descrita com irrealismo autocongratulatório como "democracia na política"). A verdadeira "dialética da história" não entra e não pode entrar neste quadro preconcebido. Nenhum acontecimento ou desenvolvimento novo pode afetar de modo significativo a perspectiva estratégica da socialdemocracia ocidental, orientada para a justificativa apologética de sua escolha original – o caminho da *reforma estritamente gradual* e a rejeição categórica da possibilidade de mudança *revolucionária* – e para a confirmação *apriorística* da perfeição da estratégia adotada. Assim, a última coisa que esta perspectiva necessita, ou poderia trazer à tona sem se destruir, seriam princípios teóricos realmente novos e objetivos radicalmente reorientados. A finalidade inerentemente defensiva de sua atividade teórica (em seu vínculo necessário com as estratégias práticas que poderiam ser derivadas da teoria professada) permanecerá inalterada – e, necessariamente, *imutável* – enquanto a estrutura parlamentar, com todas as suas limitações severamente restritivas para o trabalho (mas não para o capital), detiver o controle efetivo dos intercâmbios políticos dos agentes sociais concorrentes.

Não pode haver avanço de teoria social e política sem uma interação adequada com a dinâmica objetiva do desenvolvimento histórico. Assim, a ausência de verdadeira inovação no âmbito da teoria em uma determinada época da história é manifestação de estagnação socioeconômica ou a incapacidade dos teóricos associados aos principais movimentos sociais de dar expressão adequada à dinâmica histórica real de seu tempo. No segundo caso, a incapacidade deve-se, especialmente, às limitações e contradições intrínsecas da esfera de operação institucionalmente circunscrita do próprio agente social, cujos interesses materiais e correspondente ponto de vista ideológico, os teóricos representativos de uma classe ou grupo social específico compartilham e tentam traduzir para uma posição intelectual a partir da qual os acontecimentos e desenvolvimentos em curso possam ser coerentemente definidos.

Nesse sentido, a pobreza intelectual da teoria socialdemocrática ocidental – desde Bernstein até Anthony Crosland e os ex-stalinistas recém-convertidos da socialdemocracia "eurocomunista" – não é simplesmente um fracasso teórico. É, mais do que isso, a inevitável conseqüência de se tentar transformar em teoria abrangente um objeto que, em sua constituição de curto-circuito, necessariamente resiste a todas as tentativas desse tipo. As condições elementares de produção de uma visão estratégica realmente abrangente são que ela esteja disposta a *questionar tudo*, inclusive os instrumentos e os parâmetros institucionais da luta, em vez de restringir sua visão de mundo àquilo que possa ser notado através da ofuscadora matriz conjuntural dos compromissos parlamentares. Entretanto, nas teorizações socialdemocráticas das potencialidades de mudança do trabalho dentro dos limites da ordem estabelecida – teorizações monotonamente repetitivas que têm sua estrutura conceitual interna determinada pelo imperativo de aceitar a própria estrutura parlamentar como o juiz incontestável que dita o que *pode* e o que *não pode ser posto* em questão –, todas as

A constituição da solidariedade    419

questões substantivas de uma transformação socialista "possível" são *ipso facto* definidas em relação à *manutenção da estrutura* estabelecida da sociedade, e só se permitir
mudanças "graduais" na medida em que puderem ser acomodadas no interior da
estrutura considerada.

Na verdade, portanto, as "mudanças graduais" legitimadas da teoria socialdemocrática não são sequer *graduais* em qualquer sentido da palavra (isto é, mudanças
adequadas para assegurar, ainda que lentamente, a prometida transição para uma
sociedade muito diferente – *socialista*), mas meramente *conciliatórias*. Sua premissa,
admitida mais ou menos abertamente, é a *necessária exclusão* de toda *mudança estrutural* radical, por qualquer meio (seja repressivo ou não) que a "ordem constitucional"
estabelecida tenha a sua disposição.

As chamadas "mudanças graduais" da socialdemocracia reformista, introduzidas
por medidas legislativas em passo de lesma durante *muitas décadas*, podem ser "constitucionalmente" derrubadas quase da *noite para o dia*, como o demonstram amplamente as selvagens leis anti-sindicais do passado recente, associadas com a "desnacionalização" indiscriminada da "prata da casa" (orgulho não apenas dos governos
trabalhistas do pós-guerra, mas também dos conservadores mais dispostos ao consenso). No mundo real da política, o paradoxo filosófico confortador da tartaruga que
vence a lebre não funciona. Apegar-se a tais ficções – em virtude da rejeição apriorística de qualquer idéia de mudança estrutural radical, juntamente com a rejeição da
necessidade de intervenções revolucionárias práticas na ordem econômica da sociedade – significa tornar-se total cúmplice das forças da repressão "constitucional", a
fim de manter uma posição bastante fraca como parte potencialmente governante (mas
nunca realmente *dominante*) do sistema. O papel da socialdemocracia alemã, não
apenas no assassinato de Rosa Luxemburgo, mas também na ascensão "constitucional"
de Hitler ao poder deveria ser, quanto a isto, um sinal de alerta.

Conseqüentemente, o quadro de orientação estratégico da socialdemocracia
ocidental apresenta um fatídico ponto cego ideológico. As insuperáveis limitações da
política parlamentarista como tal para se obter o domínio das forças controladoras
fundamentais do metabolismo social capitalista jamais são sequer consideradas, muito
menos contestadas seriamente a partir das mudanças em curso e das novas possibilidades emergentes, e em resposta a elas. Ao contrário, como resultado de sua carcaça institucional paralisadora, a teoria socialdemocrática é transformada em um *exercício
manipulador de relações públicas* com o objetivo de ser eleito ou permanecer no cargo.

Deste modo, a classe trabalhadora, como o agente social da alternativa socialista
necessária, torna-se *supérflua* e, na verdade, por causa de suas aspirações radicais, totalmente *embaraçosa* para o partido parlamentarista. Por esta razão, deve ser ideologicamente diluída até se tornar irreconhecível, em todas as definições socialdemocráticas
ocidentais "do que deve ser feito". Naturalmente, nesta diluição "atualizadora" do
agente social de transformação, a contribuição "ativa" da classe trabalhadora resume-se
à de se entregar como *forragem eleitoral* àqueles que declaram agir em seu favor. Mesmo sua existência como fator político é reconhecida pelas lideranças do partido somente
por algumas semanas, durante as campanhas eleitorais. Portanto, não surpreende que,
ainda em 1987-88, tenhamos sido brindados – a título de grande "inovação" que

420  *Ideologia e emancipação*

prometia solucionar o dolorosamente óbvio fracasso histórico da socialdemocracia ocidental – com algo nada mais original (nem mais realista) do que a estratégia de Bernstein, desprezada por Rosa Luxemburgo já em 1904. Ou seja, a dissolução do *"setor ativo da consciência de classe do proletariado na massa amorfa de um 'eleitorado'"*.

### 8.7.3

A conquista, pelos partidos socialdemocratas ocidentais, de uma posição parlamentar formal e numericamente significativa é em geral saudada como uma grande vitória do movimento da classe trabalhadora. Para dizer o mínimo, esta é uma apresentação tendenciosa das determinações complexas, e sob vários aspectos muito problemáticas, que estão nas raízes da "marcha do trabalho para a frente", que agora se supõe ter alcançado seu grande fim na conciliação (que, para todos os efeitos, assemelha-se a uma capitulação), não apenas nas sociedades "capitalistas avançadas" do Ocidente, mas em todo o mundo. Como grande ironia histórica, pode-se encontrar partidos políticos – outrora radicais – vinculados à perspectiva conciliatória do "eurocomunismo" (que era vazia já em seu ambiente original) também em vários países da América Latina, por mais inacreditável que isso possa parecer, dada a situação social potencialmente explosiva dos países desta região.

Dois importantes fatores são desprezados por aqueles que nos apresentam tal idealização do envolvimento e da acomodação parlamentarista socialdemocrata.

Primeiro, a postura originalmente *repressiva* dos principais governos capitalistas ocidentais em relação às classes trabalhadoras nativas foi historicamente alterada, em larga medida como resultado das determinações materiais emanadas da sua *orientação imperial*, no último terço do século XIX. As exigências objetivas desta orientação tornou-lhes *necessário* estabelecer a paz com suas classes trabalhadoras nacionais, de modo a poderem expandir suas operações no além-mar com maior eficácia.

Do ponto de vista das classes dominantes, fazia muito sentido assegurar a total cooperação da força de trabalho nacional, em vez de continuar a antagonizá-la reforçando medidas repressivas ultrapassadas, o que colocaria em risco (ou até abalaria completamente) o próprio empreendimento de expansão imperialista.

As determinações materiais aqui referidas eram tão fundamentais que, no final, selaram o destino até de representantes da classe dominante alemã tão astutos e poderosos quanto, por exemplo, o "Chanceler de Ferro" Bismarck. Transformaram suas leis anti-socialistas em um anacronismo histórico irremediável que não mais podia ser tolerado pelos membros "esclarecidos" (isto é, que defendiam a expansão imperialista) da classe dominante. O colapso dessas leis e a saída politicamente comprometida de Bismarck do cenário político deixaram a porta escancarada para o espetacular sucesso parlamentar (e para a integração notavelmente rápida) do Partido Socialdemocrata Alemão no sistema sociopolítico do país. Ironicamente, entretanto, o próprio Bismarck tentou integrá-los muito antes (para seu azar, muito prematuramente), tendo em mente os mesmos objetivos de expansão imperialista, sonhando até com o retorno "pacífico" do dr. Marx à Alemanha a serviço de seu "grande plano". Só recorreu às famigeradas leis anti-socialistas quando seu "esquema" (com Lassalle e outros) falhou,

A *constituição da solidariedade*   421

como era inevitável que acontecesse, levando-se em conta as circunstâncias históricas então vigentes.

O segundo fator foi um corolário do primeiro. Como resultado em larga medida da expansão imperial dos países capitalistas ocidentais no final do século XIX, suas economias anteriormente muito restritas (que experimentaram crises sérias entre as décadas de 1850 e 1880) adquiriram novo impulso. Em conseqüência, continuaram a se expandir a taxas antes inimagináveis, permitindo que o capital ocidental, bem-sucedido em seu empreendimento imperialista e mais dinâmico do que nunca, concedesse a sua força de trabalho nacional, a partir das margens de lucro ampliadas, uma renda real muito maior do que no período histórico anterior. Ao mesmo tempo, os trabalhadores dos países subjugados tinham de experimentar e suportar níveis de degradação material e humana absolutamente inimagináveis no Ocidente. Apenas a forma mais intensa e impiedosa de exploração capitalista pôde garantir aos países "metropolitanos" dominantes as taxas de superlucro obtidas, atrás das quais eles embarcaram inicialmente em sua aventura imperialista.

O impacto deste relacionamento se tornou cumulativo e produziu o "desenvolvimento" defeituoso – ou seja, a dependência *estrutural* e o *subdesenvolvimento* crônico – dos países subjugados. Mas o problema não acabava aí. O novo sistema imperialista do capital globalmente articulado produziu também, ao mesmo tempo, a reestruturação fundamental das relações socioeconômicas *em toda parte*, sob a forma de uma rede intimamente interligada de dependências e hierarquias em que *todos* os países participavam, quaisquer que fossem seu grau de desenvolvimento e posição estratégica na hierarquia social imperialista.

De fato, as sociedades "capitalistas desenvolvidas" específicas só puderam garantir para si as condições de seu desenvolvimento envolvendo-se intensamente – como antagonistas inconciliáveis – no sistema global do imperialismo do século XX, de acordo com seu peso proporcional na relação de forças decidida com base em lutas constantes e cada vez mais agudas. E *tiveram* de ajustar suas estruturas *internas* do metabolismo socioeconômico em consonância com as novas condições de competição e confrontação mundial. Como ressaltou Harry Magdoff em seu livro *A era do imperialismo*:

> O mesmo tipo de pensamento que aborda o conceito de imperialismo econômico segundo o sentido restrito do balancete, em geral também limita o termo ao controle (direto ou indireto) exercido por uma potência industrial sobre um país subdesenvolvido. Tal limitação ignora a característica essencial do novo imperialismo que surge no final do século XIX: a luta competitiva entre as nações industriais por posições dominantes quanto ao mercado *mundial* e às fontes de matéria-prima.
>
> A diferença estrutural que distingue o novo imperialismo do velho é a substituição de uma economia em que muitas empresas competem, por outra na qual compete um punhado de corporações gigantescas em cada setor da indústria. Além disso, durante este período, o progresso dos transportes e da tecnologia da comunicação e o desafio lançado à Inglaterra pelas nações industriais mais recentes [como a Alemanha] trouxeram dois aspectos adicionais ao cenário imperialista: a intensificação da luta competitiva na arena mundial e a maturação de um sistema capitalista verdadeiramente

## 422   *Ideologia e emancipação*

internacional. Nessas circunstâncias, a competição entre grupos de corporações gigantescas e seus governos ocorre por todo o globo: tanto nos mercados das nações avançadas como nos das nações semi-industrializadas e não-industrializadas.[115]

O efeito combinado dos desenvolvimentos aqui examinados – a consolidação do capital global como resultado de sua orientação imperial e a múltipla divisão interna do trabalho surgindo de novas hierarquias e dependências, tanto nos países subdesenvolvidos como nos metropolitanos – foi que a *solidariedade internacional*, que era e permanece vital para o avanço e a vitória final das forças socialistas, sofreu um trágico revés.

A questão não era uma "crise ideológica" que poderia ser satisfatoriamente resolvida no âmbito da própria ideologia, convencendo (utilizando o tipo correto de agitação política) as massas populares internacionais a adotar a posição ideológica "correta". O que havia mudado fundamentalmente, e para pior desde os dias da Primeira Internacional, era a *base material da solidariedade* em si, tornando o discurso do internacionalismo mais problemático precisamente aos olhos daqueles a quem ele

---

[115]   Harry Magdoff, *The Age of Imperialism: The Economics of US Foreign Policy*, p. 15. O núcleo desta concepção de imperialismo foi desenvolvido inicialmente por Lenin, em seu *Imperialismo, o último estágio do capitalismo*, escrito entre janeiro e junho de 1916. Como apontou Harry Magdoft em um ensaio intitulado "How to Make a Molehill out of a Mountain":
"Lenin está antes de tudo preocupado em explicar as principais mudanças históricas que se manifestam no fim do século XIX, quando, entre outras coisas, construtores de impérios rivais surgem entre as nações industrializadas; a posição dominante da Inglaterra no comércio, no poder militar e no império colonial é desafiada; e há uma aceleração marcante e repentina nas aquisições coloniais e nas guerras associadas aos impérios. Lenin concluiu que a explicação subjacente para esta concatenação de eventos poderia ser encontrada em uma mudança estrutural fundamental no capitalismo. A antiga tendência de longo prazo para a concentração e centralização do capital atingira um ponto em que as principais economias capitalistas estavam dominadas por um número relativamente pequeno de grandes empresas. Com a emergência deste estágio monopolista de capitalismo, durante o qual o capital financeiro (a fusão dos interesses bancários e industriais) está em ascendência, o capitalismo torna-se um imperialismo capitalista.
"Enquanto Luxemburgo focaliza sua teoria na suposta incapacidade dos capitalistas, em todos os estágios de sua história, de produzir lucros em um sistema fechado, Lenin situa a natureza do imperialismo nos modos de comportamento do capitalismo monopolista para proteger e aumentar seus lucros. O contexto da análise de Lenin é o desenvolvimento desigual das nações capitalistas, a tendência à estagnação no estágio monopolista e as características especiais da competição monopolista em contraste com a "competição livre". Sob estas forças propulsoras, vêm à tona algumas características crucialmente importantes do estágio imperialista: a exportação do capital se torna cada vez mais importante; os mercados econômicos mundiais são divididos entre grupos monopolistas internacionais; completa-se a divisão territorial do mundo pelas potências capitalistas; não apenas as colônias, mas também as semicolônias e as nações capitalistas mais fracas ficam presas em uma rede de dependência financeira e econômica em relação aos centros do capital financeiro mundial; e os antagonismos entre as potências imperialistas para a redivisão do mundo se intensificam.[...]
"Pode-se argumentar que Lenin foi impreciso, obscuro e contraditório em algumas de suas formulações sobre a exportação do capital (e também em outros assuntos). Mas o que é realmente significativo (e merece a atenção daqueles que pretendem ser teóricos) é como Lenin estava certo, há sessenta anos, em escolher, entre muitas variáveis, a importância crescente das exportações do capital (relativamente às exportações de mercadorias) como uma característica-chave do estágio do capitalismo monopolista. Sua previsão é comprovada por um estudo recente das Nações Unidas que mostra que, em 1971, as vendas das filiais estrangeiras das corporações multinacionais do mundo (em outras palavras, a atividade produtiva resultante dos investimentos diretos dos poderes imperialistas) excederam a exportação total de mercadorias de todas as nações capitalistas juntas" (Magdoff, *Imperialism: From the Colonial Age to the Present*, p. 267-71).

A *constituição da solidariedade*   423

pretendia atingir. Além disso, o discurso do internacionalismo socialista (prontamente adotado pelas organizações anteriores da classe trabalhadora, embora elas fossem muito mais limitadas em dimensão) tornou-se problemático não apenas durante uma conjuntura política limitada. As dúvidas quanto a sua viabilidade prolongaram-se por todo o período histórico em que as novas estruturas materiais da articulação imperialista do capital – assim como as várias construções ideológicas que surgiram dessas estruturas materiais – dominaram de modo relativamente tranqüilo as vidas das mais amplas massas populares.

### 8.7.4

O legado doloroso destes desenvolvimentos ainda permanece conosco, embora a possibilidade de uma mudança positiva neste aspecto seja *objetivamente* muito maior hoje do que durante os cem anos precedentes. Isto contradiz vigorosamente a concepção reformista, segundo a qual a "marcha do trabalho para a frente" chegara ao fim e só o abandono da classe trabalhadora em prol de uma "aliança eleitoral ampla" poderia colocar as coisas no lugar. O que está faltando hoje, ao contrário, é uma concepção estratégica adequada e uma correspondente articulação organizacional das possibilidades objetivas – materialmente bem fundamentadas – de ação da classe trabalhadora internacional que surgiram no decorrer dos desenvolvimentos capitalistas do pósguerra e, particularmente, com o desenvolvimento da crise estrutural do capital.

Quanto ao pretenso fim da marcha do trabalho para a frente, esta tese é uma completa inversão da verdade, tanto em relação ao passado (o passado mais distante e também o recente) como em relação às tendências emergentes. A título de registro histórico, diga-se que o sucesso eleitoral muito idealizado dos partidos socialdemocratas ocidentais no passado foi obtido na ordem direta de sua transformação em administradores "responsáveis" e "bem-educados"[116] (isto é, *seguros* do ponto de vista do capital) da ordem socioeconômica capitalista.

O capital permitiu-lhes permanecer no *governo* (dominados pela ilusão de que *dominam* o país) precisamente porque não poderiam interferir nos imperativos materiais e políticos do sistema, em virtude do abandono mais ou menos abertamente proclamado de todos os objetivos socialistas radicais. Vários governos socialdemocratas alemães, franceses, britânicos, austríacos, etc., incluindo várias décadas de "domínio" socialdemocrata ininterrupto em alguns países escandinavos, não conseguiram realizar a menor mudança estrutural na ordem socioeconômica capitalista. Ao mesmo tempo, e pela mesma lógica totalmente harmonizada com as exigências do domínio do capital, não se permitiu ao Partido Socialista Italiano de Pietro Nenni – que tinha um passado radical e assumiu uma posição de muito destaque, não apenas durante a Primeira Guerra Mundial, mas também por ocasião da dissolução da Segunda Internacional e do estabelecimento da Terceira – envolver-se no governo, a não ser depois de abandonar seus anteriores objetivos socialistas radicais. Ainda mais revelador, o

---

[116]   As observações agressivamente francas do gerente geral da Ford européia que serão citadas neste capítulo são muito expressivas com respeito a isso. Ver nota 165.

424  *Ideologia e emancipação*

governo socialista de Salvador Allende foi brutalmente derrubado no Chile porque ousou *considerar* a possibilidade da introdução de algumas reformas sociais potencialmente profundas e significativas no "hemisfério americano".

Assim, no que diz respeito aos acontecimentos e desenvolvimentos recentes, o verdadeiro problema é que a crise estrutural do capital é simultaneamente a crise da socialdemocracia ocidental, pois esta última sustentou ativamente o capital durante quase um século, mesmo durante a Primeira Guerra Mundial e durante as insurreições revolucionárias que a seguiram.

As derrotas eleitorais do passado recente, em todos os principais países europeus, adquirem um significado muito mais claro sob esta luz. Sua crise estrutural apresenta novos problemas e novos desafios ao capital, em circunstâncias nas quais a margem de manobra está diminuindo ao mesmo tempo que as contradições se intensificam. Conseqüentemente, a promessa socialdemocrata de um comportamento "responsável" contínuo (que vai até a adoção trabalhista da perspectiva ilusória do "capitalismo popular") significa muito pouco, se é que significa alguma coisa, pois o capital necessita de algo muito mais confiável do que promessas impossíveis de serem cumpridas. Especialmente porque o recente colapso dos governos socialdemocratas nos principais países europeus seguiu-se a um período de grandes decepções para o capital ("o inverno da insatisfação", etc.), no qual testemunhávamos a irrupção de um conflito social potencialmente perigoso para a ordem estabelecida.

Portanto, a tradicional utilidade da socialdemocracia para administrar o sistema em nome do capital e para conter os conflitos dentro dos limites do sistema estabelecido está sendo questionada, em face da *severidade* da *crise estrutural* que se aprofunda. O fato de a solução proposta pelos políticos e teóricos reformistas não ir além da "ampla aliança eleitoral" ajusta-se perfeitamente à lógica socialdemocrata tradicional, embora implique necessariamente a diluição, não apenas da base da classe trabalhadora, mas também da aspiração socialdemocrata ao "domínio". Tudo isso, porém, não pode ser considerado uma resposta adequada às tensões e contradições emergentes, que por fim terão de ser resolvidas pela luta também entre as diversas facções políticas do movimento socialdemocrata ocidental, em resposta ao novo fermento que agita sua base social.

Entretanto, para concluir o tópico referente ao maciço revés sofrido pela causa da solidariedade internacional como resultado da bem-sucedida articulação e consolidação imperialista do capital global, é importante ressaltar o papel da *taxa diferencial de exploração*. O sistema do capital global, a despeito das perenes rivalidades intercapitalistas, pôde extrair benefícios monumentais da taxa diferencial de exploração, tanto nos centros metropolitanos como nos territórios sob controle imperialista (ou estruturalmente dependentes), sem ter de pagar nada por isso. Ao contrário, o capital pôde tirar vantagem dos diferenciais materialmente impostos, não somente em termos estritamente econômicos, dos quais dependia sua própria sobrevivência enquanto sistema produtivo em dinâmica auto-expansão, mas também como uma das armas mais poderosas contra as aspirações socialistas.

Graças à instituição e à operação bem-sucedida da taxa diferencial de exploração em *toda parte*, os trabalhadores dos centros metropolitanos puderam ser *objetivamente*

A constituição da solidariedade 425

colocados contra os trabalhadores incomparavelmente mais explorados dos países submetidos ao domínio imperialista. Como um exemplo revelador, podemos citar Renato Constantino:

> A Ford Philippines, Inc., fundada apenas em 1967, é atualmente [quatro anos mais tarde] a 37ª na lista das mil maiores empresas das Filipinas. Em 1971, registrou um lucro líquido de 121,32%, ao passo que o lucro da Ford em 133 países no mesmo ano foi de apenas 11,8%. Além de todos os incentivos extraídos do governo, os elevados lucros da Ford foram devidos principalmente à mão-de-obra barata. Em 1971, enquanto o valor da hora de trabalho especializado nos Estados Unidos era de quase US$ 7,50, o valor da hora de trabalho similar nas Filipinas era de apenas US$ 0,30.[117]

Os privilégios relativos das classes trabalhadoras metropolitanas dependiam, em grande medida, dessa superexploração. Este era o caso mesmo quando elas não estavam *conscientes* do verdadeiro estado de coisas – especialmente como resultado da ação deliberada de seus líderes parlamentares. Mas a hora da verdade chegou, e então ficou muito difícil invocar a ignorância como desculpa. O papel ignominioso do governo "socialista" de Harold Wilson na sabotagem das sanções econômicas da ONU contra a Rodésia de Ian Smith não pôde ser indefinidamente escondido. Do mesmo modo, quando a necessidade de desinvestimento e sanções econômicas foi levantada por aqueles que defendiam medidas efetivas contra o sistema superexplorador do *apartheid* da África do Sul, alguns dilemas importantes tiveram de ser abertamente enfrentados. Entretanto, mais uma vez, as propostas foram silenciosamente arquivadas com o argumento de que sua implementação iria piorar a situação da classe trabalhadora na Inglaterra, causando mais desemprego. Os dois exemplos exibem claramente os interesses construídos sobre a operação bem-sucedida da taxa diferencial de exploração, extremamente voltada em favor do capital, tanto para aumentar seus dividendos econômicos como para dividir eficazmente a classe trabalhadora, mesmo em questões de direitos humanos elementares.

Em outro plano, graças à eficácia da taxa diferencial de exploração, os trabalhadores têm sido colocados uns contra os outros dentro de cada país, separados uns dos outros por meio de poderosos incentivos materiais discriminatórios, o que reforça o controle do capital sobre eles. Além disso, havia sempre a promessa de recompensas adicionais à custa de um "inimigo externo", que poderia unir temporariamente, em períodos de crise extrema, as classes trabalhadoras nacionais, em geral profundamente divididas. Foi isso que fez Rosa Luxemburgo gritar de angústia e pesar durante a Primeira Guerra Mundial, lamentando o total fracasso da solidariedade da classe trabalhadora internacional: "os dividendos estão subindo, os proletários caindo". Estavam caindo como resultado da pronta participação de outros proletários.

---

[117] Renato Constantino, *Neo-Colonial Identity and Counter-Consciousness: Essays in Cultural Decolonization*, Londres, Merlin Press, 1978, p. 234.

426 *Ideologia e emancipação*

### 8.7.5

A consolidação do "novo imperialismo", que se reproduziu de forma alterada sempre que seu controle político-militar direto sobre os países subjugados se tornou historicamente obsoleto, fragmentou a base material da solidariedade internacional. As partes fragmentadas não podiam ser reunidas por meio de uma contra-ofensiva ideológica. Mesmo as palavras mais emotivas e eloqüentes de exortação ideológica são impotentes caso não estejam sustentadas por forças materiais dinâmicas e tendências objetivas de desenvolvimento.

A solidariedade só é viável como um conceito tridimensional. Deve ter suas raízes social e materialmente constituídas no passado, manter-se no presente e expandir-se com ramificações duradouras rumo ao futuro. Os verdes radicais, que hoje enfatizam a situação sem esperança das gerações futuras se a destruição do ambiente continuar ainda por muito tempo, são levados a investigar as determinações causais que emanam da ordem socioeconômica estabelecida, conforme ela foi se constituindo através da história. Do mesmo modo, tudo o que se fala sobre a solidariedade internacional socialista não passaria de retórica vazia em um presente unidimensional se seus porta-vozes perdessem a consciência das outras dimensões temporais e por qualquer razão voltassem as costas ao passado e fechassem os olhos ao futuro.

Como se sabe, foi exatamente isto que aconteceu durante o surgimento e a consolidação da socialdemocracia reformista, paralelamente às transformações históricas materialmente efetivas e às recompensas diferenciais do "novo imperialismo". Assim, tornou-se necessário romper os laços com o passado do movimento, o que foi feito declarando-se que suas preocupações socialistas, que exigiam a solidariedade de classe, já não se aplicavam, pois, de acordo a posição reformista, o que realmente importava não era mais o conflito entre capital e trabalho, mas simplesmente a rapidez com que o "pobre" poderia se tornar "rico" pela expansão da riqueza nacional e da transferência automática de um número cada vez maior de pobres para a categoria sempre crescente dos ricos (como foi evidenciado pelo registro dos fiscais de impostos). Ao mesmo tempo, a porta para o futuro ficava firmemente trancada, com a afirmação de que "o movimento é tudo, o objetivo final, nada". O objetivo original de uma transformação socialista radical de nossas condições fetichizadas de vida teve de ser descartado e rotulado, na melhor das hipóteses, de "sonho utópico", e, na pior, de conspiração e subversão sinistra dirigida por um "inimigo externo"; para justificar o envolvimento conciliatório do "movimento" na perpetuação do capitalismo "reformado", com seu espaço supostamente generoso para a "democracia na política" e "democracia na indústria".

Naturalmente, este tipo de desconsideração tanto do passado como do futuro tinha de tomar grandes liberdades também na interpretação do presente *eternizado*. As tendências reais do desenvolvimento socioeconômico foram distorcidas até se tornarem irreconhecíveis, para delas se deduzir a possibilidade, para cada indivíduo, de uma existência feliz num mundo mercantilizado, em uma ordem social capitalista "popular". Mais uma vez, podemos ver o pouco êxito obtido pelas várias correntes da socialdemocracia contemporânea em melhorar as categorizações falaciosas de Bernstein, desmascaradas há noventa anos por Rosa Luxemburgo:

Bernstein esperava demonstrar a existência de uma *tendência contramarxiana* que determinava a retransformação das grandes empresas em pequenas. A resposta óbvia para sua tentativa é a seguinte. Quando se quer provar qualquer coisa por meio de estatísticas, deve-se inicialmente mostrar que elas se referem aos *mesmos* ramos de indústria. Deve-se demonstrar que as pequenas empresas efetivamente substituem as grandes; que elas não se limitam a aparecer onde antes havia apenas pequenas empresas ou até a indústria artesanal. Não é possível, entretanto, demonstrar que isso seja verdade. A passagem estatística de imensas sociedades acionárias para empresas de médio e pequeno porte só pode ser explicada referindo-se ao fato de que o sistema de sociedades acionárias continua a penetrar em novos ramos de produção. [...]

Portanto, qual o significado das estatísticas citadas por Bernstein, segundo as quais um número cada vez maior de acionistas participa de empresas capitalistas? Estas estatísticas demonstram precisamente o seguinte: atualmente, uma empresa capitalista não corresponde, como antes, a um único proprietário do capital, mas a vários capitalistas. Por conseguinte, a noção econômica de "capitalista" não mais significa um *indivíduo isolado*. O capitalista industrial de hoje é uma *pessoa coletiva*, composta de centenas e até milhares de indivíduos. A categoria "capitalista" se tornou uma categoria social. Tornou-se "socializada" – *inserida* na estrutura da sociedade *capitalista*.

Nesse caso, como explicar a crença de Bernstein de que o fenômeno das sociedades acionárias é responsável pela dispersão, e não pela concentração do capital? [...] Trata-se de um erro econômico elementar. Por "capitalista", Bernstein não entende uma *categoria de produção*, mas o *direito à propriedade*. Para ele, "capitalista" não é uma unidade *econômica*, mas uma *unidade fiscal*. E o "capital", para ele, não é um *fator de produção*, mas simplesmente uma certa *quantidade de dinheiro*. Eis por que, no truste inglês que controla a produção de linhas de costura, ele não vê a fusão de 12.300 pessoas com dinheiro em uma unidade capitalista, mas 12.300 capitalistas diferentes. [...] É por isso que, para Bernstein, *o mundo todo parece fervilhar de capitalistas*.

Aqui, também, a base teórica de seu erro econômico é sua *"popularização" do socialismo*. Pois é isto que ele faz. Transportando o conceito de capitalismo de suas relações *produtivas* para relações de *propriedade*, e falando de simples indivíduos em vez de falar de empresários, ele transfere a questão do socialismo do âmbito da *produção* para o das relações de *fortuna* – ou seja, da relação entre *capital e trabalho* para a relação entre *pobres e ricos* [...]. Bernstein situa a realização do socialismo na possibilidade de *fazer que o pobre se torne rico*. Isto é, ele a situa na *atenuação dos antagonismos de classe* e, por isso, na pequena burguesia.[118]

O fato de que os pobres dos países subjugados tenham de ser *excluídos* das relativas melhorias que puderam ser obtidas nas condições de vida das classes trabalhadoras metropolitanas, à custa de outras, não foi mencionado (e não poderia sê-lo) nas conceituações reformistas das mudanças em andamento. Somente os piores apologetas do sistema – como Walt Rostow – continuaram, durante a euforia do consenso e da expansão do pós-guerra, difundindo a condição ideal da "modernização" capitalista que se pretendia que solucionasse absolutamente tudo, mesmo nos países mais pobres do "Terceiro Mundo".

---

[118] Luxemburg, *Reform or Revolution*, p. 36-7.

428  *Ideologia e emancipação*

O mistificador deslocamento bernsteiniano do significado do "capital" (como vimos, até hoje perpetuado de forma adequadamente intelectualizada por pessoas como Habermas) serviu a um duplo propósito. Por um lado, transformando o "capital" de uma categoria de *produção* em uma *unidade fiscal* (ou uma categoria de *fortuna*), ele ofuscava o fato de a *exploração* ser intrínseca à *estrutura de produção* estabelecida, tanto nos centros metropolitanos quanto nos países subjugados.[119] Ao mesmo tempo, por outro lado, embora o deslocamento em questão tivesse a função primária de "atenuar o antagonismo de classe" em geral, em todos os países capitalistas avançados, assim como nos subdesenvolvidos, ele possuía também uma função específica, que consistia em acenar com a hipótese de se tornar "rico" para as massas capitalisticamente exploradas dos países dominantes. Deste modo, não somente ajudava a apagar a consciência de solidariedade das classes trabalhadoras metropolitanas com as classes trabalhadoras dos países subjugados, como tornava aceitável a taxa diferencial de exploração (por maior que fosse) *dentro* dos próprios países dominantes, negando o fato da exploração e metamorfoseando suas manifestações *estruturalmente necessárias* em *diferenças fiscais temporárias*.

### 8.7.6

Caracteristicamente, o discurso reformista se concentrou na "*distribuição*", postulando com previsível irrealidade a implementação de uma "distribuição mais uniforme" ao mesmo tempo que ignorava suas precondições objetivas. Acima de tudo, nunca questionou a *estrutura de produção* capitalista como a base material necessária nem o *limite* das supostas melhorias de distribuição.

Naturalmente, Marx teve de ser, mais uma vez, "superado" (ou declarado morto), porque afirmara vigorosamente que "a distribuição é em si um produto da produção, não apenas em seu objeto, pois somente os resultados da produção podem ser distribuídos, mas também em sua forma, pois o *tipo específico de participação na produção determina as formas específicas de distribuição*, isto é, o padrão de participação na distribuição".[120]

Em contraste, as conceituações reformistas da "distribuição", graças ao tabu que impunham a si mesmas de não questionarem a estrutura prevalecente de produção, não foram além da superfície dos problemas em jogo. Desse modo, limitaram-se a discutir a participação relativa dos vários grupos sociais nos *produtos* a distribuir, aceitando assim, implícita ou explicitamente, os parâmetros produtivos da ordem estabelecida e os imperativos materiais dela emanados. Estes últimos, ao fim e ao cabo, devem atropelar todas as exigências de "distribuição mais uniforme" que não puderem ser conciliadas com a orientação para a maximização do lucro, uma vez tendo-se aceitado a estrutura de produção em questão. Marx chamou esta abordagem de "a concepção mais superficial", na qual

---

[119]  Não foi por acaso que Habermas rejeitou laconicamente a categoria marxiana da exploração como não mais aplicável a sua sociedade "industrial moderna", e até ao "Terceiro Mundo". O mais estranho, porém, foi sua afirmação de que isto foi o resultado de desenvolvimentos recentes: seu ancestral reformista-oportunista, Bernstein, fizera a mesma declaração quase um século antes.

[120]  Marx, *Grundrisse*, p. 95.

A constituição da solidariedade    429

a distribuição surge como a distribuição de *produtos*, e por isso está mais afastada e é *quase independente da produção*. Mas antes que a distribuição possa ser a distribuição dos produtos, ela é: 1) a distribuição dos *instrumentos* de produção; e 2) o que é uma especificação adicional da mesma relação, a distribuição dos membros da sociedade entre os diferentes tipos de produção. (*Subordinação dos indivíduos* a relações específicas de produção.) A distribuição de produtos é, evidentemente, apenas um resultado desta distribuição, que está compreendida dentro do próprio processo de produção e determina a *estrutura da produção*. Examinar a produção sem levar em conta esta distribuição interna é obviamente uma abstração vazia; embora, por outro lado, a distribuição de produtos derive automaticamente desta distribuição que constitui um momento original da produção.[121]

Assim, isoladamente é impossível obter uma visão estratégica de qualquer elemento particular do complexo em discussão. Apenas uma apreensão dialética das determinações mútuas entre produção, distribuição, troca e consumo pode permitir uma compreensão adequada de cada um desses momentos – que, na realidade, são inextricavelmente ligados – quando considerados em separado na análise teórica. Como disse Marx:

A conclusão a que chegamos não é que a produção, a distribuição, a troca e o consumo sejam idênticos, mas que são os elementos de uma *totalidade*, distinções dentro de uma *unidade*. A produção *predomina* não somente sobre si mesma, na definição antitética de produção, mas *também sobre os outros momentos*. O processo sempre retorna à produção para começar outra vez. O fato de que a troca e o consumo não podem ser predominantes é evidente por si mesmo. Do mesmo modo, a distribuição como distribuição de *produtos*; enquanto distribuição dos *agentes* de produção, ela é em si um *momento da produção*. Uma produção definida determina, portanto, um consumo, uma distribuição e uma troca definidos, assim como relações definidas entre estes momentos diferentes. É verdade, entretanto, que, em sua forma unilateral, a produção é em si determinada pelos outros momentos. Por exemplo, se o mercado, isto é, a esfera da troca, se expande, a produção cresce em quantidade e a divisão entre seus diferentes ramos se torna mais profunda. Uma mudança na distribuição altera a produção, como, por exemplo, a concentração do capital, a distribuição diferente da população entre a cidade e o campo, etc. Finalmente, as necessidades de consumo determinam a produção. Uma *interação mútua* ocorre entre os diferentes momentos. Isto acontece com todo e qualquer *conjunto orgânico*.[122]

A produção é, portanto, não apenas inseparável da distribuição, etc., como constitui, de fato, o *übergreifendes Moment* de todo o complexo das inter-relações dialéticas e determinações recíprocas. Foi por isso que o postulado reformista de solucionar as contradições do sistema socioeconômico profundamente iníquo do capital com uma intervenção na esfera da distribuição do produto – por meio da "tributação progressiva" e de uma legislação de previdência social mais ou menos facilmente revogável –, deixando-se intacta a estrutura de produção, *teve* de fracassar.

Transformar os "pobres" em "ricos" e ao mesmo tempo condená-los a permanecer em sua posição subordinada (socialmente predeterminada e juridicamente

---

[121]  Ibid., p. 96.
[122]  Ibid., p. 99-100.

430  *Ideologia e emancipação*

salvaguardada) na *estrutura de comando do capital* – que no fim sempre determina também a participação relativa dos vários grupos no produto social desigualmente distribuído – revelou-se, em toda parte, um mero castelo no ar. Ao contrário do grande postulado dos milagres distributivos, a ser arrancados do produto conjunturalmente disponível, muitos milhões de pessoas continuam a viver em abjeta pobreza até nos países capitalistas mais ricos e mais avançados. Ao mesmo tempo, como já vimos, a "tributação progressiva" se transformou em um logro, mesmo aos olhos de seus mais honestos defensores socialdemocratas.[123] Além disso, como era de se esperar, até os ganhos da previdência social básica ficam sob ameaça sempre que o processo de expansão capitalista passa por dificuldades e "disfunções" sérias.

De qualquer modo, uma teoria que reivindica a própria *validade universal,* ao mesmo tempo que recusa verificar se suas proposições e postulados são *generalizáveis* em termos das inter-relações socioeconômicas *globais,* cujo desenvolvimento e permanência são pressupostos por seus princípios, é uma *contradição nos termos.* Se uma das precondições básicas para se manter os privilégios relativos das classes trabalhadoras nos países capitalistas avançados é a contínua superexploração de suas equivalentes no "mundo subdesenvolvido", nesse caso não é apenas um absurdo teórico, mas também uma obscenidade, afirmar que, como resultado da obra benéfica do "capitalismo reformado", os "pobres" vão se tornar "ricos" no devido tempo. Especialmente porque, mesmo nos países capitalistas avançados, a melhoria real nas condições de vida das massas populares é altamente *seletiva* (isto é, diferencial), estritamente *conjuntural* (pois depende do funcionamento tranqüilo do sistema capitalista) e sujeita às limitações que necessariamente se originam da *posição relativa* de um determinado país "avançado" dentro do sistema hierárquico global do neo-imperialismo.

Nesse sentido, não foi por acaso que a socialdemocracia reformista ficou omissa diante das preocupações *internacionalistas,* anteriormente expostas com firmeza, do movimento da classe trabalhadora. Como Engels já se queixava amargamente em 1875, nos debates sobre o Programa de Gotha, "o princípio de que o movimento dos trabalhadores é um movimento *internacional* foi, para todos os efeitos e propósitos, *completamente rejeitado*".[124] À medida que o tempo passou, a rejeição prática do internacionalismo socialista se tornou tão firmemente arraigada que o "internacionalismo" da Segunda Internacional não foi senão superficial. Assim, as conseqüências das aventuras imperialistas realizadas sobre um longo período de desenvolvimento do movimento da classe trabalhadora ocidental foram bastante devastadoras.

### 8.7.7

Lenin observou que, sob as novas condições, os antigos grupos e organizações socialistas, muito pequenos, puderam se tornar partidos de *massa,* em seu ambiente *nacional.* No entanto, o preço que tiveram de pagar por tal crescimento foi a perda de sua perspectiva global e de sua postura radical. As duas coisas estavam (e permanecem)

---

[123]  Ver nota 48.

[124]  Ver nota 3.

A *constituição da solidariedade*    431

intrinsecamente vinculadas. O radicalismo socialista só seria possível se o antagonista do capital pudesse avaliar as potencialidades e também as inevitáveis limitações estruturais de seu adversário a partir de um ponto de vista global.

Entretanto, sob as condições históricas da nova orientação imperial, o reformismo nacionalista se tornou a tendência geral do movimento da classe trabalhadora, com muito poucas exceções. Quanto a estas próprias exceções, elas puderam surgir especialmente como resultado da circunstância do *desenvolvimento dependente,* como no caso da Rússia, por exemplo. O desenvolvimento capitalista dependente da Rússia – associado ao anacronismo político repressivo do regime czarista que, ao contrário de seus congêneres ocidentais, não oferecia paz e conciliação parlamentar às classes trabalhadoras – proporcionou um campo mais favorável para um movimento socialista radical. Mas, precisamente em virtude destas circunstâncias muito especiais, os caminhos estiveram divididos por um longo tempo em seguida.

O movimento socialista russo, enquanto movimento revolucionário de uma *vanguarda* política voltada para a massa mas rigidamente organizada, teve de se adaptar às especificidades de seu ambiente sócio-histórico; assim como os partidos parlamentaristas da socialdemocracia ocidental, legalizados e orientados para a obtenção do voto das massas, articularam seus princípios estratégicos de acordo com as demandas políticas que surgiam dos interesses materiais complexos – na verdade até contraditórios – de sua situação nacional economicamente muito mais avançada e de caráter imperialista.

A ideologia, sozinha, não poderia eliminar a diferença que objetivamente separava estes movimentos quanto aos diferentes *graus* de desenvolvimento de seus países; a seu *tipo* de desenvolvimento relativamente privilegiado ou dependente; à *posição* menos ou mais favorecida que os países em questão ocupavam no sistema global das hierarquias imperialistas; ao caráter dos respectivos *Estados,* desenvolvido durante um longo período histórico; e às estruturas *organizacionais* da transformação socioeconômica e político-cultural que poderiam ser consideradas no quadro da base material estabelecida (ou herdada) e de sua superestrutura complexa em cada país particular. É por isso que as observações de Lenin logo depois da eclosão da revolução russa, propondo esta última como o modelo e como "o futuro inevitável e próximo" dos países ocidentais capitalistas avançados, revelaram-se depois excessivamente otimistas, enquanto a afirmação de Rosa Luxemburgo de que "na Rússia o problema só poderia ser colocado; não poderia ser resolvido", resistiu ao teste do tempo.

As dificuldades tornaram-se particularmente agudas alguns anos depois da Primeira Guerra Mundial, em seguida à derrota das insurreições fora da Rússia. Quando a "onda revolucionária" recuou e os regimes capitalistas do lado perdedor da guerra se tornaram de novo relativamente estáveis, a cisão acima mencionada – que no imediato pós-guerra não somente *parecia* ser, mas, durante o breve momento histórico, no imediato pós-guerra, do colapso dos regimes derrotados (embora não dos vitoriosos, que puderam beneficiar-se dos estragos da guerra), *realmente era* muito menos pronunciada – ampliou-se enormemente, resultando em uma brecha muito maior.

Nos recém-formados partidos comunistas da Terceira Internacional, a tentação de transpor esta brecha por meio da *ideologia* se tornou irresistível. Tanto mais que as

432  *Ideologia e emancipação*

estruturas materiais de *desenvolvimento* e *subdesenvolvimento*, em vez de diminuir em importância, estabeleciam-se no mundo com crescente força. Os países capitalistas ocidentais tinham algumas possibilidades objetivas a sua disposição, mediante as quais foram capazes – durante um período histórico relativamente longo – de deslocar (embora de modo algum *resolver*) suas contradições. Isto, por sua vez, tornou muito problemático o discurso revolucionário dos principais intelectuais de esquerda da Terceira Internacional no Ocidente, como posteriormente Lukács autocriticamente admitiu, caracterizando sua própria posição, juntamente com a de seus companheiros associados à revista *Communism*, como "utopismo messiânico".[125] Eles tendiam a ignorar as possibilidades objetivas à disposição de seu antagonista histórico, subestimando o "poder de permanência" do capital, em sua insistência de que "a força real do capitalismo está tão enfraquecida que [...] *Somente a ideologia ainda obstrui o caminho*".[126]

O próprio discurso de Lenin foi bastante diferente – mesmo quando, na luta contra o oportunismo reformista, ele deu ênfase à ideologia –, pois se dirigia a pessoas que tinham de enfrentar problemas e contradições de um contexto muito diferente. Os dois fatores básicos de sua posição socioeconômica e política, acima mencionados – o peso do desenvolvimento capitalista dependente na Rússia e as medidas repressivas extremas do Estado policial czarista –, tornaram sua estratégia viável naquelas circunstâncias. No entanto, mesmo em seu caso, a defesa da forma *clandestina* de organização do partido como garantia universalmente válida da correção ideológica e estratégica, a ser aplicada também na Alemanha e em toda parte no Ocidente, e mais tarde seu apelo ideológico direto ao caráter de modelo da revolução russa, teve seus dilemas insuperáveis. Uma vez tendo prevalecido na Rússia, após a morte de Lenin, a orientação estratégica do *"socialismo em um só país"*, a linha geral da Terceira Internacional – que continuava a insistir no caráter de modelo dos desenvolvimentos soviéticos – tornou-se de fato uma contradição nos termos. Portanto, não é nem um pouco surpreendente que a Terceira Internacional tenha chegado ao lamentável fim a que chegou.

### 8.7.8

A incapacidade de fazer uma análise completa dos desenvolvimentos capitalistas ocidentais, adotando, em vez disso, a proposição de que o modelo russo representava o "futuro próximo e inevitável" do capitalismo em geral, trouxe algumas conclusões realmente peculiares, também no caso de intelectuais revolucionários destacados e profundamente comprometidos, como Lukács. Quanto à questão das formas legais ou clandestinas de ação, ele escreveu em *História e consciência de classe*:

A questão da legalidade ou clandestinidade se reduz, para o Partido Comunista, a uma *mera questão de tática*, até mesmo a uma questão a ser resolvida no *calor da hora*, e

---

[125]  Lukács, "Preface to the New Edition (1967) of *History and Class Consciousness*", Londres, Merlin Press, 1971, p. XVIII.

[126]  Lukács, *History and Class Consciousness*, p. 262.

para a qual dificilmente é possível estabelecer regras gerais, pois as decisões têm de ser tomadas baseadas em *conveniências imediatas*.[127]

Ao mesmo tempo, Lukács redimensionou seu entusiasmo anterior pela posição de Rosa Luxemburgo e reinterpretou algumas das opiniões de Rosa de tal modo que não mais tinham qualquer semelhança com as afirmações feitas por ela. Assim, em relação à possível transformação das estruturas capitalistas em estruturas socialistas, atribuiu a ela a opinião de que o capitalismo é "passível de mudança 'utilizando-se instrumentos legais' dentro da estrutura da sociedade capitalista".[128] Na verdade, ela desprezava essa idéia, afirmando da maneira mais explícita o absurdo de *Bernstein*, que procurava "colarinhos" legislativamente eficazes onde nenhum poderia ser encontrado.[129] Pior ainda, Lukács também afirmou e, para lhe conferir um peso maior, até mesmo grifou – a mais surpreendente de todas as proposições, segundo a qual Rosa Luxemburgo "*imagina a revolução do proletariado como tendo as formas estruturais das revoluções burguesas*".[130] Na verdade, ela repetiu incansavelmente que "a história não vai tornar nossa revolução tão fácil como as revoluções burguesas. Nessas revoluções bastava derrubar o poder oficial que estava no centro e substituir mais ou menos uma dúzia de autoridades. Nós, porém, temos de trabalhar a partir da base. Aí se mostra o caráter de massa de nossa revolução, que pretende transformar *toda a estrutura da sociedade*".[131]

Não se tratou de uma falha acidental de interpretação por parte de Lukács; nem o resultado da "capitulação oportunista à ortodoxia do partido", como se afirma freqüentemente. Em vez disso, foi a conseqüência de não dar peso suficiente ao fato de que *a base material da solidariedade* fora abalada na virada do século XIX para o XX. Nenhuma jogada *ideológica* poderia pôr as coisas no lugar, enquanto a base material ficasse intacta.

Também não era possível remediar a situação apenas mediante esforços *organizacionais* políticos, por melhores que fossem. A grande dificuldade que o movimento socialista tinha de enfrentar referia-se ao metabolismo socioeconômico fundamental do sistema capitalista global e às determinações *orgânicas* nele envolvidas. ("Orgânicas" no sentido em que Marx usou na citação que extraímos dos *Grundrisse*.) Nenhum apelo ideológico direto à consciência do proletariado poderia, digamos assim, "neutralizar" tais desenvolvimentos objetivos, superando ou anulando o caráter orgânico dos desenvolvimentos em questão, enquanto o capital ainda encontrasse grandes escoadouros para deslocar suas contradições apoiado em sua *ascendência global*, apesar dos reveses que sofreu com a vitória da revolução russa.

Caracteristicamente, portanto, mesmo as questões de *organização* foram reduzidas a preocupações *ideológicas*. O partido foi definido como o portador da "consciên-

---

[127] Ibid., p. 264. Os grifos são de Lukács.

[128] Ibid., p. 283.

[129] Ver nota 62.

[130] Lukács, ibid., p. 284.

[131] Ver nota 66.

cia de classe" puramente "atribuída ou imputada ao proletariado", e esta consciência de classe foi descrita da seguinte maneira:

> Relacionando-se a consciência ao todo da sociedade torna-se possível *inferir* os pensamentos e sentimentos que os homens *teriam* em uma situação particular se fossem *capazes* de avaliar tanto a própria situação quanto os interesses surgidos a partir dela em seu impacto sobre a ação imediata e sobre toda a estrutura da sociedade. Ou seja, seria possível *inferir* os pensamentos e sentimentos *apropriados* a sua situação objetiva. [...] A consciência de classe, na verdade, consiste nas reações *apropriadas e racionais "atribuídas"* [*zugerechnet*] a uma determinada *posição típica* no processo de produção.[132]

Por isso, o partido era idealizado deste modo:

> ao partido *atribui-se* o papel sublime de portador da consciência de classe do proletariado e da consciência de sua vocação histórica. [...] A consciência de classe é a "ética" do proletariado [...] o partido é a incorporação histórica e a *encarnação ativa* da consciência de classe [...] a *encarnação organizada* e visível da consciência de classe [do proletariado].[133]

Do mesmo modo, a tentativa de Lukács de atribuir à ideologia o papel crucial em toda parte dominou também seu diagnóstico dos processos socioeconômicos em desenvolvimento:

> Com as crises da guerra e do período pós-guerra [...] a idéia de uma economia "planificada" ganhou terreno pelo menos entre os elementos mais progressistas da burguesia. [...] Quando o capitalismo estava *ainda se expandindo*, rejeitou qualquer tipo de organização social [...]. Se compararmos isso às tentativas atuais para harmonizar uma economia "planificada" com os interesses da classe burguesa, seremos forçados a admitir que o que estamos testemunhando é a *capitulação da consciência de classe da burguesia diante da consciência de classe do proletariado*. Evidentemente, o setor da burguesia que aceita a noção de uma economia "planificada" não a entende do mesmo modo que o proletariado; considera-a como uma *última tentativa para salvar o capitalismo*, levando suas contradições internas ao ponto de ruptura. Não obstante, isto equivale a *descartar a última linha teórica de defesa*. (Como um estranho paralelo, podemos observar que exatamente neste período alguns setores do proletariado *capitulam diante da burguesia* e adotam a forma mais problemática de organização [partidária] burguesa.) Com isso, toda a existência da burguesia e de sua cultura mergulham na *mais terrível crise*. [...] Esta *crise ideológica* é um sinal infalível de decadência. A burguesia já foi posta na defensiva; por mais agressivas que possam ser suas armas, ela está lutando pela autopreservação. *Seu poder de dominação desapareceu de modo inapelável.*[134]

O fato histórico de que o "estranho paralelo" à "capitulação da consciência de classe da burguesia diante da consciência de classe do proletariado" não surgiu "exatamente neste período", mas pelo menos três décadas antes do "período pós-guerra", não parecia importar ao diagnóstico de Lukács. Tampouco ele procurou explicar o que o causou.

---

[132] Lukács, ibid., p. 51.

[133] Ibid., p. 41-2.

[134] Ibid., p. 67.

A constituição da solidariedade    435

Igualmente não sentiu necessidade de empreender uma análise séria da economia capitalista global e de suas tendências recentes de desenvolvimento em seu próprio quadro de referências. Seu discurso orientado para a ideologia apresentava tanto o diagnóstico como as soluções em termos estritamente ideológico-teóricos: como o "descarte da última linha *teórica de defesa*" e a "*crise ideológica*" dele resultante.

Entretanto, visto que o paradoxal "estranho paralelo" à crise ideológica da burguesia foi definido do mesmo modo, a solução deste paradoxo foi teorizada com o mesmo espírito, no interior da ideologia. Ele firmou que

As estratificações dentro do proletariado, que levam à formação dos vários partidos de trabalhadores e do Partido Comunista, não são estratificações econômicas *objetivas* no proletariado, mas simplesmente estágios no desenvolvimento de sua consciência de classe.[135]

Conseqüentemente, a solução possível para os problemas identificados só pôde ser definida por Lukács em termos ideológico-organizacionais, como "a ação *livre, consciente*, da *própria vanguarda consciente* [...] a superação da *crise ideológica*, a luta para adquirir a correta consciência de classe proletária".[136]

Quanto ao próprio paradoxo do "estranho paralelo", a resposta de Lukács conformava-se ao mesmo padrão. Consistia em atribuir à organização política a *missão ideológica* de resgatar das mãos de sua liderança oportunista "a grande massa do proletariado, que é instintivamente revolucionária, mas não atingiu o estágio da consciência clara".[137]

Assim, a importância dos fatores objetivos foi consistentemente minimizada por Lukács para aumentar a plausibilidade de seu apelo ideológico direto a uma consciência de classe proletária idealizada e a sua "encarnação ativa, visível e organizada" no partido. A crise do sistema capitalista foi exagerada ao extremo para dar a entender que, não fosse pelas "mentes dos trabalhadores", a ordem estabelecida não se sustentaria por mais tempo. Eis como Lukács se referiu à questão:

A condição de crise do capitalismo torna cada vez mais difícil aliviar a pressão exercida pelo proletariado fazendo-se pequenas concessões. Para fugir da crise, a solução "econômica" só pode surgir pela exploração mais intensa do proletariado. Por esta razão, as teses táticas do Terceiro Congresso enfatizam muito corretamente que "toda greve de massa tende a se traduzir em uma guerra civil e em uma luta direta pelo poder".

Mas apenas tende a isso. E o fato de esta tendência ainda não ter se tornado realidade, ainda que as *precondições econômicas e sociais se tenham freqüentemente realizado*, é precisamente *a crise ideológica do proletariado*. Esta crise ideológica se manifesta, por um lado, no fato de *a posição objetivamente precária da sociedade burguesa* ser dotada, *nas mentes dos trabalhadores*, de toda a sua primitiva estabilidade; em muitos aspectos, o proletariado ainda está preso nas velhas formas capitalistas de pensamento e sentimento. Por outro lado, o *aburguesamento do proletariado* se torna institucionalizado nos partidos trabalhistas mencheviques e nos sindicatos que eles controlam.[138]

---

[135]  Ibid., p. 326.
[136]  Ibid., p. 330.
[137]  Ibid., p. 289.
[138]  Ibid., p. 310.

436   *Ideologia e emancipação*

Desse modo, a negligência com os fatores materiais dava a Lukács a ilusão de que as precondições econômicas e sociais da transformação revolucionária eram "*freqüentemente realizadas*" e que apenas as "mentes dos trabalhadores" deveriam ser modificadas pela "encarnação ativa e visível de sua consciência de classe" para que se obtivesse a vitória sobre a "condição *objetivamente muito precária* da sociedade burguesa". A estabilidade historicamente produzida e objetivamente sustentada da sociedade capitalista ocidental (isto é, a bem-sucedida expansão imperial de antes da guerra e a reestabilização e expansão após 1919) foi posta de lado por Lukács como desprovida de existência real, pois supostamente só existia "nas mentes dos trabalhadores". Igualmente, foi negado um *status* objetivo às múltiplas estratificações objetivas no interior da classe trabalhadora, e elas foram descritas, em vez disso (um pouco misteriosamente, à maneira da "tipologia" weberiana), como "estágios" no autodesenvolvimento da consciência de classe proletária. Como resultado desta abordagem, a tarefa histórica do "que deve ser feito" tinha de ser definida como o trabalho da consciência sobre a consciência. Foi assim que Lukács – um dos pensadores mais originais e verdadeiramente dialéticos do século XX – terminou declarando, com parcialidade não-dialética, que a "crise ideológica" do proletariado "deve ser resolvida *antes* que possa ser encontrada uma solução prática para a crise econômica mundial".[139]

### 8.7.9

Em nossa época, a reconstituição da solidariedade internacional de acordo com sua base material fundamentalmente alterada é um dos maiores desafios que o movimento socialista enfrenta em toda parte. Tomando-se um exemplo recente, as dificuldades que os mineiros britânicos tiveram de enfrentar durante sua greve de um ano de duração não podem ser inteiramente separadas da atitude indiferente do movimento *Solidariedade* polonês.[140] Interconexões semelhantes podem ser identificadas em praticamente qualquer campo de produção e troca. Assim, se as exportações do carvão sul-africano, produzido com uma superexploração dos trabalhadores e por isso altamente lucrativo, provocam desemprego na Europa (inclusive na Grã-Bretanha), ou se as importações japonesas do aço da Coréia do Sul resultam no fechamento de grandes

---

[139]   Ibid., p. 79.

[140]   Em relação à expansão das fábricas ocidentais de *jeans* na Hungria, que resultaram no fechamento de algumas de suas homólogas na Escócia, eu me referi em um artigo ao fato de que:

"O capitalismo ocidental pode utilizar para vantagem própria sua capacidade de explorar até a força de trabalho do Leste europeu, relativamente mal remunerada, e utilizar a mobilidade do capital – enquanto prega a 'necessidade da mobilidade do trabalho' como a solução mágica para o desemprego – contra sua própria força de trabalho.

"Outro exemplo importante, e também extremamente doloroso, foi fornecido pela duplicação das exportações de carvão polonês para a Grã-Bretanha de Margaret Thatcher durante a greve dos mineiros. Na verdade, para piorar as coisas, isto ocorreu em circunstâncias em que a organização Solidariedade, de Lech Walesa (em contraste com alguns grupos locais de trabalhadores poloneses), não manifestou sequer uma palavra de solidariedade para com os mineiros britânicos" (István Mészáros, "The Cunning of History in Reverse Gear", *Radical Philosophy*, n. 42, inverno/primavera de 1986, p. 7).

Uma excelente análise sobre o desenvolvimento da organização Solidariedade na Polônia está no livro de Daniel Singer, *The Road to Gdansk*, Nova York, Monthly Review Press, 1981.

A constituição da solidariedade    437

siderúrgicas no Japão, tudo isso mostra que as conexões internacionais e as operações do capital global podem produzir conseqüências extremamente problemáticas, mesmo para a classe trabalhadora dos países metropolitanos até há pouco relativamente bem protegida e privilegiada.

Há muitos anos, Rosa Luxemburgo observou que, "refutando a existência da *luta de classe*, a socialdemocracia negou a própria base de sua existência".[141] Ao passo que, durante várias décadas, a atenuação reformista da luta de classe objetivamente se adequou às estratégias de expansão do capital ocidental no cenário mundial e a negação socialdemocrata da base de sua própria existência pôde permanecer *latente*, a crise estrutural do capital traz surpresas muito desagradáveis para a "marcha do trabalho *socialdemocrata* para a frente". Ela *ativa* a contradição mais íntima da existência da socialdemocracia, que durante muito tempo pôde permanecer latente, pois a luta de classes – em várias de suas formas – simplesmente se recusa a ir embora e, portanto, a se adaptar às estratégias do parlamentarismo reformista. Eis por que a crise estrutural do capital é simultânea e inseparavelmente também a crise da socialdemocracia ocidental.

Com isso, a questão de como tomar decisões no interesse da classe trabalhadora, como a *maioria efetivamente dominante* do país – questão que antes parecia estar automaticamente resolvida por referências acríticas à estrutura parlamentar como tal –, de repente tornou a aparecer no horizonte, em vista das crescentes dificuldades da expansão do capital global e das inevitáveis repercussões destas últimas sobre o trabalho, mesmo nos países capitalistas mais avançados. Também neste aspecto Rosa Luxemburgo caracterizou, de modo notável, as dificuldades que o movimento socialdemocrata impôs a si mesmo, juntamente com sua possível solução:

> O partido de Lenin foi o único que compreendeu a missão e o dever de um partido realmente revolucionário e que, com o lema "Todo o poder nas mãos do proletariado e do campesinato", assegurou o desenvolvimento contínuo da revolução.
>
> Com isso, os bolcheviques resolveram o famoso problema de "ganhar a maioria do povo", problema este que sempre pairou como um pesadelo sobre a socialdemocracia alemã. Como discípulos inveterados do cretinismo parlamentar,[142] estes socialdemocratas alemães buscaram aplicar às revoluções o tosco saber do *jardim-de-infância parlamentar*: para levar adiante qualquer coisa, é preciso primeiro ter uma maioria. Eles dizem que o mesmo se aplica à revolução: vamos primeiro nos tornar uma "maioria".
>
> Entretanto, a verdadeira *dialética das revoluções* vira este saber das toupeiras parlamentares de ponta-cabeça: *não a partir de uma maioria até as táticas revolucionárias, mas a partir das táticas revolucionárias até uma maioria* – é esta a direção que o caminho segue.[143]

---

[141]  Luxemburg, *The Junius Pamphlet*, p. 54.

[142]  Expressão originalmente utilizada por Marx para caracterizar os parlamentares que acham que os conflitos sociais são decididos por moções, questões de ordem e votos nos debates parlamentares.

[143]  Luxemburg, *The Russian Revolution*, p. 38-9. Três anos mais tarde, dirigindo-se a um público ocidental, Lenin afirmou em termos muito semelhantes:
"Conquistar a *maioria* do proletariado para nosso lado – esta é a principal tarefa [...]. É claro que não damos à conquista da maioria uma *interpretação formal*, como fazem os paladinos da 'democracia' filistina da

438  *Ideologia e emancipação*

Naturalmente, esta resposta implicava a existência de *condições objetivamente favoráveis*, ainda que um pensador dialético jamais pudesse fazer da "objetividade" em questões humanas um fetiche. Nunca será demasiado reafirmar a importância seminal das intervenções estratégicas no curso dos desenvolvimentos sociais em relação à "dialética das revoluções" e à "dialética da história". Na verdade, sem tais intervenções, as esperanças das forças históricas progressistas invariavelmente se transformam em decepções, pois colidem com a "força das circunstâncias" – mecanicamente concebida – à qual acreditam simplesmente se submeter na ausência de alternativas viáveis, embora, de fato, contribuam ativamente para o triunfo da "má objetividade" pela submissão a ela.

Contudo, apenas o subjetivismo voluntarista pode ignorar o peso real da objetividade, em geral com conseqüências desastrosas, como testemunham abundantemente as violações stalinistas da "dialética da história", ainda longe de estar completamente superadas.

O desvio socialdemocrata das tendências iniciais do socialismo internacional tinha por trás de si o poder de imensas forças materiais e dos interesses correspondentes, ainda que os benefícios estivessem, em seu conjunto, confinados à "metrópole do capital" (Marx), isto é, à Inglaterra da época e a outros poucos países capitalistas avançados. Como já vimos, o "princípio de que o movimento dos trabalhadores é um movimento internacional foi completamente negado", e com ele foi abandonada a perspectiva da solidariedade internacional. No entanto, este desenvolvimento fatídico não surgiu em decorrência da arbitrariedade irracional de líderes reformistas oportunistas, mas em íntima conjunção com as mudanças materiais emergentes.

Também vimos a queixa de Marx de que, embora os desenvolvimentos capitalistas ingleses representassem um grau muito elevado de "*maturidade e universalidade*", e por isso "os ingleses possuam todas as *condições materiais* necessárias para a revolução", não obstante, "o que lhes falta é o *espírito de generalização* e a *paixão revolucionária*".[144]

---

Internacional Dois-e-Meio. Quando, em julho de 1921, em Roma, todo o proletariado – o proletariado reformista dos sindicatos e os centristas do partido de Serrati – *seguiu os comunistas contra os fascistas*, aquilo foi conquistar a maioria da classe trabalhadora para nosso lado.

"Isto estava longe, muito longe, de conquistá-los de modo definitivo; realizava-o apenas *parcialmente*, apenas *momentaneamente*, apenas *localmente*. Mas foi uma conquista da maioria, e isso é possível mesmo que, *formalmente*, a maioria do proletariado siga os líderes burgueses, ou líderes que fazem uma política burguesa (como todos os líderes da Segunda Internacional e da Internacional Dois-e-Meio), ou ainda se a maioria do proletariado estiver indecisa. Esta conquista está ganhando terreno rapidamente de todas as maneiras *por todo o mundo*. Devemos fazer preparativos mais completos e cuidadosos para isto; não devemos permitir que passe nem uma única oportunidade séria quando a burguesia obrigar o proletariado a empreender uma luta; devemos *aprender a determinar corretamente o momento em que as massas do proletariado não podem levantar-se senão conosco*.

"Então a vitória estará assegurada, por mais graves que sejam algumas derrotas e transições em nossa grande campanha.

"Nossos métodos táticos e estratégicos (se considerados em uma escala internacional) ainda são atrasados em relação à *excelente estratégia da burguesia*, que aprendeu com o exemplo da Rússia e não se deixará 'tomar de surpresa'. Mas nossas forças são maiores, incomensuravelmente maiores; estamos aprendendo tática e estratégia; incrementamos esta 'ciência' a partir dos erros da ação de 21 de março. Dominaremos completamente esta 'ciência'." (Lenin, "A Letter to the German Communists", *Collected Works*, vol. 32, p. 522.)

[144]  Ver nota 27.

A constituição da solidariedade   439

Mais uma vez, esta circunstância não poderia ser explicada por algo como a influência do *empirismo filosófico* (com que os trabalhadores ingleses tiveram muito pouco contato), mas por dois outros fatores fundamentalmente diferentes.

Primeiro, pela circunstância de que da "maturidade e universalidade" do capital não segue nenhuma linha reta para a "maturidade e universalidade" do movimento da classe trabalhadora (isto é, a consciência socialista internacional e a correspondente articulação institucional e organizacional). Ao contrário, na medida em que a "maturidade e universalidade" necessariamente contraditórias do capital – esta "contradição viva" (Marx) – puderem oferecer ganhos materiais significativos para as classes trabalhadoras nacionais das "metrópoles do capital", à custa de seus irmãos de outros países, os parâmetros ideológicos da emancipação se tornam extremamente confusos. Em tais circunstâncias, os interesses *parciais* imediatos auto-orientados prevalecem contra os interesses *gerais* da classe trabalhadora como um todo, considerada em sua capacidade de agente histórico da emancipação socialista.

E, segundo, pelo fato de que – em virtude de poderosas determinações históricas – a "maturidade e universalidade" da Inglaterra (por conta de ser o país capitalista dominante na época das queixas de Marx) eram inseparáveis de seu papel de liderança (na verdade, esmagadora liderança) na expansão global do "novo imperialismo". Assim, a ausência do "espírito de generalização", que faltava aos trabalhadores ingleses, e da "paixão revolucionária" socialista-internacionalista apropriada a tal espírito, estavam bem de acordo com o campo de ação concedido a seu movimento pela "maturidade e universalidade" contraditórias do capital inglês em expansão imperialista. Este último, de fato, conseguiu unir o destino de sua força de trabalho nacional – durante todo o período histórico em que a orientação imperial correu tranqüila – à dinâmica de suas próprias necessidades e interesses.

Portanto, para se levar a sério a idéia de reconstituição da muito necessária solidariedade internacional do movimento socialista sobre a base material globalmente alterada do capitalismo do pós-guerra, é necessário que se considerem e respondam às transformações materiais objetivas que realmente ocorreram na estrutura internacional do capital. As extensas e profundas mudanças materiais do período pós-guerra oferecem uma nova margem de ação para as pessoas da ala radical do movimento que mantêm seu interesse pelas potencialidades da emancipação socialista.

### 8.7.10

A este respeito, uma das questões mais espinhosas é a do relacionamento entre nacionalismo e internacionalismo. Ela também ilustra como a perversa "universalidade" do capital pode contradizer e abalar diretamente a solidariedade dos explorados e oprimidos, evitando assim o surgimento da universalidade rival do internacionalismo socialista, necessariamente oposta aos interesses do capital.

É claro que a idéia de socialismo sem internacionalismo é uma contradição nos termos. Ao mesmo tempo, seria muito ingênuo postular a fácil resolução dos conflitos objetivos de interesse que favoreçam a aceitação da perversa "universalidade" do capital – e seu falso "internacionalismo" – por parte das classes trabalhadoras metropolitanas.

440  *Ideologia e emancipação*

No "Terceiro Mundo", aqueles que arcam com as conseqüências do sistema global de hierarquias e dependências do capital têm um interesse muito mais direto nesta questão do que seus semelhantes nos países capitalistas avançados. São forçados a lutar pela verdadeira emancipação *nacional* – em contraste com as disposições político-formais vazias dos arranjos "pós-coloniais", que deixam intactas as estruturas de dominação estabelecidas – sempre que levantam a questão da emancipação *econômica*. Entretanto, é muito difícil questionar as relações de poder substantivas dos arranjos "pós-coloniais", tanto em termos políticos como ideológico-culturais. Eis como Constantino, acertadamente, argumenta:

> É evidente que as nações avançadas do mundo não aprovam o crescimento do nacionalismo em um país do Terceiro Mundo, embora, astutamente, encorajem suas manifestações mais neutras ou inócuas no campo cultural como uma válvula de escape para o descontentamento dos povos dominados. O que os poderosos Estados capitalistas estão estimulando é o conceito de *internacionalismo*, a idéia de que eles e as nações do Terceiro Mundo são economicamente interdependentes de modo mutuamente benéfico e devem, portanto, permanecer politicamente alinhados. Assim como gerações de filipinos sofreram uma lavagem cerebral sob o domínio norte-americano para acreditar que seu *status* de país agrícola e exportador de matéria-prima era o único adequado a eles, os filipinos de hoje estão sendo levados a acreditar que o único caminho disponível para seu progresso é o da modernização por meio de uma industrialização dependente. As instituições culturais ocidentais e os meios de comunicação de massa em geral reforçam todos estes conceitos à medida que continuam a ocidentalizar as culturas do Terceiro Mundo.
>
> Sutilmente, a idéia de nacionalismo é depreciada como não mais pertinente ou é associada às suas manifestações chauvinistas do passado em países como a Alemanha e o Japão.
>
> Há filipinos que acreditam dever fazer uma escolha entre nacionalismo e internacionalismo, ou que um deva ser subordinado ao outro. É necessário conhecer a conexão correta entre os dois. O internacionalismo é um sentimento de afinidade para com os povos do mundo, não para com seus líderes ou governos. O nacionalismo é a consciência que os filipinos têm de seus próprios interesses. Para alguém ser um bom nacionalista, deve compartilhar os objetivos dos outros povos por uma vida melhor, tornando-se de fato um *verdadeiro internacionalista*. Mas, antes de poder ser um bom internacionalista, deve-se primeiro ser nacionalista, levando em consideração o bem-estar de seu próprio povo antes de poder ajudar outros – no entanto, deve-se estar sempre consciente de que os objetivos maiores de todo um povo *excluem a exploração de outros*. Isto é, o conteúdo internacionalista do nacionalismo repousa no *aspecto igualitário da fraternidade mundial*, e o conteúdo nacionalista do internacionalismo repousa no conceito da *soberania nacional* no presente sistema dos Estados do mundo e em sua defesa contra investidas imperialistas.[145]

Assim, a questão real não é o nacionalismo *ou* o internacionalismo, mas *que tipo* de nacionalismo *e* internacionalismo podem – *em conjunto* – fazer avançar a causa da

---

[145]  Renato Constantino, *Synthetic Culture and Development*, Quezon City, Foundation for Nationalist Studies, Inc., 1985, p. 64-5.

emancipação socialista. A dialética de suas inter-relações torna impossível dar conteúdo à exigência de internacionalismo socialista sem cuidar das necessidades vitais das classes trabalhadoras nacionais; e, vice-versa, a busca de objetivos nacionalistas à custa de outros povos pode apenas gerar antagonismos (em última análise, autodestrutivos), ainda que seus resultados imediatos sejam favoráveis às forças que embarcam em tais aventuras.

O ponto é que o "nacionalismo" e o "internacionalismo" não são valores desencarnados ou imperativos abstratos do "dever ser" impotente, mas *categorias do ser social* materialmente ancoradas, assim como o são o "capital" e o "trabalho. Não são a invenção subjetiva de indivíduos mais ou menos esclarecidos, colocados diante do resto da sociedade para serem imitados por ela, mas produtos necessários do ser social, que se tornam viáveis somente em determinado estágio de seu desenvolvimento histórico.

O nacionalismo, como uma força político-ideológica básica, capaz de mobilizar (para o melhor ou para o pior) um grande número de pessoas, aparece inicialmente com a burguesia em ascensão. Como tal, contribui muito para o avanço e para o estabelecimento progressivo da ordem socioeconômica capitalista. Em sua forma burguesa original, o nacionalismo não tem uma significativa conexão materialmente fundamentada com o internacionalismo. Assim, dado seu ambiente estrutural inevitavelmente conflituoso, determinado pelos imperativos da expansão do capital, ele pode conduzir às formas mais extremas de conflagração destrutiva, como demonstram os anais da história moderna – particularmente no século XX.

Em contraste, as tentativas de se articular o princípio do internacionalismo socialista aparecem primeiro no tumulto da Revolução Francesa e em seguida às guerras napoleônicas, emanando do ser social das classes trabalhadoras em ascensão. Neste caso, mais uma vez, não estamos lidando meramente com uma "idéia", descoberta por alguns indivíduos excepcionais, à qual supõe-se que a realidade deva se adaptar como a um imperativo moral abstrato. O internacionalismo socialista é muito diferente de idéias como a "fraternidade universal dos homens" – religiosamente defendida, mas na verdade nunca realizada, nem aproximadamente – ou os "direitos humanos", tão ruidosamente proclamados, mas vazios em relação ao seu conteúdo, para os quais o mundo real do capital simplesmente se recusa a conceder algo além da pura aprovação retórica. O internacionalismo é o reflexo categorial de determinações materiais fundamentais na estrutura mais íntima da produção capitalista, a qual *tende*, do modo mais *antagônico*, para sua *integração global*.

Portanto, precisamente em virtude do fato de a modalidade necessária de tal integração ser *antagônica*, carregando a perspectiva de conflitos e desastres cada vez maiores – daí a dura alternativa de "socialismo ou barbárie" –, a categoria de *internacionalismo* enraizada na realidade do ser social *não pode* ser definida a partir da perspectiva da burguesia, pois nenhuma classe social cuja existência e privilégios dependam da exploração antagônica das outras classes em sua sociedade pode reconhecer a resolução dos antagonismos que a sustentam e, desse modo, o fim de sua própria ordem social. Isso é verdadeiro quer pensemos nas classes dominantes da escravidão, na aristocracia da ordem feudal ou na burguesia do sistema capitalista. Seus representantes, desde Menênio Agripa até hoje, só podem reconhecer os antagonismos de sua socie-

442  *Ideologia e emancipação*

dade – antagonismos que necessariamente apontam *para além* de sua sociedade – na medida em que estes possam ser *atenuados,* de forma a ficarem *contidos* com êxito dentro dos parâmetros socioeconômicos existentes. Eis por que, dadas as limitações estruturais intrínsecas aos interesses materiais dominantes, o ponto de vista do capital só pode produzir os conceitos ilegítimos do pseudo-internacionalismo, em cujas raízes pode-se encontrar (de uma forma ou de outra) a realidade do *expansionismo imperialista* e a exploração econômica mais impiedosa – e, se preciso for, até a mais brutal repressão político-militar – de outros povos.

Em contraste, do ponto de vista histórico do trabalho – certamente, não em sua imediatez particularista, mas no sentido de que as potencialidades do trabalho representam a *alternativa hegemônica* à ordem estrutural do capital –, a categoria do internacionalismo pode ser adequadamente conceituada. O internacionalismo torna-se visível, a partir da perspectiva do trabalho, não como um *desideratum,* embora desejável, mas como uma tendência objetiva do desenvolvimento socioeconômico e político-cultural para uma produção e um intercâmbio globais efetuados de modo cooperativo. Como tal, esta categoria do ser social ao mesmo tempo *reflete a realidade objetiva* das forças capitalistas auto-afirmativas e em inevitável expansão, com todo seu dinamismo ligado aos antagonismos internos, e *vislumbra* a necessária *superação* da ordem dada, como a resolução potencial dos antagonismos destrutivos.

Assim, os problemas enfrentados pelas forças do trabalho historicamente dadas são duplos. Visto que estas forças estão localizadas, em posições mais ou menos privilegiadas, em determinados pontos das estruturas estabelecidas do capital globalmente articulado, elas refletem (e via de regra também internalizam) as limitações e contradições de sua posição, ligadas aos destinos de seu capital nacional. (A socialdemocracia, como fenômeno histórico, é a manifestação objetiva de tais contradições e limitações.) Porém, ao mesmo tempo, uma vez que se encontram, necessariamente, no pólo que sofre as medidas adaptativas e as contradições irreprimíveis do capital, são forçadas a olhar na direção da resolução potencial dos antagonismos prevalecentes, isto é, na direção, não de sua *atenuação* temporária, mas de sua *superação* praticamente viável, que se encontra fora dos perímetros da ordem estabelecida.

As evidências da viabilidade histórica da busca do trabalho de ir para além do capital estão em parte apenas implícitas, de modo negativo, nas contradições e nos distúrbios que constantemente irrompem deste sistema produtivo. Contudo, o mais importante é que elas também são fornecidas – de modo tangível, e, nesse sentido, "positivo" – pelas estruturas emergentes do capital global, tais como, por exemplo, as formações monopolistas cada vez mais dominantes das corporações transnacionais "capitalistas avançadas". Certamente, os desenvolvimentos deste tipo ainda estão muito distantes de sua plena realização, e sua extensão pode apresentar problemas adicionais para o trabalho. Não obstante, por sua própria natureza, também abrem novas possibilidades para a ação emancipatória, incluindo-se a reconstituição necessária, ainda que difícil e dolorosa, da base material da solidariedade.

Retornaremos logo a este problema. Mas, antes disso, é preciso dizer umas poucas palavras conclusivas sobre o desvirtuamento do movimento socialista pela socialdemocracia.

Deve ser destacada no presente contexto a seguinte questão: *qual tipo* de nacionalismo e internacionalismo pode contribuir para a realização de objetivos socialistas? Quando a socialdemocracia ocidental capitula diante do nacionalismo burguês e assim, ao mesmo tempo, perde sua dimensão internacional em troca dos benefícios a ela conferidos pela aventura imperial (como de fato ocorreu na eclosão da Primeira Guerra Mundial), a condição de "negação da própria base de sua existência" – abandonando a luta de classes – é ainda mais agravada. Daquele momento em diante, não importa quanto tempo as implicações autodestrutivas desta condição permaneçam ocultas, a socialdemocracia ocidental desempenha seu papel na arena política por cortesia do capital, do qual deixou de ser um antagonista histórico. É o que acontece, não importa a freqüência com que é permitido aos partidos socialdemocratas ocidentais comporem o governo, desde Ramsay Macdonald até Harold Wilson (sem mencionar Giuseppe Saragat e Bettino Craxi), demonstrando de modo palpável em todas as ocasiões a sabedoria da afirmação de Rosa Luxemburgo sobre o único sentido significativo que o conceito de "maioria" tem para os socialistas. Ou seja, "não a partir de uma maioria até as táticas revolucionárias, mas a partir das táticas revolucionárias até uma maioria – é esta a direção que o caminho segue".

Portanto, é lógico que a primeira-ministra britânica Margaret Thatcher se vanglorie abertamente, após sua última vitória eleitoral, de sua intenção e capacidade de se livrar para sempre do socialismo, em circunstâncias em que a classe dominante vê pouca utilidade nos compromissos parlamentares com os partidos socialdemocratas, até mesmo em questões de importância secundária, assim como ela e seus companheiros se vangloriaram de "derrotar os mineiros" três anos atrás. Entretanto, pela perspectiva da classe que representa, Thatcher não percebe a total contradição entre as duas afirmações. A greve de um ano dos mineiros britânicos (e muitas outras greves, tanto antes quanto depois dessa) demonstra que "excluir os partidos socialdemocratas" não é a mesma coisa que a supressão dos antagonismos internos do sistema do capital e a eliminação dos agentes históricos envolvidos na busca da emancipação socialista.

A periódica eclosão dos conflitos de classe tem ocorrido com mais freqüência, ainda que, pela natureza de tais lutas e pelos sacrifícios envolvidos nas ações daqueles que desafiam a ordem estabelecida, eles raramente assumam a forma dramática de uma greve de massa de um ano de duração. No entanto, o fato é que mesmo ações desafiadoras de tal magnitude por parte da classe trabalhadora – absolutamente inimagináveis tanto no passado distante como no recente – ocorrem *noventa anos* depois que a socialdemocracia ocidental negou pela primeira vez a existência da luta de classes e, com isso, também a base de sua própria existência.

Do mesmo modo, a necessidade da solidariedade internacional no movimento socialista hoje é maior do que nunca, 113 anos após Engels ter-se queixado de que, com as tendências emergentes da acomodação socialdemocrata, "o princípio de que o movimento dos trabalhadores é um movimento internacional foi, para todos os efeitos e propósitos, completamente negado".

Também não nos defrontamos aqui com a oposição entre os impotentes "desejos" moralistas e a "dura realidade" da ordem socioeconômica insuperável do capital, diante da qual a única coisa sensata a fazer é adotar o "novo realismo" (que tem cem

444    *Ideologia e emancipação*

anos de idade) da acomodação socialdemocrata. Tanto a luta de classe como a exigência de solidariedade internacional são *materialmente* sustentadas. São estabelecidas e reproduzidas não somente pelos irreprimíveis antagonismos do sistema do capital, mas também pelas estruturas produtivas e organizacionais tangíveis por intermédio das quais aquele sistema já *está* – mas também ainda está no processo de *se tornar* – globalmente articulado, e sem as quais ele não pode absolutamente funcionar. Dessa maneira, o capital enquanto "contradição viva" faz que, na medida em que o próprio sistema do capital sobreviva, nem a luta de classes como tal nem as estruturas produtivas globalmente difundidas e ainda reforçadas do sistema – que por um lado fazem que a luta de classes ecloda constantemente, e por outro aumentam suas chances históricas de sucesso – possam "desaparecer" em prol da conveniência da "*atenuação dos conflitos*".

### 8.7.11

Há dois séculos, Immanuel Kant fez uma tentativa heróica para chegar a um acordo com as contradições da nova ordem social emergente – que, em sua opinião, era globalmente interconectada – e a elas impor a dimensão da moral. Eis como apresentou sua concepção de uma "natureza" (um dos seus termos para designar a "providência" em questões humanas) intencional e benevolente que ele via operar no mundo natural e histórico a seu redor:

> A comunidade mais estreita ou mais ampla de *todas as nações* da Terra de fato progrediu até o ponto em que a violação da lei e do direito em *um lugar* é sentida em *todos* os outros. Por isso, a *idéia de uma lei cosmopolita ou mundial* não é um modo fantástico e utópico de se encarar a lei, mas uma conclusão necessária do código não-escrito da lei constitucional e internacional, para torná-la uma *lei pública da humanidade*. Apenas sob esta condição podemos nos vangloriar de estarmos continuamente nos aproximando da *paz perpétua*.
> É ninguém menos que a natureza, essa grande artista (*natura daedala rerum*), que nos oferece tal garantia. O curso mecânico da natureza revela evidentemente uma *teleologia*: para *produzir harmonia a partir da própria desarmonia dos homens, mesmo contra sua vontade*. Se esta teleologia [...] for vista à luz de sua utilidade para a evolução do mundo, será chamada de *providência* [...]. A relação e integração desses fatores com a finalidade (moral) que a *razão prescreve diretamente* é muito sublime na teoria, mas é axiomática e bem fundamentada na prática, como, por exemplo, em relação ao conceito de um *dever para com a paz perpétua* que esse mecanismo promove.[146]

Apelar para a idéia de que a teleologia divina era inerente ao mecanismo da natureza "providente" foi um passo necessário na filosofia kantiana, visto que permitia ao autor tanto manter a concepção burguesa de "natureza humana", causadora perene da desarmonia e da guerra (versão kantiana da *bellum omnium contra omnes* de Hobbes), como reconciliá-la com seu postulado moral de uma ordem mundial "cosmopolita" harmoniosa e eternamente pacífica.

---

[146]    Kant, "Eternal Peace", p. 448-9, em *Immanuel Kant's Moral and Political Writings*, org. por Carl J. Friedrich, Nova York, Random House, 1949.

Kant sabia muito bem que, sem essas "evidências" e esse poder de sustentação material – que podiam ser identificados no mundo da "natureza" –, todo discurso sobre o "objetivo mais elevado" da existência humana só seria apropriado a um "Estado de anjos", sendo totalmente impotente em relação a seres humanos reais, "incapazes de uma constituição tão sublime".[147] Por isso, teve de insistir em suas reflexões sobre o relacionamento paradoxal entre a "natureza humana incorrigível" e a ordem mundial cosmopolita, que "se desenvolvia gradualmente" e era também moralmente louvável:

> A natureza vem em auxílio desta *vontade geral*, venerada mas *objetivamente ineficaz*, que se funda na razão. Realiza isso por intermédio das próprias *tendências egoístas*, pois apenas é necessário *organizar bem o Estado* (o que, na verdade, está dentro das capacidades do homem) e dirigir estas forças *uma contra a outra* de modo que *uma equilibre a outra* em seu efeito devastador, ou até o elimine. Conseqüentemente, o resultado é que ambas as forças egoístas são como que *inexistentes* para a razão. Desse modo, o homem, embora moralmente não seja um homem bom, é obrigado a ser um *bom cidadão*.[148]

Kant considerava – e acolhia – as promessas da revolução industrial inglesa e os supostos benefícios do "espírito comercial" de Adam Smith a partir de uma grande distância geográfica e da posição altamente abstrata de sua filosofia transcendental. Portanto, não surpreende que sua avaliação das tendências emergentes de desenvolvimento e das forças que estão atrás delas tenha mostrado ser muito problemática à luz das mudanças históricas reais. Ele percebeu, com grande penetração, que as "nações comerciais [...] simplesmente identificam visitar com *conquistar*. [...] Na Índia oriental (Hindustão), elas introduziram mercenários estrangeiros sob o mero pretexto de estabelecer postos comerciais. Estas tropas de mercenários provocam a eliminação dos nativos, incitando os vários estados da Índia a guerras prolongadas uns contra os outros".[149] Mas, do ponto de vista que produziu seu postulado moral idealista, a partir do qual previu o estabelecimento do reino da "paz perpétua", Kant fracassou em sua tentativa de apreender o dinamismo real das forças socioeconômicas cujas manifestações "maldosas" ele estava tão ansioso para deixar para trás no decorrer do desenvolvimento histórico. De acordo com seu pensamento veleitário moralmente inspirado, Kant minimizou o poder e as chances de sucesso daquelas forças, argumentando:

> O *pior* (ou, se encarado do ponto de vista de um julgamento *moral*, o *melhor*) é que as nações européias não são sequer capazes de desfrutar desta violência. Todas estas companhias comerciais estão *à beira de um colapso*; as ilhas do açúcar – lugares onde ocorre a mais cruel e sistemática escravidão – *não produzem lucro algum*.[150]

Se o *pior* era realmente "o melhor", quando encarado do ponto privilegiado de um "julgamento moral, então, dessa mesma perspectiva, poderíamos contar com a própria natureza providente para retificar o impacto das contradições destrutivas

---

[147] Ibid., p. 452.

[148] Ibid., p. 452-3.

[149] Ibid., p. 447.

[150] Ibid.

446   *Ideologia e emancipação*

fundamentais no e por meio do relacionamento global legalmente ordenado entre os Estados, deixando as questões cotidianas da "sociedade civil" a cargo das propensões burguesas da "natureza humana". A "solicitude da natureza" havia enviado até *madeira flutuante* às inóspitas regiões árticas com um propósito providente, "pois sem este material os habitantes jamais poderiam construir barcos e armas, nem cabanas para morar".[151] Na verdade, de acordo com Kant, a natureza providente desde o início arranjou as coisas de tal maneira que proporcionou, muito adequadamente, o ágil *cavalo* para os homens domarem e domesticarem como "o primeiro instrumento de guerra entre os animais", mantendo o muito menos móvel *elefante* sabiamente na reserva, para uma época posterior, "quando os Estados estabelecidos tornassem possível um maior luxo".[152]

Esta concepção tinha em si mais do que um toque do dr. Pangloss, ainda que fosse infinitamente mais sutil na caracterização das condições sob as quais o postulado reino da "paz perpétua" deveria se concretizar. Além disso, depois da Revolução Francesa, era possível sustentar tais opiniões, durante algum tempo, com uma justificativa histórica relativamente maior do que o alvo da ironia de Voltaire pudera antes fazer.

Não obstante, a abordagem kantiana teve de atingir seu clímax na harmonização totalmente idealista do "espírito comercial" benevolente de Adam Smith com as tendências destrutivas do desenvolvimento global. Desse modo, Kant apresentava a seguinte solução para seu próprio paradoxo:

> A *natureza une as nações* que o conceito de uma lei cosmopolita ou mundial não protegeria da violência e da guerra, e o faz utilizando o *mútuo interesse próprio*. É o *espírito do comércio* que *não pode coexistir com a guerra* e que mais cedo ou mais tarde toma conta de cada nação. Uma vez que o *poder do dinheiro* é talvez o mais confiável dentre todos os poderes subordinados ao poder do Estado, os Estados vêem-se impelidos (embora raras vezes por compulsão moral) a promover a paz nobre e a tentar evitar a guerra pela mediação, quando ela ameaça irromper em qualquer parte do mundo. É *como se os* Estados estivessem *constantemente aliados para este propósito* [...]. Deste modo, *a natureza garante o paz duradoura por meio do mecanismo das inclinações humanas* [...] na prática, a certeza [de que isso irá ocorrer] é suficiente e transforma em um *dever* trabalhar para este Estado (não simplesmente quimérico).[153]

Portanto, da perspectiva da economia política compartilhada por Kant, o "espírito do comércio" foi isento de toda responsabilidade e culpa pelos frutos amargos de suas manifestações necessárias nas práticas exploradoras das "nações comerciais". Além disso, foi elevado ao *status* grandioso de promotor ativo da "paz perpétua", com base na noção puramente fictícia de que "o espírito do comércio não pode coexistir com a guerra", quando na realidade ele pôde proporcionar (e proporcionou) tanto os *meios* como *a motivação* para as formas mais extremas de guerra e destruição, avançando,

---

[151] Ibid., p. 449-50.

[152] Ibid., p. 450.

[153] Ibid., p. 454-5, o grifo da expressão "espírito de comércio" é de Kant. Para uma discussão detalhada da filosofia da história de Kant, ver "Kant, Hegel, Marx: a necessidade histórica e o ponto de vista da economia política" em meu livro *Filosofia, ideologia e ciência social*, p. 155-202.

não para a "ordem mundial cosmopolita" moralmente louvável de Kant, mas, ao contrário, para o ponto em que a própria sobrevivência da humanidade corre risco.

Entretanto, apesar das limitações de seu ponto de vista, as soluções de Kant possuíam uma importância representativa. Ele definia a tendência de integração global em um estágio inicial dos desenvolvimentos capitalistas, quando as estruturas materiais na raiz da nova tendência estavam ainda em um estado mais flexível, sem qualquer indicação firme de como poderiam se reestruturar e consolidar depois. Acima de tudo, a Revolução Francesa, durante um tempo considerável de sua história turbulenta, viu a burguesia e o proletariado lutando lado a lado no campo social comum herdado do "Terceiro Estado".

Permanecendo ancorado à postura individualista de sua "razão prática", e observando a Revolução Francesa a distância, assim como vira a revolução industrial inglesa, Kant não fez qualquer tentativa de apreender teoricamente o emaranhado de contradições de classe internas entre a burguesia e o trabalho, que afloraram e se intensificaram na França no decurso da própria revolução. E ainda menos procurou atribuir à categoria do antagonismo de classe como tal uma importância teórica generalizável. Ao mesmo tempo e do mesmo modo, ao avaliar o relacionamento prevalecente que legalmente se desenvolvia entre os Estados, não viu utilidade alguma para a óbvia hipótese alternativa à sua; isto é, que aquilo que o futuro poderia de fato reservar para a humanidade era a intensificação das rivalidades nacionais e dos antagonismos entre os Estados, mais do que seu progresso harmonioso em direção ao reino da "paz perpétua" prescrito pela razão, sustentado pelo dever moral e garantido pela natureza providente, por intermédio do mecanismo das inclinações humanas.

O que proporcionou à abordagem kantiana seu caráter singular foi a circunstância de o filósofo alemão se achar em uma "terra de ninguém", em virtude do caráter ainda não consolidado, tanto das estruturas materiais nascentes quanto da tendência para a integração global. Parecia, na época, que se podia – na verdade, que se devia – optar por uma solução em que as contradições e irracionalidades do "mundo antigo" seriam superadas para sempre, desbloqueando, desse modo, o caminho da Razão, permitindo-lhe dar uma direção adequada às buscas humanas, em uma aliança harmoniosa com o mecanismo útil da natureza providente. Optar pela solução do *particularismo nacionalista* teria sido, portanto, totalmente inadmissível naquelas circunstâncias, pois tal solução teria preservado a irracionalidade das contradições e das formas de exploração passadas. A idéia de que, apesar disso, o velho colonialismo ou imperialismo das "nações comerciais" dominantes poderia sobreviver ou, pior ainda, se renovar de uma forma muito mais impiedosa e abrangente no futuro mais ou menos distante, parecia naquele tempo completamente inconcebível. Foi por isso que a visão kantiana da "paz perpétua" apareceu na época em que surgiu, unida à idéia de uma ordem mundial *cosmopolita-internacional*.

Entretanto, o ideal kantiano "heróico burguês" da ordem mundial cosmopolita-internacional futura só podia ser um imperativo moral abstrato ao qual a realidade *deveria* se adaptar, mas ela se recusava a fazê-lo. Quando Hegel estava escrevendo *A filosofia do direito*, a "terra de ninguém" de Kant desaparecera completamente do horizonte. As novas estruturas do mundo burguês se tinham consolidado suficiente-

**448** *Ideologia e emancipação*

mente para fazer Hegel zombar da idéia de que o relacionamento entre os Estados existentes pudesse ser considerado parte de uma ordem mundial cosmopolita-internacional e sua "paz perpétua". A eclosão constante de conflitos e antagonismos era evidente em toda parte. Por isso, Hegel definiu o *Estado-nação* como "o poder absoluto na terra", que não podia tolerar qualquer violação – ou mesmo qualquer limitação – de sua soberania absoluta. Por analogia, considerava o relacionamento entre os Estados como permanecendo "*em um estado de natureza*". Ao mesmo tempo, dada a insuperável soberania de cada um dos Estados-nações autônomos, caracterizava qualquer tentativa de regulamentar o relacionamento entre eles como sendo "infectada pela contingência". Não surpreende, portanto, que tenha concluído que, se as vontades particulares dos Estados não podem ser harmonizadas, "a questão só pode ser resolvida pela guerra".[154]

Com um senso de realismo que beira o ceticismo, Hegel até reconheceu o elo orgânico entre as funções repressivas internas do Estado e seus empreendimentos militares externos, sublinhando que "*guerras bem-sucedidas* têm reprimido a *inquietação dentro dos países* e consolidado o poder interno do Estado".[155] Além disso, estava bem consciente da existência de classes "na sociedade civil", assim como da necessidade de se manter as classes inferiores em seu lugar adequado, no interesse do "*capital permanente universal*" e de seu aumento como "o capital geral".[156]

Mas mesmo este tipo de "realismo" representava apenas outro ideal hipostasiado a que a realidade *devia* se adaptar, mas não conseguia. Na concepção idealista hegeliana, supunha-se que o Estado, como o "todo ético", teria de subordinar a si próprio

---

[154] São estas as passagens mais importantes da obra de Hegel, diretamente pertinentes ao presente contexto:

"O direito internacional origina-se das relações entre os Estados autônomos. Por isso, o que nele é absoluto retém a forma de um *dever-ser*, visto que sua efetivação depende, na realidade, de vontades diferentes, cada uma delas soberana.

"O *Estado-nação* é o espírito em sua racionalidade substantiva e realidade imediata, e portanto é o *poder absoluto sobre a Terra*. [...]

"A proposição fundamental do direito internacional [...] é que os tratados, considerados como a base das obrigações entre os Estados, *devem* ser mantidos. Mas, uma vez que a soberania de um Estado é o princípio de suas relações com os outros, os Estados estão, nessa medida, em um *estado de natureza* em relação uns aos outros. Seus direitos só são realizados em suas *vontades* particulares e não em uma vontade *universal* com poderes constitucionais sobre eles. Esta condição universal do direito internacional, portanto, não vai além de um *dever ser*, e o que realmente ocorre é que as relações internacionais, de acordo com os tratados, se alternam com o rompimento destas relações.

"Não há Pretor para julgar entre os Estados; no máximo pode haver um árbitro ou um mediador, e mesmo ele exerce suas funções apenas de forma contingente, isto é, na dependência das vontades particulares dos disputantes. Kant teve a idéia de assegurar a 'paz perpétua' por meio de uma Liga das Nações que resolvesse qualquer disputa. Deveria ser um poder reconhecido por todo Estado individual e arbitraria em todos os casos de dissensão de modo a tornar impossível aos disputantes recorrerem à guerra para decidir esses casos. Esta idéia *pressupõe* um acordo entre os Estados, que se apoiaria sobre bases e considerações morais, religiosas ou outras, mas estaria sempre na dependência fundamental de uma vontade soberana particular e, por essa razão, permaneceria *contaminado pela contingência*.

"Segue-se disso que, se os Estados discordam e suas vontades particulares não podem ser harmonizadas, a questão só pode ser *decidida pela guerra*" (Hegel, *The Philosophy of Right*, p. 212-4).

[155] Ibid., p. 210.

[156] Ibid., p. 131.

A *constituição da solidariedade*  449

(e assim superar) as contradições da sociedade civil, proporcionando-nos, objetiva-mente, "a verdadeira reconciliação que revela o Estado como a imagem e a manifes-tação da razão".[157] A julgar pelos desenvolvimentos históricos reais, não há nada que demonstre a obrigatória conformidade do mundo real antagônico com o postulado hegeliano da "verdadeira reconciliação".

Portanto, embora tanto Kant quanto Hegel estivessem conscientes da tendência emergente de integração global sob a influência do "espírito comercial", nenhum dos dois conseguiu defini-la adequadamente. Mais de três décadas antes de Hegel, Kant ainda podia projetar a visão de uma ordem mundial cosmopolita-internacional, mas só ao preço de privá-la de seu conteúdo nacional e de sua substância real. Em con-traste, Hegel pôde reconhecer a facticidade e a substantividade das determinações nacionais do Estado, mas apenas ao preço de contaminar fatalmente com a contin-gência extrema sua caracterização do Estado e de suas relações com outros Estados, assim como sua concepção da "história do mundo", não obstante suas aspirações originais.[158]

A apreensão do relacionamento dialético entre as dimensões nacional e interna-cional da ordem mundial do capital provou-se difícil até para estes grandes pensadores. Enfatizar um lado significava inevitavelmente esvaziar o conteúdo do outro, ou até negar sua existência legítima, e vice-versa.

As duas dimensões não puderam ser reunidas em uma unidade dialética, mesmo nas principais conceituações burguesas, porque, da perspectiva da economia política, não podiam ser consideradas como coexistindo harmoniosamente na prática social. Encaradas em conjunto na sociedade capitalista, constituem uma unidade inerente-mente *contraditória*. A perspectiva da economia política não pode transformar esta última em uma unidade *dialética* – isto é, um postulado de transcendência prática. Em virtude de sua própria natureza, tal perspectiva internaliza as limitações estruturais

---

[157] Ibid., p. 222.

[158] Citando Hegel:
"É como entidades particulares que os Estados se relacionam uns com os outros. Por isso, suas relações são, na maior escala, um *turbilhão de contingências externas*, e sua particularidade interna são as paixões, interes-ses privados e objetivos egoístas, capacidades e virtudes, vícios, força e erro. Todos estes se movem juntos, e em seu vórtice o próprio *todo ético*, a autonomia do Estado, é *exposto à contingência*. Os princípios dos es-píritos nacionais são inteiramente restritos por causa de sua particularidade, pois é nesta particularidade que, como indivíduos existentes, eles têm a sua realidade objetiva e sua autoconsciência" (ibid., p. 215).
Para remediar a situação, Hegel prossegue seu argumento enunciando alguns postulados abstratos que transferem a problemática geral para a "filosofia da história":
"Suas [dos espíritos nacionais] ações e destinos em suas relações recíprocas umas com as outras são a dialética da finitude destes espíritos, e dela surge o espírito universal, o espírito do mundo, livre de qualquer restrição, produzindo-se como aquilo que exerce seu direito – e seu direito é o direito mais elevado de todos – sobre estes espíritos finitos na 'história do mundo que é o tribunal de julgamento do mundo'" (ibid., p. 215-6).
Mas, assim como *A filosofia do direito* não conseguiu resolver o problema tal como apresentado pelo próprio Hegel, também sua *A filosofia da história* fracassa e retorna, de um modo circular, até o fim, atingindo seu clímax no "grande Estado" moderno imperialista em expansão – que submete a si mesmo, por uma questão de direito, seus vizinhos menores que, "a rigor, não são independentes, e não têm de suportar a *prova de fogo da guerra*" (*A filosofia da história*, p. 456) – na teoria hegeliana do Estado elaborada em *A filosofia do direito*.

450  *Ideologia e emancipação*

da sociedade tratada, que objetivamente definem as dimensões nacionais e internacionais da ordem mundial do capital em sua contradição inconciliável. Em determinadas conjunturas históricas, um dos dois lados é impelido para a frente, se a conjuntura mudar é o outro lado que pode se tornar dominante, dependendo das condições prevalecentes do desenvolvimento socioeconômico e da maior ou menor completitude da estruturação global do capital. Somente a perspectiva de uma superação *real* dos antagonismos materiais, intrínsecos a esta unidade contraditória, pode eliminar a unilateralidade não-dialética que vimos se manifestar tanto nas concepções de Kant como nas de Hegel.

### 8.7.12

Em agudo contraste com o construto ideal de Hegel, segundo o qual "a Filosofia diz respeito apenas à glória da Idéia refletindo-se na História do Mundo", de modo que se possa "reconciliar o Espírito com a História do Mundo",[159] Marx apresentou uma definição perfeitamente direta da história. Observou que "a história é apenas a sucessão das várias gerações, cada uma das quais utiliza os materiais, os fundos de capital e as forças produtivas transmitidas por todas as gerações precedentes; assim, por um lado, *dá continuidade* à atividade tradicional em circunstâncias completamente alteradas e, por outro, *modifica* as velhas circunstâncias com uma atividade completamente alterada".[160]

Levando-se a mesma concepção um passo adiante, "a história do mundo" também deixou de ser uma entidade misteriosa. Tornou-se inteligível no contexto dos processos produtivos e distributivos globais, capitalisticamente estruturados, da indústria em grande escala. Na opinião de Marx, "a indústria em grande escala universalizou a competição, estabeleceu os meios de comunicação e o mercado mundial moderno, subordinou o comércio a si, transformou todo o capital em capital industrial, e, desse modo, produziu a circulação rápida (desenvolvimento do sistema financeiro) e a centralização do capital. [...] Produziu pela primeira vez a *história do mundo*, na medida em que tornou todas as nações civilizadas, e cada membro individual dessas nações, *dependentes* de *todo o mundo* para a satisfação de suas vontades, destruindo assim a antiga exclusividade natural das nações separadas.[161]

Tornou-se, portanto, possível avaliar de maneira tangível a tendência global de integração e suas conseqüências muitas vezes dolorosas, a fim de intervir praticamente no processo de desenvolvimento e ter sob controle sua dimensão destrutiva. A nova realidade da "história do mundo" afetava diretamente as vidas dos indivíduos, em toda parte, por intermédio de suas estruturas materiais e organizacionais, e o fez do modo mais desconcertante. Perante esse contexto – as categorias do "capital" e do "trabalho", ou o "nacionalismo" e o "internacionalismo" –, a categoria "história do mundo" adquiriu seu significado muito preciso em razão das transformações nitidamente identifi-

---

[159]  Hegel, *The Philosophy of History*, p. 457.
[160]  MECW, vol. 5, p. 50.
[161]  Ibid., p. 73.

cáveis do ser social. Marx demonstrou o caráter histórico-mundial e o impacto tangível das transformações em questão com um exemplo admiravelmente simples:

> Se for inventada na Inglaterra uma máquina que prive de pão inúmeros trabalhadores da Índia e da China, e transforme toda a forma de existência desses impérios, esta invenção se torna um *fato histórico-mundial*.[162]

Tudo isso era muito importante para a compreensão dos processos reais da história do mundo e do violento "desenraizamento" dos indivíduos de todo o mundo de seu ambiente social anterior, pelo poder irresistível do capital em expansão global.

Entretanto, quando Marx tocou na questão das nacionalidades, seu discurso se tornou problemático, pois afirmava:

> De modo geral, a indústria em grande escala criou *em toda parte as mesmas relações entre as classes* da sociedade, e assim destruiu as características peculiares das várias *nacionalidades*. [...] Embora a *burguesia* de cada nação ainda mantenha interesses nacionais separados, a indústria em grande escala criou *uma classe que em todas as nações possui o mesmo interesse* e para a qual a *nacionalidade já está morta*; uma classe que realmente está liberta de todo o mundo antigo e ao mesmo tempo se opõe a ele.[163]

Na verdade, este julgamento pulava para uma conclusão que não podia ser sustentada por evidências materiais. Transformava uma *potencialidade* em *realidade*, ao mesmo tempo que negligenciava alguns aspectos importantes de seus próprios termos de referência, como está ilustrado pelo exemplo de Marx dos desenvolvimentos produtivos ingleses que afetam diretamente o metabolismo social da Índia e da China.

Nossa divergência em relação a Marx quanto a este assunto não pode ser creditada apenas à experiência histórica obtida desde então, pois as determinações ausentes referem-se ao próprio objeto de análise de Marx. Isso ocorre porque a afirmação da identidade dos interesses de classe dos trabalhadores em todo o mundo, assim como sua conseqüência lógica – a postulada superação da nacionalidade e do nacionalismo pela classe trabalhadora em toda parte –, necessariamente envolvem a consideração da *reciprocidade* ou de sua ausência. É claro, no entanto, que, mesmo hoje, a reciprocidade material e politicamente eficaz que surgiria da plena identidade de interesses não pode ser afirmada em relação à realidade social da classe trabalhadora como um todo; muito menos nas condições em que foram feitas as análises de Marx.

Atualmente, os teóricos do "adeus ao proletariado" negam até a potencialidade da plena identidade de interesses de classe, e não apenas sua realidade historicamente efetiva. Isto é absolutamente injustificável, pois a potencialidade em questão só pode ser julgada dentro de seu próprio quadro de referência – ou seja, o sistema global do capital plenamente desenvolvido –, e não no terreno limitado de algumas "sociedades capitalistas avançadas", privilegiadas e exploradoras. Não obstante, as dificuldades do relacionamento entre potencialidade e realidade, com respeito à situação historicamente mutável da classe trabalhadora como um todo, não podem ser negligenciadas.

Tomando-se o exemplo de Marx, é claro que não se pode pensar em reciprocidade quanto às próprias estruturas materiais. Na época da análise de Marx, as invenções feitas

---

[162] Ibid., p. 51.
[163] Ibid., p. 73-4.

452  *Ideologia e emancipação*

na Índia e na China produtivamente subdesenvolvidas não poderiam ter um impacto sequer remotamente comparável sobre o metabolismo socioeconômico dos países capitalistas avançados. Em outras palavras, não poderiam se tornar "fatos histórico-mundiais", devendo permanecer limitadas às circunstâncias locais, pois, para se afirmarem como fatos histórico-mundiais, teriam de estar inseridas no ambiente material dos países com o nível mais alto de produtividade e ali prevalecer com sucesso. As chances de sucesso de um tal empreendimento eram, é claro, totalmente inexistentes naquelas circunstâncias, pois mesmo a mais atraente invenção *isolada* está condenada à impotência diante das forças combinadas de um *sistema* muito mais avançado.

Estas considerações são diretamente relevantes para a compreensão do relacionamento entre solidariedade e internacionalismo enquanto forças motivadoras que surgem de uma base material que as sustenta de modo duradouro. Sem sua base material de sustentação, o internacionalismo e a solidariedade socialistas só poderiam ser considerados "ideais" abstratos (por mais que sejam positivamente louváveis) aos quais a realidade teria de se adaptar como resultado do pretenso poder de persuasão dos imperativos morais defendidos.

A genuína *potencialidade* da identidade de valores e objetivos estratégicos da classe trabalhadora como um todo só pode se tornar *realidade* quando o sentimento de reciprocidade exigido para a promoção da solidariedade internacional duradoura e praticamente viável se origina de uma experiência compartilhada de modo significativo por todos os trabalhadores, no que diz respeito ao relacionamento do trabalho com o capital. Isto significa:

Primeiro, que a própria base material da solidariedade já está estruturada de tal modo (ou, pelo menos, em evidente processo de estruturação) – pela irreprimível articulação global do capital – que a *reciprocidade* (sob a forma das *determinações recíprocas* contraditórias do capital, que afeta objetivamente todos os países envolvidos, não importa quão privilegiada possa ser sua posição no sistema neo-imperialista hierarquicamente inter-relacionado) pode ser realmente eficaz no plano das estruturas e práticas produtivas e distributivas fundamentais.

Segundo, que o estado de coisas prevalecente, com todas suas implicações negativas para a dependência e a subordinação estrutural do trabalho, tanto nos países "subdesenvolvidos" como nos "países capitalistas avançados", é reconhecível como tal pela consciência social.

Para ilustrar o primeiro aspecto, podemos pensar em nosso exemplo anterior da Ford Philippines. Ao contrário das relações produtivas de poder existentes entre a Inglaterra, por um lado, e a Índia e a China, por outro (relações de poder que, mais tarde, foram reforçadas pelos arranjos político-militares dos impérios coloniais do final do século XIX), durante a vida de Marx, as estruturas produtivas estabelecidas pela empresa transnacional norte-americana nas Filipinas são objetivamente capazes de produzir um impacto econômico significativo não apenas no âmbito local, mas até nos países capitalistas mais avançados, incluindo os Estados Unidos. A condição de *reciprocidade* é, portanto, muito real, e, mais cedo ou mais tarde, está destinada a se fazer valer de acordo com suas possibilidades objetivas, por mais problemático que possa ser seu impacto sobre a "metrópole do capital".

Entretanto, considerado sob o segundo aspecto, o mesmo exemplo é bem menos confortante, pois, enquanto os trabalhadores da US Ford puderem continuar a receber, pelo mesmo trabalho, *25 vezes* os salários de seus congêneres na fábrica da Ford Philippines ou em outros lugares (isto é, US$ 7,50 contra 30 *cents* por hora), as chances de que a consciência social nos Estados Unidos venha a reconhecer a situação vigente não serão muito grandes. Em vez disso, dado o funcionamento tranqüilo do índice diferencial de exploração e os correspondentes "direitos adquiridos", é provável que a venda da cegueira autocomplacente cubra os olhos do trabalhador norte-americano, para que ele não possa perceber as relações reais de exploração e dominação, tanto em seu país (pois ele é, também, uma vítima dos imperativos materiais do capital e das determinações reificadas) como no exterior.

Entretanto, seria absurdo aceitar tanto a permanência absoluta do índice diferencial de exploração como a suposição gratuita de que as estruturas materiais do capital transnacional expatriado, estabelecidas nas ex-colônias por causa da mão-de-obra barata, sempre permanecerão benevolentes com *partes* de seu país de origem, no qual estão localizadas algumas das empresas menos lucrativas das corporações transnacionais controladoras.

Costumava-se dizer que "o que é bom para a General Motors é bom para a América". Isto já não parece tão convincente para aquelas partes dos Estados Unidos em que o impacto destrutivo da reciprocidade contraditória do capital está sendo sentido com crescente freqüência. Tomando-se apenas um exemplo: no momento em que escrevo este livro, a cidade de Norwood, em Ohio, está processando a General Motors, exigindo a enorme soma de US$ 380 milhões por "quebrar as promessas" feitas à cidade. A General Motors, seguindo seus imperativos de maximização de lucros, decidiu sair de Norwood, abandonando uma instalação industrial de quase 250.000 m², levando a totalidade da grande força de trabalho à miséria do desemprego e as finanças da cidade ao desastre.

Naturalmente, seria muito ingênuo esperar que o Estado capitalista e seu poder judiciário reparar tais injustiças de acordo com o interesse dos trabalhadores, seja qual for o resultado deste processo em particular. O que é extremamente importante, no entanto, é o fato de que a expansão global do capital e as estruturas materiais integradas que ele produz devam falhar desta forma – inesperada e desagradável para os guardiães dos interesses do capital. As determinações materiais da reciprocidade, assim, tornam-se tangíveis e diretas em seu impacto negativo sobre a sobrevivência dos trabalhadores, mesmo nos países capitalistas mais privilegiados. Os trabalhadores que não podem mais responsabilizar os japoneses, os brasileiros ou quem quer que seja por serem forçados a ir para o fim de uma longa fila de seguro-desemprego são também obrigados a *começar* a refletir sobre a "sua própria" General Motors e sobre a aguda contradição entre os interesses *dela* e os deles próprios. Ninguém deve subestimar o potencial crítico de tal reflexão. Os teóricos que no passado escreveram sobre a "integração" da classe trabalhadora podem ter de despertar para algumas grandes surpresas.

O que torna as coisas paradoxalmente desesperançosas e auspiciosas ao mesmo tempo é que qualquer "solução negociada" de disputas semelhantes à ocorrida em Norwood só pode ser imaginada *dentro* dos parâmetros estruturais do próprio sistema.

## 454 *Ideologia e emancipação*

O resultado pode ser, no máximo, um paliativo temporário, pois a verdadeira questão refere-se às contradições subjacentes dos inconciliáveis conflitos de interesse. Tais contradições não podem ser resolvidas sem se desafiar radicalmente – e em última análise substituir – a racionalidade local e a irracionalidade global altamente efetivas do capital.

O que é completamente desesperançoso em tais casos é a tentativa de remediar, *post festum*, seja na "mesa de negociações" ou por meio de algum procedimento jurídico, as decisões do capital (cujas conseqüências extremas são por necessidade impostas de uma forma ou de outra sobre a força de trabalho, seja qual for o resultado da "solução negociada" ou da determinação da justiça), e ao mesmo tempo se aceitar sua *estrutura* de tomada de decisão (e os correspondentes *direitos despóticos*, sancionados e racionalizados em termos econômicos inquestionáveis). Não obstante, é auspicioso, em primeiro lugar, o próprio fato de tais contradições de reciprocidade, antes completamente inimagináveis, eclodirem com freqüência e intensidade cada vez maiores na esfera de operação do capital avançado; e, segundo, que a base material da solidariedade dos trabalhadores – sobre a qual os parâmetros estruturais do capital *podem* ser desafiados – esteja sendo objetivamente reconstituída pelos próprios processos integradores globais. Sem estes últimos, o capital não pode cumprir suas funções de controle na atual conjuntura histórica.

Nesse sentido, a solidariedade internacional não é um imperativo ideológico dirigido a grupos de trabalhadores politicamente alertas. Não pode ser definida simplesmente como "o trabalho da consciência sobre a consciência", ainda que a reconstituição apropriada da consciência social seja, evidentemente, parte essencial do processo geral. É a resposta necessária ao desafio objetivo proposto pela articulação e integração globais do capital que, ao longo dos acontecimentos do século XX (particularmente nas últimas décadas), adquiriu uma dimensão transnacional muito efetiva contra sua força de trabalho. Ao mesmo tempo, é uma resposta que se tornou não somente necessária, mas também materialmente viável pelas mesmas estruturas materiais da articulação transnacional do capital que – na ausência da solidariedade internacional – podem facilmente e com grande eficácia ser usadas contra os trabalhadores.

Um exemplo que descreve o complexo modo de operação de uma corporação transnacional gigantesca pode ilustrar ambos os aspectos. Citando as palavras de um ex-presidente da General Motors:

> Para que a linha de montagem sul-africana e suas fábricas recentemente instaladas funcionem com regularidade e eficiência, elas devem receber, atualmente, um fluxo *cuidadosamente controlado e coordenado* de peças e componentes automobilísticos vindos da Alemanha Ocidental, da Inglaterra, do Canadá, dos Estados Unidos e até da Austrália. Estes devem chegar à General Motors South Africa no *volume certo* e no *tempo certo* para permitir um planejamento ordenado da montagem sem acúmulo de *estoques excessivos*. Esta é uma tarefa desafiadora que deve ser realizada caso se queira que o investimento seja lucrativo.[164]

---

[164] Citado em Magdoff, *Imperialism: From the Colonial Age to the Present*, p. 180.

Sem dúvida, o ex-presidente da General Motors está interessado em enfatizar (e exagerar) as heróicas funções administrativas de sua "tarefa desafiadora", descrita em termos de pura racionalidade organizacional e lucratividade corporativa, o que pareceria justificar seu salário anual – que chega aos milhões de dólares – não apenas em contraposição à renda miserável daqueles que recebem apenas 30 *cents* por hora, mas mesmo em contraposição aos operários norte-americanos que podem receber um salário horário de US$7,50, senão mais. A função de controle de classe da referida "tarefa desafiadora" não é mencionada: no entanto, ela é de enorme importância para o sistema produtivo capitalista globalmente articulado, e é a justificativa real dos astronômicos salários dos diretores.

A vital função de controle de classe das estruturas produtivas transnacionalmente organizadas do capital consiste em *minimizar o poder da força de trabalho* de tal maneira que suas armas tradicionais – acima de tudo a *greve* – percam a força, ou até se tornem inaplicáveis por completo. Os elos produtivos e as rotas de suprimento são conscientemente planejados e organizados pela administração da corporação transnacional de tal modo que, no caso de uma "disputa local" (ou mesmo nacional), fontes *alternativas* possam ser postas em ação para furar a greve, "trazendo de volta à razão" a força de trabalho contestadora. Ao lado disso, tendo em vista o fato de que as estruturas produtivas e as rotas de suprimento são coordenadas deste modo eminentemente "racional", o qual as várias burocracias sindicalistas conhecem bem em virtude de seus contatos com a administração, em muitos casos "o bom senso pode prevalecer" previamente, antes mesmo de se cogitar o início de uma disputa, dada a luta penosa que os trabalhadores teriam de travar por si mesmos, na ausência de uma estrutura organizacional adequada na qual pudessem se contrapor ao poder transnacionalmente dilatado do capital.

Devemos também observar a *complementaridade objetiva* entre o capital privado e o Estado burguês contemporâneo, assim como a *divisão* consciente *do trabalho* entre eles. O Estado intervém no processo geral com a legislação trabalhista que melhor se adapte à conveniência do sistema capitalista em mutação. É por isso que as leis anti-sindicais repressivas do passado recente não são de modo algum acidentais. Significativamente, seu principal objetivo é declarar ilegais as *greves de solidariedade*, o que é de crucial importância para o grande capital, tanto dentro dos limites de qualquer país em particular como no que se refere às operações internacionais e à garantia das rotas de suprimento das corporações transnacionais.

Além disso, o Estado capitalista pode implementar, com o dinheiro tirado do bolso do idealizado "contribuinte" geral, aventuras antitrabalhistas que levariam à falência até as maiores empresas transnacionais. Neste ponto, as vantagens da intervenção do Estado no lado do capital são triplas.

Primeiro, ele pode garantir os fundos necessários para manter, durante um período muito longo, uma disputa trabalhista que seria proibitiva para as corporações privadas.

Segundo, pode mobilizar o aparato político-repressivo do Estado, incluindo o judiciário "objetivo", para fixar pontos a seu favor e contra a classe trabalhadora.

Terceiro, pode intervir em um nível de conflito além do alcance de qualquer empresa privada particular, e até além das forças capitalistas combinadas de todo um setor da indústria.

456  *Ideologia e emancipação*

Assim, o Estado pode intensificar a disputa escolhida até o ponto em que ela envolva e implique toda a ala radical do movimento socialista, com o propósito de minar a combatividade da classe trabalhadora em sua totalidade.

Como vimos, o ex-presidente da General Motors excluiu, em nome da pura racionalidade e lucratividade comerciais, a prática de acumulação de "estoques excessivos". É claro que, na realidade, os administradores das corporações transnacionais cedem muitas vezes a esse pecado, no interesse da já mencionada função de controle de classe. A este respeito, entretanto, há um limite óbvio além do qual não devem ir, visto que que não podem se arriscar a "morder a mão que os alimenta", provocando a falência de suas corporações. Nem mesmo estando a serviço da nobre causa de derrotar greves.

É aqui que o poder material e político do Estado capitalista é ativado com grande eficácia. As corporações transnacionais não hesitam em intervir diretamente no processo político, tanto em seus países de origem como no exterior, comunicando aos legisladores do Estado com descarada arrogância o tipo de legislação trabalhista que elas querem. Citando um editorial de *The Guardian*:

> O sr. Bob Lutz, presidente da Ford da Europa, falou recentemente ao *Financial Times*: "Se descobrirmos que temos grandes instalações, não importa qual o país envolvido, que, por uma razão ou outra – talvez uma *ação mal-educada do governo* (*proporcionando férias mais longas, semana de trabalho mais curta*) ou *intransigência sindical* –, não possam ser competitivas, não hesitaríamos em tomar a decisão de *fechá-las*".
>
> A Ford britânica [...] é também uma drenagem substancial no balanço de pagamentos, chegando a 1,3 bilhão de libras em 1983, originada (muito adequadamente para seu próprio interesse) de importações mais baratas.
>
> O governo afirma não ter uma estratégia industrial. Mas é claro que tem. *Privatizar tudo o que funciona e vender o que puder a compradores estrangeiros*. Não é preciso ser um chauvinista inglês para compreender que isto é uma *abdicação da responsabilidade* que pode transformar *o declínio final da indústria* neste país em uma profecia autorealizadora.[165]

Entretanto, toda essa conversa está condenada a permanecer um grito no deserto. Não obstante a intervenção política aberta da US Ford Corporation (ainda que seja chamada "Ford da Europa") representar uma *chantagem inconstitucional* escandalosamente óbvia, não há motivo para fazer disso um problema. Na verdade, os governos capitalistas *são muito amáveis* e se comportam de modo realmente "*educado*", concedendo férias mínimas e tentando prolongar a semana de trabalho (de cinco para seis dias no caso da British Coal, agindo sob instrução governamental direta), e em geral fazendo o máximo para quebrar a "*intransigência sindical*". Ao mesmo tempo, as corporações transnacionais podem fazer o que lhes agrada. Podem chantagear com grande eficácia sua própria força de trabalho, obrigando-a, pela ameaça da superfluidade, a aceitar decisões que maximizem seus lucros; ou, alternativamente, podem fechar suas "fábricas não-lucrativas" sempre que forem capazes de garantir maior lucratividade em outro lugar, como é amplamente demonstrado pelos fechamentos de

---

[165] "Selling off, and shrugging yet again", editorial de *The Guardian*, 5 de fevereiro de 1986.

montadoras automobilísticas ou outras fábricas no passado recente, não apenas na Europa (incluindo a Grã-Bretanha), mas até nos Estados Unidos.

O papel do governo britânico na greve dos mineiros de 1984 oferece um exemplo muito claro de como o Estado pode interferir a favor do capital. Contrariamente às regras elementares da boa prática nos negócios elogiadas pelo ex-presidente da General Motors, o Estado capitalista na Grã-Bretanha planejou sua ação antitrabalhista na forma de uma *"acumulação* cuidadosamente controlada e coordenada de *estoques excessivos"* com o objetivo mal disfarçado de provocar e levar os mineiros a uma greve em que – dado o total de recursos à disposição do Estado – eles nunca poderiam vencer. Ao mesmo tempo, várias medidas foram adotadas, com considerável sucesso, para dividir tanto os mineiros como o movimento da classe trabalhadora como um todo. As autoridades do Estado, com *total cooperação do Judiciário*, também intervieram de todas as formas na disputa, negando aos grevistas de suas legítimas reivindicações e privando o Sindicato Nacional de Mineiros de todos seus recursos. Além disso, o Estado gastou quantias maciças de dinheiro durante todo o ano que durou a luta – algo estimado em torno de 5 ou 6 bilhões de libras esterlinas – para derrotar a greve. E, o que talvez seja o mais importante, ao mobilizar as forças do capital internacional bem como as ligações internacionais do Estado britânico (inclusive sua capacidade de assegurar o fornecimento de carvão até da Polônia), a confrontação foi organizada de forma a pôr um fim ao *"sindicalismo intransigente"* em geral, e não simplesmente a uma disputa industrial particular. Chamar os mineiros de *"inimigo interno"* e vangloriar-se de "despedi-los" atendeu ao objetivo de *intimidação* ao sindicalismo radical em geral, sempre que aparecesse com reivindicações *não integráveis*.

É importante acentuar tudo isso, para que se tenha uma avaliação realista das forças alinhadas contra a causa da emancipação socialista. Mas seria completamente errado esquecer o lado oposto destas relações materiais de poder e concluir que as chances objetivas da solidariedade internacional são hoje em dia desesperadamente pequenas, pois, mesmo que os obstáculos à reconstituição da solidariedade socialista sejam enormes, tanto em termos estritamente materiais como jurídico-políticos, também não é difícil identificar algumas poderosas determinações materiais e políticas que apontam na direção oposta.

Primeiro, deve-se ressaltar a importância do fato de que a "harmonia" *internacional* das diversas forças do capital está muito longe de ser uma harmonia tranqüila. Embora, nos momentos cruciais da luta, os interesses particularistas discordantes dos vários setores de qualquer capital nacional tendam a se unir em torno do interesse central da manutenção de seu domínio conjunto sobre a sociedade, mas isto não pode suspender – quanto mais eliminar completamente – as contradições fundamentais existentes entre os diferentes capitais nacionais (e os transnacionais nacionalmente ancorados). Neste aspecto, é de se notar que até as maiores teorias burguesas do Estado não tenham conseguido ir além da insolúvel dicotomia entre a nobre mas ilusória *"ordem cosmopolita do mundo"* kantiana e seu postulado idealista de "paz perpétua", por um lado, e, por outro, a racionalização "realista" hegeliana da "soberania absoluta" – assim como da determinação fundamental inevitavelmente orientada para a guerra – do *Estado nacional* do "capital permanente universal". As tendências

458  *Ideologia e emancipação*

do pós-guerra em direção à atenuação regional dos conflitos de interesse nacionais do capital – por meio da Comunidade Econômica Européia e de outras formações cosmopolita-internacionais – podem sem dúvida tornar *latentes* algumas das contradições, sem, contudo, realmente superá-las. Ao mesmo tempo, as complicadas relações entre Estados dos próprios complexos regionais – tanto *no interior* de cada um como em suas manifestações externas na relação de uns com os outros – acrescentam uma nova dimensão aos tradicionais antagonismos nacionais capitalistas, ainda que a máquina de atenuação de conflito seja constantemente posta em ação para reconciliar (ou, mais realistamente, para manter em estado de latência) as contradições regionais de interesse, sob a hegemonia cada vez mais contestada da potência imperialista dominante do pós-guerra, os Estados Unidos da América.

Quanto às emergentes estruturas materiais da integração transnacional, suas potencialidades inerentes para a constituição da solidariedade internacional são consideráveis. O *"fluxo cuidadosamente controlado e coordenado"* de suprimentos necessários para o funcionamento tranqüilo das várias corporações transnacionais é, em sua determinação objetiva, extremamente vulnerável à ação da classe trabalhadora consciente. Não é fácil satisfazer o imperativo de garantir no *"tempo certo"* o *"volume certo"* de peças e materiais necessários, para evitar a grande penalidade da acumulação de *"estoques excessivos"* (o que prejudica a lucratividade do empreendimento transnacional capitalista). Isto não ocorre em conseqüência das complexidades técnicas e puramente organizacionais da coordenação capitalista transnacional, mas por causa da *conflituosidade social* inerente ao relacionamento capital-trabalho em todos os níveis. A ação determinada e adequadamente coordenada da classe trabalhadora em escala internacional pode obviamente causar um imenso impacto nesse ponto, prejudicando estrategicamente, em favor de seus próprios interesses, o funcionamento tranqüilo dos processos produtivos e distributivos capitalistas globais.

Evidentemente, o que podemos claramente identificar aqui é uma *potencialidade* que não pode ser transformada em *realidade* sem a articulação da necessária *estrutura organizacional* da solidariedade internacional da classe trabalhadora. Entretanto, trata-se de uma potencialidade sustentada pelas próprias *estruturas materiais* que *objetivamente* facilitam os movimentos contrários à dominação "cuidadosamente controlada e coordenada" do trabalho pelo capital na atual conjuntura histórica.

Durante muito tempo, as forças de emancipação socialista foram muito prejudicadas pela capacidade do capital de assumir um modo de funcionamento transnacional de atenuação de conflitos negando, simultaneamente, a mesma coisa à força de trabalho presa dentro dos limites de várias divisões e determinações particularistas. A necessidade de superar essas determinações e divisões por meio da reconstituição da solidariedade internacional materialmente ancorada representa o maior desafio ao trabalho no futuro previsível.

*Capítulo 9*

# IDEOLOGIA E AUTONOMIA

## 9.1 Concepções de autonomia individual e emancipação humana

*9.1.1*

A ideologia é, em geral, considerada o principal obstáculo da consciência para a autonomia e a emancipação. Deste ponto de vista, ela torna-se sinônimo da "falsa consciência" auto-enganadora, ou até da mentira pura e simples, atrás das quais a "verdade" é oculta por sete véus, sendo o acesso a seus segredos permitido apenas a "especialistas" privilegiados que sabem como decifrar o difícil significado dos sinais reveladores, enquanto as "massas enganadas" (na complacente expressão de Adorno) são deixadas ao próprio destino, condenadas a permanecer prisioneiras da ideologia.

O discurso dominante sobre a ideologia torna-se, assim, totalmente *negativo*, e a busca pela emancipação, antes empreendida com seriedade, é abandonada por completo. A idéia de "autonomia" permanece viva tão-somente como preocupação teórica, dirigida, dentro de um espírito elitista, aos indivíduos escolhidos. Desse modo, supõe-se que os intelectuais qualificados (supra-ideológicos) podem "entender" – adotando uma posição estritamente contemplativa – o que se passa na sociedade mais ou menos obscuramente descrita, ao mesmo tempo que rejeitam a possibilidade de se engajar com outros em um empreendimento prático destinado a alterar o curso dos acontecimentos históricos. Portanto, era de se esperar que o *pessimismo cultural* desvairado caracterizasse a defesa da imparcialidade e do "entendimento" intelectual, de Max Weber até Merleau-Ponty e Lévi-Strauss, e desde os primeiros fundadores da teoria crítica alemã até as várias tendências do pós-estruturalismo.

Proclamar, como Lévi-Strauss, que "a consciência social sempre mente para si mesma"[1] não é apenas desalentador, mas também intelectualmente derrotista. Definir dessa maneira o relacionamento entre ideologia e consciência social – isto é, descrevendo esta última como a incurável produtora da "falsa consciência" ideológica auto-enganadora (ou seja, como o Sujeito totalizador perverso que "se sente à vontade na

---

[1] Ver a passagem citada na nota 142 do capítulo 1.

460 *Ideologia e emancipação*

irrazão enquanto irrazão") – só pode levar a conclusões ainda mais desalentadoras. Ainda que o intelectual "desapegado" pudesse legitimamente reivindicar – e ele não pode – estar em uma posição privilegiada para revelar a verdade oculta sob o véu mistificador das mentiras coletivas constantemente reproduzidas, isto não seria de efetiva ajuda para a solução dos problemas em jogo. Não seria de nenhuma ajuda porque, pelo fato de ele definir as condições de desvelamento da verdade oculta de tal modo que, ao mesmo tempo, também se coloca *fora* e *acima* da consciência social, não existe qualquer garantia de que seu discurso sábio e esclarecido sobre a verdade vá ser ouvido por um momento sequer. Disso resulta que ele condena à futilidade – e ao concomitante pessimismo inimigo do mundo (como testemunhamos, entre outros, nos discursos *weltschmerzliche* de Lévi-Strauss contra a "humanidade que se revela seu pior inimigo e, ao mesmo tempo, também o pior inimigo do restante da criação")[2] – o seu próprio empreendimento.

Por ironia, é assim que a posição puramente teórica e contemplativa da "compreensão" se volta contra os que a adotam. Dessa forma, não é de estranhar que essas pessoas sempre terminem, às vezes contrariando seus propósitos originais, com conceituações profundamente pessimistas do mundo social. Tentam compreender tal mundo e torná-lo inteligível aos que recebem sua mensagem como um discurso teórico – preocupado, nas palavras de Weber, "estritamente com os *significados*, não com as *forças*" – que procura revelar à "consciência infeliz" (infeliz porque presa sem esperança no que eles descrevem como um "mundo desencantado") dos companheiros intelectuais a verdade enterrada sob a "falsa consciência" da consciência social.

## 9.1.2
Diante de tal determinação inapelavelmente contemplativa da posição intelectual do *Verstehen* de Weber e do *entendement* de Merleau-Ponty (compartilhada também por muitos outros), é desconcertante que Lévi-Strauss tentasse creditar a Marx a curiosa idéia de que "a consciência social sempre mente para si mesma". Nada poderia estar mais afastado da visão marxiana do relacionamento entre ideologia e consciência social do que noções derrotistas como esta. Para sermos mais exatos, desde cedo Marx sustentava a seguinte opinião:

> A questão se o pensamento alcança a verdade objetiva não é uma questão teórica, mas uma *questão prática*. É na prática que o homem deve demonstrar a verdade, isto é, a *realidade e o poder de seu pensamento*, a *prova de que seu pensamento é deste mundo*. A discussão sobre a realidade ou a não-realidade do pensamento isolado da prática é uma questão puramente *escolástica*.
>
> Feuerbach parte do fato do auto-estranhamento religioso, da duplicação do mundo em um mundo religioso e um mundo secular. Sua obra consiste na redução do mundo religioso a suas bases seculares. Mas o fato de a base secular se elevar de si mesma e se estabelecer como um reino independente nas nuvens só pode ser explicado pelo dilaceramento interno e pela *contraditoriedade intrínseca* desta base secular. Portanto,

---

[2]    Ver nota 143 do capítulo 1.

*Ideologia e autonomia*    461

esta última deve ser, em si, ao mesmo tempo compreendida em sua *contradição e revolucionada na prática.*[3]

Fica claro, portanto, que Marx vê a causa principal do problema na "*contraditoriedade intrínseca*" da própria base secular praticamente alienante, recomendando, como única solução possível, não uma compreensão teórica abstrata, mas uma compreensão diretamente ligada às exigências da *prática revolucionária*. Assim, não é concebível que possa condenar – nem, na verdade, resgatar de suas tendências supostamente desastrosas – o pseudo-sujeito da "consciência social" como tal, considerado em sua generalidade abstrata.

O discurso de Marx está relacionado à apreensão dialética da articulação concreta do *ser social* em sua "*contraditoriedade intrínseca*". É isto que ele deseja "compreender" de modo socialmente significativo e também praticamente eficaz. Apenas as determinações concretas do ser social, manifestadas nas circunstâncias históricas prevalecentes sob a forma de *forças sociais* antagonicamente opostas (e não de "*significados* típicos ideais" desincorporados), podem apresentar a solução *prática* também para os dilemas aparentemente insolúveis e para os "mistérios" dos *pontos de vista sociais* mutuamente opostos, isto é, o "ponto de vista do capital" (ou o "ponto de vista da economia política") colocado em contraposição ao "ponto de vista do trabalho". A oposição inconciliável entre estes dois pontos de vista corresponde, na opinião de Marx, à *cisão* historicamente contingente mas muito real no próprio ser social, revelando no antagonismo fundamental dos principais agentes sociais a "contraditoriedade intrínseca da base secular" da sociedade capitalista como modo de produção e de reprodução social. Por isso, o "ponto de vista da humanidade social" – que antecipa a resolução desse antagonismo – não pode ser formulado como uma preocupação *teórica* tradicional, apelando para a "razão" e para a "compreensão" para triunfar, no espírito do Iluminismo burguês. Deve ser concebido como um empreendimento intensamente *prático*, que busca a *verdade*, isto é, a prova "da *realidade* e do *poder* de seu pensamento, a prova de que seu pensamento *é deste mundo*".

É por isso que a *crítica da ideologia* se torna inseparável da busca por autonomia e *emancipação* – na verdade, as duas coisas são em grande medida *idênticas*. E é por esse motivo que não pode se esgotar na condenação unilateral e totalmente idealista da ideologia como "falsa consciência", a cuja produção esse ser mentiroso e autoenganador, compulsivo e incurável – a "consciência social" – se dedica como a seu passatempo favorito. As forças socialistas, denunciando a ideologia como tal, nada conseguiriam além de se condenar à impotência, entregando o poder da ideologia – sem a qual é inconcebível provar a "realidade e a viabilidade prática" do pensamento emancipatório no domínio das confrontações hegemônicas (isto é, da contestação do controle social global) – exclusivamente ao adversário social. Como vimos antes, os representantes da ideologia dominante na sociedade capitalista não hesitaram em se apropriar (às vezes com cinismo total) do poder da ideologia, denunciando apenas o *outro* lado como repreensivelmente "ideológico". Revelando, ao mesmo tempo, o

---

[3]    Marx, "Theses on Feuerbach", MECW, vol. 5, p. 3-4. As palavras "prática" e "escolástico" foram grifadas por Marx.

462   *Ideologia e emancipação*

verdadeiro significado de sua cruzada antiideológica, rejeitaram toda e qualquer preocupação séria com a *emancipação*, considerando-a totalmente ilusória e decretando (nas palavras de Raymond Aron) que "a antiideologia significa *resignar-se* à renovação sem fim da *alienação* sob uma ou outra forma",[4] após admitir que "os Estados são *construídos pela violência* e *mantidos pela força* que se tornou uma instituição, uma *camuflagem da violência* que daí em diante passa despercebida até mesmo para aqueles que a sofrem".[5] Eis por que sua denúncia geral da ideologia é desprovida de qualquer credibilidade.

### 9.1.3

Em completo contraste, a ideologia do Iluminismo foi originalmente articulada como uma grande busca intelectual pela emancipação da humanidade. Postulava que a remoção dos obstáculos "artificiais" do caminho da Razão – incluindo, com muito destaque, o tipo de obstáculos por cuja construção o arsenal sacerdotal de obscurantismo e intolerância era considerado diretamente responsável – resultaria em uma ordem social idealmente recompensadora, na medida em que os *indivíduos* autonomamente determinados poderiam a partir daí seguir livremente, como a ditames eminentemente recomendáveis de suas próprias faculdades intelectuais e morais, "o que a Razão exige", em vez de se submeter a "falsos profetas" e à tirania de soberanos. Em tal visão, não havia lugar para uma contradição séria entre o *indivíduo* autônomo e o *todo*. Na concepção liberal-iluminista do indivíduo como um "indivíduo da espécie" (cuja "natureza" mais íntima, que determinava a formação da sociedade, era tida como composta pelas determinações últimas da própria espécie), havia uma linha direta ligando os indivíduos particulares à humanidade em geral. A solução positivo-emancipatória dos problemas identificados era otimisticamente prevista sobre esses fundamentos, tanto em termos do *conhecimento* alcançável como do *aperfeiçoamento moral* possível das partes e, com elas, do todo.

Contudo, as coisas começaram a ficar com sabor amargo quando – logo após a Revolução Francesa – evidenciou-se que as grandes expectativas da estratégia iluminista de emancipação humana não se haviam materializado. Em vez disso, irromperam abertamente as formas mais agudas de antagonismo social, não apenas entre as forças que apelavam para a Razão e os defensores do *ancien régime*, mas – com conseqüências muito mais sérias para a viabilidade das soluções de início vislumbradas – cada vez mais também entre os membros anteriormente bastante coesos do Terceiro Estado.

Assim, como resultado desse antagonismo interno manifesto no Terceiro Estado, o mito liberal da individualidade agregadora, que deveria se unir direta e harmoniosamente numa ordem mundial da Razão para moldar o sujeito coletivo da humanidade, estilhaçou-se de tal forma que nunca mais pôde se reconstituir. Isto porque, a essa altura, manifestando "a revolução dentro da revolução", que teve de ser sangrentamente suprimida pela execução de suas principais figuras, dois sujeitos coletivos inconciliá-

---

[4]   Ver nota 203 do capítulo 3.

[5]   Ver nota 202 do capítulo 3.

veis – a burguesia louvando as virtudes do individualismo egoísta, em contraposição ao trabalho com tendências comunistas – apareceram em luta no palco da história, propondo concepções radicalmente diferentes da ordem social correta e adequada, segundo seus interesses mutuamente exclusivos. A *"Sociedade dos Iguais"* (liderada por François Babeuf, que acabou guilhotinado) lutava pelo que seus membros chamavam de *"igualdade real"*, formulando, a partir do ponto de vista do trabalho, o lema comunista "de cada um segundo sua capacidade, para cada um segundo sua necessidade". Demonstraram grande sutileza ao definir a igualdade em termos *qualitativos*, afirmando que, na ordem social que defendiam,

> A igualdade deve ser medida pela *capacidade* do trabalhador e pela *necessidade* do consumidor, não pela intensidade do trabalho e pela quantidade de coisas consumidas. Um homem dotado de certo grau de força, ao erguer um peso de dez libras, trabalha tanto quanto outro homem com cinco vezes a sua força ao erguer *cinqüenta* libras. Aquele que, para satisfazer uma sede torturante, toma um jarro de água, não desfruta mais do que seu camarada que, apenas levemente sedento, sorve uma xícara. O objetivo do comunismo em questão é a *igualdade das dores e dos prazeres*, não das *coisas consumíveis* e das *tarefas dos trabalhadores*.[6]

Foi uma formulação realmente brilhante, surgindo do meio da luta com a "viabilidade prática" de sua verdade e clareza. Não é de surpreender, portanto, que quase *oito décadas* após a conspiração e a execução de Babeuf, em 1875, quando Marx escreveu sua *Crítica ao Programa de Gotha*, apontando nela também as importantes diferenças entre os princípios orientadores das fases alta e baixa de uma sociedade comunista possível, ele tenha adotado exatamente os mesmos critérios que acabamos de examinar para a regulamentação da produção e da distribuição na fase alta. Seria difícil apresentar com maior precisão as diferenças radicais entre a ordem mundial correspondente ao ponto de vista do capital daquela da humanidade emancipada, diferenças que, pela primeira vez na história, tornaram-se visíveis durante as insurreições revolucionárias realizadas a partir do ponto de vista do trabalho. Até uma comparação superficial da concepção de comunismo de Babeuf e Buonarroti com as visões "administrativas" representativas de um Frederic Winslow Taylor, citadas no capítulo 3 – estas expressando o que é em geral praticado na autoritária organização capitalista do processo de trabalho e na distribuição iníqua de seus frutos –, demonstra claramente que o conflito sangrento entre os membros do Terceiro Estado, que irrompeu no tumulto da Revolução Francesa, não foi nada menos do que uma *confrontação hegemônica*. Os contendores representavam, literalmente, dois mundos separados. Sua confrontação hegemônica era definida pela adoção de metas e objetivos *inconciliáveis* que exigiam a mobilização do poder prático da ideologia a fim de *"resolver pela luta"* as diferenças, como condição *sine qua non* para sua realização.

---

6   Philippe Buonarroti, *Conspiration pour l'égalité dite de Babeuf*, Bruxelas, 1828, p. 297. Buonarroti era íntimo colaborador e companheiro de conspiração de Babeuf. Sua obra, descrevendo suas atuações revolucionárias e a ordem social que elas buscavam, foi traduzida e publicada em 1836 por James Bronterre O'Brien, causando um forte impacto sobre o movimento cartista.

#### 464 Ideologia e emancipação

### 9.1.4

Significativamente, as primeiras teorizações diretas da ideologia (explicitamente sob o nome de ideologia) surgiram em resposta a esta nova situação e crise histórica, buscando harmonizar as forças contendoras da nova ordem social pós-revolucionária, em sintonia com os interesses materiais e políticos da burguesia.

Foi com este objetivo que o criador da nova "ciência" da ideologia, Destutt de Tracy, tentou articular em seu *Éléments d'idéologie* uma teoria das idéias comparável, em profundidade e exatidão (afirmava ele), com as ciências naturais, para fundamentar firmemente a educação dos indivíduos destinados a se ajustar sem dificuldade à estrutura social consolidada da ordem burguesa. De modo muito similar ao que ocorreu mais tarde na filosofia de Feuerbach e outros, a sociedade era dividida entre aqueles considerados carentes de "educação", no sentido há pouco mencionado, e aqueles – os "ideólogos" auto-indicados – que iriam educá-los "judiciosamente".

Assim, voltando às ilusões do Iluminismo bem depois da violenta destruição de sua relativa justificativa histórica na grande revolução da burguesia francesa, a solução para problemas que surgiam no mundo social a partir de conflitos *coletivos* materialmente enraizados e disputas de classe cada vez mais acirradas era considerada sob o aspecto de remédios *individualistas* e *educacionais*. Mas, a partir daí, não se poderia mais reafirmar o ideal iluminista de instituir uma ordem racional adequada a *todos* os indivíduos sem discriminação, como sendo indivíduos *autônomos*. Era necessário negar, *na prática*, à vasta maioria dos indivíduos a possibilidade de alcançar um tal *status*, com o objetivo de manter um sistema de dominação em que o capital – por uma questão de necessidade objetiva – tinha de lhes atribuir uma posição subordinada.

A ideologia como tal foi definida como um empreendimento estritamente científico; postulou-se idealisticamente sua capacidade de atingir o objetivo desejado de uma estabilidade social incontestável, fazendo que os indivíduos se *conformassem* aos imperativos estruturais da sociedade pela prática duvidosa de moldagem da mente, baseada em preconceitos ideológicos de cunho caracteristicamente burguês. O que era apresentado como se fosse um sistema de educação cientificamente fundamentado não passava, na realidade, de uma metafísica idealista associada aos métodos de *manipulação positivista*. Napoleão, derrotado e abatido, estava portanto absolutamente correto em criticar os "ideólogos" por suas projeções metafísicas abstratas e pela completa incapacidade de levar em conta, em suas teorias, "o coração humano e as lições da história".

Assim, a "podridão positivista" (a que Marx mais tarde se referiu com um sarcasmo bem justificado) se originou das ruínas do Iluminismo burguês. A nova tendência intelectual surgiu em uma sociedade pós-revolucionária, na qual não mais havia espaço para a idéia da emancipação humana universal – em qualquer sentido significativo do termo – sobre a base de classe original do movimento iluminista.

Fiel ao espírito de seu "positivismo acrítico" em relação à ordem socioeconômica e política capitalista, o positivismo tinha por ideal a imposição educacional da *acomodação* conservadora, considerando tão-somente a possibilidade de melhorias marginais para a esmagadora maioria do povo. Ao mesmo tempo, rejeitava ansiosa e categoricamente a idéia de introduzir mudanças estruturais que, por sua própria natureza,

Ideologia e autonomia    465

corroeriam o sistema estabelecido de dominação de classe na "sociedade moderna". Ora, Auguste Comte, figura proeminente nesta linha de desenvolvimento político e cultural-ideológico na França, com cínica desfaçatez, declarou:

> Como é o *destino inevitável* da maioria dos homens viver dos frutos mais ou menos precários do trabalho cotidiano, o grande problema social é o de melhorar a condição desta maioria sem destruir sua *classificação* e sem *perturbar a economia geral*; esta é a função da política positiva, encarada como reguladora da *classificação final da sociedade moderna*.[7]

Então, parodiando o significado do termo "positivo" para a esmagadora maioria da humanidade, paródia que se propunha *permanente* ao falar de "classificação final", o fundador do positivismo apresentou o modelo – teoricamente muito grosseiro, mas ideologicamente muito atraente do ponto de vista do *status quo* –, para a defesa ideológica acrítica da ordem estabelecida. Compreensivelmente, este modelo tem sido, a partir daí, muito popular em suas numerosas variantes neopositivistas e neoliberais.

### 9.1.5

A reconciliação e a acomodação ideológica de Hegel seguiram um curso muito mais complicado. Ele nunca concordou com a visão do Iluminismo que erradicava todas as contradições do caminho da Razão, nem estava disposto a atribuir o poder do progresso vitorioso da Razão à consciência limitada de indivíduos particulares. Ao contrário, qualificou até "os indivíduos histórico-mundiais" – como Napoleão Bonaparte – como *instrumentos* nas mãos da Razão, o "espírito do mundo". Para Hegel, somente este poderia ser considerado o verdadeiro agente da história do mundo. Eis como ele se expressa:

> No decorrer deste trabalho do espírito do mundo, os Estados, as nações e os indivíduos surgem animados por seu princípio determinado particular que tem sua interpretação e realidade atual em suas constituições e em toda a extensão de sua vida e de sua condição. Embora sua consciência seja limitada a estas coisas e eles estejam absorvidos em seus interesses mundanos, são sempre *instrumentos e órgãos inconscientes* do espírito universal que atua dentro deles. As formas que eles assumem desaparecem, enquanto o *espírito absoluto* prepara e opera a transição para o próximo e mais elevado estágio.[8]

Assim, adotando tal raciocínio, Hegel não teve de explicar a incapacidade do Iluminismo de realizar sua promessa de produzir uma ordem social que obedecesse às exigências da Razão e fosse autonomamente administrada pelos indivíduos particulares que constituiriam a sociedade racional. Em vez disso, pôde argumentar em

---

[7]   Comte, *Cours de Philosophie Positive*, em G. Lenzer (org.), *Auguste Comte and Positivism: The Essential Writings*, Nova York, Harper & Row, 1975, p. 215. Citado em Jorge Larrain, *The Concept of Ideology*, Londres, Hutchinson, 1979, p. 29-30. Larrain comenta com acerto que
"Comte não faz a menor idéia do caráter metafísico que esta declaração pode ter. Suas principais suposições sobre o destino 'inevitável' da grande maioria dos homens e da necessidade da estrutura de classes a fim de evitar a perturbação da economia não são verdades cientificamente verificadas, mesmo segundo seus próprios padrões" (ibid., p. 30).

[8]   Hegel, *The Philosophy of Right*, p. 217.

466  *Ideologia e emancipação*

defesa do que considerava a única concepção viável – "*dialética*" – do relacionamento entre o particular e o universal, insistindo em que:

> Os princípios dos *espíritos nacionais* são totalmente restritos por causa de sua *particularidade*, pois é nesta particularidade que, como indivíduos existentes, eles têm sua realidade atual objetiva e sua autoconsciência. Suas ações e destinos em suas relações recíprocas são a *dialética* da finitude destes espíritos, e dela se origina o *espírito universal*, o espírito do mundo, livre de toda restrição.[9]

Não obstante, os interesses de acomodação e de reconciliação com a relação de poder existente prevaleceram, a despeito das expressões altissonantes sobre a liberdade irrestrita do "espírito universal", contrastada por Hegel com a particularidade limitada dos "espíritos nacionais"; no fim, na *realidade atual*, tudo se revertia convenientemente em favor destes últimos, que é o que realmente importa. Por isso, Hegel nos diz que "o *Estado-nação* é o espírito em sua racionalidade substantiva e em sua realidade atual imediata e, por isso, o *poder absoluto* na Terra".[10]

Como conseqüência desta inversão, a universalidade da lei internacional recebeu o *status* de mero "*dever ser*", tanto caracterizando o relacionamento entre os Estados necessariamente em disputa e guerra – apesar de sua exaltada localização no pináculo da progressão hegeliana da auto-realização da Razão – como permanecendo em um *estado de natureza*:

> A proposição fundamental da lei internacional (isto é, a lei universal que *deve ser* absolutamente válida entre os Estados, enquanto distinta do conteúdo particular dos tratados positivos) é que os tratados, como base das obrigações entre os Estados, *devem ser* respeitados. Mas como a soberania de um Estado é o princípio de sua relação com os outros, os Estados estão, nessa mesma medida, em um *estado de natureza* em relação uns aos outros. Seus direitos só se realizam em suas vontades *particulares* e não em uma vontade *universal* com poderes constitucionais sobre eles. Por isso, esta disposição universal da lei internacional não vai além de um *dever ser*, e o que realmente ocorre é que as relações internacionais concordes com os tratados se alternam com o *rompimento* destas relações.[11]

E a acomodação de Hegel não termina aí. Apresentou também a justificativa ideológica para a dominação mundial imperialista do "Estado germânico", ainda que só a pudesse fazer violando seu próprio princípio, explicitamente declarado, da dialética histórica, contradizendo-se diretamente quanto à suposta transição inexorável do "espírito universal" para um "próximo e mais elevado estágio". Desde que os interesses ideológicos da ordem capitalista européia efetivamente prevalecessem, não poderia haver – do ponto de vista da economia política com que Hegel acriticamente se identificava – um desenvolvimento ulterior que compreendesse a transição para um "próximo estágio mais elevado". Não poderia haver um estágio mais elevado; nem na próxima oportunidade nem em qualquer época posterior. Em vez disso, decretava-se arbitrariamente: "A História do Mundo viaja do Oriente para o Ocidente, pois a

---

[9]  Ibid., p. 215-6.
[10]  Ibid., p. 212.
[11]  Ibid., p. 213.

*Europa é absolutamente o fim da História*".[12] Por este caminho, Hegel pôde afirmar que, com a realização da ordem mundial germânica (que abarcava o poder colonizador da Inglaterra, supostamente impelida por seu "espírito comercial"),[13] o "espírito do mundo" atinge sua plena realização, pois "recebe em sua vida interior a sua verdade e essência concreta, na medida em que *objetivamente* está *à vontade* e *reconciliada* consigo mesma".[14]

Naturalmente, dentro dos limites dessa "dialética histórica" congelada, não poderia haver possibilidade de verdadeira emancipação humana. Os indivíduos seriam agrupados sob uma entidade abstrata – o espírito do mundo, auto-revelador e auto-abrangente – que os utilizaria para seus próprios desígnios, sem lhes ser concedido sequer o prêmio de consolação de uma intuição vaga do que seriam previamente ordenados a realizar. No esquema hegeliano,

> Todas as ações, inclusive as ações histórico-mundiais, culminam com indivíduos, considerados como sujeitos, que dão realidade atual ao que é substancial. São os *instrumentos vivos* daquilo que é, em substância, a *ação do espírito do mundo*, e estão por isso diretamente de acordo com aquela ação, embora ele esteja *escondido* deles e *não seja seu desejo* nem seu objetivo.[15]

Desse modo, visto que os indivíduos só podiam ser considerados joguetes e instrumentos inconscientes do espírito do mundo, inexoravelmente à mercê da "*List der Vernunft*" (astúcia da Razão), a dialética de suas "relações recíprocas" não poderia ser verdadeira e aberta. O "resultado" desta dialética – a reconciliação hegeliana com o existente, em nome da "reconciliação do espírito do mundo consigo mesmo" na falsa positividade e na racionalidade dúbia da "objetividade e realidade atual" surgidas na história – foi pré-fabricado *a priori*, dando como "conclusão" aquilo que na verdade fora previsto desde o início. A saber, que a objetividade em que o espírito do mundo "sente-se à vontade" e reconciliado consigo mesmo é "a *verdadeira reconciliação* que revela o *Estado* como a *imagem da razão* e *sua realização em ato*".[16]

As "mediações" enunciadas por Hegel também não podiam ser verdadeiras mediações através das quais os indivíduos – segundo as potencialidades objetivas de sua margem ampliada de ação pela sua associação em forças coletivas representativas – poderiam moldar a própria história. Distanciando-se da ilusão iluminista da emancipação humana definida em termos do poder libertador da Razão, Hegel conceituou o próprio movimento histórico; não como a caminhada da emancipação real (social-

---

[12]  Hegel, *The Philosophy of History*, p. 103.

[13]  Como disse Hegel:
 "A existência material da Inglaterra é baseada no *comércio e na indústria*, e os ingleses assumiram a pesada responsabilidade de ser os *missionários da civilização* para o mundo; pois seu *espírito comercial* os impele a atravessar mares e terras, a se relacionar com povos bárbaros, a *criar desejos e a estimular a indústria*, e primeiro e antes de tudo a estabelecer entre eles as condições necessárias para o comércio, ou seja, o abandono de uma vida de violência sem lei, o *respeito à propriedade* e a civilidade para com os estrangeiros" (ibid., p. 455).

[14]  Hegel, *The Philosophy of Right*, p. 220.

[15]  Ibid., p. 218.

[16]  Ibid., p. 222.

468  *Ideologia e emancipação*

mente não mais digna de crédito), mas como uma versão misticamente transfigurada dela: a progressão do espírito do mundo em direção à suposta realização do "destino essencial da Razão".[17]

Este deslocamento teórico, totalmente de acordo com as exigências intrínsecas do modo de dominação recentemente consolidado do "espírito comercial" no mundo real, implicava a qualificação característica do movimento histórico "transcendente" como um "*retorno* a si mesmo" do Espírito, juntamente com a definição da temporalidade – pseudo-histórica – como nada além do "*eternamente presente*". Hegel justificou tal conclusão sob o seguinte pretexto, ideologicamente conveniente:

> O Espírito é imortal; nele *não há passado, não há futuro*, mas *essencialmente um agora*. Isto necessariamente significa que [...] o que o Espírito é, ele *sempre foi* em essência; as distinções são apenas o desenvolvimento desta natureza essencial.[18]

Visto que a "racionalidade do real" não poderia ser sujeita a um exame crítico do ponto de vista da economia política, mesmo em sua versão hegeliana mais sofisticada, a própria ideologia teve de assumir a função de racionalizar e eternalizar a ordem sociopolítica estabelecida, defendendo-a como a única em que "a autoconsciência encontra em um desenvolvimento orgânico a realidade atual de seu saber e sua vontade substantivos".[19] Assim, a ideologia hegeliana se distanciou de modo irremediável da antiga preocupação filosófica com a emancipação *humana* real, ainda que conservasse o arcabouço abstrato-idealista desta última sob as categorias de "auto-realização do *Espírito*" e "desenvolvimento da *Idéia* de Liberdade".[20] Por isso, se Marx quisesse reabrir a questão de como emancipar os *indivíduos reais* em uma sociedade viável na prática, não poderia fazê-lo de modo algum sem "ajustar as contas" com as funções racionalizadoras e mistificadoras da ideologia dominante – o primeiro e vital passo. Somente após realizar esta tarefa negativa poderia voltar sua atenção para as funções *positivas*, e até mais importantes, da ideologia socialista, em defesa da causa da emancipação humana real.

### 9.1.6

Marx declarou, em total contraste com Hegel, que a emancipação era inconcebível dentro da estrutura do "absoluto na Terra" hegeliano, o Estado nacional. Aliás, o reconhecimento das profundas interconexões e determinações recíprocas entre os Estados existentes – cujas contradições Hegel ignorou decretando arbitrariamente o caráter absoluto dos Estados nacionais soberanos, aceitando também, de modo quase sarcástico, as implicações necessárias desta idealização classista da *particularidade* (não obstante seu culto da *universalidade*), que previam a inevitabilidade de *guerras periódicas*[21] –

---

[17]  Hegel, *The Philosophy of History*, p. 16.

[18]  Ibid., p. 78-9.

[19]  Hegel, *The Philosophy of Right*, p. 223.

[20]  Hegel, *The Philosophy of History*, p. 456.

[21]  A cínica motivação de classe nas raízes da atitude positiva de Hegel em relação às "guerras necessárias" faz-se visível quando ele afirma que "as guerras bem-sucedidas têm restringido a *inquietação interna* e consolidado o poder do Estado no país" (*The Philosophy of Right*, p. 210).

levou Marx a concluir que a formação do Estado capitalista em sua totalidade (ou seja, o "moderno Estado germânico" hegeliano) tinha de ser submetida a uma "crítica prática" materialmente assegurada, que impedisse, ao mesmo tempo, a reconstituição das velhas contradições sob alguma outra forma. Na opinião de Marx, o *próprio Estado* representava a alienação dos indivíduos sociais em relação ao poder mais abrangente de tomada de decisões, complementando e reforçando, no plano da superestrutura jurídica e política da sociedade contemporânea, as práticas exploradoras globalmente interligadas do sistema produtivo capitalista.

Naturalmente, esta concepção da superação prática do Estado (expressa, em relação a seu modo de realização historicamente possível, não como a "abolição" do Estado, mas como seu "definhamento") também tinha implicações profundas para a ideologia. O reconhecimento das necessárias limitações da ideologia – originadas do papel que ela foi instada a desempenhar na preservação de sociedades profundamente divididas – significava que a questão da emancipação humana radical não poderia ser vislumbrada sem se considerar também a supressão final das formas distorcidas de consciência social. Todavia, Marx também ressaltou que seria impensável ir *além da ideologia* postulando-se a possibilidade de assumir uma posição crítica eficaz em algum ponto *exterior* à própria ideologia.

De novo, a analogia com a vislumbrada superação e definhamento das várias instituições repressivas do Estado estava diretamente associada à avaliação do futuro da ideologia. Assim como seria inconcebível sair "fora" da superestrutura jurídica e política estabelecida e "abolir" o Estado a partir do ponto de vista imaginário do absoluto voluntarismo (tal como os anarquistas encaravam a tarefa), também a superação última da ideologia – a consciência prática inevitável das sociedades de classe – só poderia ser concebida sob a forma da eliminação progressiva das *causas* dos conflitos antagônicos que os indivíduos, membros das classes, tinham de "resolver pela luta" nas circunstâncias históricas prevalecentes. Em outras palavras, a compreensão marxiana – oposta ao voluntarismo – de que o "definhamento" do Estado teria de ocorrer pela *reestruturação* radical de suas instituições e da transferência progressiva de suas múltiplas funções para os indivíduos sociais, os "produtores associados", fez que a mesma consideração das restrições objetivas se impusesse também na atitude assumida em relação à ideologia em geral. Como certa afirmação de Marx (da qual, caracteristicamente, um pequeno fragmento é com freqüência citado, enquanto o restante, que confere ao juízo em questão seu verdadeiro significado, é tendenciosamente ignorado)[22] deixou

---

[22] A frase freqüentemente citada ou parafraseada como apoio a interpretações distorcidas é esta: "A religião é o ópio do povo". Mas o contexto em que ela aparece refuta tais interpretações. Esta é a importante passagem marxista:

"A miséria religiosa é ao mesmo tempo a expressão da miséria real e um *protesto* contra essa miséria real. A religião é o suspiro dos oprimidos, o *coração de um mundo sem coração*, o espírito de um mundo sem espírito. A religião é o ópio do povo. [...] A exigência de se abandonar as ilusões sobre o presente estado de coisas é a exigência de se abandonar um estado de coisas que *necessita* de ilusões. Portanto, a crítica da religião é, em estado embrionário, a *crítica do vale de lágrimas* cujo halo é a religião [...]. Assim, a crítica do céu transforma-se na *crítica da terra*, a crítica da religião na *crítica do direito* e a crítica da teologia na *crítica da política*" (Marx, "Contribution to Critique of Hegel's Philosophy of Law. Introduction", MECW, vol. 3, p. 175-6).

470   *Ideologia e emancipação*

muito claro, a única crítica prática pertinente da forma de consciência ideológica mais problemática, a *religião* – chamada por Marx na mesma frase não apenas de "o ópio do povo", mas também de "*o coração de um mundo sem coração*" –, tem por objetivo, não a esterilidade de disputas teóricas abstratas sobre sutilezas teológicas, nem, aliás, sobre os méritos ou deméritos do "ateísmo" militante (ainda que sob a forma do "humanismo" feuerbachiano), mas a criação de um mundo que não poderia mais ser descrito como *sem coração*.

A rigor, a crítica da ideologia não era de modo algum uma "*Ideologiekritik*". O que estava realmente em jogo na avaliação crítica tanto do Estado quanto da ideologia era a divisão social *estrutural-hierárquica do trabalho*, há muito estabelecida e aparentemente intransponível. Por isso, as imensas dificuldades práticas implícitas na tarefa de se emancipar os indivíduos reais de sua sujeição aos imperativos materiais da divisão social hierárquica do trabalho tinham de ser enfrentadas – e *contrariadas* no âmbito adequado das mediações *transformadoras materialmente eficazes* – caso se quisesse levar a sério o projeto de colocar em movimento o processo complexo (do qual a revolução *política* era apenas a *pré-condição*, mas nem sequer o primeiro passo)[23] no decorrer do qual o próprio Estado poderia começar a "definhar", produzindo simultaneamente a superação das formas distorcidas de consciência social.

Defender esta estratégia não foi de modo algum tranqüilo no que se refere a seus instrumentos práticos de realização. O "fim da ideologia" (no sentido estrito da expressão) obrigava inevitavelmente a ir além da própria *sociedade de classe* (pois só então desapareceria a necessidade de "resolver pela luta" os conflitos constantemente reproduzidos das posições preestabelecidas dos interesses de classe opostos), assim como "o definhamento do Estado" implicava a supressão radical da divisão social alienada do trabalho. Paradoxalmente, porém, assim como a superação do Estado só poderia se realizar pela ação material progressivamente "*autotranscendente*" do próprio Estado – sob a forma da apropriação genuína de suas funções vitais de controle por um corpo social cada vez mais ativo e dono de si –, assim também as *mediações práticas* (e não somente as disputas ideológicas) necessárias para a superação da ideologia só poderiam ser concebidas considerando-se a realização das tarefas imediatas, sócio-historicamente condicionadas (que teriam de ser enfrentadas na vida cotidiana da comunidade em questão), como estando organicamente vinculadas aos objetivos de longo prazo da *ideologia emancipatória*.

A idéia de se romper a *hegemonia* da ideologia dominante pela articulação vigorosa de uma ideologia crítica, em consonância com o ponto de vista do trabalho, era parte inalienável desta concepção. Toda a abordagem surgiu em resposta à mudança regressiva que se pôde testemunhar na atitude da tradição liberal-iluminista em relação à questão da emancipação logo após a Revolução Francesa. As tendências muito pessimistas que, em épocas mais recentes, afastaram sumariamente toda preocupação com a emancipação e, ao mesmo tempo, rejeitaram a consciência social em

---

[23]   Isto porque é evidente que as revoluções políticas correm o risco de reversões importantes, e até da possibilidade da completa restauração do *status quo* anterior.

geral por sua suposta auto-ilusão ideológica, emanaram da mesma crise de consciência, devido às promessas do Iluminismo, que, embora tivessem sido objeto de uma crença sincera, mostraram-se socialmente irrealizáveis. A diferença qualitativa na orientação das figuras representativas do pensamento liberal-burguês que vimos tornando-se predominantes no século XX deve-se ao fato de que, ao passo que Hegel – na ausência dos antagonismos de classe globalmente manifestos e de suas incorporações materiais na "realidade racional" dos Estados nacionais auto-afirmadores – ainda podia redefinir seus termos de referência a partir do ponto de vista da economia política sem ter de abandonar ao menos a "*Idéia*" abstrata da emancipação, tal fuga consoladora para o reino da "Idéia Absoluta" não era mais possível para seus companheiros ideológicos no mundo contemporâneo. Para estes, a ideologia em geral adquiriu a conotação puramente *negativa* com que estamos todos familiarizados, apesar da participação ativa desses intelectuais no trabalho de garantir – com todos os meios à sua disposição – a continuidade da hegemonia da ideologia dominante.

### 9.1.7

A concepção marxiana de ideologia foi elaborada em face desta aparentemente irreversível derrocada dos ideais do Iluminismo burguês. Por esse motivo, muitos princípios originais da concepção marxiana carregam as marcas de sua conexão com a problemática de seus predecessores históricos conscientemente superados. Isto se manifesta tanto quanto à forma da avaliação crítica negativa que Marx fez da própria derrocada, quanto em relação à sua tentativa de resgatar as características e aspirações positivas da tradição iluminista.

O século XX, todavia, acrescentou uma dimensão qualitativamente nova às concepções socialistas de ideologia. Agora – pela primeira vez na história – torna-se ao mesmo tempo possível e necessário realizar uma crítica prática das condições (e contradições) reais dos *Estados pós-capitalistas* que emergiram do tumulto social que se seguiu a duas guerras mundiais devastadoras. Passa a ser possível e necessária a elaboração de tal crítica, não em termos estritamente políticos, mas tornando inteligíveis as contradições da própria dimensão política quanto à *divisão social do trabalho* que continua a dominar o metabolismo das "sociedades civis" pós-capitalistas, sem por isso abandonar o projeto anteriormente anunciado de transformação socialista radical. A incapacidade de conservar vivo o compromisso com o projeto radical e todo-abrangente de mudança estrutural exporia até as realizações mais limitadas das sociedades pós-capitalistas à ameaça da insegurança, dado o contínuo poder material e ideológico, assim como o potencial de recuperação historicamente bem conhecido, do adversário social.

A principal lição que se pode tirar da dolorosa experiência histórica do "socialismo realmente existente" é que as restrições objetivas da interdependência global não desaparecem por encanto através de apelos políticos do tipo stalinista, enunciados de modo arbitrário e brutalmente impostos em nome do "socialismo em um só país". Estas restrições continuaram a exercer em toda parte seu poder de inércia, em parte pela facticidade da própria interdependência global inevitável, e em parte por causa das estruturas metabólicas herdadas que, nos últimos dois ou três séculos, foram

472  *Ideologia e emancipação*

moldadas no mundo todo pelo capital: de longe a força mais dinâmica de intercâmbio produtivo conhecida pelos seres humanos em toda a história.

À luz da experiência histórica do século XX, ficou claro que essas restrições objetivas não podem ser neutralizadas, no interesse da emancipação, por estratégias voluntaristas e medidas administrativas. Assim como a denúncia pessimista da "consciência social que mente para si mesma" provou-se absolutamente inútil, também os apelos stalinistas diretos à ideologia, ainda que formulados tendo-se em mente premissas e objetivos sociais muito diferentes, não conseguiram causar impacto positivo sobre as questões reais. Os problemas de ideologia, sejam eles grandes ou pequenos, não podem ser resolvidos *dentro* da própria ideologia.

Tanto os aspectos problemáticos quanto as características positivas da ideologia encontram sua explicação racional nas exigências objetivas do processo de reprodução social, de que a própria ideologia é um elemento orgânico. Assim, por um lado, enquanto o sistema estabelecido de reprodução social continuar marcado pelos antagonismos materiais, só um milagre poderia fazer que as formas correspondentes de consciência social – que participam ativamente da formação e do funcionamento mais ou menos não problemático das próprias estruturas reprodutivas básicas – se libertassem dos efeitos de tal sistema. Por outro lado, o poder emancipatório da ideologia surge da mesma dialética de reciprocidade, através da qual a consciência social pode contribuir significativamente para a transformação das estruturas reprodutivas materiais básicas em circunstâncias históricas favoráveis. Nesse sentido, a "atividade autônoma dos produtores associados" está fadada a não ser mais que um ideal frustrado enquanto for *negada do ponto de vista prático* pelas restrições materiais das estruturas reprodutivas dominantes. Todavia, sem a intervenção vigorosa da ideologia emancipatória – capaz de demonstrar *ad hominem* tanto a praticabilidade quanto a necessidade historicamente viva de tais ideais práticos –, não há esperança de superação dos antagonismos destrutivos dessas estruturas.

## 9.2 Inversões práticas e ideológicas

### *9.2.1*

O poder da ideologia predominante é indubitavelmente imenso, mas isso não ocorre simplesmente em razão da força material esmagadora e do correspondente arsenal político-cultural à disposição das classes dominantes. Tal poder ideológico só pode prevalecer graças à vantagem da *mistificação*, por meio da qual as pessoas que sofrem as conseqüências da ordem estabelecida podem ser induzidas a endossar, "consensualmente", valores e políticas práticas que são de fato absolutamente contrárias a seus interesses vitais.

Neste aspecto, e em muitos outros, a situação das ideologias em disputa decididamente *não é simétrica*. As ideologias críticas que tentam negar a ordem estabelecida não podem mistificar seus adversários pela simples razão de que não têm nada a oferecer – por meio de suborno e de recompensas pela acomodação – àqueles que já estão bem estabelecidos em posições de comando, conscientes de seus interesses imediatos tangíveis. Por isso, o poder da mistificação sobre o adversário é um privilégio da ideologia dominante, e só dela.

*Ideologia e autonomia* 473

Tal circunstância, por si, já mostra o quanto é frustrante tentar explicar a ideologia simplesmente sob o título de "falsa consciência", pois o que define a ideologia como ideologia não é seu suposto desafio à "razão" ou seu afastamento das regras preconcebidas de um "discurso científico" imaginário, mas sua situação real em um determinado tipo de sociedade. As funções complexas da ideologia surgem precisamente de tal situação – materialmente fundamentada – e não são de modo algum tornadas inteligíveis pelos critérios racionalistas e cientificistas a elas contrapostos, que não resolvem a questão.

O mais importante a ressaltar aqui é o fato de que as determinações materiais e ideológicas que nos interessam não afetam somente as formulações intelectuais mais ou menos sistemáticas das relações sociais estabelecidas, mas a *totalidade* da consciência social em todas as suas variedades possíveis na prática. Quer se tenha em mente as conceituações ideológicas "sofisticadas", quer as "populares" de qualquer época particular, para se encontrar a chave para a compreensão de seu âmago estruturador comum deve-se focalizar a atenção nas exigências práticas vitais do sistema reprodutivo social estabelecido.

É possível, com efeito, identificar uma *afinidade* notável entre as determinações prático-operacionais de uma ordem socioeconômica e as características ideológicas dominantes da época a que essa ordem pertence. Se considerarmos neste sentido os aspectos distintivos dos desenvolvimentos ideológicos pós-cartesianos, perceberemos que a "*racionalidade formal*", idealizada (e fetichizada) em várias conceituações do discurso teórico como um avanço intelectual "autogerador", assemelha-se muito aos *processos materiais* de abstração, redução, compartimentalização, equalização formal e "desistoricização" que caracterizam o estabelecimento e a consolidação do metabolismo socioeconômico capitalista em sua totalidade. Graças a estes processos materiais formalizadores-redutores, aquela *produção generalizada de mercadorias* pôde se articular. Também seria inconcebível, a qualquer momento, o subseqüente funcionamento bem-sucedido do sistema capitalista sem os processos materiais supramencionados. Eles constituem as exigências essenciais das *relações de troca universais* às quais tudo deve ser firmemente subordinado na sociedade capitalista em desenvolvimento e expansão global.

Desse modo, os filósofos que tentam deduzir a estrutura social e a máquina institucional-administrativa do capitalismo moderno a partir do "espírito de cálculo racional", etc., põem a carroça na frente dos bois e representam o mundo do capital de cabeça para baixo. Nem é acidental que procedam dessa maneira. Pelo contrário, seu espaço de manobra é limitado pelo que pode ou não ser colocado de acordo com o ponto de vista ideológico "eternizante" da economia política. A metodologia desta *precisa* tratar o *resultado* histórico (a "autoalienação" do trabalho e sua conversão em capital) como o ponto de *partida* evidente por si mesmo e inalterável (isto é, caracteristicamente "desistoricizado"). O supremo *interesse ideológico* em assegurar a *legitimidade do capital* como a força de controle permanente da sociedade tem assim sua base *material* na "realidade racional" do *resultado final* já alcançado, que os intelectuais defensores da ordem dominante encontram disponível não apenas como o pressuposto ideal de seu pensamento, mas também como a *premissa prática* necessária e o *regu-*

474 *Ideologia e emancipação*

*lador materialmente eficaz* do intercâmbio metabólico estabelecido entre a sociedade e a natureza.

Mais uma vez, podemos perceber aqui a insustentabilidade da comparação da ideologia com a "falsa consciência", que tem por objetivo simplesmente descartar a primeira. As várias transformações e inversões teóricas que encontramos no decurso do desenvolvimento intelectual-ideológico burguês, por mais que possam parecer desconcertantes à primeira vista, estão, sem dúvida, em total acordo com sua base socioeconômica.

Nesse sentido, por mais paradoxal que possa parecer, as características contraditórias deste desenvolvimento intelectual-ideológico devem ser, relativamente à *racionalidade peculiar* de sua contraditoriedade objetiva, compreendidas e explicadas como produtos de sua base real sócio-historicamente determinada, em vez de ser "desexplicadas" e "dissolvidas" como "inconsistências" teórico-formais, a partir da perfeição imaginária de uma "racionalidade pura" atemporal, autocomplacente e absolutamente circular. Afinal de contas, a razão pela qual a tentativa magistral de Hegel de elucidar a interconexão entre "racionalidade" e "realidade atual" encontrou dificuldades insuperáveis não foi o fato de o relacionamento não existir na realidade, uma vez que ele de fato existe e, além disso, possui uma importância muito grande, tanto teórica quanto prática. Hegel falhou por ter violado grosseiramente seu próprio princípio da historicidade, ao *congelar* a racionalidade dinâmica da realidade historicamente desdobrada na pseudo-racionalidade estática de um presente estruturalmente preconcebido e fechado. No presente contexto, é significativo para nós que Hegel tenha feito isso a partir da perspectiva da economia política, que transforma a "*racionalidade* da realidade atual" em sinônimo da realidade antagonisticamente *dividida* (daí, por sua própria natureza, inerentemente instável), embora problematicamente eternizada, da ordem *estabelecida*.

Nas várias teorias que conceituam o mundo a partir da perspectiva da economia política (independentemente da grandeza dos pensadores que produzem essas teorias), as determinações materiais e a *gênese* histórica da racionalidade capitalista são caracteristicamente ignoradas. Além disso, quanto mais nos aproximarmos do presente, mais fica ressaltada a temerária cegueira em relação à devastadora irracionalidade da racionalidade reificada do capital sob muitos de seus aspectos práticos autocontraditórios, destrutivos e, ao fim e ao cabo, até autodestrutivos. Por isso, é absolutamente grotesca a apresentação do *resultado final* dos perversos "cálculos racionais" capitalistas como um "*princípio*" *autogerador*, para se poder tratá-lo ao mesmo tempo como uma *causa sui* quase teológica e como o ponto de partida necessário e a motivação interna de todo desenvolvimento subseqüente.

O problema aqui não é o idealismo *per se* destas abordagens, mas a *razão* de seu idealismo, que surge de sua reveladora substância ideológica. O tipo de tendência ideológica idealista que nos é apresentada em tais concepções – que situam os determinantes estruturais das transformações sociais fundamentais em "espíritos da época" misteriosamente surgidos e em "princípios formais" autogeradores, etc. – só pode servir para abalar (e, em última análise, para desqualificar como totalmente utópica) toda crença na viabilidade de intervenções radicais na esfera socioeconômica, inter-

Ideologia e autonomia    475

venções que tenham o propósito de instituir uma alternativa significativa para a ordem estabelecida.

Mas estas irracionalidades socialmente específicas, apesar da tendência ideológica óbvia de seus criadores, são todas – à sua maneira muito peculiar – tanto racionais quanto representativas. Isto porque se originam *necessariamente* de uma base socioeconômica (material-existencial) cujas determinações *estruturais fundamentais* são *compartilhadas* e percebidas de forma caracteristicamente – mas não aleatoriamente – distorcida por todos os indivíduos envolvidos, sejam eles filósofos, economistas, "cientistas políticos", etc., ou apenas partidários espontâneos do "bom senso" prevalecente na vida cotidiana capitalista.

Na verdade, a "hegemonia" da ideologia dominante não pode ser compreendida apenas em função de seu suposto "poder autônomo"; nem mesmo caso se esteja disposto a lhe atribuir uma variedade de instrumentos materialmente ilimitados e diabolicamente perfeitos. Antes de mais nada, a soberania normalmente preponderante da ideologia dominante deve ser explicada em termos da já referida *base existencial comum*. As *inversões práticas* constantemente reproduzidas no sistema socioeconômico estabelecido – para o qual as várias manifestações teóricas e instrumentais da ideologia dominante contribuem ativamente em seu próprio plano – constituem, na imediatez paralisante de sua materialidade inevitável, a determinação mais fundamental a este respeito.

Nunca será demasiado sublinhar a impossibilidade de explicar o poder da ideologia (efetivamente exercido apesar das distorções identificáveis) em termos ideológicos auto-referenciais. Somente a profunda *afinidade estrutural* entre as *inversões práticas* e *materiais* e as inversões *intelectuais* e *ideológicas* pode tornar inteligível o impacto maciço da ideologia dominante sobre a vida social. Este impacto é incomparavelmente maior do que se poderia esperar da dimensão relativa dos recursos que ela controla diretamente, e manifesta a influência irrefreada da ideologia dominante sobre amplas massas do povo sob a forma de uma capacidade de "*pregar para os já convertidos*", por assim dizer, em circunstâncias normais. As grandes massas dos "convertidos" não apenas reconhecem as características fundamentais do relacionamento social prevalecente no discurso da ideologia dominante, mas também concordam que tais características constituem os *limites* de sua própria ação praticamente possível, nas condições *estáveis* em que a normalidade capitalista consegue se afirmar com sucesso.

### 9.2.2

A "autonomia" e o "poder de auto-sustentação" das formas ideológicas costumam ser apresentados de maneira muito exagerada, às vezes chegando a fazer supor sua completa *independência* das determinações materiais subjacentes.

Na verdade, tais explicações são muito pouco plausíveis. O que dá origem a interpretações deste tipo é uma dupla "*ilusão de ótica*" que aflige os teóricos em questão quando contemplam o relacionamento das várias formas ideológicas com sua base socioeconômica, por um lado, e com o restante da superestrutura (particularmente o Estado), por outro.

476 *Ideologia e emancipação*

Em outras palavras, a adoção dessa visão irrealista da "ideologia autônoma" deve-se a:

1. A atribuição das conseqüências espontâneas da *afinidade estrutural* objetiva supramencionada – isto é, a capacidade desanimadora, mas perfeitamente inteligível, da ideologia dominante de "pregar para os já convertidos" em circunstâncias normais – aos recursos *imanentes* das próprias manifestações ideológicas específicas.

2. Uma tendência a tratar as formas ideológicas da consciência social de um modo que mecanicamente as agrupa sob as características de várias instituições *estatais*.

À parte a necessidade de enfatizar que também a "autonomia do Estado" é freqüentemente muito exagerada, é igualmente necessário destacar que as instituições estatais e as formas ideológicas de consciência social não podem ser simplesmente fundidas umas às outras visando a uma análise teórica. Há algumas diferenças vitais que devem estar sempre na mente. Assim, embora sem dúvida haja uma área de íntima integração recíproca entre as duas, pode-se também constatar alguns contrastes e divergências acentuados em sua constituição intrínseca e no seu modo de operação.

Devemos observar aqui uma correlação paradoxal com respeito à questão da "autonomia". À medida que as *formas ideológicas* específicas (filosofias, teorias jurídicas e sociais, sistemas teológicos, idéias estéticas, etc.) podem ser consideradas realmente autônomas – pois definem suas respectivas posições no seu próprio campo de interesse, em relação a vários conjuntos de idéias e regras de discurso historicamente transmitidos –, é *menos* provável que tenham uma influência direta sobre as *massas*. Isto porque é uma precondição para o exercício de tal influência que as idéias em questão encontrem uma *articulação material* teoricamente adequada e praticamente efetiva. É natural que esta última, por sua vez, exija a constituição de portadores, instrumentos, instituições, redes administrativas, etc., bem sustentados e praticamente viáveis, sem os quais a influência desejada permaneceria no plano do mero pensamento veleitário. Por isso, o *discurso religioso*, por exemplo, não pode exercer sua força potencial simplesmente pela proclamação de suas idéias. Deve encontrar algum tipo de *intermediário prático-material* – isto é, as várias igrejas instituídas, impositoras de leis, ainda que de início rudimentares, como no caso das pequenas seitas – por meio do qual as próprias idéias possam se tornar materialmente eficazes.

A mesma reflexão se aplica em sentido inverso. Paradoxalmente, na medida em que as formas ideológicas são *menos autônomas* – pois dependem muito dos fatores materiais recém-mencionados, que permanecem, necessariamente, fora do seu controle direto (daí a tão lamentada "corrupção das idéias e dos ideais originais", se os instrumentos e instituições materiais necessários foram realmente ativados) –, seu impacto sobre a sociedade vem a ser *o mais poderoso* e influente.

Evidentemente, tais considerações não se aplicam ao Estado e a sua complexa rede de instituições. A problemática "autonomia" das várias instituições estatais (desde órgãos jurídicos até estabelecimentos educacionais) situa-se em um *relacionamento* muito mais *direto* com o poder material efetivamente controlado pelo Estado.

### 9.2.3

Devemos ter em mente a afinidade estrutural supramencionada, de que tanta coisa depende, também no que diz respeito ao *"colapso repentino"* (embora não necessariamente permanente ou duradouro) de formas ideológicas e práticas institucionais anteriormente dominantes, nas circunstâncias de uma crise estrutural importante. Tal colapso só pode encontrar explicação na efetiva *paralisia* dos processos ideológicos como resultado dessa crise – processos que, em outras situações, são materialmente sustentados e espontaneamente reproduzidos (com todas as suas inversões práticas subjacentes). (Recordemos, a este respeito, as insurreições revolucionárias – e suas derrotas – em 1918-19, em seqüência a uma guerra perdida e à crise socioeconômica decorrente, na Alemanha e na Hungria; e, de certa forma, até o tumulto ideológico de 1968 – emanado da crise gerada acima de tudo pelo envolvimento malsucedido dos Estados Unidos e de seus aliados no Vietnã – nos países capitalistas avançados.)

O que é extremamente pertinente aqui é que a *reconstituição* da ideologia dominante após seu "colapso" geralmente não requer um investimento relevante em novos empreendimentos e instrumentos ideológicos, como demonstra a experiência histórica. Como regra geral, ela acontece com certa espontaneidade à medida que as próprias estruturas jurídico-políticas materiais correspondentes se recuperam da crise. Tal fato reforça o ponto estabelecido anteriormente com respeito à importância fundamental da *afinidade estrutural* objetiva entre essas formas ideológicas e a estrutura reprodutiva material da sociedade.

A recuperação bem-sucedida das estruturas materiais no decurso normal dos acontecimentos é também a principal razão pela qual o "repentino colapso" – que ocorre periodicamente – do poder da ideologia dominante não pode ser considerado permanente ou duradouro.

A trajetória da *crise ideológica* e da subseqüente reconstituição da ideologia dominante deve-se ao relativo "potencial de recuperação" das estruturas metabólicas fundamentais da ordem social estabelecida. A questão é decidida fundamentalmente pela natureza intrínseca da crise da estrutura reprodutiva material, e não pela insuspeitada vitalidade (ou a simples força de inércia) das próprias formas ideológicas. O resultado depende da profundidade e extensão da crise da base material da sociedade; até que ponto pode ser considerada uma verdadeira crise *estrutural,* em contraposição a uma crise cíclico-conjuntural, etc.

Como exemplo, podemos pensar na chamada "crise econômica mundial" de 1929-33, dramaticamente iniciada pelo colapso da Bolsa de Valores de Nova York. Embora esta crise tenha atingido todo o mundo capitalista, não resultou absolutamente em um importante colapso ideológico do sistema. Apesar das cores muito românticas com as quais certos intelectuais gostam de pintar a "rósea década de 1930", a ordem social estabelecida não foi significativamente afetada em suas funções metabólicas básicas pela crise econômica limitada – de caráter cíclico e primordialmente financeiro – do sistema empresarial privado. E a suposta "coloração rósea" das formas ideológicas não atingiu senão uma camada intelectual muito estreita, afetando dessa maneira, por um breve momento histórico, apenas a periferia da sociedade capitalista global.

478  *Ideologia e emancipação*

### 9.2.4

Para melhor compreender o complexo relacionamento e a afinidade estrutural entre as inversões *práticas* mistificadoras, as transformações abstrato-redutivas e as absurdas equações formais que se fazem valer na realidade, por um lado, e, por outro, suas *conceituações*, tanto pelo "senso comum" quanto pelas sínteses teórico-ideológicas sofisticadas, devemos prestar atenção aos reguladores espontâneos materialmente eficazes do metabolismo socioeconômico capitalista.

Talvez em parte alguma a *irracionalidade prática* de que estamos tratando seja mais notável do que na determinação materialmente articulada das conexões espúrias (mas, no plano dos intercâmbios metabólicos da sociedade, amplamente operativos) de igualdade formal entre entidades qualitativamente diferentes que, à primeira vista, não têm absolutamente nada a ver uma com a outra. Como declarou Marx em uma parte muito importante de *O capital*:

> A relação entre uma porção de mais-valia, de renda monetária [...] com a terra é em si *absurda e irracional*; pois as magnitudes que são aqui aferidas, uma em relação à outra, são *incomensuráveis* – por um lado, um *valor de uso particular*, um pedaço de terra de tantos metros quadrados, e, por outro, o *valor*, especialmente a *mais-valia*. Isso na verdade expressa apenas que, sob determinadas condições, a propriedade de tantos metros quadrados de terra permite ao proprietário conseguir à força uma certa quantidade de trabalho não-remunerado, que o capital conseguiu chafurdando nestes metros quadrados, como um porco em batatas. Mas, ao que parece, a expressão é a mesma se alguém desejasse falar da relação entre uma nota de cinco libras e o diâmetro da Terra.
>
> Entretanto, a *reconciliação das formas irracionais* sob as quais certas relações econômicas aparecem e se *afirmam na prática* não diz respeito aos agentes ativos destas relações em sua *vida cotidiana*. E, como estão *acostumados* a se movimentar em meio a tais relações, não acham nada estranho ali. Uma *absoluta contradição* não lhes parece *nem um pouco misteriosa*. Sentem-se tão à vontade quanto um peixe dentro d'água, entre manifestações que estão separadas de suas conexões internas e são *absurdas* quando isoladas. O que Hegel diz em relação a certas fórmulas matemáticas se aplica aqui: o que *parece irracional* ao senso comum é racional, e o que lhe *parece racional* é irracional.[24]

Assim, a irracionalidade do "senso comum" (ao qual as mistificações ideológicas sistemáticas podem prontamente se vincular e utilizar como veículo difusor) cresce no mesmo solo que as conceituações "sofisticadas" que constantemente reforçam a consciência cotidiana em seus preconceitos "absurdos".

Mais importante ainda é sublinhar que o *absurdo prático* – que constitui a base comum de ambos – também corresponde à "racionalidade" e à "normalidade" possíveis da ordem em questão, como está manifestado nos reguladores mais vitais de seu metabolismo socioeconômico como um todo.

É necessário que a irracionalidade prática das manifestações separadas de suas conexões internas seja um aspecto importante do sistema do capital. Mas os principais fatores materiais não podem permanecer, e de fato não permanecem, por muito

---

[24]  Marx, *Capital*, vol. 3, p. 759-60.

tempo suspensos em seu isolamento irracional. Se assim o fizessem, seria absolutamente impossível exercerem as funções metabólicas essenciais da sociedade e, por isso, toda a estrutura erigida sobre eles entraria em colapso.

Esta é a razão pela qual a bem-sucedida *"reconciliação das formas irracionais"* mencionada por Marx é desde o início uma exigência elementar do metabolismo socioeconômico capitalista, e assim continua durante toda sua longa história. Ou seja, o sistema regulador dinâmico, mas inerentemente problemático e irracional, do capital só é viável enquanto suas "formas irracionais" puderem ser *reconciliadas com sucesso* entre si, na prática do próprio processo de reprodução social.

É aí que as mais variadas manifestações da ideologia dominante se ajustam organicamente ao quadro. Uma de suas mais importantes funções é a contribuição ativa – pela mobilização do arsenal praticamente eficaz da inversão ideológica e do "positivismo acrítico" – para a reconciliação das formas irracionais materialmente operativas. Por isso, é irônico que uma das ideologias mais sofisticadas e influentes do século XX, a concepção weberiana, tenha formulado seus mais importantes princípios teóricos – embora, curiosamente, reivindicasse também o *status* de ser a mais avançada teoria crítica da sociedade – em termos da exaltação manifesta do sistema supostamente não-superável do "cálculo racional" capitalista.

## 9.3 O papel ativo do "senso comum"

### 9.3.1

Há uma infeliz tendência – vez por outra até em Gramsci – para caracterizar o "senso comum" das classes subalternas em termos estritamente ideológicos, com respeito às concepções de mundo herdadas, crenças religiosas, etc. Embora não se deva negar a importância de tais fatores, eles na verdade não explicam a persistência de conceituações distorcidas do mundo que, mesmo distorcidas, ainda assim adquirem o *status* de "senso comum". Ao contrário do que pregam as noções voluntaristas, a vigência continuada das determinações ideológicas diretas não pode ser considerada a causa auto-sustentadora de tal persistência.

Certamente, se as causas identificáveis de mistificação ideológica fossem primariamente ideológicas, elas poderiam ser contrapostas e revertidas na esfera da própria ideologia. Daí surge a grande tentação de se apresentar explicações e soluções voluntaristas.

Todavia, como já vimos, o impacto maciço da ideologia dominante na vida social como um todo só pode ser apreendido em termos da profunda *afinidade estrutural* existente entre as mistificações e inversões práticas, por um lado, e suas conceituações intelectuais ideológicas, por outro. Se estas últimas se tornam "sedimentadas" na forma prevalecente do "senso comum" da maneira como o fazem, este fato se deve à mesma afinidade estrutural originada da base de determinações materiais compartilhada por *todas* as modalidades de ideologia, sejam produzidas por relativamente poucos intelectuais especializados ou por inúmeros indivíduos que são, ao mesmo tempo, contribuintes ativos para a formação do "senso comum" e seus sustentadores.

480    *Ideologia e emancipação*

Se não identificamos a existência e a importância prática desta afinidade estrutural objetiva, somos forçados a aceitar a desalentadora conclusão de Gramsci, de que "nas massas, enquanto tais, a filosofia só pode ser experimentada como *fé*".[25]

Inevitavelmente, a partir de tal diagnóstico da situação – que corresponde a uma concepção estranhamente passiva daquilo que Gramsci em outra parte chama de "o elemento amorfo da massa" –, segue-se uma solução igualmente problemática. Visto que o "senso comum" do "elemento amorfo da massa" parece ser apenas o repositório de influências ideológicas um tanto caóticas, o papel ativo de mudança da situação deve ser atribuído às "*elites* intelectuais" (e à sua "*vanguarda* política"), cujo objetivo é definido como a modificação do "panorama ideológico da época". Como afirma Gramsci, ao discutir as "necessidades específicas de qualquer movimento cultural que deseje substituir o senso comum e as velhas concepções do mundo em geral":

1. Nunca se cansar de repetir os próprios argumentos [...] a repetição é o melhor meio *didático* para *influenciar* a *mentalidade popular*.

2. Trabalhar incessantemente [...] para proporcionar uma personalidade ao elemento amorfo da massa. Isto significa trabalhar para produzir elites de intelectuais de um novo tipo, que se originam diretamente das massas mas permanecem em contato com elas para se tornarem, digamos assim, a estrutura de sustentação que lhes dá forma. Esta segunda necessidade, caso satisfeita, é o que realmente modifica o "panorama ideológico" da época. Mas estas elites não podem ser formadas ou desenvolvidas sem que uma hierarquia de autoridade e uma competência intelectual cresça em seu interior. A culminação deste processo pode ser um grande filósofo individual. Mas ele deve ser capaz de reviver concretamente as necessidades da grande comunidade ideológica e de compreender que esta não pode ter a flexibilidade de movimento própria de um cérebro individual...[26]

Assim, dados seus termos de referência, a solução de Gramsci apenas estipula o modo segundo o qual as supostas "elites de intelectuais de um novo tipo" devem se comportar nas circunstâncias dadas, antecipando, paradoxal e irrealisticamente, uma forma de disciplina que exige até que os novos intelectuais neguem a si mesmos "a flexibilidade de movimento própria de um cérebro individual".

## 9.3.2

Gramsci está, sem dúvida, muito consciente dos dilemas envolvidos na solução postulada. Eis como desenvolve sua linha de raciocínio, terminando com várias questões muito difíceis:

A *adesão* ou não-adesão da *massa* a uma ideologia é a verdadeira prova crítica da racionalidade e da historicidade dos modos de pensar. [...] Estes desenvolvimentos apresentam muitos problemas, dos quais o mais importante pode ser reduzido à forma e à qualidade das relações entre as várias *camadas intelectualmente qualificadas*; isto é, a importância e a função que a contribuição *criativa* dos *grupos superiores* pode e deve

---

[25]    Gramsci, *Selections from the Prison Notebooks*, Londres, Lawrence & Wishart, 1971, p. 339.

[26]    Ibid., p. 340.

ter em relação à capacidade orgânica das camadas *intelectualmente subordinadas* de discutir e desenvolver novos conceitos críticos. Em outras palavras, é uma questão de *fixar os limites* da liberdade de discussão e propaganda, uma liberdade que não deve ser concebida no sentido administrativo e político, mas no sentido de uma *autolimitação* que os líderes impõem sobre sua própria atividade ou, mais estritamente, no sentido de se determinar a direção da política cultural. Ou seja: *quem deve determinar os "direitos do conhecimento"* e os limites da busca do conhecimento? E será que *estes direitos e limites efetivamente podem ser determinados?*[27]

O problema, todavia, é que, mesmo que se pudessem encontrar respostas para essas questões – respostas aceitáveis para um grande número de intelectuais em circunstâncias favoráveis (como, aliás, Togliatti tentou fazer no pós-guerra, com a política cultural muito bem-sucedida do Partido Comunista Italiano) –, isso ainda não resolveria a dificuldade da "adesão ou não adesão da massa" nem, em termos mais gerais, o problema subjacente do "senso comum".

O dilema de Gramsci é em parte imposto por ele mesmo, na medida em que atribui um papel muito passivo e uma parcela excessivamente pequena de racionalidade ao "elemento amorfo da massa" e a seu "senso comum". Daí resulta a constituição e transmissão de uma visão geral do mundo através do "senso comum" – em cuja estrutura os indivíduos, enquanto "indivíduos médios", definem sua própria posição e também tomam parte em sua constituição – que não podem ser vistas como um processo criativo. Antes, são vistas como diretamente subordinadas à ideologia dominante, de onde se conclui que as massas só podem experimentar a filosofia "como *fé*".

Na verdade, elas não experimentam obrigatoriamente a filosofia como uma fé ou como qualquer outra coisa. Podem simplesmente ignorá-la sob as condições da "normalidade" capitalista: ou seja, quando nada venha a obrigá-las a reexaminar as premissas práticas dominantes da ordem social dada. E do reconhecimento deste estado de coisas não decorre que estejam condenadas a um papel essencialmente passivo e, por isso, ajam meramente como depositárias de influências ideológicas heterogêneas e caóticas que se originam, por assim dizer, "acima delas". Os sistemas ideológicos "sofisticados" expressam à sua maneira as mesmas condições de reificação prática que o "senso comum" encontra à mão e *ativamente confirma por si mesmo todos os dias.* (Como declarou Marx, as pessoas estão "acostumadas a se movimentar" dentro das relações estabelecidas da vida cotidiana capitalista, por mais que sejam irracionais e absurdas as equações práticas impostas a elas pelos processos metabólicos dominantes do referido sistema.)

Na medida em que os vários produtores especializados da ideologia dominante e as reações mais diretas, supostamente "espontâneas", do "senso comum" são apoiadas pelas mesmas estruturas objetivas de mistificação e inversão práticas – que existem em toda parte nas sociedades de produção generalizada de mercadorias –, a visão segundo a qual o "senso comum" é caracterizado por uma adesão tranquila às crenças ideológicas sistematicamente articuladas, e pela assimilação destas, atribui muito mais crédito a estas crenças do que realmente merecem. Na realidade, o "senso comum"

---

[27]  Ibid., p. 341.

# 482  Ideologia e emancipação

pode avaliar e confirmar ativamente, por sua própria conta, a dominação das determinações estruturais básicas da sociedade mercantil, que *também* penetram nas conceituações ideológicas sistemáticas. A hipótese alternativa, isto é, que as crenças ideológicas ativamente produzidas são unilateralmente depositadas pelas "camadas intelectualmente qualificadas" no "elemento amorfo da massa", não é uma explicação muito plausível dos limites objetivos dentro dos quais as várias concepções ideológicas são articuladas e se inter-relacionam.

### 9.3.3

É claro que o papel ativo do "senso comum" na constituição de sua visão geral do mundo não nos oferece grande consolo, pois seu relacionamento com a *ideologia crítica* não é semelhante ao que mantém com a *ideologia dominante*. Mais uma vez, nada é simétrico nessa questão. Longe disso. Na verdade, a luta necessariamente "*árdua*" de toda ideologia crítica – em contraste com a capacidade já mencionada da ideologia dominante de "pregar para os já convertidos" – é em si uma confirmação clara da esmagadora importância da afinidade estrutural objetiva discutida na seção 9.2.

Somente nas condições de uma crise importante – como durante a Primeira Guerra Mundial e sua seqüência de revoluções, não apenas na Rússia mas também em vários países europeus, ou durante a Segunda Guerra Mundial, seguida pela vitória da revolução chinesa e por um deslocamento significativo para a esquerda do espectro político em quase todo o mundo, pelo menos durante alguns anos – os sistemas críticos de pensamento podem afetar drasticamente o "panorama ideológico da época". Em circunstâncias normais, devem lutar não apenas contra seus adversários ideológicos especializados, mas também, o que é muito mais desalentador, contra a "aliança profana" entre o "senso comum" e a ideologia dominante sustentada pela *evidência prática* das estruturas materiais estabelecidas, em cujo interior as pessoas têm de reproduzir as condições materiais e culturais de sua existência e "sentir-se à vontade como um peixe dentro d'água".

É compreensível, por isso, que Gramsci – cuja grande preocupação é sempre saber como maximizar o impacto da "filosofia da práxis" (um de seus codinomes para o marxismo) sob determinadas circunstâncias – subestime o peso das determinações estruturais materiais. Contrapõe a elas uma abordagem que deseja mudar "o panorama ideológico da época" através de uma intervenção ideológica direta, renegando completamente a afinidade objetivamente prevalecente entre as estruturas materiais e as imagens ideológicas do "senso comum".

Assim, apesar de reconhecer a importância da Primeira Guerra Mundial em preparar o terreno para a Revolução de Outubro ("Na Rússia, a guerra ajudou a motivar as vontades. Ao longo de três anos de sofrimento, elas rapidamente se puseram de acordo. A carestia absoluta era iminente, e a fome, a morte pela fome, poderia atingir a todos, exterminar de um só golpe dezenas de milhões de pessoas. As vontades se alinharam em perfeita unanimidade."),[28] Gramsci chega a conclusões voluntaristas,

---

[28] "In Russia la guerra ha servito a spoltrire le volontà. Esse, attraverso le sofferenze accumulate in tre anni, si sono trovate all'unisono molto rapidamente. La carestia era imminente, la fame, la morte per fame poteva

contrapondo as "ideologias" a "fatos" (contradizendo assim suas próprias idéias sobre a importância da facticidade brutal da guerra), insistindo em que

A revolução bolchevique foi feita mais de ideologias do que de fatos. (Por isso, no fundo, pouco importa que venhamos a saber mais sobre ela do que já sabemos.) É a revolução contra *O capital* de Karl Marx. [...] O pensamento marxista é a continuação do pensamento idealista italiano e alemão, que em Marx foi contaminado por incrustações positivistas e naturalistas. [...] A pregação socialista criou a vontade social do povo russo. [...] O proletariado russo, educado no socialismo, iniciará sua história a partir do mais alto nível de produção que a Inglaterra atingiu hoje, porque, já que deve começar, partirá do estágio levado à perfeição em outro lugar; e daí receberá o impulso para atingir aquela maturidade econômica que, segundo Marx, é a condição necessária para o coletivismo. [...] Tem-se a impressão de que os maximalistas foram, neste ponto, a expressão espontânea, *biologicamente* necessária, para que a humanidade russa não caísse na mais terrível desintegração.[29]

É preciso também ressaltar que, embora Gramsci mais tarde introduza alguns corretivos à sua ênfase exagerada sobre "*la volontà*" (a vontade), mesmo em seus últimos anos ele ainda mantém uma tendência voluntarista, apesar de a viabilidade desta última só se tornar plausível em circunstâncias historicamente muito raras de explosões revolucionárias maciças, quando tudo está em fluxo contínuo e, por isso, a intervenção vigorosa da vontade pode, mais de imediato do que em condições estáveis, alavancar as coisas na direção desejada. Aqui, adotando uma posição baseada em sua crença irrestrita no poder da vontade, Gramsci afirma:

Em relação ao papel histórico desempenhado pela concepção fatalista da filosofia da práxis, talvez seja hora de preparar sua oração fúnebre, enfatizando sua utilidade durante um determinado período da história, mas, por esta mesma razão, sublinhando a necessidade de a enterrar com todas as honras devidas.[30]

O que torna extremamente problemáticas as conclusões de Gramsci com respeito ao recomendado enterro da "concepção fatalista da filosofia da práxis" – de que não apenas os "marxistas vulgares" mecanicistas mas o próprio Marx é considerado culpado, devido à suposta "contaminação de incrustações positivistas e naturalistas" em sua teoria – é sua dupla suposição segundo a qual:

---

cogliere tutti, maciullare d'un colpo diecine di milioni di uomini. Le volontà si sono messe all'unisono." Citações italianas do artigo de Gramsci "La rivoluzione contro il Capitale", publicado pela primeira vez em *Avanti*, 24 de novembro de 1917, aqui citado de *2000 Pagine di Gramsci*, organizado por Giansiro Ferrata e Niccolò Gallo, Milão, Casa Editrice Il Saggiatore, 1964, vol. 1, p. 266.

29   "La rivoluzione dei bolscevichi è materiata di ideologle più che di fatti. (Perciò, in fondo, poco ci importa sapere più di quanto sappiamo.) Essa è la rivoluzione contro il *Capitale* di Carlo Marx. [...] il pensiero marxista [...] è la continuazione del pensiero idealistico italiano e tedesco, che in Marx si era contaminato di incrostazioni positivistiche e naturalistiche. [...] la predicazione socialista ha creato la volontà sociale del popolo russo. [...] Il proletariato russo, educato socialisticamente, incomincerà la sua storia dallo stadio massimo di produzione cui è arrivata l'Inghilterra oggi, perché dovendo incominciare, incomincerà dal perfetto altrove, e da questo perfetto riceverà l'impulso a raggiungere quella maturità economica che secondo Marx è condizione necessaria del collettivismo. [...] Si ha l'impressione che i massimalisti siano stati in questo momento l'espressione spontanea, *biologicamente* [grifo de Gramsci] necessaria, perché l'umanità russa non cada nello sfacelo più orribile." (Ibid., p. 265-8.)

30   Gramsci, *Selections from the Prison Notebooks*, p. 342.

**484** *Ideologia e emancipação*

1. *A experiência real dos desenvolvimentos materiais* pode ser substituída e superada com êxito pela *"experiência do pensamento"* (expressão de Gramsci) de uma *minoria* politicamente consciente.

2. A transformação socialista da sociedade pós-revolucionária pode *começar no plano mais elevado* dos desenvolvimentos capitalistas ocidentais, assim como o capitalismo norte-americano pôde construir sobre o alicerce das realizações inglesas, tomando-as como seu ponto de partida.

Eis como Gramsci expressa estas suposições no artigo "A revolução contra *O capital*", acima citado:

> O povo russo passou por essas experiências através do pensamento, ainda que fosse o *pensamento de uma minoria. Superou essas experiências.* Utiliza-as para se estabelecer no presente, assim como fará uso das experiências capitalistas ocidentais para se elevar, em pouco tempo, ao *mais alto nível de produção do mundo ocidental.* Os Estados Unidos são, do ponto de vista capitalista, mais avançados que a Inglaterra porque, na América do Norte, os anglo-saxões começaram, *de um salto*, no estágio atingido pela Inglaterra após uma longa evolução.[31]

Dadas tais suposições, as imensas restrições materiais sob as quais todas as revoluções anticapitalistas – assim como as sociedades delas originadas – devem operar podem ser superadas *"col pensiero"* ("pelo pensamento"), por meio do trabalho da consciência da minoria politicamente ativa sobre a consciência do "senso comum" passivo. Mas, na verdade, não há simetria entre os relacionamentos da ideologia crítica e da ideologia estabelecida em relação ao "senso comum". E tampouco na forma pela qual o capitalismo norte-americano pôde prosseguir sem problemas a partir do ponto mais elevado atingido pela Inglaterra (com o envolvimento ativo e a contribuição positiva do capital britânico), enquanto as sociedades pós-capitalistas decididamente não podem fazê-lo. E não podem em parte por seu relativo atraso econômico (que, em alguns casos, é até extremamente pronunciado), associado à óbvia hostilidade do mundo capitalista externo; mas também, o que é ainda mais importante, pela total inadequação da herança capitalista como uma base material viável para intercâmbios verdadeiramente socialistas.

Por isso, a revolução russa – assim como, aliás, qualquer outra revolução anticapitalista que venha a se realizar no futuro previsível – não poderia ser uma "revolução contra *O capital* de Karl Marx", e menos ainda contra o *capital como tal*. Ao contrário do *capitalismo*, o capital não pode ser "derrubado" (ou "abolido" de repente) pelas *negações* de uma insurreição revolucionária, por mais radicais que sejam essas negações em termos políticos. Ele deve ser progressivamente deslocado (e por fim *substituído* completamente) pela trabalhosa constituição *positiva* de um novo metabolismo social, com seus pressupostos objetivos e princípios orientadores qualitativamente

---

[31] "Il popolo russo è passato attraverso queste esperienze col pensiero, e sia pure *col pensiero di una minoranza*. Ha *superato queste esperienze*. Se ne serve per affermarsi ora, come si servirà delle esperienze capitalistiche occidentali per mettersi in breve tempo *all'altezza di produzione del mondo occidentale*. L'America del Nord è capitalisticamente più progredita dell'Inghilterra, perché nell'America del Nord gli anglosassoni hanno incominciato *di un colpo* dallo stadio cui l'Inghilterra era arrivata dopo lunga evoluzione." (*2000 Pagine di Gramsci*, op. cit., p. 267.)

Ideologia e autonomia 485

diferentes, que o definem como um *todo orgânico*. (Assim como o capital poderia com razão afirmar que possui, em seus próprios termos, uma base orgânica sólida, no sentido apontado por Marx em uma passagem muito importante dos *Grundrisse*.)[32]

### 9.3.4

Os grandes obstáculos que o "senso comum" coloca diante da ideologia crítica – portanto resistindo ativamente à modificação do "panorama ideológico da época" – surgem de seu relacionamento inerente com a estrutura socioeconômica capitalista. Visto que a gênese da ordem estabelecida, que se prolongou por muito tempo e foi altamente contraditória no que diz respeito à dinâmica histórica, é encoberta pelos véus do passado e das mistificações práticas do presente, os indivíduos que compartilham o "senso comum da época" só podem encontrar à mão, como sua estrutura *comum* de referência, os aspectos relativamente *estáveis* do organismo social capitalista tal como está constituído na realidade. Em geral, em face da relativa estabilidade e do funcionamento tranqüilo do sistema que "entrega os bens" para os quais ele é organicamente constituído, o senso comum *"internaliza"* as dificuldades proibitivas de se entrar no caminho de uma verdadeira mudança estrutural – mudança que apresentaria uma alternativa radical para o sistema estabelecido em sua totalidade – não apenas como dificuldades, mas como uma *"impossibilidade"* prática.

Assim, o "reconhecimento" e a "aceitação" (com freqüência claramente resignada) desta "impossibilidade" – cuja medida e estrutura orientadora são a estabilidade daquela ordem – se tornam uma das principais características que definem o "senso comum" como "bom senso". Não obstante, seria errôneo considerar o "senso comum" como passivo e desprovido de uma postura potencialmente crítica. A menos que suas expectativas básicas – orientadas para o funcionamento tranqüilo do referido metabolismo social – sejam *confirmadas* realmente pelo processo de reprodução social em andamento, sua submissão pode desvanecer-se com uma velocidade surpreendente, como de fato ocorre nas crises realmente estruturais, que também proporcionam um terreno favorável ao exercício da *volontà* de Gramsci e à intervenção política consciente baseada no *envolvimento da massa* (e não simplesmente na *"adesão da massa"*), que seria de outro modo inconcebível.

Mas até a esse respeito precisamos ter um pouco de cautela. Tendo em vista a constituição primordial do "senso comum", manifesta em sua orientação para a esta-

---

[32] Eis o que diz a passagem:
"Deve-se ter em mente que as novas forças de produção e as relações de produção não se desenvolvem *do nada*, nem caem do céu, nem do útero da Idéia que se postula a si mesma, mas vêm de dentro do desenvolvimento existente da produção e das relações de propriedade herdadas e tradicionais, e em antítese a elas. Embora no sistema burguês *consumado* cada relação econômica *pressuponha* todas as outra relações em sua forma econômica burguesa, e *tudo o que existe seja também um pressuposto*, é isto o que ocorre com cada *sistema orgânico*. Este sistema orgânico, como uma *totalidade*, tem *seus pressupostos*, e seu *desenvolvimento* rumo a sua totalidade consiste precisamente em subordinar todos os elementos da sociedade a ele, ou em criar a partir dele os órgãos de que ainda carece. É assim que *historicamente* ele se *torna uma totalidade*. O processo de se tornar esta totalidade constitui um momento de seu processo, de seu *desenvolvimento*" (Marx, *Grundrisse*, p. 278).

486  *Ideologia e emancipação*

bilidade e para a reprodução social relativamente tranqüila, mesmo em períodos de crise persistente a primeira reação tende a ser a de seguir "a linha da menor resistência". Isto porque esta última promete realizar o objetivo desejado com maior probabilidade que a adoção de cursos de ação mais radicais (e, à luz da "normalidade" do passado, por definição mais imprevisíveis).

Somente quando a crise se aprofunda (em vez de "dissolver-se" como um pequeno furacão) e se expande por toda a sociedade – como, por exemplo, entre fevereiro e outubro de 1917 na Rússia –, somente então podemos testemunhar um deslocamento maciço da fidelidade das massas, reorientada para a alternativa nova. Mesmo então, a expectativa básica do "senso comum" na crise permanecerá sendo, inevitavelmente, a reconstituição da estabilidade social e o estabelecimento, tão logo seja possível, de uma nova normalidade. Ao mesmo tempo, como nos ensina a experiência histórica, o contínuo malogro de suas expectativas em relação à estabilização produtiva da nova ordem tende a fazer que o "senso comum" retorne a sua posição anterior. Não simplesmente por causa das "influências ideológicas inimigas", mas, acima de tudo, porque é impossível reconciliar as determinações estruturais objetivas do "senso comum" – enraizadas como estão em seu relacionamento com o metabolismo social fundamental, de que ele é uma parte orgânica – com a possibilidade de se viver em um permanente "estado de emergência".

### 9.3.5

De tudo isto, sem dúvida, pode-se deduzir que não se deve esperar o genuíno envolvimento da massa em um empreendimento revolucionário sem a profunda crise das estruturas materiais dominantes da sociedade. Entretanto, esta inequívoca rejeição da perspectiva voluntarista e elitista não implica a defesa de uma "concepção fatalista da filosofia da práxis", que pede para *esperar* até que a própria crise tenha realizado sozinha o trabalho necessário. Significa apenas que a transformação radical do "panorama ideológico da época" não pode ser definida em termos estritamente ideológicos como o *trabalho da consciência sobre a consciência*. Mais exatamente, deve conter, como um componente organizacionalmente articulado da estratégia geral, a *negação prática materialmente eficaz* das estruturas reprodutivas dominantes, em vez de reforçá-las através da "economia mista" e de várias formas de "participação" na reestabilização socioeconômica e política do capital em crise.

Sem tais componentes de negação radical e contestação prática, não somente cem anos do chamado "socialismo parlamentarista", mas também 45 anos da "via italiana para o socialismo" só conseguiram levar à socialdemocratização do movimento da classe trabalhadora ocidental, incluindo sua ala anteriormente radical, e ao beco sem saída da "grande concessão histórica": grande apenas na medida da derrota que assinala para o movimento socialista.

Deve-se enfatizar aqui que a negação prática materialmente eficaz das estruturas reprodutivas dominantes não implica a ilegalidade, ou mesmo a rejeição apriorística da estrutura parlamentar. Todavia, envolve a sustentação organizacional de um desafio contínuo às restrições mutiladoras que as "regras do jogo" parlamentarista *unilateralmente* impõem somente às classes subalternas. O que nos preocupa no presente

Um exemplo notável de como as coisas realmente se desenrolam foi apresentado em uma entrevista na televisão com sir Campbell Adamson, ex-diretor geral da Confederação da Indústria Britânica. Ele revelou nessa entrevista que chegou a ameaçar Harold Wilson – agora, apropriadamente, lorde Wilson, mas na época primeiro-ministro trabalhista do governo britânico – com uma *greve geral de investimentos* se ele não respondesse positivamente ao ultimato de sua confederação. Adamson admitiu candidamente que aquela ação teria sido *inconstitucional* (em suas próprias palavras), acrescentando que, "felizmente", não houve necessidade de levar adiante a planejada greve de investimentos, porque "o primeiro-ministro concordou com nossas exigências".

contexto é que, enquanto os representantes parlamentares das classes dominantes fazem uso irrestrito, como fato natural, das *forças extraparlamentares do capital* – que não só dominam totalmente as bases materiais da sociedade como também se acham rigorosamente organizadas na esfera política e cultural, com imensos recursos à sua disposição –, a idéia de *oposição* e *ação extraparlamentar*, do outro lado da confrontação sociopolítica, é vista como uma blasfêmia.

Assim, ainda que as forças *extraparlamentares* do *capital* possam influir, e de fato *influem profundamente*, sem a menor inibição e escrúpulos (mesmo em relação ao caráter escandalosamente *inconstitucional* de suas ações),[33] sobre a esfera política, o correspondente potencial extraparlamentar da classe trabalhadora – acima de tudo do seu movimento sindical – é vigorosamente restringido e por fim paralisado, não apenas pela legislação anti-sindical repressiva, mas especialmente pela exigência de subordinar as reivindicações da classe trabalhadora a considerações eleitorais hipotéticas ou reais.

Isto acontece quer o partido de massa da classe trabalhadora esteja na oposição, quer no governo. Assim, o movimento da classe trabalhadora, em vez de causar um impacto radical na política, como originalmente se previra quando de sua entrada na estrutura parlamentarista de disputa constitucional, sofre constantes derrotas em razão da operação discriminatória, e até cinicamente inconstitucional, das regras jurídicas e das políticas "liberal-democráticas", na ausência de uma afirmação adequada de seus interesses contra os métodos e ações do adversário. Por isso, a organização adequada das forças *extraparlamentares socialistas* como um movimento de *massa* autodeterminado – em conjunto com as formas parlamentares tradicionais de organização política, que muito precisam do *apoio radical* de tais forças extraparlamentares – precisa

---

[33] A *inconstitucionalidade*, não obstante toda a mitologia que afirma o contrário, não é de modo algum uma aberração dentro da estrutura da democracia liberal. É extensivamente praticada, mesmo nas esferas mais elevadas de tomada de decisão política, sempre que for adequada à conveniência da ordem dominante, sem conseqüências sérias para aqueles que recorrem a seus métodos. Significativamente, eles são dispensados de uma reparação adequada por seus atos, mesmo quando da revelações de um escândalo público se mostrem embaraçosas e prejudiciais aos desejos e valores professados pela ideologia liberal.

Tomando-se um exemplo recente, o comitê do Congresso norte-americano que investigava o "Escândalo Irã-Contras" concluiu, por esmagadora maioria, que a administração Reagan esteve envolvida em atos que "subvertiam a lei e feriam a constituição". Entretanto, este julgamento, a despeito de suas graves implicações legais, não afetou nem de leve o presidente, nem resultou na introdução das salvaguardas constitucionais para evitar a repetição futura de violações similares da constituição.

488　*Ideologia e emancipação*

ser reconhecida como parte inalienável da estratégia gramsciana para transformar "o panorama ideológico da época".

## 9.4 A autoridade no processo de trabalho e na sociedade em geral

### *9.4.1*

"A libertação", diz Marx, "é um ato *histórico*, não um ato *mental*".[34] Isto porque os grandes obstáculos que devem ser superados para possibilitar em termos históricos reais a desejada ação autônoma dos indivíduos sociais não estão localizados no reino das idéias autogeradas, mas no plano das estruturas reprodutivas mais vitais da sociedade. Além disso, o que torna cada vez mais difícil a realização das condições da genuína autonomia individual é o fato de essas estruturas reprodutivas terem sido formuladas, no decorrer do desenvolvimento histórico, em conjunto com formas profundamente divisivas e perversas de tomada de decisão. Devido a isso, qualquer tentativa de se apresentar uma solução para tais problemas aparentemente insuperáveis sob a forma da reconciliação resignatória do Espírito do Mundo consigo mesmo (que encontramos no sistema monumental de Hegel), deixando os indivíduos reais "lá fora no frio" e condenados a serem para sempre "instrumentos inconscientes" nas mãos da astúcia da Razão, só pode se resumir a uma exaltação idealista das restrições materiais historicamente dadas. Na estrutura de uma tal filosofia – não importa sua grandeza como empreendimento intelectual –, as contradições sociais que sistematicamente frustram as aspirações conscientes dos indivíduos só podem ser objetos de uma falsa superação que deixa seus termos de referência antagônicos tal como estão.

Para os socialistas, o problema mais desafiador é como transformar a liberdade pessoal de *cada* indivíduo em uma realidade palpável, sem o que os antagonismos característicos das ordens sociais hierárquicas ficam fadados a ser reproduzidos de uma forma ou de outra. Por isso, o projeto histórico socialista, tal como foi originalmente concebido por Marx, requer a formulação de estratégias de ação que não incorram, em seus diagnósticos da situação dos indivíduos, numa abstração forçada das exigências objetivas do processo de reprodução social; elas também não transubstanciam tendenciosamente as determinações *históricas* alteráveis do relacionamento social em atributos pseudonaturais (ou metafísicos) *inalteráveis* de uma ordem socioeconômica e política predeterminada, seja aquela que Hegel dizia corresponder à "verdadeira *Teodicéia*",[35] seja sua congênere menos pomposa mas igualmente eternizada, benevolentemente governada pela "mão invisível" de Adam Smith.

---

[34]　MECW, vol. 5, p. 38.

[35]　Eis como Hegel se refere a isto:
"A filosofia só diz respeito à glória da Idéia refletindo-se na História do Mundo. A filosofia escapa da luta cansativa das paixões que agitam a superfície da sociedade e atinge a região calma da contemplação; o que interessa é o reconhecimento do processo de desenvolvimento por que passou a Idéia na realização de si própria – isto é, a Idéia de liberdade, cuja realidade é a consciência da Liberdade e nada menos do que ela.
"A História do Mundo, com todas as cenas mutáveis que seus anais apresentam, é este processo de desenvolvimento e a realização do Espírito – esta é a *verdadeira Teodicéia*, a justificação de Deus na História.

*Ideologia e autonomia*   489

Certamente, cada qual a seu modo, tanto o "dever ser" bem-intencionado mas totalmente ineficaz do Iluminismo quanto a personificação hegeliana do "Espírito do Mundo" admitem que há uma gritante contradição entre as obstinadas aspirações humanas à auto-realização e as prosaicas restrições a que os indivíduos são forçados a se sujeitar no mundo real. Entretanto, dado o ponto de vista da economia política que circunscreve o horizonte destes pensadores, eles são incapazes de indicar os antagonismos estruturais do próprio metabolismo social classista-explorador como responsáveis por esse estado de coisas. São obrigados a assumir, como ponto pacífico *insuperável*, os parâmetros sociais da dominação e da subordinação de classe como premissa prática de suas conceituações da ordem socioeconômica correta e adequada.

A rejeição consciente do ponto de vista da economia política por parte de Marx permite-lhe apresentar um diagnóstico radicalmente diferente dos problemas em jogo, juntamente com uma solução que define a questão da *autonomia* em função da atividade produtiva socialmente necessária dos *indivíduos particulares*, em vez de atribuir o poder da ação autônoma a alguma entidade *supra-individual* abstrata.[36]

Eis como Marx se refere à inseparabilidade da autonomia individual e da emancipação social:

A transformação, através da divisão do trabalho, dos poderes (relações) pessoais em poderes *materiais* não pode ser dissipada descartando-se *da mente* a idéia que se tem dela, mas só pode ser abolida pelos *indivíduos* quando novamente *sujeitam estes poderes materiais a si mesmos* e abolem a *divisão do trabalho*. Isto não é possível sem a comunidade. Somente dentro da comunidade *cada indivíduo* possui os meios para cultivar seus dons em todas as direções; por isso, a *liberdade pessoal* só se torna possível *dentro da comunidade*. Nos antigos sucedâneos da comunidade, no Estado, etc., a liberdade pessoal só existia para os indivíduos que se desenvolviam sob as condições da classe dominante, e apenas na medida em que eram *indivíduos desta classe*. A comunidade ilusória em que os indivíduos até agora se associaram sempre assumiu uma *existência independente* em relação a eles e, sendo a articulação de uma classe contra outra, era ao mesmo tempo, para a classe oprimida, não apenas uma comunidade completamente ilusória, mas também um novo grilhão. Na *comunidade real*, os indivíduos obtêm sua *liberdade* por meio de sua *associação*.[37]

À luz de passagens como esta, não há como compreender que Marx tenha sido acusado tão freqüentemente de sobrepor aos indivíduos os interesses do "coletivismo abstrato". Como podemos ver, nada poderia estar mais distante da verdade. De fato, é precisamente a abordagem de seus verdugos liberais que permanece inseparavelmente vinculada à postulação de algum tipo de entidade supra-individual – como a "mão invisível" anteriormente mencionada –, sob a qual se supõe que os conflitos "determinados pela natureza" (e assim, por definição, insuperáveis em suas origens) entre *indivíduos* egoisticamente auto-orientados não só são constantemente renovados, mas

---

Somente esta percepção pode reconciliar o Espírito com a História do Mundo – ou seja, que aquilo que ocorreu, e está ocorrendo todos os dias, não somente não ocorre 'sem Deus', mas é essencialmente Sua Obra" (Hegel, *The Philosophy of History*, p. 457).

[36]   Ver ibid., p. 78-9.

[37]   MECW, vol. 5, p. 77-8.

490 *Ideologia e emancipação*

também convenientemente reconciliados dentro da estrutura de uma ordem socio-econômica dominada pelo mercado.

Naturalmente, em tal concepção não se pode admitir que a sociedade capitalista seja atormentada por antagonismos de *classe* inconciliáveis, ainda que uma consciência curiosamente reprimida da confrontação social fundamental constitua o cerne estruturador das teorias elaboradas a partir do ponto de vista da economia política. Teorias deste tipo não podem conceder a todos os indivíduos uma parcela significativa do poder de tomada de decisão, pois as relações de classe prevalecentes, de superioridade e subordinação (que forçosamente *excluem* a esmagadora maioria das pessoas das tomadas de decisão realmente significativas), devem ser consideradas absolutamente "não-negociáveis". Conseqüentemente, a última coisa que tais teorias poderiam considerar seria a realização da liberdade e da autonomia pessoal mediante a associação produtiva de iguais em uma comunidade autodeterminante. Em vez disso, conceituam como a única ordem socioeconômica e política viável aquela que reduz a questão das relações e determinações de classe à total nulidade, postulando em seu lugar a férrea ação das determinações da natureza sobre indivíduos instintivamente hostis uns aos outros. Por esta via, a absoluta permanência do conflito na "sociedade civil" pode ser positivamente abarcada por estas teorias de uma forma tendenciosamente transfigurada.

Compreensivelmente, portanto, o contraste entre a abordagem marxiana e a abordagem liberal destes problemas é enorme. No caso da primeira, encontramos o reconhecimento de que a liberdade e a autonomia pessoal real (assim como a "*igualdade real*" de Babeuf e Buonarroti) só são possíveis no seio da comunidade que se libertou do antagonismo interno das classes em disputa. Em contrapartida, a necessidade de se preservar um sistema de intercâmbios socioeconômicos e políticos inevitavelmente conflituosos, através dos quais o capital possa impor a "classificação final" (Comte) e a dominação do trabalho, exclui a idéia de uma associação harmoniosa dos indivíduos como uma *impossibilidade conceitual.*

É por isso que o conceito da associação *produtiva de indivíduos sociais* não tem qualquer papel a desempenhar nas teorias liberais. Somente o *indivíduo isolado* – abstraído de todas as relações de classe de modo a ficar inexoravelmente sujeito ao supra-individual "poder das coisas" – pode desempenhar a necessária função ideológica legitimadora presumida por tais teorias. A realização da liberdade e da autonomia pessoal genuínas, pela associação voluntária dos indivíduos em uma comunidade de atividade própria significativa, pressupõe necessariamente a superação histórica do antagonismo e da exploração de classe. Todavia, é claro que, do ponto de vista da economia política – que, representando os interesses do beneficiário, deve assumir uma atitude afirmativa em relação à perpetuação dos antagonismos estruturais prevalecentes, sem a qual o produtor real da riqueza, o trabalho, não poderia ser mantido em submissão –, a associação voluntária dos indivíduos sociais em uma sociedade dinamicamente mutável está totalmente fora de questão. Por isso, em teorias formuladas a partir da perspectiva da economia política, os indivíduos só podem ser reunidos – de modo *mecânico-agregativo* – em uma "*comunidade*" *abstrata*, em que suas determinações sociais específicas (inseparáveis das divisões de classe em questão) realmente não importam. E, da mesma maneira, somente os *indivíduos abstratos* isolados podem se adaptar – ou, melhor, se submeter sem problemas – a esta "comunidade" abstrata de relações de mercado idealizadas e à correspondente formação estatal.

Assim, graças à adoção do indivíduo isolado como o parâmetro para a compreensão tanto dos problemas quanto das soluções "naturais" da sociedade capitalista, os antagonismos de *classe* são transformados em conflitos *individuais* – louvavelmente "competitivos" e "empreendedores" –, e até as classes surgem em cena como uma espécie de criação tardia do pensamento liberal-individualista. Como resultado de tais transformações conceituais, ideologicamente motivadas, estipula-se que a questão realmente relevante com respeito às classes na sociedade capitalista não é que as pessoas sejam *nascidas* nelas (o que torna inerentemente problemáticas as determinações restritivas que as classes litigantes exercem sobre os indivíduos), mas o fato, absurdamente exagerado, de que os indivíduos podem livremente se elevar aos patamares mais altos da sociedade ou descer aos mais baixos, conforme o caso, em razão de um mérito ou fracasso puramente *pessoal* (o que significa *legitimar* a perpetuação da exploração de classe, plenamente de acordo, é claro, com o "princípio da justiça").

O impacto repressivo da divisão do trabalho sobre os indivíduos, portanto, não apenas não é questionado nessas teorias, mas, pior que isso, é perversamente metamorfoseado em uma virtude fundamental. Do ponto de vista da economia política, as hierarquias estruturais da divisão do trabalho estabelecida são assumidas como absolutamente permanentes, mesmo às custas do completo abandono do antigo ideal da autonomia individual para todos. Substitui-se esta última pela defesa da recompensa concedida a um número limitado de indivíduos privilegiados por seu "espírito empreendedor", com base na posição que ocupam na estrutura que serve ao "poder das coisas", pela qual o *capital* estabelece seu controle sobre a sociedade como um todo, embora permitindo a *ilusão* da ação autônoma às suas "personificações".

## 9.4.2

Como os indivíduos não podem se libertar do "poder das coisas" sem sujeitar as forças materiais alienadas que dominam suas vidas a seus próprios objetivos, conscientemente escolhidos, a questão da autonomia individual se torna inseparável da alteração radical do metabolismo social fundamental, de que tudo o mais depende. É por isso que Marx se refere à "abolição da divisão do trabalho".

No entanto, se este imperativo for inequivocamente afirmado, deve-se também reconhecer a enormidade da própria tarefa. Dada a natureza intrínseca e a imensa difusão da divisão do trabalho, é impossível ter controle sobre as condições objetivas e subjetivas de sua "abolição" senão: a) em termos *globais* e b) ao longo de um período histórico muito *amplo*. Na verdade, não se pode vislumbrar de modo algum a *abolição* da divisão do trabalho, mas somente seu progressivo "definhamento" pela transformação radical do próprio processo de trabalho e da simultânea reestruturação do complexo arcabouço institucional, em cujo quadro deve ser conduzido o processo metabólico fundamental da reprodução individual e social. Sob este aspecto, não existem atalhos possíveis, assim como, em relação à proposta superação histórica do

492  *Ideologia e emancipação*

Estado – com a qual a tarefa de superação da divisão do trabalho está inextricavelmente interligada –, só pode haver a *ilusão* de atalhos.

Dois conjuntos de problemas surgem neste contexto.

O primeiro diz respeito à questão das *mediações materiais necessárias* para que uma sociedade socialista possa se libertar do poder do capital. A problemática de tais mediações não pertence a este estudo, mas requer uma investigação adequadamente detalhada, associada com outras questões importantes de uma teoria da transição. Não obstante, deve-se relatar de passagem que estes problemas surgem apenas perifericamente (se é que surgem) na teoria de Marx. Por mais lamentável que isso possa parecer, Marx foi obrigado a operar sob as limitações teóricas originadas do fato de ter de se opor, em suas confrontações, à tendência "*eternizante*" da economia política burguesa, que constituía uma das características mais importantes e ideologicamente mais reveladoras desta última. Assim, a ênfase tinha de ser colocada na *transitoriedade* histórica do capital. Por esse motivo, Marx repetidamente frisou que "o capital se coloca como um *mero ponto de transição*",[38] acrescentando que a forma antitética em que o capital, como trabalho alienado, se contrapõe ao "indivíduo trabalhador" é em si mesma apenas "*passageira* e produz as condições reais de sua própria superação".[39]

Outra razão óbvia da infeliz omissão teórica da preocupação com as inevitáveis mediações materiais que se impõem, em uma escala temporal ampla, a todas as sociedades transicionais possíveis, era o fato de Marx não ter diante de si a flagrante evidência histórica de que o poder do capital sobrevive, embora de forma bastante alterada, nas sociedades pós-capitalistas. Ao mesmo tempo, afigurava-se de modo muito claro que, nos escritos dos adversários teóricos de Marx,

> O objetivo é apresentar a produção – ver, por exemplo, Mill – distinta da distribuição, etc., e encerrada em leis naturais eternas independentes da história, onde as *relações burguesas são introduzidas* como as *leis naturais invioláveis* sobre as quais é abstratamente baseada a sociedade. Este é o propósito mais ou menos consciente de todo o processo.[40]

Daí ser compreensível que, naquelas circunstâncias em que Marx tinha de insistir repetidas vezes na constituição inerentemente histórica e no caráter transitório do capital como modo de intercâmbio e de controle socioeconômico, ele tenha atenuado a assombrosa magnitude da obstinada persistência histórica do capital, juntamente com as profundas implicações negativas dessa persistência para as perspectivas dos futuros desenvolvimentos socialistas.

O segundo conjunto de problemas é diretamente pertinente para o estudo da ideologia e da consciência social. Relaciona-se à questão do controle social em todas as esferas da vida – desde a administração dos processos e das estruturas reprodutivas materiais até a regulamentação dos múltiplos tipos de intercâmbio em que os indivíduos se engajam em sua vida cotidiana –, seja qual for seu alcance e complexidade.

---

[38]  Marx, *Grundrisse*, p. 542.

[39]  Ibid., p. 543-4.

[40]  Ibid., p. 87.

Há uma longa tradição – remontando, em sua versão liberal, às primeiras teorias do "contrato social" – que tendenciosamente (e de modo falacioso) compara o controle necessário dos processos sociais (inevitável em todas as formas concebíveis de sociedade) ao papel preponderante do Estado (característico da nossa sociedade). "Controle" passa a ser, assim, sinônimo do poder "legitimamente" assumido pelo Estado, sendo sumariamente rejeitado como "inconstitucional", "irracional" e "anarquista" qualquer desafio a ele. Por isso, a margem de ação legítima concedida aos indivíduos é definida de tal maneira que eles são forçados a se acomodar (não meramente *de facto* – o que poderia ser desafiado em princípio – mas com base em supostas considerações *de jure*) nos limites estabelecidos das estruturas reprodutivas dominantes.

Além disso, deste modo, o próprio Estado se torna uma entidade misteriosa. É apresentado como a encarnação do princípio da legitimidade, ao lado da pretensão de que esta legitimidade emana diretamente das interdeterminações do interesse dos indivíduos "racionais". A verdade prosaica de que o Estado na verdade não é a encarnação do "princípio da legitimidade", mas das *relações de poder* prevalecentes, e que não é constituído a partir de decisões *individuais* soberanas, mas em resposta aos contínuos antagonismos de *classe*, permanece oculta sob o véu da impressionante fachada teórica da ideologia dominante.

Na realidade, o poder do Estado não tem sua origem nele mesmo, nem é ele o depositário de determinações individuais em que se apóiam suas reivindicações à legitimidade. Seus componentes institucionais – desde as instituições cultural-ideológicas até o judiciário e os vários aparatos repressivos – não podem ser por si sós responsáveis pelo enorme poder que o Estado efetivamente exerce (embora ele o faça). Também não podem explicar o periódico colapso repentino do poder do Estado e sua subseqüente reconstituição, às vezes sob forma significativamente alterada. Tentar compreender as formações e os desenvolvimentos históricos deste tipo à luz da "soberania" fictícia dos indivíduos (nas sociedades de classe), associada à projeção de suas inclinações "contratuais" igualmente fictícias, é ainda menos plausível que o papel atribuído pelos teólogos cristãos a Pôncio Pilatos, citado despropositadamente no Credo. O poder do Estado só pode ser mantido enquanto – e apenas até o ponto em que – seu relacionamento simbiótico com as estruturas do poder material da "sociedade civil" permanecer historicamente viável.

### 9.4.3

O Estado é essencialmente uma *estrutura hierárquica de comando*. Como tal, extrai sua problemática legitimidade não de sua alegada "constitucionalidade" (que invariavelmente é "inconstitucional" em sua constituição original), mas de sua capacidade de *impor* as demandas apresentadas a ele.

Só marginalmente o Estado é a fonte de tais demandas, isto no caso em que forem consideradas necessárias para o exercício das funções atribuídas a ele pela ordem social prevalecente. Com efeito, somente sob as condições de uma crise estrutural profunda e de "emergência histórica" da ordem socioeconômica é que o Estado é capaz de se sobrepor, durante um período relativamente curto, às estruturas e aos processos normais de tomada de decisão da "sociedade civil", com o mandato implícito ou

494  *Ideologia e emancipação*

explícito de *reconstituir* "o mais rápido possível" (como amiúde se declara) as condições de normalidade temporariamente perdidas.

Em geral, as exigências normativas que o Estado é chamado a cumprir por meio de sua estrutura hierárquica de comando são geradas espontaneamente, como determinações objetivas, pelos próprios processos reprodutivos materiais fundamentais. A adequação do Estado para enfrentar tais exigências, em virtude de sua natureza intrínseca de estrutura hierárquica de comando político da sociedade, só é compreensível em vista da "correspondência" dialética da articulação institucional do Estado com a *estrutura hierárquica de comando material* da própria ordem socioeconômica estabelecida.

É só porque os membros particulares da sociedade estão distribuídos tal como estão pelas estruturas produtivas hierarquicamente organizadas do processo de trabalho vigente – uma vez que a sobrevivência dos indivíduos é diretamente determinada pelo relacionamento estrutural espontaneamente realizado[41] de domínio e subordinação, equivalente ao comando de controle da produção e a sua inapelável execução – é só por isso que o Estado e sua relativa autonomia podem emergir e se manter. Como atesta a história sanguinolenta da chamada "acumulação primitiva" – premissa material necessária à existência do Estado capitalista, assim como de seu consagrado "domínio da lei" –, a expropriação violenta dos meios de produção por poucos às custas da esmagadora maioria dos indivíduos existe em primeiro lugar como uma relação de forças brutal e como a correspondente estrutura de comando material da sociedade, por menos disciplinada que seja. Somente após a "defesa da propriedade" pôde ser entronizada em estatutos legais sempre multiplicados (e, de acordo com as circunstâncias mutáveis do domínio burguês, mais ou menos refinados), de forma a ser idealizada até por pensadores radicais – como Rousseau – que passam a defender que "o direito de propriedade é o mais sagrado de todos os direitos da cidadania e, em alguns aspectos, é até mais importante que a própria liberdade".[42]

Nesse sentido, podemos com efeito afirmar que há uma *homologia* objetiva de estruturas e modos de tomada de decisão entre o Estado e a esfera da reprodução material, ainda que as funções desempenhadas pelos dois sejam significativamente diferentes. As diferenças só se tornam significativas se avaliadas sob a perspectiva da *especificidade histórica* da divisão geral do trabalho característica da formação social em questão. Afinal de contas, não se deve esquecer que o Estado é a manifestação tangível – e uma das dimensões mais importantes – da divisão social do trabalho como tal e, por conseqüência, só pode "definhar" com a superação histórica desta última.

A homologia entre as estruturas de poder e modos de tomada de decisão do Estado, de um lado, e aquelas que se articulam na esfera da reprodução material, de outro, não significa nem a *identidade* das duas (postulada pelo pensamento burguês eternizante, que assim constrói uma "jaula de ferro" da qual realmente não pode haver

---

[41]  Imposto, por exemplo, sob a forma da necessidade de vender a própria força de trabalho, necessidade que não provém das leis, como corretamente frisou Rosa Luxemburgo em sua crítica a Bernstein.

[42]  Rousseau, *A Discourse on Political Economy*, Everyman Edition, p. 254.

saída) nem a *determinação unilateral* das funções do Estado pelas estruturas materiais e pelos processos reprodutivos da "sociedade civil" capitalista (como considerariam os "marxistas vulgares"). Em vez disso, importa em uma genuína *interdependência* entre o funcionamento do Estado e as exigências objetivas da reprodução material na estrutura da divisão social do trabalho prevalecente.

A não-percepção deste relacionamento vital de interdependência – historicamente produzido – tende a conduzir ao exagero indiscriminado ou à negação mecânica da autonomia relativa do Estado. Visto que esta última surge da facticidade da divisão do trabalho historicamente prevalecente, não pode importar em *menor* ou *maior* "independência" do que a determinação intrínseca do Estado enquanto possibilidade materialmente gerada – e por isso não apenas muito real, mas também objetivamente bem definida e circunscrita – de ação essencial coordenadora, legitimadora e repressiva, cuja realização efetiva nenhum outro componente do sistema social geral pode assumir. E, pelo mesmo motivo, a restituição desta função coordenadora geral para o corpo social, não mais antagonicamente dividido, deveria eliminar a necessidade de se estabelecer um órgão separado para sua implementação repressivamente garantida e a pretensa legitimação concomitante em um mundo antagônico.

Em outras palavras, a existência da autonomia relativa do Estado se deve ao fato de as estruturas e funções reprodutivas materiais da sociedade serem constituídas de tal modo – sob a forma de sistemas historicamente específicos de domínio e subordinação – que são incapazes de desempenhar a função necessária de coordenação geral sem conferir sua garantia fundamental a um corpo alienado, externo; de tal maneira que este coloque o selo de aprovação na imposição espontânea, materialmente exercida, de uma modalidade de produção e distribuição totalmente injustificável – pois profundamente *exploradora* – sobre o processo de trabalho e, através dele, *legitimando* este último em seu próprio nome contra todas as reivindicações adversárias que possam surgir em sociedades antagônicas.

Mais uma vez, podemos ver que a alienação do trabalho e sua conversão em um poder controlador autoperpetuador, o capital, precedem, enquanto fatos socioeconômicos, a necessidade de uma garantia de sua continuidade existencial minimizadora de antagonismos – isto é, supostamente "legítima", mas de modo algum necessariamente "consensual". Além do mais, uma das características mais importantes da determinação funcional do Estado nasce da circunstância de que a alienação do trabalho e sua dominação pelo capital não podem de maneira alguma ser justificadas no plano da facticidade socioeconômica em si, que abrange apenas a relação de forças nua e crua. Considerado em sua materialidade, o mundo do capital não tem base para a autolegitimação. Muito pelo contrário. Na medida em que, no plano das estruturas e processos metabólicos básicos da sociedade, o capital é compatível apenas com um princípio – aquele de deixar que a relação de forças nua e crua prevaleça não apenas em sua confrontação hegemônica com o trabalho, mas também em face daquelas de suas próprias unidades que provam ser menos viáveis no inflexível processo de concentração e centralização –, o princípio da legitimação só pode ser tolerado se aplicado *fora* da esfera da autoridade material incontestável do capital, no âmbito do corpo político alienado.

496   *Ideologia e emancipação*

É por isso que a necessidade de uma "comunalidade" legitimadora só pode surgir sob forma bem abstrata, definindo as condições de seus membros participantes de tal modo que a determinação justificadora jurídico-formal de "igualdade diante da lei" (pela qual todos são "igualmente proibidos de dormir debaixo das pontes") deixe as relações materiais de poder absolutamente intactas. Compreensivelmente, portanto, embora o Estado capitalista, visando ao desempenho de suas necessárias funções legitimadoras, possa introduzir corretivos *parciais* às deficiências dos processos materiais prevalecentes, ele é absolutamente incapaz de produzir as alterações *estruturais* básicas, até em uma situação de crise grave. E é por isso que as forças que desejam uma mudança estrutural radical devem considerar a necessidade de descartar, em sua totalidade, a formação institucional do Estado.

O que torna impossível para o Estado capitalista produzir mudanças fundamentais no plano do próprio metabolismo socioeconômico historicamente estabelecido é precisamente a mencionada homologia objetiva de estruturas e modos de tomada de decisão entre a esfera jurídico-política e a "sociedade civil". Homologia que, paradoxalmente, tanto aumenta em alguns aspectos a autonomia do Estado como a circunscreve estritamente em outros. Portanto, o Estado só pode exercer suas importantes funções controladoras e coordenadoras até o momento em que permanecer compatível com os parâmetros estruturais do metabolismo socioeconômico capitalista, mas não além.

Tomando-se um exemplo diretamente pertinente ao presente contexto, dada a homologia objetiva das estruturas material-reprodutivas e jurídico-políticas, a *articulação institucional* do *Estado liberal-democrático* é inseparável e totalmente inviável sem a *articulação material reprodutiva* do *mercado* capitalista, enquanto rede historicamente específica de intercâmbios *distributivos* profundamente incorporados nas estruturas *produtivas* do sistema socioeconômico em questão. Neste sentido, um deslocamento significativo na estrutura produtiva e distributiva do capital em prol de estruturas e processos *monopolistas* – deslocamento que se torna visível tanto no controle cada vez mais centralizado das unidades particulares da *produção* social total quanto na operação da rede cada vez mais globalmente interligada dos *mercados* comercial, de trabalho e financeiro – traz consigo uma implicação prática de longo alcance, segundo a qual as instituições do Estado devem ser ajustadas em consonância com as mesmas linhas para poderem enfrentar as exigências das novas condições.

Por isso, não foi por acaso que nas últimas décadas o Estado capitalista "avançado" assumiu cada vez mais um papel "facilitador" ou "possibilitador" de tais transformações. Não apenas removeu sem qualquer cerimônia os obstáculos do caminho da concentração monopolista do poder econômico, obstáculos outrora erguidos pelo Estado liberal-democrático em nome da "livre concorrência", mas também trabalhou ativamente para a aceleração do processo geral, em harmonia com as exigências emanadas da base material em mutação.

O papel desempenhado pelo Estado na realização das "desnacionalizações" (ou "privatizações") monopolistas do período recente é, quanto a isto, muito revelador, e tanto mais porque os necessários ajustes da racionalização *ideológica* dos desenvolvimentos monopolistas atuais não conseguiram acompanhar o ritmo de esbanjamento "radical" da "prata da casa" (condenado como tal por uma autoridade do porte do ex-primeiro-ministro conservador Harold Macmillan) que caracterizou as transformações efetivamente ocorridas. Sob a pressão de tendências monopolistas aparentemente irresistíveis, acabou havendo um perceptível distanciamento da herança do passado liberal-democrático paternalista, não somente no plano das estruturas materiais reprodutivas, mas também nas instituições e práticas do Estado, correspondentemente modificadas. Isto teve de acontecer a despeito de as velhas formas de racionalização ideológica – freqüentemente embaraçosas – não poderem ser, na época, simplesmente descartadas.

Assim sendo, sob as bandeiras da ideologia liberal-democrática e de sua pretensa defesa da "liberdade individual", nos últimos anos temos nos defrontado, no campo da política, com alguns *faits accomplis* realmente peculiares. Deste modo, testemunhamos a selvagem mutilação da "democracia local" (na Inglaterra, com a abolição do Greater London Council, a imposição de tipos diversos de impostos pelo governo central, a anulação freqüente das decisões de planejamento dos conselhos locais pelas autoridades centrais no interesse dos grandes negócios, etc.), bem como a conversão da própria "mãe da democracia", o parlamento, em um glorioso carimbo de homologação. Mesmo as funções tradicionais do ministério têm sido abertamente invalidadas graças à atual prática autoritária de "encurtar" os processos anteriores de tomada de decisão através das deliberações dos cômodos "comitês ministeriais", em que um pequeno punhado de pessoas monopoliza o poder de controle político em uníssono com os "capitães da indústria" que estão à frente das corporações monopolistas dominantes.

Há alguns anos, o secretário de Estado dos Estados Unidos declarou sem rodeios que "o negócio [dever] do governo dos Estados Unidos é proteger os interesses dos negócios norte-americanos". Naturalmente, idêntico *ethos* também impulsiona os governos das outras "democracias liberais", definido apenas pela posição mais ou menos proeminente desses países na ordem hierárquica internacional do capital monopolista. É assim que as estruturas complementares de comando do capital desempenham as funções a elas atribuídas pela divisão social do trabalho historicamente prevalecente.

### 9.4.4

Uma das características mais paradoxais das determinações objetivas do Estado é o fato de ele ser chamado a desempenhar algumas funções todo-abrangentes de coordenação sem possuir a infra-estrutura material adequada à tarefa. A existência de um aparato repressivo (não importa o quão poderoso) – que deve ser materialmente sustentado pelos esforços produtivos da "sociedade civil" – não deve ser confundida com a infra-estrutura material substantiva necessária à realização do mandato do Estado. Quanto a isso, podemos falar da natureza precária e da fragilidade inerente às bases materiais do Estado.

Com efeito, o exercício das funções estatais necessárias seria ameaçado por uma instabilidade permanente – o que seria absolutamente intolerável do ponto de vista do processo de reprodução social – se os fatores materiais não exercessem esponta-

498  *Ideologia e emancipação*

neamente seu impacto ao lado do Estado, reforçando as reivindicações deste quanto ao uso dos recursos relativamente limitados da sociedade. Sem isso, o Estado não poderia se tornar o árbitro, em toda parte reconhecido, da alocação dos fundos comuns da sociedade. Ao contrário, seria forçado a lutar com unhas e dentes contra exigências rivais pela expropriação da parte do produto social – amargamente ressentida – que lhe cabe (como ocorre com freqüência com as ditaduras militares).

A questão é que as funções de controle e coordenação geral exercidas pelo Estado representam uma *necessidade estrutural* sem a qual a formação capitalista não poderia existir. É por isso que o papel fundamental de arbitragem do Estado é aceito sem contestação. Entretanto, nem o conteúdo da arbitragem e do controle do Estado nem seus instrumentos materiais de implementação têm sua origem na esfera legal e política.

O Estado não poderia efetivamente controlar, de modo economicamente viável e tranqüilo, a distribuição das mercadorias na sociedade capitalista, quanto mais a distribuição das pessoas em estruturas estáveis de domínio e subordinação (as classes sociais), enfrentando com propriedade as exigências que surgem todos os dias dos diversos ramos (e, além do mais, em constante mutação) da produção. Em vez disso, deve limitar suas atividades às funções mais ou menos diretamente associadas à defesa (e à legitimação) dos *parâmetros estruturais* da ordem socioeconômica estabelecida. Por conseguinte, o Estado não pode deixar de "reconhecer" a "realidade racional" das tendências *monopolistas*, assim como facilitar sem qualquer questionamento sua ascensão "legítima" à dominação, por mais que os antigos estatutos legais *antimonopolistas* e sua justificativa ideológica – condicionada pelas exigências estruturais de uma fase anterior de desenvolvimento – possam ser contrariados no decorrer de tais reajustes.

A autodeterminação reguladora espontânea do capitalismo como sistema de produção e distribuição – com seu modo de controle específico dos processos metabólicos vitais da sociedade, através das mediações reificadas de segunda ordem dos mercados de trabalho, comercial e financeiro – torna possível ao Estado desempenhar em tais bases *suas próprias* funções de controle e coordenação. Como as estruturas e processos materiais espontâneos do sistema capitalista são *onipresentes*, e *bem-sucedidos* nos domínios relacionados à garantia das exigências materiais da reprodução social, a formação estatal capitalista não precisa se estender em demasiado, até áreas onde seu poder passaria a não ter consistência. Em vez disso, o Estado pode se tornar eficiente em seu papel específico de defender e legitimar os parâmetros estruturais da ordem estabelecida contra desafios externos e internos. Os recursos materiais e humanos necessários ao desempenho do seu papel de coordenação, defesa e legitimação estão de imediato disponíveis para o Estado, mesmo em circunstâncias de grande dificuldade; mas apenas os necessários ao desempenho desse papel. Só por esta razão, se não por muitas outras, a idéia de se transformar o sistema capitalista de produção e distribuição em um sistema socialista pela adoção de medidas políticas graduais está fadada à mais absoluta impotência. A notória capitulação da socialdemocracia alemã diante dos interesses da classe dominante e do Estado no início da Primeira Guerra Mundial demonstrou explicitamente que toda a rede institucional do sistema político capitalista, incluindo sua oposição parlamentar, está firmemente encerrada dentro dos parâmetros estruturais da ordem socioeconômica dominante.

Exceto em mínima extensão em uma situação extrema de emergência, o Estado capitalista é absolutamente incapaz de assumir as funções reprodutivas substantivas das estruturas materiais reguladoras. Mas nem se espera que o faça em circunstâncias normais. Tendo em vista sua constituição intrínseca, o Estado não poderia controlar o processo de trabalho, ainda que seus recursos fossem centuplicados, dada a *ubiqüidade* das estruturas produtivas particulares que teriam de estar sujeitas a seu poder de controle necessariamente limitado. Tragicamente, a esse respeito, o fracasso das sociedades pós-capitalistas na esfera da produção deve ser atribuído em grande parte à tentativa de designar tais funções de controle metabólico a um Estado político centralizado, embora na realidade o *Estado em si* não seja adequado à realização da tarefa que envolve, de uma forma ou de outra, a atividade da vida cotidiana de cada indivíduo.

O Estado capitalista também não poderia atuar como coordenador global do intercâmbio social na, e através da, esfera jurídica e política, se tivesse de impor uma matriz global *separada* – uma matriz unicamente sua – sobre a sociedade. Não apenas estaria cronicamente desprovido dos proibitivos recursos materiais e humanos necessários a tal tarefa, mas também colidiria constantemente com aquelas forças da "sociedade civil" que, por qualquer motivo, não conseguissem cumprir as exigências preconcebidas de sua matriz arbitrariamente totalizadora. Mais uma vez, o caso das ditaduras militares é ilustrativo neste aspecto. De modo geral, em nossa época, elas só conseguem sobreviver (enquanto sobrevivem) pelas graças da potência imperialista dominante – a relação das ditaduras e regimes militares subordinados aos Estados Unidos é extensa, desde a Grécia dos coronéis até o Chile de Pinochet, e desde o Vietnã do Sul na década de 1960 e início da seguinte até El Salvador atualmente –, impondo sobre seu país uma matriz totalizadora completamente *estranha*, juntamente com a carga destrutiva de permanente instabilidade e constante tumulto.

As formas de controle totalizadoras, jurídicas e políticas, exercidas pelo Estado capitalista possuem uma base material muito mais sólida. Não são impostas de fora para dentro, como uma matriz estranha, sobre uma estrutura recalcitrante de controle socioeconômico, mas transpõem fielmente para a esfera jurídica e política as exigências objetivas desta última, reajustando-se, conforme as circunstâncias o exigem, paralelamente à mudança em favor do monopólio nas estruturas e nos processos metabólicos substantivos da sociedade capitalista. Por isso, a questão da recalcitrância ou do consentimento não depende das pessoas envolvidas, mas acima de tudo da afinidade objetiva entre as estruturas controladoras da divisão social do trabalho historicamente prevalecente. Os funcionários que ocupam os primeiros escalões do Estado enquanto estrutura de comando não são *menos* "personificações do capital" que os "capitães da indústria"; apenas o são de uma maneira *diferente*. Também não se deve falaciosamente apresentar o impacto da homologia *estrutural* objetiva como a manifestação de um *consentimento popular* genuíno. É evidente que interessa à ideologia apresentar dominante as questões desse ângulo, e seus representantes não perdem uma única oportunidade de o fazer. Entretanto, lamentavelmente, às vezes também as teorias que professam intenção crítica adotam a mesma idéia como premissa básica de seu discurso confuso e desesperadamente derrotista sobre a "hegemonia", nos moldes "pós-marxianos".

500    *Ideologia e emancipação*

A autoridade controladora e coordenadora global do Estado capitalista é trazida à existência e constantemente reproduzida pela rede onipresente de estruturas metabólicas substantivas que espontaneamente controla, em sua parcialidade e especificidade, cada unidade constitutiva do processo de trabalho capitalista, assim como as correspondentes determinações distributivas. Assim, um modo espontâneo de totalização agregadora – seja ela chamada de "mão invisível" ou qualquer outro nome – opera no plano das estruturas reprodutivas fundamentais. Sem estas, a forma jurídica e política de totalização exercida pelo Estado capitalista seria extremamente vulnerável, se é que seria possível.

O Estado, em si, fornece somente a estrutura legitimadora do agente totalizador incontestse, a "mão invisível", mas não sua substância. Daí, a sempre repetida declaração da classe dominante de que "não há alternativa" não repercute contra o Estado, apesar do fato de seus porta-vozes (sejam homens ou mulheres) no comando dos órgãos estatais de controle proclamarem tais pérolas de consumada sabedoria capitalista em defesa da "mão invisível". Com efeito, o próprio Estado capitalista é a encarnação tangível – e também o avalista – da impossibilidade de haver alternativa ao sistema socioeconômico e político estabelecido enquanto suas estruturas complementares de comando sustentarem reciprocamente uma à outra, "fazendo girar a roda" com base no funcionamento relativamente tranqüilo do processo geral de reprodução. É isto que, através das lentes refratoras da ideologia dominante, aparece como o "consentimento popular" dignamente legitimador. Através destas lentes distorcidas, a ordem real – pela qual o "senso comum" reconhece *a posteriori*, de modo mais ou menos resignado, a estabilidade do sistema, que nega qualquer alternativa não obstante suas contradições e desumanidades – é completamente invertida e projetada na tela da apologia ideológica como a *aprovação positiva* livremente exercida pelo desejo da soberania popular, do qual a "ordem democrática" deriva sua força e *justificativa*.

### 9.4.5

É claro que nenhuma ordem social pode escapar do imperativo de atingir o domínio adequado sobre as condições necessárias à sua reprodução contínua. Isto envolve, por um lado, a tarefa de assegurar o funcionamento interno tranqüilo das *unidades particulares* cuja atividade combinada constitui o processo de trabalho característico dessa ordem socioeconômica. Por outro lado, deve também ser satisfeita a necessidade de *integrar* (com maior ou menor firmeza, conforme o exijam as condições históricas) a grande multiplicidade de unidades produtivas em um *sistema* geral viável. Se independentes uma da outra, nenhuma das duas tarefas vitais poderia ser desempenhada com êxito por um período prolongado.

A especificidade histórica de qualquer ordem socioeconômica particular é definida pelo relacionamento constitutivo entre suas múltiplas "*microestruturas*" e por sua "*macroestrutura*" sintetizadora. Este relacionamento é inerentemente dialético, bem como histórico. Dialético porque a natureza do relacionamento entre as partes e o todo só pode ser compreendida em termos de *determinações recíprocas* que resultem em uma *unidade dinâmica*. Por isso, as microestruturas trazem as marcas indeléveis da macroestrutura a que pertencem; e, vice-versa, a macroestrutura de uma determinada

*Ideologia e autonomia* 501

formação socioeconômica representa a configuração geral de seus componentes multifacetados. Quanto à questão das inexoráveis determinações históricas, a macroestrutura de qualquer formação social é em si constituída de microestruturas historicamente determinadas que não podem escapar às necessárias limitações – e ao correspondente tempo de vida – de sua especificidade social. Ou seja, o caráter histórico do complexo social total é praticamente definido e constantemente redefinido pela *configuração geral mutável* dos complexos particulares uns em relação aos outros, no quadro da dinâmica objetiva das transformações em desenvolvimento.

Nesse sentido, a formação socioeconômica particular está destinada a se desintegrar, no devido tempo, seja porque sua estrutura geral consolidada sofre um grande colapso, seja porque suas microestruturas constitutivas são internamente abaladas por algum motivo. Como exemplo paradigmático do primeiro caso, podemos recordar a maneira como a penetração colonial-imperialista superpôs a macroestrutura dos países "metropolitanos" capitalistas sobre os territórios conquistados, acabando por destruir totalmente seu modo de produção, tornando as unidades produtivas nativas (isto é, as microestruturas originais dos países em questão) economicamente insustentáveis dentro da nova estrutura sintetizadora. Quanto ao segundo caso – em relação à ruptura provocada internamente e à desintegração fundamental de um sistema produtivo –, basta pensarmos na fase final do desenvolvimento do sistema das guildas. A este respeito, devemos nos lembrar, acima de tudo, da penetração destruidora do capital mercantil nas unidades produtivas, antes bem protegidas, e do domínio crescente do valor de troca sobre o valor de uso (que costumava orientar firmemente, e com grande sucesso, as práticas produtivas do sistema de guildas) resultante de tal penetração.

Não devemos ignorar, entretanto, o aspecto *fortalecedor do sistema* deste relacionamento dialético entre o complexo socioeconômico geral e suas microestruturas. Ele se impõe de tal modo que, enquanto estas últimas forem economicamente viáveis em sua constituição interna – isto é, no caso do sistema capitalista, enquanto forem capazes não apenas de garantir os recursos materiais necessários, mas também de gerar o conhecimento científico e tecnológico apropriado, juntamente com as habilidades produtivas organizacional-administrativas exigidas, para se reproduzir com êxito em uma escala *sempre crescente* –, o poder do sistema como um todo é correspondentemente reforçado, possibilitando que, por sua vez, reaja com um impacto fortalecedor-expansionista sobre as unidades particulares de produção. Isto ocorre por mais problemático que se possa tornar todo o processo em suas implicações globais e históricas, importando no final em um custo proibitivo para o povo atingido, pela trágica circunstância de que o sistema e suas partes só podem se renovar de modo auto-expansivo na medida em que as conseqüências a longo prazo de tal auto-renovação destrutiva sejam negligenciadas (e, é claro, descartadas as forças de interesse crítico), enquanto a ordem produtiva como um todo não atingir seus limites finais e sofrer um colapso estrutural irreversível.

Esta é a "tendência das *coisas*".[43] Seus efeitos maléficos não podem ser combatidos a menos que os indivíduos sociais assumam conscientemente o controle da rede

---

[43]  Marx, *Wages, Price and Profit*, Moscou, Progress Publishers, 1947, p. 54.

502  *Ideologia e emancipação*

de interconexões objetivas em cujo interior se desenvolve sua atividade produtiva. A razão pela qual isso não pode ocorrer nas condições prevalecentes é que os *antagonismos sociais* inseparáveis da divisão do trabalho historicamente estabelecida rompem o elo entre as partes e o todo no que diz respeito ao controle social potencial, fazendo que os interesses *parciais* perversos predominem na "sociedade civil", complementando-os apenas pela fachada racionalizadora-legitimadora de um ilusório "interesse comum" na esfera das relações jurídicas e políticas. Estas últimas, por si, não podem atuar como um corretivo eficaz. Apenas reconhecem, como um *desideratum* abstrato, a necessidade de harmonizar as partes com o todo, enquanto obrigatoriamente permitem (e na verdade auxiliam ativamente) que as forças dominantes do complexo social antagônico sigam sua tendência objetiva de auto-afirmação míope.

### 9.4.6

Na verdade, quanto mais complexo se tornar o sistema produtivo em sua totalidade, mais importante será o imperativo de assegurar um funcionamento tranqüilo do metabolismo social fundamental por meio de mecanismos materiais imunes à contestação; isto é, se os indivíduos sociais – quaisquer que sejam as razões – não estiverem em condições de controlar conscientemente as relações estruturais da ordem socioeconômica estabelecida. Visto que os efeitos do colapso ou do bloqueio que podem vir a ocorrer nas partes de um complexo intimamente interligado estão fadados a repercutir de forma amplificada sobre o sistema como um todo, o controle geral que promove a consolidação e a integração deve se articular de tal forma que seja capaz de minimizar o impacto potencialmente pernicioso dos problemas surgidos nos complexos parciais. No caso do sistema capitalista, isto significa a imposição de formas de controle *objetivas* ("coisificadas"), que operam *no interior* das próprias estruturas subordinadas *como premissas não-questionadas* (e sem perturbar a ordem socioeconômica e política dominante, também inquestionável) de suas práticas produtivas e distributivas, o que elimina, na maioria dos casos, a necessidade de as expor como regras *formais* de operação, legalmente impostas.

Dessa maneira, as exigências gerais do modo de produção capitalista podem ser asseguradas sem comprometer a *autonomia* – que, embora problemática, não é de modo algum meramente ilusória – da iniciativa privada, enquanto esta puder efetivamente se sustentar (de acordo com as premissas práticas que ela considera como seus valores intrínsecos) na arena econômica. Graças ao tipo de interconexão totalizadora através da qual as regras "coisificadas" são *materialmente* (ainda que não formal e juridicamente) impostas a todos os empreendimentos produtivos e distributivos particulares – isto é, pela intermediação impessoal do *mercado compensador ou destrutivo*, que objetivamente favorece os fortes contra os fracos –, as tirânicas regras operativas podem ser abraçadas por tais empreendimentos como sua própria "racionalidade" inerente e seus princípios de "liberdade", como se tivessem sua origem *no interior* das empresas particulares, e não em sua interface de "crescimento ou morte".

Ao mesmo tempo, este relacionamento coeso e reciprocamente sustentado entre o sistema como um todo e suas partes economicamente viáveis é ainda mais fortalecido pelo fato de as "personificações do capital" (isto é, os "capitães de indústria" que

*Ideologia e autonomia* 503

estão a cargo dos complexos parciais) ocuparem uma posição não-desafiável dentro do seu próprio domínio. Tais "personificações" podem – aliás, devem – exercer internamente o mesmo tipo de autoridade tirânica (sobre a força de trabalho, em todas as questões importantes) que aceitam como perfeitamente natural por parte do mercado em geral. E isto mesmo quando os ditames econômicos inalteráveis são tornados mais palatáveis, seja pelas palavras tranqüilizadoras da "compreensão" paternalista, seja pela obra de relações públicas da manipuladora "ciência administrativa". Pelo menos neste aspecto a autonomia da empresa particular é genuína, embora perversa, tendo em vista o seu domínio autoritário sobre os verdadeiros produtores. Só quando ocorre um desastre de grandes proporções (seja em Bhopal, na Índia, seja em alguma plataforma de petróleo do mar do Norte), só então se revela por um breve momento a substância fatidicamente desumana e antitrabalho da autonomia empresarial – tal como se exerce, a partir da premissa material única da lucratividade –, salientando a gritante violação das exigências de segurança elementares; isto ocorre com a plena cumplicidade do Estado capitalista e, às vezes, até com a "livre cooperação" da própria força de trabalho – que é de fato obrigada a suportar tais condições escandalosas sob a ameaça de perder os meios para sua subsistência.

### 9.4.7

Estamos tratando de algo que diz respeito à dimensão mais vital do metabolismo socioeconômico de qualquer sociedade, isto é, o controle das *condições operacionais da produção*.

As condições aqui referidas incluem os *meios* (ou instrumentos) e o *material* do trabalho, juntamente com as regras que governam seu emprego. Considerados os três aspectos, é bastante óbvio que, no decorrer do desenvolvimento histórico, ocorrem enormes mudanças nas condições operacionais da produção. Os instrumentos de trabalho feitos artesanalmente, no caso do homem primitivo, não estão separados dele nem colocados contra ele, e constituem a "*extensão inorgânica*" de seu corpo orgânico. O material do trabalho, ao mesmo tempo, enfrenta-o como *natureza* externa, mas não como o *homem estranho* que domina sua própria sociedade, concedendo-lhe a possibilidade da auto-reprodução apenas com a condição de que aceite a total dependência (para sua sobrevivência) em relação a um poder de controle alienígena. Até muito mais tarde, quando a divisão social do trabalho já está firmemente consolidada sob a forma da exploração de classe, o poder de controle alienígena sancionado pela ameaça ou pelo exercício real da *violência* é muito menos mistificador do que sob as condições capitalistas. O que é externo e forçado no exercício do controle autoritário aparece como *externo* e *forçado*, e não como a mera consumação "legítima" de um relacionamento contratual "livremente aceito" e "justo".

O pior aspecto do "fetichismo da mercadoria" é precisamente o modo como ele afeta o controle das condições operativas da produção. Em primeiro lugar, cria a ilusão de que a autoridade que determina a natureza, os objetivos, as partes que cabem a cada um, etc., no processo de produção, é a "razão" em si, emanando diretamente das condições objetivas, fielmente seguidas pela *ciência* natural incrementadora da produtividade e pela solicitude empresarial-administrativa voltada para a "*eficiência*" (e, por

504  *Ideologia e emancipação*

isso, plenamente justificada). Assim, as relações de poder materiais explícitas prevalecentes, dominadas pelo capital e por seu imperativo de *auto-expansão lucrativa* (e apenas nesse sentido "voltada para a eficiência"), são metamorfoseadas, nas muito difundidas reflexões ideológicas da autoridade capitalista, em pura racionalidade e incontestável objetividade.

Além do mais, esta concepção fetichista da autoridade de comando é complementada por sua imagem jurídica correspondente. Assim, a pretensão de pura racionalidade e viabilidade econômica insuperável também se estende à esfera das relações políticas, apresentando a ordem capitalista inerentemente exploradora e até abertamente repressiva – quando o arcabouço estrutural explorador é desafiado na prática – como o paradigma da vida civilizada economicamente benéfica. Como Marx observou em sua crítica a essas autocomplacentes imagens ideológicas:

> Tudo o que os economistas burgueses sabem é que a produção pode ser mais bem conduzida sob o sistema moderno do que, por exemplo, sob o princípio de que a força faz o direito. Esquecem-se apenas de que este princípio é também uma relação jurídica, e que o direito do mais forte prevalece também em sua "república constitucional", apenas sob outra forma.[44]

Portanto, é evidente que a pretensa realização ideal da "supremacia da lei" eqüitativa e universalmente compensadora é uma aparência tão falsa quanto a pura racionalidade e objetividade da produção mercantil generalizada, na qual a legitimidade das necessidades humanas só pode ser reconhecida até o ponto em que a produção do valor de uso pode ser subordinada aos ditames materiais do valor de troca em auto-expansão.

Na verdade, estas relações são muito mais desconcertantes do que parecem, mesmo após a identificação dos complicados determinantes materiais e dos interesses que estão por trás das mistificações práticas que prevalecem com sucesso. No plano das práticas produtivas e distributivas dominantes, a capacidade que se possui de trazer à luz a irracionalidade fundamental de um sistema de *busca do lucro a todo custo* – que na vida cotidiana das pessoas se estabelece como racionalidade incontestável e objetividade idealmente produtiva (isto é, realmente "eficiente") – não afasta a paradoxal "racionalidade do realmente existente" conceituada por Hegel. Pois a verdade é que, nas circunstâncias da "existência real" cada vez mais dominante do capital em todo o globo, a busca do lucro com efeito é *a única* racionalidade possível na prática, surgindo das determinações mais internas deste modo de produção. Isto ocorre independentemente do quanto venha a se mostrar *irracional* a contabilidade capitalista em suas conseqüências de longo alcance, consideradas não da perspectiva da economia política (que reflete as relações estruturais de poder, alienadas e marcadas pelo antagonismo de classes, da realidade atual), mas da perspectiva histórica da humanidade "socializada" (isto é, unida no que diz respeito a seus objetivos sociais fundamentais).

Além disso, o modo como o relacionamento entre as partes e o todo se articula objetivamente no quadro capitalista das indeterminações estruturais reforça em mui-

---

[44]  Marx, *Grundrisse*, p. 88.

to a perversa "racionalidade do real". Como já vimos, as microestruturas (complexos parciais) da formação socioeconômica historicamente estabelecida atuam como um fator vital de *fortalecimento do sistema*. Em lugar algum esta correlação é mais importante do que no caso do sistema capitalista. Visto que, pela reciprocidade dos intercâmbios dialéticos, a macroestrutura se reflete nas microestruturas, por sua vez também refletidas na configuração mutante do complexo geral, quanto mais verdadeiramente abrangente e integrado se torna o sistema, tanto mais difícil será modificar sua estrutura com intervenções limitadas em algumas de suas partes constitutivas.

Assim, a "maldição da interdependência", que frustra as tentativas parciais de negação do poder de dominação do capital, provém de um dos aspectos mais dinâmicos deste sistema metabólico. É somente com o desdobramento do modo de produção do capital que o "global" se torna *realmente global*, planetário. Isto significa, por um lado, que a possibilidade de assumir um ponto de vista negativo *externo* contra esse modo de produção existe na prática; e, por outro lado, que a utilização das alavancas proporcionadas pelas manifestações *parciais* da crise capitalista em hipótese alguma assegura o sucesso em relação ao todo intimamente interligado e fortemente resistente.

O "poder de resistência" do capital é com freqüência descrito como emanado da circunstância "psicológica" segundo a qual os trabalhadores são, necessária ou contingentemente, ligados aos complexos parciais da sociedade em que ocorrem suas práticas produtivas e distributivas e em cujo interior elas têm de se reproduzir. Conseqüentemente, como declaram aqueles que procuram provar a necessária indestrutibilidade de tais laços (do ponto de vista da ordem estabelecida) com base na alegação de que estes são animados pela racionalidade de seu interesse e de sua ambição pessoal, os trabalhadores não podem sequer pensar em atacar as condições que possibilitam sua reprodução, exceto de um modo "*luddita*", totalmente irracional; ou, quando a mesma consideração é expressa do ângulo oposto, proclamando (no espírito das teorias unilaterais da "falsa consciência") a simples "contingência psicológica" da inércia ora dominante, afirma-se que os membros da classe trabalhadora não conseguem derrubar o sistema capitalista porque estão em meio a uma "crise ideológica", e apenas isto os impede de desempenhar sua "missão histórica" para cuja realização as condições objetivas estão plenamente maduras.

Efetivamente, o que está em jogo aqui não é uma circunstância "psicológica" (ou puramente "ideológica"), mas uma determinação estrutural objetiva que, compreensivelmente, exerce seu impacto *também* na consciência das pessoas envolvidas. Se necessitarmos de prova das interdependências objetivas paralisantes e das restrições estruturais que prevalecem a esse respeito, devemos nos lembrar da triste história do movimento *cooperativo*, que foi praticamente destruído pelo imperativo de se adaptar às regras operacionais da estrutura capitalista, apesar do profundo compromisso ideológico de muitos indivíduos e de grupos de trabalhadores com a idéia de gradualmente ampliar o poder das forças socialistas através do estabelecimento de tais "cabeças-de-ponte" sobre território inimigo. Do mesmo modo, a realidade das "*nacionalizações*" do pós-guerra, feitas dentro de parâmetros capitalistas, revelou-se, de modo desconcertante, oposta às expectativas originais otimistas. Longe de conquistar

506  *Ideologia e emancipação*

as "altas posições de comando da economia" em prol da esperada transformação gradual rumo ao socialismo, foram na verdade utilizadas para subsidiar e revitalizar a iniciativa privada que visa ao lucro, sempre excluindo os produtores da administração dos negócios nacionalizados, conforme as exigências reificadoras da sociedade mercantil.

Tudo isso mostra com absoluta clareza que responsabilizar a "consciência política subdesenvolvida" dos trabalhadores pelos fracassos do passado e do presente é algo totalmente fora de cogitação. Nunca será demasiado insistir nas enormes dificuldades objetivas encontradas nas tentativas de se realizar *invasões parciais* no sistema capitalista, na ausência de uma crise *estrutural*.

### 9.4.8

Quanto à questão do fetichismo jurídico na sociedade mercantil, saliente-se que a desmistificação das relações materiais de poder legalmente protegidas e idealizadas – ou seja, a demonstração da existência de um insuspeito "direito dos fortes" nas "repúblicas constitucionais" capitalistas – está bastante longe de ser capaz de produzir a mudança estrutural necessária. Com notável modéstia, relativizando a importância de seu trabalho de esclarecimento crítico, Marx afirma a mesma coisa: após a descoberta das partes componentes do ar, a atmosfera em si permaneceu inalterada.

Na verdade, o problema no presente contexto é consideravelmente mais difícil e grave que esse. Mesmo que o trabalho de desmistificação teórica esteja associado à negação prática das relações de poder jurídicas capitalistas (pela abolição da propriedade privada que explora os meios de produção e das correspondentes redes de troca), a implementação da necessária mudança estrutural, apesar da drástica alteração realizada na esfera jurídico-política, está muito distante. O fato é que um dos aspectos mais desalentadores do fetichismo jurídico é que ele cria a ilusão de que sua importância é extremamente grande – e é precisamente deste modo que desempenha suas funções na sociedade capitalista –, desviando a atenção do verdadeiro alvo.

Infelizmente, no entanto, com a negação de fato da forma jurídica especificamente capitalista da propriedade privada, por sua transformação em propriedade estatal, muitas condições substantivas do metabolismo socioeconômico – no plano do processo de trabalho e de suas estruturas produtivas identificáveis, desde a fábrica e o maquinário herdados até a organização material do empreendimento econômico segundo a divisão do trabalho existente – permanecem basicamente sem alteração, ainda que a "personificação do capital" em moldes hereditários se torne impossível.

Mais uma vez, as alavancas práticas disponíveis em uma determinada sociedade para o controle efetivo das condições operativas da produção são de primordial importância. O fetichismo mercantil e a forma jurídica duplamente mistificadora, em que se articulam as determinações materiais do domínio do capital sobre o metabolismo social na esfera legal e política, ofuscam completamente essas questões. Na realidade, o capital é *em si*, essencialmente, um *modo de controle*, e não apenas um *direito* – legalmente codificado – a exercer esse controle.

Tudo isso independe do fato de que, nas condições históricas específicas da sociedade capitalista, o direito de exercer o controle sobre a produção e a distribuição é "constitucionalmente" atribuído, sob a forma de *direitos de propriedade* hereditários, a um número limitado de indivíduos. O que realmente importa é a necessidade de uma expropriação da mais-valia *que garanta o acumulação*, e não sua forma contingente. Esta última, de qualquer modo, deverá sofrer modificações – mesmo nos parâmetros sociais estritamente capitalistas – no decorrer da inexorável auto-expansão do capital, de acordo com a intensidade e a abrangência mutáveis de sua acumulação praticamente possível.

Por isso, a questão do *objetivo diretor* e da *autoridade* deve ser apreendida em relação às determinações estruturais materiais das quais surgem as várias possibilidades de intervenção pessoal efetiva no processo de reprodução social. Por mais paradoxal que pareça, o poder objetivo de tomada de decisões e a correspondente autoridade implícita (ou não-formalizada) do capital *antecedem* a autoridade estritamente delegada dos capitalistas. Isto explica a aparente contradição entre o *ethos individualista* e o *conformismo total* relativo ao *objetivo* que caracteriza a atividade dos capitalistas individuais.

Com certeza, a contradição salta aos olhos no plano da ideologia, que transforma em uma virtude mítica o aspecto individualista da correlação em pauta, negando, simultaneamente, a necessária conexão do individualismo que busca o lucro com o imperativo subjacente de total conformidade às exigências objetivas do sistema. Na realidade, entretanto, esta contradição ideológica tem pouca importância prática, pois, como os capitalistas individuais representam as personificações historicamente específicas do capital, eles têm de exercer uma forma *econômica* de controle sobre o metabolismo social a partir do pressuposto material da propriedade herdada ou adquirida (e, por isso, herdável), que os define como indivíduos mais ou menos proeminentes conforme o poder de controle de suas posses materiais tangíveis. Além disso, a insuperável dimensão *competitiva* do modo capitalista de reprodução socioeconômica – isto é, a concorrência contínua não apenas entre os capitalistas, mas, mais importante, entre o capital e o trabalho – atribui aos agentes particulares dos "empreendimentos econômicos" um papel individualista autodeterminante (apesar de conseguido apenas pelo pertencimento a uma classe social) em que podem se notabilizar ou fracassar em vários graus. Isto torna muito genuíno o *ethos* do seu "individualismo possessivo", por mais espúrio que seja quanto à concepção de sua verdadeira base de determinação.

Ademais, a total conformidade de objetivos que impulsiona a atividade dos capitalistas individuais não provém deles mesmos. De fato, seria absolutamente impossível explicar tal uniformidade de objetivos (e aquiescência servil a eles) em termos individualistas, ainda que com o auxílio de engenhosos modelos "paralelogramáticos". Em contrapartida, a especificidade histórica do modo capitalista de controle socioeconômico o torna totalmente inteligível. O imperativo estrutural objetivo da *autoexpansão*, que é indissociável do capital enquanto modo de controle (sob todas as suas formas de vida historicamente conhecidas e também possíveis em princípio), impõe às personificações do capital, nas circunstâncias atuais, a exigência absoluta de definir a indispensável *expansão do valor de troca*, de que elas são as guardiãs, como seu próprio objetivo racional, estabelecido na máxima "crescer ou morrer".

508   *Ideologia e emancipação*

No presente contexto temos de levar em conta dois traços de desenvolvimento importantes e freqüentemente apresentados de modo distorcido.

Primeiro, que, apesar das tentativas bem conhecidas dos interesses beneficiados para a "eternização" do sistema capitalista de controle metabólico, *ao longo da história humana nenhum outro modo de produção jamais se caracterizou pelo imperativo estrutural de auto-expansão*. Assim, contrariamente a muitas formulações apologéticas, não existe base apriorística para prever a permanência desse sistema de controle no futuro. O que precisa ser explicado (e contraditado) é precisamente a preponderância alienante do poder de dominação do capital *apesar de sua singularidade na história*, em vez de ser falaciosamente metamorfoseado em *regra universal*.

O segundo traço – a busca desumanizante de expansão da riqueza por parte dos capitalistas individuais – não resulta de alguma determinação ideológica *distorcida* (que, por isso, em princípio poderia ser eliminada pelos "capitalistas zelosos" inclinados à mudança e pela confraria socialdemocrata bernsteiniana), e sim de um plano altamente racional. Os capitalistas individuais que se propuserem a desafiar os imperativos estruturais do sistema (manifestando por atos, não apenas por palavras, suas apreensões quanto à "face inaceitável do capitalismo") ou, de modo muito mais representativo, aqueles que simplesmente não conseguem sobreviver de forma economicamente viável às exigências do capital de que todos tenham um comportamento competitivo "empresarial" adequado, logo descobrirão que, em razão do seu não conformismo (quaisquer que sejam as razões), objetivamente se excluem de imediato do domínio do controle. A eles realmente não resta alternativa.

É dessa forma que se dá o encontro entre o capital, como modo de controle reificado da ordem social estabelecida, e suas personificações bem-dispostas – além daquelas de "má-vontade"; e é assim que, através da luta competitiva por interesses muito reais, ele constantemente se reproduz. Daí, o poder cego e nu que emana do ser material do capital é transformado na autoridade individualizada dos donos de propriedade e no objetivo uniforme de orientação "livremente" aceito e conscientemente procurado por eles. Não obstante, o poder real de controle permanece profundamente encravado nas estruturas materiais. A autoridade personalizada só pode *se amoldar* aos ditames que emanam deste poder material que "concede", por assim dizer, o direito ao controle dos processos reprodutivos da sociedade capitalista, contanto que as *suas* exigências sejam plenamente implementadas. Sob este aspecto, é muito revelador que a responsabilidade pelo maior desastre da indústria petrolífera que o mundo já conheceu – em meio a amargas acusações do sindicato da classe, dirigidas contra a enorme negligência da companhia em providenciar as obrigatórias (e muito dispendiosas) medidas de segurança, e ainda contra seu descaso pelas advertências proporcionadas por acidentes menores ocorridos anteriormente na mesma plataforma – caiba a uma companhia (Occidental Petroleum) cujo proprietário era tido como capitalista esclarecido e "zeloso".

### 9.4.9

Dadas tais determinações, é claro que o verdadeiro alvo da crítica socialista não pode ser a própria forma jurídica capitalista mistificadora. De preferência, deve ser o poder objetivo que cria e sustenta a autoridade individualizada que, sob alguns de seus aspectos mais importantes, é também formalmente institucionalizada.

É óbvio que, neste aspecto, as dificuldades com as quais as sociedades pós-capitalistas se defrontam são enormes. A supressão legalmente instituída do direito jurídico à propriedade, antes exclusividade das "personificações do capital", deixa sem resolver a questão do verdadeiro modo de existência do capital como força que exerce um domínio *material* e não apenas *jurídico* sobre o metabolismo social. Efetivamente, as restrições objetivas que impedem a abolição da divisão social tradicional do trabalho – em circunstâncias nas quais se torna necessário abolir as personificações anteriores do capital na "sociedade civil" por intermédio da atividade do Estado – criam um *vácuo* que em algum momento tem de ser preenchido.

Uma das mais inesperadas "ironias da história" é que a persistência das estruturas materiais herdadas nas sociedades pós-capitalistas, associada às alterações jurídicas e políticas violentamente realizadas, cria formas novas e extremamente problemáticas de "*personificação* socialista". De fato, o aspecto da personificação é muito mais proeminente nos processos reprodutivos das sociedades pós-capitalistas conhecidas do que sob o capitalismo, em que diversas das necessárias funções reguladoras do intercâmbio socioeconômico são automática, e inapelavelmente, exercidas pelas forças impessoais do mercado e por outras instituições despersonalizadas da reificação capitalista. Para ressaltar o contraste ao máximo: ao passo que, nas condições de produção mercantil generalizada, até os piores *desastres causados pelo homem* podem ser justificados em nome do "poder das coisas" (apresentadas pelos porta-vozes do capital como "motivos de força maior"), nas sociedades pós-capitalistas a autoridade personificada e supostamente onipotente incumbida da tomada de decisões tanto leva o crédito pelas realizações do povo sob seu controle como pode ser responsabilizada até mesmo por *calamidades naturais*.

Com freqüência, este novo fenômeno de personificação é explicado – sob o termo de "*burocratização*" – pelos críticos como uma "degeneração política" e, conseqüentemente, uma condição *politicamente corrigível*. Tal diagnóstico parece ter esquecido duas circunstâncias de vital importância. Primeira: um crescimento maciço da burocratização – mais do que um fenômeno pós-capitalista – caracteriza os desenvolvimentos capitalistas. Isto ocorre não somente na esfera jurídica e política, mas também no âmbito da produção e distribuição material, sobretudo no século XX, quando até os defensores mais conscientes da sociedade mercantil são obrigados a reconhecê-lo.[45] Segunda: o que é sumariamente descrito como "burocratismo" nas sociedades pós-capitalistas abrange tanto as funções burocráticas tradicionais como aquelas que sob o capitalismo são realizadas pelas "personificações do capital" na economia, no desempenho de tarefas genuinamente produtivas.

Os imperativos materiais intrínsecos a um determinado sistema, embora esmagadores, não podem se impor sobre a sociedade sem a intervenção do agente humano. Suas determinações estruturais objetivas e seus limites materiais só podem se impor

---

45 Basta recordar as opiniões de Max Weber sobre a questão.

510 *Ideologia e emancipação*

exercendo um impacto determinado – menos ou mais corretivo – sobre as ações dos indivíduos e dos grupos que operam no complexo social historicamente constituído. As pessoas empenhadas nas tarefas de coordenação e controle definem as características objetivas da estrutura institucional e instrumental estabelecida como a margem viável de atividade produtiva e distributiva, prevendo alguns resultados e promovendo os ajustes necessários caso encontrem resistências importantes. Dessa forma, até as decisões mais voluntaristas acabarão se curvando, no devido tempo, ante a "força das circunstâncias", embora em geral isto só venha a ocorrer depois da imposição de enormes custos humanos, como testemunha a trágica história da má administração stalinista. E, do mesmo modo, a avaliação correta das restrições prevalecentes e de suas potencialidades objetivas de ajuste, em vista dos propósitos desejados, pode aumentar de modo significativo a margem de ação originalmente disponível.

Isto posto, nenhum sistema social pode funcionar sem sua forma específica de "personificação", mediante a qual previsões estratégicas podem ser formuladas e testadas na prática através da intervenção de uma resposta corretiva. Todavia, o problema das sociedades pós-capitalistas é que, embora o poder *nominal* da autoridade personificada de tomada de decisões se estenda além de qualquer comparação, ele não pode suprir nem remotamente a necessidade de um poder de controle *efetivo* sobre as estruturas materiais recalcitrantes. O vazio criado pela indispensável intervenção jurídica – que não apenas elimina a propriedade privada dos meios de produção, mas ao mesmo tempo coloca de reserva o mercado capitalista e a autoridade anteriormente não questionada da "mão invisível" – tem de ser preenchido pela atuação *política* de "mãos visíveis" inadequadas à realização da tarefa *econômica* necessária.

Além do mais, visto que a "mão invisível" que atua no mercado capitalista é também o "*totalizador invisível*" do complexo geral produtivo e distributivo global fragmentariamente constituído, deve-se buscar um novo e igualmente poderoso totalizador para levar adiante as funções vitais de coordenação e integração de seu predecessor abolido. A "*acumulação socialista*" também se mantém por longo período como um imperativo tão urgente nas sociedades pós-capitalistas quanto costumava ser a *acumulação do capital* no sistema prévio, talvez ainda mais. Em conseqüência, por dois motivos – ou seja, tanto pela obrigatoriedade de se encontrar uma alternativa para o "totalizador invisível" como pela necessidade de uma autoridade capaz de impor sobre os produtores uma taxa forçada de "acumulação socialista", justificada pelo "estado de emergência" –, nas circunstâncias históricas atuais, o Estado pós-capitalista tem de assumir o papel de autoridade de controle político *centralizado*. Disso resulta que novas resistências são criadas pela incompatibilidade estrutural entre a organização objetiva do Estado pós-capitalista e a incumbência de administrar economicamente as funções cotidianas de produção e distribuição. Adicionando calúnia aos danos, a responsabilidade pelas novas resistências materiais e humanas (e pelos fracassos causados especialmente pela incapacidade do Estado de ter sucesso, como se esperava, na tarefa de aperfeiçoamento da reprodução socioeconômica) é atribuída a um mítico "inimigo interno". Ao mesmo tempo, o círculo vicioso do estabelecimento de um controle mais centralizado para compensar os fracassos econômicos do controle político centralizado é ainda mais fortalecido, desencadeando um processo de desenvolvimento burocrático estatal que possui uma lógica e uma inércia que se auto-sustentam.

Assim, fica claro que a burocratização é muito proeminente nas sociedades pós-capitalistas. Mas fica claro também que isso não é apenas conseqüência de uma "degeneração política". É algo que não poderia ser retificado nem pela adoção do conjunto mais radical de medidas políticas. Suas causas se originam, primeiramente, das estruturas materiais preexistentes e da correspondente divisão social do trabalho, à qual a inevitável intervenção jurídica contra a propriedade privada capitalista acrescenta novas complicações. Não há forma de evitar o grave dilema prático que, de um lado, requer uma intervenção política centralizada mais poderosa (tanto para eliminar as relações socioeconômicas exploradoras do antigo sistema de propriedade como para proteger a nova forma jurídica contra a subversão interna e externa), embora, de outro lado, preveja também o necessário fracasso do centralismo político em relação à tarefa muito mais difícil de *descentralizar* e reestruturar profundamente, de modo efetivo, os complexos instrumentais e institucionais da reprodução social em sua totalidade.

De um modo ou de outro é bastante óbvio que a propriedade privada capitalista não pode ser abolida sem o poder de uma autoridade política centralizada. Até mesmo sua amputação *parcial* (e amplamente *reversível*), sob a forma das bem conhecidas "nacionalizações" do pós-guerra, necessitou da intervenção do Estado capitalista centralizado. Todavia, o que é menos óbvio, em razão do caráter impessoal dos processos e das estruturas decisórias capitalistas, que se impõem espontaneamente, é o fato de o sistema de produção mercantil generalizada ser extremamente *autoritário* em seu âmago; e de que ele não poderia funcionar, de modo algum, sem continuar autoritário no âmbito da "sociedade civil", isto é, onde as estruturas reprodutivas materiais hierarquicamente ordenadas são complementadas por uma autoridade também hierárquica de tomada de decisão, da qual os produtores estão categoricamente excluídos.

Esta é a estrutura reprodutiva material inevitavelmente herdada pela sociedade pós-capitalista. A mudança da forma jurídica de direito ao controle não altera automaticamente a estrutura hierárquica materialmente embasada do controle metabólico, à qual o sistema, tal como existe, é ajustado com sucesso. Na forma sob a qual é extraído da ordem capitalista, ele só é adequado aos modos autoritários de tomada de decisão. Dessa maneira, também sob este último aspecto o Estado pós-capitalista não pode deixar de ser autoritário (e correspondentemente burocrático) enquanto a estrutura reprodutiva herdada não for de fato *reestruturada* e profundamente *democratizada*, de um modo totalmente inimaginável nas condições da sociedade de mercado capitalista. Nenhuma boa vontade política pode substituir isso. Portanto, o destino da *glasnost* depende certamente da implementação bem-sucedida da *perestroika* no sentido acima, e não apenas do aperfeiçoamento – ainda que necessário – da "eficiência econômica" do país.

Um dos aspectos mais desconcertantes da dominação do capital sobre a sociedade é que sob seu sistema de controle as condições operacionais da produção assumem o caráter fetichista de "*materialidade* pura". Elas são conceituadas como nada além dos meios e do material de produção, a que se devem acrescentar (em relação às suas condições de exercício) tão-somente as considerações racionalmente incontestáveis da

512    *Ideologia e emancipação*

"eficiência técnica" – que se presume surgirem diretamente da natureza dos fatores materiais.

Esta deturpação das condições operacionais esconde com sucesso a *normatividade tirânica* intrínseca à sua constituição objetiva, tanto como *precondições* materiais da produção – segundo as quais a própria possibilidade de produção (e de sobrevivência para os trabalhadores) é subordinada à separação ("constitucionalmente" salvaguardada embora de origem extremamente violenta) entre os meios de produção e os produtores reais – quanto como *regras funcionais e operacionais* exercidas cotidianamente pela autoridade despótica encarregada do controle das empresas capitalistas particulares. À primeira vista, tudo parece ser ordenado e decidido por "procedimentos racionais", que se supõe surjam diretamente da concentração com total objetividade na realização da "eficiência máxima" – da qual o sistema pode derivar sua base de justificação. Na verdade, esta aparência fetichista de "racionalidade", "objetividade" e "eficiência" – que encobre a normatividade despótica subjacente – é tão poderosa que (por suprema ironia) até os "socialistas de mercado" são por ela cativados.

Naturalmente, o sucesso de qualquer modo de produção, inclusive o socialista, é inconcebível sem um sistema de administração de recursos racional e eficiente. O significado essencial do termo "economia" é, precisamente, o resumo desta proposição em uma palavra. O que parecem esquecer todos os que ficam encantados pelo canto de sereia da "eficiência" determinada pelo mercado é que o recurso mais importante para o desenvolvimento econômico e social não é outro senão o próprio ser humano.

Daí, não se pode sequer pensar na adoção, ainda que parcial, dos métodos e procedimentos da sociedade de mercado capitalista como modelos para o avanço produtivo socialista. Ao contrário, comparando os princípios orientadores dos dois sistemas, detectamos *incompatibilidades* fundamentais. O capital *precisa*, apesar dos *custos humanos*, tratar os recursos humanos, assim como tudo o mais, como "*custos de produção*" a serem minimizados – e eliminados ao máximo pelo processo de trabalho, como atesta o crescimento perigoso do "desemprego estrutural" – pela aplicação de sua brutal "eficiência racionalizadora". A autoridade reificada do capital só pode ser exercida com esta finalidade.

A linha demarcatória entre as concepções socialistas e as várias ideologias que representam o "ponto de vista da economia política" é muito nítida quanto a esta questão vital. As primeiras continuam a insistir na viabilidade objetiva da autodefinição autônoma e da ação dos indivíduos sociais em uma nova ordem social, enquanto as últimas não podem deixar de tratar os produtores de forma a que eles apareçam, na visão do capital, como "custos de produção" que podem ser "cortados".

Por isso, inevitavelmente, o papel da autoridade, tanto nas unidades constitutivas do processo de trabalho quanto na sociedade em geral, é definido de modos radicalmente diferentes pelos representantes das forças sociais opostas. Por um lado, expressando os interesses da classe dominante com afirmações de que não pode haver outra ordem senão a "ordem natural" estabelecida, estipula-se que o processo de trabalho deve ser administrado sob a disciplina férrea do capital, enaltecendo-se o sucesso das recém-instituídas leis anti-sindicais draconianas com as seguintes palavras:

"A maior realização do governo da sra. Thatcher foi promover um retorno à disciplina industrial".[46] Ao mesmo tempo, o papel da autoridade na sociedade em geral é visto como a extensão necessária do poder hierarquizador do capital; lamenta-se que, na sociedade contemporânea, "onde houve um dia uma *ordem social natural,* desenvolveu-se um *desrespeito pela autoridade* e um desejo incontrolável de se desprezar as regras e desafiar tanto a lei quanto a convenção".[47] A idade de ouro perdida da submissão tácita à autoridade é idealizada na mesma linha:

> As antigas famílias extensas, de avós, tias e tios, primos, irmãos e irmãs, eram *organismos poderosos e baluartes do ordem social.* As crianças tinham um senso de continuidade e do *lugar que ocupavam na ordem natural.* A *hierarquia* familiar e o respeito pelos mais velhos correspondiam às hierarquias e a um senso de objetivo e de ordem em outros locais – na escola, nas igrejas, na vida pública em âmbito local e nacional.[48]

Por isso, não é surpreendente que os mesmos ideólogos defendam a reconstituição da velha ordem, tanto pela aplicação violenta de leis repressivas pelos órgãos estatais de controle quanto pela mobilização das instituições cultural-ideológicas da sociedade para a realização do mesmo objetivo. Assim, pontificam eles: "A Igreja, por exemplo, precisa parar de discutir sobre a concepção virginal e a ordenação de mulheres e retornar a seu *papel básico, na sociedade,* de guia moral".[49] [Significando, é claro, o papel "de um baluarte da ordem social natural".]

Em contraste total, do outro lado da divisão social, os socialistas afirmam que a única autoridade capacitada para a tarefa de administração dos seres humanos como os recursos vitais do progresso social e econômico é a autoridade autoconstituída dos produtores associados. A *autogestão* é por eles considerada não apenas praticamente viável, mas também historicamente necessária, tendo em vista as crescentes contradições internas do sistema reprodutivo socialista e a crise de autoridade agora abertamente admitida até por seus defensores mais agressivos.

É óbvio, portanto, que a lacuna entre estas duas concepções de autoridade é intransponível, indicando a persistência de antagonismos objetivos como sua base de determinação. Esta e outras questões afins voltarão a ser discutidas nas páginas de conclusão.

### 9.5 Autoridade e autonomia: auto-atividade dos produtores associados

*9.5.1*

Em última análise, o que obriga as aspirações socialistas a entrever a progressiva abolição do *capital em si* não é sua inflexibilidade estritamente econômica ou técnica (pois ele pode ser ajustado consideravelmente dentro de seus limites estruturais, como bem testemunham os desenvolvimentos do século XX). É, antes de tudo, o fato de o capital

---

[46] "Morals for the Majority", editorial não assinado, representando a opinião coletiva de *The Sunday Times* de Rupert Murdoch, 17 de julho de 1988.

[47] Ibid.

[48] Ibid.

[49] Ibid.

514  *Ideologia e emancipação*

ser totalmente incompatível com o necessário modo de ação autônomo dos indivíduos sociais. Ele não pode de modo algum entregar sequer *parte* do seu modo de controle – alienado, aprioristicamente determinado e, por sua própria natureza, *irrestritamente totalizante* – aos seres humanos sem abolir a si próprio.

O único modo possível de controle do capital emana da sua determinação *ontológica* mais interna, como um mecanismo reificado de auto-expansão ao qual tudo na esfera da reprodução social deve estar subordinado. Por essa razão, os processos capitalistas de controle dentro das unidades particulares do sistema produtivo estabelecido são complementados na sociedade como um todo por aqueles arranjos sociais que garantem e ampliam o poder do capital em toda parte. A função destes arranjos é facultar a dominação incontestada dos produtores pelo capital, para a manutenção do único tipo de reprodução social com que seu modo de controle – dinâmico, despótico e reificado – é compatível. Como Marx, vigorosamente, afirma:

> O sistema apriorístico a partir do qual a divisão do trabalho regularmente se realiza no local de trabalho se torna, na divisão do trabalho no interior da sociedade, uma necessidade a *posteriori*, imposta pela natureza [...]. A divisão do trabalho no local de trabalho implica a *autoridade incondicional do capitalista* sobre os homens, que são apenas *partes de um mecanismo* pertencente a ele. A divisão do trabalho no interior da sociedade coloca em contato produtores independentes de mercadorias que não reconhecem outra autoridade senão aquela da competição, da coerção exercida pela pressão de seus interesses mútuos; assim como no reino animal, o *bellum omnium contra omnes* preserva mais ou menos as condições de existência de todas as espécies. A mesma consciência burguesa que elogia a divisão do trabalho no local de trabalho, a anexação vitalícia do trabalhador a uma operação parcial e a sua *completa submissão ao capital*, como sendo uma organização de trabalho que aumenta a sua produtividade – aquela mesma mente burguesa denuncia com igual vigor toda tentativa consciente de *controlar* e regulamentar *socialmente* o processo de produção como sendo uma profanação daquelas coisas sagradas que são os direitos à propriedade, à liberdade e à livre fruição dos caprichos do capitalista individual. É muito característico que os apologistas entusiastas do sistema fabril não tenham nada pior para alegar contra uma organização geral do trabalho social, senão que ela transformaria toda a sociedade em uma imensa fábrica. [...] Em uma sociedade com produção capitalista, a *anarquia* na divisão social do trabalho [na sociedade como um todo] e o *despotismo* naquela do local de trabalho são condições que possibilitam uma à outra [...].[50]

Então, compreensivelmente, o controle social do capital é a *priori* uma impossibilidade em um sistema social em si controlado *pelo* capital.

De fato, os ideólogos mais abertamente comprometidos com o sistema capitalista, como Raymond Aron, não hesitam em admitir desafiadoramente – de uma posição de força:

> Todas as empresas modernas são organizadas em bases *autoritárias*. [...] Quanto à direção *tecnoburocrática* das indústrias, ela é atualmente *autoritária*, mais do que *democrática*, em todos os tipos de sistema.[51]

---

50  Marx, *Capital*, vol. 1, p. 356.
51  Raymond Aron, *The Industrial Society*, p. 117-8.

*Ideologia e autonomia*   515

Esta é uma justificativa automática para o caráter despótico do sistema capitalista, afirmando-se: a) que ele surge das determinações "tecnoburocráticas" da própria produção "moderna", b) que o autoritarismo é uma característica obrigatória a "todos os tipos de sistema". Todavia, significativamente, muitas questões importantes são deixadas sem resposta e nem sequer são formuladas. Assim, não há qualquer explicação sobre como é possível manter as pretensões *democráticas* de um sistema social que está baseado, para sua reprodução, em um modo de produção (e distribuição) ligado a uma estrutura de comando profundamente *antidemocrática, autoritária*; nem sobre o que viria a acontecer se conflitos maiores em relação à legitimidade e à viabilidade da própria estrutura autoritária de comando eclodissem.

Na visão dos ideólogos da ordem dominante, isto é absolutamente inconcebível. Sua viabilidade incontestada e incontestável – por ser um moderno sistema "tecnoburocrático", supremamente eficiente – legitima automaticamente o modo de produção e controle capitalista para muito além de seus limites históricos. O sistema é seguro – prossegue a fábula autocomplacente – porque a "empresa moderna" libera os benefícios "em abundância sempre crescente". Mas o que aconteceria se o sistema capitalista não conseguisse manter-se à altura deste mito de "abundância sempre crescente" – que, de qualquer modo, é altamente questionável como suporte legitimador supostamente automático de um sistema hierárquico de dominação e subordinação – mesmo nos países "metropolitanos" mais privilegiados? E o que dizer dos incontáveis milhões de pessoas – perto de *90%* da população mundial – que jamais sonharam a respeito, e muito menos desfrutaram efetivamente da "abundância sempre crescente" mas distribuída no sistema global do capital de modo tão desigual? E talvez a mais desconcertante de todas as questões não respondidas: como se pode considerar "sólido" e "viável" um sistema socioeconômico autoritário que, na prática, postula como condição incontestе de sua *permanência* a contínua *exclusão* dos 90% de explorados dos benefícios da riqueza crescente da sociedade?

Na verdade, o caráter autoritário do sistema não é o resultado de exigências "*tecno*burocráticas" racionalmente incontestáveis e benéficas, mas a manifestação de determinações primordialmente *sociais* por meio das quais a ordem socioeconômica e política capitalista se reafirma e se defende. Assim como não se pode alterar fundamentalmente o domínio do capital sobre a sociedade como um todo sem desejar ao mesmo tempo a democratização interna do "local de trabalho *despótico*", do mesmo modo é inconcebível tornar este último sensível às necessidades e às iniciativas dos produtores sem eliminar a *anarquia na divisão social do trabalho* que prevalece na sociedade como um todo e a *tirania do mercado* que a acompanha. Afirmar o contrário, em nome das supostas regras e mecanismos da "eficiência racional" (por mais autoritárias que se possa admitir que sejam), é pura mistificação.

Além do modo capitalista de articulação das indeterminações entre as partes e o todo do complexo social – por meio do qual o despotismo no local de trabalho é complementado pela resolução mercadológica da insustentável anarquia na sociedade como um todo –, poderiam existir, em princípio, dois outros modos de se efetuar um relacionamento exeqüível.

516   *Ideologia e emancipação*

Primeiro, o despotismo praticado nas várias unidades do processo de trabalho da sociedade poderia ser envolvido por uma forma de integração social total que fosse em si abertamente despótica, como efetivamente ocorre em sociedades cujo modo de reprodução se baseia na propriedade e na exploração politicamente irrestrita dos escravos. Entretanto, visto que no capitalismo os produtores executam um papel vital no processo geral de reprodução também em sua qualidade de consumidores, adotar uma variante de despotismo político como a força geral de aglutinação do complexo social, em vez dos bons serviços da "mão invisível", criaria enormes complicações no núcleo das estruturas existentes. O sistema de "escravidão assalariada" é um modo muito mais adequado de atender às necessidades internas do sistema capitalista do que o recurso à tirania política corporativista como o integrador total indisputado, ainda que em momentos de crise grave as ilusões a respeito deste último possam assumir formas reais assustadoras, como a história do século XX demonstrou claramente – acima de tudo a ordem nazista de Hitler, a serviço da consolidação do controle capitalista sobre uma sociedade dilacerada por antagonismos explosivos. No entanto, em condições normais, as "repúblicas constitucionais" do capital são consideradas preferíveis a seus Hitler, pelo menos nos "países metropolitanos".

A segunda alternativa ao sistema de despotismo prevalecente no local de trabalho e à anarquia na divisão do trabalho voltada para o mercado na sociedade em geral é ainda menos compatível com o modo de controle capitalista que a primeira. Ela exigiria a total eliminação do capital, tanto das microestruturas em cujo interior as práticas produtivas e distributivas da sociedade são realizadas, quanto do modo como estão articuladas em um todo coerente. Sem isto, a *auto-atividade conscientemente planejada* dos produtores associados no plano de seus intercâmbios abrangentes se tornaria impossível, o que por sua vez prejudicaria inevitavelmente seus esforços para instituir a *autogestão autônoma* da atividade produtiva no local de trabalho.

Esta radical eliminação do capital pelos indivíduos auto-emancipados de sua presente dominação do metabolismo social é o exato conteúdo do projeto socialista. Em oposição ao modo como se exerce o domínio do capital sobre a sociedade, a concepção socialista vislumbra, nas palavras de Marx, "um *plano geral de indivíduos livremente associados*",[52] partindo do seu reconhecimento de que "o relacionamento universal moderno não pode ser controlado pelos indivíduos, a menos que seja controlado por todos".[53] É o que se quer dizer com a proposta de "transformação do *trabalho em auto-atividade*",[54] o que se subordina à premissa material de se reobter o controle sobre a divisão social do trabalho (em vez de se estar sujeito aos seus ditames), e o que torna os instrumentos de produção, em um sentido *substantivo*, e não apenas juridicamente, "sujeitos a cada *indivíduo e propriedade de todos*".[55]

---

[52]   MECW, vol. 5, p. 83.

[53]   Ibid., p. 88.

[54]   Ibid.

[55]   Ibid.

### 9.5.2

É claro que os obstáculos à transformação desta visão em realidade são imensos. Como escreveu Rosa Luxemburgo, o processo de trabalho herdado e a divisão social do trabalho há muito estabelecida – tanto no local de trabalho quanto na sociedade em geral – trazem as marcas de "despotismo e anarquia" que não podem ser abolidas por decreto de qualquer governo, por mais "admiravelmente socialista" que seja. Permanece a questão, como antes, de como romper as cadeias do capital "lá onde são forjadas", substituindo-as em um sentido positivo pelos *laços cooperativos* conscientemente adotados – que ligam e fortalecem a todos, concedendo e determinando a cada um direitos e deveres – mediante os quais possam ser implementadas as necessárias alterações pelos produtores associados.

Os problemas e as dificuldades que devem ser enfrentados, tendo em vista uma intervenção prática, podem ser identificados em termos precisos no contexto de desenvolvimentos socioeconômicos historicamente específicos. Em contraste, as vacuidades transcendentais recomendadas por aqueles que negam a possibilidade de mudanças *substantivas* em nome de um "*utopismo de procedimento*" evasivo só podem ofuscar as linhas de demarcação entre a opressão e a emancipação, desviando a negação crítica de seus alvos tangíveis. Para Marx, a verdadeira questão era – e mais que nunca permanece sendo, atualmente – o exercício efetivo do *controle* sobre os processos reprodutivos da sociedade, e não simplesmente a contraposição aos efeitos negativos do avanço e da complexidade técnicos. Tanto a "técnica" como a "complexidade" são sempre socialmente encarnadas e, por conseguinte, só podem ser controladas pela firme dominação sobre suas manifestações sociais historicamente mutáveis. Como afirmou Raniero Panzieri em um artigo merecidamente influente:

> O processo de industrialização, à medida que atinge níveis cada vez mais avançados de progresso tecnológico, coincide com um crescimento contínuo da *autoridade* capitalista. E à medida que os meios de produção, contrapostos ao trabalhador, crescem em volume, cresce também a necessidade de o capitalista exercer um controle absoluto. O *plano do capitalista* é a forma ideal em que "a interconexão entre seus vários trabalhos" confronta os trabalhadores assalariados, enquanto se apresenta "na prática como a autoridade dele, como a vontade poderosa de um ser externo a eles". Por isso, o desenvolvimento do planejamento capitalista é algo intimamente relacionado ao do uso capitalista das máquinas. Ao desenvolvimento da cooperação, do processo do trabalho social, corresponde – sob a administração capitalista – o desenvolvimento do plano como *despotismo*. Na fábrica, em uma amplitude cada vez mais crescente, o capital impõe seu poder "como um legislador privado". Seu despotismo é seu planejamento, uma "caricatura capitalista da regulamentação social do processo de trabalho" (Marx) [...]. É óbvio [por isso] que simplesmente ratificar os processos de racionalização (considerados como a totalidade das técnicas produtivas desenvolvidas dentro da estrutura do capitalismo) corresponde a deixar de lado o fato de que é precisamente o "despotismo" capitalista que assume a forma da racionalidade tecnológica. Na utilização capitalista, não apenas as máquinas, mas também os "métodos", as técnicas organizacionais, etc. são incorporados ao capital e confrontam o trabalhador como capital: como uma "racionalidade" externa. O "planejamento" capitalista pressupõe o planejamento do trabalho vivo, e quanto mais se esforça para se apresentar como um

518  *Ideologia e emancipação*

sistema de regras hermético e perfeitamente racional, tanto mais é abstrato e parcial, passível de ser utilizado apenas em um tipo *hierárquico* de organização. O que pode assegurar uma relação adequada aos processos tecnoeconômicos globais não é a "racionalidade", mas o *controle*, não é a programação *técnica*, mas um *plano para o poder* por parte dos produtores associados.[56]

Diante destas determinações e de sua definição altamente realista efetivada por Marx e seus seguidores, como Panzieri, é realmente surpreendente constatar que alguns "teóricos críticos" tentam desacreditar a exigência de um verdadeiro controle socialista sobre o processo de trabalho, contrapondo à abordagem socialista as "condições técnicas" do "nosso mundo", que eles não definem, e rejeitando o chamado "modelo esteticista" e "expressivista" de Marx (que não existe), declarando:

> Torna-se cada vez mais difícil imaginar como, nas atuais *condições técnicas*, ou até em suas versões humanizadas, com fábrica e equipamento de *pequena escala*, poderiam ser reintroduzidos processos de trabalho que proporcionassem aquele tipo de realização originalmente derivada do modelo do gênio artístico, que busca sua natureza mais essencial em seu artefato e então contempla e se reapropria daquilo que exteriorizou. Acho, simplesmente, que *nosso mundo não mais oferece* um ponto de apoio para isso.[57]

Esta linha de raciocínio, que transforma Marx em uma caricatura, é questionável não apenas em sua avaliação geral do adversário, mas também em cada um de seus passos particulares. Primeiro, porque as pretensas "condições técnicas" não são simplesmente *técnicas*, mas também inseparavelmente – e perniciosamente – determinadas pela classe, no sentido de que são articuladas no topo da estrutura hierárquica e despótica da autoridade e do controle social do capital. Segundo, porque a equiparação retórico-mecanicista da "pequena escala" com o "humanizado" (um espantalho construído para ser imediatamente abatido) não tem nada a ver com a questão. Transformar-se em empresa de "pequena escala" não significa *ipso facto* humanizar-se. Uma empresa capitalista (e não apenas capitalista, é claro) de "pequena escala" pode dominar tão despoticamente as vidas daqueles que nela trabalham quanto as de "grande escala". Terceiro, porque nenhum socialista sério – e muito menos Marx – teria imaginado que a reabilitação de um modo de produção arcaico idealizado, baseado no modelo do "gênio artístico", poderia ser uma parte, mesmo infinitesimal, da resposta. E, quarto, porque não apenas o "nosso mundo" não permite a volta àquela condição fictícia e arcaica polemicamente apresentada, mas mundo nenhum o permite ou o permitiu – o que torna totalmente vazia a asserção conclusiva "não mais".

Outrossim, é uma caricatura de Marx afirmar que ele "fala em forças produtivas *neutras*".[58] Como vimos em vários contextos, incluindo a análise de Panzieri da má-

---

[56]  Raniero Panzieri, "The Capitalist Use of Machinery: Marx versus the 'Objectivists'", em Phil Slater (org.), *Outlines of a Critique of Technology*, Londres, Ink Links, 1980, p. 48 e 54-5, grifos de Panzieri. Além do artigo citado, esse útil volume contém uma introdução geral de Monica Reinfelder, intitulada "Breaking the Spell of Technicism"; o ensaio de Norbert Kapferer sobre "Commodity, Science and Technology: a Critique of Sohn-Rethel"; o estudo de Hans-Dieter Bahr sobre "The Class Structure of Machinery: Notes on the Value Form"; e a cuidadosa apresentação do editor a cada contribuição.

[57]  Habermas, *Autonomy and Solidarity*, p. 214.

[58]  Ibid., p. 91.

quina e da "racionalidade" capitalistas, Marx sabia muito bem que "na utilização capitalista, não apenas as máquinas, mas também os 'métodos', as técnicas organizacionais, etc. são incorporados ao capital e confrontam o trabalhador *como capital*: como uma *'racionalidade' externa*". Como resultado, todo o sistema é "abstrato e parcial, passível de ser utilizado apenas em um *tipo hierárquico* de organização". Marx jamais poderia considerar neutras as *forças* produtivas, em virtude de seus elos orgânicos com as *relações* de produção; por isso, uma mudança radical nestas últimas, nas sociedades que querem extirpar o capital de sua posição dominante, exige uma reestruturação fundamental e um caminho qualitativamente novo de incorporação das forças produtivas nas relações socialistas de produção.

Nesse sentido, não é suficiente reconhecer que a "complexidade" não é neutra, pois isso pode tanto beneficiar quanto prejudicar. Deve-se também ser capaz de compreender o verdadeiro *relacionamento causal* entre a "complexidade" e a ordem social, em vez de apresentá-lo de *cabeça para baixo*, para justificar sua continuidade. Além disso, se a ordem causal for revertida, o raciocínio confuso baseado em tal reversão tendenciosa obrigatoriamente termina em um beco sem saída, no qual é impossível compreender aquilo que teria sido o tópico principal de todo o exercício intelectual (à parte a pretensa "superação" de Marx por Luhmann e Popper). Isto fica bem ilustrado pela citação seguinte:

> Fico a pensar se um *aumento de complexidade* pode ser neutro, ou se este nível mais elevado de diferenciação do sistema que atingimos na *era moderna* só foi alcançado à custa de algum tipo de *dominação de classe*. Se foi a segunda hipótese, então só poderia haver soluções *regressivas* para o socialismo. Isso pode não tornar o socialismo menos *atraente*, mas o deixa mais ou menos *sem futuro*. Em que tipo de condição estaríamos se a maioria da população, para atingir formas mais humanas de vida coletiva, estivesse pronta a pagar o alto preço de *um sistema econômico regressivo*? Mas não há argumentos aprioristicos para as premissas pessimistas subjacentes a essa questão.[59]

Como anteriormente, na desorientadora suposição do modo de produção arcaico (que se afirma ter sido irrealmente modelado pelos socialistas sobre o "gênio artístico"), encontramos aqui, de novo, uma tentativa de vinculação do projeto do socialismo a uma condição *regressiva* quixotescamente buscada, o que só poderia desacreditá-lo. Declarar, com uma falsa reverência à idéia atacada, que a regressão desesperada do socialismo talvez não o tornasse "menos atraente" – apesar do fato de que seria "sem" futuro" – é algo inteiramente gratuito. Um "sistema econômico regressivo", que de qualquer modo é "sem futuro", só pode ser atraente para o iludido ou para o insano. É tão "atraente" quanto a idéia de pular em um só salto, desafiando a lei da gravidade, de um extremo a outro de um campo minado, em vez de empreender a perigosa tarefa de atravessar o campo passo a passo, desativando as minas ou delas se desviando da melhor maneira possível, sob tais limitações inevitáveis.

Os curiosos argumentos expostos nesta citação são formulados para habilitar o autor a recomendar um processo popperiano "falibilista" de "socialização",[60] em

---

[59] Ibid., p. 91-2.
[60] Ibid., p. 92.

520   *Ideologia e emancipação*

contraposição ao projeto marxiano de transformação socialista radical da ordem social estabelecida. Vinculada à idéia luhmanniana da "diferenciação do sistema" (que se supõe inseparável da própria "era moderna"), a defesa deste falibilismo falacioso parece ser uma conclusão inevitável. No percurso para o atingir, espera-se também que abracemos acriticamente um corolário apologético: isto é, que o sistema capitalista – com sua tecnologia ("nossa tecnologia", como declara o autor), racionalidade e complexidade convenientes à necessária diferenciação dos sistemas da era moderna – é, *ipso facto, progressista*. Abandona-se por completo o fato de que o sistema capitalista, mesmo em termos estritamente *econômicos* – e, além disso, limitando-se a tais termos tão estreitamente econômicos, somente com restrições *históricas* muito moderadas, como uma sombra escura sobre o futuro, vinculadas à própria sobrevivência da humanidade –,[61] só é *"progressista"* no que diz respeito ao padrão de vida material de uma *pequena minoria* da população mundial. Visto que isto poderia abalar as premissas "eurocêntricas" autocomplacentes da "socialização gradual-falibilista" dos privilegiados e relativamente ricos, não há espaço nesta estrutura de pensamento para o fato desconcertante de que o "sistema econômico progressista" do capital deixa a *esmagadora maioria* da humanidade em condições de privação total; na verdade, às vezes a arrasta a uma *condição economicamente regressiva* (sem mencionar a regressão nos demais aspectos), em comparação com seu modo de existência prévio. Eis por que a preocupação com os problemas do "Terceiro Mundo" não aparece sequer marginalmente em tal concepção.

É absolutamente não-dialética – e, quanto a seus termos de referência socioeconômicos, também totalmente acrítica – a afirmação de que "alguma forma de dominação de classe" seja a conseqüência necessária de um "aumento moderno" na complexidade. Não existe uma "complexidade" socialmente indeterminada que possa ser de algum modo derivada do paradigma "ideal-típico" da "era moderna". A dominação e a exploração de classe não surgiram na história depois da "inevitável complexidade moderna" e da "diferenciação dos sistemas". Ao contrário, "alguma forma de dominação de classe" precede em milhares de anos a era moderna.

Dessa forma, todos aqueles que conservam sua relação com a causa da emancipação humana devem enfrentar a ameaça da complexidade – assim como a realidade degradante da dominação de classe – não como uma abstração ideal-típica desencarnada, mas em sua especificidade sócio-histórica tangível. Os socialistas se opõem é a um certo *tipo* de complexidade que exclui a possibilidade da ação autônoma, e não à "complexidade" em si. Utilizar a categoria de "complexidade", inspirada em Weber

---

[61]   Um intelectual italiano – que, sob vários aspectos, é simpático à posição da teoria crítica alemã –, analisando a orientação "estritamente procedimental" e "não-substantiva" da obra de Habermas, escreveu: "Atualmente, a identidade social deve conter pelo menos um elemento de conteúdo, ou melhor, uma finalidade *substantiva*: a identidade não pode ser fundada sem a garantia da sobrevivência da humanidade e dos indivíduos que a compõem. O fato de as vidas destes indivíduos – membros civilizados da sociedade do mundo – estarem em risco faz que qualquer possibilidade de razão comunicativa seja não apenas contingente, mas completamente inútil" (Furio Cerutti, "Political Rationality and Security in the Nuclear Age", em *Philosophy and Social Criticism*, vol. 13, n. 1, outono de 1987, p. 79. E Cerutti acrescenta [na página 81] que, para tais considerações, "o *opus magnum* de Habermas não proporciona nenhum espaço conceitual".)

Ideologia e autonomia    521

e socialmente indeterminada, como um argumento *a priori* contra a possibilidade da ação autônoma – como fazem Habermas, Colletti e outros –, é colocar-se ao lado dos ideólogos da ordem estabelecida em seu esforço de "eternizá-la".

No sistema capitalista, a principal característica da "complexidade" – que flui da natureza mais profunda do capital – refere-se à questão do *controle social*. Durante o desenvolvimento capitalista, a complexidade foi articulada com o objetivo fundamental de *excluir* institucionalmente os produtores, não apenas do controle *efetivo* do processo reprodutivo, mas até da *possibilidade* desse controle.

O tipo capitalista de complexidade, sócio-historicamente único, tem sua origem em uma dupla complicação peculiar – na verdade, inerentemente contraditória – do sistema. De um lado, por uma determinação estrutural intrínseca, sem a qual o capital não seria viável como controlador efetivo das práticas produtivas e distributivas da sociedade, impede-se que os produtores decidam questões que afetam o processo de trabalho como um *todo*, a despeito de eles precisarem ser capazes de controlar adequadamente todas as funções produtivas *específicas* a eles designadas, por mais complicadas que possam ser. De outro lado, embora os produtores sejam "trabalhadores livres" que não podem ser coagidos por meios *políticos* (isto é, pelo exercício ou pela ameaça direta da violência) a prestar seus serviços à causa da expansão do capital, ainda assim é necessário que sejam conduzidos de uma maneira ou de outra – isto é, pela compulsão *econômica* – ao local de trabalho, e *ali mantidos* (por uma questão de imperativo econômico) *continuamente* – sem o que, mais uma vez, o sistema acabaria perdendo sua viabilidade. O desdobramento subseqüente da divisão *técnico-tecnológica* capitalista do trabalho permanece sempre subordinado a esta dupla complicação peculiar à exigência fundamental do *controle social* possível dentro das restrições especiais (e "liberdades" paradoxais) da estrutura reprodutiva do capital. Compreensivelmente, o sistema auto-expansivo reprodutivo e valorizador de produção mercantil generalizada erigido sobre tais bases não poderia evitar que uma desconcertante "complexidade" resultasse progressivamente de suas complexas determinações e contradições internas. Cada passo no desenvolvimento da expansão e da integração tendencialmente global do capital reproduz, de modo inevitável, as complicações estruturais originais em um grau cada vez maior de perniciosa complexidade – não simplesmente a complexidade da produtividade, mas aquela voltada para a dominação social –, adicionando novas camadas de controle ao edifício capitalista em expansão, juntamente com a obrigatoriedade de controlar o número crescente de controladores, para a manutenção da viabilidade de um sistema cada vez mais burocratizado.

Com tais premissas *sociais* (e imperativos estruturais), originadas da determinação objetiva do capital como um modo *sui generis* de intercâmbio e de controle metabólico, não há outra alternativa a não ser a exclusão dos produtores reais da possibilidade de controle desde o início da consolidação histórica do capital como sistema reprodutivo dinâmico e abrangente. É imperioso que o poder de *tomada de decisão* nas unidades produtivas e distributivas capitalistas organizadas lhes seja prática e categoricamente negado, até em suas tarefas *mais simples*, por causa da *incompatibilidade de classes* e não por uma pretensa incapacidade de compreender a "complexidade" das tarefas. Por isso, é um *non sequitur* teórico (e também uma posição um

## 522   Ideologia e emancipação

tanto insincera) prever a impossibilidade da atividade produtiva autônoma dos produtores associados por causa da "complexidade crescente".

Seja complexo ou simples, na questão do *controle* não pode haver uma solução conciliatória na estrutura socioeconômica e política capitalista. Tampouco o problema é resolvido automaticamente com a eliminação político-jurídica das relações capitalistas de produção. Os obstáculos à atividade produtiva autônoma permanecem durante todo o período em que o poder do capital sobreviver no interior e através das estruturas reprodutivas herdadas.

Grande parte da "complexidade" do sistema capitalista está ligada à necessidade de ocultar – não apenas dos capitalistas concorrentes, mas, de modo muito mais categórico, do antagonista social, o trabalho (que poderia apresentar, como conseqüência mínima das informações obtidas, algumas reivindicações salariais inadmissíveis) – aquilo que não poderia de forma alguma permanecer oculto em um sistema reprodutivo organizado racionalmente. Este fato também deixa claro que a verdadeira questão é o *controle*, e não a "complexidade" socialmente indeterminada.

É evidente que há muitos aspectos da "complexidade capitalista" – devida, como já foi mencionado, não a determinações intrinsecamente produtivas, mas ao imperativo de se manter vivo o sistema estabelecido de dominação de classe – que poderiam ser eliminados com certa facilidade, ao passo que os demais teriam de ser mantidos sob um controle muito mais rigoroso do que o modo pelo qual o capital é capaz de lidar com as complexidades que surgem no interior de seu sistema.

De fato, um dos aspectos mais contraditórios da posição dos que utilizam o argumento da "complexidade" em prol do capital é a recusa em perceber a crescente incapacidade do sistema estabelecido em limitar o impacto negativo da complexidade crescente, até no plano ecológico, que afeta diretamente as condições da sobrevivência humana. Na época em que Weber formulou este argumento apologético, o sistema capitalista e sua idealizada burocracia (engrandecida como atividade de "virtuosos" por Weber)[62] pareciam ser capazes de enfrentar o desafio da crescente complexidade. Significativamente, porém, o argumento de Weber – com suas alegações categoricamente afirmadas, mas jamais demonstradas –, já era colocado, não como uma avaliação objetiva da questionável viabilidade a longo prazo do sistema estabelecido, mas, indisfarçadamente, como uma arma ideológica contra as perspectivas do desenvolvimento

---

[62]   Eis como Weber argumenta a favor de sua idéia "eternizante", com o zelo ideológico característico apresentado como ciência social objetiva:
"Os dominados, por sua parte, *não podem* dispensar ou substituir o aparato burocrático da autoridade, uma vez que ele exista, porque esta burocracia apóia-se no treinamento *especializado*, em uma *especialização funcional* do trabalho e em uma atitude de *domínio* habitual e *virtuoso* das funções isoladas, mas metodicamente integradas. Se o funcionário parar de trabalhar, ou se seu trabalho for violentamente interrompido, *resulta o caos*, e é difícil improvisar, entre os governados, substitutos *preparados para dominar este caos*. Isto é válido para a administração pública assim como para a administração econômica privada. Cada vez mais o destino material das massas depende do funcionamento regular e correto das organizações *cada vez mais burocráticas* do capitalismo privado. *A idéia de se eliminar estas organizações torna-se cada vez mais utópica*" (*From Max Weber*: Essays in Sociology, org. por H. H. Gerth e C. Wright Mills, p. 229). O leitor interessado pode encontrar uma discussão da altamente tendenciosa teoria weberiana da burocracia em meu livro *Filosofia, ideologia e ciência social*.

socialista (burocrático e "não-virtuoso"). Além disso, o que torna as recentes imitações da linha de raciocínio weberiana ainda mais problemáticas é que elas discretamente deixam de lado o fato de que as coisas pioraram muito, quanto a este aspecto, desde as reflexões tranqüilizadoras de Weber. Dessa forma, sob qualquer um de seus aspectos, o argumento da complexidade deve ser utilizado de modo oposto ao que nos é tantas vezes apresentado. A progressiva complexidade gerada por um sistema que não consegue controlar produtivamente suas complicações cada vez maiores é um perigo e não algo positivo, apesar da curiosa lógica da teoria dos sistemas, inspirada por Weber, e de suas muitas variantes.

Os recursos combinados dos produtores associados são, em princípio, muito mais apropriados para se controlar a complexidade inerente às genuínas exigências produtivas do processo de reprodução social – como um todo e em suas partes – do que as relativamente poucas "personificações do capital" privilegiadas, às quais se atribui o poder de tomada de decisão no sistema vigente, sejam elas "capitães de indústria" ou burocratas estatais. Um processo de trabalho organizado de tal modo que suas funções de controle não precisem ser transferidas para um sistema separado e, pior ainda, *ocultas* dos produtores que realizam as tarefas produtivas obrigatórias, mas que, ao contrário, lhes ofereça amplas possibilidades de participação consciente e invenção criativa em todos os níveis, é, em essência, bem menos complexo do que sua alternativa capitalista.

A possibilidade de progresso neste aspecto depende da determinação e da capacidade dos produtores de modificar de forma bastante radical as condições estruturais de produção e distribuição articuladas na atual divisão do trabalho. O "controle sobre a complexidade" é, por isso, sinônimo de *reobtenção do controle* sobre o processo de trabalho como um todo, cujo objetivo fundamental é se estabelecer um relacionamento de "*transparência*" entre as partes e o todo, sobretudo quanto ao relacionamento entre os indivíduos autodeterminantes e a estrutura produtiva geral da sociedade que eles estabelecem autonomamente e conscientemente alteram em consonância com suas necessidades mutáveis. Contrariamente às aparências fetichistas, esta não é uma questão de "racionalidade instrumental", mas de se estabelecer um relacionamento fundamentalmente novo entre eles próprios, de tal modo que seus complexos instrumentais e institucionais percam o caráter *abstrato* e *parcial* que possuem atualmente e que os torna passíveis "de ser utilizados apenas em um *tipo hierárquico* de organização". A incapacidade de atacar a divisão herdada do trabalho e o correspondente sistema de controle – que nega aos produtores o poder de tomada de decisão no processo de trabalho – só pode significar que mesmo a mais extrema "simplificação técnica" das tarefas, assim como dos vínculos formais e organizacionais entre as unidades produtivas, deixaria sem solução os problemas subjacentes.

Este é o significado radical de toda a estratégia socialista formulada por Marx, preocupada em alterar "do topo à base as condições de existência industrial e política, e, conseqüentemente, toda a maneira de ser dos produtores associados". É claro que sua implementação só é possível utilizando-se estratégias historicamente mutáveis que levem em conta os passos mediatórios específicos exigidos para o processo de reestruturação. Isto implica não somente o reconhecimento realista e um controle flexível

## 524 *Ideologia e emancipação*

das restrições materiais, políticas e cultural-ideológicas encontradas, mas também a firme recusa de abandonar os objetivos fundamentais.

### 9.5.3

Aqui deve ser sublinhado que o que torna as coisas especialmente difíceis para a articulação das estratégias socialistas viáveis é que a divisão capitalista do trabalho, assim como a "racionalização tecnológica" e a "complexidade" hierárquicas que a acompanham, também afetam profundamente a composição e a organização internas do trabalho. Pois,

> Na manufatura, assim como na cooperação simples, o *organismo operante coletivo* é uma forma de existência do *capital*. O mecanismo composto de numerosos trabalhadores individuais pertence ao capitalista. Por essa razão, o poder produtivo resultante de uma combinação de trabalhadores parece ser o *poder produtivo do capital*. A manufatura como tal não apenas *sujeita* o trabalhador que antes era independente à *disciplina e ao comando do capital*, mas, além disso, cria uma *gradação hierárquica dos próprios trabalhadores*.[63]

Desde que Marx escreveu estas linhas, há mais de 120 anos, esta dimensão do processo de reprodução capitalista se ampliou enormemente. Isto é em parte resultado da tremenda expansão e integração global do sistema capitalista que tornaram a imposição da "disciplina despótica" do capital, com o envolvimento ativo de alguns setores do trabalho assalariado muito mais necessária e difundida. O que está imediatamente em jogo aqui é o fato de que o capital

> Entrega o trabalho de *supervisão direta e constante* dos trabalhadores individuais a um tipo especial de trabalhador assalariado. Um exército industrial de trabalhadores, sob o comando de um capitalista, requer, como um verdadeiro exército, *oficiais* (administradores) e *sargentos* (capatazes, supervisores) que, *enquanto o trabalho está sendo realizado, comandam* em nome do capitalista.[64]

Podemos notar de passagem que, em contraste com as mitologias da "revolução administrativa", até os chamados altos executivos – que com freqüência se deparam com o fato brutal de serem demitidos, quando muito sendo avisados na véspera, ainda que com um bom "prêmio" – exercem as funções de comando do capital em um contexto muito limitado, e estritamente *em nome* do capital, "enquanto o trabalho está sendo realizado". Não determinam por sua própria conta nem a estratégia geral de suas empresas particulares, quanto mais a do sistema capitalista como um todo.

Entretanto, a estratificação e a hierarquização interna da totalidade do trabalho (enquanto classe *global*, em confronto com seu antagonista: a *totalidade* do capital, em escala *global*) são ainda afetadas por vários outros fatores e circunstâncias. Podemos identificar claramente os mais importantes:

1. A *divisão territorial do trabalho*, criando *zonas* de relativo privilégio acopladas a um "subdesenvolvimento" gritante. Isto está manifesto nas relações *internacionais*, inicialmente pelo colonialismo e pelo imperialismo e, mais recentemente, pela insti-

---

[63]   Marx, *Capital*, vol. 1, p. 360.

[64]   Ibid., p. 332.

Ideologia e autonomia    525

tuição do sistema de exploração "neocapitalista" (e "neocolonial"), e *internamente* pelo desenvolvimento de algumas partes do território sob o controle de um capital nacional em prejuízo de outras. A tendência aqui referida é tão poderosa que todo país capitalista importante tem seu próprio "norte" e "sul", embora seja claro que, às vezes – como no caso da Grã-Bretanha –, o "norte" econômico corresponde ao "sul" geográfico e vice-versa.

2. O impacto da lei do *desenvolvimento desigual* e suas concomitantes *taxas diferenciais de exploração*, que ocorre tanto internamente, em cada país isolado, como externamente, nas relações das potências capitalistas dominantes com o restante do sistema capitalista mundial.

3. As cada vez maiores *centralização* e *concentração* do capital, ligadas à sua crescente *composição técnica* e à deterioração da *composição orgânica*, com conseqüências de longo alcance para a estrutura do emprego na ordem socioeconômica capitalista como um todo.

Naturalmente, todos estes fatores afetam diretamente tanto a composição e a estratificação interna do trabalho como sua capacidade para se organizar em sua confrontação estratégica com o capital. É por isso que os graves problemas surgidos da necessária hierarquização interna do trabalho sob o domínio do capital estão destinados a ocupar, no futuro, um papel muito mais importante na elaboração de estratégias socialistas do que ocorreu no passado.

Dadas as condições da exploração neocolonial, do desenvolvimento desigual e das taxas diferenciais de exploração, é impossível a formulação de uma estratégia uniforme. Em algumas áreas (a África do Sul atual, por exemplo), a luta contra a exploração assume inevitavelmente a forma de confrontos violentos com o adversário de classe repressivo (que se vale do terrorismo de Estado) – do mesmo modo que havia ocorrido nas guerras de libertação do Vietnã, da Argélia e de Zimbábue, entre outras –, ao passo que em outros locais essa luta pode ser levada por meios mais pacíficos. No entanto, sejam quais forem as circunstâncias políticas e o grau relativo de desenvolvimento socioeconômico dos países envolvidos, a condição do sucesso duradouro é, em toda parte, a exigência objetiva de inserir as estratégias parciais – com suas especificidades mediadoras, em vista da composição de classe das forças que participam da luta e de seus meios disponíveis de ação emancipatória – na confrontação *hegemônica* total entre capital e trabalho. Isto porque capital e trabalho são as *únicas* classes na sociedade contemporânea cujo ser social pode constituir a base de sistemas reprodutivos alternativos, globalmente viáveis.

Nas últimas seis décadas, foi Mao Tsé-tung quem nos ofereceu o exemplo historicamente mais significativo de análise teórica e estratégia prática a esse respeito. Em uma de suas primeiras obras – a "Análise das classes na sociedade chinesa" –,[65] ele analisou com grande cuidado e sutileza as determinações socioeconômicas específicas para mais de trinta camadas sociais diferentes na China contemporânea, relacionando-as à luta e às perspectivas de transformação social radical. Ao mesmo tempo, deixou

---

[65]    Este artigo de Mao Tsé-tung foi escrito em março de 1926.

## 526  Ideologia e emancipação

muito claro que nem sequer *três* (e muito menos *trinta*), mas apenas *duas* alternativas estratégicas eram viáveis nas condições globais em que se desenvolvia a luta histórica entre capital e trabalho no século XX. E o fez a despeito do fato (fortemente enfatizado por ele próprio) de o *campesinato* constituir a esmagadora maioria da população chinesa, com mais de *500* milhões de pessoas, em comparação com menos de *2* milhões de trabalhadores industriais.

Assim, embora salientasse, em contraposição à então preponderante linha sectária do partido,[66] a importância fundamental de se basear a luta revolucionária na força elementar do campesinato que estava despertando (e que, em sua opinião, nenhum poder sobre a terra poderia subjugar), não hesitou em vincular esta visão profética à afirmação estratégica igualmente penetrante de que "a principal força em nossa revolução é o *proletariado industrial*".[67] Como Mao Tsé-tung percebeu claramente, as especificidades sociológicas do contexto sócio-histórico dado, não importa quão monumentais fossem em proporção, não poderiam alterar radicalmente o antagonismo hegemônico fundamental entre capital e trabalho em termos históricos globais, ainda que exigissem uma avaliação muito realista das formas e dos instrumentos de mediação – anteriormente imprevistos mas, nas novas circunstâncias emergentes, singularmente apropriados – para a realização dos objetivos escolhidos. Era impossível *generalizar* o modo camponês de produção, mesmo em seu aspecto mais dinâmico, como uma *alternativa global* para o sistema capitalista dominante.[68]

---

[66] Em março de 1927, ele escreveu:
"Toda fala dirigida contra o movimento camponês deve ser rapidamente corrigida. Todas as medidas errôneas tomadas pelas autoridades revolucionárias em relação ao movimento camponês devem ser rapidamente modificadas. Somente assim o futuro da revolução será beneficiado. A revolta atual do movimento camponês é um acontecimento colossal. Em pouquíssimo tempo, na China central, províncias do sul e do norte, muitas centenas de milhões de camponeses vão se levantar como uma poderosa tempestade, como um furacão, uma força tão rápida e violenta que nenhum poder, por maior que seja, será capaz de detê-los. Eles vão derrubar todos os obstáculos e vão se lançar no caminho para a libertação. Varrerão todos os imperialistas, chefes militares, funcionários corruptos, tiranos locais e a pequena aristocracia perversa. Cada partido revolucionário e cada camarada revolucionário será posto à prova, para ser aceito ou rejeitado pelos camponeses. Há três alternativas. Marchar à sua frente e liderá-los? Seguir atrás deles, gesticulando e criticando? Ou ficar no seu caminho e se opor a eles? Todo chinês é livre para escolher, mas os acontecimentos irão forçá-lo a fazer rapidamente a escolha" (Mao Tsé-tung, "Report on an Investigation of the Peasant Movement in Hunan", *Selected Works*, Pequim, Foreign Languages Press, 1967, vol. 1, p. 23-4).

[67] Mao Tsé-tung, "Analysis of the Classes in Chinese Society", *Selected Works*, vol. 1, p. 19.

[68] Mesmo durante a luta antijaponesa, empreendida por uma aliança nacional em amplo acordo sobre a necessidade de uma revolução democrática, com o objetivo imediato de libertação do domínio colonial, Mao Tsé-tung jamais abandonou, nem por um momento sequer, a perspectiva global da revolução socialista. Em maio de 1937, escreveu:
"Muitos camaradas têm sido questionados sobre a natureza da república democrática e o seu futuro. Nossa resposta é: quanto à sua natureza de classe, a república será uma aliança de todas as classes revolucionárias, e, quanto a seu futuro, pode caminhar em direção ao socialismo. Nossa república democrática será estabelecida durante a resistência armada nacional, sob a liderança do proletariado e no novo ambiente internacional (com o socialismo vitorioso na União Soviética e a aproximação de um novo período de revolução mundial). Portanto, embora ainda seja um Estado democrático burguês, tanto social quanto economicamente, será diferente do comum das repúblicas burguesas porque, em termos políticos concretos, terá de ser um Estado baseado na aliança da classe trabalhadora, do campesinato, da pequena burguesia e da burguesia. Assim, quanto ao futuro da república democrática, embora possa caminhar em uma direção capita-

É esta condição de poder ou não poder ser generalizada que em última instância decide a questão a favor ou contra as aspirações emancipatórias. Embora as formas particulares de estratificação e hierarquização da força de trabalho variem enormemente de um lugar para outro e de um tipo de desenvolvimento para outro, as diferentes camadas sociológicas estão agrupadas em toda parte sob instituições hierárquicas muito semelhantes de subordinação e domínio, dependência e dominação. Em outras palavras, as características facilmente identificáveis da *exploração de classe* são evidentes em toda parte, não obstante toda a conversa que está em moda sobre "variedade", "diferenciação de sistemas", "mobilidade ascendente" e categorias similares de ofuscação teórica a serviço dos interesses ideológicos dominantes. Além disso, é também muito óbvio que, a despeito das exageradas pretensões de "variedade", "diferenciação", etc., os verdadeiros interesses em jogo estão dispostos, com uma repetitividade monótona, em um padrão perfeitamente claro – isto é, a favor ou contra a manutenção indefinida do domínio do capital e de seu problemático mecanismo de mercado como controlador geral e "totalizador invisível" dos processos multifacetados de reprodução social –, ressaltando, mais uma vez, a inevitabilidade da confrontação hegemônica, não entre numerosos agentes sociais historicamente novos e suas correspondentes estratégias, mas, muito simplesmente, entre o capital e o trabalho. Portanto, não é de estranhar que a idealização e a eternização da pretensamente insuperável "eficiência racional" do capital siga de mãos dadas com tentativas constantemente renovadas de desacreditar a idéia de que os produtores associados possam instituir uma alternativa à ordem social estabelecida, economicamente viável e auto-regulamentadora em todos os níveis de tomada de decisão.

O fato de a idéia da atividade autônoma dos produtores associados ser repudiada pelos ideólogos da ordem dominante não causa surpresa a ninguém. É muito mais desconcertante, porém, que tal posição – ou seja, a aceitação dos parâmetros estruturais estabelecidos da sociedade – seja teorizada e defendida em nome de reivindicações emancipatórias críticas.

No plano político, encontramos isto na orientação estratégica da longa tradição socialdemocrata, remontando ao programa reformista bernsteiniano, como vimos no capítulo 8. O fracasso dessa estratégia durante um período de quase cem anos fala por si. É impossível emancipar a classe estruturalmente subordinada da ordem socioeconômica e política capitalista partindo-se da falsa premissa de que, mesmo que as classes sociais continuem a existir (o que é também posto em dúvida com muita freqüência, com base nas mais insignificantes "evidências"), a *exploração de classe* e a resultante *luta* entre as principais *classes* da sociedade contemporânea teriam sido historicamente (e irremediavelmente) deixadas para trás pelo desenvolvimento da "sociedade industrial moderna".

Portanto, todo o movimento, que foi originalmente constituído com o propósito de afirmar de modo combativo as reivindicações da classe subordinada contra a

---

lista, também existe a possibilidade de que se volte para o socialismo, e o partido do proletariado chinês deve lutar intensamente por esta última perspectiva" (Mao Tsé-tung, "The Tasks of the Chinese Communist Party in the Period of Resistance to Japan", *Selected Works*, vol. 1, p. 275).

528  *Ideologia e emancipação*

realidade, inevitável no sistema capitalista, da exploração de classe – do que decorria que ela *teria* de desafiar a ordem estrutural estabelecida *como tal,* a partir do ponto de vista de uma ordem social qualitativamente diferente –, perdeu não apenas sua identidade anterior, mas a própria base de sua existência e *raison d'être,* como Rosa Luxemburgo declarou há tantos anos; juízo este cuja correção tem sido abundantemente confirmada pelo fracasso prático do movimento "reformado" durante todas essas décadas. Refugiar-se atrás do lema de uma "aliança eleitoral ampla" é algo que de nada serve para remediar a situação; nem indica, ainda que sumariamente, o que de substancial aconteceria depois do sucesso eleitoral daquela estratégia. Tanto a *exploração* quanto a *luta* de classe que continuam existindo – mesmo que não mencionadas – são tabus *aos quais não se pode referir,* pois admitir sua existência "afundaria o barco" da "aliança eleitoral ampla" defendida.

Durante muito tempo, a literatura teórica vinculada a tais estratégias políticas fez a mesma coisa: negou a existência da luta de classes e muitas vezes até a existência das classes sociais, em nome de uma "fusão das classes uma na outra", prevista, mas nunca realmente observada. Pressupunha o inevitável *"aburguesamento* do proletariado" e anunciava uma mudança radical nas relações de classe em razão da *mudança das cores dos colarinhos* dos trabalhadores.

Entretanto, o que decide a posição de classe das pessoas em nossas sociedades não é a cor de seus colarinhos, mas sua localização na *estrutura de comando do capital.* Muitas mudanças sociológicas podem ser identificadas com precisão neste aspecto, e nenhum movimento político pode ignorá-las sem sofrer as conseqüências. Também, paralelamente às mudanças que ocorrem no próprio processo de trabalho, a posição estratégica dos vários grupos de trabalhadores é alterada de modo correspondente. Assim, tomando-se apenas um exemplo: a posição estratégica relativa dos eletricitários e dos mineiros nos últimos trinta anos foi significativamente modificada em favor dos primeiros, não apenas pela grande redução do número de mineiros, mas, o que é de importância maior, enfraquecendo-se de outros modos também o impacto potencial da sua ação de greve sobre a economia capitalista. (Trinta anos atrás, seria absolutamente inconcebível que a economia capitalista fosse capaz de enfrentar as conseqüências de uma greve de mineiros de um ano de duração.) Também, durante os desenvolvimentos produtivos, a estrutura ocupacional da sociedade capitalista sofre importantes mudanças que estão destinadas a exercer seu impacto sobre formas de organização política antes tacitamente aceitas.

Tudo isso, entretanto, não elimina a confrontação hegemônica fundamental entre capital e trabalho. Nem altera radicalmente a estrutura de comando do capital, seja na "sociedade civil", seja no terreno do Estado capitalista. Mudar a cor dos colarinhos dos trabalhadores de "preto" para "azul" – e até mesmo para "branco" – não altera em nada sua posição na estrutura de comando do capital. Sem mencionar que a cor dos colarinhos da esmagadora maioria das pessoas sob o domínio do capital, particularmente no Terceiro Mundo – isto é, daqueles que têm sorte bastante para usar um colarinho –, permanece, como sempre, um matiz bem escuro do preto.

## 9.5.4

Paradoxalmente, a necessidade de dominação se origina em parte da natureza *cooperativa* do próprio processo de produção capitalista. Pois,

> Todo *trabalho combinado em grande escala* requer, em maior ou menor grau, uma *autoridade diretora* para assegurar o trabalho harmonioso das *atividades individuais* e para realizar as *funções gerais* que têm sua origem na ação do *organismo combinado*, que é distinta da ação de seus órgãos separados. Um violinista solista é seu próprio maestro, mas uma orquestra requer um maestro separado. O trabalho de *direção, supervisão e ajuste* torna-se uma das *funções do capital* a partir do momento em que o trabalho, sob o controle do capital, torna-se *cooperativo*.[69]

Entretanto, a inevitável necessidade de uma autoridade diretora não explica a *forma específica* dessa autoridade, pois, em princípio, qualquer autoridade desse tipo poderia ser constituída de maneiras muito *diferentes*, incluindo, e não evitando, a possibilidade da ação autônoma.

A forma particular em que qualquer forma de autoridade controladora é *realmente* constituída, sob um conjunto de circunstâncias historicamente dado, requer uma explicação materialmente sólida, em vez de ser aprioristicamente adotada. Mas o que recebemos são exatamente estas suposições aprioristicas (e circulares) da automitologia do sistema capitalista, que tenta deduzir a autoridade estabelecida partindo do conceito de "racionalidade" como algo intrínseco à inegável necessidade de coordenação. Isto é tanto mais problemático na medida em que a linha mais reta que se poderia traçar entre "racionalidade" e produção cooperativa, no que se refere à autoridade diretora, seria fazer que o modo de direção – na forma da *autodireção cooperativa dos produtores associados* – se harmonizasse com o caráter *necessariamente cooperativo* do processo de produção capitalista.

Assim, toda a discussão sobre a pretensa "racionalidade" do sistema capitalista de produção e distribuição – discussão que não indica o *motivo objetivo* que determina a "necessidade" abstratamente racional de uma "autoridade diretora" (e que, portanto, não a transforma de um imperativo vago e genérico em sua forma particular materialmente viável e realmente existente) – é completamente vazia, mesmo quanto à limitada racionalidade atribuível à organização capitalista da produção. Na realidade,

> O *motivo diretor*, o propósito *determinante* (*bestimmender Zweck*) da produção capitalista, é *extrair* a maior quantidade possível de *mais-valia* ["O lucro [...] é o único objetivo do comércio."][70] e, conseqüentemente, *explorar a força de trabalho* o máximo possível. À medida que aumenta o número de trabalhadores cooperativos, aumenta também sua resistência à dominação do capital e, com isso, *a necessidade de o capital* superar esta resistência mediante uma pressão contrária. O *controle* exercido pelo capitalista não é apenas uma função especial, devida à natureza do processo social de trabalho, mas é também, ao mesmo tempo, *uma função da exploração de um processo social de trabalho*, estando conseqüentemente enraizado no *inevitável antagonismo* entre o explorador e o material bruto vivo e palpitante por ele explorado.[71]

---

[69] Marx, ibid., p. 330-1.

[70] Jacob Vanderlint, *Money Answers All Things*, Londres, 1734, p. 11.

[71] Marx, *Capital*, vol. 1, p. 331.

## 530 *Ideologia e emancipação*

O que é importante resssaltar é que, quando o conceito de "motivo diretor" e de "propósito determinante" aparece nos respeitáveis contos de fadas acadêmicos da "racionalidade capitalista" (Weber incluído), ele é completamente distorcido e falaciosamente transmutado em uma *motivação* puramente *subjetiva*. Deixa de ser uma *necessidade objetiva do capital* – sem a qual seria inconcebível que o capital, como modo específico de controle social, no sentido supracitado, funcionasse – e torna-se a "*motivação empresarial*" do capitalista individual (pela qual os empreendedores "capitães de indústria" merecem, é claro, as recompensas mais generosas, contadas com freqüência em milhões de dólares por ano), circularmente derivada, como vimos, do misterioso "espírito do capitalismo". No entanto,

> Não é por ser um *líder* da indústria que um homem é um capitalista; ao contrário, ele é um líder da indústria por ser um *capitalista*. A liderança da indústria é um *atributo do capital*, assim como na época feudal as funções de general e de juiz eram atributos dos proprietários de bens de raiz.[72]

Naturalmente, o mesmo subjetivismo mistificador prevalece também na conceituação da situação do trabalho. A esse respeito, descobrimos que as *determinações objetivas* em ação são transformadas nas pretensas *motivações subjetivas* dos trabalhadores particulares, que se supõe escolherem os valores mais altos do "*aburguesamento*" por uma "*opção individual soberana*". Pois, se esta pudesse ser considerada uma condição generalizável (ainda que sua realização pudesse tardar bastante), em vez de ficar restrita a um número limitado de trabalhadores relativamente privilegiados, isso pareceria absolver o próprio sistema social desumanizante de toda culpa quanto às reais condições de existência da classe trabalhadora como um todo.

O efeito racionalizante e legitimante desta subjetivização arbitrária do "*propósito determinante*", tanto do capital como do trabalho, é que o sistema socioeconômico capitalista parece não apenas se originar, mas também ser constantemente mantido e reproduzido em virtude de *opções individuais conscientes* em todos os pontos do espectro social, excetuando-se apenas os "poucos baderneiros fervorosos", "agitadores" e "desajustados", que podem ser ignorados sem problema. Ao mesmo tempo, o caráter *explorador e classista* da ordem socioeconômica e política estabelecida desaparece convenientemente por definição, pois a *opção por ser explorado* é *a priori* incompatível com o conceito de "*opção racional*".

No mundo real, entretanto, temos de enfrentar a pressão de *determinações objetivas* que se tornam "*internalizadas*" – e, portanto, *também* transformadas em *motivos*, sem por isso perder seu caráter de determinações objetivas – em ambos os lados do relacionamento explorador de domínio e subordinação, pois o desenvolvimento da divisão capitalista do trabalho

> cria novas condições para a *dominação do capital* sobre o trabalho. Portanto, se, por um lado, ele se apresenta historicamente como um *progresso* e como uma *fase* necessária do desenvolvimento econômico da sociedade, por outro, é um *método de exploração refinado e civilizado*.[73]

---

[72]   Ibid., p. 332.

[73]   Ibid., p. 364.

Além disso, o sistema explorador refinado e altamente aperfeiçoado do capital é *global,* precisamente uma das razões fundamentais para sua incomparável eficácia e "poder de permanência". Sua capacidade para penetrar até nos cantos mais distantes do mundo, passando por uma multiplicidade de barreiras nacionais e locais, proporciona-lhe não apenas um imenso campo de expansão – primeiro como uma totalidade *extensiva*-colonial-imperialista e posteriormente como uma totalidade *intensiva*-neo-capitalista-neocolonial –, mas também apresenta uma capacidade antes inimaginável de *deslocar suas contradições* de um nível e de um modo de exploração para outro[74] e de uma região para outra,[75] paralelamente a seu avanço histórico e a sua saturação, que seguem de mãos dadas com a intensificação de suas contradições internas.[76]

A internalização desarmante das restrições objetivas encontradas talvez seja a função mais importante da ideologia dominante. Ela se realiza – na forma de *fusão* e confusão da necessidade de *alguma* forma de *autoridade diretora* com a efetiva (mas contingente) *autoridade dominante*, assim como de *coerção externa* com *motivação interna* – pregando a sabedoria acomodadora do "não há alternativa". Uma vez aceito que "não há alternativa", seja para a autoridade diretora estabelecida, seja para as "escolhas racionais" feitas por tal autoridade (não menos na política do que na economia) sob a "força das circunstâncias", a necessidade brutal de se submeter ao poder da *competição coerciva* é mistificadoramente metamorfoseada em algo que pode reclamar para si o elevado *status* de *motivação interna* consciente e livremente adotada, o que nenhum ser racional poderia (ou deveria) questionar mesmo em seus pensamentos, e muito menos a ela se opor ativamente.

---

[74] Confrontar, por exemplo, com a relação entre "mais-valia absoluta" e "relativa".

[75] Ver a prática de exportações de capital, etc.

[76] Como exemplo do tipo de relação de exploração contraditória, mas altamente bem-sucedida, instituída sob o domínio do capital em todas as partes do sistema econômico global, podemos pensar no desenvolvimento do capitalismo na Índia, descrito por Marx:
"Em conseqüência da grande *demanda* após 1861, a produção *de algodão*, em alguns distritos densamente povoados da Índia, aumentou *em prejuízo do cultivo do arroz*. Como resultado, ocorreram *fomes locais*, os meios de comunicação deficientes não permitindo que a insuficiência de arroz em um distrito fosse compensada pela importação de outro" (Marx, ibid., p. 353).
O mesmo fenômeno nos assombra 125 anos mais tarde. A diferença é que agora podemos falar da "agricultura comercial" em geral, não apenas do "rei algodão"; e as "fomes locais" não ocorrem somente na Índia, mas em todo o mundo, onde quer que o lucro capitalista de alguns produtos agrícolas atropele até as necessidades (e direitos) mais elementares para a sobrevivência da população local, apesar da retórica auto-congratulatória em favor dos "direitos do homem" nos centros beneficiários da exploração global.
Do mesmo modo, os "meios de comunicação" só melhoram quando assim o requerem as condições de lucratividade do capital. Entretanto, eles podem ser melhorados realmente com esse propósito. A singularidade do "método de exploração refinado e civilizado" do capital contrasta por demais com as antigas modalidades de pilhagem. Como se sabe, os saqueadores primitivos e bárbaros tinham de *se mudar* após a realização de seu ato imprevidente, por terem destruído, em um período muito pequeno, a base material que poderia sustentá-los. Muito diferente, a "barbárie civilizada" do capital reside precisamente em seu poder de saquear e *permanecer* em uma região durante uma prolongada fase histórica, o que compensa, por um período considerável, até os territórios por ele perdidos em outras partes do mundo. O capital pode fazer isso pelo constante refinamento e aperfeiçoamento das formas e modalidades de saque, sob a pressão de ter de deslocar suas próprias contradições. Quanto a isso, dentre todas as variedades de tal deslocamento, o que é de longe o mais importante para a sobrevivência deste modo de controle social consiste na capacidade do capital de reestruturar sua grosseira "*totalidade extensiva*" original em uma *totalidade* de exploração primariamente *intensiva*.

532  *Ideologia e emancipação*

Compreensivelmente, portanto, a ideologia socialista de início não poderia ser outra senão a "*contraconsciência*", para ser capaz de negar as práticas materiais e ideológicas dominantes da ordem estabelecida. Nas circunstâncias de hegemonia ideológica do capital, as premissas fundamentais da alternativa socialista não podem deixar de ser articuladas como uma contraconsciência que desafia a *coercitividade internalizada* e como uma rejeição clara – ainda que necessariamente limitada – do poder das restrições, sócio-historicamente contingentes, que são elevadas a um *status* absoluto para negar toda alternativa; e esta rejeição deve se dar não importa quão reais tais restrições possam ser dentro de seus próprios termos de referência.

É claro que, em seu tempo e local, a crença emancipatória do Iluminismo também se articulou como uma contraconsciência que combatia a ideologia dominante. Entretanto, apresentava uma diferença importante em comparação com a teorização marxiana da contraconsciência socialista. A *base material* da negação ideológica do Iluminismo era em si *positiva*, ainda que muito problemática em sua perspectiva a longo prazo.

Era positiva no sentido de que a ideologia do Iluminismo pôde relacionar-se diretamente e contar com a mudança estrutural nas práticas produtivas que estava ocorrendo sob o impacto do poder crescente do capital: um processo que quase atingiu sua consumação plena no auge do movimento iluminista. O fato de que a ordem socioeconômica desta força material que avançava espontaneamente e se impunha de modo positivo e bem-sucedido – isto é, historicamente tangível e aparentemente ilimitado – tenha sido idealizada, nas várias concepções do Iluminismo, como sendo a ordem natural que correspondia aos imperativos da própria Razão, o que transformou a nova ideologia em um "*positivismo acrítico*" (a partir da visão de Adam Smith da "propensão natural" capitalista para a "troca e o comércio" sob a direção benevolente da "mão invisível" até a idealização de Kant do "espírito comercial" e sua hipostasiada "paz perpétua"), não altera o outro fato de que os teóricos puderam basear suas reflexões na realidade histórica do poder do capital que se desenvolvia vitoriosamente por toda a Europa. Na verdade, na época, o sistema capitalista estava começando a fazer suas incursões em outras partes do mundo.

A contraconsciência socialista não podia derivar as evidências necessárias para a validade de sua crítica de um avanço comparável de uma nova ordem produtiva. Podia apenas apontar os destrutivos antagonismos internos e as tendências desintegradoras do sistema que estava no poder, que colocam em risco até aquelas potencialidades positivas nele contidas e que poderiam ser, em princípio, voltadas para o benefício de todos logo após a vitória de uma negação socialista e a eliminação da formação social capitalista. Era por isso que a ideologia socialista tinha de ressaltar desde o início que ela era a *contraconsciência* necessária àquela *coercitividade internalizada* – fosse ela diretamente material-econômica ou politicamente mediada – mediante a qual as relações de dominação prevalecentes eram legitimadas e tornadas aceitáveis para os explorados e os oprimidos.

É assunto de grande importância que na perspectiva socialista os *indivíduos* tenham sido colocados no primeiro plano do debate ideológico, ao mesmo tempo que se *desafiavam* as *determinações de classe* de sua existência, em vez de *ignorá-las* ou

Ideologia e autonomia    533

transubstanciá-las em uma "soberania individual" fictícia, genérica, ou em uma "soberania do consumidor" adequada aos interesses da ordem capitalista. A ideologia da coercividade internalizada operava com categorias que, ou dissolviam os indivíduos reais nas postuladas determinações "naturais" (e, mais uma vez, muito fictícias) da espécie (como a mencionada "propensão natural à troca e ao comércio"), a fim de "provar" a plena concordância das inclinações humanas com as características dominantes da "ordem natural" estabelecida; ou os submergia em uma pseudo-individualidade abstrato-agregadora (extinguindo tanto seus atributos de classe como suas características pessoais) a partir da qual puderam ser construídos os vários estereótipos da "sociedade civil" capitalista (e, mais tarde, da "sociedade de consumo", da "multidão solitária" e até do chamado "capitalismo popular").

Contra este tipo de legitimação da ordem socioeconômica e política existente tornou-se necessário orientar a possibilidade da atividade produtiva autônoma em direção aos poderes em desenvolvimento dos *indivíduos sociais* sob a "nova forma histórica". Esta visão contrastava fortemente com a aceitação cega das restrições objetivas da sociedade sob a forma de *coercitividade internalizada*, com a reafirmação da necessidade de uma genuína *motivação subjetiva* nas raízes da ação autônoma do indivíduo, dentro de uma estrutura decisória plenamente compartilhada.

Foi assim que a inicialmente inevitável negatividade da contraconsciência socialista foi transformada em uma visão intrinsecamente *positiva*. A concepção socialista da atividade produtiva como "não apenas um meio de vida, mas a principal necessidade da vida"[77] (em outras palavras: o trabalho a que os indivíduos se dedicam livremente para se realizar como *indivíduos particulares*, como pessoas verdadeiras) é compatível tão-somente com a forma de autoridade correspondente, isto é, com a *autoridade diretora livremente autoconstituída* dos próprios produtores associados.[78]

A adoção desta concepção significa que não se pode levar a sério a idéia de que, nas sociedades pós-capitalistas, os indivíduos possam adquirir uma liberdade substantiva a menos que esta seja demonstrável e organicamente vinculada ao exercício da autoridade – livremente *autoconstituída* – por parte dos mesmos indivíduos no domínio das *práticas produtivas e distributivas*, em vez de terem uma autoridade a eles imposta pelas severas restrições materiais do metabolismo social ou por um órgão estatal externo, ou mesmo por uma combinação de ambos. A necessidade de transformar a autoridade diretora em uma autoridade que seja autoconstituída persiste, mas a im-

---

[77]  Marx, *Crítica do Programa de Gotha*.

[78]  Eis como Marx descreve os pré-requisitos materiais e as exigências produtivas do "verdadeiro reino da liberdade", em que o trabalho se torna um "fim em si":
"A liberdade neste campo só pode consistir no *homem socializado*, nos *produtores associados*, dominando racionalmente seu intercâmbio com a natureza, sujeitando-a a seu controle comum, em vez de serem dominados por ela como pelas forças cegas da natureza; e conseguindo isto com o menor dispêndio de energia e *sob as condições mais favoráveis e dignas de sua natureza humana*. Mas, não obstante, ainda permanece um domínio da necessidade. Para além dele tem início aquele desenvolvimento da energia humana que é um *fim em si*, o verdadeiro *reino da liberdade*, que, no entanto, só pode florescer tendo este reino de necessidade como sua base. A redução da jornada de trabalho é seu pré-requisito básico" (Marx, *Capital*, vol. 3, p. 800).

534  *Ideologia e emancipação*

possibilidade de sua realização torna as liberdades possíveis sob o domínio do capital extremamente limitadas para a esmagadora maioria. A transformação da possibilidade de verdadeira liberdade em uma condição social tangível, sob a qual o trabalho possa ser abraçado pelos indivíduos como "a principal necessidade da vida", implica a superação prática do duplo autoritarismo da autoridade direta, que se manifesta, por um lado, no *despotismo da fábrica* e, por outro, na *tirania do mercado*.

### 9.5.5

As sociedades pós-capitalistas, em suas tentativas de superar o poder do capital, devem combater a sobrevivência de graves limitações materiais – assim como de seus corolários cultural-ideológicos institucionalmente articulados – durante um longo período histórico de transição após a destruição política do sistema capitalista. Tais limitações irão exercer seu impacto negativo mesmo que a *autoridade diretora* seja adequadamente *descentralizada e democratizada*.

Esta circunstância realça a unilateralidade das teorias que tentam reduzir as dificuldades e as contradições das sociedades pós-capitalistas à questão da democratização. Naturalmente, seria errado reduzir a importância da democratização em seu contexto próprio. Entretanto, a provisão das chamadas "garantias democráticas" – especialmente quando definidas sob a forma de "socialismo de mercado" – não elimina a carga da "acumulação socialista" nem resolve os outros problemas estruturais que surgem dos limites intrínsecos das forças e práticas produtivas herdadas. Na verdade, o perigo é que uma excessiva confiança no "mecanismo de mercado" tenda para o restabelecimento da *tirania do mercado* e do poder indesejável de outras estruturas materiais cegas – ligadas ao *despotismo* "racional" *do local de trabalho* – afinadas com o mercado, ainda que tais práticas sejam, nas novas circunstâncias, racionalizadas em nome da "eficiência socialista".

Não obstante esta advertência, este assunto não pode ser evitado, tendo-se em vista a experiência histórica das sociedades pós-capitalistas, pois, dado seu fracasso, por um lado, em estabelecer uma genuína democratização socialista das instituições e dos processos de tomada de decisão da sociedade, e, por outro, em levar a efeito as realizações produtivas do novo sistema de reprodução, este continua sendo um problema importante para todas as formações pós-capitalistas: como quebrar a historicamente experimentada e infeliz conexão entre a democratização e a produtividade? Mesmo sem um laço causal demonstrável entre as duas, o fracasso em chegar ao nível requerido de produtividade pode ser usado – e como todos sabemos, tem *sido usado*, com enormes custos humanos – para negar a própria legitimidade da democratização.

Mas, mesmo assim, desse fato histórico contingente e corrigível não se conclui (como os "socialistas de mercado" parecem afirmar) que o remédio esteja em instituir o *incorrigível mecanismo de controle* do mercado capitalista para resolver o problema. O mecanismo de mercado só pode funcionar de modo adequado se lhe for permitido tomar o poder de tomada de decisão dos produtores associados, ou, mais precisamente, se lhe for permitido assumir de novo seu papel tradicional de camisa-de-força que lhes torna impossível se transformar, no sentido marxiano, em produtores verdadeiramente associados a cargo de sua atividade vital.

Não é uma característica acidental e facilmente superável das sociedades póscapitalistas que formas muito peculiares de "ineficiência econômica" e "indisciplina" – por exemplo, o fenômeno bem conhecido da realização de "bicos" para complementação de renda – tenham surgido em escala considerável durante seu desenvolvimento, uma vez deixado para trás o imediato estado de emergência pós-revolucionário (motivado pela intervenção militar ocidental e pela guerra civil). Tais práticas são muitas vezes atribuídas à "sobrevivência do passado", afirmando-se que a força de motivação dos incentivos materiais individuais persiste nos trabalhadores, mas a estrutura socioeconômica centralmente controlada impede suas manifestações produtivas.

Seja qual for o peso relativo deste fator, não se deve esquecer que, com a destruição político-jurídica do sistema capitalista, ocorre de fato uma mudança fundamental nos processos reprodutivos da sociedade. Com a supressão das "personificações do capital" donas da propriedade privada, o potencial *despotismo do local de trabalho* – cuja legitimidade se afirmara no passado com medidas que asseguravam violentamente a incontestável autoridade dos capitalistas particulares e, ao mesmo tempo, de seus representantes administrativos – é severamente reduzido. Além disso, em virtude da natureza das mudanças que efetivamente ocorrem pelo processo de destruição do capitalismo privado, torna-se quase impossível substituir a disciplina *inquestionável* nos empreendimentos econômicos particulares – com a desejada "eficiência econômica" – por um equivalente "socialista" despótico (politicamente controlador e controlado).

O fracasso do stalinismo, em sua intenção de representar um sistema reprodutivo socioeconômico mais avançado do que o do antagonista capitalista (do qual seria a superação), é a demonstração mais clara e dolorosa de que a dominação política autoritária dos produtores nos empreendimentos econômicos particulares, instituída para assegurar a extração e a acumulação máximas de trabalho excedente, é inviável como uma alternativa para o despotismo economicamente fundamentado do local de trabalho no capitalismo. Este fracasso do controle stalinista da economia também não deveria surpreender, pois, como vimos, as microestruturas do sistema capitalista, em que o despotismo *economicamente fundamentado* do local de trabalho é ao mesmo tempo viável e inevitável, não podem ser separadas da macroestrutura do sistema reprodutivo geral – tendo nela sua *base racional* – em que a "mão invisível" (por intermédio da *tirania do mercado* sem uma corte de apelação) pode premiar ou punir os participantes que se submetem ou não à sua autoridade.

A força consolidadora deste relacionamento entre as partes e o todo, no capitalismo, é sublinhada às vezes de modos muito desconcertantes. Assim, por exemplo, quando ocorrem crises originadas pela posição pouco competitiva de uma empresa *particular*, que é ameaçada de falência e liquidação, a força de trabalho aceita "livremente" cortes salariais significativos para assegurar o lucro continuado da empresa. (Apelos periódicos, em geral por parte de governos trabalhistas, para um retorno ao chamado "espírito de Dunquerque" – e seus equivalentes em outros países capitalistas –, apresentando o interesse *geral* do capital como sendo "o interesse nacional", representam, é claro, uma questão muito diferente.)

536    *Ideologia e emancipação*

Não existe essa *justificativa racional* motivadora e consolidadora nas empresas produtivas e distributivas das várias sociedades pós-capitalistas. Ao contrário, a responsabilidade pelos fracassos das unidades locais pode ser facilmente transferida para a autoridade central. Portanto, seria uma solução ideal do ponto de vista da autoridade burocrática de controle se ela pudesse ser isenta de sua responsabilidade pelos fracassos reais e potenciais, atribuindo-os aos administradores locais e às "inevitáveis disfunções" dos mecanismos de mercado revitalizados, embora também mantendo sobre eles o poder do controle central.

Entretanto, os problemas são muito mais complicados do que esse suposto panorama poderia indicar. De fato, temos de enfrentar aqui algumas dificuldades estruturais proibitivas, com implicações de longo alcance para a solução possível das complicações que persistem, ou melhor, que se aprofundam, de acordo com a margem de ação objetivamente disponível. Os vários sistemas socioeconômicos pós-capitalistas (tal como os conhecemos, o modo como foram realmente constituídos, sob a relação de forças historicamente prevalecente e as correspondentes restrições, tanto materiais quanto políticas) são caracterizados pela ausência de um relacionamento reciprocamente sustentador entre as decisões centrais *politicamente* determinadas e impostas à economia – no âmbito local e também nacional – e a justificativa *econômica* tangível (longe de ser incontestável) das decisões adotadas. Este tipo de articulação estrutural está em acentuado contraste com a interconexão *mutuamente reforçadora* e inerentemente *econômica* entre as unidades produtivas e distributivas particulares e o mercado totalizador sob a formação socioeconômica capitalista.

É este elo ausente de apoio e reforço recíprocos entre os modos de tomada de decisão locais e centrais, e também políticos e econômicos, que é erroneamente definido como uma negligência fatal com os incentivos materiais individuais – e pelo mercado como seu autoconfiante veículo de administração –, no sistema econômico pós-capitalista. É erroneamente definido porque a questão-chave é o relacionamento intrínseco entre as microestruturas e a macroestrutura totalizadora das sociedades capitalistas e pós-capitalistas. O que é mais adequado para uma pode ser uma intolerável força de ruptura na outra. Nesse sentido, o restabelecimento de um mecanismo que atinge sua eficiência máxima sob as condições da produção mercantil generalizada não tornaria mais coerente – e tampouco, em um sentido socialista, produtivamente viável – o relacionamento entre as microestruturas e a estrutura geral de integração das sociedades pós-capitalistas. A estratégia de fortalecimento do papel dos incentivos materiais individuais no âmbito local também não resolveria este problema, ainda que fosse apoiada por um mecanismo de mercado "controlado". Aliás, se isso ocorresse na escala necessária, o restabelecimento do mecanismo de mercado intensificaria os problemas existentes das sociedades pós-capitalistas, criando uma perigosa incompatibilidade entre as novas expectativas e aquilo que o sistema realmente poderia conceder.

As estratégias que defendem esta solução não indicam, nem de modo vago, quais seriam os critérios operacionáveis para que se impusessem limites ao mecanismo de mercado "controlado", sem se destruir a sua utilidade. A lógica interna do mercado totalizador tenderia para a restauração do *capitalismo* e para seu autoritarismo, tanto no local de trabalho quanto no processo de acumulação impiedosamente "orientado para a eficiência" da sociedade em geral; é óbvio que não se pode permitir que esta linha de desenvolvimento siga seu curso. Assim, o único significado concreto que se pode atribuir ao previsto "controle" do mecanismo de mercado é que este último deve ser anulado no momento em que se tornar plenamente eficiente. Portanto, não surpreende que haja alguns teóricos "reformistas" nas várias sociedades pós-capitalistas que levam as implicações objetivas das soluções defendidas para sua conclusão lógica e argumentam em favor de permitir que o sistema de "socialismo de mercado" continue seu caminho até o fim. Sem dúvida, tais soluções serão rejeitadas, pelo menos naqueles países em que a revolução anticapitalista tenha raízes profundas. Ao mesmo tempo, no entanto, no caso de ser escolhida a estratégia do "controle", a negação necessária e compreensível da sua lógica totalizadora (restauradora) do incontrolável mecanismo de mercado inevitavelmente privaria o sistema adotado de sua *justificação racional*, tornando, desse modo, por completo inoperável a estrutura de motivação das empresas particulares produtivas e distributivas onde são geradas as novas expectativas.

Não é de forma alguma por acaso que esses problemas tenham surgido na atual conjuntura histórica. Pois não somente o sistema capitalista e o "Terceiro Mundo", mas também o "Segundo Mundo" [soviético] estão diante de uma crise dupla: a *crise do desenvolvimento* e a *crise de autoridade*. As velhas formas de controle não parecem funcionar mais, e as novas estratégias experimentadas trazem consigo muitas perguntas sem resposta e dificuldades práticas.

Tendo em vista a muito debatida solução do "socialismo de mercado", é necessário destacar que a idéia de que, nas sociedades pós-capitalistas, o papel dos incentivos materiais individuais é menosprezado, é um diagnóstico completamente errôneo do real estado de coisas. O fracasso em corresponder às expectativas associadas aos incentivos materiais individuais não significa de modo algum que as expectativas, assim como o mecanismo legitimado de seus incentivos, já não estejam presentes no sistema socioeconômico pós-capitalista. Ao mesmo tempo, a idéia de que tais incentivos devam ser mais acentuados e vinculados ao mercado, para tornar maior a eficiência produtiva das sociedades pós-capitalistas, é em si uma proposição um tanto problemática. Isso porque não há evidências de que essa reorientação da produção social tornaria mais viável a realização de suas tarefas consideradas em sua totalidade, o que deve incluir muitos outros objetivos além da produção de bens para o consumo individual direto até mesmo na sociedade capitalista, quanto mais quando se deseja avançar na direção de uma transformação socialista.

Os fracassos do passado não podem ser atribuídos à repressão do mecanismo de incentivos materiais individuais, mas à recusa de enfrentar a difícil questão prática de seu *status* e papel na necessária reestruturação socialista da sociedade. Eles foram deixados no limbo, pois só seria possível atacar essa questão se, ao mesmo tempo, a *divisão hierárquico-estrutural do trabalho* herdada – com todas as modificações subseqüentes – fosse decididamente enfrentada. Foi muito mais fácil deixar no lugar as estruturas herdadas – e o mecanismo motivacional de incentivos materiais *diferenciados* criado para legitimar a estrutura hierárquica existente –, ainda que as expectativas dos indivíduos envolvidos não pudessem ser adequadamente satisfeitas. Pela

538 *Ideologia e emancipação*

mesma razão, é muito compreensível que a solução do "socialismo de mercado" para os problemas e contradições experimentadas tenha surgido com relativa facilidade do mesmo solo, representando a seu modo a "linha de menor resistência".

Entretanto, pela natureza do problema em jogo, seguir a "linha de menor resistência" não tem muita chance de sucesso. Na medida em que são diretamente afetados, tanto pelo atual estado de coisas como por qualquer alternativa prática a ele, somente os produtores associados podem enfrentar as grandes dificuldades envolvidas na reestruturação produtiva e motivacional da sociedade pós-capitalista, desafiando radicalmente a divisão de trabalho estabelecida.

Portanto, de modo inevitável, o caminho para uma possível solução destes problemas é uma *rua de mão dupla*. Requer um profundo comprometimento – e até continuados sacrifícios – dos produtores associados, se quiserem assegurar as recompensas que podem produzir para si mesmos, rumo a condições que lhes permitam assumir plenamente sua atividade.

Sem dúvida, o ponto de partida deste empreendimento transformador não pode ser outro senão as condições em que as sociedades pós-capitalistas se encontram hoje. Ninguém mais discute que elas precisam enfrentar com urgência a tarefa de satisfazer as necessidades e exigências há muito negligenciadas de seus membros individuais. Ao mesmo tempo, pode também surgir a questão: como ter a certeza de evitar o risco de destruir suas realizações reais e seu compromisso original com a causa socialista?

Para vencer estes desafios essencialmente estruturais é necessária a adoção de algumas soluções estruturais importantes. Isto significa que os incentivos materiais individuais, que são agora tanto necessários como possíveis – e que, em grande medida, são inevitavelmente *divisivos* e não *associativos* –, devem ser parte de uma estratégia coerente em que desempenhem uma função de mediação em relação ao objetivo de reestruturação radical, em vez de serem considerados um *ideal corretivo* a ser abraçado como um *fim em si mesmo*.

Neste sentido, o programa marxiano de transferência do controle do metabolismo social para os produtores associados não perdeu nada de sua validade desde a época de sua formulação. Ao contrário, surgiu de novo, mais forte do que nunca, na agenda histórica de nossos dias, visto que somente os produtores associados podem elaborar, por si próprios, as modalidades práticas com as quais pode ser resolvida a dupla crise, hoje onipresente, da autoridade e do desenvolvimento.

### 9.5.6

A questão da "universalidade" apareceu na filosofia do Iluminismo de forma enfática, atingindo seu clímax na monumental síntese de Hegel. A ocorrência deste fato na história intelectual era compreensível, pois os filósofos envolvidos expressavam, por intermédio de suas categorias, ainda que de modo abstrato, o ser social da época em sua complexidade e contraditoriedade crescentes.

O ser social em questão era inseparável do poder dinâmico do capital, avançando objetivamente – e, na verdade, pela primeira vez na história – na direção da problemática universalidade de sua dominação global. Tornava-se assim possível a teorização sobre o curso da "história mundial" em desenvolvimento, de forma mais ou

*Ideologia e autonomia*   539

menos sistemática, e (pelo menos quanto às intenções abertamente anunciadas dos filósofos) em uma estrutura *secular* – em contraste com as tentativas teológicas anteriores de escrever relatos anistóricos da história tão-somente para ilustrar a validade eterna da mensagem divina através dos acontecimentos terrenos. Isto ocorreu a despeito de as limitações do ponto de vista social dos pensadores deixarem uma marca indelével em suas concepções históricas, que tinham de ser conduzidas a uma culminação "eternizante" no ponto focal do presente.

A tendência universalizante do capital era de fato muito real, apesar de contraditória. Dado o caráter intrínseco do capital, sua universalidade dominante só poderia prevalecer através de antagonismos internos e externos; portanto, um resultado positivo último – que era sempre implicitamente presumido, e com freqüência até explicitado, nas filosofias da história aqui referidas – só poderia ser afirmado como um puro *"ato de fé"*. Por essa razão, o próprio Hegel (que impulsionou vigorosa e frutiferamente a questão da universalidade para o centro do interesse filosófico) não pôde resolver as contradições subjacentes. Ele também, a despeito de, em geral, compreender magistralmente os problemas com que se deparava, teve de adotar como "soluções", em pontos fundamentais de seu esforço de síntese, meras declarações de fé como uma saída para as dificuldades.

Assim, por um lado, quando teve de considerar, em sua *Filosofia da história*, as implicações potencialmente devastadoras dos antagonismos intrínsecos do individualismo burguês (definido por ele como um dos "princípios" mais fundamentais da era moderna), apenas foi capaz de *decretar* a resolução positiva desse problema no futuro, no contexto de seu resumo poético da história do mundo como *Teodicéia*.[79] Este foi o modo pelo qual ele procurou, como se tudo dependesse da sua vontade, afirmar a inexistência dos antagonismos *internos* do "capital universal eterno".

Por outro lado, tampouco as implicações destrutivas de todos os incontroláveis antagonismos *externos*, gerados pelo sistema do capital e por sua formação estatal, encontraram uma solução mais satisfatória no quadro conceitual hegeliano. Mais uma vez, como já vimos na seção 9.1.5, Hegel só foi capaz de decretar a absoluta primazia e a irrestrita soberania dos Estados nacionais particularistas e necessariamente conflitantes, opondo, com desdém, esta visão à proposta alternativa de uma solução universalmente adotada e pacífica. Assim, a despeito de sua devoção ao "princípio da universalidade", Hegel abraçou em seu ato de fé, com um entusiasmo acrítico, a idéia de que, nas relações entre os Estados, o que prevalece fundamentalmente (e, segundo ele, corretamente) é o *"estado de natureza"*, adotando assim uma postura particularmente problemática – e, muito reveladora quanto às suas determinações de classe – para um filósofo idealista.

Desde a época de Hegel, os aspectos destrutivos da universalidade antagônica do capital tornaram-se muito mais pronunciados. Aquilo que poderia ser considerado apenas latente no passado mais distante veio à tona sob a forma de duas guerras globais

---

[79]   Ver nota 35. Para a discussão que Hegel faz do princípio da individualidade na era moderna, ver p. 452-7 de *The Philosophy of History*.

540  *Ideologia e emancipação*

devastadoras e dos estragos do imperialismo. Ao mesmo tempo, tanto no campo do armamento militar como no plano ecológico, os meios e métodos de destruição avançaram em tal medida que o caminhar irrefreável do capital rumo à dominação universal atualmente ameaça a própria sobrevivência da humanidade.

Se, por conta do fato de as contradições mais destrutivas do capital ainda estarem latentes em sua época, Hegel ainda pode ser perdoado por sua visão otimista da universalidade, esta desculpa não cabe para os ideólogos que continuam a idealizar o "universalismo ocidental" contra as aspirações emancipatórias de todos aqueles que são por ele explorados e oprimidos. Assim, declarar que "uma sociedade *universal* está surgindo. [...] O Ocidente está morrendo como 'cultura' separada, mas tem futuro como *centro de uma sociedade universal*",[80] em vez de submeter a uma crítica rigorosa o caráter profundamente divisivo e explorador desta suposta "universalidade", mostra que a defesa ideológica dos interesses da *classe* dominante não hesita em rejeitar até as mais óbvias evidências factuais – a dominação da esmagadora maioria da humanidade por uma minúscula minoria – para se legitimar, mantendo a ficção de sua própria "universalidade". Não surpreende, portanto, que tenhamos testemunhado, nos debates dos últimos vinte anos, um grande desencanto com a simples idéia da universalidade, devido em grande medida (mas não só) a tais práticas ideológicas transparentes.

Apesar disso, seria completamente errado seguir o conselho cético ou pessimista daqueles que querem nos convencer a abandonar essas preocupações. A universalidade destrutiva do capital não pode ser enfrentada com uma fuga para o "pequeno mundo" das disputas locais. Quer se goste ou não, não há como escapar do problema histórico para o qual somente se concebem *soluções globais* para enfrentar nossos *problemas globais*.

A concepção socialista foi concebida desde o início como alternativa à universalidade antagonística do sistema do capital. Como tal, no entanto, o modo de controle socialista não poderia constituir uma alternativa viável para a *universalidade* – que representa uma condição histórica dinâmica e uma realização da qual não se pode escapar, seja para o passado, seja para qualquer forma de regionalismo idealizado –, mas apenas para o *antagonismo* interno destrutivo (e essencialmente autodestrutivo) do capital como regulador da reprodução social.

No final, a grande questão histórica de nossa época deverá ser decidida precisamente em razão da viabilidade (ou fracasso) universal – ou seja, *global* – desses dois sistemas de controle em um mundo inevitavelmente interligado que tende para a completa integração. Há demasiados problemas – alguns absolutamente vitais para assegurar as condições elementares de sobrevivência humana neste planeta – para os quais são impensáveis outras soluções que não *literalmente globais*.

Durante muito tempo a principal linha da ideologia dominante, em suas tentativas de minimizar a importância da alternativa socialista, consistiu em limitar esta última às condições de subdesenvolvimento. Como vimos no capítulo anterior, isso

---

[80]  Ver nota 227 do capítulo 3.

Ideologia e autonomia    541

tomou a forma de se declarar – embora nem sempre de modo tão grosseiro – que o socialismo é

Uma espécie de doença que pode acometer uma sociedade em transição se ela não conseguir organizar efetivamente aqueles elementos em seu interior que estão preparados para levar a cabo a tarefa da modernização.[81]

Por isso, a solução foi concebida como a "redução" dos limites do socialismo, para fazer prevalecer as pretensas naturalidade e universalidade do sistema capitalista, profetizando que

À medida que a revolução vai ficando para trás, o revisionismo ganha terreno, juntamente com um modo de vida mais de classe média. Quanto mais os homens desfrutam da posse de um mundo que correm o risco de perder, menos impacientes ficam para mudar esse mundo.[82]

É desse modo que se negou categoricamente que a alternativa socialista fosse aplicável às circunstâncias das "sociedades industriais avançadas", proclamando-se que ela não tinha condições de competir com a ordem social do "universalismo ocidental", e muito menos de a suplantar.

Para tornar plausível tal perspectiva, a verdadeira situação nas "sociedades industriais avançadas" teve de ser grosseiramente distorcida, de modo que as categorias em cujos termos a crítica socialista da sociedade capitalista tem sido articulada – acima de tudo as categorias de "classe" e "exploração" – pudessem ser declaradas como não mais aplicáveis às condições das "sociedades industriais modernas". Mas, como corretamente declarou um artigo recente sobre os graves problemas vividos pelo movimento trabalhista ocidental:

O declínio dos sindicatos nos Estados Unidos não pode ser explicado pela contração da classe trabalhadora, nem mesmo de seu setor manufatureiro. Na verdade, embora o número de trabalhadores sindicalizados dos setores de produção tenha diminuído em 1,9 milhão nos Estados Unidos entre 1980 e 1984, estes setores tiveram um incremento de 1,1 milhão de novos empregos. Se os sindicatos norte-americanos estão declinando, não é porque não mais existem trabalhadores para organizar. Somente entre os trabalhadores comuns da produção industrial, 12 milhões permanecem não organizados. Além disso, 50% dos metalúrgicos, mecânicos e eletricitários; 69% dos trabalhadores das indústrias de produtos químicos, petróleo, borracha, plástico e vidro; 69% dos trabalhadores das confecções e indústrias têxteis; 64% de todos os trabalhadores das indústrias de madeira, papel e móveis; e 67% de todos os trabalhadores das indústrias de processamento de alimentos estão desorganizados nos Estados Unidos. [...] O declínio de algumas forças socialistas e progressistas nos últimos anos não pode ser atribuído ao repentino colapso ou à contração da classe trabalhadora, mas é explicado pelo comportamento dos sindicatos, dos próprios partidos e pela correlação das forças de classe. O declínio do movimento sindical dos Estados Unidos e do Partido Democrata tem de ser explicado pelo comportamento desses instrumentos. O Canadá e os Estados Unidos têm estruturas de classe semelhantes, mas, enquanto os sindicatos canadenses e o Partido Socialdemocrata do Canadá (NDP) estão crescendo, os

---

[81]   Ver nota 51 do capítulo 2.

[82]   Ver nota 16 do capítulo 3.

542    *Ideologia e emancipação*

sindicatos norte-americanos estão declinando e o Partido Democrata está perdendo uma eleição presidencial atrás da outra. [...] Seu declínio é provocado por seu distanciamento das práticas de classe e pelas políticas classistas cada vez mais agressivas do sistema institucional norte-americano. Este último ponto deve ser ressaltado, diante da tese de que estamos vivendo em um capitalismo desorganizado com grande difusão do poder: a classe capitalista norte-americana há muito tempo não está tão organizada, coesa e agressiva quanto atualmente. Temos testemunhado uma movimentação muito dramática para a direita por parte das instituições do sistema norte-americano – políticas, acadêmicas, da mídia e das fundações –, o que mostra uma notável coesão na posição ideológica. A perda da diversidade dentro dessas instituições tem sido facilitada pelo virtual desaparecimento da alternativa liberal à mensagem conservadora. A classe capitalista está na verdade muito bem organizada, com uma enorme (e crescente) concentração do poder político, econômico e social. Um sintoma desse poder é a capacidade da classe dominante de desagregar a classe dominada (isto é, a classe trabalhadora), facilitada pela grande diversidade racial e étnica desta.[83]

Portanto, em vez de "não serem mais aplicáveis", as categorias marxianas ajudam a lançar luz sobre as condições econômicas e políticas, que estão muito longe de serem uniformes, dos países capitalistas mais avançados, explicando também alguns dos mais desconcertantes reveses de suas oposições governamentais nas últimas décadas.

A idealização dos países capitalistas "avançados" como a ordem social insuperável (natural) é buscada com todos os meios à disposição da ideologia dominante. Se o "uso econômico" dos fatos ou a evidente distorção destes em favor de uma classe não for suficiente, outros métodos são adotados para desacreditar o adversário social. Embora os ideólogos do "fim da ideologia" cantem louvores à "objetividade desapegada" e à "neutralidade" teórica, na verdade todas as armas ideológicas estão sendo afiadas e utilizadas para derrotar e enterrar o oponente histórico.

Um dos estratagemas favoritos é mobilizar o exército ideológico daqueles que outrora pertenceram ao "outro lado" e depois "viram a luz". Supõe-se que o anúncio sempre repetido por eles da morte inevitável do socialismo – descrito como sendo no máximo um sonho utópico – seja a última palavra da discussão. Assim, em artigo de um destacado ex-membro trabalhista do parlamento, somos presenteados com os seguintes juízos sobre a difícil situação das respectivas oposições na Grã-Bretanha e nos Estados Unidos:

> A mania de Dukakis surgiu nos jornais e periódicos intelectuais da esquerda. Não que Dukakis seja encarado com gosto ou aprovação, mas ele parece ter encontrado uma maneira de conseguir os votos dos ingênuos. A esquerda britânica está na mesma posição e aberta a qualquer sugestão sobre o que ela poderia dizer – quer acredite nisto ou não – para voltar ao poder. [...] O estranho caso dos partidos socialistas no poder também não passou despercebido. Na França, na Espanha, na Austrália e na Nova Zelândia, os partidos chamados socialistas que estão no governo seguem políticas que, para o leigo, não são, em muitas esferas, facilmente diferenciáveis daquelas de Margaret Thatcher. [...] Dukakis transpira a eqüidade financeira thatcheriana e moderação

---

[83]    Vicente Navarro, "Social Movements and Class Politics in the US", *The Socialist Register*, org. por Ralph Miliband, Leo Panitch e John Saville, Londres, Merlin Press, 1988, p. 432-3.

por todos os poros, e encontrou em Lloyd Bentsen um companheiro de viagem mais conservador do que George Bush. Não importa que a coisa toda seja uma fraude miserável e que, se Dukakis vencer, desapontará tanto o exército dos pobres comandados por Jackson quanto os conservadores radicais que não gostam dos negros. O que interessa ao Partido Trabalhista não é como Dukakis vai atuar no cargo, mas se ele pode vencer a eleição. [...] Se o Partido Trabalhista, ainda que insinceramente, aceitar o capitalismo moderno, a causa mais grave da incerteza nacional terá sido eliminada. Os ganhos dos últimos anos serão preservados e o *socialismo vai se tornar uma excentricidade inofensiva*, celebrada em livros e em representações teatrais, e ocasionalmente exibida para a reverente adoração de um bando cada vez menor de fiéis.[84]

A crença do sistema estabelecido na universalidade e na permanência eterna do capitalismo é, dessa maneira, reafirmada com o zelo ideológico característico dos convertidos. Entretanto, se os leitores procurarem alguma substância teórica por trás desta declaração de fé, ficarão desapontados, porque só irá encontrar as platitudes confusas (e confusionistas) da "direita radical". No espírito desta, o autor do artigo citado nos oferece, ao explicar o que motiva os sistemas rivais do capitalismo e do socialismo, sua versão diluída da oposição – postulada, para seus próprios fins, pela direita radical – entre a *"igualdade de oportunidade"* e a *"igualdade de resultados"*. Depois de declarar que Dukakis "tem de enganar Jackson e Jackson tem de fingir ter sido enganado para que os democratas venham a vencer", ele acrescenta, baseado em sua "própria experiência", que, "na época em que estava no poder, o Partido Trabalhista agia exatamente desta maneira. Sua liderança não acreditava na igualdade de resultados, mas declarava ser ela uma questão interessante para o futuro distante. Muitos ativistas do partido lamentavam a falta de convicção socialista da liderança, mas não esperavam algo melhor".

Também nos é dito que: "em termos simples, a igualdade de oportunidade é um conceito *capitalista*, enquanto a igualdade de resultados é o princípio básico do *socialismo*". Entretanto, embora a "igualdade de oportunidade" seja efetivamente um dos princípios mais freqüente e ruidosamente difundidos da ideologia burguesa, a preocupação socialista com a igualdade é muito mais real e sutil do que sugere a imagem grosseira da "igualdade de resultados". Como já vimos, ela foi definida há quase duzentos anos nos seguintes termos:

A igualdade deve ser medida pela *capacidade* do trabalhador e pela *necessidade* do consumidor, não pela intensidade do trabalho e pela quantidade de coisas consumidas. [...] O objetivo é a igualdade das dores e dos prazeres, não das coisas consumíveis e das tarefas dos trabalhadores.[85]

Mas, mesmo em seus próprios termos de referência, o "conceito capitalista" de igualdade é completamente insustentável. A chamada "igualdade de oportunidade", no que diz respeito à esmagadora maioria das pessoas, mesmo nos países mais privilegiados, é no máximo uma fantasia, limitada ao igual direito de se colocar um pedaço

---

[84]   Brian Walden, "Clues that Tell why Dukakis is a Labour Hero", *The Sunday Times*, 31 de julho de 1988.

[85]   Ver seção 9.1.3.

544  *Ideologia e emancipação*

de papel na urna de votação para reafirmar a legitimidade da ordem dominante do capital para continuar explorando e dominando os produtores.

Além disso, a "igualdade de oportunidade", sem que seja realmente oferecida a perspectiva de se alcançar uma igualdade *substantiva*, definida em termos qualitativos (como Babeuf e Buonarroti tentaram defini-la), é inteiramente vazia, se não uma completa fraude. Não diz nada sobre o *ponto de partida* dos competidores, embora ninguém possa negar que o ponto de partida tem uma relação vital com o *resultado* de qualquer competição.

Caracteristicamente, a ideologia burguesa – especialmente em sua variante de direita que deseja executar o socialismo na fogueira da "igualdade de resultados" – se recusa a considerar este aspecto importantíssimo da questão da igualdade. Prefere permanecer em silêncio quanto à embaraçosa verdade de que, no capitalismo, uma *desigualdade estruturalmente articulada e imposta* constitui o ponto de partida necessário da competição entre "os que têm" e "os que não têm". Por isso, é *obsceno* falar em "igualdade de oportunidade" se o próprio ponto de partida permanece *incorrigivelmente desigual*. Os dados estão *viciados* contra a grande maioria dos competidores, tornando qualquer avanço significativo nesse aspecto completamente impossível, mesmo nos países capitalistas mais desenvolvidos (e privilegiados), que dirá em seus dependentes subdesenvolvidos do "Terceiro Mundo". A recusa categórica de levar em conta esta circunstância revela o verdadeiro significado do "universalismo ocidental" do capital.

A irrelevância da alternativa marxiana tem sido anunciada com monótona regularidade nas últimas décadas – particularmente em relação aos problemas do país capitalista mais avançado, os Estados Unidos – e continua até hoje a inspirar inúmeros livros e artigos. No entanto, o arsenal teórico da ideologia dominante que produz esses livros e artigos não impressiona muito, ainda que sua dominação institucional seja poderosíssima. Paul Baran – autor do pioneiro *Economia política do desenvolvimento* e, com Paul Sweezy, co-autor de um igualmente importante livro sobre o desenvolvimento do *Capitalismo monopolista*[86] – caracterizou de modo pungente o método arbitrário e as precárias credenciais intelectuais de uma muito divulgada "alternativa ao marxismo":

> Dizem-nos que temos de refazer nossa estrutura de preços, remodelar nossos salários, redimensionar nossos lucros, reforçar nosso espírito empreendedor, dar novo destino a nossos recursos, com todas estas categorias tratadas como se fossem bolas de gude que pudessem ser jogadas à vontade de um lado para outro. Um preço, porém, não é apenas pago, mas também recebido; o lucro não é apenas um conceito de contabilidade, mas renda; o espírito empreendedor não é apenas um termo bastante útil atualmente nas propostas para obtenção de subvenções para pesquisas, mas a administração real dos negócios corporativos; e os recursos produtivos não são dons gratuitos da natureza, mas propriedade privada. Todos estes elementos e relações concretos

---

[86] Esse livro exerceu influência por longo tempo em todo o mundo. Ver também *Four Lectures on Marxism*, de Paul Sweezy, que focaliza com extrema clareza o significado do legado marxiano e sua contínua importância para os problemas das sociedades capitalistas avançadas.

que constituem a base da vida econômica e social aparecem na teoria do professor Rostow como entidades desencarnadas que obedecem a misteriosas leis do movimento. Embora a característica notável do capitalismo seja que as pessoas não controlem o sistema econômico, mas que o sistema econômico controle as pessoas, o professor Rostow encontra a "causa básica" das nossas dificuldades, não na natureza de nossa ordem econômica e social, mas em "alguns hábitos da mentalidade norte-americana". Por isso, a explicação da maneira como nossos recursos produtivos são usados não é buscada no atual sistema de propriedade ou nos princípios de operação de uma economia determinada pelo mercado e pelo lucro, mas em nossos "conceitos", que por sua vez são produzidos por uma "ação combinada das características intelectuais e políticas do contexto norte-americano". Assim sendo, o ímpeto do espírito faz as vezes da busca de lucros, a interação de conceitos substitui a competição no mercado e os hábitos de pensamento assumem o lugar das regularidades do processo histórico. Esse tipo de ciência social da qual a sociedade é abstraída, e esse tipo de história econômica em que não há mais espaço para os interesses econômicos, foram recomendados em uma das publicações recentes do professor Rostow[87] como uma alternativa para o marxismo, e com efeito são uma alternativa. Mas não uma alternativa que me seduza a realizar a mudança.[88]

Que façam a mudança aqueles que gostam de se deixar levar ao sabor das correntes ideológico-intelectuais da moda. E que os Panglosses da "modernidade" e da "pós-modernidade" esperem pelo milagre transcendental ou cultivem como lhes agrade os pequenos cantos de seus jardins bem cuidados. Enquanto isso, os verdadeiros problemas do nosso mundo continuam a pedir soluções tangíveis. Elas dificilmente serão encontradas abstraindo-se as condições e contradições globalmente interligadas da "sociedade industrial moderna", não importa que tipo de variações sejam introduzidas no jogo intelectual de bolas de gude com categorias desencarnadas.

Certamente, a insistência na continuada validade e universalidade da solução socialista como a única alternativa possível à realidade antagônica e à tendência destrutiva todo-abrangente do "universalismo ocidental" do capital não pode ser colocada apenas como uma afirmação tranqüilizadora. Um modo alternativo de regulação do metabolismo social só pode pretender a universalidade se for adequado para resolver os problemas e as dificuldades da reprodução social que surgem *em toda parte*, não importa quão avançadas ou subdesenvolvidas sejam as condições de que tais problemas e dificuldades emergem.

Isto significa que a potencial universalidade da alternativa socialista ao modo de controle do capital só pode prevalecer se abranger as sociedades no momento altamente privilegiadas dos países capitalistas avançados, incluindo os Estados Unidos, superando os obstáculos apresentados pelos interesses predominantes em setores significativos das classes trabalhadoras. Sem a realização desta condição, há pouca esperança para o

---

[87]  Baran se refere aqui ao livro de Walt Rostow, *Etapas do desenvolvimento econômico: um manifesto não-comunista*.

[88]  Paul Baran, "An Alternative to Marxism", publicado pela primeira vez na *Monthly Review*, março de 1965; republicado no volume póstumo de ensaios de Baran, *The Longer View: Essays Toward a Critique of Political Economy*, Nova York, Monthly Review Press, 1969. A citação é das p. 50-1 desse volume.

546 *Ideologia e emancipação*

futuro do socialismo – ou, mais exatamente, para a sobrevivência da humanidade. Isto porque é impensável que se perpetue o atual beco sem saída entre os dois sistemas rivais, tendo em vista os perigos e o proibitivo desperdício material e humano que acompanham sua permanente confrontação.

Muitos argumentaram no passado e continuam a afirmar hoje que o socialismo está condenado porque jamais triunfará nos Estados Unidos e em outros países "avançados", dada a "integração" irreversível de suas classes trabalhadoras. Entretanto, podemos encontrar também um ponto de vista completamente diferente. É muito significativo que esta perspectiva alternativa, não obstante toda a adversidade, tenha sido sustentada com grande vitalidade e compromisso – no caso dos principais intelectuais agrupados em torno da *Monthly Review*, há *quarenta anos* – precisamente nos Estados Unidos.

As palavras do falecido Harry Braverman – autor de um estudo pioneiro sobre *Trabalho e capital monopolista: a degradação do trabalho no século XX* – resumem com uma autenticidade comovente esta "visão de maior alcance":

> Tenho toda a confiança no potencial revolucionário das classes trabalhadoras dos chamados países capitalistas desenvolvidos. O capitalismo, a longo prazo, não deixará nenhuma outra escolha a estas classes, e irá forçá-las a realizar aquela tarefa que somente elas podem realizar. Isto pressupõe uma enorme intensificação das pressões que apenas começaram a atuar sobre a classe trabalhadora, mas creio não haver dúvida de que isto ocorrerá. Durante muito tempo estive inclinado a concordar com aqueles que acham que ainda falta muito para isso acontecer. Mas o tempo é um conceito social e histórico, não um conceito puramente cronológico. Quando observo as grandes mudanças ocorridas nos últimos dez ou quinze anos, vejo este tempo passando muito mais rapidamente do que eu acreditava. De qualquer modo, o tempo histórico é difícil de prever e pode ser medido em gerações: estabelece seu próprio ritmo e não um ritmo para satisfazer nossos desejos. Mas ele passará, rápida ou lentamente, e trará aqueles desenvolvimentos explosivos que durante as últimas décadas pareciam limitados a "outras" partes do mundo.[89]

Há muito pouco o que acrescentar a estas palavras. Talvez duas coisas. Primeiro, o óbvio, que hoje em dia estamos um pouco mais próximos da maturação dos frutos daquela "época social e histórica" a que Braverman relacionou suas esperanças quando escreveu estas linhas. E, segundo – o que *deveria ser* óbvio, se não fosse a desmobilizante cobertura ideológica criada pelos interesses dominantes entre os membros das classes subordinadas, com a participação ativa de muitos de seus líderes e teóricos –, que é impossível tornar reais as potencialidades socialistas de que está carregado nosso tempo histórico sem ativar o poder da ideologia emancipadora. Sem esta, as classes trabalhadoras dos países capitalistas avançados não serão capazes de se tornar "conscientes de seus interesses", muito menos de "lutar por eles" – em solidariedade e espírito de efetiva cooperação com as classes trabalhadoras das "outras" partes do único mundo real – até uma conclusão positiva.

---

[89]  Harry Braverman, "Two Comments", em *Technology, the Labour Process and the Working Class*, Nova York e Londres, Monthly Review Press, 1976, p. 124.

# BIBLIOGRAFIA

Adorno, T. W. Artigo em *Die Süddeutsche Zeitung*, 26-7 de abril de 1969.

_____. *Aesthetic Theory*. Londres, 1984.

_____. *Minima Moralia*: Reflections from Damaged Life. Londres, 1974. [Ed. bras.: *Minima moralia*: reflexões a partir da vida danificada. São Paulo: Ática, 1992.]

_____. *Negative Dialectics*. Nova York, 1973.

_____. *Prisms*. Londres, 1967.

_____. Commitment. In: Adorno et al. *Aesthetics and Politics*. Londres, 1977.

_____. Lyric Poetry and Society. *Telos*, n. 20, verão de 1974.

_____. Reconciliation under Duress. In: Adorno et al. *Aesthetics and Politics*, Londres, 1977. Edição original alemã: Erpresste Versoehnung. In: *Der Monat*, novembro de 1958.

_____. Introdução a *The Positivist Dispute in German Sociology*. Londres, 1976.

_____ e Horkheimer, M. *Dialectic of Enlightenment*, Nova York, 1972. [Ed. bras.: *Dialética do esclarecimento*. Rio de Janeiro: Jorge Zahar, 1985.]

Aiken, H. D. The Revolt Against Ideology. *Commentary*, abril de 1964.

Albertini, M. New Culture or New Politics. *Comunità*, agosto-setembro de 1958.

Althusser, L. *Montesquieu, Rousseau, Marx*. Londres, 1982.

_____. Ideology and the State (1969). In: *Lenin and Philosophy and Other Essays*. Londres, 1971.

_____. Marx's Relation to Hegel (1968). In: *Montesquieu, Rousseau, Marx*. Londres, 1982.

Amin, S. *Imperialism and Unequal Development*. Hassocks, 1977.

Anderson, P. *Considerations on Western Marxism*. Londres, 1976. [Ed. bras.: *Considerações sobre o marxismo ocidental e Nas trilhas do marxismo histórico*. São Paulo: Boitempo, 2004.]

Antunes, R. *Classe operária, sindicatos e partidos no Brasil*. São Paulo, 1982.

Apter, D. (ed.). *Ideology and Discontent*. Nova York, 1964.

Aron, R. *History and the Dialectic of Violence*. Oxford, 1975 (publicado originalmente em Paris, 1973).

_____. *18 Lectures on Industrial Society*, Londres, 1967. [Ed. bras.: *Dezoito lições sobre a sociedade industrial*. São Paulo: Martins Fontes, 1981.]

_____. *Marxismes imaginaires*. Paris, 1970.

_____. *The Industrial Society*: Three Essays on Ideology and Development. Nova York, 1967.

548  *O poder da ideologia*

Aron, R. *The Opium of the Intellectuals*: The End of the Ideological Age? Londres, 1957. [Ed. bras.: *O ópio dos intelectuais*. Brasília: Ed. da UnB, 1980.]

_____. Development Theory and Evolucionism. In: _____. *The Industrial Society*. Nova York, 1967.

_____. The Epoch of Universal Technology. *Encounter*, junho de 1964.

_____. The End of the Ideological Age? In: Chaim I. Waxman (ed.). *The End of Ideology Debate*. Nova York, 1968.

Arrighi, G. *The Geometry of Imperialism*. Londres, 1978.

Arthur, C. *Dialectics of Labour*: Marx and His Relation to Hegel. Oxford, 1986.

Austin, J. L. Contribution to "Cahiers de Royaumont", *Philosophie*, n. IV: La Philosophie Analytique.

Baran, P. A. *The Political Economy of Growth*, Nova York, 1957. [Ed. bras.: *A economia política do desenvolvimento*. Rio de Janeiro: Zahar, 1964.]

_____. *The Longer View*: Essays Toward a Critique of Political Economy. Nova York, 1969.

Baran, P. A.; Sweezy, P. M. *Monopoly Capital*. Nova York, 1966. [Ed. bras.: *Capitalismo monopolista*. Rio de Janeiro: Zahar, 1967.]

Barthes, R. *Selected Writings*. Londres, 1982.

Baudrillard, J. *Le systeme des objets*. Paris, 1968. [Ed. bras.: *O sistema dos objetos*. São Paulo: Perspectiva, 1973.]

_____. *La société de consommation*: ses mythes, ses structures. Paris, 1970.

Bell, D. Unstable America. *Encounter*, junho de 1970.

_____. *The Coming of Post-Industrial Society*: A Venture in Social Forecasting. Nova York, 1976 (1. ed. 1973).

_____. *The End of Ideology*. Nova York, 1965. [Ed. bras.: *O fim da ideologia*. Brasília: Ed. da UnB, 1980.]

_____. *The Cultural Contradictions of Capitalism*. Nova York, 1976.

Benewick, R.; Berki, R. N.; Parekh, B. (ed.). *Knowledge and Belief in Politics*: The Problem of Ideology. Londres, 1973.

Benjamin, W. *Illuminations*. Londres, 1970.

Benton, T. Natural Science and Cultural Struggle: Engels on Philosophy and the Natural Sciences. In: Mepham, J.; Ruben, D.-H. (ed.). *Issues in Marxist Philosophy*. Brighton, 1979.

Bernal, J. D. *The Social Function of Science*. Londres, 1939.

Bernstein, E. *Evolutionary Socialism*. Nova York, 1961.

Bernstein, R. J. (ed.). *Habermas and Modernity*. Cambridge, 1985.

_____. *The Restructuring of Social and Political Theory*. Oxford, 1976.

Bhagavan, M. R. A Critique of India's Economic Policies and Strategies. *Monthly Review*, julho-agosto de 1987.

Blackburn, R. (ed.). *Ideology in Social Science*: Readings in Critical Social Theory. Londres, 1972.

Bloch, E. *Natural Law and Human Dignity*. Cambridge, Mass., 1986.

_____. *The Utopian Function of Art and Literature*. Cambridge, Mass., 1988.

Bobbio, N. *Quale socialismo? Discussione di un'alternativa*. Turim, 1976. [Ed. bras.: *Qual socialismo?* Discussão sobre uma alternativa. Rio de Janeiro: Paz e Terra, 1983.]

_____. *The Future of Democracy*. Cambridge, 1987. [Ed. bras.: *O futuro da democracia*. Rio de Janeiro: Paz e Terra, 1986.]

Bottomore, T. B. *Sociology and Socialism*. Brighton, 1984.

Bibliografia 549

Bottomore, T. B. (ed.). *A Dictionary of Marxist Thought*. Oxford, 1983. [Ed. bras.: *Dicionário do pensamento marxista*. Rio de Janeiro: Jorge Zahar, 1988.]

Braverman, H. *Labor and Monopoly Capital*: The Degradation of Work in the Twentieth Century. Nova York, 1974. [Ed. bras.: *Trabalho e capital monopolista*. 2. ed. Rio de Janeiro: Zahar, 1974.]

_____. Two Comments. In: _____. *Technology, the Labour Process and the Working Class*. Nova York, 1976.

Brown, M. B. *After Imperialism*. Londres, 1963.

Buck-Morss, S. *The Origin of Negative Dialectics*: Theodor W. Adorno, Walter Benjamin, and the Frankfurt Institute. Hassocks, 1977.

Bunge, H. *Fragen Sie mehr über Brecht*: Hanns Eisler in Gespräch. Munique, 1970.

Buonarroti, P. *Conspiration pour l'égalité dite de Babeuf*. Bruxelas, 1828.

Callinicos, A. *Making History*: Agency, Structure and Change in Social Theory. Oxford, 1987.

Carroll, D. *Paraesthetics*: Foucault, Lyotard, Derrida. Londres, 1987.

Cases, C. *Marxismo e neopositivismo*. Turim, 1958.

_____. *Su Lukács: Vicende di un'interpretazione*. Turim, 1985.

_____. La "mauvaise époque" e i suoi tagli. Belfagor, XXXII, n. 6, novembro de 1977.

_____. Walter Benjamin, *Briefe*, herausgegeben und mit Anmerkungen versehen von Gershom Scholem und Theodor W. Adorno, *Studi Germanici*, nuova serie, VI, n. 2.

Cerutti, F. Political Rationality and Security in the Nuclear Age. *Philosophy and Social Criticism*, vol. 13, n. 1, outono de 1987.

Chase, E. T. Politics and technology. In: Douglas, J. D. (ed.). *The Technological Threat*. New Jersey, 1971.

Chasin, J. *O integralismo de Plínio Salgado*. São Paulo, 1978.

Clark, R. W. *Einstein*: The Life and Times. Londres, 1973.

Clarke, S. Althusserian Marxism. In: Clarke, S. et al. *One-Dimensional Marxism: Althusser and the Politics of Culture*. Londres, 1980.

Clegg, S.; Dunkerley, D. *Organization, Class and Control*. Londres, 1980.

Clegg, S.; Boreham, P.; Dow, G. *Class, Politics and the Economy*. Londres, 1986.

Colletti, L. *Il Marxismo e Hegel*. Bari, 1969.

_____. Introdução aos *Cadernos filosóficos* de Lenin. Roma, 1958.

_____. *Tra Marxismo e no*. Bari, 1979.

_____. La crisi del marxismo. *Mondoperaio*, novembro de 1977.

Constantino, R. *Neo-Colonial Identity and Counter-Consciousness*: Essays in Cultural Decolonization. Londres, 1978.

_____. *Synthetic Culture and Development*. Quezon City, 1985.

_____. *The Nationalist Alternative*. Quezon City, 1985.

Contat, M.; Rybalka, M. (ed.). *Les Écrits de Sartre*: chronologie, bibliographie commentée. Paris, 1970.

Della Volpe, G. *Rousseau and Marx and Other Writings*. Londres, 1978.

_____. *Critique of Taste*. Londres, 1980 (edições italianas: 1950 e 1969).

_____. L'estetica dei carro armato. *Primato*, 1942.

Deleuze, G.; Guattari, F. *A Thousand Plateaus*: Capitalism and Schizophrenia. Londres, 1987. [Ed. bras.: *Mil platôs*. São Paulo: Ed. 34, 1995-97. 5 vol.]

Derrida, J. *Of Grammatology*. Baltimore, 1977. [Ed. bras.: *Gramatologia*. São Paulo: Perspectiva, 1973.]

550   *O poder da ideologia*

Derrida, J. *Writing and Difference*. Londres. 1978. [Ed. bras.: *A escritura e a diferença*. São Paulo: Perspectiva, 1995.]

_____. *Spurs: Nietzsche's Styles*. Chicago, 1979.

_____. *Positions*. Londres, 1981. [Ed. bras.: *Posições*. Belo Horizonte: Autêntica, 2001.]

_____. *The Postcard*. Chicago, 1987.

_____. *The Truth in Painting*. Chicago, 1987.

De Tracy, D. *Eléments d'idéologie*. Paris, 1827.

Dews, P. (ed.). *Autonomy and Solidarity*, entrevistas com Jürgen Habermas. Londres, 1986.

_____. *Logics of Disintegration*: Post-Structuralist Thought and the Claims of Critical Theory. Londres, 1987.

_____. *Documents of the First International*. Londres, s.d.

Douglas, J. D. The Impact of Technology on Political Values. In: _____ (ed.). *The Technological Threat*. New Jersey, 1971.

Douglas, M. *In the Active Voice*. Londres, 1982.

_____. *How Institutions Think*. Londres, 1987.

Dowling, W. C. *Jameson, Althusser, Marx*: An Introduction to the Political Unconscious. Londres, 1984.

Drachkovitch, M. M. (ed.). *Marxist Ideology in the Contemporary World*: Its Appeals and Paradoxes. Nova York, 1966.

Drucker, H. M. *The Political Uses of Ideology*. Londres, 1974.

Dumont, L. *From Mandeville to Marx*: The Genesis and Triumph of Economic Ideology. Chicago, 1977.

Durham, T. Fifth Generation Fever. *Pratical Computing*, vol. 7, outubro de 1984.

Durkheim, E. *The Division of Labour in Society*. Chicago, 1947. [Ed. bras.: *Da divisão do trabalho social*. São Paulo: Martins Fontes, 1999.]

Eagleton, T. *Criticism and Ideology*. Londres, 1976.

Edgley, R. Dialectic: the Contradiction of Colletti. *Critique*, n. VII, inverno de 1976-77.

_____. Marx's Revolutionary Science. In: Mepham, J.; Ruben, D.-H. (ed.). *Issues in Marxist Philosophy*. Brighton, 1979.

Einstein, A. *The Born Einstein Letters*, Londres, 1971.

_____. *Einstein on Peace*, ed. por Otto Nathan e Heinz Norden. Nova York, 1960.

_____. Why socialism? *Monthly Review*, maio de 1949.

Ellul, J. *The Technological Society*. Nova York, 1967. [Ed. bras.: *A técnica e o desafio do século*. Rio de Janeiro: Paz e Terra, 1968.]

Emmanuel, A. *Appropriate or Underdeveloped Technology*. Chichester, 1982.

_____. *Unequal Exchange*: A Study of the Imperialism of Trade. Nova York, 1972.

Engels, F. *Anti-Dühring: Herr Eugen Dühring's Revolution in Science*. [Ed. bras.: *Anti-Dühring*. 2. ed. Rio de Janeiro: Paz e Terra, 1979.]

_____. *Dialectic of Nature*. [Ed. bras.: *Dialética da natureza*. 5. ed. Rio de Janeiro: Paz e Terra, 1991.]

_____. *Outlines of a Critique of Political Economy*.

_____. *The Origin of the Family, Private Property and the State*. [Ed. bras.: *Origem da família, da propriedade privada e do Estado*. 13. ed. Rio de Janeiro: Bertrand Brasil, 1995.]

Ennals, R. *Star Wars*: A Question of Initiative (não publicado).

Fahrenbach, H. (ed.). *Wirklichkeit und Reflexion*: Walter Schul zum 60. Geburtstag. Pfullingen, 1973.

Ferguson, A. *Essay on the History of Civil Society* (1767), editado com introdução de Ducan Forbes. Edimburgo, 1966.

Feyerabend, P. *Against Method*: Outline of an Anarchistic Theory of Knowledge. Londres, 1975. [Ed. bras.: *Contra o método*. Rio de Janeiro: F. Alves, 1977.]

Flynn, J. R. *Humanism and Ideology*: An Aristotelian View. Londres, 1973.

Fortini, F. *Insistenze*: Cinquanta Scritti 1976-1984. Milão, 1985.

_____. *Saggi italiani e nuovi saggi italiani*. Milão, 1987.

Foster, J. B. *The Theory of Monopoly Capitalism*: An Elaboration of Marxian Political Economy, Nova York, 1986.

Foster, J. B.; Szlajfer, H. (ed.). *The Faltering Economy*: The Problem of Accumulation Under Monopoly Capitalism. Nova York, 1984.

Foucault, M. *The Order of Things*. Londres, 1970. [Ed. bras.: *As palavras e as coisas*. 8. ed. São Paulo: Martins Fontes, 2000.]

_____. *Madness and Civilization*: A History of Insanity in the Age of Reason. Nova York, 1965.

_____. *Discipline and Punish*: The Birth of the Prison. Londres, 1977. [Ed. bras.: *Vigiar e punir*. 22. ed. Petrópolis: Vozes, 2000.]

Frisby, D. *Fragments of Modernity*. Oxford, 1985.

Fröhlich, P. *Rosa Luxemburg*: Her Life and Work. Nova York, 1972. Edição original: Paris, 1939.

Gadamer, H.-G. *Truth and Method*. Londres, 1979. [Ed. bras.: *Verdade e método*. 2. ed. Petrópolis: Vozes, 1998.]

Galbraith, J. K. *American Capitalism*: The Concept of Countervailing Power. Harmondsworth, 1963.

_____. *The Affluent Society*. Harmondsworth, 1962 (1. ed. 1958).

_____. *The Great Crash 1929*. Harmondsworth, 1961. [Ed. bras.: *1929*: o colapso da bolsa. São Paulo: Pioneira, 1988.]

_____. *The New Industrial State*, edição revista, Nova York, 1971. [Ed. bras.: *O novo Estado industrial*. São Paulo: Pioneira, 1977.]

Gane, M. (ed.). *Towards a Critique of Foucault*. Londres, 1986.

Gehlen, A. *Studien zur Anthropologie und Soziologie*. Berlim, 1963.

Geiger, T. *Ideology und Wahrheit*. Neuwied, 1968.

Gerth, H. H.; Mills, C. W. (ed.). *From Max Weber: Essays in Sociology*. Londres, 1948.

Geuss, R. *The Idea of a Critical Theory*: Habermas and the Frankfurt School. Oxford, 1976.

Gilly, A. *Sacerdotes y burócratas*. México, 1980.

Giordani, J. A. *Planificación, ideologia y Estado*: el caso de Venezuela. Valência, 1986.

Goldmann, L. Prefácio à nova edição (1966) de *The Human Sciences and Philosophy*. Londres, 1969. [Ed. bras.: *Ciências humanas e filosofia*. São Paulo: Difel, 1967.]

_____. *Recherches Dialectiques*. Paris, 1959.

González, J.; Pereyra, C.; Vargas Lozano, G. (ed.). *Praxis y filosofia*: ensayos en homenaje a Adolfo Sánchez Vázquez. México/Barcelona/Buenos Aires, 1985.

Gorz, A. *Farewell to the Working Class*: An Essay on Post-Industrial Socialism. Londres, 1982. [Ed. bras.: *Adeus ao proletariado*. Rio de Janeiro: Forense-Universitária, 1987.]

Gouldner, A. W. *The Dialectic of Ideology and Technology*: The Origins, Grammar and Future of Ideology. Nova York, 1976.

Gramsci, A. *Selections from the Prison Notebooks*. Londres, 1971.

552  *O poder da ideologia*

Gramsci, A. La rivoluzione contra il *Capitale*. *Avanti*, 24 de novembro de 1917. In: Ferrata, G. e Gallo, N. (ed.). *2000 Pagine di Gramsci*. Milão, 1964.

Gromyko, A. *The Overseas Expansion of Capital, Past and Present*. Moscou, 1985.

Guariglia, O. N. *Ideología, verdad y legitimación*. Buenos Aires, 1986.

Habermas, J. *Knowledge and Human Interests*. Londres, 1972. [Ed. bras.: *Conhecimento e interesse*. Rio de Janeiro: Zahar, 1982.]

_____. A reply to my critics. In: Thompson, J. B.; Held, D. (ed.). *Habermas*: Critical Debates. Londres, 1982.

_____. Neo-conservative culture criticism in the United States and West Germany: an Intellectual Movement in Two Political Cultures. In: Bernstein (ed.). *Habermas and Modernity*: Vorbereitende Bemerkungen zu einer Theorie der kommunikativen Kompetenz. In: J. Habermas e Niklas Luhmann. *Theorie der Gesellschaft oder Sozialtechnologie*: Was Leistet die Systemforschung? Frankfurt, 1971.

_____. Wahrheitstheorien. In: Fahrenbach, H. (ed.). *Wirklichkeit und Reflexion*: Walter Schulz zum 60. Geburtstag. Pfullingen, 1973.

_____. *Legitimation Crisis*. Boston, 1975.

_____. *Philosophical-Political Profiles*. Cambridge, Mass., 1983.

_____. *The Theory of Communicative Action*. Vol. 1: *Reason and the Rationalization of Society*. Londres, 1984.

_____. *Toward a Rational Society*. Londres, 1971.

_____. Summation and Response. *Continuum*, vol. 8, n. 1-2, primavera-verão de 1970.

_____. A Reply to Müller and Neusüss. *Telos*, n. 25, outono de 1975.

_____. *Autonomy and Solidarity*, entrevistas; edição e introdução de Peter Dews. Londres, 1986.

Hacker, A. *Political Theory, Philosophy, Ideology, Science*. Nova York, 1961.

Hamouda, O. F.; Smithin, J. N. (ed.). *Keynes and Public Policy After Fifty Years*. Aldershot, 1988.

Hegel, G. W. F. *Logic*: Part One of the Encyclopaedia of the Philosophical Sciences. Oxford, 1975.

_____. *The Philosophy of History*. Nova York, 1956.

_____. *The Philosophy of Right*. Oxford, 1942.

_____. *The Science of Logic*. Londres, 1929.

Held, D. *Introduction to Critical Theory*: Horkheimer to Habermas. Londres, 1980.

Hoffman, J. *The Gramscian Challenge*: Coercion and Consent in Marxist Political Theory. Oxford, 1984.

Honneth, A.; Knoedler-Bonte, E.; Widmann, A. The Dialectic of Rationalization: an Interview with Jürgen Habermas. *Telos*, n. 49, outono de 1981.

Horkheimer, M. *Critical Theory*: Selected Essays. Nova York, 1972.

Howard, D. (ed.). *Selected Political Writings of Rosa Luxemburg*. Nova York, 1971.

Husserl, E. *Cartesian Meditations*. The Hague, 1969.

Jabukowski, F. *Ideology and Superstructure*. Londres, 1976.

Jameson, F. Reflexions in Conclusion. In: Adorno et al. *Aesthetics and Politics*. Londres, 1977.

_____. Postmodernism, or the Cultural Logic of Late Capitalism. *New Left Review*, n. 146, julho-agosto de 1984.

Jay, M. *Adorno*. Londres, 1984.

Jay, M. The Frankfurt School's critique of Karl Mannheim and the Sociology of Knowledge. *Telos*, n. 20, verão de 1974.

_____. *Marxism and Totality*: The Adventures of a Concept from Lukács to Habermas. Cambridge, 1984.

Kant, I. *Critique of Pure Reason*, Londres, 1934. [Ed. bras.: *Crítica da razão pura*. In: *Kant I*. São Paulo: Abril Cultural, 1980. (Col. Os pensadores)]

_____. Eternal peace. In: Friedrich, C. J. (ed.). *Immanuel Kant's Moral and Political Writings*. Nova York, 1949. [Ed. bras.: *À paz perpétua*. Porto Alegre: L&PM, 1989.]

Karnoouh, C. The Lost Paradise of Regionalism: the Crisis of Post-Modernity in France. *Telos*, n. 67, primavera de 1986.

Károlyi, M. *Memorie di un Patriota*. Milão, 1958.

Keynes, J. M. *The General Theory of Employment, Interest and Money*, Londres, 1936. [Ed. bras.: *Teoria geral do emprego, do juro e da moeda*. São Paulo: Atlas, 1982.]

_____. A Short View of Russia (1925); Am I a liberal? (1925); Economic Possibilities for our Grandchildren (1930); The End of Laissez-Faire (1926), todos republicados em *Essays in Persuasion*, Nova York, 1963.

Kolko, J. *Restructuring the World Economy*. Nova York, 1988.

Korsch, K. *Marxism and Philosophy*. Londres, 1970.

Krahl, H.-J. Antwort an Jürgen Habermas. In: _____. *Konstitution und Klassenkampf: Zur historischen Dialektik von bürgerlicher Emanzipation und proletarischer Revolution*. Frankfurt, 1971.

_____. The Political Contradictions in Adorno's Critical Theory. *Telos*, n. 21, outono de 1974.

Kroker, A.; Cook, D. *The Postmodern Scene: Excremental Culture and Hyper-Aesthetics*. Londres, 1988.

Kruks, S. *The Political Philosophy of Merleau-Ponty*. Brighton, 1981.

Larrain, J. *The Concept of Ideology*. Londres, 1979.

Lawson, H. *Reflexivity*: The Post-Modern Predicament. Londres, 1985.

Lenin, V. I. *Collected Works*, Londres, 1960ss.

_____. *Imperialism, the Highest Stage of Capitalism*.

_____. *Philosophical Notebooks*.

_____. *Left-Wing Communism – An Infantile Disorder*.

_____. *The State and Revolution*.

_____. Notes of a Publicist.

_____. One Step Forward, Two Steps Back: Reply to Rosa Luxemburg.

_____. The Junius Pamphlet.

_____. The Right of Nations to Self-Determination.

_____. Unity.

_____. A Letter to the German Communists.

Lenzer, G. (ed.). *Auguste Comte and Positivism*: The Essential Writings. Nova York, 1975.

Levi, P. *Die russische Revolution*. Eine kritische Würdigung. Aus dem Nachlass von Rosa Luxemburg. Berlim, 1922.

Lévi-Strauss, C. *The Savage Mind*. Londres, 1966. [Ed. bras.: *O pensamento selvagem*. Campinas: Papirus, 1989.]

_____. *Structural Anthropology*. Nova York, 1967. [Ed. bras.: *Antropologia estrutural*. Rio de Janeiro: Tempo Brasileiro, 1967.]

554    *O poder da ideologia*

Lévi-Strauss, C. Plus loin avec C. L.-S., entrevista com Claude Lévi-Strauss. *L'Express*, n. 1027, 15-21 de março de 1971.

Lichtheim, G. *The Concept of Ideology and Other Essays*. Nova York, 1967.

Liebmann, O. *Kant und die Epigonen*. Leipzig, 1865.

Lockwood, D. *The Black-Coated Worker*: A Study in Class Consciousness. Londres, 1958.

Luhmann, N. *A Sociological Theory of Law*. Londres, 1985.

Lukács, G. *History and Class Consciousness*. Londres, 1971. [Ed. bras.: *História e consciência de classe*. São Paulo: Martins Fontes, 2003.]

_____. *La lotta fra progresso e reazione nella cultura d'oggi*. Milão, 1957.

_____. *The Destruction of Reason*. Londres, 1980.

_____. *The Theory of the Novel*. Londres, 1978. [Ed. bras.: *Teoria do romance*. São Paulo: Ed. 34, 2000.]

_____. Az erkölcs szerepe a komunista termelésben. *Szocialista Termelés*, 1919.

_____. Party and Class. In: *Political Writings 1919-1929*. Londres, 1972. (Publicado originalmente na Hungria com o título "The theoretical significance of the Restoration of Proletarian Unity", no panfleto *Documents of Unity*, Budapest, 1919.)

_____. The Role of Morality in Communist Production. In: *Political Writings 1919-1929*. Londres, 1972.

_____. *The Ontology of Social Being*: Hegel, Marx, Labour. Londres, 1978-80.

Luporini, C. Marx/Luhmann: trasformare il mondo o governarlo? *Problemi del Socialismo*, XXII, maio-agosto de 1981.

Luxemburg, R. *Reform or Revolution*. Nova York, 1970. (Publicado originalmente em dois artigos na *Leipziger Volkszeitung*, 1898 e 1899.)

_____. *Spartacus*. Londres, 1971.

_____. *The Junius Pamphlet*: The Crisis in the German Social Democracy. Colombo, 1967.

_____. *The Russian Revolution*. Michigan, 1961.

_____. Organizational Questions of the Russian Social Democracy, publicado com o título Leninism or Marxism. In: *The Russian Revolution*. Michigan, 1961.

_____. *The National Question* (ed. por H. B. Davies). Nova York, 1976.

Lyotard, J.-F. *Just Gaming*. Manchester, 1985.

_____. On Terror and the Sublime. *Telos*, n. 67, primavera de 1986.

_____. *Driftworks*. Nova York, 1984.

_____. *The Postmodern Condition*: A Report on Knowledge. Manchester, 1986. [Ed. bras.: *A condição pós-moderna*. Rio de Janeiro: J. Olympio, 2002.)

McCarney, J. *The Real World of Ideology*. Brighton, 1980.

_____. What Makes Critical Theory Critical? *Radical Philosophy*, n. 42, inverno/primavera de 1986.

McCarthy, T. Rationality and Relativism: Habermas's Overcoming of Hermeneutics. In: Thompson, J. B.; Held, D. (ed.). *Habermas*: Critical Debates. Londres, 1982.

_____. Reflections on Rationalization in the *Theory of Communicative Action*. In: Bernstein, R. J. (ed.). *Habermas and Modernity*. Cambridge, 1985.

MacIntyre, A. C. *Against the Self-Images of the Age*: Essays on Ideology and Philosophy. Nova York, 1971.

Macpherson, C. B. A Political Theory of Property. In: *Democratic Theory*: Essays in Retrieval. Oxford, 1973.

Magdoff. H. *The Age of Imperialism*: The Economics of U. S. Foreign Policy. Nova York, 1969.

Magdoff. H. China: Contrasts with the U. S. S. R. *Monthly Review*, julho/agosto de 1975.

____. *Imperialism*: From the Colonial Age to the Present. Nova York, 1978.

Mallet, Serge. La Nouvelle Classe Ouvrière. Paris, 1963.

Manning. D. J. (ed.). *The Form of Ideology*. Londres, 1980.

Mannheim, K. *Ideology and Utopia*. Londres, 1936. [Ed. bras.: *Ideologia e utopia*. Rio de Janeiro: Zahar, 1968.]

____. *Man and Society in an Age of Reconstruction*. Londres, 1940.

____. *Essays on the Sociology of Knowledge*. Londres, 1952.

____. *Essays on the Sociology of Culture*. Londres, 1956.

Marcuse. H. *An Essay on Liberation*. Londres, 1969.

____. *Die Permanenz der Kunst*. Munique, 1977. (Publicado em inglês com o título *The Aesthetic Dimension*, Londres, 1979.)

____. *One-Dimensional Man*. Londres, 1964. [Ed. bras.: *Ideologia da sociedade industrial*. Rio de Janeiro: Zahar, 1964.]

____. *Studies in Critical Philosophy*. Londres, 1972.

Marx. K. *Contribution to Critique of Hegel's Philosophy of Law*. [Ed. bras.: *Crítica à Filosofia do Direito de Hegel*. São Paulo: Grijalbo, 1977.]

____. *Economic and Philosophical Manuscripts of 1844*. [Ed. bras.: *Manuscritos econômico-filosóficos*. São Paulo: Boitempo, 2004.]

____. *The Holy Family*.

____. *The Poverty of Philosophy*. [Ed. bras.: *A miséria da filosofia*. São Paulo: Grijalbo, 1976.]

____. *A Contribution to the Critique of Political Economy*. [Ed. bras.: *Contribuição à crítica da economia política*. São Paulo: Martins Fontes, 1977.]

____. *Wages, Prices and Profit*.

____. *The Class Struggles in France 1848-1850*. [Ed. bras.: *Luta de classes na França 1848-1850*. Rio de Janeiro: Avante, 1984.]

____. *The Eighteenth Brumaire of Louis Bonaparte*. [Ed. bras.: *O 18 brumário de Luís Bonaparte e Cartas a Kugelmann*. 6. ed. São Paulo: Paz e Terra, 1997.]

____. *Grundrisse*.

____. *Capital*. [Ed. bras.: *O capital*. São Paulo: Nova Cultural, 1996. (Col. Os economistas)]

____. *The Civil War in France*. [Ed. bras.: *A guerra civil na França*. São Paulo: Global, 1986.]

____. Conspectus of Bakunins Book: *State and Anarchy*. In: Marx, Engels, Lenin. *Anarchism and Anarcho-Syndicalism*. Moscou, 1972.

____. *Critique of the Gotha Programme*.

____. Marginal Notes on Wagner.

____. *Correspondence*. In: MECW, vol. 38ss.

Marx e Engels. *The German Ideology*.

____. *The Communist Manifesto*. [Ed. bras.: *O manifesto do Partido Comunista*. Petrópolis: Vozes, 1988.]

Mattick. P. *Critique of Marcuse*: One-Dimensional Man in Class Society. Londres, 1972.

Mattelart, A. *Mass Media, Ideologies and the Revolutionary Movement*. Brighton, 1980.

Maver, G. *Bismarck and Lassalle*. Berlim, 1928.

Mepham, J. The Theory of Ideology in Capital. *Radical Philosophy*, n. 2, verão de 1972.

Mepham, J.; Ruben, D.-H. (ed.). *Issues in Marxist Philosophy*. Brighton, 1979.

Merleau-Ponty, M. *Adventures of the Dialectic*. Londres, 1974. (Publicado originalmente em 1955.)

556  *O poder da ideologia*

Merleau-Ponty, M. On Indo-China. In: *Signs*. Chicago, 1964.

____. On Madagascar. In: *Signs*. (Entrevista publicada originalmente em *L'Express*, 21 de agosto de 1958.)

____. Paranoid politics. In: *Signs*.

____. The U. S. S. R. and the Camps. *Signs*.

____. Tomorrow... In: *Signs*. (Entrevista concedida em julho de 1958.)

Mészáros, I. Customs, Tradition, Legality: a Key Problem in the Dialectic of Base and Superstructure. In: Outhwaite, W.; Mulkay (ed.). *Social Theory and Social Criticism*: Essays for Tom Bottomore, Oxford, 1987.

____. *Marx's Theory of Alienation*. Londres, 1970.

____. *Philosophy, Ideology and Social Science*. Brighton, 1986. [Ed. bras.: *Filosofia, ideologia e ciência social*. São Paulo: Ensaio, 1993.]

____. *The Necessity of Social Control*. Londres, 1971. [Ed. bras.: *Para além do capital*. São Paulo/Campinas: Boitempo/Ed. da Unicamp, 2002, p. 983-1011.]

____. II rinnovamento del marxismo e l'attualitá storica dell'offensiva socialista. *Problemi del Socialismo*, n. 23, janeiro/abril de 1982.

____. Political Power and Dissent in Postrevolutionary Societies. *New Left Review*, n. 108, março/abril de 1978. [Ed. bras.: *Para além do capital*. São Paulo/Campinas: Boitempo/Ed. da Unicamp, 2002, p. 1012-31.]

____. The Cunning of History in Reverse Gear. *Radical Philosophy*, n. 42, inverno/primavera de 1986. [Ed. bras.: *Para além do capital*. São Paulo/Campinas: Boitempo/Ed. da Unicamp, 2002, p. 540-60.]

____ (ed.). *Aspects of History and Class Consciousness*. Londres, 1971.

Miller, D. *Philosophy and Ideology in Hume's Political Thought*. Oxford, 1981.

Miller, J. Resenha sobre o livro de Habermas *Legitimation Crisis*. *Telos*, n. 25, outono de 1975.

Miller, P. *Domination and Power*. Londres, 1987.

Mills, C. W. Liberal Values in the Modern World. In: Douglas, J. D. (ed.). *The Technological Threat*. New Jersey, 1971.

____. *White Collar*: The American Middle Classes. Nova York, 1951. [Ed. bras.: *A nova classe média*. Rio de Janeiro: Zahar, 1969.]

____. *The Power Elite*. Nova York, 1956. [Ed. bras.: *A elite do poder*. 2. ed. Rio de Janeiro: Zahar, 1968.]

____. *The Sociological Imagination*, Nova York, 1959. [Ed. bras.: *A imaginação sociológica*. Rio de Janeiro: Zahar, 1965.]

____. *The Marxists*. Nova York, 1962.

Montefiore, A. Fact, Value and Ideology. In: Williams, B.; Montefiore, A. (ed.). *British Analytical Philosophy*. Londres, 1966.

Moss, N. *Men Who Play God*: The Story of the Hydrogen Bomb. Harmondsworth, 1968.

Müller, W.; Neusüss, C. The Illusion of State Socialism and the Contradiction between Wage about Labour and Capital. *Telos*, n. 25, outono de 1975.

Nathan, O.; Norden, H. (ed.). *Einstein on Peace*. Nova York, 1960.

Navarro, V. Social Movements and Class Politics in the US. *The Socialist Register*, ed. por Ralph Miliband, Leo Panitch e John Saville. Londres, 1988.

Needham, J. *Science and Civilization in Ancient China*. Cambridge, 1954-65.

Neto, J. P. *Capitalismo e reificação*. São Paulo, 1981.

Norman, R. *Free and Equal*: A Philosophical Examination of Political Values. Oxford, 1987.

Norris, C. *Desconstruction*: Theory and Practice. Londres, 1982.

Norris, C. *The Deconstructive Turn*: Essays in the Rhetoric of Philosophy. Londres, 1983.

Offe, C. Further Comments on Müller and Neusüss. *Telos*, n. 25, outono de 1975.

_____. *Disorganized Capitalism*: The Transformation of Work and Politics. Cambridge, 1985.

Outhwaite, W.; Mulkay, M. (ed.). *Social Theory and Social Criticism*: Essays for Tom Bottomore. Oxford, 1987.

Panzieri, R. The Capitalist Use of Machinery: Marx versus the Objectivists. In: Slater, P. (ed.). *Outlines of a Critique of Technology*. Londres, 1980.

Parekh, B. *Marx's Theory of Ideology*. Londres, 1982.

Parsons, T. *The Social System*. Londres, 1951.

_____. Social Class and Class Conflict in the Light of Recent Sociological Theory. *American Economic Review*, vol. 39, 1949, reeditado in: Parsons, *Essays in Sociological Theory*. Nova York, 1954.

Pecheux, M. *Language, Semantics and Ideology*. Nova York, 1981.

Pippin, R.; Feenberg, A.; Webel, C. P. (ed.). *Marcuse*: Critical Theory and the Promise of Utopia. Londres, 1988.

Plamenatz, J. *Ideology*. Londres, 1970.

Popper, K. Reason or Revolution? In: Adorno, T. W. et al. *The Positivist Dispute in German Sociology*. Londres, 1976.

Poster, M. *Foucault, Marxism and History*: Mode of Production versus Mode of Information. Oxford, 1984.

Prado Júnior, C. *História econômica do Brasil*. São Paulo, 1983.

Rabinow, J. On the Theory of Ideology: the Politics of Althusser. *Radical Philosophy*, n. 7, primavera de 1974.

Raulet, G. From Modernity as One-Way Street to Postmodernity as Dead End. *New German Critique*, n. 33, outono de 1984.

_____. Marxism and the Postmodern Condition. *Telos*, n. 67, primavera de 1986.

Rhodes, R. (ed.). *Imperialism and Underdevelopment*. Nova York, 1970.

Roosevelt, F. D. *Nothing Fear*: The Selected Addresses of F. D. Roosevelt 1932-1945. Londres, 1947.

Rorty, R. Habermas and Lyotard on Postmodernity. In: R. J. Bernstein (ed.). *Habermas and Modernity*. Cambridge, 1985.

Rose, G. *The Melancholy Science*: An Introduction to the Thought of Theodor W. Adorno. Londres, 1978.

Rose, H.; Rose, S. *Science and Society*. Harmondsworth, 1970.

Rose, H.; Rose, S. (ed.). *The Political Economy of Science*. Londres, 1976.

Rostow, W. W. *The Stages of Economic Growth*. Cambridge, 1960. [Ed. bras.: *Etapas do desenvolvimento econômico*. 2. ed. Rio de Janeiro: Zahar, 1964.]

Rousseau, J.-J. *The Social Contract*. Londres, 1958. [Ed. bras.: *Rousseau*. 3. ed. São Paulo: Abril, 1983. (Col. Os pensadores)]

_____. *Troisième Dialogue*. In: *Oeuvres Complètes*. Paris, 1967.

_____. *A Discourse on Political Economy*. Londres, 1958.

Russell, B.; Power, A. *A New Social Analysis*. Londres, 1962.

_____. *The Impact of Science on Society*. Londres, 1968.

Sánchez Vázquez, A. Racionalismo tecnológico, ideología y política. *Dialéctica*, junho de 1983.

_____. *Ensayos marxistas sobre filosofía e ideología*. Barcelona, 1983.

_____. *Ciencia y revolución*: el marxismo de Althusser. Madri, 1978.

Sartre. J.-P. *The Problem of Method.* Londres, 1963. [Ed. bras.: *Questão de método.* 2. ed. São Paulo: Difusão Européia do Livro, 1967.]
\_\_\_\_. *Critique of Dialectical Reason.* Londres, 1976. [Ed. bras.: *Crítica da razão dialética.* Rio de Janeiro: DP&A, 2002.]
\_\_\_\_. Le Réformisme et les Fétiches. *Les Temps Modernes,* fevereiro de 1956.
Sartre, J.-P.; Merleau-Ponty, M. Debate in: *Comprendre,* setembro de 1956.
Seliger, M. *Ideology and Politics.* Londres, 1976.
\_\_\_\_. *The Marxist Conception of Ideology*: A Critical Essay. Cambridge, 1977.
Sim, S. Lyotard and the Politics of Antifoundationalism. *Radical Philosophy,* n. 44, outono de 1986.
Singer, D. *The Road to Gdansk.* Nova York, 1981.
\_\_\_\_. *Is Socialism Doomed?* The Meaning of Mitterrand. Nova York, 1988.
Slater, P. (ed.). *Outlines of a Critique of Technology.* Londres, 1980.
Smart, B. *Foucault, Marxism and Critique.* Londres, 1983.
Smart, N. *Beyond Ideology*: Religion and the Future of Western Civilization. Cambridge, 1981.
Sohn-Rethel, A. *Geistige und Körperliche Arbeit*: zur Theorie der gesellschaftlichen Synthesis. Frankfurt, 1970.
Sweezy, P. M. *The Theory of Capitalist Development.* Nova York, 1942. [Ed. bras.: *Teoria do desenvolvimento capitalista.* Rio de Janeiro: Zahar, 1962.]
\_\_\_\_. *The Present as History.* Nova York, 1953.
\_\_\_\_. *Modern Capitalism and Other Essays.* Nova York, 1972.
\_\_\_\_. *Four Lectures on Marxism.* Nova York, 1981.
Sweezy, P. M.; Magdoff, H. *The Dynamics of US Capitalism.* Nova York, 1972.
Tawney, R. H. *Equality.* Londres, 1921.
\_\_\_\_. *The Acquisitive Society.* Londres, 1921.
Taylor. F. W. *Scientific Management.* Nova York, 1947.
*The Guardian,* editorial. 5 de fevereiro de 1986.
*The Sunday Times,* editorial. 21 de outubro de 1984.
*The Sunday Times,* editorial. 17 de julho de 1988.
Thompson, E. P. *The Poverty of Theory.* Londres, 1978. [Ed. bras.: *Miséria da teoria.* Rio de Janeiro: Zahar, 1981.]
Thompson, J. B. *Critical Hermeneutics*: A Study in the Thought of Paul Ricoeur and Jürgen Habermas. Cambridge, 1981.
\_\_\_\_. *Studies in the Theory of Ideology.* Cambridge, 1984.
\_\_\_\_. Universal Pragmatics. In: Thompson, J. B.; Held, D. (ed.). *Habermas*: Critical Debates. Londres, 1982.
Titmuss, Richard M. *Income Distribution and Social Change.* Londres, 1962.
\_\_\_\_. Introdução a Tawney, R. H. *Equality.* Londres, 1964.
Towsend, P. *Poverty.* Harmondsworth, 1985.
\_\_\_\_. The Meaning of Poverty. *British Journal of Sociology,* vol. XIII, n. 3, 1962.
Tragtenberg, M. Marx/Bakunin, *Ensaio,* n. 11/12, São Paulo, 1983.
\_\_\_\_. *Administração, poder e ideologia.* São Paulo, 1980.
Tse-Tung, Mao. Report on an Investigation of the Peasant Movement in Hunan. In: *Selected Works.* Pequim, 1967.
\_\_\_\_. The Tasks of the Communist Party in the Period of Resistance to Japan. In: *Selected Works.* Pequim, 1967.

Bibliografia 559

Vanderlint, J. *Money Answers All Things*. Londres, 1734.

Vargas Lozano, G. (ed.). *Ideologia, teoría y política en el pensamiento de Marx*. Puebla, 1980.

_____. *Marx y su crítica de la filosofía*. México, 1984.

Wainwright, H.; Elliott, D. *The Lucas Plan*: A New Trade Unionism in the Making? Londres, 1982.

Walden, B. Clues that Tell why Dukakis is a Labour Hero. *The Sunday Times*, 31 de julho de 1988.

Walker, D. The Pure and Applied Scientist. *The Times*, 8 de novembro de 1984.

Waters, M.-A. Introdução a Rosa Luxemburg, *Reform or Revolution*. Nova York, 1970.

Watkins, F. M. *The Age of Ideology: Political Thought, 1750 to the Present*. Nova York, 1964.

Waxman, C. I. (ed.). *The End of Ideology Debate*. Nova York, 1968.

Weber, Marianne. *Max Weber*. Tübingen, 1926.

Weber, Max. *The Theory of Social and Economic Organization* (edição e introdução de Talcott Parsons), Nova York, 1964. [Ed. bras.: *Economia e sociedade*. Brasília: Ed. da UnB, 1994-1999, 2 v.]

_____. Objectivity. In: Shils, E. A.; Finch, H. A. (ed.). *The Methodology of the Social Sciences*, Nova York, 1949. [Ed. bras.: *Metodologia das ciências sociais*. São Paulo/Campinas: Cortez/Ed. da Unicamp, 1992, 2 v.]

_____. *Collected Political Works*. Munique, 1921.

_____. *General Economic History*. Londres, 1961. [Ed. bras.: *História geral da economia*. São Paulo: Mestre Jou, 1968.]

_____. *Gesammelte Aufsätze zur Wissenschaftslehre*. Tübingen, 1922.

_____. *The Protestant Ethic and the Spirit of Capitalism*. Londres, 1965. [Ed. bras.: *A ética protestante e o espírito do capitalismo*. São Paulo: Companhia das Letras, 2004.]

_____. *The Theory of Social and Economic Organization* (Parte I de *Economia e sociedade*). Nova York, 1947.

_____. Science as a vocation. In: Gerth, H. H.; Mills, C. W. (ed.). *From Max Weber*: Essays in Sociology. Londres, 1948.

Wiener, N. Some Moral and Technical Consequences of Automation (1960), reeditado in: Douglas, J. D. (ed.). *The Technological Threat*. New Jersey, 1971.

Williams, R. *Culture and Society*. Londres, 1980.

_____. *Problems in Materialism and Culture*. Londres, 1980.

Wolfe, B. D. Introdução a Rosa Luxemburg, *The Russian Revolution*. Michigan, 1961.

Wuthnow, R.; Hunter, J. D.; Bergesen, A.; Kurzweil, E. *Cultural Analysis*: The Work of Peter L. Berger, Mary Douglas, Michel Foucault and Jürgen Habermas. Londres, 1984.

Young-Bruehl, E. *Hannah Arendt*: the Love of the World. New Haven, 1982.

Zetkin, C. *Um Rosa Luxemburg's Stellung zur russischen Revolution*. Moscou-Leningrado, 1922.

# ÍNDICE ONOMÁSTICO

**A**

Abel-Smith, B., 382
Adamson, Campbell, 487
Adenauer, Konrad, 181
Adorno, Gretel, 176
Adorno, Theodor Wiesengrund, 107, 152-91, 203, 205, 209
Agnelli, Giovanni, 82
Agripa, Menênio, 441
Alain (pseud. Emile-August Chartrier), 216, 227
Albertini, Mario, 258
Alexandre II, czar, 314
Allende, Salvador, 424
Althusser, Louis, 248, 258-61
Alvey, J., 287
Amin, Samir, 140
Anderson, Perry, 78, 179, 260
Arendt, Hannah, 180
Aristóteles, 177
Armstrong, Louis, 155
Aron, Raymond, 71, 108-9, 114, 121, 148-51, 209-11, 213, 215-16, 218-25, 229, 231-34, 245, 251, 253, 462, 514
Arrighi, Giovanni, 140
Auer, Ignaz, 388
Austin, J. L., 278
Axelrod, Pavel, 411

**B**

Babeuf, François, 42, 463, 490, 544
Bacon, Francis, 320
Bahr, Hans-Dieter, 518
Bakunin, Mikhail, 345-47
Baran, Paul A., 366, 544-45
Baudelaire, Charles Pierre, 106
Bebel, August, 26, 359, 370-71
Belinski, G. Y., 156
Bell, Daniel, 71, 105, 109, 199-200, 219, 262, 285
Benjamin, Walter, 93, 106-7, 153, 156-7, 179, 181
Benton, Ted, 260
Bentsen, Lloyd, 543
Berdiaev, N. A., 412
Bernal, J. D., 262
Bernstein, Eduard, 37, 195-6, 250-1, 259, 307, 375-88, 391-2, 397, 400, 412, 417-8, 420, 426-8, 433, 494
Bernstein, Richard J., 81, 83-4
Bhagavan, M. R., 140, 382
Bismarck, Otto, 143, 147, 370-1, 373, 420
Blanqui, Louis-Auguste, 106
Bloch, Ernst, 107, 50
Blumenthal, Simon, 114
Bobbio, Norberto, 335
Böhm, Vilmos, 361-2
Bonaparte, Louis, 336, 348

## 562 *O poder da ideologia*

Bonaparte, Napoleão, 465
Bottai, Giuseppe, 261
Bottomore, Tom, 88, 322
Bracke, Wilhelm, 359, 370-1
Brailsford, Noel H., 280
Brandt, Willie, 282, 386
Braverman, Harry, 546
Brecht, Bertolt, 107, 153, 157, 179-81, 186
Bright, John, 313
Brown, John, 314
Brown, Michael Barratt, 140
Büchner, Ludwig, 309
Buck-Morss, Susan, 153
Bukharin, Nikolai, 322
Bulgakov, S. N., 412
Bunge, Hans, 153
Buonarroti, Philippe, 42, 463, 490, 544
Burkner, ten.-cel., 369
Burnham, James, 226
Bush, George, 543

### C
Callaghan, James, 15, 286
Camus, Albert, 234
Carter, Jimmy, 282
Cases, Cesare, 107, 258, 260-1
Cerutti, Furio, 520
Chase, E. T., 262, 295
Chilver, sir Henry, 285-6
Churchill, sir Winston, 275
Clark, Ronald W., 278
Clarke, Simon, 259
Colletti, Lucio, 250, 259-60, 307, 521
Comte, Auguste, 250, 316, 465, 490
Constantino, Renato, 22-3, 138-9, 425, 440
Contat, Michel, 220
Craxi, Bettino, 443
Crosland, Anthony, 418
Cunningham, J., 313

### D
De Gaulle, gen. Charles, 216, 226-7
De Tracy, Destutt, 464
Deleuze, Gilles, 94
della Volpe, Galvano, 250, 258, 260-1, 307

Derrida, Jacques, 100, 116
Descartes, René, 94, 303, 307, 320
Deutscher, Isaac, 17, 126
Dewey, John, 106
Dews, Peter, 78-9, 94
Douglas, Jack D., 262, 264-5, 271
Dühring, Eugene, 309, 316
Dukakis, Michael, 542-3
Durham, T., 287

### E
Eastman, M. F., 226
Ebert, Friedrich, 360-1, 368-9
Edgley, Roy, 260
Einaudi, Giulio, 107, 258, 261, 335
Einstein, Albert, 241, 275-81, 283, 288-89, 291, 293
Eisenhower, gen. Dwight D., 282, 285
Eisler, Hanns, 153, 160
Emmanuel, Arghiri, 141
Engels, Friedrich, 26-7, 90, 260, 309, 312-7, 336, 338, 346, 359-60, 365, 370-1, 394, 430, 443
Ennals, Richard, 287

### F
Fahrenbach, Helmut, 89
Fechner, Gustav Theodor, 309
Ferguson, Adam, 119-20
Ferrata, Giansiro, 483
Feuerbach, Ludwig, 48, 103, 460-1, 464
Feyerabend, Paul, 97
Fichte, Johann Gottlieb, 156, 191
Fieldhouse, David K., 58
Finch, H. A., 75
Forbes, Duncan, 120
Fortini, Franco, 94
Foucault, Michel, 94, 100, 113-4
Fourier, François Charles-Marie, 205, 309, 315
Franco, gen. Francisco, 278
Frank, Lawrence K., 262
Frege, Friedrich Ludwig Gottlob, 260
Friedrich, Carl J., 444
Frisby, David, 94

Fröhlich, Paul, 394-5
Fromm, Erich, 106

**G**

Galbraith, John Kenneth, 46, 71, 285
Gallo, Niccolò, 483
Gehlen, Arnold, 202-3
Gerth, H. H., 75, 212, 522
Geuss, Raymond, 81
Gobineau, Joseph Arthur de, 113
Goethe, Johann Wolfgang von, 273
Gogol, Nicolai, 156
Goldmann, Lucien, 121
González, Juliana, 336
Gorz, André, 114
Gramsci, Antonio, 48, 389, 479-85
Gunzert, Rudolf, 162

**H**

Haase, Hugo, 360
Habermas, Jüngen, 77-98, 100-3, 106, 152-3, 192-203, 209, 386, 428, 518, 520-1
Hasbach, Wilhelm, 147
Hauser, Arnold, 154
Heath, Edward, 132, 282
Hegel, Georg W. F., 9, 21-2, 32, 70-1, 93-4, 112, 163, 165-7, 170, 177, 186-7, 191, 211, 227, 231-2, 250-1, 258, 260-1, 289, 303, 306, 309, 316-7, 322, 350, 375, 446-50, 465-9, 471, 474, 478, 488-9, 504, 538-40
Held, David, 81, 86
Hesel, B., 394
Hess, Moses, 322
Hindenburg, Paul von, 148
Hitch, Charles J., 294
Hitler, Adolf, 106, 148, 180, 282, 419, 516
Hobbes, Thomas, 444
Hoffmann, John, 259
Honneth, Axel, 77
Hook, Sidney, 226, 228, 376
Horkheimer, Max, 106-7, 161-2, 209
Howard, Dick, 196
Husserl, Edmund, 307

**J**

Jackson, Jesse, 543
Jameson, Fredric, 163, 179, 181
Jay, Martin, 41, 82, 160-3, 168, 180
Jdanov, A. A., 259, 261
Jehle, Herbert, 279
Jogiches, Léon, 398
Jones, Ernest Charles, 312
Joseph, sir Keith, 286

**K**

Kafka, Franz, 182
Kant, Immanuel, 9, 21-2, 83, 94-5, 177, 191, 205, 207, 211, 250-1, 303, 306, 320, 375, 444-50, 532
Kapferer, Norbert, 518
Karnoouh, Claude, 71
Károlyi, Mihaly, 361
Kautsky, Karl, 307, 395, 398, 407, 411
Keynes, John Maynard, 11, 12, 13, 60-4, 126, 133, 206
Kinnock, Neil, 53, 200
Koestler, Arthur, 228
Korsch, Karl, 77, 153
Krahl, Hans-Jürgen, 82, 115, 164, 166
Krasnik, G., 394
Kugelmann, Ludwig, 308-9, 314
Kún, Bela, 362

**L**

Lange, Friedrich Albert, 309, 375, 379, 384
Larrain, Jorge, 465
Lassalle, Ferdinand, 313, 315, 370-1, 376, 394, 420
Laue, Max von, 281
Lawson, Hilary, 94,
Lawson, Nigel, 263
Lefèbvre, Georges, 112
Lenin, Vladimir Illitch, 22-5, 28-30, 41, 156, 258, 260-1, 334, 339-41, 346, 366, 372, 389, 395-401, 403-9, 411-15, 422, 430-2, 437-8
Lenzer, G., 465
Lessing, Gotthold Ephraim, 396
Levi, Paul, 398

564 *O poder da ideologia*

Lévi-Strauss, Claude, 112-3, 459-60
Liebknecht, Karl, 360, 394
Liebknecht, Wilhelm, 359, 369-70
Liebmann, Otto, 250
Livingstone, Rodney, 179
Locke, John, 303
Löwenthal, Leo, 106, 162
Lozano, Gabriel Vargas, 336
Ludendorff, gen. Erich, 148, 227
Luhmann, Niklas, 90, 192-3, 519
Lukács, Georg, 77, 107, 111, 147-8, 156-7, 160, 165, 179-182, 192-3, 206, 211-2, 250, 260-1, 283, 320-23, 333, 335-6, 350-1, 360-4, 373, 375-6, 394-5, 432-6
Luporini, Cesare, 192
Lutz, Bob, 456
Luxemburgo, Rosa, 26, 28, 90, 196, 201, 267, 283, 325, 329, 360-2, 368-9, 375-6, 380, 388-411, 413-5, 417, 419-20, 422, 425-7, 431, 433, 437, 443, 494, 517, 528
Lydall, H. F., 381
Lyotard, Jean-François, 81, 94-7, 99-103

**M**

Macdonald, Ramsay, 443
Macmillan, Harold, 497
Macpherson, C. B., 122-3, 206
Magdoff, Harry, 34, 45-6, 58, 140, 366, 421-2, 454
Maharishi Mahesh Yogi, 257
Mallet, Serge, 124
Malraux, André, 226-8
Mann, Thomas, 182
Mannheim, Karl, 104, 161, 168, 178, 262, 284
Marcuse, Herbert, 106, 151, 153, 156, 160, 174, 203-9, 220, 233-4, 341
Marshall, gen. George, 108, 121, 226, 228, 230
Martov, L., 411
Marx, Karl, 9, 11, 19, 22-3, 26-7, 29, 32, 37, 41-3, 48-50, 55, 60, 65, 69, 83-4, 89-92, 94, 103, 106-7, 109-13, 126-7, 143, 166, 169-70, 176, 183-5, 187, 192, 194-8, 200, 205, 209, 217, 229, 232, 245, 247-52, 255-6,

258-61, 270, 297, 299-300, 303, 306, 308-17, 320-1, 329-32, 334-52, 355, 357, 359-60, 364-5, 367, 369-71, 373, 375, 377-80, 382, 384, 386-8, 393, 397, 400-1, 412, 420, 428-9, 433, 437-9, 446, 450-2, 460-1, 463-4, 468-71, 478-9, 481, 483-5, 488-9, 491-2, 501, 504, 506, 514, 516-9, 523-4, 529, 531, 533
Mattick, Paul, 340, 341
Maulnier, Thierry, 228
Mauriac, François, 229-31
McCarney, Joseph, 153
McCarthy, senador Joseph, 293
McCarthy, Thomas, 79, 81
McCloy, John J., 162
Mead, George Herbert, 106
Mehring, Franz, 321
Mepham, John, 260
Merleau-Ponty, Maurice, 108, 213, 216-7, 220, 225-32, 260, 376, 397, 459-60
Mészáros, István, 9, 17-20, 25, 32-4, 40-1, 43, 47, 49, 53-4, 77, 88, 109, 123, 126, 146, 213, 234, 248-9, 278, 322, 373, 389, 436, 446, 522
Meyer, S., 314
Miliband, Ralph, 542
Mill, John Stuart, 492
Miller, James, 153
Mills, C. Wright, 75, 212, 262, 264-6, 269, 522
Mitterrand, François, 111
Molière (pseud. Jean Baptiste Poquelin), 75
Montesquieu, Charles Louis de Secondat, 258, 261
More, Thomas, 89
Mosanquet, D., 369
Moss, Norman, 289
Mulhern, Francis, 179
Mulkay, Michael, 88
Müller, Wolfgang, 153, 195-6
Murdoch, Rupert, 513
Mussolini, Benito, 216, 261, 389

**N**

Nagy, Imre, 181

## Índice onomástico

Nathan, Otto, 276
Navarro, Vicente, 542
Needham, Joseph, 262
Nenni, Pietro, 335, 423
Neumann, Franz, 106, 162
Neusüss, Christel, 153, 195-6
Nietzsche, Friedrich, 94, 216, 245
Nisbet, Robert, 262
Norden, Heinz, 276
Noske, Gustav, 394

**O**

O'Brien, James Bronterre, 463
Offe, Claus, 153, 195
Oppenheimer, Robert, 284, 289
Outhwaite, William, 88
Owen, Robert, 309

**P**

Panitch, Leo, 542
Panzieri, Raniero, 517-8
Parsons, Talcott, 72, 123, 219-20
Peirce, C. S., 106
Pereyra, Carlos, 336
Picasso, Pablo, 157
Pinochet, gen. Augusto, 28, 499
Platão, 180
Plekhanov, G. V., 156, 398
Popper, Karl, 209, 289-91, 519
Posin, Daniel, 276
Poster, Mark, 94
Prado Júnior, Caio, 223
Proudhon, Pierre Joseph, 308-9, 314-5

**R**

Rabinowitch, Eugene, 280
Ranke, Leopold von, 171
Rankin, John, 278, 280
Raulet, Gérard, 94
Rawls, John, 94
Reagan, Ronald, 487
Reinfelder, Monica, 487
Rhodes, R., 140
Ricardo, David, 144
Riesman, David, 262

Riley, Mike, 155
Robinson, Joan, 195
Rogers, Carl R., 262
Rolland, Romain, 280
Roosevelt, Eleanor, 276
Roosevelt, Franklin D., 141, 274, 276, 282
Rorty, Richard, 81, 83, 93-5
Rose, Hilary, 266
Rose, Steven, 266
Rostow, Walt, 125-6, 131, 137, 221, 229, 427, 545
Rousseau, Jean-Jacques, 67, 248-9, 258, 261, 494
Ruben, David Hillel, 260
Russell, Bertrand, 260, 262
Rybalka, Michel, 220

**S**

Sánchez Vázquez, Adolfo, 246, 259, 336
Saragat, Giuseppe, 443
Sartre, Jean-Paul, 110-2, 114, 117, 157, 179, 216, 220, 225, 232, 241, 303-7
Saville, John, 542
Scargill, Arthur, 200, 263
Schachtman, Max, 226
Scheidemann, Philip, 360-1, 368-9, 394-5
Schiller, Friedrich von, 204, 207
Scholem, Gershom, 107
Schönberg, Arnold, 154
Schopenhauer, Arthur, 157
Schulz, Walter, 89
Schweitzer, J. B. von, 370-1
Schwimmer, Rozika, 280
Serge, Victor, 226
Serrati, G. M., 438
Shils, E. A., 75
Shonfield, Andrew, 195
Sim, Stuart, 94
Singer, Daniel, 16, 111, 436
Skinner, B. F., 262
Sklarz, Georg, 394-5
Slater, Phil, 518
Smith, Adam, 21, 246, 384, 445-6, 488, 532
Smith, Ian, 425

566  *O poder da ideologia*

Sohn-Rethel, Alfred, 518
Sombart, Werner, 78
Sonnefeld. Ernst, 394
Souvarine, Boris, 226
Spengler, Oswald, 211
Spitzer, Gérard, 114
Stalin, Joseph, 24-5, 27, 226, 259, 261, 389
Stirner, Max, 315
Struve, P. B., 412
Sulzberger, Cyrus L., 226
Sweezy, Paul M., 366, 544
Szilárd, Leo, 280, 282

**T**
Tao, Tran Duc, 111
Taviss, Irene, 262
Tawney, R. H., 381-2
Taylor, Frederic Winslow, 118-20, 143-6, 151, 221-3, 463
Tchernichevski, Nikolai, 156
Tebbit, Norman, 127
Teller, Edward, 289
Thatcher, Margareth, 15, 30, 53, 200, 285-6, 294, 328, 436, 443, 513, 542
Thomas, Norman, 279
Thompson, E. P., 259
Thompson, John B., 81, 86, 89-90
Tiedemann, Rolf, 176
Tipping, D. G., 381
Titmuss, Richard M., 381-2, 384
Togliatti, Palmiro, 481
Townsend, Peter, 382
Toynbee, Arnold, 211, 293
Tragtenberg, Maurício, 346
Trotski, Leon, 27, 226
Tsé-tung, Mao, 525-7

**U**
Uspenski, Gleb Ivanovich, 391

**V**
Vanderlint, Jacob, 529
Vandervelde, E., 398
Veblen, Thorsten, 135
Venturi, Franco, 216
Vix, coronel, 361
Voltaire, François-Marie Arouet de, 203, 446

**W**
Wagner, Adolf, 259
Walden, Brian, 543
Walesa, Lech, 436
Walker, David, 285
Waters, Mary-Alice, 388
Waxman, Chaim I., 225
Weber, Marianne, 148
Weber, Max, 72, 75, 77-8, 88, 146-8, 151, 211-2, 215, 221, 226, 257, 259, 376, 378, 459, 509, 522
Weydemeyer, Joseph, 315, 334
Widmann, Arno, 77
Wiener, Norbert, 262, 271-3, 276, 281, 284
Wilson, Harold, 15, 143, 425, 443, 487
Winnig, August, 368-9
Wittgenstein, Ludwig, 251, 302
Wolfe, Bertram D., 397
Wolff, Wilhelm, 313

**Y**
Young-Bruehl, Elizabeth, 180

**Z**
Zassulitch, Vera, 314, 337
Zetkin, Clara, 398, 403
Zinoviev, G. Y., 397

COLEÇÃO
# Mundo do Trabalho

COORDENAÇÃO
Ricardo Antunes

CONSELHO EDITORIAL
Graça Druck, Luci Praun, Marco Aurélio Santana,
Murillo van der Laan, Ricardo Festi e Ruy Braga

AS NOVAS INFRAESTRUTURAS PRODUTIVAS:
DIGITALIZAÇÃO DO TRABALHO, E-LOGÍSTICA E INDÚSTRIA 4.0
Ricardo Festi e Jörg Nowak (orgs.)

PETROBRAS E PETROLEIROS NA DITADURA
TRABALHO, REPRESSÃO E RESISTÊNCIA
Luci Praun, Alex de Souza Ivo, Carlos Freitas, Claudia Costa,
Julio Cesar Pereira de Carvalho, Márcia Costa Misi, Marcos de Almeida Matos

GÊNERO E TRABALHO NO BRASIL E NA FRANÇA
Alice Rangel de Paiva Abreu, Helena Hirata
e Maria Rosa Lombardi (orgs.)

OS LABORATÓRIOS DO TRABALHO DIGITAL
Rafael Grohmann

AS ORIGENS DA SOCIOLOGIA DO TRABALHO
Ricardo Festi

PARA ALÉM DO CAPITAL E PARA ALÉM DO LEVIATÃ
István Mészáros

A PERDA DA RAZÃO SOCIAL DO TRABALHO
Maria da Graça Druck e Tânia Franco (orgs.)

SEM MAQUIAGEM: O TRABALHO DE UM MILHÃO
DE REVENDEDORAS DE COSMÉTICOS
Ludmila Costhek Abílio

A SITUAÇÃO DA CLASSE TRABALHADORA NA INGLATERRA
Friedrich Engels

O SOLO MOVEDIÇO DA GLOBALIZAÇÃO
Thiago Aguiar

SUB-HUMANOS: O CAPITALISMO E A METAMORFOSE DA ESCRAVIDÃO
Tiago Muniz Cavalcanti

TEOREMA DA EXPROPRIAÇÃO CAPITALISTA
Klaus Dörre

UBERIZAÇÃO, TRABALHO DIGITAL E INDÚSTRIA 4.0
Ricardo Antunes (org.)

Veja a lista completa dos títulos em:
https://bit.ly/BoitempoMundodoTrabalho

Este livro foi composto em Adobe Garamond
10,5/12,6, e reimpresso em papel Avena 80 g/m²
pela gráfica Forma Certa, para a Boitempo, em
abril de 2025, com tiragem de 500 exemplares.